标题的制作理念与艺术技巧

彭朝丞 著

人民日报出版社

前 言

在迎接中华人民共和国成立60周年的喜庆日子里，传来音讯：人民日报出版社有意让我将原在该社出版的《新闻标题学》，结合互联网时代标题制作的现实需要，做些删节、增补和修改重新印刷出版。其后，又与曹腾、梁雪云两位编辑多次通过电话交谈和晤面商谈，书名与增补框架便大体敲定。

此前，笔者在人民日报出版社出版过两本新闻标题的论著。最早一本是1985年面世的《标题的艺术》。该书的出版也得到了出版社领导的重视，特邀请著名新闻工作者崔奇同志为书稿终审定稿。崔奇同志对书稿充分肯定，并多次讲到：标题制作非常重要，学问很深，今后还应该继续研究。书稿中提到人民日报前总编辑邓拓同志生前说过："谁要是给我想出一个好标题，我就给他磕三个响头。"崔奇同志说：他是亲自听说的。

作为我国第一本研究标题的专著《标题的艺术》一出版，便受到新闻界同仁的好评和广大读者的厚爱，一些新闻期刊和书评报纸，陆续载文评介。4万余册书，销售一空。后来又陆续印了8万余册，又很快售完。其后，笔者随着研究课题不断转换，但对标题制作的研究却未中断，并不断将研究的成果写成论文，在《新闻与成才》、《新闻前哨》、《新闻研究》上刊载；《新闻标题的辞格艺术》还分别在《新闻出版报》和《新闻与写作》上连载。

于是，才有稍后的《现代新闻标题学》的面世，也才会有1996年作为人

标题的制作理念与艺术技巧

民日报出版社推出的"新闻业务名家书系"之一的《新闻标题学》的出版,这同样受到新闻业界和学界的好评。一位新闻业者载文评述说:"这本书不愧是近几年来新闻学苑里绽开的一支'奇葩'。它犹如一位循循善诱的老师,把我带进标题制作的课堂。"我国新闻界一位有声望的前辈说:"这本书是对新闻学的新贡献。"

《新闻标题学》1996年出版,两年后又再次印刷,距今已有十多年了。这十多年来,在中国改革开放、政治民主建设和社会主义经济建设大业继续取得巨大成就的社会生态坏境下,我国传媒业也步入了"核热剧变"般的繁荣期。

从网络传媒像旋风般的迅猛发展,到手机移动终端、电子阅读终端的兴起,已将人们带入了一个资讯网络化的信息社会。每天,不同介质、不同形态媒体带着各种各样的海量信息,借助多种传播方式,正在影响着人们的工作和生活。

这就像酒是米谷酿造的,但没有酒曲这个中介,米谷仍然是米谷一样,面对着海量资讯以及以分秒计的信息传播与更新速度,新闻传播如果没有标题这个中介,是难以实现有效传播而走进千家万户的。

这一方面,在茫茫信息的海洋里,传播者要借助一个个精彩的标题使之脱颖而出,寻觅到自己的知音,实现自身的价值——满足受众在最短时间里、以最便捷的方式获得最急需的信息;另一方面,大量过剩的信息,已将一个个一天只拥有24小时的受众"淹没"其中,要遍览尽阅?这无异于"挟泰山以超北海,非不为也,是不能也",而不得不采用快速浏览标题的方式,对信息进行扫描式的判断、取舍。虽然受众"扫描"标题只是"刹那间"的事,但是这"一瞥之下",常常就决定着新闻的命运。

于是乎,有学界业界同仁,把网络时代的新闻传播称之为"读题时代",从某种意义上说,是有道理的。迄今而论,无论是传统媒体,还是新兴的网络媒体或"手机移动终端",对标题独立传播信息,尤其是导读功能,是不能有丝毫忽视,而且必须强化。

当然,面对着信息网络化的时代大潮,在媒体的竞争、新闻的竞争中,包括标题的制作在内新闻业的生存与创新发展都面临着诸多新的挑战、新的问题需要解读和回答。

比如,在标题制作中,如何正确把握不同介质、不同形态的媒体标题的共性与个性问题。

应该说，近些年来，从传统媒体到网络媒体的兴盛，就标题制作而言，变化发展巨大的是信息载体和平台，不变的或没有实质性变化的是标题的内涵。无论纸质媒体、电子媒体，还是数字媒体的标题，尽管相互间有着这样或那样的不同，但其运作内涵的本质特性是一致的——其新闻标题都是经过提炼后的新闻信息，是以文字符号（即便是以声音为传播手段的广播标题，也不过是标题文本的口播）对新闻事实及其所蕴涵的社会意义富有特色的浓缩；题从文事、题文一致——既标示和报道新闻又评判和解读新闻，既示人以事又授人以知，是其存在形态具有规律性的现象。

应该说，任何一个国家、一个民族的任何优秀文化成果都是在传统的基础上继承和创新发展起来的。新闻标题萌生于报纸，发展成熟于报纸，在我国有着悠久的历史，它渊源于两千多年前的西汉时期。在这漫长的发展过程中，经过一代接一代的新闻从业者、文人、学者的奋力探索和潜心研究，不仅产生过许多脍炙人口的标题，更为弥足珍贵的是对其内部诸要素的相互关系、结构原则和运作规律，凝聚了共识，凝聚了经验和智慧，具有超越时空以及媒体形态、介质的普遍意义。

这似乎可以这样说，就目前现实情况而论，在我国不同介质、不同形态的媒体在标题的制作上，同是本质的、基本的，不同则多为操作层面的问题。

本书着力探索新闻标题制作的共性的同时，也不小觑对不同介质、不同形态媒体标题的差异性即个性特征的辨析。

互联网把人们带进了浩瀚的信息海洋，信息前所未有地过剩，这时，人们的"注意力"就成为相对稀缺的资源。再加上，当下的媒介环境纷繁复杂，媒体种类和平台急剧猛增，准入门槛低，一些从业者借口网络时代新闻信息的传播与更新以分秒计，新闻是"速成品"、"易碎品"，片面解读"人无我有"、"晚报不如早报"，于是，在他们的笔下，徐宝璜（1894-1930）先生倡导字斟句酌"造题之难难于作诗"的严谨作风不见了，制题就像吃"方便面"，随手拿来"泡上"就出手。还有的甚至视语法规范为框框，只讲随心所欲的"标新立异"，不讲"随心所欲不逾规"的圣人之训，怎么吸人眼球怎么来！于是乎，标题题句的语病多起来了。对此，本书特设"品评篇"，对一些有代表性的题句，从新闻学、语言学和逻辑学的不同角度予以点评，目的不在于指瑕论疵，而全在于从缺失之中悟道，悟新闻标题的制作之道。

总之，本书的撰写或修订，都力求体现出版社的要求，跟上时代的步伐，做到与新闻标题制题的现实需要同行，努力将在不同介质媒体岗位上辛勤耕耘的媒体人在制题实践中的新发现、新突破、新成果收入其中。

笔者从事新闻工作数十年，笔耕不辍。其间在新闻实践第一线当记者做编辑近三十个春秋，走上新闻研究岗位研究新闻标题也逾三十个寒暑，愿将自己的研究成果与制题体会结合实例分析，真诚地奉献给读者。《标题的制作理念与艺术技巧》，分理论篇、操作篇、品评篇和延伸篇四大部分，共八章，新增章节内容多达二十余万字。一章一节，立论行文，都紧紧围绕与制题现实需要同行，做到立足实用，入世入时，言之有物，耐读有用，尽可能多地在认知上与实际操作上，给读者有一些扎扎实实的启发和帮助。

本书引用标题例句甚多，绝大多数都注有出处和刊播时间。但在不影响对标题内容及所要阐明的思想观点正确理解的前提下，为了行文的变化与文字的简洁，也有少量标题未注明出处或时间，凡这类标题两个以上集纳列出又无明显区分标志时，每题起首均有"Δ"标志，以示区分，便于阅读。

彭朝丞

2012年6月于北京

目录
CONTENTS

第一部分　理论篇

第一章　标题的内涵与种类 …………………………………… （3）

第一节　《标题的制作理念与艺术技巧》的研究预期 ……… （3）
第二节　标题的内涵 …………………………………………… （7）
第三节　标题的演变 …………………………………………… （13）
第四节　标题的种类 …………………………………………… （18）
  一、肩题 …………………………………………………… （19）
  二、主题 …………………………………………………… （21）
  三、副题 …………………………………………………… （27）
  四、插题 …………………………………………………… （32）
  五、提要题 ………………………………………………… （34）
  六、边题 …………………………………………………… （37）
  七、尾题 …………………………………………………… （37）
  八、栏目题 ………………………………………………… （37）
  九、组合题 ………………………………………………… （38）

第二章　标题的作用与特色 …………………………………… （41）

第一节　标题的作用 …………………………………………… （41）

第二节　标题与新闻媒体 …………………………………（47）
　一、报纸新闻标题 …………………………………………（49）
　二、广播新闻标题 …………………………………………（51）
　三、电视新闻标题 …………………………………………（53）
　四、网络新闻标题 …………………………………………（55）
第三节　标题与新闻体裁 …………………………………（64）
第四节　消息标题与通讯标题的不同特色 ………………（71）
第五节　新闻评论标题制作精要 …………………………（76）

第二部分　操作篇

第三章　标题制作的原则与技巧 ……………………（93）

第一节　标题制作的基本原则 ……………………………（93）
　一、突出新闻价值 …………………………………………（93）
　二、体现宣传价值 …………………………………………（100）
　三、文词精粹，规范准确 …………………………………（108）
　四、题从文事，题文一致 …………………………………（115）
　五、要素齐备，不苛求全 …………………………………（124）
　六、评价适度，中肯鲜明 …………………………………（130）
第二节　标题制作的艺术技巧 ……………………………（135）
　一、落笔实在，言之有物 …………………………………（135）
　二、概括精当，凝练精警 …………………………………（141）
　三、诸种关系，虚实居首 …………………………………（148）
　四、潜心探索，忌步后尘 …………………………………（154）
　五、巧合引申，尺水兴波 …………………………………（162）
　六、饱含激情，引人爱读 …………………………………（167）
　七、长于表现，疏于陈述 …………………………………（174）
　八、多用动词，务去粉饰 …………………………………（179）
　九、评点事理，立言达意 …………………………………（183）
　十、平易亲切，望文生欢 …………………………………（189）

十一、立意新深，气盛理直 …………………………………（194）
十二、简单明快，一目了然 …………………………………（198）
十三、折射映照，引人思索 …………………………………（202）
十四、质朴无华，淡雅多意 …………………………………（206）
十五、突出一事，少及其余 …………………………………（213）
十六、巧用数字，传神生辉 …………………………………（220）
十七、藏而不露，反常成趣 …………………………………（226）
十八、反义对用，互为映衬 …………………………………（230）
十九、古句新用，巧取珠玉 …………………………………（233）
二十、活用成语，文题增辉 …………………………………（237）
二十一、眼界宽阔，深入开掘 ………………………………（241）

第四章　标题常用范式及标点在标题中的应用 ……………（247）

第一节　标题常用范式 ………………………………………（247）
一、哲理式 ……………………………………………………（247）
二、口语式 ……………………………………………………（250）
三、亲历式 ……………………………………………………（253）
四、陡转式 ……………………………………………………（256）
五、概要式 ……………………………………………………（258）
六、描摹式 ……………………………………………………（260）
七、叙述式 ……………………………………………………（262）
八、对比式 ……………………………………………………（265）
九、悬念式 ……………………………………………………（270）
十、生发式 ……………………………………………………（272）
十一、评论式 …………………………………………………（275）
十二、章回式 …………………………………………………（277）
十三、创新式 …………………………………………………（277）
十四、解读式 …………………………………………………（281）
十五、对仗式 …………………………………………………（284）

第二节　标点在标题中的应用 ………………………………（287）
一、标点在标题中的重要作用 ………………………………（287）

二、标题中锤炼标点的两原则 …………………………（288）
　　三、几种有特殊表达作用的标点的使用 ………………（289）

第五章　标题的辞格艺术 ……………………………（299）

第一节　形象类辞格 …………………………………（299）

　　形象具体——话"比喻" ………………………………（299）
　　人物交融——话"比拟" ………………………………（302）
　　活脱生动——话"移就" ………………………………（305）
　　换个名称——话"借代" ………………………………（307）
　　烘云托月——话"衬托" ………………………………（309）
　　声情并茂——话"摹拟" ………………………………（311）
　　如见如闻——话"示现" ………………………………（312）
　　以物征义——话"象征" ………………………………（314）

第二节　强调类辞格 …………………………………（317）

　　即问即答——话"设问" ………………………………（317）
　　问而不答——话"反诘" ………………………………（321）
　　正反对照——话"对比" ………………………………（324）
　　重叠强调——话"反复" ………………………………（326）
　　变更语序——话"倒装" ………………………………（329）
　　参差错落——话"错综" ………………………………（332）
　　言过其实——话"夸张" ………………………………（333）

第三节　贯通类辞格 …………………………………（335）

　　上递下接——话"顶真" ………………………………（335）
　　循环往复——话"回环" ………………………………（338）
　　排迭串联——话"排比" ………………………………（341）
　　工整匀称——话"对偶" ………………………………（343）
　　连及他物——话"拈连" ………………………………（345）

第四节　含蓄类辞格 …………………………………（347）

　　含蓄意会——话"双关" ………………………………（347）
　　表里各异——话"反语" ………………………………（350）
　　曲言婉转——话"委婉" ………………………………（353）

跌宕起伏——话"跳脱" …………………………………………（355）

隐而不发——话"藏词" …………………………………………（357）

第五节 幽默类辞格 …………………………………………（359）

模拟出新——话"仿拟" …………………………………………（359）

将错就错——话"飞白" …………………………………………（362）

就名生义——话"顾名" …………………………………………（364）

诙谐有趣——话"歇后" …………………………………………（366）

第六节 深化类辞格 …………………………………………（367）

奇言意深——话"警策" …………………………………………（367）

典故寄意——话"讽喻" …………………………………………（369）

环环相扣——话"层递" …………………………………………（371）

复字重言——话"叠字" …………………………………………（373）

情意相通——话"呼告" …………………………………………（375）

引申发挥——话"释语" …………………………………………（377）

真切引人——话"引用" …………………………………………（379）

第七节 变形类辞格 …………………………………………（381）

新鲜风趣——话"拆词" …………………………………………（381）

寄意传情——话"镶嵌" …………………………………………（383）

巧取移用——话"异语" …………………………………………（384）

简化缩合——话"节缩" …………………………………………（387）

第三部分 品评篇

第六章 字斟句酌品标题……………………………………（391）

第一节 关于"舆论导向"的品评 ……………………………（391）

一、莫让珠光宝气迷了眼，"未富先奢"须引导 …………………（391）

二、专家之言虽重要，但不能消弭"把关人"的职责 ……………（393）

三、厘清新闻事实内部因果关系，相互对接应准确 ……………（398）

四、"标题党"忽悠读者之制题伎俩，不应"拿来" ……………（402）
　　五、关注社会效果，切忌就事论事拟题 ………………………（405）
　　六、不给不良文化提供传播平台，营造健康舆论环境 ………（408）
　第二节　关于"语法结构"的品评 …………………………………（411）
　第三节　关于"语序次序"的品评 …………………………………（430）
　第四节　关于"语义搭配"的品评 …………………………………（442）
　第五节　关于"引语规范"的品评 …………………………………（481）
　第六节　关于"缩语简化"的品评 …………………………………（490）
　第七节　关于"成语使用"的品评 …………………………………（498）

第四部分　延伸篇

第七章　报纸标题的排列美化与字号字体的组合 …………（515）
　第一节　版面区间划分与标题布局及字号字体组合原则 …（515）
　第二节　题文处理与标题字号的选配 ……………………………（520）
　第三节　标题的编排形式 …………………………………………（523）
　第四节　标题的装饰与美化 ………………………………………（539）

第八章　特殊题型的制作及标题与导语的分工 ……………（542）
　第一节　导语式题型的制作 ………………………………………（542）
　第二节　按语式题型的制作 ………………………………………（546）
　第三节　标题新闻的制作 …………………………………………（548）
　第四节　标题与导语的分工配合 …………………………………（551）

第一部分
理论篇

新闻传播是通过大众媒体向社会公众发布新闻及人们通过传播媒介获取信息的双向选择过程。现代新闻业高速发展，大众传媒的竞争已相当激烈。无可置疑，竞争成败的关键，是基于社会与受众对新闻信息的认知度与满意度上的。而这种认知度与满意度又常常始于标题。标题是现代新闻不可分割的一部分，是新闻信息为受众所接受的必经通道。不论是报纸、广播、电视、网络新闻，都需借助一双双传神的眼睛——标题的概括、评介，进而引导和强化的作用，以顺利进入传播渠道，实现自身的价值。

尤其是，在媒体如林、网报台整合互动、资讯海量以及以分秒计的信息传播与更新速度的信息社会生态环境下，受众与媒体新闻的联系、对接，更必须借助于标题对受众感官在"一瞥之下"的扫描刺激而生成的感觉、映象来定取舍的。做题，已是现代新闻传播"十八般武艺"中绝对不可小觑的重要一艺！研究现代新闻传播，就不能忽视标题这门学问的研究！

如果说，现代新闻传播学是一门涉猎广泛、科目繁多的系统学科，那么，新闻标题这门学问的研究，则是现代新闻应用学中一门实践性和应用性很强、带有基础性的重要门类，是探讨标题的内涵、特征与运作规律的，是以研究标题的产生、形成和发展变化规律为基本对象的学科。

新闻标题是新闻的重要组成部分，不可能离开新闻而单独存在，但它又能独具一体，有众多独有的特色。本书正是要着力于研究不同介质、不同形态媒体标题这独具一体的特点和规律。

本篇则侧重对标题一系列特定的定义、概念、范畴、规律（内部结构关系）的限定、论证和阐释。

第一章　标题的内涵与种类

任何一门科学理论都包含一系列特定的定义、概念、范畴与规律。将它们按照逻辑顺序有机地排列，并经科学论证、阐释，就构成了其严密完整的理论体系。自然科学如此，社会科学（包括新闻学及其分支学科——标题学科）也是如此。

第一节　《标题的制作理念与艺术技巧》的研究预期

在绘画界，曾有过"绘人像就是画眼睛的艺术"之说。一双美丽动人的眼睛，可以给人以美感，引人关注；一双幽若深潭的眼睛，可以惹人思绪万千，生出无尽的遐想。

眼睛素被称为"心灵之窗"。新闻标题立于新闻之前，恰似新闻的眼睛。正如从人的眼神里可以窥察出人的内心世界一样，传神又富有魅力的好标题，能使受众感受到正在萌生着、变动着的新鲜事儿和新鲜理儿，进而像被磁铁吸引一样去往下收听、收看或阅读。

现实生活中常有这样的情况：同一条或具有相同内容的新闻，甚至是一条可读性很强、十分重要的新闻，刊登在某一报纸上，没有引起读者的注意，与之擦肩而过；刊登在另一张报纸上，却立即引起了读者的关注，产生出强烈的社会效应。为什么？除了可能由于在版面上占据位置不同外，主要的原因是标题制作得不一样。

1979年召开的党的十一届三中全会，使我国进入了一个拨乱反正、继往开来的新时期。这年的11月中旬，在中共北京市委召开的常委扩大会上，宣布了为1976年清明节的天安门事件平反。与此同时还讨论决定了包括抓好清查工作、整顿各级领导班子、落实政策等。无疑，就当时来说这后几件事都是很重要的大事，只不过这些事早已有过报道，而且各地已经按中央部署大体相同地这样去做了。但是，天安门事件发生在北京，曾经是全国乃至全世界都为之瞩目的重大事件。现在，正本清源，为其平反，这当然是全国人民最为关心、最感兴趣的问题。可惜的是最早发布这条消

标题的制作理念与艺术技巧

息的北京一家报纸在新闻中,尤其是在标题的制作上并没有把握住"为天安门事件平反"这一最重大的新闻事实。尽管这家报纸为这条消息用大号字做了一个占24行高的竖题,但"平反"的事却只字未提。结果,这则内容庞大的会议报道没有引起多少人的注意,也没有什么反响。次日,新华社在报道这次会议时,却为此单发了一条为天安门事件平反的消息,《人民日报》等又做了《中共北京市委宣布——天安门事件完全是革命行动》这样一个拨动读者心弦的标题,标题字号虽不大,只有五栏题,但不仅在国内引起强烈的反响,并且在世界上也有很大的反应。请看,这个震惊中外的重大新闻,如果不是这样处理,差一点不就湮没无闻了吗?

齐白石画的虾,郑板桥画的竹,寥寥数笔,着墨不多而神形活现。用郑板桥的话说,这就叫做"以少少许胜多多许"的艺术。新闻标题,又何尝不是这样的艺术。它在报纸版面上,真可谓不过据有方寸之地,但这却犹如军事家、艺术家活动的"舞台",可以演出许多扣人心弦的话剧。无疑,标题取事着墨,乃是最有新闻价值的一人一事,或其中一部分,甚至是一个细小的片段或侧面。可是这个细小的"一",却大有讲究。如果取的是就事论事、无关宏旨的"一",是"少少许"反映"少少许",平淡无奇;倘若这"一",确实摘取的是现实生活海洋中珍奇的"一滴",则是以有限的"一"反映无限的"一",就足以产生难以估量的艺术魅力。

打倒"四人帮"后,特别是党的十一届三中全会提出党的工作重点转移以后,全民族学习科学文化知识的气氛越来越浓厚,尤其是广大青年,都渴望为实现四化建设的需要,早日成才。那么,怎样才能成才,成才之路在哪里?是当时摆在广大青年面前的一个重大课题。上大学深造,固然是一条途径,但是,因为我们国家的经济能力有限,在当时高等学校还不能办得很多,能进入大学的人只能是"榜上有名"的一小部分青年。对于"落了榜"的大多数青年来说,要想成为对国家建设有用的人才,是有望还是无望呢?对此,全国许多报纸刊发了大量的报道,进行正面引导,有的甚至洋洋洒洒万余言。这些报道都起过好的作用,可为人们津津乐道,独冠群芳的却是一篇只有两千余字的人物专访。这篇专访刊登在1980年7月10日的《中国青年报》上,它介绍了老作家严文井一段曲折的经历:他四次考大学均未被录取,尔后通过刻苦自学,终成名家。难道是别的篇章的新闻事实与此就无以比拟了吗?不尽然;或许这篇专访写作技巧胜人一筹？更不全是。关键是有一个好的标题。专访标题的作者准确地抓住了新闻中的精华，把握住了当时的形势和广大青年及其家长的脉搏，作出了一个上合党心、下顺民意的标题：《榜上无名，脚下有路——访老作家严文井同志》。"榜上无名，脚下有路"八个大字，明确而理直气壮地揭示了人才成长的另一条重要途径：走自学成才的道路。它像一把火炬照亮了人们的心，使人振奋，催人上进。这条标题不仅在当时，及至今日它仍是激励人们不怕挫折、奋发向上的座右铭。

当时序进入20世纪80年代中期，在我国随着计划经济体制向社会主义市场经济体制的转变，商品经济的大潮在中华大地涌起。在这历史性的社会变革中，一支活跃于其间的新生一代——青年个体户群体在崛起。无须讳言，在当时，他们每天的收入与消费一般要比其他青年高得多，许多人称他们为富翁。然而，有谁能料到，正是他们在物质生活富足之后，在发出"精神饥饿"的呐喊；正是他们令人担忧的无知，又萌动着为了事业和社会发展的求知欲望——学政治、学法律、学文化，拥有自己丰富而健康的精神文化生活和联谊交友活动。哈尔滨日报社一位女记者在获知这一信息后，再经实地采访，写成报道，并冠上震撼人心的题目：《一个青年个体户说："我们穷得只剩下钱了！"》刊发在1986年12月20日的报纸上。这标题，这沉痛而悲怆的呐喊，就像一声惊雷，向世人昭示：社会主义精神文明建设是全社会的共同任务，个体青年不应该成为被遗忘的群体。满足他们的精神需要，提高这个队伍的思想文化素质，是物质文明和精神文明建设中都不容忽视的课题。这标题，这沉痛而悲怆的呐喊，不仅当时、乃至今天，它仍在诉说着这样一个科学真理：物质贫乏不是社会主义，精神空虚也不是社会主义，社会主义必须是物质文明和精神文明双繁荣的社会。贫穷基础上的"公平乐园"无异于陶渊明笔下虚幻的"世外桃源"，绝不是科学的社会主义，反之只重视物质而忽视精神也不是、也不会有真正的社会主义。这则报道、这则标题，至今仍为业内人士广为传颂。

而今，人类已快步进入信息时代的21世纪。在我国人民生活水平和国际地位进一步提高，社会主义的优越性进一步得到充分的显示。但与此同时，又不得不看到，市场经济本是一种实利经济，它的自主性和功利原则，在客观上又影响了一些人重实惠而轻理想、重索取而轻奉献、重眼前而轻长远、重享受暴富而轻诚信劳动，甚至因理想信念缺失而诱发贪污腐败。2009年5月6日，在中国儿童剧院首演的话剧《大过年》，讲述

标题的制作理念与艺术技巧

了一个高干家庭在大年夜的悲欢离合的故事,就展现了利益驱动下暴露出的种种现实问题。由70多岁老戏骨雷恪生领衔扮演的老革命,始终不能接受儿女们带给他的"残酷现实"。最后,当小儿子携公款外逃,他仍然在信仰与现实间进行着"最后的斗争"。北京《法制晚报》在题为《(肩)话剧〈大过年〉首演,七十多岁老戏骨雷恪生领衔,谢幕后观众鼓掌挥手喊出——(主)"雷老师,我爱你!"》向读者报道了演出盛况与成功。"雷老师,我爱你!"这震撼人心的场面,无疑是对演员们震撼的表演功力和出色的台本的认同。《大过年》从一个侧面昭示人们面对市场经济的深入发展,如何从社会主义初级阶段的实际出发,大力弘扬培育民族精神,为建立与发展社会主义市场经济相适应的社会主义思想道德体系,牢固树立社会主义荣辱观而努力。但另一方面,《大过年》的演出成功,标题中突出标明由几位年轻观众率先喊出的"雷老师,我爱你!"更向社会、向世人昭示:悠悠华夏两千年的文明,圣人贤达的遗训,民族自强的精神,先进分子的引领,华夏儿女这条文明长河虽然有暗礁、险滩,但毕竟春水东流,不可阻断,将更加澎湃向前!

无须再举例证,足以说明:做题,这是新闻工作"十八般武艺"中重要的一艺。这已是现实的事实,而不是尚需探讨的未来。当然,新闻和艺术,艺术和科学,各有其不同的领域,但是在实际生活里,艺术却广泛地存在于各个领域。同一条新闻的标题,出于高手之笔,引人入胜;出于平庸作者之手,叫人恹恹欲睡。这不就是艺术,就是技巧,就是学问!好的标题,要用最简练的语言,再现新闻中的事实,能使人似乎看到、闻到、感触到正在变动的新鲜事儿。没有艺术感染力,不讲点技巧,不或潜或显地按照科学规律进行美的发掘、运用和创造,能办得到吗?所以,标题是一门不能忽视的学问,是一门不能忽视的艺术,应该进行认真地研究。这不是哪个人随意想出来的"道理",而是客观实际的迫切需要。

尤其是,网络时代,人们时时都处在快速的信息更新、交换和获取过程中,面对海量的资讯,读者买不买你的报纸,受众进不进入你的网站,标题更是至关重要。当下对于包括网络媒体在内的任何一家进入市场的传媒而言,标题决定着它的看点和卖点,决定着它的品牌效应和市场号召力、点击率和占有率。

标题是时代的产物。它必然要随着时代需求而不断衍变、发展,在为社会和受众服务的同时,也为自身注入前行的活力;它不可能远离尘寰,必然要与时代合拍，反映时代的脉搏，带来时代的气息。

对现代新闻标题这门学科的研究，也如同新闻学中其他分支学科的研究那样，从始至终都包含实践与理论两个方面的探索。新闻标题制作实践的探索呼唤着、推动着标题制作理论的探索；理论的探索源于实践，又高于实践，它使实践的探索建立在科学的基础之上。因而，现代新闻标题学的根本任务就在于：要把包括报刊、广播电视、通讯社、网络等多媒体新闻标题制作中诸多方面的实践问题、技巧和原则，上升到理论高度来认识，从新闻传播的基本规律的高度加以概括，总结出带有普遍意义的、科学性的思想、原则和方法来；反过来，去指导标题制作的实践与创新，并以此来丰富、推动新闻的改革及社会主义新闻学的建立和发展。

欲完成这项研究任务，就必须处理好实践与理论、经验与科学的关系。包括标题制作在内的，新闻实践中好的经验，都是十分可贵的，一定要重视总结，但更重要的是要总结出有规律性的思想、原则、方法等科学的、带有普遍意义的东西。因为一个具体经验加一个具体经验，至多只能是量的增加，如果能总结出规律性的知识，则是质的飞跃与提高，其作用和影响要大得多，重要得多。

本书的研究正立足于此。

第二节　标题的内涵

《辞海》对标题做了这样的解释："新闻工作术语。报刊上新闻和文章的题目，通常特指新闻的题目。制作标题是新闻编辑的主要工作程序之一。报纸编辑部用标题来概括、评介新闻的内容，帮助读者阅读和理解新闻。"《辞海》的这段解释，有助于我们对标题的理解。但把标题的制作仅仅看做是新闻编辑的一项工作，而把它排除在新闻写作之外，是不恰当的。正如安岗同志指出的那样："标题是什么？当一个记者从事采访活动，他看到一些问题、现象和事实，在写作中把事实概括起来，就形成了标题。实际上，标题就是一篇文章的主题，它是文章主题的最简明、最有力、最好的体现。"在新闻的写作中，许多同志都有这样的体会：事先对文题毫无考虑就动笔谋篇为文的事，是不可能的，即使有，也决然写不出好新闻来。因为标题，是集中概括文章的主题和所要陈述的事实，或是提示所要阐明的问题。无疑，标题的选定，必将对文章的取材、立论、谋篇，产生直接的影响。纵观新闻的写作过程，标题并不是产生在文成之后，常常是构思于动笔之前；在写作过程中，进一步推敲提炼，最终完成于文成之后。编辑处理稿件，并为之拟题的过程，大致也是这样的。新闻的写作与标题的制作不能截然分开，彼此是密切联系的。胡乔木同志在讲到写文章要想好标题时就说过："有时候想个好标题，等于写一篇文章所用的精力的三分之一。"

那么，究竟什么是"标题"，似乎可以作这样简单的表述：它是媒体上新闻和文章的题目，通常特指新闻这种文体的题目。是以大于正文的字号，用精警的词语，对新闻内容和中心思想富有特色的浓缩和概括。它是新闻的一个组成部分，是新闻报道的延续和最后完成。这也就是说，第一，它必须是新闻事实的浓缩，是新闻不可分割和不能任意拟定的一部分；第二，它是对新闻事实"画龙点睛"式的评论，让受众透过这个小小的"窗口"，窥见新闻的要义；第三，文字简短，富有个性特色。这样，新闻标题与书籍及其他文体的题目，就有了明显的区分标志。

标题具有标示、评论新闻内容的作用，是对新闻事实与中心思想的高度概括和浓缩。因而，标题必须言之有物，要有内容，切忌空泛、笼统；要有鲜明的目的性，做到爱憎、褒贬、是非分明。这是新闻标题最基本的内涵。

2004年6月，上海市绍兴路传出了一条喜讯：

（肩）　50多年来坚持每年写一份申请书
（主）　91岁入党　王元美了夙愿

（2004年6月16日《新民晚报》）

我国著名戏剧家杨村彬先生的夫人、人艺老编剧王元美，50多年来每年写一份入党申请书，在她91岁时实现了夙愿，成为一名中共预备党员。王元美同她在东方电视台担任编导的外孙女宋扬几乎同时入党，祖孙俩还是一起填写入党志愿书的呢。老人露出一脸灿烂笑容说，成为预备党员后，要更加努力，迎接考验。《新民晚报》为这条在一版显著位置加框的新闻所拟定的标题，看似直书其事，而字里行间无不渗透着编者的赞许之情。

（主）　火星真的有水了！
（副）　火星有水才有生命　移民火星不用背水

（2004年1月24日《新民晚报》）

火星，我国古代也叫"荧惑"。太阳系九大行星之一，按距太阳由近及远的次序为第四颗。火星上到底有没有生命,甚至有没有跟我们一样的"外星人"?历来为人们所关注。如今人类征服太空取得重大突破,证明火星有水了。标题看似叙事实题,其实它那融入信息中的喜悦之情,更是语言文字难于言表的。

1999年2月28日晚,著名作家冰心在京辞世。次日,许多报纸都刊登了新华社播发的电讯稿,但标题各不相同。

(肩)　民进中央名誉主席　中国作协名誉主席
(主)　著名作家冰心在京逝世

(1999年3月1日《人民日报》)

(肩)　久病不起99岁之年辞世
(主)　冰心老人远去　小小橘灯长明

(1999年3月1日《羊城晚报》)

冰心于五四时期投身新文化运动,是我国现代和当代文坛上有重要影响的文学大师,著名的社会活动家。《人民日报》作为党中央的机关报,标题在持重、严肃中寄托着无尽的哀思,与其身份是符合的。但《羊城晚报》的标题,确是一则将传播功能与评论功能巧妙结合、构思精巧的标题。这则标题不仅信息量大,而且将冰心老人脍炙人口、曾经影响了几代读者的代表作《小橘灯》与"长明"组合在一起,预示着这位世纪老人的人品和文品都将"长明"于世。这就远比《著名作家冰心逝世》、《文坛世纪老人冰心昨晚辞世》、《冰心逝世,享年99岁》一类题目,发人深省得多。

新闻事业发展的历史表明:新闻传播活动是一种社会现象,它起源于人类共同生产劳动和社会交往的需要,并随着社会的经济和传播技术的发展而发展。新闻事业则是社会经济生活、政治生活和文化生活发展到一定阶段的产物。它既是经济、政治、军事、文化等新闻信息的传播工具,也是被一定阶级、阶层或社会集团所控制并为之服务的舆论工具,因而,传播信息、反映和引导舆论,仍然是现代新闻媒体诸种功能中最为突出的两大功能。与之相适应的,新闻报道与新闻评论同为现代媒体不可缺少的两大类文字体裁。比如,一张现代报纸,固然不可能没有占主导地位的新闻,不然就不成其为新闻纸;同样,也不可能没有新闻评论,不然就不成其为一张完整的现代新闻纸。标题是新闻与评论的衔接点,新闻事实与编报人对它的看法都融合在里面了。它一肩挑着两个方面的任务:标示与评论事实、传递与评判信息。它是媒体编辑部最直接最简便的信息传播与发言的手段，是媒体天天要同读者见面的"一句话新闻"与"一句话评论"。这是我们研究标题理论、制作新闻标题最基本的指导原则。一则标题，如果不把着眼点放在传递信息上，将会失去新闻标题应有的品格；反之，如果不注意发挥其应有的评论功能，仅就事论事地做题，就会削弱它的力度，影响到它的针对性与可读性，不可能成为好标题。

1993年8月19日新华社播发了云南省东川市气象局局长用贷款出国"考察"，引起群众不满的新闻。次日，许多报纸予以刊载。

东川市气象局局长太奢侈用贷款赴海外"考察"
（1993年8月20日《人民日报》）

（主）　你好大的出国瘾
（副）　东川气象局局长用贷款赴海外"考察"
（1993年8月20日《中国青年报》）

这两则标题在叙事的基础上，既鲜明地表达了编报人的立场，又形象地反映了人民群众对此的义愤，体现了报道与评论事实双重功能的结合。而另有一些报纸仅就事论事成题：《（肩）东川气象局局长不顾经费严重紧缺（主）用贷款出国考察，引起单位群众不满》。两者相比前者就显得简洁鲜明，吸引人得多。

标题的评论功能，即是标题的拟定者对新闻事实进行缜密的理性思考后，作出不可回避的旗帜鲜明的判断。当然这种判断是以多种形式出现在标题中的，其中最常见的有事实判断和价值判断两类。所谓"事实判断"，即是标题的拟定者对新闻事实的是与非、好与坏、对与错作出的客观判断，这是大量的，前面所举各例均属事实性判断。所谓"价值判断"，即是标题的拟定者对已经发生或正在发生或尚未发生的事实本身进行深入分析的基础上，对其影响、趋向、意义或价值，作出的认识上的评价。当然这倒不是每条新闻标题都能够或需要作出这样的判断，这主要受制于新闻事实本身是否包含有"一叶知秋"的深层意蕴。

（肩）　16个城市共同发表《共建信用长三角宣言》
（主）　诚信建设重塑长三角
（2004年5月23日《经济日报》）

近年来，在经济发达的长三角地区，诚信被越来越视为价比黄金的资源。这个区域内的16个城市的政府不约而同地打出了"诚信建设"的口号，使长三角的"诚信建设"形成了众志成城之势。"诚信建设重塑长三角"，仅仅9个字，便是对"诚信"在为人做事、搞建设谋发展中的重要作用作出的价值判断。

标题之于新闻、新闻之于现实生活，如同小舞台上唱大戏一样，要用寥寥数语把林林总总的新闻素材优化组合，以精练的概括呈现给读者一个生动具体带有动感的画面，借以标示新闻事实和新闻要旨，既能给读者一个具体的印象又能略知底里，实属不易。更何况任何一个新闻事实，都包含着多种意义，这就好似一块多棱镜，在阳光下可以折射出各种不同的光彩。因而，标题的传播功能与评论功能的实现方式又要灵活多样，要因题因事而异。

（主） 辽宁变小了 沈阳有海了
（副） 我国最长的高速公路沈大路全线试通车

（1991年8月21日新华社）

高速公路缩短了辽东半岛交通的时间、距离，成为"一条振兴经济和对外开放的黄金通道"。主标题两句群众的口语，既生动、形象地概括了新闻事实，又充分地表达了人们的喜悦之情。

（主） 一年半载雪 餐桌四季绿
（副） 黑龙江城市居民人均每天吃菜半斤

（1990年1月11日新华社）

这则标题采用了用背景材料做铺垫，用延伸新闻事实的外延的手法，把编者的观点、思想尽寓于事实之中。新闻报道的是大千世界中正在变动着的事实、信息，这些事实、信息都会有一个生成和发展的过程，它就必然具有多触角、多层次的延伸，我们在制题中要善于把握和利用这个特点，以增强新闻的针对性与可读性，巧妙地发挥它的传播、评论功能。

（主） 年薪制缘何琵琶遮面
（副） 年薪制将肯定企业经营者是一个特殊阶层与企业共享成果、共担风险

有人担心年薪制会带动新一轮工资增长，使其失去原有意义

（1995年9月13日《北京青年报》）

（主） 最后一颗公章悬而未落
（副） 农民感叹事难办，农行担心贷难收

（1988年3月14日《贵州日报》）

标题的制作理念与艺术技巧

新事物、新问题层出不穷，对有些问题的认识和解决，往往涉及许多部门，甚至还有待制度的完善。因而，在发挥标题的传播与评论功能时，应尽量客观，使之多具有思考性和思辨色彩。《北京青年报》、《贵州日报》这两则标题，体现了这个特点，它传递的信息量超出了新闻本身。

在为暴露性、灾害性的报道拟题时，也尽量做到不做单纯暴露性的标题，多做提醒式的标题，把传播与评论功能有机地结合起来，从而变特定的由相关利益与兴趣接近而形成的少数读者的特殊兴趣，为社会多数成员共同关心的普遍兴趣，让更多的读者从心理上、思想上潜移默化地得到教益。对此，有几则标题的制作过程颇有启发。

有家报纸在发表一盗窃犯落入法网的新闻时，原题为《徐军盗窃废钢材落法网》，见报题则改为《（肩）徐军盗窃废钢材竟有人敢收（主）"好处费"成了销赃"通行证"》。在报道一家百货店失火时，原题为《新金百货大楼昨日发生火灾》，见报题则改为《（肩）雨天也要注意防火（主）新金百货大楼因雷击起火》。在报道另一起火灾时，题为《（主）醉酒扔烟头引起无情火（副）饮酒时吸烟既不健康也不安全》。

对灾害性、揭露性新闻标题，着眼于发挥它的警醒作用，主要是靠事实。根据事实点明必要的原因、交代背景，或需要提醒读者的注意拟出肩题或副题，既可以使读者了解更多的信息，又可从中吸取教训，并能增加标题的亲切感。

借问尊书何处卖？秀才遥指自家门！

（1990年12月12日《经济日报》）

（肩）　麻将声声搅得女孩学不安宁　童心切切泪洒门外敬告大人
（主）　叔叔阿姨，请你们不要再来了

（1990年7月18日《江汉石油报》）

（主）　农妇腹中取出胃柿石
（副）　医生提醒勿空腹大量食黑枣柿饼

（1995年9月20日《今晚报》）

前题用平实的语言，客观叙事的手法，批评了出版界的一件怪事：要作者包销卖书。中题情真意切地规劝，读过能不让人动情？后题虽然讲的是个人遭遇的病痛，其意也在为社会公众提个醒。

媒体是大众传播媒介，其主要功能是报道事实、传播信息，新闻标题评论功能的实现，也必须要像清代史学家章学诚说的那样："夫立言之要在有物。"要善于借事立言。如：

党校院内立起神龛　何人所为？
烈士陵园设娱乐城　先烈怎眠？

（1994年4月5日《人民日报》）

（肩）　不"炒"歌星影星　重奖一线标兵
（主）　五粮液酒厂劳模真风光

（1994年4月13日《人民日报》）

（肩）　吃讲营养　住讲舒适　用讲高档
（主）　农家小日子美着呢
（副）　20年间全市农民收入增长22倍，农村实现小康

（1998年10月21日《今晚报》）

（主）　管不好土地　坐不稳"位子"
（副）　去年有72名干部因土地问题被撤职

（1999年7月7日《人民日报》）

弄清新闻标题的内涵，紧紧地把握标示与评论事实、传递与评判信息的本质特征，是研究新闻标题理论及其艺术技巧最基本的立足点和出发点。

第三节　标题的演变

标题是人类社会传播活动发展需要的产物、时代的产物，它同新闻一起反映时代的社会生活，同时又影响着社会、推动着时代的发展，并随着时代的变迁、发展而不断地创新和发展。

当然，像任何一个事物的产生一样，"标题"作为一个有着这样相对稳定内涵的独立概念的出现，也经历了一个漫长的孕育、发展和演变过程。

古代报纸的萌生及其漫长的无标题时期

我国是一个历史悠久的文明古国，是纸和印刷术的发源地，是世界上最先有报纸的国家。中国的报纸源远流长，早在1200多年前的唐代，据史料的记载就有了唐王朝的宫廷报——邸报。由于它是由地方政府派驻京都的"邸吏"负责传发，所以统称"邸报"。最早的这种报纸的状况是怎样的呢？现有两份珍贵资料可供研究。

标题的制作理念与艺术技巧

一份是1982年在英国伦敦不列颠图书馆发现的一份唐代邸报。这张"敦煌邸报",是唐僖宗光启三年(公元887年)归义军节度使派驻朝廷的进奏官张夷则发往沙州(今敦煌)的手抄邸报。这是现存的中国最古老的报纸。这张邸报是英国人马克·奥里尔·斯坦因于20世纪初从敦煌莫高窟窃去的。原件为一张长97厘米宽28.5厘米的白色宣纸。正面是行文的具体内容,无题头,共60行,从右至左,上下书写,字迹工整。背面是一位曲文爱好者誊录的民间文学作品《大汉三年季布骂阵词》文。

另一份是唐代著名学者孙樵(字可之),在他所著的《经纬集》第三卷(见《孙可之文集》卷十)中,有一篇写于唐宣宗大中五年(公元851年)题为《读开元杂报》的文章。文章说:

"樵于襄汉间,得数十幅书,系日条事,不立首末。其略曰:某日皇帝亲耕籍田,行九推礼。某日百僚行大射礼于安福楼南。某日诸蕃君长请扈从封禅。某日皇帝自东封还,赏赐有差。某日宣政门宰相与百僚廷争十刻罢。如此,凡数十百条。樵当时未知何等书,徒以为朝廷近所行事。……有知书者自外来,曰:此皆开元政事,盖当时条布于外者。樵后得《开元录》验之,条条可复云。"

孙樵,在宣宗、僖宗年间做过中书舍人等官,是著名唐代文学家韩愈的学生。所谓《开元杂报》,系孙樵对自己在襄汉一带所搜集的数十幅书经过考证后而题名。实际是唐代开元年间(公元713~741年)公布于外的文报,内容可以与《开元录》核对得上。因为此报当时仅流传于京都,外间颇为少见。后来他"取其书帛而漫记其末"。由此可以证明此报原属帛书,并不是雕版。据考证,这就是唐朝廷发布的"报状",是中国的原始形态报纸。

根据这些记载,无论是被孙樵称之为《开元杂报》的邸报,或者是唐僖宗光启年间的敦煌邸报,编排都是十分简单的。它要么是帛书,要么是手写后再用木板雕刻印成单张的,它是根据事实的繁简来定版面(页数)的多少,每版(页)都是十三行(每行十字)楷体字,字的大小相同,有界栏而无中缝,书本式;同时,它"系日条事,不立首末",就是说这是按照日子罗列事件,没有各自的题目,也没有结束语。其内容多是皇帝的诏书、命令及其起居言行,王朝的法令、公报和皇室动态,臣僚的奏章疏表和进谏,朝廷官员的升黜、任免、赏罚、褒奖贬斥等。它没有一般新闻和言论,也没有各自的题目和结尾。由此可以推论,我国唐代的报纸,是没有标题的。

我国古代报纸产生于唐代，到宋代进入鼎盛时期。宋朝虽然不是一个强盛的帝国王朝，但是，它建立了一个比唐朝更为彻底的中央集权的政权，朝廷不仅有大量发行的官报——朝报，而且还出现了一定程度上反映人民愿望和要求的民办小报。那时候的邸报虽有名目、刊期、隶属等方面的变更，但在编排技巧上依旧是陈陈相因，从内容到形式都无重大变化。小报的版面形式和朝报大致相同，不设报头，没有报名，没有标题，内容除摘要刊登朝报要闻外，略为有点自己采写的时事政治新闻，包括朝廷正在讨论还未决定的问题。

关于元朝报业情况，在历史文献中记载甚少。据仅有的零星记载推论，那时邸报仍在流行，编排未见有明显的改变。

标题范形的出现及分类题的广泛使用

明朝的报业较元朝又有了很大的发展，明代有宫门钞、辕门钞、邸报、京报等多种，习惯上都称朝报。明朝邸报所刊载的主要内容仍与唐朝相似，多为诏旨奏章一类的官文书，但增多了对当时的政治、经济、文化方面情况的记载。到了明朝末年，并有少量的社会新闻面世。其中较为引人注目的，是明熹宗天启六年五月初六（公元1626年5月30日）位于北京宣武门的王恭厂火药库突然发生爆炸的新闻。

到了16世纪中叶，明朝的统治者允许民间自设报房，这类报房大多设在北京，消息来源是在封建政府的监督下从内阁有关部门抄来的一部分邸报的消息。这种民间报房出版的报纸，统称"京报"。它的读者主要是官吏、豪绅和巨商。也就在这以后，我国最早的报纸标题在"京报"上偶然出现过。例如，在明神宗万历元年正月十九日"京报"上，就刊登了这样一条消息：

"乾清宫门，伪阉章龙伏诛。是日早，乘舆出乾清宫。有男子伪着内使巾服，由西阶下口而前，为守者所执。索其衣，得刀剑各一，具缚两腋下。……奉旨下东厂究问，……"

看消息前的标题，有地点、有人物、有要点，十分具体和确定，可算是我国报纸标题的最早范形了。但是，那时的报纸还毕竟是一种雏形的"简报"，读者面窄，手工抄写，消息也只有十数字，作为新闻内容高度概括的标题，尚无产生的必要，也无产生的可能。所以标题的使用还是很偶然、很个别的现象，远远没有成为报纸编排的一种必不可少的手段。

标题的制作理念与艺术技巧

明末清初，由于活字印刷的采用，其后，在19世纪中叶，我国报纸又从书本形式演变为报纸形式。官办的邸报（已更称《京报》）刊载内容的大大增加，发行量的扩大，推动了报纸编排技术的提高，标题的制作已开始列入报纸的编辑范围。从光绪初期起，官报或报房的报纸，以及鸦片战争后资本帝国主义在香港、上海、天津、北京等地创办的一大批以中国人为对象的中文日报等，都有消息的类别，冠以总标题。如官报的"门抄"、"上谕"、"奏折"等；又如创刊于1872年的外人兴办的上海《申报》，就有过"上林春色"（北京消息）、"白门柳色"（江宁消息）、"屧廊艳影"（苏州消息）、"西湖棹歌"（杭州消息）、皖公山色（安庆消息）、"鸳湖渔唱"（嘉兴消息）、"鹤楼留韵"（武昌消息）、"羊城夕照"（广州消息）等。这种标题实际是按照消息的外部特征，如所报道的人物、消息的来源、消息的门类和紧急程度进行组编的分类题。读者虽然还不能从这种标题上直接了解消息的具体内容，但比之无标题的古代报纸，阅读起来已经方便多了。

分类题的突破与一文一题编辑方法的出现

这种笼统而简单的分类题，对于无题来说虽说是一大进步，但随着新闻传播手段的不断改进，随着西方列强瓜分世界的战争等重大事件的不断发生，人们越来越迫切地需要迅速了解外界的最新动态，报纸的新闻也逐渐大量增加，这种只告诉来自何地、属于何事的无具体内容的分类题已经不适应时代发展的需要了。于是在19世纪70年代，分类题便开始被突破，一文一题的编辑方法出现了。从现有资料看，国内最早采用这种标题的是外国人办的中文报《上海新报》。该报创刊于1861年（清咸丰十一年），初办时主编为华美德，后由傅兰雅编辑，第三任主编是林乐知。《上海新报》创刊时为周报，1862年5月7日改为周三刊，其后又改为日报。报纸的篇幅为8开型，用白报纸两面印刷。这家报纸创刊9年之后，便在二版上打破了只在新闻栏笼统标示"中外新闻"字样的做法，开始用一文一题、按每条新闻的内容拟题，并用头号活字排印的编辑手法。1870年3月24日的《上海新报》上便有"刘提督阵亡"、"种树得雨"这样的标题。让读者一看，便知新闻内容的大概。又经过20余年，这类标题在报纸上的使用才日渐广泛起来。比如，梁启超主办的《时务报》在1896年的创刊号中，在"京外近事"这个类题之下，就有三则标题《都城官书局开设缘由》、《中国议办商务局缘由》、《广西开办铁路》。这最后一题《广西开办铁路》，更近于现代的新闻标题了。但还应该指出，当时这类标题都很简单，大部分采用四、六字一句的单行式，比较具体但又不十分确定，一般来说都较为冷漠和呆板，从中难以判断编者的倾向性。如"路狭难行"、"质物新章"等。同时，标题也还没有采用较大字号，而是与消息的文字同一字号，排列于前行。

中国近代报刊的崛起与严格意义上的标题的产生

19世纪40年代后，中国逐步变成了一个半殖民地半封建的社会。随着西方传教士的东进，中国大地上出现了一些新形式的报刊。特别是从19世纪70年代开始，中国人自办的报刊也逐渐冲破了封建时代官报的圈子，我国报业进入了近代报刊的兴盛时期。到1915年《新青年》杂志问世，中国人自办的近代报刊已有近2000种，并逐渐形成了以言论、新闻、副刊和广告构成报纸版面的基本结构。直到20世纪初，随着近代报纸的进一步发展，各报争取读者、求生存的竞争加剧，从而进一步推动了标题的不断改革、创新。在这期间最为明显的有三个显著特征：

一是标题字号与消息正文的字号有了区别，标题比较突出显著了。这一改进首先是1904年创刊的《时报》在"发刊词"中提出来的。它说："本报编排务求显醒。……用大字者，务求醒目；用小字者，刊登内容丰富也。"这里所谓"用大字者"，主要是指标题与正文的字号要有区别，以取得"显醒"的效果。接着，《申报》在1905年2月7日宣布改革方针时更具体地提出"别刊大字，择要标题，藉振精神，并醒眉目"。与此同时，《申报》还创造了一种"要闻大字排印"法，一般新闻用五号字，要闻改用二号字，而且排列于全部新闻之前，使之格外醒目、显著。

二是标题已不再仅是内容的简单摘录，而是内容的浓缩，明显地倾注着编报人的倾向性。毛泽东同志在20世纪50年代曾提到过一则好标题，《大乱者救中国之妙药也》。这就是1911年7月26日发表在汉口《大江报》上的一则短评的题目。当时正值武昌起义的前夕，极端腐败的清朝统治者丧权辱国，中华民族面临危亡的关头，《大江报》这则标题，大声疾呼，号召同胞们起来革命。旗帜是何等鲜明，气势是何等磅礴啊！这则标题便是从文中的警句"故大乱者，实今日救中国之妙药也"精练而成的。它犹如一把锋利的钢刀直刺敌人的心脏，又似一声春雷，震撼祖国大地；它还酷似一服妙药，使病入膏肓之人有了起死回生的希望。

三是从单行的单式题发展到有主题和辅题相搭配的复式题。1909年11月8日《民吁日报》有则标题《呜呼祖国之文物（主题）——敦煌石宝书目及发现之原始（副题）》。1911年4月20日《申报》有则标题：《卖国奴正法余闻（主题）——此等败类（副题）》。浙江金华人邵飘萍于1918年10月创办的《京报》上，甚至出现过一条新闻十行标题。这就是1923年1月21日《京报》二版上的一则新闻，肩题和主题各为一行，副题却有八行，字体、字号都各不相同。上述这几则标题都有对主题起解释和加强作用的辅题，而且文题一致，切合内容，基本摆脱类题的束缚，成为一种独特的版面语言，与现代报纸的新闻标题已经基本相近。

第四节　标题的种类

如何划分新闻标题的种类，至今方法不一，说法各异。

有按照新闻标题的构成形式划分的：单式题（亦称"单题"）与复式题（亦称复合题"系列题"）。所谓单式题，即是有主题而无辅题（肩题或副题）。单式题可以是一行题，也可以是双行题。所谓复式题，由主题与辅题组成，它可以是"肩—主"构成式的，"主—副"构成式的，也可以是"肩—主—副"构成式的。对于三重结构的复式标题，一般多用于信息量大又较重要的新闻以及少数内容新颖、可读性强的花边新闻。有的报纸，不注意恰当使用复式题，因而应该突出的新闻没突出，标题呆滞，鼓动性不强。读者对此有批评，值得引以为鉴。版面上各种构成形式的标题都要有，并应恰当地平衡其数量和位置，才能使整个版面显得丰富多彩，和谐美观。

有按新闻标题对新闻内容表意程度划分的：实题与虚题。所谓实题，特点是以叙事为主，即直接概括性地标明新闻的基本事实。所谓虚题，特点是以说理为主，即直接明确地标示新闻内容所包含的政策原则、理论观点、要求愿望，指出其具有普遍意义的原则、观点、方法、精神风尚等，阐明新闻的意义，揭示新闻的本质。

要制作好标题，有个要处理好各种关系的问题，诸如：内容与形式的关系，事实与观点的关系，局部与全部的关系，政治与情趣的关系等。而所有这众多的关系中，经常要碰到的，必须处理好的则是虚与实的关系。这里讲的"实"，就是叙事，指的新闻事实；"虚"，讲的是议事，指的思想意义。一则新闻标题如果全是虚的，读者看后只能得到抽象的概念，不知所云何事；如果全是实的，读者看后虽然知道说的是什么事情，或许又难以明了言之何意。所以，标题要做得好，就必须处理好虚实关系。虚实要结合得好。

有按新闻标题的语气、语法关系、辞格艺术、新闻体裁、新闻价值来分类别的，等等。

无疑，上述这些分类，都是就新闻标题这个概念外延的某一特征，根据不同的需要加以划分的。笔者认为，标题来源于新闻，是新闻不可分割的一个从属部分。我们应该着重按标题本身对新闻内容的表达作用及其与之结合的方式来划分其类别。在目前媒体中，特别是报纸上常见的标题有：肩题、主题、副题、插题、提要题以及边题、尾题、栏目题、组合题等九种。其中，主题、肩题和副题是新闻标题中的基本题种。

一、肩题

肩题也叫眉题、引题或上副题。它或者不是一个完整句子，或者语义不完整，放在主题的上方（横排）或前方（竖排），只能与主题搭配出现，是从属于主题的"先行官"。它或者用于交代背景和原因，或者用以说明主题的意义和内容，或者以鼓动、揭示、含蓄、抒情、讽刺等手法，来加强主题的气氛和力量，表示传播者对该条新闻的观点和立场。如无特殊表达需要，文字要少于副题，宜简短，以一行为宜。

肩题的作用，大致有五种。

1. **长句化短，引出主题**。多用于化解较长的单式题。如：

（肩）　朝鲜称今年上半年
（主）　美对朝进行千余次空中侦察

　　　　　　　　（2004年7月27日《人民日报·海外版》）

（肩）　高学历高层次人群的自我保健成问题
（主）　恶性肿瘤成为中关村居民死亡首因

　　　　　　　　（2004年2月24日《北京日报》）

（肩）　担负执勤任务的武警部队官兵结合所见所闻
（主）　用铁的事实批判"法轮功"

　　　　　　　　（1999年7月26日《解放军报》）

这类标题，肩题与主题常常就是一个完整的句子。或单句居多，或复句。

2. 交代背景，强化主题。如《人民日报》：

△ （肩） 3年前摔伤　手术后昏睡
　（主） 南京一"植物人"开口说话

△ （肩） 重庆诞生西部首个少年邮局，新局长是个高二学生
　（主） 未满18岁就当邮局局长

（2004年6月28日《北京青年报》）

背景材料是消息中对于新闻事实发生的历史、环境和主客观条件所作的说明。在通常情况下，新闻之所以成为新闻，是有背景材料衬托的。因此，标上新闻背景，使主题更富有新意。

3. 说明目的，交代原因。如：

（肩） 对口协作　共同发展
（主） 我国加快东西部横向经济联合

（1991年10月16日《人民日报》）

（肩） 鼓励种菜的　搞活卖菜的　保护吃菜的
（主） 淮北菜篮子工程蝉联安徽五连冠

（1994年5月3日《人民日报》）

肩题起了说明目的、交代原因的作用。肩题的这种作用最为常见，一些较重要的新闻标题，肩题大都担负着此种功能。如：

（肩） 治国无能　内讧不止　丑闻迭出
（主） 英国地方选举保守党遭惨败

（1994年5月9日《解放日报》）

4. 烘托气氛，点染意境。如：

（肩） 挽强弓　沉住气　瞄靶心　嗖嗖嗖
（主） 特区姑娘将城运射箭女团金牌挂胸前
（副） 目前南京以4金名列城运会金牌榜首
　　　深圳、重庆、长春各以3金并列第二

（1995年10月17日《深圳晚报》）

（肩） 彩灯映照笑脸　歌声洋溢大厅
（主） 中央领导同志和首都小朋友们喜迎新春

（1984年2月1日《光明日报》）

5. 标示事实，为虚主题提供"立论基础"。如：

（肩） 烟草税利一年305亿造成损失高达409亿

（主）　吸烟有害　得不偿失

（1994年5月5日《文汇报》）

（肩）　生活有规律　每餐八分饱
（主）　预防"吃出来的癌"——胰腺癌

（2004年6月6日《解放日报》）

　　肩题的作用，主要是以新闻的某个方面的事实、原则、观点为前导，以引出主题；同时，也担负着辅助主题阐明新闻的中心思想的任务。因而，它所采取的方式，要么是叙事（交代背景、说明原因），要么是说理（揭示意义），要么是抒情（烘托气氛）。到底采用哪种方式，主要是根据主题的性质和内容来定。肩题在消息中使用得较多，以往其他新闻体裁中用得很少，而今已为除正规评论外包括理论文章在内的各种体裁广泛使用。在1996年5月的第六届"中国新闻奖"评比中，通讯组共有111件参评作品，其中有22件（含特写）作品的标题有肩题。

二、主题

　　主题也叫主标，是主要的题目，也是标题中最受人注意的部分。一般地说，新闻中最主要的事实和思想的概括与说明，都要由主标来表达。它是一个完整的句子或词组，在标题中字号最大，地位最突出，能够表达一个完整的概念和意思。没有主题，标题就不能成立。

　　主题通常为一行，但在有些情况下，比如在主题上需要同时表达两个或两个以上同等重要的概念、意思和事实，或在一行题太长需要排成两行甚至多行时，可有多行主题。前者从内容上分，叫"多主题"，后者从形式上分，叫"多行主题"。但在通常情况下，如无特殊需要，主题至多也不能超过两行，行数太多会影响中心的突出。它可虚可实，但在单独成题时，应为实题或虚实结合题，这是与评论等其他文体标题的一个区别。

　　主题与辅题有着明显的主从相随的语法关系。一般地说，肩题与副题都是对主题的整体或其中的中心词的说明、补充、注释、铺垫，它们不能离开主题的需要而随意拟定。

　　在单式题中，虚实关系大都采取既叙事又议事构成式。如：《乌鸦群中有"白子"，世上诸事莫说绝》、《忧！忧！忧！中年牛驴尽入人腹》。在复式题中，则常常要采取主题与辅题分别担负起叙事与议事的任务，形成一个虚实结合的构成式。而在虚实结合的整题中，担负议事的虚题，一般只限于主题与肩题，副题不担当此任。这样，在处理主题与肩题的虚实关系中，大致应当遵循下面谈到的原则。

主题一般以实题为主。这是因为：第一，从标题所担负的任务上看。新闻标题所担负的传播事实与评论事实的两大功能中，传播功能是带有"物质基础性"的第一位功能，评论功能则是由此派生的，主要功能理所当然一般要由主要标题来承担为好。第二，从读者阅读心理上看。读者阅读新闻，主要是要了解发生了什么事，从中获取信息，至于对事实的评论，对信息的判断，则居于次要的地位。这样，凡是关于国内外重大事件的报道、中央主要领导人的重要活动、党和国家的重大决策、带有全局性的重要的政治与经济的成就、突发性的重大自然灾害，以及首次出现的有普遍意义的新风尚，全国性典型的模范事迹和一切受众迫切需要了解的其他信息，主题都应以实题为宜。第三，从报纸版面组合上看。新闻标题的一个重要特点，是利用字号大小、浓淡，来显示需要突出的新闻内容；读者选择新闻、看标题，一般都是先看主题，如果版面上主题虚标过多，尽管辅题全是讲的引人的事实，仍会在读者的视觉中造成"新闻不多"、"雷同"、"无个性"的印象，从而失去应有的吸引力。

当然，在通常情况下，主题应以叙事的实题为主。但并不是说构成新闻事实的"五个W一个H"六要素都要写进主题，更不是叙事的任务只由主题来承担。一般地说，六要素中起主导作用的何人（或集体或个人）、何事，常常由主题来承担，何事并为每则标题必不可少的；而其他要素，如何时、何地、何因（包括目的、意义、手段）、何果（包括行为、经验），是否写进标题，或由谁来承担，则需要视新闻价值的大小而定。

从一般意义上讲，新闻标题的主题应以实题为主，但这绝不是否定虚题的辐射和对新闻的引申作用，也不是说在任何情况下主题都要做实题。新闻事实是具体、外在、表象的，而新闻标题既需要凝聚新闻的核心事实，又要透过现象抓本质，反映新闻事实的深意，揭示和弘扬它的社会价值及包含其间的政策思想、理论原则和道德风尚。当后者成为传播目的的主导方面时，主题就应以虚题为佳。如：

（肩）　昆钢技术员刘富有晋升工程师一事说明

（主）　选拔贤才不应先量"胡子"的长短

(1980年9月2日《光明日报》)

（肩） 东莞、深圳两地邮政办得红红火火，明明白白地点出了一点——
（主） 要解困？找改革！

(1994年5月8日《羊城晚报》)

（肩） 浙江一位"活雷锋"北上探望他资助四年之久的孤儿寡母，途经济南竟遭人敲诈、毒打……
（主） 可气！可恶！可恨！

(1994年9月2日《广州日报》)

上面三则主题，也分别体现了复式题中虚主题的三种常见形态。前题为第一种，提出一种值得注意的倾向、一种原则与要求；中题为第二种，阐明一个观点、提出一种论断；后题为第三种，对新闻事实作出直接的评论，有的评成绩、论意义，有的评性质、论是非。

近年来，随着新闻作品的分析性和综合性的加强，对那些由于涉猎的事例较多、时空跨度较大的综汇性新闻、深度报道，主题一般也宜选择针对性强的新经验、新面貌或新问题拟成虚题。如：

（肩） 内塔尼亚胡要走　阿拉法特劝留　克林顿未定来不来
（主） 巴以谈判："相见时难别亦难"
（副） 安全问题谈不拢和谈重陷僵局

(1998年10月23日《深圳商报》)

在句式的选择上，主标题要多用语法结构简单的短句，避免使用结构复杂的长句；要多用单句，少用复合句、附属句。当其为完整的句子时，其基本句式应该是"主语—谓语—宾语"或"主语—谓语"式的结构。有的时候，即使主标需要把话说得周全些而必须用长句来表达时，也可设法把所要用的长句化为短句，把意思拆开来表达，化为结构简单的两个短句。如：

敦煌艺术史断代有新说
专家论证应"增寿"之解

(1999年2月10日《海口晚报》)

首例楹联著作权案纷争十载
七旬农妇状告大学教授有果

(1995年9月19日《北京青年报》)

标题的制作理念与艺术技巧

这样把长句化为两个句式相同、字数相等的短句，不仅读起来省力、顺口，而且也有利于版面的美观。

为了使主标简短精练，在有辅题的情况下，常用词组（亦称"短语"）做主标。词组是由词和词相组合而成的，由于其内部组合关系的不同，大致可分为以下几种类型。

偏正词组。即指词组内部的组合关系是修饰与被修饰关系的词组。偏正词组都是前偏后正，前面的词语修饰后面的词语。在主标中所使用的偏正词组，大都是以定语形式出现的，一般都有结构助词"的"。

它有利于突出新闻事实的个性，限定其所属关系。如：

（主） 生命的支柱
（副） 张海迪之歌

（1983年3月1日《中国青年报》）

它有利于对新闻人物和新闻事实进行中肯的评价。如：

（主） 当之无愧的楷模
（副） 怀念敬爱的黄克诚同志

（1988年11月3日《人民日报》）

它有利于概括文意，对新闻事实进行"点睛"式的分析评说。如：

（主） 正义的胜利
（副） 评联大第10次通过柬埔寨局势决议

（1988年11月5日《人民日报》）

它可以利用修饰词与中心词的矛盾关系，给人以美的享受和新思想的启迪。如：

（主） 喜人的烦恼
（副） 花生丰收时节访上塘

（1981年11月1日《新华日报》）

标题的制作者运用相辅相成的表现手法，把喜与烦这一对矛盾现象巧妙入题，既从一个侧面反映了党的十一届三中全会后农村形势大好，花生喜获大丰收，又反映了丰收后出现的新问题，即收购、储存工作跟不上，而引起的喜人的烦恼。

偏正词组内部词与词之间的搭配方式是多种多样的，难以一一列举。它变化最大，在新闻标题中运用也十分广泛，但在使用时应注意：如以名词做中心词，结构助词就必须用"的"；中心词是动词或形容词的时候，结构助词就用"地"。根据不同语言环境，有时结构助词也可省去。如：

"才迷"张襄祺

（1984年12月22日《人民日报》）

联合词组。即指词组内部的组合关系是联合、并列的关系。用联合词组做主标，或把新闻事实的不同侧面凸显在读者眼前，以增加标题的厚度，或把两个或两个以上有某种内在联系的词语联在一起，借以阐明其间的因果关系或某个耐人寻味的道理。

（肩）　经营承包调动了职工的积极性
（主）　过去磨、转、看　现在赛、比、干
（副）　曹门关回民饭馆的经济效益大幅度提高

（1983年2月23日《开封日报》）

主标由两个动词的联合词组组成，把同一家商店承包前后所产生的结果的不同侧面，作了生动形象的相应比较。

（主）　他、她、她
（副）　一个买书、让书的故事

（1981年4月9日《孝感报》）

这是一篇通讯的标题，讲的是三个平凡人的几件平凡之事。全文以买书、让书为主线，通过精巧的布局，热情洋溢地赞扬了三个普通人——巡线工（他）、两个营业员（她和她）的高尚的道德风尚。在标题中不点出他们的姓名，而用人称代词联合成题，能收到含蓄引人的效果。

由联合词组独立成题，往往难以直接、明快地表达一个完整的意思，应用于制题就受到很大的限制。一般地说，在题意较含蓄的言论和杂文题中较常见，通讯、专访和报告文学中也偶有所见，独立做消息的主标就很少见了。但在标题中，含有联合词组的成分，应用就多了。在使用时应注意，在联合词组中，如果是两个名词的联合，连词大都用"和"，如《韩玉亭和他店里的年轻人》（1988年11月28日《人民日报》），偶尔也可用"与"；如果是两个动词的联合，连词则常用"并"或"并且"；如果是两个形容词的联合，则常用连词"而"或"而且"来连接。如果是多项联合，有的用顿号，有的也可省去，如《眼皮底下的脏乱差》（1985年7月25日《天津日报》），"脏乱差"这个联合词组便没有用顿号。在多项联合中，如果顿号和连词并用，就只能在最后的两个词中用上连词，前面都用顿号。更由于标题毕竟不同于正文，有其特性，还可以巧妙地运用多种

标题的制作理念与艺术技巧

符号来表示词与词之间的联合关系。如：

厚爱·期望·追求

（1988年10月17日《中国电视报》）

（肩）　水稻生产+工副业+第三产业
（主）　前阳由"单腿跳"变为"双腿跳"
（副）　1984年农业劳力减少一半，水稻总产仍超亿斤，人均收入纯增206元

（1985年1月22日《辽宁日报》）

动宾词组。即指词组内部组合关系，是支配与被支配的关系，而且处于支配地位的前一个词都是动词，后面的词大多是名词或名词性词组，是动词的支配对象。用动宾词组独立成题，能使标题概事达意简洁鲜明，有气势并富有动感，是新闻特别是言论常用的标题形式。如：

收起对策，执行政策

（1985年2月5日《人民日报》评论）

这年的春节前夕，社会上刮起一股变着花样地乱发实物、乱花钱的不正之风，大量挥霍、浪费国家财产，中央虽三令五申，歪风不止。标题义正词严、理直气壮地提出：收起对策，执行政策。这本身就有极强的针对性和战斗性。

还要发扬艰苦奋斗精神

（1986年2月1日《安徽日报》评论）

在我国商品经济有了较大的发展，物资多起来了，还要不要提倡艰苦奋斗？人们摈弃了"穷光荣"、"富则修"的谬论之后，还要不要提倡艰苦奋斗？标题毫不含糊地作了肯定回答。这无疑对当时社会上某些盲目地追求"高消费"，忘乎所以地热衷追求豪华、仿效奢侈的不良风气，是针锋相对的鞭挞。

（主）　走出封闭的小天地
（副）　昌邑农村党支部书记采访记

（1986年11月24日《农民日报》）

（主）　坚决改变"几世同堂"的状况
（副）　咸阳市工商银行对本系统亲属在一个单位工作的三百余名干部职工进行了调整

（1986年8月3日《陕西日报》）

这几则通讯、消息标题的主标都是动宾词组，都很简洁，但寓意和感情却丰富、激越，有力度和深度。

述补词组。即指词组内部的组合关系是补充与被补充的关系。这类词组的前一个词可以是动词，也可以是形容词；后者与前者的关系是补充说明与被补充说明的关系，不表示对象的关系。由此独立成题，可以把题意表达得更周全、完美而具体。如：

（主）　笑得有理，笑在正路上
（副）　访人大代表侯宝林

（1984年5月27日《新民晚报》）

相声是笑的艺术。只有让人笑得妙趣横生而又得益于思想上的启迪，才是真正的健康的艺术。上题以两个述补词组做主标，集中而具体地概括了著名相声表演艺术家侯宝林的艺术特征。

（主）　绿在深山有人知
（副）　记共青团山西省阳高县县委书记杨存富

（1985年11月5日《中国青年报》）

主标是以介词结构做补语，含蓄地点明了新闻人物的志向。

述补词组中的"补"，既然是补语，如果要用结构助词时，就必须用"得"。如：

江东——把历史课教得有声有色，使学生乐于在历史长廊漫步

（1988年9月1日《羊城晚报》）

"有声有色"是动词"教"的补充说明，两者间的结构助词就用"得"。

三、副题

副题也叫子题、下辅题，排在主题后，用以补充主题之不足。它常用于补充交代新闻的次重要事实；说明主题的根据、结果和重要的新闻要素，起注释、补充、印证主题的作用。在多行标题中，它与肩题的分工一般为：肩题主虚，副题主实，而且内容较多，较具体，文字一般要长于肩题和主题，有时根据需要可做成多行副题，或组成多达三四行的"副题组"。肩题与副题的作用不能替代，位置也不能颠倒。

副题的作用，要视主题而定，一般地说有五种。

1. **主题为虚题，副题则承担标出具体新闻事实的任务**。在主题所表

达的事实比较概括，或者仅是标出某个思想、观点或风貌的情况下，副题起着补充和印证的作用。如：

（主）　美"信使"号飞船开始水星之旅
（副）　飞船将绕太阳飞行15圈，其间一次飞经地球，两次飞经金星，三次飞经水星，最后2011年3月进入环水星轨道

（2004年8月4日《重庆日报》）

（主）　保送　保送　多少权钱为你而动
（副）　湖南部分师生家长强烈要求取消保送生制度

（2000年8月2日《中国青年报》）

（主）　生前美容荒山　身后万木成林
（副）　马村区为护林模范姜化川立碑

（1998年2月1日《人民日报》）

2. 为主题中的关键词释义、解谜。如：

（主）　今晨，"雪"是金色的
（副）　罗雪娟女子100米蛙泳夺金侧记

（2004年8月17日《新民晚报》）

（主）　"乐"极险生悲　泰山"石"敢当
（副）　中国举重"双保险"石智勇、乐茂盛智斗群雄

（2004年8月17日《新民晚报》）

（主）　骨肉情缘创造生命奇迹
（副）　双胞胎妹妹捐骨髓救姐姐的故事

（2004年8月10日《新民晚报》）

在新闻实践中，副题对主题中的中心词或关键词的说明、解释作用，运用得相当普遍，也是副题的重要功能之一。

3. 为主题的判断提供事实根据，示人以事。如：

（主）　宁丢税收六百万　要保资源与环境
（副）　大足关闭6家粗放型矿产企业

（2004年8月7日《重庆日报》）

（主）　河北发现一例罕见血型
（副）　国内有此血型者不足30人

（2004年3月1日《华夏时报》）

4. 交代新闻来源、必备要素，说明结果。如：

（主）　战国时代拜金主义盛行
（副）　家庭伦理道德动摇　社会刑事犯罪严重

（2004年6月14日《北京晨报》）

（主）　永川"巡回法庭"下乡镇
（副）　办案简捷　群众称好

（2004年8月2日《重庆日报》）

（主）　药店也要评星级
（副）　我市在全国率先出台星级药店标准

（2004年8月10日《重庆日报》）

（主）　金碑银碑　不如老百姓口碑
（副）　巢湖市曹发贵先进事迹报告会现场写真

（2004年8月6日《安徽日报》）

前两题的副题为主题说明结果，后两题则交代了新闻的来源。

5. 主题为含蓄意境式虚题，副题则起着注释、交代必备新闻要素的作用。这多见于通讯、特写和纪实报告一类文体的标题。如：

（主）　爱心点燃希望之光
（副）　记全国第一个受希望工程资助的少年大学生邓磊

（2004年8月2日《安徽日报》）

（主）　"足"下风光
（副）　今秋皮鞋走笔

（1995年10月17日《深圳特区报》）

（主）　还我绿水青山
（副）　布吉河水土流失治理追踪

（1995年10月9日《深圳商报》）

制作这类标题成败的关键，是要运用修辞格、象征性的词语或诗一样的语言来概括新闻的主题思想，做好虚主题。

从上述简要分析中可以看出，虽说肩题和副题都同属于主题的辅题，但它们与主题的关系是不同的：肩题与主题多为因果关系，肩题是因（说明来源、起因、缘故等等），主题为果。所以肩题可以是叙事的，也可以是说理的，还可以是抒情的；可虚可实，视主题而定。而副题对主题，只起补充、注释和证实的作用，一般多为实题，内容比较具体。在主题为实

标题的制作理念与艺术技巧

题的情况下，要特别注意处理好与副题在标出事实上的分工。一般地说，要掌握这样几个原则：

①以正在发生、变化着的概括性事实为主题，以具体事实为副题。如：

（主）　"的士"难招　专家有招

（副）　避高峰时间　找集散地段　打电话预约

　　　　　　　　　　　　　　（2004年1月19日《新民晚报》）

（肩）　一代名将叱咤风云　千年古墓规模庞大

（主）　关中程咬金墓掘出珍贵文物

（副）　长篇墓志披露史实　精美壁画再现初唐气象

　　　　　　　　　　　　　　（1988年7月10日《光明日报》）

②以事实为主题，以事实为依据的分析、解释与要求为副题。如：

（肩）　卫生部顾问一行到汉中疗养院视察

（主）　马海德和麻风患者握手拥抱

（副）　马老说：麻风病可防可治，并不可怕，歧视麻风病人是不应该的。要大力宣传普及麻风防治知识

　　　　　　　　　　　　　　（1986年9月11日《汉中日报》）

麻风病，历来为人所恐惧；麻风病人，更让人望而生畏。马老还同其握手拥抱，这是为什么？主标简洁地叙述这一重要的新闻事实，副题紧接着就进行分析、解释。

（主）　如此"习惯"太可怕

（副）　这种已成习惯的"不作为"正在成为我们一些官员的致命毒素，此"习惯"对我们的事业是很可怕的损害，必须引起我们的高度重视

　　　　　　　　　　　　　　（2004年7月22日《工人日报》）

③以已经发生的事实为主题，以对未来的展望、期待为副题。如：

（主）　"中国星"接二连三去巡天

（副）　到世纪末，我国将有10颗卫星升空

　　　　　　　　　　　　　　（1998年2月21日《羊城晚报》）

（主）　素不相识　解囊相助3400元
　　　　　女孩得救　好人已骑摩托去

（副）　刘灿亲人含泪寻找救命恩人

　　　　　　　　　　　　　　（1997年7月9日《长沙晚报》）

④以最重要的结果和现实情况为主题,以需要强调的次要部分,如问题、要求、呼吁、措施、反映等为副题。如:

△ (主) 江苏近千名微电子技术人员用非所学
    (副) 省科委主任吴锡军呼吁有关部门、单位采取多种形式,发挥他们的专长

△ (主) 天上掉下大姑娘 丢财蚀银上大当
    (副) 买卖婚姻害人不浅

⑤以最主要的事实为主题,以次要事实或事实的结果为副题。如:

(主) 约旦国王重庆观球
(副) 黄镇东邢元敏等陪同观看

(2004年8月1日《重庆日报》)

(主) 山西会议云南开 十天会期九天逛
(副) 山西省交通征费稽查局局长刘茂组织公款旅游丢乌纱

(1999年8月30日《湖南日报》)

⑥以已经实现的事实为主题,以将来的预测可能为副题。如:

(主) 美科学家找到一种癌变的基因
(副) 可能成为征服癌变的突破口

(1983年9月23日《光明日报》)

⑦以影响大的、值得提倡的为主题,以影响小的或需要鞭挞的为副题。如:

(主) 首都大学生意气风发建设青藏
(副) 五名毕业生拒不服从分配被取消分配资格

(1984年2月16日《北京日报》)

⑧以最新变动的事实为主题,以历史的过去的事实为副题。如:

△ (肩) 海宁路二小的学生雨天真遭罪
    (主) 进出穿水塘 上课要挡雨
    (副) 请注意:这是今年下半年刚修缮好的校舍

△ (主) 五十载磨炼戏艺精湛 几十度风雨人品高尚
    (副) 诸葛亮:一个历史人物在申凤梅的艺术中活起来了
        申凤梅:一位人民演员在观众的掌声里青春不老

⑨以展望未来为主题,以追溯以往的事实为副题。如:

(主) 行业间或城乡间经济合作门路多

（副）　兵器部出资金重钢供钢材　双方得利
　　　　洛阳大厂帮农村挖塘养鱼　城乡皆喜

（1984年3月31日《人民日报》）

⑩以依据事实抽象概括出的原则或新闻事实的主观评述为主题，以对新闻事实的客观叙述为副题。如：

（主）　我国反腐败思路发生新变化
（副）　纠正"部门和行业不正之风"的说法，变成纠正"损害群众利益的不正之风"，体现党中央以人为本、注重为民的工作思路

（2004年2月2日《中国青年报》）

副题的变化比较多，使用也相当广泛，除消息外，通讯、特写、读者来信、评论、调查报告等各类新闻文体都可以使用副题。只是在用法上与消息有所不同，一般地都用来注释主题，或交代必要的新闻要素。

在消息中如有多行副题或组成多达三四行的"副题组"时，应注意字数的相对整齐，不然读起来既不顺口，又会影响版面的美观。

四、插题

插题又叫分题、小题。它是分别穿插在文中的小标题，是文中某一段落内容的概括，使编排更为醒目，中心更为突出，帮助读者更好地阅读和理解新闻的思想内容。在题与文的关系上，插题不必像主题、肩题和副题那样要求严格。它可以是内容提要式的，概括出段落的主要内容，也可以是画龙点睛式的，点出文中最精彩的一点；可以是客观的表达，也可以是作者的主观评说。插题就是文章的脉络，也是概括文意的纲目，各个插题之间，意思要连贯，要能清晰地显示出新闻的思想脉络。通常插题多为一行，语言文字比起其他标题来，要更简洁、凝练。

一条新闻里常有两个以上的插题。几个插题可以采取统一的格式，即用相同的字数，或相同的句式，或统一引用人物的话。这样的插题，形式整齐、醒目、美观，但有时不免显得呆板，束缚思想的表达；也可以不拘一格，即形式不求统一，表达内容可不受局限，看起来活泼些，但使用不当，则会使人有凌乱的感觉。一般地说，制作插题应在不妨碍表达思想内容的前提下，恰当地求得形式的美观整齐。每个插题统领的文字数相差不宜过多，分段的长短要大致相等，而且插题的字数也不应相差太大，以保

持版面的平衡美观。

插题既然是标题的一种,也就跳不出制作标题的一般要求,即必须以事实、材料为依据,忠实地反映内容;文字要精练,简明易懂;态度上,爱憎褒贬要鲜明;还要讲究辞章文采,做到形象生动吸引人。

随着我国报纸版数的普遍增加,专刊、周刊的出现,新闻通讯、深度报道、新闻特写、纪实报告的广泛使用,插题、提要题的运用已经成为现代媒体一种不可缺少的编排手段。插题的使用也早已突破原有应用范围及新闻样式的局限。1995年5月14日至6月1日,《人民日报》发表了一组以《药价怎么这样贵》为主题的系列报道。这组述评、专访和评论组成的系列报道共约11000字,每篇平均不到1400字,其中除两篇专访和一篇评论外,5篇述评新闻都有插题。作为开篇的《药价怎么这样贵?——患者话药价》,发表在一版头条,全文不到1200字,文中也有两个插题:"惊人的药方"、"谁能承受高药价?"这些小插题、或实或虚,因文制宜,针对性强,成为引导读者研究问题、领略文意、阅读全文的纲要。

插题的制作,一般应遵循这样的思路:

第一,遵循新闻事件发展的过程,突出其发展过程中阶段性的特点。1995年10月17日《深圳商报》发表了一篇题为《锦普大厦爆破内幕》的纪实报道,文内的五个插题:"事件由来"、"埋下隐患"、"意见分歧"、"严格执法"、"非结束语",清晰地展现了事件始末的阶段性。

第二,遵循新闻内容所包含的基本经验、思想和观点,给人以明确无误的启迪。1995年5月9日,《人民日报》在一版头条发表了题为《"药老大"重振雄风》的通讯,全文约1800字,文中有三个插题:"以股份制改造激发活力"、"以规模经济取得市场优势"、"以科技进步积蓄发展后劲"。三个插题言简意赅,把国有特大医药企业——华北制药厂在市场经济的大潮中搏风击浪,从1995年1至9月,其发展速度和经济效益均超过了三资企业和乡镇企业,成为国有特大型企业发挥自身优势夺得市场优势的一个成功范例,以三个插题,三条成功的经验,活脱脱地呈现在读者面前。

第三,遵循新闻内容中所需要特别强调的事迹、措施或问题。1982年11月26日,《人民铁道》报道全国劳动模范朱正仙的事迹,就是以《一个优秀共产党员的精神风貌》为主题,文中插的三个小题是:"一盏闪闪发亮的灯"、"一只不知疲倦的钟"、"一颗旺盛求知的心"。三个统一格式的插题,显得整齐醒目。

五、提要题

提要题也叫揭示题或纲要题。它提纲挈领地概括新闻的主要事实、做法、经验或问题等，向读者作概括扼要的介绍。一般都用在比较长或比较重要的新闻、文章中，起内容提要的作用。它的位置有时放在总标题的上方，有时又放在题后文前，起着近似副题或编者按语的作用。从作用上分，常见的有四种类型。

1. 用以提示新闻的要点。如：

2004年8月2日，《今晚报》在21版登载了一则题为《俄罗斯之谜》的长篇特稿，题目的上方有一提要题：

多年同属社会主义阵营，又互为近邻，有七十多年计划经济历史的俄罗斯如何通向改革，对中国人来说，始终是个谜。

在俄罗斯采访，俄罗斯人普遍认为，中国人现在过上好日子，中国走上了正确的改革之路，因为中国有个邓小平。

这则由两个段落组成的提要题，便是对特稿的中心思想和主要内容的概括与提示，让读者阅读全文前便能对特稿的基本内容有个大概的了解。

（主） 乌市鸡蛋价格一路攀升

（提要） 每公斤鸡蛋零售价7元至7.5元，达到8年来最高水平，估计价格上涨将持续到中秋节

（2004年8月16日《新疆日报》）

这则加四面框刊发的消息，提要放在主题的下方、副题的位置上。但它与副题不同，从语言、内容和句式看，仍属于概括新闻内容、提示内容要点的提要题。

2. 用以展示与突出新闻中最重要的内容、观点、经验、事实。如：

2004年8月23日，《中华新闻报》刊发新华社的通稿，题为：

（主） 邓小平同志诞辰100周年纪念大会举行

（提要） 中共中央总书记、国家主席胡锦涛发表重要讲话强调：我们这个时代的共产党员、共青团员，全体社会主义劳动者、社会主义事业的建设者、拥护社会主义的爱国者和拥护祖国统一的爱国者，一切热爱祖国的中华儿女，要更加紧密地团结起来，肩负起历史赋予我们的神圣使命，沿着中国特色社会主义道路，向着全面建设小康社会的宏伟目标、向

着实现中华民族伟大复兴的光辉前景奋勇前进

（2004年8月23日《中华新闻报》）

这则提要题所承载的内容，极为重大、重要，加以突出处理实为必要。

1984年4月12日《北京日报》刊载了北京市服装三厂勇于改革的事迹，题为：

（肩） 创业家的理想 科学家的态度 探险家的精神

（主） 市服装三厂——本市工业战线勇于改革的一个榜样

（副） 在改革中闯出生路，改一项成一项，"长城牌"风雨衣畅销中外

新闻，登在一版头条，竖题约占六栏，文前有一段用四号字标出的文字作为提要题：

服装三厂主要进行五项改革

一、把单纯生产型改革改为生产经营型

二、破除"大锅饭"，实行以税代利，自负盈亏，浮动工资

三、改革干部任用制度，实行张榜招贤、择优录取

四、把手工业作坊式管理改为讲信息重数据新型管理

五、研究外商心理，改变生产环境，实行文明生产

这五条经验是很重要的，但难以在主题中概括出来。用做副题固然可以，但字较多难以容纳，而且不易突出。作为提要题处理后，放在文前，再用花线围起来，既引人注目，又美化了版面。

3. 用以提出引人思考的问题。如：

（主） 别伤了守法企业守法人民的心

（提要） 要收费的时候，雷厉风行，大张旗鼓；减免收费的时候，却行动迟缓，心不在焉，能拖即拖，消极应对。究其实质，还在于某些职能部门依法行政意识、为民意识、守土意识的淡漠

（2004年8月16日《工人日报》）

提要题据事提出了一个引人思考的怪现象。

1989年1月4日《文汇报》在《建议与呼声》栏里，发表了一封来信，题为《岂可只顾"票子"误了孩子》。题下有一段用四号字标出的文字作为提要题：

一些个体户为了多赚钱，放弃对子女的教育，致使这些家庭的子女违

法犯罪率上升。建议开办"个体户家长学校"提高他们做家长的责任感。

4. 用以介绍新闻、文章中的新鲜观点或某项重要成果。

1984年4月24日《人民日报》五版头条新闻，题为：

（主）　解疙瘩求团结　除派性增党性

（副）　太原市委在首批整党单位开展教育活动，为对照检查创造条件

横题四栏，主题上面居中整齐地排有四行文字，并加左右两面框，作为提要题：

自我教育为主，不搞大会批判、小会斗争

自我批评为主，不搞上压下攻、互相攻击

自己解决问题为主，不搞运动、揭发批判

表扬为主，对认识不足的同志不点名批评

提要题单独处理时，一般都必须加两面框、四面框或大中圆点等以示区别。整题为横题时，提要题多放在肩题的位置上；整题为竖题时，则上置于文与题的顶部，或文顶题的一侧。

而今，提要题的使用已超出了将新闻中最主要、最核心的文字摘引出来，放在突出位置单独处理的常规做法，"主题—提要题"或"提要题—主题"构成式的标题，已被除评论外的各种新闻样式和文章广泛应用。在这种提要题与主题直接结合的制题方式中，主题一般都为虚题。如：

（提要）　一些戒毒所收费高昂，戒毒效果却很差。一些非法的戒毒所管理混乱，成了相对安全的贩毒、吸毒场所。对金钱的追逐，使一些医疗单位失去了起码的社会良知——

（主）　戒毒所：期待一方净土

（1995年8月12日《中国青年报》）

（提要）　一个由百名中学生组成的"希望之路"徒步夏令营，原准备从江苏射阳到周总理故居淮安，往返三百五十公里。结果实际上只步行了六十多公里，便以车代步，匆匆结束——

（主）　"希望之路"在哪里

（1995年8月9日《中国青年报》）

（肩）　法刊文章——

（主）　美国政府操纵媒体"劣迹斑斑"

（提要）　美国历届政府，无论是民主党政府还是共和党政府，都是使用"造谣"和"误传"的欺骗手法，故意误导事情的真相，目的是把一

些在政府看来比较孤立的想法变成一种必要的需要,特别是为发动对别国的战争找借口

(2011年7月8日《参考消息》)

以上三则题目,前提为调查报告题,中题为通讯题,后题为消息标题。

提要题的制作,要特别注意"短而精"。这里说的"短",指的是用字要省;这里说的"精",指的是内容一定要能凝聚新闻中最有新闻价值的核心。

六、边题

边题亦称边标题,是正文题的一个从属部分。它位于重大新闻正文的一侧(新闻的标题为横题时,在左侧;为竖题时,则横于文上),或用不同于正文的字体将新闻中若干观点、经验、做法、问题明确地标示出来;或集纳介绍与新闻有关的小资料;或用与副题相同或小于副题的字号,把文中某一重要的内容摘引出来,加框突出处理,以引起读者的特殊关注,达到强化传播信息的效果。

而今,也常见将边题置于正文题中右侧下方,新闻正文中。如2011年3月5日至14日的两会期间,《北京青年报》所刊的不少重要的专访和新闻大都是这样处理的。

七、尾题

尾题亦称文尾题,是正文题的一个从属部分。它是以略大于正文的异体字,将文中凝聚信息的重点内容,特别是重要的新思想、新观点摘录集纳起来,用与字号相同的中圆点做标示,置于文尾,与文题在版面上形成对角对称,即文题为竖题,尾题也为竖文,文题为横题,尾题也为横文。这样,可以使新闻中某些极为重要的内容,多次进入读者的视线,加强传播的力度,进而诱发读者的联想、思考。

需要制作尾题的新闻,一般都是针对性与指导性很强,篇幅又不太长的重要新闻。尾题的内容是客观的观点摘引,不允许有作者的主观介入,力求把新闻中最引人的思想观点,原原本本地奉献给读者。

八、栏目题

栏目题亦称专栏题。它把两篇或两篇以上内容相同而又各自独立的稿

件（同一体裁或不同体裁均可）集纳在一起，组合成类似专栏的整体，并冠之以一个总题——栏目题。它像红线串珍珠那样，可以帮助读者正确理解本组稿件的中心思想或主要内容。栏目题有如下一些作用，这些作用向我们提供了制题时可灵活选用的角度。

它可以用于提示本栏稿件的中心内容，总领其下的各篇稿件，突出这些稿件的内在联系；

它可以用于概括本栏稿件的中心思想，或必须突出的某个事实或观点，以加强舆论的引导力度；

它可以用于凸显某个方面的成就，或集中体现某种精神风尚，并使之醒目传神；

它可以用于提要求、发号召，或提倡某种精神、做法等，以增强稿件的鼓动作用；

它可以用于给连续专栏挂上一个相对固定的牌子，以引起读者的关注。

本来，新闻的传播过程就是一个让受传者从对新闻事实的未知转化为已知的过程，因而传播的结果就必然导致受传者认识到现状的某些变化。采取这种多侧面、多角度的组合形式，再配上一个鲜明而恰当的栏目题，便能使所传播的信息得到强化，增加受传者接受信息的兴趣。在制作这类标题时，要多作那种能体现传播意图，或集中地提出一个重要问题，或突出强调一个重要思想，或号召发扬和学习某种精神、做法的题目较为适宜。

栏目题的制作，总体要求要突出新闻性和概括力，要具有鲜明的针对性，文字精练，统领力强。栏目题一般衬有装饰，以突出强势，引人注目，美化版面。

九、组合题

组合题亦称类题，即将若干篇内容相关、带电头的消息并列组合而成一篇新闻，并为之拟定一个能统领与概括各篇稿件内容的题目。

这种在一个统一的标题之下，将若干具有共同性的稿件合而为一刊发，既有利于集中反映事物的全貌，拓宽新闻主题的深度和广度，又有利于美化版面格局，避免凌乱，便于读者集中阅读；既有利于增加新闻传播的强势、对比、参照度，又有利于减少重复，增加版面的有效信息量。各篇稿件的排列顺序，一般是按新闻价值规律要求，先重后轻，依次排序；新近发生的在前，以此类推；表扬在先，批评于后。各篇稿件的相关性，主要表现为题材和主题这样两个方面的内在联系，即连带、比对、相关、对照、呼应等等关系。因而，其标题式样也是多样的。

它可以是只有主标题而无辅题的单式题，一般主标题多为双行。如：

沪上两兄弟　昨天都跌跤
男篮负辽宁　男排输浙江

（2004年2月1日《新民晚报》）

在标题下，一前一后放有两条短消息，都分别带有"本报辽阳今日电"与"本报绍兴今日电"的电头。

四川发现40条白色娃娃鱼
死去大熊猫还能"传宗接代"

（2004年1月1日《新民晚报》）

这则组合新闻由两条短消息组成。前行题即为前条新闻的内容概括，标题字号为2宋；后行题为后条新闻的内容概括，字号为2黑。

它可以是复式题，一般重点新闻占据题目的主要部分。

（主）　中方反对并谴责以色列暗杀亚辛的行为
（副）　安南强烈谴责　美国深感不安

（2004年3月24日《宁夏日报》）

这则组合新闻为三则同题短消息的组合。主标题为首条新闻的内容概括，副标题则依次为二、三条消息的内容概括。

（肩）　就中国公民在美被殴事件
（主）　美中贸易组织向美政府提出抗议
（副）　美媒体关注这一严重侵犯人权事件

（2004年7月27日《人民日报·海外版》）

这则为两条同题组合的新闻，肩、主为前条重点新闻的内容概括，副题为另条新闻的内容概括。

它可以是提示题，即将各篇稿件中的具体事实标示出来，并以字号相同、字体各异的方式加以区别。如：

越泰召开联合内阁会议
加发现禽流感疑似患者

标题的制作理念与艺术技巧

美第四个州有鸡群染病

（2004年2月21日《新民晚报》）

三行题字数相等，同为2号字，前行楷体，中行为宋体，末行为黑体。

它可以是对角题，一般用于由两条新闻构成的组合新闻。如，2004年8月2日《解放日报》将新华社播发的两条发自红安的消息组合在一起。前者题为《革命老区红安麻城建设小康社会纪实》，为左串文横题，后者题为《两百个将军一个故乡红安》，与前题形成对角斜列。

它可以是主题加插题的题式。报道同一事件，由于消息来源不同，或者要具体展示各方面观点时，或者报道同一问题，必须具体展示各篇稿的特点时，一个主标题是难以做到的，就必须为各篇稿件制作插题，以具体揭示各自的内容。如：

（主）　各国人才求职有新招
（插题）　英国人不看大报看小报
　　　　　澳大利亚人落聘也写感谢信
　　　　　法国人青睐团体求职
　　　　　美国人求职前先谈解雇费
　　　　　德国人利用母校就业指导中心
　　　　　加拿大人看准岗位先充电
　　　　　芬兰人高学历低应聘
　　　　　日本人相信职介所

（2004年8月1日《浙江日报》）

组合新闻标题的多样性，是由其组合形式的多样性决定的。了解组合不同方式有利于正确地选择与之相适合的标题形式。择要而言，其组合方式有：①同一性组合。即报道性质相近、内容相关、题材相同的各篇稿件的同题组合。②延续性组合。即报道同一事件或问题连续发展的阶段性或过程的各篇稿件的同题组合。③参照性组合。即报道同一事物或问题的不同认识、态度的各篇稿件的同题组合。④呼应性组合。即报道对某个重大决策或问题的继发性、回应性的各篇稿件的同题组合。⑤对立性组合。即报道同类事物但内容——美丑、善恶、好坏截然不同的两篇稿件的同题组合，等等。

第二章 标题的作用与特色

制作标题,是一门综合艺术,要求是多方面的。这里重要的一条,是要懂得它在传播媒体上的特殊作用。

第一节 标题的作用

论及标题的作用,媒体人无不感叹:一条标题,少者只有几个字,多者也不过几十字,然而其中蕴涵着无穷的奥妙与魅力。标题,是媒体通向读者心灵的桥梁,要制作好新闻标题,我们不能不充分认识标题在新闻传播中的特殊地位和作用。而要认识标题的作用,又不能离开对现实社会生活状况的分析,特别是目前世界上正兴起的技术革命对新闻事业的影响。

我们所处的时代,是信息空前活跃的时代。新闻已经成为现代人进行工作、从事生产劳动以至日常生活中的必需品,必需的精神食粮。人们生活在经济日益发达、科学技术突飞猛进的时代,"两耳不闻窗外事",不注意接受外界的信息,就必定孤陋寡闻,就会跟不上社会前进的步伐,就会落后、掉队。

1946年9月,胡乔木同志曾经写过一篇短文,题目就叫做《人人要学会写新闻》。这足以说明,在当时新闻于革命、于人们的生活已何等重要了!在世界已经发生重大变化的今天,就变得更加重要了。党为了人民的利益需要利用报纸、广播、电视、网络等新闻媒介来传播党的方针、政策、思想,引导社会舆论;人民需要利用新闻媒体来反映公众舆论,实现舆论监督,传播群众创造的各种信息和知识,新闻已是我们生活中时刻不可缺少的东西。

尤其是在20世纪末,由于互联网的迅猛发展,将人们带入了"读题时代"。这一方面,在茫茫的信息海洋里,传播者要借助一个个精彩标题使之脱颖而出,寻觅到自己的知音,实现自身的价值;另一方面,面对媒体传播的海量信息,已将一个个一天只拥有24小时的受众"淹没"其中,而不得不采用快速扫描标题的方式进行信息的判断和取舍,以求在最短的时间、以最小的付出获得一个个自己最急需的信息。这样,就构成了新闻标题在现代新闻传播中的特殊作用:它是新闻发生作用的起点,是新闻信息为受众所接受的必经通道。

标题的制作理念与艺术技巧

具体说来:

一是导读——帮助受众选择新闻信息的向导。可以这样说,"看报先看题"已经成为现代人获取新闻信息带有规律性的现象。因为,在今天人们不可能不借助标题的引导就能够选择到自己所需要的新闻信息。在媒体这个巨大的信息源中,受众对新闻的选择过程,首先是通过对一个个标题的浏览来实现的。一个不吸引人的标题,不容易引起受众的注意,也就谈不上对新闻内容的注意了。如果标题淡而无味,受众为什么还要硬着头皮去阅读新闻本身呢?即使是一条为读者所需要的新闻,也只有借助于标题的帮助,才能迅速地被受众所认定,从而诱发起进一步阅读新闻的兴趣。标题的这种引导、导读作用,具有客观性,是谁也不能忽视的。一则好新闻,如果标题做得不精彩动人,同样会与受众失之交臂,使新闻的作者和编者所耗费的心血付之东流。

由此可见,突出标出新闻的核心事实的新闻性,是抓住读者的第一要义,而只有突出诱人的鲜活内容才能令读者驻足,吸引他们嗅"香"而去顺"藤"(标题)摸"瓜"(新闻内容)。

(肩) 让见义勇为的英雄们流血不流泪,让甘愿奉献、默默无闻的志愿者得到优先录取、录用,让"付出"有了"回报",德行善举就会成为越来越多人的自觉行动

(主) 摘下道德"不计报酬"的帽子

(2004年6月10日《新民晚报》)

读过这则标题充满新意的内容提示,你能不随之入文去看个究竟?

我国著名的经济学家马寅初,20世纪50年代正确地提出了新人口论。他的学说和许多有益建议,不但没有得到推广应用和采纳,反而被当做"毒草"进行批判。我国人口迅速膨胀,造成了严重的后果。党的十一届三中全会以后,马寅初先生得到了平反,新华社为此发了多次通稿,几乎所有的省以上报纸都采用了。可是,绝大多数报纸标题都做得类似公告式的,如:《经党中央批准,北京大学党委做出决定——为马寅初先生彻底平反恢复名誉》、《统战部副部长李贵专程拜会马寅初,通知他党组织要为他彻底平反恢复名誉》。由于标题无特点、一般化,致使很多读者以为这也不过是在当时众多平反报道中的一起而已,没有认真地看它。然而,有两家报纸的标题却做得不一般,致使同一条新闻宣传的效果就不一样,读者看的就多。

一家是《人民日报》。其1979年7月26日的标题为：
（肩）　实践宣布了公允的裁判　二十多年的是非终于澄清
（主）　党组织为马寅初彻底平反恢复名誉
（副）　统战部副部长李贵前往拜访马老通知平反

这则标题，通过三题搭配，毫不含糊地标明为马老平反的正确，真理在马老一边，同时它又能吸引读者去看这条新闻，想弄清楚围绕"新人口论"这场争论的是与非究竟是怎样认定的。

另一家是《光明日报》。主题仅8个字《错批一人，误增三亿》。就这寥寥的几个字，却深刻、沉痛地将事情的因果关系作了生动的概括。人们读过这则标题，就能看到"新人口论"的正确，也从中体会到三中全会以后党的拨乱反正的政策的贯彻对于建设好我们国家的正确性和迫切性。

标题做得好，新闻也不胫而走，许多人都争着去找这天的报纸，相互传看。

《中东人最敬希拉克，最憎布什　希望中国变超级强国》（2005年12月5日搜狐网）、《英国再曝虐新兵丑闻：迫食泥饮尿滚荆棘》（2005年12月5日搜狐网）、《富家子弟把马路当F1赛道，无辜路人被撞起5米高》（2009年5月7日杭州本地网）、《陈美丽，你的人格与名字一样美丽》（2007年大江网）、《九江大桥坍塌一周年，明年可望"伤愈"上岗》（2008年中华新闻网）、《全凭馒头争气，下岗女工蒸馒头蒸成百万老板》（2003年9月3日新华网）。上述标题是笔者从媒体或新闻期刊上随手摘下的，它们有的在当日网站点击排行榜上高居榜首；有的发帖后，回帖跟进多达数以万计。这些标题的共同特点是对新闻内容和中心思想的表述和表达，具体形象、鲜明生动，视觉冲击力强，所以能在信息海洋中脱颖而出。对上述标题的点评在下一节里将逐一谈到，这里就不细说了。

二是导向——引导受众理解和评判新闻的纲要。冠之于文首的标题，犹如罗网的纲领，又似尖刀的锋刃，既能提挈全文，又能凝聚文意。因而它对读者阅读和理解新闻有着强烈的解读和导向作用。

一条新闻往往并非只写了一件事，即使写一件事也常常会有几个侧面。标题就要把新闻中最有新闻价值的事实提示出来，帮助受众抓住新闻的核心和要领，进而理解它的精神。我们还是举一个国人十分熟悉的例子来说明它吧！1981年10月18日，我国足球队与科威特足球队进行世界杯

标题的制作理念与艺术技巧 >>>

足球赛亚太区决赛的第四场比赛，以3：0获得了胜利。消息传来，群情激奋，人们纷纷走上街头，庆贺胜利。次日，《人民日报》发表了报道这场比赛的新闻。全文共有五个自然段，写了中国足球队教练苏永舜在接受记者采访时对这场球赛的看法、中国队获胜的原因、对科威特队的球艺和作风的赞扬、比赛双方的技术作风的特点以及苏永舜对这次胜利的看法"中国队现在还不是祝捷的时候"等许多内容。而新闻的标题则是：

（肩）　中国足球队教练赞赏科威特队的精湛球艺和良好作风
（主）　中国队现在还不是祝捷的时候
（副）　要想自身不足，想对方长处，想提高战斗力

这则标题突出的是"中国队现在还不是祝捷的时候"，这个在当时以致在新闻中并不太被人们注意的事实。它对于引导读者抓住这条新闻的重点，对这场球的胜利要有一个正确的估计，要有克制态度、不能盲目乐观，起了很好的作用。这充分显示了标题的引导作用。这也同有的报纸为这条新闻所做的标题《为中华民族长志气建奇功的一仗，我足球队3：0大胜科威特》，形成鲜明对比。

这条新闻的不同标题也告诉我们这样一个道理：同一条新闻，往往由于读者的需要、思想状况、所处地位及利害得失的不同，各自所强调的重点是不相同的，这是需要通过标题在"重点要读什么"这个问题上对读者加以引导的。与此同时，即使是同一事实，由于其本身的多向性，便可能会产生不同的理解。这样，标题对读者的引导，不仅仅表现在对新闻核心事实的提示上，还必须对新闻所反映的事件的意义作出恰当的评价，巧妙地揭示其实质。比如，1984年1月6日《辽宁日报》有这样一则标题：

（肩）　富裕起来的农民的新要求
（主）　吃细粮　住新房　看彩电　骑"凤凰"
（副）　这条报道的目的并非鼓励农民把钱都花在吃住上，而是从一个侧面看一看党的十一届三中全会以来农村发生的巨大变化。并启发人们想一想，还有哪些工作需要跟上去

这则标题中近似编者按的副题，就是让读者知道应该怎样去理解新闻中所报道的事实。当然这种评论性引导的方式是多种多样的，可以由编辑直发议论，也可以借别人之口发议论，更多的则是通过对新闻内容的概括来实现的。总之，无论采取哪种方式，都必须是通过客观地提炼和概括

新闻内容表现出来的,而不是离开新闻内容另加上一些不相干的说教。比如,为了进一步做好计划生育工作,做到优生优育,婚前检查本来是一件值得提倡的事情。但社会上不少人,尤其是即将结婚的青年男女,因为不了解它的意义,对此缺乏热情,态度冷漠。有家报纸在报道这项决定时,作了这样一则标题:《青年男女注意到没有?——婚前检查有五大好处》。题中没有评论的字眼,评论已在其中了;题中没有号召的词语,号召也在其内了。这就比那种《青年男女们应该进行婚前检查》这类不点明它的意义,说教式的标题,要吸引人得多,效果好得多。

三是传播信息的平台——满足受众扩大新闻信息需求的手段。在探索标题的作用时,我们一定要跟上时代前进的步伐,要着眼于社会与科学技术的进步。

新闻有其特殊的作用和功能,它是通过传递和交流大量的新鲜信息,使人们了解党的方针政策贯彻情况,了解经济、政治和文化建设的进展,了解社会生活的变化,了解各种新的知识,以达到影响舆论、促进两个文明建设、推动工作的目的。目前世界上正在兴起新的技术革命,它的三大特征是:信息化、分散化、知识化。据一些西方学者认为,新的技术革命将把工业化的国家带进信息社会。在信息社会里,战略资源是信息,大多数人将从事信息工作,而不是商品生产。在国外,有人认为"信息是人类社会三大支柱之一(即材料、能源和信息)"。这就是说,从社会的发展趋势,从读者的迫切要求来说,需要媒体传播更加丰富的信息。而对读者这种需要的满足,精心制作好标题,确是一个不可忽视的重要手段。因为标题是根植于新闻之中的,是新闻中最重要、最有新闻价值那部分事实的浓缩和概括。新闻标题这种特殊形式,既有依托新闻而存在的从属性,又在媒体上具有某种独立的信息传递和宣传作用,即受众只看了一条新闻的标题,而没有去看新闻的本身,往往也能从某一个方面甚至是很重要的一个方面对这条新闻有所了解。

(肩) 诚信老爹吴乃宜
(主) 人走账不灭 子亡债我还
(提要) 2006年的"桑美"台风,让世代生活在浙南山村里的吴乃宜老人失去了三个儿子,并留下60多万元的债务。尽管在法律上他并没有"子债父还"的义务,而且其中一些债主在看到吴家的情况后也没有开口要求还钱,但吴乃宜还是承担起了这笔沉重的债务。老人说:"做人要有

标题的制作理念与艺术技巧

诚信，要凭良心，只要我活着，我就尽自己的能力去偿还每一分钱。"在过去的五年里，省吃俭用的老人织渔网、捡破烂，已经偿还40多万债务，并乐观地相信，即使自己还不完债，还有儿子、孙子……

（2011年3月19日《北京青年报》）

八旬老人替子还债的故事令人感动。新闻篇幅较长，有一个整版，如果你无暇读全文，读过标题，对新闻的内容也会有个大概了解，也同样会受到启发而为之感动。这则标题本身，就是一条重要的简明新闻。它更利于网上的快速传播。广大网民敬称老人是"诚信老爹"，感叹："'诚信老爹'身上流着道德血液！彰显平民道德的富矿！""每个人都应该和'诚信老爹'一起共同为社会道德的回归'织网'，这样我们的社会就会有更多的阳光。"

当然，要达到这样的效果，在制题的角度上，要以"沙里淘金"的精神，从传递信息的角度出发，尽可能多地把新闻中的"新闻"拣出来，装进标题中去。角度的不同，常常成为制题优劣的重要原因。如：

（肩）　有关方面人士在为文代会召开的记者招待会上强调
（主）　文艺不再从属政治　也不再对它加以行政干预
（副）　夏衍等认为《河殇》、《红高粱》、《芙蓉镇》有争议是好现象，任何人，包括领导同志都可以参与讨论

（1988年11月8日《文汇报》）

读过这则标题，确实无须再读全文，其中最尖锐的观点、最"热门"的话题都囊括题中了。

同一条新闻，另一家大报的标题则为：

（主）　第五次文代会筹备组举行新闻发布会
（副）　夏衍、林默涵、吴祖强答中外记者问

这则纯属工作进程性的公告式标题，在当今多元媒介并存的条件下，如果多少还传递了一点信息，也可能早被广播、电视和网络等传播工具的优势所夺去了。

为了增加标题的信息含量，许多媒体还常把转发的文章或言论改为新闻题。如：

（肩）　《人民日报》今天发表文章
（主）　评陈立夫等人的议案
（副）　指出：陈立夫等人的议案尽管有某些不适宜的提法，但谋求

祖国和平统一的积极态度令人感动

（1988年9月7日《羊城晚报》）

《北京日报》的"理论周刊"，是深受读者欢迎的。它不仅在内容上贴近实际、贴近读者，而且在标题制作上也顺应时代的发展和读者的需要，有不少创新，不少理论文章做新闻题，便是其中之一。在2004年1月19日这期周刊上，从一版到四版，就有三条这样的标题：

△ （肩） 在发展观上出现盲区，往往会在政绩观上陷入误区；缺乏正确的政绩观，往往会在实践中偏离科学的发展观。十六届三中全会提出的全面、协调、可持续的发展观必然带来政绩观的除旧布新

（主） 新发展观呼唤新政绩观

△ （肩） 建设中国特色社会主义的实践，就某种意义上说是从回答"什么是社会主义，如何建设社会主义"这个重大理论问题入手的；而中国特色社会主义建设实践又把对这个问题的认识提升到了一个新境界

（主） 关于如何认识社会主义的十个观点

△ （肩） 清代戏剧理论家、作家李渔以善写戏剧、小说闻名于世，但不太为人所知的是，他还是一个勇于打击盗版的书店老板和出版家

（主） 李渔打击盗版轶事

这三则新闻题，涉及文史哲等多个领域的论文。

总之，标题的作用是多方面的，在实践中还可以举出一些。但主要的是这么几种。特别是随着科学技术的进步，新闻标题作为某种独立的发言手段的作用，将会日见显著。

第二节 标题与新闻媒体

一位外国资深媒体人说得好："你可以把马牵到水边，你却无法强迫它饮水。当你把报纸送到读者手中的时候，你会遇到类似的问题：无法强迫他阅读。不过，有一个办法可以诱使他阅读，那就是运用精彩的标题。"

应该说，伴随着数字化信息技术的运用，网络等新兴媒体的出现与

崛起，既极大地改变了现代人的生活，又推动并导致传媒业突破性的大发展以及传播观念的升级。如今，不同介质、不同形态的媒介信息壁垒已被打破，新兴媒体需要依托、借鉴传统媒体而生存、前行；传统媒体已不再仅仅生产一种形态的新闻产品，也不再仅仅依靠某一终端载体为受众提供新闻信息。网报台互动，媒介整合，从信息的采集到传播到经营的各个环节，已成为我国传媒事业发展的大趋势。

全媒体时代，面对海量资讯，行销是关键。在信息来源与传播途径多媒体竞争激烈的现实面前，如前所述，读者买不买你的报纸，受众点不点击这条新闻进入你的网站，标题起着至关重要的作用。再说在茫茫的信息海洋里，面对资讯前所未有的过剩，媒体要寻觅到自己的知音、实现自身的价值，更必须借助一个个精彩的标题——满足受众在最短的时间，以最便捷的方式获得自己最急需的信息。

应该说，对任何介质的媒体而言，新闻标题都是非常重要的。可对于新兴的网络媒体，标题的作用更加突出。正如有的学者指出的，在网络传播中，标题已经成为受众识别新闻内容、判断新闻价值的第一信号，成为受众决定是否索取深层新闻信息的第一选择关口，成为受众权衡自己获取新闻所支付成本的第一判断。它起着目录和指令标识的必不可缺少的中介传递作用。或者用网民形象的说法，标题就像层层打开电脑的钥匙，没有这把钥匙，你是难以打开网上电脑通向新闻传播乃至通向知识和智慧之门的。

然而，网络的传播优势、网络新闻媒体的出现与发展，则始终伴随着将网络的特性与传统媒体（即报纸、广播、电视）的优势有机的结合，并进而开辟了网络新闻传播的新天地。这也就是说，网络媒体和传统媒体在包括新闻写作与标题制作在内的诸多方面都存在一脉相承的继承与发展的辩证关系。

人类的新闻传播活动成为一种社会事业，是在印刷媒体——报纸面世之后才有的。也就是说人类的新闻事业是先有报纸，报纸经过漫长的发展过程，才有广播电视以及网络媒体的诞生和发展。因而，报纸（平面媒体）与广播电视、网络新闻媒体之间，也就存在着一脉相承的关系。

早在20世纪初，当广播运用电子技术传送声音成为新闻传播工具面世之时，列宁就指出，广播是"不要纸张、'没有距离'的报纸"。在20世纪30年代，随着德国科学家发明的旋转盘扫描式传播方式的广泛应用，英国广播公司的电视台率先借助这一先进的传播手段，融报纸和广播传播的优势于一体，以文字、声像结合的电视语言，向观众迅速地、动态地、立体地报道新闻、传播信息。

不言而喻，不同介质媒体之间这种传承对接关系是十分明显的。尤其是新闻标题，它萌生于以文字符号为传播手段的报纸，并伴随着其漫长的成长、发展过程，经过一代又一代报人的奋力探索和尽心研究，针对以文字符号为传播手段的实践需要，集聚了科学技术的发明创造和报业实践活动的经验和成果，形成了比较成熟的一整套的制题理念、基本方针和操作原则与技巧。再加之，新闻标题是新闻极为重要的组成部分，它既不可离开新闻而单独存在，但却又能独具一体，有着众多不同于新闻正文的特点和规律。比如说，电子、数字媒体较之平面媒体，最为突出的优势莫过于多媒体传播手段的灵活运用。无疑，这对新闻正文的表达，可以得心应手的使用，但对"立片言以居要"的新闻标题而言，就完全不是那么回事了。就目前的现实情况而论，无论是平面媒体的报纸，还是电子数字媒体的广播、电视、网络，其标题都是要借助语言文字来描述事物特有属性及其内部关系为主要手段的，文字符号仍然是其新闻标题的基本元素和主要材料。即使以声音为传播手段的广播，其新闻的标题，不也就是标题文本的口播！因而，不同形态、不同介质媒体的新闻标题的制作之道，同是本质的、基本的；异则多是操作层面的问题。其趋同性、共生性，远远大于它的差异性。

于是，仅从目前的情况而论，似乎可以这样说：制题之道（"道"即指理念、规律），媒体相通，共性皆然。它可以传事载言，又可审美育人，还可引领舆论，有善于社会公众；都应力求做到——概事准确，表意鲜明，用字简洁，通俗易懂，表达新颖，生动可人；都应严格遵循——突出新闻价值，体现宣传价值，题从文事、题文一致，言辞精辟、语言规范，要素齐备、评价适度等制题原则。

当然，由于媒体介质的不同，其标题也不可避免地会带来诸多不同的差异，在制题实践中，是不能回避，是不可不察、不可不辨的。下面，我们仅择其要者，做些简要分析。

一、报纸新闻标题

新闻传播亘古即有，报纸则是新闻传播发展到一定阶段的产物。新闻

标题的制作理念与艺术技巧 >>>

标题萌生于报纸。中国是世界上最先有报纸的国家，中国的新闻事业距今已有一千二百多年的历史。在我国报业源远流长的发展过程中，标题作为一门艺术，一门带有创新性、规律性的新闻学分支学科，也逐渐成长、成熟于报业漫长的发展过程中。精心运作，细心雕琢制作好新闻标题，历来为我国报人所推崇、所重视。伟人毛泽东，既是我国社会主义新闻事业的奠基人，也是卓越的新闻工作者和政论家，他就曾把新闻标题比喻为"新闻的眼睛"。并多次强调指出："标题要吸引人看，这很重要"，"标题必须有内容"。在延安时期和新中国成立后，他在审阅新华社和《人民日报》的送审稿件时，许多稿件的标题他都逐字逐句地做过修改，并多次有针对性地做了批示。杰出的社会科学家和新闻学家，党在新闻宣传战线的卓越领导人胡乔木，也十分注重新闻和文章的标题，在一次他主持召开的报纸评论会上，就颇有感慨地说："文章标题是很有讲究的。不是有个'画龙点睛'的掌故吗？如果用'画龙'比作写文章，用'点睛'比作制题，是非常恰当的。龙眼点得好，这条龙就活了起来。否则，龙身画得好，而龙眼点得没有神，就是一条死龙。"著名新闻工作者、《人民日报》前总编辑范敬宜坦言："不论是初学者，还是经验丰富的报人，在标题面前，莫不说一声'难'。对一个新闻工作者来说，制作标题是他的基本功；但是作出好标题，却是他孜孜一生的追求。"广大业者有"作好一道题，皱脱两撮眉"、"为求一字稳，耐得半宵寒"之说。

行文至此，如前所述，似乎可以这样说，在我国报业发展的实践中，新闻标题这门艺术、这门学问，经过一代接一代的新闻业者和学者的勤奋探索、潜心研究，不仅产生过许多脍炙人口的好标题，更为珍贵的是对其内部诸要素的相应关系、结构原则和运作规律，凝聚了共识，集聚了经验和智慧，其中不少具有超越时空以及媒体形态、媒体介质的普遍意义。

比如说，我国民主革命时期杰出的新闻记者、《京报》创办人、我国新闻理论的开拓者邵飘萍，他以报纸和笔为武器，宣传真理，抨击邪恶，锐意改革，为新闻事业贡献了毕生精力。他所著的《新闻学总论》和《实际应用新闻学》等是我国最早的一批新闻理论著作。他在论及标题时，就明白地指出："最好在十余字之大标题中，即能将新闻要素显出其大半。如时日、人名、地名、结果等。若能将大标题显示，则既可以引起读者之注意，又可使最忙之读者一览大标题而即知大概或不必全阅内容。"此论虽已历经近一个世纪了，至今仍不失为金石之言。

当然，报纸新闻标题，也有诸多不同于电子、数字媒体新闻标题的个性。

标题的内部结构具有多行性与多层次性的特点。 较之于电子、数字媒体，报纸新闻标题在长度和字数上没有明确的严格限制，它可以是有主题而无辅题的单行式题，可以是"肩—主"构成式的、"主—副"构成式的，也可以是"肩—主—副"构成式的多行复式题，还可以在正文题之下，辅之以提要题、小插题或尾题、边标题等。在这样的情况下，不同性质、不同作用的标题，在不同的位置上分行展示，是报纸新闻标题多层次多行题的一种常见形态。它有助于标题在概事达意上的具体化和信息化，读者即便无暇看正文，只看标题便能知晓新闻概要。

标题与正文的组合形式变化多种多样。 报纸新闻标题与新闻正文，可以同时平面地呈现在读者眼前。它可以横排，也可以竖排；可以放在文上、文中、文下，也可以在正文一侧；可以占用较大的版面空间，有的甚至可以超过正文所占的版面空间，做到厚题薄文。它对新闻的评价，起着"无声的语言"的作用。

标题的字体、字号、色彩的变化丰富多彩，视觉效果显著。 除了标题文本意义之外，标题外形的变化，也成了新闻内容的视觉注释。比如，字体和色彩的选择，便有助于直接显现出新闻的格调：黑体、宋体等传统常用字体视觉冲击力强，给人以厚重、严正、庄重、坚毅的感觉，多用于严肃、庄重题材的新闻；描边、斜体等不规则的变换则体现新闻的娱乐性；红色给人以兴奋、热烈、喜悦之感，多用于营造喜庆气氛；粗黑给人以灰暗、阴森的感觉，多用于黑幕或丑闻；蓝色、紫色给人以宁静端庄的感觉，多用于经济新闻或严谨和思辨性报道；黄色、橙色象征丰硕果实，或给人以欢快活泼的感觉，多用于反映成就、展示进步，昭示着充满青春活力的报道。异形标题以图案代替文字、以文字装饰图文的做法则多见于娱乐新闻或体育新闻。

二、广播新闻标题

广播新闻又称音响新闻，支撑广播新闻标题最直接最基本的表现符号是口播文字符号的声音。广播新闻归属于听觉新闻。因而在广播新闻标题的制作中，在服从于新闻标题一般规范原则的前提下，还必须紧紧围绕适合"听"的要求来突出它的个性，这便是广播新闻标题有别于其他介质媒体的特殊性。这也就是说，广播新闻标题的特点，即是新闻标题的共性与

标题的制作理念与艺术技巧

广播媒体新闻的个性有机结合的统一体。究其个性而言，概而论之：

标题概括内容的通俗性要高于其他介质的媒体。广播新闻标题概括内容的通俗性，属于整个广播新闻要运用口语通俗性的重要组成部分。首先，它与常见书面语言的通俗性有明显的区别，常见的书面语言的通俗性着眼于"读"，是针对知书识字的人而言的；广播新闻标题的通俗性则着眼于"听"，既要让识字知书者听得懂，也要让不识字不知书的人一听就明白。其次，它与日常人际交流口语的通俗性也有明显区别。日常人际交流口语的通俗性既有语言环境的辅助，还有眼神、表情与手势等肢体语言的配合使之具有简略随便的特色；而广播新闻标题的通俗性却只能依靠口播表达的效果来体现。再加之，不同职业、不同身份、不同经历的人，不会说出完全相同的话，制题者当然更不能凭自己"想当然"的口语，去取代新闻主人公的"嘴巴"。

树立"为听而写"、"为听而播"的制题理念。广播新闻标题是以声音传播诉诸于人的听觉来实现其概事达意的传播目的。因而新闻标题的文本要注意音韵的优美、响亮和亲切，要上口入耳。同时，由于声音稍纵即逝，特别要注意深入浅出，简明扼要，务使受众听清听懂。这就必须注意：

要多用双音节词。双音节的词由两个音节组成，读起来节奏感强，易于听觉辨认。

要注意叙事宜顺不宜倒。有的倒装句念起来拗口，听起来别扭，而且有违事物发展变动的逻辑顺序，在稍纵即逝的口播中，会给听众带来一定的理解困难，应合理调整，宜少用。

要注意尽可能把文言、数字或书面语的字或词改成白话、口语。有些文言、数字或书面语的字或词，放在"立片言以居要"的广播标题中口播，听起来不舒服，既不好念，也不易听懂。

要注意不用同音不同义的字或词，以及听觉难以辨认的相关修辞格。这是因为，在广播传播中，使用的语言，可以称之为以声音为载体的音响语言。它与报纸的书面语言相比，最大的特点就是转瞬即逝。书面语言，白纸黑字，偶遇意义含混，可以再度审视，而以声音为载体的广播语言，就覆水难收了。这会产生疑问，甚至造成误解。

要尽量不用缩略简称，少用代词。必须使用时，就应该掂量该缩略简称是否已约定俗成为大众所熟知，否则听众会搞混。再有，广播新闻标题与报纸新闻标题一样，都是新闻的"先行官"，是首先同受众见面，如果事先没有语言文字的明确交代，其所用的缩语、代词等，是很难让人听懂的。

要少用长句和复句，注意标题文字的简洁。尽量将长句或复句改成若干个结构单一的短句。对不合时宜的抒情、解释，叠加负重的定语、状语，都应毫不吝惜地加以简化或删除。

要注意适应线性传播的特殊需要。广播新闻是以线性传播为特征的，其标题要发挥自身的导读或导向作用，就必须适应这一特征，采取灵活多样的形式，穿插于新闻节目播报的过程中，适时地多次播出——即播前提示、播时强化、播后回播。所谓播前提示，即在新闻节目播出时，先将本期节目中的重要新闻的标题逐一地播报，以提示和吸引听众对节目的关注；所谓播时强化，即在具体播一条新闻时，或采用点题或适当添加强化性引导性语言将标题强化细化后播出；所谓播后回播，即在新闻内容全部播出后，再把重要新闻的标题作回顾式的重播，以加深听众的印象。广播新闻标题语言的最大优势是在于通俗化和平民化，这一优势的发挥除文本的写作之外，在很大程度上还取决于播报员在节目播报时对语气、内容、基调的掌握，做到以情感人、以声撼人，富有交流感、亲切感，才能继而最大限度地换来听众的认同感。再有，广播新闻是以声音为载体的传播。要让听众在听的过程中，分辨出哪是标题、哪是正文，还得依靠播报人员，通过加强语气、放慢语速、延长语顿等多种方法来加深听众对标题的分辨和印象。

三、电视新闻标题

电视屏幕异彩纷呈，有各种各样的节目形态。而电视新闻节目则是电视节目诸多形态中的一种。它是以传播、评论、解读新闻事实以及社会话题为内容的纪实性报道（节目）的总称。它借助先进的传播手段，以文字、声画相结合的电视语言，向观众迅速报道国内外重大事件、展示社会环境和道德文化的变化，反映现实、传播信息、引导舆论。

电视媒体最主要的特点，就是围绕实况新闻录像来报道新闻、传播信息。这也是电视新闻的主要优势所在。

实况新闻录像把新闻事实鲜活、立体地再现于观众面前，观众有了像亲临现场的真情实感。但是如果实况新闻录像没有语言文字的解读和配合，观众也往往难以弄清究竟所言何事，也就更难理解它的含义了。所以，电视媒体实况录像的传播优势，只有准确恰当地配以包括各式各样标题在内的语言（口头播报）文字（屏面字幕）才能发挥出来。如若不然，就像业界同行所云，就如同纸片媒体的新闻图片没有文字解说一样，让观众"雾里看花"必然让人迷惑不解。而在电视新闻的语言文字传播中，标题往往起着关键的重要作用。

电视新闻标题一般采用字幕显示或口头播报的形式，也可以采用字幕显示同时加以口播的形式。对于后者一般限于用在要闻预报和特别需要加以突出的重要新闻以及没有实况录像的标题新闻上等。

电视新闻标题的制作是一个系统工程。它涉及画面、音乐、音响、字幕、解说等各种元素的设计、应用与融合，任何一个方面的疏漏，任何两个元素的搭配不协调都会极大地影响节目的质量。

电视新闻最基本最主要的特点既然是要围绕实况录像来报道新闻、传播信息，很显然，视觉录像就必然成为以声画文字相结合的电视语言中最核心的第一语言，这样其新闻标题除必须具有新闻标题的共性外，还得具有特有的个性特色。

在标题字数上，宜短不宜长。 在电视新闻中，实况录像的画面是主要的。在字幕、声音中，标题字幕、内容提要、同期声讲话内容、解说词等又居于主要的地位，音乐、音响则是次要的。电视新闻字幕大多是叠印在画面上的，所以字幕布局一定要注意与画面的结合，做到和谐、统一、美观，为画面增色，至少不能破坏画面的完整性。在电视新闻中，标题性的字幕一般是在屏幕下方，为了保证画面的完整以及适应播音特点，只能尽量采用单行题，力争在15字左右，高度浓缩新闻的主要内容。在一行题容纳不下所应交代的新闻要素的情况下，可以把地名、人名、新闻来源以及对新闻事实的评判等择机缩小字号放在第一行，形成类似报纸标题的肩题，第二行为浓缩新闻内容（即展示"何事"要素）的主标题。例如：《（肩）小人物大英雄，（主）张显证据，他为被害人"说话"》（2010年12月6日央视《法制在线》）集中报道了法医刘传品的事迹。

在标题的内部结构上，宜简不宜繁。 电视新闻标题不像报纸标题那样可有肩、主、副题，而且主题与辅题的字数和行数也没有绝对的限制。但电视新闻标题，受视觉习惯以及要顾及画面美感和完整性的种种限制——即标题叠印在图像上如果超过了三行，不仅有碍画面的美感和整体感，而且会使观众的注意力很难集中，从而影响到对新闻图像内容的审视和理解。因而电视新闻标题从内部结构到选词用字都必须做到简洁明了，让观众在一瞥之间就能对其主要内容略有所知。标题的概事达意要用事实说话，切忌空洞无物，尽量不使用专业术语、生僻字词，以免让人费神费解。否则，标题字幕虽已从屏幕上撤掉了，观众却还在思考它的解读呢。

标题的程式和样式，正在发生着新的变化。随着因特网的迅速扩张、广泛使用，人类已经步入信息时代。信息时代，人们时时处在快速地更新、交换和获取信息的过程中，信息"极大丰富、形态多样、迅猛及时、全球传播、自由和交互"的众多特点，使得作为人类社会生活前沿的新闻传播事业也在不断地变化着，有的电视业者感慨"信息社会，将人们带入读题时代"。人们阅读报纸杂志、收听收看电视节目、浏览网络新闻往往先从标题中加以选择，因此电视新闻标题在解说词写作中显得十分重要。一个好标题不仅是解说词的有机组成部分，更是一张亮丽的名片。它画龙点睛可以吸引更多人关注你的作品；同时又像一幅画、一张照片的题名，能起到与作品互相映衬、相得益彰的作用。随着人们文化素质的提高，电视这一拥有最广泛受众的大众传播对标题的要求也越来越高。电视人为适应观众与自身传播价值实现的需要，如今电视新闻标题已经发生了很大的变化。比如，以往电视新闻的标题，除特别重大的新闻采用全屏字幕显示外，一般多采用屏面下方边角固定部位，在该新闻播出过程中，时显时隐地分数次显示的不变程式。而今，这一程式已被突破，在电视新闻节目中，凡属比较重要的热点新闻、突发新闻以及综合性的长新闻，除一文一题的大标题外，还随着该新闻播报的进程适时地插入小标题，这时一文一题的大标题就让位于插题，并将其缩小字号置于插题字幕之上成为肩题。同时，对于新闻中特别重要的内容，还常常将其摘引出来，缩减为提要题、纲要题或边标题，采用全屏、半屏显示的方式，突出地呈现在观众眼前。再有，标题新闻这种传播新闻信息的形式，已被广电新闻节目广泛应用，成为一种常态。现在，在一些电视台的新闻节目中，在画面下方出现一条流动的字幕条幅，此时的字幕已不是画面内容的说明，而是以标题新闻的形式滚动播出的重要的简明新闻或快讯。

四、网络新闻标题

随着电脑互联网络的诞生与发展，电子文本的传播和阅读打破了时间和空间的局限，将网络的特性与传统媒体的优势结合在一起，从而使得网络传播拥有时效快、高选择、容量大、多媒体、全球性、交互性、数据库等诸多传统媒体未曾具有的信息传播上的性能优势。当然，由此带来诸如网络信息接收终端的物理性所导致的屏幕的光刺激，页面第一视觉区域的有限等等的局限因素，也使得网络新闻标题除了具有一切新闻标题的共性外，还有自己独具的特色和作用。

题文分离，导读显要。 传统新闻标题原则上与正文、图片同时呈现在一个平面上，读者能将标题与正文尽收眼底。而网络媒体则因海量信息的存在，更由于信息来源广泛，制作过程比较简单，使得网络新闻的更新周期是以分钟甚至秒来计算，使得主页的标题往往只是作为与从页或新闻文章页中的相应正文的一个链接标识而存在的。所以网络新闻标题已经成为网民识别新闻内容、判断新闻价值、决定是否索取深层新闻的单一选择的必经关口。由于网络信息的"海量"存储、数据库检索、信息发布时间的多级梯度布列等，新闻标题在网络传播中的导读作用较之传统媒体格外重要和突出。请想想看，各家新闻网站均在有限的新闻主页上，开辟了各种栏目，将新闻标题铺天盖地地陈列其间，这就给希望能在最短的时间里以最便捷的方式获得最需要的信息的网民，平添了些许的盲动和茫然，如果这些新闻标题不凸显出必读有用和可读耐读的导读功能，对网民缺乏吸引力，那就根本无法实现网民对标题的点击，网络传播过程也就会以失败告终。

结构单一，长短适度。 新闻标题按其结构形式划分，有单式题与复式题。但是在网络传播的环境下，无限新闻，有限页面，为了节省首页页面空间和保持页面的整齐，标题板块常由若干新闻排列成一个矩阵，新闻标题一般不使用复式题，都用单式题甚至是一行题，往往用一句话高度简洁准确地将新闻中最为重要的要素和核心信息呈现出来，这既有效地适应了网络传播容量大、传播速度快、面向全球传播特点的特殊需求，同时又可以使网民在面对电子屏幕的一瞥之中获知主要内容，减少视觉疲劳。这样一来，由于网络新闻标题结构的单一以及网页版面的整齐布局相对固定，受网页显示面积制约，网络新闻标题的字数、长短也接近相对的大体一致，一般以20个汉字上下为宜，过长或过短、过多或过少，既容易造成信息冗余或信息不足，同时也容易造成视觉整体上的不够整齐、美观。

叙事为主，实中显虚。 新闻标题按其对新闻内容表意程度划分，有实题与虚题。实题的特点重在叙事,即直接明确地标明新闻的基本事实,直接向受众陈述新闻的主要内容。虚题则重在议事,即重在阐明新闻的意义,揭示新闻的本质。只有主题而无辅题的单式题,都应该是实题;以议事为主的虚题,一般出现在既叙事又议事的复式题中。网络新闻标题由于受诸多因素的制约,一般不用复式题而是一行的单式题,这就决定了它必须是实题,或者是以实题为依托,实中显虚的实题。这里所谓"实中显虚",既不是直统统地凭空议论,也不是赤裸裸地随意抒情,而是在叙事的前提下,缘事生议,据事注情。虽说,网络标题以叙事为主,是用事实说话、说事实的话的一行实题,制题者的观点一般不直接表现在文字里,但这并不等于像有的论者所云网络标题"只讲实、拒绝虚",标题的评论功能就消减无痕了!其实不然,实题并不说明制题者就没有表达自己观点的途径,因为他完全可以或把观点隐藏在取事着墨的角度与事实的选取中,或通过语言文字表达含有褒贬色彩的同义字词的选用上,或凝聚于语气与语句的表现上,于无声处把自己的思想观点传递给受众。比如,以搜狐网新闻中心2005年12月5日评出的各个板块前一日的点击榜为例,居国际点击榜排行第一位的是:《中东人最敬希拉克,最憎布什　希望中国变超级强国》,该则题被点击39449次,该则题是实实在在的叙事实题,制题者的观点并没有直接表现在文字里,但能说这则题没有制题者的思想倾向吗?居于第二位的是《英国再曝虐新兵丑闻:迫食泥饮尿滚荆棘》,该则题被点击20834次,这也是一则实实在在叙事实题,制题者通过选词组句,其真假、美丑、善恶观已深深印刻在标题的字里行间矣!当需要明确表明态度时,也可直接述诸文字,拟就叙议结合题。这一般出现在题句为两个或两个以上分句组成的复句中。网络标题是以列表形式排列的,单行题是主打,但如果遇到重大热点问题和综汇性新闻,单式题所能承载的信息量显得明显不足,网络上一般都用在主标题下方增加内容提要式的提要题,来弥补单行标题的不足。

编排单一,表达独到。网络新闻标题一般以列表形式置于第一级页面,为节省空间又多采用一行题,同时为了页面看起来整齐、清楚,各个标题的字号、字体和颜色都基本相同。标题要在一瞥之间抓住受众,留住受众快速移动着的眼球,标题内容的选择和富于创新、独到、准确、生动的表达,就成为吸引受众最核心的资源。在取事着墨的角度选择上,要因文制宜地力戒随波逐流的平庸,力求另辟蹊径的与众不同。走别人没有走

标题的制作理念与艺术技巧 >>>

过的路,才会留下自己的脚印;说别人没有说过的话,才会发出自己的声音。审视的角度不同,见解就不同,标题内容以新出之,其价值及其对受众的吸引力也就迥然有别。在炼字炼句炼意上要多下工夫,敢于同轻车熟路告别,惟陈言以务去,深刻的思想内涵要通过浅露的新闻事实来表现,以简洁的语言文字来承载丰富的内容,力求每个字、每个词都满载信息,获得"尺幅千里"之功效。仅以2006年9月2日的《新华网》为例,如《众石迷广东顺德寻宝,68万元买块石头》、《京九沪九直通车直通香港,旅客不用下车》、《停车不用操心,日本丰田推出智能泊位车》、《天津饭店在别墅内 加工"三无月饼"》这一个个简洁明快、一目了然的标题,充分体现了网络新闻标题的个性魅力。

当然,网络新闻标题的个性特点,仁者见仁、智者见智,远非笔者所讲的以上4个方面的内容,况且个人所论、一家之言也未必都正确。对己如此,对人亦然。对有的论说,笔者也有持异议的。

比如,有论者说,平面媒体受众以中老年人为主,标题更讲究艺术性和趣味性,对语法和修辞也有要求,而新兴媒体的受众大多是年轻人,标题更强调简明扼要、新鲜引人,以适合年轻人习惯于快速浏览式阅读的口味,对语法可不作苛刻要求。好一个"对语法不作苛刻要求"。此言差矣!应该说,包括平面媒体、网络媒体在内所有媒体的新闻标题,在坚持准确、鲜明、生动、简洁、新颖的制题原则和严守语法规范的要求上,如同篮球场上的边线和底线,是绝对不可以踩线和越线的。语言是人类最重要的交际工具,没语言或者说没有规范化的言语这个交际工具,人类的交际、新闻信息的传播就会遇到极大的困难,社会生产和生活就无法顺利进行。从语言的内部构成看,语言包括三个部分——语音、词汇和语法。语音是物质外壳,词汇是构成材料,语法就是语言的结构规律。这三个部分合称为"语言三要素",三者缺一不可。语音是词的形式,语义是内容,词是语音和语义的结合体。因而,有的语言学者在讲到语法的重要性时,就通俗形象地比喻为,语音、词汇是建筑材料,语法则是建筑设计的图纸。只有建筑材料,没有设计图纸,也难成语言大厦!无论是网络媒体还是传统媒体,在新闻标题中由于语法失范,造成语病、造成歧义,给受众带来的阅读和理解障碍,如今也可说是屡见不鲜!对此,本书在"第六章 字斟句酌品标题"中,对众多的实例逐一做了品评分析,此处就不再细说了。

再比如，有论者称，网络标题是网络传播的一扇视窗，是直接与吸引受众注意力挂钩的，是引发点击的生命线，其标题突破传统纸媒的制作手法，更强化吸引受众点击下级网页的导读功能，注意新闻事件核心要素前置的组构模式，摒弃看重文采的做题理念。再细读该论者提出摒弃纸媒"看重文采的做题理念"的立论论据，似有偏颇：信息时代"人们越来越没有耐心看晦涩难懂的标题，那种为技巧而技巧、为文采而文采，滥用隐喻暗语等修辞手法，只会造成受众的理解障碍"。"看重文采"能与"晦涩难懂"对接、画等号吗？这本是没有必然联系、本质不同的两个问题啊！"为技巧而技巧、为文采而文采"、"滥用修辞手段"，以及该论者还没讲到的哗众取宠、故弄玄虚，使用卖弄夸张的、过分渲染的词汇制作标题的不良之风，这统统都不是纸媒"看重文采的做题理念"的内涵，而正是这种制题理念所要坚决反对的。正如一位资深媒体人发自肺腑之言：制作新闻标题是编辑、记者的一项重要工作，"这项工作是沙里淘金，要用金子而不是沙子去碰撞读者的心灵"。同时，这项沙里淘金的工作，是离不开唐代诗人贾岛的"苦吟"精神的。《人民日报》前社长兼总编辑邓拓曾说过："贾岛的苦吟，实际上是在炼意、炼句、炼字等方面都用了一番苦功夫，而这些又都是与作品的思想内容和时代性分不开的。"因而，所谓看重文采、修辞的制题"理念"，其实就是注重用语言文字表达思想感情的技巧，研究如何修饰词语，把话说得更加准确、鲜明、生动、简洁、和谐自然，力求使标题在概事达意上更本质、更深刻地反映客观事实，用受众可以接受的方式、以受众乐于接受易于理解的语言去传播信息。它可以变抽象为具体，变平淡为生动，变冗余为简洁，化艰深为浅显，化生疏为熟知，化晦涩为清晰，能扩展信息的含量，增强标题的冲击力、感染力和说服力。由此，我们似乎也可以这样说：网络新闻标题与文采和修辞之间，既无楚河汉界，也非水火不容。早在两千多年前的圣人有训："言之无文，行而不远。"这里的"文"，属于文采、艺术范畴；这里的"远"，属于空间和时间范畴。意即不讲文采、不讲艺术的"言论"，就不会流传得广阔和久远。反过来也可这样说，"言之有文，行而久远"。这条古训，时至今日，还不能说就过时了，或者说对网络标题就不再适用了！

新闻的制题是一门很深的艺术，而艺术的生命力得之于恰当得体的运用。笔者在本书的"标题的辞格艺术"一章里，例举近40种现代汉语修

标题的制作理念与艺术技巧

辞格，从理论上讲，在新闻标题制作中，哪一种都能用，哪一种都不能滥用。其间最为重要的前提，是必须因文制宜地适合于语境的需要。也就是说，文采、修辞格似鲜活的鱼，语境是养鱼的水。鱼必须在适合它生长的水体中才能成活，文采、修辞格必须在适合它的语言环境下使用，方能如鱼得水。请看事实——

比如，东方网上有过这样一则标题：

布什为伊拉克政策抹口红

（2005年12月2日《东方网·文汇视点》）

"抹口红"这个比喻物，恐怕凡是能进入网站的男女老少都知道它为何物，暗喻是何意！"抹口红"三字，便非常简明却又内涵丰富地喻指美国布什总统在此次讲演中，继续美化他的对伊政策，继续为其以"莫须有"的罪名野蛮地将一个主权国家推倒并将它占领的错误做法做无力的辩解，并将这个严肃的政治议题用通俗的语言，表现得如此妙趣横生，无疑得益于隐喻辞格的得体妙用！

隐喻从修辞格上看是一种特殊的语言现象，它运用非同类事物间的比较，对词语的修饰或美化，即用其他事物来理解和说明正在经历之事物的一种手段，也是人们用某一领域的经验体验来说明或理解另一类领域正在发生或已经发生的某一事物的一种认知活动。

再比如，2009年5月7日20时05分，杭州市区发了一起交通肇事车祸，造成一路人惨死。惨剧发生后，目击者纷纷通过网络等途径声讨肇事者，杭州当地一个网站出现这样一个帖子：

富家子弟把马路当F1赛道

无辜路人被撞起5米高

（2009年5月7日杭州某网站）

这个帖子不断被其他网站和传媒转发，不到两天回帖就超过1万4千多条。这个帖子共21个汉字，就在4个地方，用了3种修辞格，即借代——"富家子弟"、"路人"，示现——将自己目睹之事，惟妙惟肖描写出来，"被撞起5米高"，比喻性夸张——"把马路当F1赛道"。夸张辞格，一再被论者提及是网络标题应绝对忌用的，这里却用了。笔者认为，夸张修辞格无论网络媒体还是平面媒体在制题时都应慎用，不是非用不可时应不用。一定要使用时，也必须明白夸张是在事物基本特征上故意进行扩大、缩小或强化描述的一种修辞方式，但这种扩大或强化，一定要以客观真实性为依据。这就是说，运用夸张不能随意夸大、信口开河，一定要有真情实感的客观事实做依据，用得合乎情理，并让受众一眼就能看出它是夸张，而绝非事实本身的描绘。不然，就会弄巧成拙，流于虚夸。

这则标题中的肇事者，在人口稠密的闹市区马路上，开着高档车、飙车、炫富、取乐、献技，时速高达100多公里！制题者将其夸张地比喻为"把马路当F1赛道"，于情于理于事，无明显的不当之处。

又比如，前面提到的搜狐网当日国际点击榜最高的那两则标题《中东人最敬希拉克，最憎布什 希望中国变超级强国》、《英国再曝虐新兵丑闻：迫食泥饮尿滚荆棘》，修辞格的得体运用，也不能不说是取得成功的原因之一。前题一起笔便用对比辞格，以"最敬"和"最憎"两个对比鲜明的词汇大大地提升了标题的冲击力和吸引力；同时，又以简化缩略的手法，将题中的三个双音节动词"敬重"、"憎恶"、"变为"缩减为单音节动词"敬、憎、变"，在不改变词义和不产生歧义的情况下，使整则标题的语言更加简洁、生动、明快。另则题在将双音节动词"逼迫"缩减为单音节动词"迫"之后，又用排比辞格让其承载了三个结构相同的并列宾语，简洁、具体、生动而形象地再现了英国新兵被虐的惨状，颇能吸引和留住受众的眼球。

还比如，扫描式阅读已经成为受众阅读网络新闻的主要方式。这种阅读方式带有极大的跳跃性、检索性、忽略性。虽然，读者"扫描"标题时只是"霎时间"的事，但是，这"一瞥之下"常常就决定着该条新闻的命运。据学者研究，受众在阅读文字时，眼球跳动时看不清文字，只有眼球停下来时才能看清文字。一般人每次眼球停留的时间为1/3秒，能够知道的字为6到7个。在互联网把人们带进了浩瀚的信息海洋，信息前所未有的过剩的条件下，这时，人们的"注意力"就成为相对稀缺的资源，网络新闻标题最忌冗杂空泛，必须用最少的字词来表达尽量多的内容，力求把"一见钟情"效应简明化、最大化。这样简化、缩略辞格，不是不用的问题，而是在制题中常常是不可少的。新闻标题中，谓词是居于核心地位的几乎是不可缺少的关键词，谓词主要由动词来充当。如前面提到搜狐网那两则题所示的那样，为使标题语言更加简洁生动，在不改变词义和不产生歧义的前提下，常把双音节动词简略为单音节动词来使用，这已是当前网络新闻标题一道独有的现象。再有，前面提到的2006年9月2日新华网的那几则题中，"石迷——即为对奇石情有独钟的收藏者的缩略"，"京九

标题的制作理念与艺术技巧 >>>

沪九"——即为"北京—九龙"、"上海—九龙"的简称。有的网络标题在20字左右内，要想承载足够的信息，如不对其中冗长的词语进行缩略简化，恐怕是难以做到的。

当然，我们绝对苛求每则标题都要使用辞格、都要讲究文采，都成为"香茶醇酒"也是不可能的；但也不能让那些言辞上近乎"淡如白水"的导读标题淹没网络首页。

再说，在新闻信息资源稀缺、平面媒体"一枝独秀"的冷媒体时代，读者被动接受媒体的信息，只要买了一份报纸，里面的标题好不好看都有人看；在网络将人们带进了"读题时代"的热媒介年月里，由于信息的过剩，读者必须精选网络媒体的内容，再加之题文分离，如果标题连读者的阅读兴趣都提不起来，内容做得再好也是枉然。

著名苏联科普作家伊林说过：单调的语句一个接一个，就像是磨光了齿轮的齿，它们什么也不能咬住，什么也不能带动。读者的注意力休眠了。读者以蒙眬的睡眼划过字的行列，就像车中的乘客从窗内望着毫无变化的荒凉地带一样。

科普写作与新闻写作，虽分属于不同行业，但隔行不隔理。新闻标题的语言不应该是枯燥、干瘪、司空见惯、索然无味的，而应该是饱含激情、富于张力、情趣盎然、鲜活引人、妙趣横生的。要做到这一点，修辞格的妙用，是一法。它不可不用，也不可滥用。

还比如，有论者称，网络新闻标题作为新闻之眼集体亮相于网络主版页面，由于页面空间有限以及点击的技术需要，标题只能是实题，拒绝虚题，或者只实不虚，有别于传统新闻标题虚实结合的制题理念。

应该说，网络媒体，面对海量资讯，开辟了人类信息传播史上扫描式阅读的时代，网络新闻标题有了诸多相应的、有别于传统新闻标题的新格式、新方法、新要求。但新闻标题应当有实有虚、虚实结合的这一理念，却没有根本改变。这是因为，包括网络媒体在内的，不同介质、不同形态媒体的新闻标题，都具有标示和报道、评判和解读新闻内容的社会功能，是对新闻事实与中心思想的高度概括和浓缩的体现，是新闻传媒社会生态环境本质特征的必然要求所使然。这并不是某个人或某些人说有就有、说无就无的。

纵观网络媒体的昨天、今天和明天，搜狐网总编辑于威说得好："网络媒体从来就不仅仅是一个资讯超市，除了提供资讯之外，还要给人们提供观察事物的一个角度，要体现一个媒体的立场和价值观。网络编辑也不仅仅是一个搬运工，每次新闻的取舍，每一个标题的修改，都是其新闻理念的体现。"（引自《新闻与写作》2010年第6期）

从理论层面上说，正如有学者指出的，新闻是人类精神世界对物质世界的一种认知，它既是对新近发生的事实过程的描述，又是对这一事实所蕴涵的社会含义的评估和解读。新闻事实的发现与认知始终离不开主体，进入传播过程中的新闻事实从某种意义上讲，它已经不再是独立于主体认识之外纯客观的自在之物，乃是一种报道对象的客观性与传播主体的认定性的统一体。这也就是说，当我们在运用"新闻事实"这一概念之时，我们就不能或不应该割裂或回避它与主体的联系，就已经不可能剔除事实中所应有的主观因素。一般而论，在新闻事实的发现、认知过程中，就包含着对事实层面的感知和价值层面的评判、解说。这种感知、评判和解读，即便不拟虚题，而是直白的叙事实题，也会首先表现在入题事实的选择上，同时还表现在对事实做何种开掘，以及在陈述语言的运用、编排的安排等等环节上或显或隐地表现出来。

总而言之，有虚有实，虚实结合；新闻标题的叙事导读功能是主导的，解读、评判功能位居其次，并且是依附于前者而存在的；标题对新闻事实的评判、解读，不是纯理论的，不是空泛的议论，而必须以新闻事实为根据，遵循"用事实说话"的新闻传播规律，作深入开掘并高度概括事实所蕴藏的内涵，这是包括网络新闻标题在内的不同介质、不同形态媒体新闻标题的常态。

当然，由于网络媒体的传播手段和平台的不同，在新闻标题虚实结合的形式与方式方法上与传统标题是不完全相同的，最为明显地表现在以下两个方面：其一，一般地说，网络新闻标题的虚与实都必在一行题及有限的字数中完成；其二，网络新闻标题一般都是以叙事为主的实题，极少有议事为主的虚题，一般多通过取事着墨对叙事性陈述语言、概念的运用以及表达方式的选择，"画龙点睛"或明或暗地点出新闻的要义。

《陈美丽，你的人格与名字一样美丽》，这是在2008年6月揭晓的第18届"中国新闻奖"评奖中获网络专题三等奖的一篇新闻作品的新闻标题。这则网络标题，将陈美丽讲诚信替亡夫还债的动人事迹与她的名字和她的人格魅力融为一个美丽的道德符号，标题的制作者明确而又动情地告诉受众：是陈美丽的道德魅力催生了她美丽的传奇。应该说这则成功引人的标题，应归于以议事为主、虚实结合的评论性新闻标题。

《九江大桥坍塌一周年，明年可望"伤愈"上岗》（2008年中华新闻网）。2009年6月广东九江大桥遭遇运沙船撞击垮塌，事过一年之后即将修复使用。这则题妙就妙在：制题者巧取妙联地运用拟人辞格，"移情于物"，把要陈述的事物当做人来描述——把大桥的"修复"称为"伤愈"，将运营赋予人情味喻为"上岗"，不仅使整则题活泼有趣，更赋予了制题者的溢美深情。这也是一则"实中见虚、虚实结合"的好题。

《全凭馒头争气，下岗女工蒸馒头蒸成百万老板》、《美政府拟杀鸡儆猴，少年黑客怕森可能被重处》、《"造福工程"为何成为"画饼工程"》。以上三则题均出自于2003年9月3日新华网。这些标题富有情趣，寓意深长，制题者都是通过谚语、成语本身的褒贬色彩，来表达对新闻事实的评判、解读。

著名作家老舍先生曾说过：写实物要以实物为主而略加抒情的描写，使文章生动空灵一些。反之，写诗情画意则要略加实物使其虚中有实。文学作品尚且如此，新闻标题作为新闻事实与中心思想的概括和浓缩，实中见虚、虚实相济，这便是自身特有的规律性现象。

第三节　标题与新闻体裁

一篇新闻报道，不问其体裁，大都有着这样几个组成部分：开头、主体、结尾和标题。标题是新闻的一个组成部分，它与新闻文体的关系极为密切，后者是前者的基础，前者为后者所派生。有句俗话叫做"量体裁衣"，新闻标题之于新闻文体，也像衣服之于人。整齐、可体、色彩协调的衣裳能使人备增神采，给人以美感；反之，就会使人感到别扭、不舒服，让人望而生厌。各种新闻文体的标题特点，总是与这些新闻文体本身的特点相关；各种新闻文体有什么特色，与之相适应的标题，也就会有什么样的特色。掌握这一要点，既便于更准确地探索各种新闻体裁的标题的一般规律，又便于读者对新闻信息的选择。

新闻体裁，是人们运用新闻手段报道事实的表现形式。由于新闻内容和表现手法的不同，它不拘一格，式样繁多。特别是在我们这个新闻内容日趋广阔和丰富多彩的时代，其表现形式更在不断推陈出新，不断产生出能确切地表现特定内容的新形式。也就是说，事实的丰富性，决定了新闻体裁的多样性，但是，一种新闻体裁的形成，又有它的相对稳定性；各种新闻体裁，都有各自的写作规律、表达方式和特点。现在仅从其对事实的叙述、结构、表现手法和时效性强弱等的不同差别上看，在现代新闻传播中常用的比较稳定的新闻文体，大致可分为这样几大类：

1. **消息**。按传递信息的数量和深度的不同，常见的可分为以下几种：

动态消息——抓住事物在发展过程中的一个最新片断，一个侧面，简洁明快、又新又实地及时报道国内外重大事件，反映现实生活中的新人新事、新动向、新变化、新气象和新问题。

经验消息——也称典型报道，它是着重于反映一个地区、一个单位或一个部门，在贯彻执行党的路线、方针、政策中，所取得的典型经验及成功做法的集中报道，借以指导现实工作。有时，为了化消极因素为积极因素，坏的典型事例也可写成典型报道。

综合消息——综合反映带有全局性的情况、动向、成就、问题。

人物消息——也称人物新闻。它短小精悍，迅速及时地集中反映新闻人物最重要的贡献、最主要的事迹、最闪光的思想和精神风貌。

新闻特写——或称新闻素描、新闻速写。它是用"电影特写镜头"的手法，集中突出地描绘某些重大事件、某些重要场面或某一事件中富有特征的片断，以说服人、教育人、感染人。

消息这类新闻文体，由于内容的不同，形式的变化是很多的，但其基本特征却仍是：主要是概括地叙述新近发生的有意义的事实，常常是一事一报，简洁明快，一般对事物的发展过程不作详述；以报道事实为主，及时而迅速地反映新情况新成就新问题。即便是人物新闻，也只是反映一个重要的片断，仍属于一事一报，叙述为主，伴有白描。这样，就决定这类新闻文体的标题的特色：主要是摆事实，即便是就实论虚的标题，首先也必须摆事实。它侧重于表现事物的动态，回答的是正在发生着什么事。

（肩）　杨先生痛说给孩子诊病遭遇——
（主）　看个"咳嗽"要掏1065元

（2002年8月10日《武汉晚报》）

河北交通图五年七变

（2002年7月11日《河北日报》）

（肩）　滇沪科学家创造神经外科世界奇迹——
（主）　80分钟！猴脑血流阻断存活

（副）　对"无血手术"研究具有里程碑意义

（2002年1月25日《云南日报》）

（肩）　沙市奶农见识市场残酷
（主）　5万公斤鲜牛奶倒进农田
（副）　谁来助农走"有效供给"之路

（2002年4月26日《湖北日报》）

（肩）　三亿专款雪中送炭　4所小学改换新颜
（主）　广东着力解决农村困难家庭子女读书难

（2002年5月7日《人民日报》）

以上5则题均为在第13届"中国新闻奖"评选中获奖消息的标题。前两题均为直书其事的实题；后三题则为据事发议的虚实结合题，但题中的主体——主题也均为叙事实题。

2. **通讯**。由于其写作形式和内容的不同，报刊上常见的又有这样几种：

人物通讯——记叙现实生活中的先进人物的先进思想和模范事迹。着力于刻画其精神面貌，反映人物的先进思想，给人们树立学习的榜样。

事件通讯——完整地记叙现实中某个有典型意义的事件。通过交代清楚事件的来龙去脉，发掘其本质特征和思想意义，以具体地宣传党的路线、政策，展示我们伟大时代的新风貌以及群众关心的社会热点问题和突发事件。

工作通讯——记叙某项工作的开展情况、某项政策的贯彻情况，由此介绍典型经验，回答人们在实际工作中所关心和迫切需要解决的问题，借以指导现实工作。

概貌通讯——以观感为主，记叙作者到一个地方、一个单位对一些人或事的生动感受，借以描述某一条战线、某个单位或地区的大好形势、今昔变化，或某一项活动和事件的基本面貌。写作上常运用"见闻"、"纪行"、"纪实"、"散记"、"游记"、"巡礼"、"侧记"、"札记"、"随笔"等形式。

小故事——也称小通讯，是一种篇幅小、有情节、寓意深刻的小型通讯。它不是从生活的纵剖面来报道人物事件，而是抓住人物活动的某个横断面，集中笔墨有头有尾地加以具体生动的描写，深入开掘其本质。

报纸上常见的通讯，都需要比较详尽、完整地描述事物发展变化的过程，需要生动形象地再现人物的言行和事情的经过，具体地揭示人物的精神面貌或实际工作的重要经验和问题。因而，其标题一般是静态的，常常都采用主、副搭配的复式题，主题主虚，标出新闻的主题思想，使之成为窥见人物心灵和事物本质的"窗口"，副题主实，标出必要的新闻要素和新闻事实的概貌。单式题（只有主题，无辅题）一般以虚实结合题为宜，不能只是虚标，以区别于报告文学和其他文体的标题。在复式通讯题中主题的制作上，不同种类的通讯又有不同的特色。

人物通讯题以窥见人物心灵的"窗口"见长。

《解放日报》报道模范军医吕士才的事迹，主题《党的好儿子，人民的好军医》，以结论性的评语，高度地赞扬和概括了吕士才同志的崇高品德。《上海青年报》报道曾任哈佛大学博士研究员的年轻华侨欧阳木同他的妻子哈佛大学的助理研究员李镜莲舍弃在国外优越的生活和工作条件，毅然远涉重洋，万里迢迢从美国回到祖国工作的事迹，主题为《祖国，您的儿女回来了》，含意深刻地颂扬了这对青年夫妇热爱祖国的深情。

事件通讯题以开掘事件的本质特征和思想意义见长。

1997年12月23日《大众日报》刊发一篇记事通讯《珍贵的财富——王树理离任小记》。王树理是山东庆云县委书记。他是1992年9月出任该县县委书记的。上任两个月后，他在写给全县人民的一封公开信中，恳切希望大家对自己的工作提出批评和建议。5年过去了，他除了表扬信外，共收到批评、建议甚至骂娘的群众来信1700件，这对他正确决策、警示自我起了很大作用。1997年12月中旬，当他得知自己将要离任到省里工作，便如数家珍般把这些批评、建议的信件分类编号，装入一个盛方便面的纸箱里。离任时，他谢绝了一切宴请、馈赠、旗匾，留下所有不属于自己的东西，唯独这箱信件，他决定随身带走，并充满深情地说："庆云的父老乡亲和同志们在我任职期间提出的批评和建议，是对我的爱护和支持，我终身难忘。以后我将经常翻看带走的这些来信，时刻铭记群众喜欢什么、拥护什么、厌恶什么、反对什么，反思过去，鞭策自己，更好地为党为人民工作。"把人民群众的批评、建议视为"珍贵的财富"，其意义其分量，该有多重啊！

工作通讯题以揭示一点规律性的东西、拿出中肯的认识或过硬的经验来见长。

一个时期以来，我国中小钢铁企业的经济效益一般都比较差，如何挖掘这方面的潜力，是发展冶金工业需要解决的一个重要问题。《人民日报》发表的杭州钢铁厂的工作通讯，从技术改造这个方面回答了这个问题，因而题目就是这个厂的主要经验《挖掘改造，物貌全新——杭州钢铁厂以内涵为主发展生产》。再有《人民日报》发表河南省周口市在工业方面推行改革，破格用人，从而使一些厂子起死回生，从衰落走向繁荣的工作通讯，主题为《推行改革，势在必行》，引申出一个规律性的道理：要开创新局面，靠发空议论不行，因循守旧更不行，关键在勇于解决实际问题，勇于探索，勇于改革。

概貌通讯题以通过作者的观感进而揭示事物的本质或风貌见长。

1984年2月8日《人民日报》发表了商恺同志的一篇巡礼性通讯，作者通过对四川境内长江的几条主要支流嘉陵江、岷江、沱江等一些地段的观感，深深感到素以风光妩媚、山水秀丽著称的长江流域，如今许多地方已是岩石裸露，林木稀疏，森林覆盖率普遍呈下降趋势。这个问题已引起了当地各级党委和政府的重视，正在采取措施，抓紧治理，以改变这种局面。《长江，愿你早日恢复青春》这是作者发自内心的呼喊，也是这篇通讯的题目。1984年1月31日《人民日报》发表访问广东鼎湖山自然保护区考察散记，题目就用了作者在这个地区的观感中留下的总印象：《珍贵的资源，绿色的宝库》。

小通讯题以据理寓事、含蓄实在见长。

至今仍被当做新闻教材使用的两篇获奖小通讯《会计伢嫌我的油壶小》和《等一等炊事员》，都有这样的特点。前一篇只是撷取了农村中的一个小小的镜头：社员王二婆两年都拿的同一个油壶去分口油。1979年，会计伢笑话她"心大壶也大"，党的十一届三中全会以后的1980年，这位会计却嫌油壶小了，生动地说明了党的政策给农村带来的喜人变化。标题《会计伢嫌我的油壶小》烘托出了新闻事实的特色，做得喜气洋洋，耐人寻味。后一篇小通讯则取材于生活中的一件细小事——看电影等炊事员，反映了人民军队官兵一致的优良传统在新的历史条件下正在日益发扬光大。题目《等一等炊事员》，寓理于事，洋溢着同志间互相关心、官兵平等的友爱精神。

3. **调查报告**。这是一种对具有典型意义的客观事物进行周密调查后，运用调查研究的成果写出来的反映客观事物的书面报告。报纸上常见的调查报告，从内容上分大致有这样几种类型：

反映新生事物型的——对现实生活中涌现出来的符合党的政策、符合广大人民群众最高利益、带有方向性的新鲜事物,说明其意义和作用,揭示其发展规律,以促使其得到推广。

总结推广经验型的——着重提供具体经验和实际办法。它和一般的经验总结不同,这是要从事物发展的一个完整过程中去寻找出规律性的东西,对面上的工作要具有普遍的指导意义。

探讨研究型的——对尚在发展中的事物,有先进苗头,可是没有定型,利弊皆存,有待研究、探索,提出来以期引起重视。

揭露或回答问题型的——这类调查报告又分两种,一种针对群众中存在的某种认识问题,进行专门调查,给予明确的回答;另一类就是对工作中某些重大失误,从总结经验教训的角度,对出现的问题进行剖析,分析造成的危害,挖掘其社会的历史的根源,找出解决的办法,以便从中吸取教训,避免重蹈覆辙。

从上述分析可以看出,调查报告这类新闻文体,是综合较多的事实,系统地、集中地阐明问题,透过现象揭示事物的本质和规律,提出带有方向性的问题,对实际工作有强烈的针对性,有积极的指导作用。与之相适应的标题特色,要么就是调查研究、需要探索的重大课题,如:

(主) 农民增收路在何方
(副) 宣城巢湖宿州三市增收新举措调查

(2004年8月6日《安徽日报》)

(主) 浙商,你在巢湖还好吗
(副) 关于巢湖市浙企的调查

(2004年8月3日《安徽日报》)

要么就是调查后中肯的结论性的认识、意见、办法。如:

(主) 英才汇聚　大业兴
(副) 我省吸引高层次专业人才的调查

(2004年8月6日《安徽日报》)

1983年10月23日,《人民日报》刊登一条消息表扬江西省新干县党风好,县的干部没有一个在城里建私房的,没有一个领导干部利用职权为子女就业开后门的。有的读者就此提出质疑,认为这简直是80年代的神话!新华社记者带着这位读者的意见,在新干县进行了反复调查后,写成的调查报告,题目就是《是现实,不是神话》,也就是这次调查后的结论性意见。

4. 读者来信。这是近几年来蓬勃发展起来的深受读者欢迎的文体,是一种有真情实感的社会信息。绝大部分读者来信都是用第一人称"我"（我们）来写的，其内容或者是"我"亲身的经历，或者是"我"目击的事实，或者是"我"听到的消息，或者是"我"体验到的感受。在形式上，有的似消息，反映生活中的某些信息；有的似通讯，其中不乏形象生动的描绘；有的似评论，伴随着有说服力的论证，有鲜明独到的见解；有的又像专文，带有纪实性、学术性的色彩，等等。来信有批评、有表扬、有建议、有呼声，从形式到内容，都表现出它的"直接性"与"多栖性"的特点，与之相适应的标题的特色，一般地采用直叙其事，即无须多加描绘，直截了当地把读者的呼声、意见、要求、愿望和感受标出来。如在1981年受奖励和表扬的来信中，有表扬好人好事的《难忘书记、县长的救命情》、《一句话的信也得到了认真处理》，有抒发自己感受的《常州之行，一路春风》、《这就是我们可爱的祖国》，有批评揭露社会弊端和不正之风的《请看沂南县"电衙门"的所作所为》、《严肃处理孟天恩侵占耕地建房事件》，有呼吁和建议性的《谁来主持我们的婚礼》、《富裕起来的农民对卫生工作的新要求》、《儿童用药难亟待解决》。

读者来信，不仅是新闻报道一种独具特色的新闻样式，而且也是新闻媒介直接掌握社会脉搏、反映社会舆论、干预社会生活的报道形式。在大量的见报来信中，除了部分表扬和咨询性的外，绝大多数是批评性来信，即披露发生在读者身边的坏人坏事、不良言行、不良倾向等。对于这类来信的标题，一般都采用坚定的判断句式来表达作者的爱憎，或者用祈使句直言不讳地表达读者的要求、希望、规劝、批评等，或者用疑问句直接反映读者的呼声和感情。

为了便于简明扼要地表达读者的意见、呼声和感情，来信的标题一般多为一行实题，较少使用辅题。但也有少量来信由于反映的问题比较尖锐、重要，往往也做成复式题，明确地表明编辑的看法。但这类题也一般先实（以肩题、主题直标事实）后虚（再用副题直接表达编者的看法，或包含催促对问题需尽快解决、严肃对待之意）。

5. 新闻述评。是一种夹叙夹议、边述边评，介于新闻和言论之间的边缘文体。常见的有述评、记者来信、采访札记，等等。它是针对现实工作中的某一方面的形势或某一重要新闻事件，用边述边评的方法，对当前形势、事态、思想、工作进行分析，或总结经验，研究动向，指明方向，揭示意义，或提出亟待解决的现实问题，以期引起重视。其标题的特色就是据事立论，以叙事为主，论叙结合，带有提问题、指方向，兼有评论性的特点。如：

国庆放长假　消费掀热浪

（1999年10月10日新华社播发）

（肩）　人民币将继续坚挺
（主）　中国拒绝金融风暴登陆

（1997年7月27日《中国日报》）

（肩）　消费者虽不能以点评意见为法律依据起诉但可以用相应的法律武器保护自身权益
（主）　中消协剑指金融领域六大霸王条款

（2004年8月26日《北京青年报》）

（肩）　美国继续抢占地盘　阿塞拜疆成新目标
（主）　美军今秋直插俄罗斯心脏

（2004年8月19日《北京青年报》）

这四则评述性消息的标题均有据事立论、论叙结合的特点，把要论的事和论及的理都概括地写进标题。这类文体更常见的是直截了当地提出问题。如《从渤海二号事故看石油部的领导作风》、《北京市英语教师为何奇缺》。

6．公告新闻。这一般是党和政府授权发表的新闻，即以新闻报道的形式，宣布政府的重要决策、决定、条例、公告、文件等。它具有权威性、严肃性和指令性，其标题特点，相对地应当色彩庄严，用词严谨、完整、准确、科学，很有分寸。如：

（主）　北京将上调居民电价
（副）　市发改委下月举行听证会　将邀请20名市民旁听

（2004年8月24日《北京青年报》）

（主）　自治区要求年底农民工工资必须清偿完毕
（副）　政府要做清欠工程款的表率

（2004年8月13日《新疆日报》）

第四节　消息标题与通讯标题的不同特色

消息（电子、数字媒体称"新闻"）与通讯（电子、数字媒体称"专

标题的制作理念与艺术技巧

题"或"新闻专题"），是十分重要的两种新闻体裁。我们常说的新闻标题，大都是指这两类新闻的标题。下面我们就重点研究一下这两类文体的标题特色。

通讯标题与消息标题的制作，除有其共性之外，又有不同之处。二者相比，大体说来有六个方面的差别。

1. 从标题的内涵上看，消息标题要具体实在，通讯标题多点到为止、引而不发。由于消息的任务主要是用简单明了的语言，及时而迅速地把发生的新闻事实报告给读者，因而它的标题多属于概事表意明确实在的实题。其特点是标示新闻事实的色彩浓郁，甚至全用实题来报道新闻事件。如：

（肩）　一项社会调查显示
（主）　近二成私企老板要求入党
（副）　人均年收入不足十万，应酬花费四万多

　　　　　　　　　　　　（1999年6月11日《文汇报》）

（肩）　布什去年收礼一览——
（主）　从钻石到生羊肉

　　　　　　　　　　　　（2004年8月4日《重庆日报》）

（肩）　酒后闹事打人　妻子起诉离婚
（主）　丈夫当庭跪求"和解"

　　　　　　　　　　　　（2004年3月16日《北京晨报》）

即便是虚实结合题，也首先要立足于概事表意的明确实在，以给读者一个十分明确的含义。如《光明日报》：

（肩）　在歹徒用菜刀砍杀一个无辜儿童时，她奋不顾身冲上前去与之搏斗，身上留下三十处伤痕——
（主）　女工程师白雪洁，谱写钢城正气歌

然而，同样是报道见义勇为英雄事迹的通讯标题，却有与此不同的特色。比如，一篇报道解放军战士勇斗歹徒的通讯，其标题则是《人民崇尚这颗星》（1993年12月28日中央人民广播电台）。这是因为，通讯常常是要在事件发生之后，向读者提供更详细的事实和背景材料，以细致的描写、生动的形象和曲折的情节来感染读者。它的标题比较灵活，既可以是直呈新闻事实的实题，如《菜价追踪》（1994年4月12日新华社），又可以是抽象的概括、含蓄的提示，如《学学"山东好汉"》（1990年7月28日《长春日报》）、《"歌手也能做妈妈"》（1995年10月11日《深圳

商报》)。总之,由于通讯在传播媒介中所担负的特殊功能,是一种很接近于文学的新闻体裁,它的标题一般不宜太实、太露、太直。要做得虚一些,含蓄一些,不宜像消息那样把新闻中所言之事、所明之理,在标题中直通通地和盘托出。要给读者留有回味的余地,以引导读者去阅读全文。

2. 从包含的新闻要素上看,消息标题也不同于通讯标题。消息的传播功能主要是向受众报告新闻事实的发生,而要把新闻事实清楚、完整地表达出来,就少不了要对新闻事实的五个要素(即五个"W")交代清楚。作为以概括事实为主要内容的消息标题,须标出新闻事实的主要要素,但并不苛求五要素齐全。作为有肩、主、副题齐备的复式题,当然要把新闻的主要要素标出,只有主题的单式题,何人何事这两个主要的要素是需要标明的。首届"中国新闻奖"获消息二等奖的《商业部长买鞋上当记》,整则题只有九个字,却标出了三个新闻要素。

通讯则不必拘泥于此。它可以是包含多个新闻要素的实题,如《赵荣琛教授台北机场停留记》,也可以是抒情的《出墙红杏分外香》、《柏坡岭上叙衷情》,还可以是评论的《爱心满人间》、《"煤矿工人万岁"!》,甚至可以用曲笔和隐语,如《查市长》、《"放风筝"的艺术》、《"小石猴"何以变成"孙大圣"》。总之,在标出新闻要素上,通讯比消息要灵活自由得多,以切题引人为宜。

3. 从辅题的使用上看,消息标题与通讯标题也略有不同。在复式标题中,消息可以有肩题或副题,或者两者兼有,常常因缺少了辅题(指肩题或副题),主题就不能表达出应有的独立意义。如:

(肩)　"职工热线"好似听诊器
(主)　听脉搏　知心声　释疑难
(副)　广州市总工会"3342523"电话开通后,每天铃声不断
　　　　　　　　　　　　(1994年5月10日《羊城晚报》)
(肩)　新疆畜科院草原研究所研究员崔恒心建议
(主)　实行退耕还草　恢复草原生态
　　　　　　　　　　　　(2004年8月19日《新疆时报》)

而通讯,特别是新闻版上的新闻通讯则一般不用肩题。副题的使用也与消息不一样,一般只限于对主题作出解释、补充,帮助主题交代新闻的来源、要素和事实等。如:

(主)　申城:义举和丑行并现

标题的制作理念与艺术技巧

（副） 舍己救人悄然消失人海赢美誉
　　　顺手牵羊偷走勇士财物留骂名

（1994年5月10日《中国青年报》）

这则通讯的主题只抽象地点出了事情的轮廓，至于具体说的什么事，是靠副题来说明的。

（主） 一花引来百花开
（副） 南通市军人家庭服务中心新事

（1994年8月2日《解放军报》）

这则通讯题的主标题概括地写出了新闻事实的社会效果，但具体讲的是何人何事，则是由副题来陈述的。

4.对时间概念的要求不同，消息题应标明时间，通讯题则不必苛求。消息这类新闻文体，侧重于报道正在发生的事实，一般对事物的发展过程不作详述。这就决定了它的标题应侧重于表现事物发展变化的动态，回答的是正在发生着什么事、已经发生了什么事或将要发生什么事，具有较强的时间性。如：

（肩） 又是一年春草绿　种下新苗踏雨归
（主） 江泽民等党和国家领导人参加首都义务植树

（1991年4月8日《湖南日报》）

（主） 商品质量差　请您去投诉
（副） 时间：明天　地点：市少年宫

（1994年8月31日《文汇报》）

即便是有的非事件性的消息，不便标明绝对的时间概念，也应标明其过程和阶段性，或者要让读者体会到所报道的事实是已经过去了的还是正在发生或即将发生的。如：

（肩） 山上披了绿　水中有了鱼　农民增了收
（主） 贵州长治工程五年成就显著

（1994年5月29日《人民日报》）

（肩） 悠悠苗歌何止传情　殷殷心愿已赋新词
（主） 松桃苗家妇女禁赌会刚柔并济显神威

（1994年5月29日《人民日报》）

而通讯，需要比较详尽描述新闻事件发展变化的过程，再现新闻人物的言行和事情经过，具体地揭示人物的精神面貌或实际工作的经验和成果，标题一般是静态的，问答的是"是什么"，对时间概念的要求不甚强烈。比如：《攀枝花，中国钢铁工业的骄傲》、《黑脊梁》、《鹏城，还有一片贫瘠的土地——关于深圳实施"同富裕工程"的话题》。

5. 从语法结构看，消息标题较通讯标题更强调语法关系的完整，主谓宾的关系要清楚，不可残缺。如：

巴拉克组阁谈妥了

（1999年7月2日《海南日报》）

（肩）　中国女足转战两万多公里，4次横贯美国东西海岸，冒着36摄氏度高温，激战120分钟，点球大战——

（主）　只差一步折桂

（1999年7月12日《北京日报》）

（肩）　改名隐居几十年的蒋纬国异姓兄弟

（主）　金定国已在安徽找到

（副）　今日本报第八版《五色长廊》作详细披露

（1990年8月12日《新民晚报》）

前题为一个主谓宾结构的单句；中题由一个复句组成；后题由两个完整的单句组成，肩、主为一句，副题为另一句，分别讲了一件事有关的两个方面。

在语法关系的完整性上，通讯标题与消息标题相比，也要灵活自由得多。它可以是一个有主、谓、宾的完整句子，如《许海峰笑答记者问》；它也可以是一个短语，如《"打井书记"赵福成》、《出了废品以后》；它还可以是一个或几个词，如《信念》、《他、她、她》。

6. 从对新闻作品个性特点的表达上看，消息的标题与通讯的标题也各具特色。一般地说，消息更多地依赖于事实的重要、信息的新鲜来征服受众；通讯则更多地靠主题思想的重大、新颖来赢得受众。这样，便自然地形成了消息标题与通讯标题在标明新闻性上有着各自不尽相同的聚光点和着眼点。如：

（肩）　提高劳动生产率，大力开发第三产业

（主）　武钢近7万人不再吃"钢铁饭"

（1993年2月10日《长江日报》）

这是在第四届"中国新闻奖"评比中一件获消息一等奖的作品。企业办社会，包袱重，劳动生产率低，这是旧体制给国有大中型企业带来的一

个通病。如何革除它，武钢率先探路：从提高劳动生产率、改革管理体制入手，将近有2/3的非钢铁生产人员从武钢"剥离"出来，形成一业为主、多种经营、大力发展第三产业的经营管理体制，从而提高了劳动生产率，职工的工资也普遍有所增加。无疑，这一事实本身就是这则消息新闻性的聚光点。

千条扬子鳄在宣州进入暖房越冬

（1993年12月31日安徽人民广播电台）

被称为"活化石"、"活标本"的扬子鳄，是我国特有的珍稀古生物。有史以来，它每年都在野外冬眠越冬，但由于自然气候和野外天敌的侵犯等环境因素的变化，其存活率受到极大影响。如今，经过科研人员的努力，扬子鳄首次进入人工暖房越冬，这无疑是鲜为人知的新鲜信息。新闻播出后，先后有十余家报纸刊载。标题直面事实，新闻凸显其间，生动引人。

而通讯标题在标明新闻性上，则较多地着眼于对新闻主题和中心思想的概括与表述。比如：

（主） 战士义勇非凡，人民恩重如山
（副） 某红军团班长徐洪刚勇斗歹徒负重伤之后

（1993年12月31日《解放军报》）

（主） 中国质量的一座丰碑
（副） 来自杨浦大桥的报告

（1993年9月22日《新民晚报》）

这两则通讯都在第四届"中国新闻奖"评比中获了一等奖。前则题的主标，凝练概括地点出了通讯的主题：时代需要英雄、人民热爱英雄的时代精神。后则题的主标则向世人昭示：黄浦江上矗起的这一跨世纪工程和上海标志性建筑的精品光彩，标志着我国经济的腾飞是与增强全社会的质量意识同步并进的。

第五节　新闻评论标题制作精要

据学者考察，我国的新闻评论发端于古代的论说文——政论文。早在殷商时期我国就已出现较为完备的论说文了，可谓源远流长。从某种意义上说，新闻评论就是以新近发生或正在发生的新闻事实为评论对象的政论文,是媒体最直接最完善的发言手段,是体现媒体的政治倾向、政策水平和政治素质的旗帜。现代新闻事业发展的一个重要趋势,就是越来越重视发挥新闻评论的作用。在我国,在相当长的一段时间内,那种只有报纸评论而无通讯社、广播电视的评论的状况,而今已经结束了。在今天,报纸、通讯社、广播、电视、网络以至新闻性刊物,除报道新闻外,都注意通过新闻评论,及时阐明重要新闻事件的性质、意义,剖析现实生活中具有普遍意义的问题,宣传党的政策,反映群众的呼声,借以影响、引导社会舆论。作为这种主要用于评思想、论是非的文体的标题特色,往往就是那些有的放矢、能触及当前社会生活和实际工作中的重大问题的论断。由于新闻评论对所论及的问题及其角度、方式的不同,其标题也就具有不同的特色,粗略地区分,可有这样一些类型:

1. **号召性评论题**。它通常多用于重要会议、重要节日和重要决策的社论标题,也有用于事关党的方针政策、国家的前途命运、社会的发展变化、人民的生存状态等重大事件的重要评论的标题。这类标题严肃、庄重,对群众能起直接的号召、动员、鼓舞、激励作用。

2002年11月14日,中国共产党第十六次全国代表大会胜利闭幕了。大会的胜利闭幕向世人昭示:凝聚着亿万中华儿女企盼的时代航船,又将从这里起航,驶向中华民族伟大复兴的新征程,驶向更加美好的未来!《人民日报》作为党中央的机关报,刊发社论题为:

(主)　沿着党的十六大指引的方向奋勇前进
(副)　热烈祝贺中国共产党第十六次全国代表大会胜利闭幕
　　　　　　　　　　　(2002年11月15日《人民日报》)

《大力弘扬载人航天精神》(2003年11月8日《人民日报》)、《为全面建设小康社会创造良好的思想舆论环境》(2003年12月8日《人民日报》)、《努力建设法制政府》(2004年7月7日《湖南日报》)等均属号召性评论题。这类标题句式变化不多,往往是庄重有余,而生动引人不足,如无特殊需要宜少用。

2. **立论性评论题**。这类标题大多为那些以倡导某种思想、观点、道德风尚、工作作风和工作方法,正面论述先进人物的先进思想和先进事迹,以及各个领域的重要成就和新经验、新事物的评论的题目。这种类型的评论,是新闻评论的主体,其标题的特点多为支持、扶植和倡导性的明确论断。如:

标题的制作理念与艺术技巧

学术著作要争取大众读者

（1988年11月20日《光明日报》每周评论）

学术著作出版难，出路何在？当这个问题已成为学术界和出版界的热门话题的时候，评论集中地论述出路的关键在于：要反思我国学术著作根深蒂固的曲高和寡的传统价值观念，把着眼点放在有利于争取广大的大众读者上。标题便是这个新观点的直接阐发。

我们的时代需要"最佳"精神

（1981年1月21日《体育报》社论）

有人说，这篇社论是1981年《体育报》上影响较大的一篇评论，关键在于它第一次向社会提出并阐述了"最佳"精神这个崭新概念。标题的作者满怀激情地对体育健儿以良好的思想风貌创造出的精神财富——"最佳"精神，表示了倡导、仰慕和学习的迫切心情。

3. 阐释性评论题。这类标题大多用于为专门说明、解释党和政府的某项政策、决定、法律、政令，或论述对某条战线、某个地区、某项工作的部署与要求等的评论，其内容，多为所要论及的问题或要求。如：

力争明年农业丰收

（1988年11月16日《人民日报》社论）

团结　求实　奋进
——庆祝宁夏回族自治区成立三十周年

（1988年9月23日《人民日报》社论）

治理、整顿务必抓紧

（1988年11月10日《人民日报》社论）

4. 辩驳性评论题。这类标题大多用于那些锋芒直指一切违背时代潮流、阻碍社会进步的思想和行为的评论，它以尖锐而鲜明的语言，直截了当地对需要匡正、辨明或批驳的认识、看法、论点或行为进行否定。如：

决不能言者谆谆听者藐藐

（1988年11月12日《人民日报》评论）

评论对当时在贯彻治理经济环境、整顿经济秩序的重大决策中，那种嘴上也喊压缩，实际上却是"雷声大雨点小"，任凭中央三令五申，言者谆谆，他那里却我行我素，推诿拖延，听者藐藐的错误做法，进行了尖锐的批评。标题即是对这种错误做法的直接否定。

自私不是人的本质

（1981年1月9日《北京日报》评论）

20世纪80年代初期的一段时间里，在我们的社会生活中曾出现过一股否定大公无私的思潮。这股思潮在某些漂亮外衣的遮掩下，有一个理论基础，叫做"人之初，性本私"。即所谓"人的本质是自私的"。《北京日报》这篇评论员文章，正是针对这股思潮及理论基础进行了有说服力的驳论。文章的标题就是一面反驳错误观点的旗帜：自私不是人的本质！

5. 比喻性评论题。即用打比方的方式来点明所要论及的事物的是与非，这也就是人们常说的"喻巧而理至"。但由于比喻本身的局限性，再加之常常与被论及的问题缺乏直接的联系，这就得加些必要的词语串联成题。如：

"铁公鸡——一毛不拔"好

（1981年1月6日《人民日报》评论）

"婆婆"也得围着"媳妇"转

前题"铁公鸡——一毛不拔"这句歇后语，在人们的心目中历来都含有贬义，这篇配稿评论的标题反其意而用之：用来提倡为国家精打细算理好财，把有限的资金用在最需要的地方的精神。标题只顺水推舟地加上一个"好"字，便把评论的事实与作者的态度巧妙地连在了一起，给人以新鲜感。后一题，用"婆婆"借代领导部门，"媳妇"借指企业，作者只用"也得"这两个字，轻轻一点，便径直亮明了自己的思想观点。这类评论题，一般多用于配稿评论的标题。前面两例，均属于此。

6. 提示性评论题。这类标题多用于那种只点明事物的本质和意义，提出问题，引人思考的评论。其根本性特征是在于提醒人们注意，引导人们去思考。如：

有些案件为什么长期处理不下去？

（1982年2月7日《福建日报》）

这篇只有200来字的社论，点明了有些经济犯罪案件，虽已查明了问题，但就是处理不下去的原因。标题鲜明地提出了这个问题，目的在于引人思索。

谨防"精神贿赂"

（1981年10月3日《工人日报》署名评论）

这篇评论，只有300多字，但它却第一次提出了对"精神贿赂"要提高警惕的问题。这篇小言论只用了一个给厂长送了不少"精神礼品",结果顺风承意、趋炎附势的人,3年之内长了两级工资的奥秘,针砭这类社会现象,鲜明地提醒人们谨防"精神贿赂"。标题真可谓有集一得之见、一矢中的于一身之妙。

新闻评论评述的对象和范围十分广泛。评论标题的式样也很多,难以一一概括。做好评论标题总的要求是:有的放矢,简洁准确,立意新颖,色彩鲜明。对那些传达上级指示,阐述方针政策的评论标题,宜严密庄重;表彰先进与讴歌胜利的,宜喜形于色;扶植和倡导新生事物的,宜热情关注;针砭时弊的,宜尖锐泼辣;鞭笞邪恶歪风的,宜诙谐幽默;探讨问题的,宜诱人思索……这样才会给人以亲切感,给人以启迪。

从新闻实践中看,在评论标题制作的总体要求上,应注意以下四个原则。

①突出"信息亮点",明示评论对象

新闻评论,顾名思义,即为以新闻事实为评论对象的政论性文章。也就是说,新闻评论是在当天或新近报道的新闻或者虽未见诸报端却有新闻意义的事实的基础上进行深加工,着重从政治思想和社会意义上对其有所评、有所论。评,就是要对新闻事实进行评判;论,就是要对新闻事实作出论断。不管是评判还是论断,都是作者在对评论对象进行思考、分析、论证后所作出的判断。因而判断在新闻评论中处于核心的地位,是新闻评论得以存在并向公众传播、发生社会作用不可或缺的"信息亮点"。在突出标明评论的"信息亮点"的同时,标示出所评论的新闻事实,这是新闻评论标题制作最基本的要求。这也是新闻评论标题区别于同在媒体上刊发的思想评论或专业性评论标题的一个显著标志。

2004年7月8日《湖南日报》分别在一版和三版"学习与实践"上刊发了两篇评论。一版为配合头条新闻"涟钢思想政治工作启示录"刊发的评论,题为:

企业思想政治工作的新探索

这是一篇新闻评论。它是对当日的头条新闻所报道的事实进行深加工,紧紧围绕在新的历史条件下企业思想政治工作如何加强、怎样改进进行评论,并作出了明确的判断——涟钢的经验是有益有用的"新探索"。这篇评论的标题也包含了"新闻事实与判断"两个要素。

三版的评论题为:

关键时候识干部

这是一篇不是以新闻事实为评论对象的思想评论。或者说，它是一篇以"为政之要，唯在用人。正确使用干部必须科学地识别干部，除了要看其一贯表现外，还要看其在关键时候的表现"为论题，开展理性分析的思想评论。因而其标题，当然就不可能标示出"新闻事实和对其所作的判断"的要求了。但对于新闻评论来说这两者却是不可或缺的。

千里还款颂诚信

（2004年1月28日《新民晚报》）

这则署名言论标题只有7个字，前4个字讲的新闻事实，后3个字是作者对新闻事实的本质作出的判断。不是吗？请看看吧，评论一起笔便写道："在新闻媒体上有则讲诚信的事。60多岁的河北丰县农民王俊利，近日辗转到肃县，千里迢迢送一笔15年前的借款。这笔款子共500元，是当年王俊利打工时一位名叫李东志的热心人看到他家境贫寒，生活困难借给他的。既无借据，也无约定还款日期。谁知后来两人失去了联系，但王俊利始终不忘500元债务。由于年久，'债主'已经搬了家，后经多方打听王老汉才找到李东志。李东志为王老汉讲诚信的行为感动了，考虑到对方比自己需要钱，不仅未收下王老汉的还款，还执意送给他300元回程路费。"于是作者就此评论说，六旬农民王俊利费尽周折寻债主，真是让人感动，令人感慨，这件事对眼下一些人不讲诚信，甚至缺德赖债是很好的教育。何谓诚信？诚，是指真诚不伪，诚恳不欺，真实不妄，精诚不懈。信，是指说话算数，言出必行。

收起对策，执行政策

（1985年2月5日《人民日报》）

这篇在当年全国好新闻评选中荣获二等奖的评论，其评论对象并非某个具体的新闻事实，而是针对当时一些惯于钻政策的空子，甚至歪曲政策搞不正之风的人，所谓"上有政策，下有对策"，"你有你的政策，我有我的对策"的言行为评论对象的。其标题也融合着"事实与判断"和谐一体。

②因文制宜，方式多样

如果说标题如同新闻一样都是信息的载体，那么新闻评论中最重要的信息是判断。新闻评论是对评论对象的一个由浅入深、由表及里的再认识过程。而判断就是认识过程的成果。普通逻辑学告诉我们，判断就是对思

标题的制作理念与艺术技巧

维对象有所断定的思维形式。在新闻评论中，所谓的"思维对象"首当其冲指的就是新闻事实。至于"有所断定"，则指运用概念对思维对象（即新闻事实）的性质、价值或关系等情况不可回避地作出旗帜鲜明的评判，即要么肯定，要么否定其具有的某种性质、价值或关系等。判断在新闻评论中的核心地位，也就决定它在其标题中的不可或缺的核心作用。因而最佳的评论标题就是对判断的精当概括。如：

（主）　中华民族的百年盛事
（副）　热烈庆祝香港回归祖国

（1997年7月1日《人民日报》）

商品是天生的平等派

（1986年11月27日《天津日报》）

（主）　大家都是"知识分子"吗？
（副）　驳一种错误论调

（1984年4月15日《光明日报》评论）

"儿歌"难道不能"唱"？

（2004年5月6日《新民晚报》署名评论）

从上面四则例句中，判断在新闻评论中是以多种形式出现的，每种形式都对应着汉语中的某一种判断句式。一般来说，陈述句（前两则题）和反诘疑问句（后两则题）最能直接、鲜明地表达作者的判断，是新闻标题中选用较多的判断句式。

唐代诗人白居易在《与元九书》中说："文章合为时而著，歌诗合为事而作。"新闻评论及其标题的生命力正是在于应时而评，与时事结合紧密。扬善惩恶，发他人所未发，言他人所未言，一语中地去击中"当时绷得特别紧的社会的弦"，是评论标题又一引人的魅力。一般来说，这类标题多为在评论对象的前面冠上一个性质判断词，其汉语句式多为主谓或动宾结构。如：

欣闻工人当教授

（2004年7月9日《湖南日报》）

学习安珂敢于同坏人坏事作斗争的精神

（1983年4月15日中央人民广播电台）

让干事的人好好干事

（1998年第29期《瞭望》周刊）

不要讳言困难和危机

（1986年11月14日《中国青年报》评论）

丑恶的"解放者"

（2004年5月《新民晚报》）

美占领军虐待伊拉克俘虏的丑闻被曝光后，激起了世界舆论强烈反对。美国人在伊拉克将监狱变成地狱，一个个囚犯活着比死去还痛苦万分。如果把那些自誉为是"解放者"的美国大兵的所作所为归于一种符号，那么这就是残忍、虚伪、丑恶的标志。标题以"丑恶的"一个作为定语的判断词，便对事实作出了明确的判断。在报纸上，我们还可以看到那些在评论对象前加上性质判断词如赞、颂、提倡、弘扬、驳、斥、评、不要、不能、切忌……一类的评论标题，观点鲜明，鼓动性强。

俗话说："不怕不识货，就怕货比货"，"有比较才有鉴别"。客观事物复杂、多变，无一不是矛盾的统一体。标题的制作者善于从评论对象中，通过选择事实和事实的对比中，来表达自己作出的判断——意见和观点。这类标题，把提倡什么、反对什么并列在题目中，从而产生强烈对比，观点鲜明，震撼力强。如《是"维护人权"，还是推行强权？——评美国国务院人权报告》（1994年2月27日新华社）、《崇尚科学，破除迷信》（1994年6月21日《人民日报》）、《"刹"风不能"刮"风》、《提倡务实精神，扫除形式主义》等都属于此类标题。

在新闻评论标题制作中，也常有由于种种原因作者很难"一言以蔽之"地将其"信息亮点"明确地标示出来，往往就只能把评论对象及其范围标示出来。

比如，当评论对象为同一事物两个侧面或两个互相联系的不同事物时，要对这两者之间的关系作出判断，而这种"关系判断"又是难以用一两句话说清楚的，标题常常就是同时并列在一起将两者明确标出，并限定其间的评论范围。如：

真抓和假抓

（2001年4月11日《河北日报》）

论企业改革与工人阶级

（1992年5月28日《人民日报》社论）

在1987年全国好新闻评选中，6篇获评论二等奖作品中，有两件作品的标题就是此类标题。

标题的制作理念与艺术技巧

诸城与苍山

（1987年7月21日《大众日报》）

"海南潮"与"广西牌"

（1987年12月22日《广西日报》）

再比如，有些针对性强、指导性强的专题评论，论题重要，内容丰富，不用说只言片语，就是三言五语也难以将其认识成果——判断说清楚道明白，也就只能把评论对象如实地标出来，以其自身的重要性去吸引读者。像《人民日报》近几年来在社会上引起巨大反响的两篇署名评论《论九八抗洪精神》（1998年9月17日任仲平）、《论奉献》（2003年）就是这样的评论题。在第五届中国新闻奖评选中，5篇三等奖获奖评论中，有三篇也是这样的标题：《究竟靠什么繁荣经济》（《中国妇女报》）、《"上帝"呼唤以法治价》（《科技日报》）、《"酸菜鱼"何以打败"生猛海鲜"》（《市场报》）。

应该说，像这类不能"一言以蔽之"将评论的"信息亮点"标示出来，只靠评论对象自身的魅力去撞击"当时绷得特别紧的社会的弦"的评论标题，确定性的信息含量低，不是非用不可时，也宜少用。

③紧扣新闻性，力求生动活泼

长期以来提起新闻评论及其标题，人们总愿意把它同"庄重"、"严肃"等字眼联系在一起，仿佛新闻评论及其标题必须一副古板面孔，只能与生动活泼无缘，更谈不上要讲究什么文采了。其实，这是一种误解。实践证明，在新闻评论标题的制作中，在紧扣新闻性、信息性的同时，力求言语和形式的表现美，往往就会收到意想不到的社会效果。

古人有云："凡作文发意，第一番来者，陈言也，扫去不用；第二番来者，正言也，停止也不用；第三番来者，精语也，方可用之。"为文如此，制作评论标题更应力求是如此炼意炼句的上乘之作。

"一把手"想当"千手观音"

（1986年1月14日《杂文报》）

这是一则形象生动而又表意准确贴切的署名评论的标题。评论评的是，在工作中，事无巨细都要"一把手"亲自抓，被视为领导高度重视的表现。但是什么事都有个度，"一把手"处在"一"的位置，当然理应对各方面的工作都要过问、支持。可也应该明白和体谅，"一把手"毕竟只有"一把"手（即两只手）。他们的职责是议大事管全局，对各方面工作起指导、监督、检查之作用，不能也不应该要求"一把手"每事亲躬，样样都要到堂，一回不到，就说人家"不重视"、"有偏心"，那实在是有点冤枉。倘若借口要"一把手亲自抓"，而放松了自己应尽的责任，那就更不应该了。难怪有的"一把手"无可奈何地感叹："我要是'千手观音'就好了！"可惜"一把手"们不是也不可能变成"千手观音"啊。这样，无论上级、下级，在发指示、提要求时，都应从实际出发，千万不要给他们出难题——因为，他们毕竟只有一个脑袋、"一把手"！

这则评论题，语言生动、幽默，概事达意准确贴切。题中用了两种修辞手段，即借代辞格——"一把手"代指各级各单位正职负责人；比喻辞格——"千手观音"比喻事事都得亲自抓。

新闻评论及其标题是说理的艺术，也是语言的艺术。要把思想、观点表达得生动、新颖、锋利、幽默、深刻、隽永、引人，像这则标题那样因文制宜地巧用修辞格，比喻、借代、拟人（《大雪糕给我们上课了》1986年7月12日《解放日报》）、拈连（《面子和里子》1995年9月8日《深圳商报》）、对比（《真抓和假抓》）、顾名（《老大难难在"老大"》1983年9月29日《人民日报》）、设问（《为什么要整顿金融秩序》1993年7月16日《经济日报》）、引用（《小平您好》1984年10月2日《羊城晚报》）。……尽为我用，是一法也。

美学原理告诉我们：美感的基本特征之一，就是形象的具体性和可感性。如果我们能多费点心机，把评论标题的"理"，适宜得体地融入诱人联想的形象表现中，不失为成功之又一诀。

1982年《四川日报》有篇获奖评论只有349个字，集中批评了某些领导同志言行不一，他要求别人做的与自己做的不一样。其标题为《台上他讲，台下讲他》，平平常常8个字。可就这8个字，却深藏一个人生哲理：以身教者从，以言教者讼；以声作则必不成则，身教重于言教啊！就这8个字，仿佛就在我们的眼前立刻闪现出这样一个情景：一个干部在台上讲的和他实际做的不一样，结果导致"台上他讲，台下讲他"的场面，真有如见其人、如闻其声之妙！在词语的运用中，一个"台上"一个"台下"，一个"他讲"一个"讲他"，两两相对，意趣横生，妙题。

有个寓言故事，叫做"削足适履"。把脚削小使之适合鞋的尺寸。寓言毕竟是寓言，未必真有"削足"之事，况且已有两千多年了，难以求证。然而当时令进入2004年之际,今人却把它演绎成真了。据报载,武汉有个女中学生,自感脚背太宽穿不下时尚的皮鞋,于是突发奇想,瞒着父母去整容医院,花了两千多元钱,抽掉了脚上的一根骨头,把"削足适履"的寓言惊心动魄地演绎成现实。2004年6月15日《新民晚报》载文评论此事,标题就是《"削足适履"的现代版》。应该说这则标题是富有魅力的。短短8个字便把评论对象及其中心思想尽收题中了。它含蓄而又明确地告诉我们,爱美之心人皆有之。矮人想长高,鞋子想穿漂亮一点,本无可厚非。但世界上的事并非只要想得到就都可能做得到,或者不顾及后果地都去做到,更何况是为了"美容"不惜抽骨拉筋、自残肢体的疯狂举动。而对某些为了敛钱已不择手段的美容院,也该多想想自己的社会责任。

④形式上向新闻标题靠拢,内容上拓宽展示思想观点容量

这是新闻评论标题与时俱进的一种新的发展,即:多年来形成的评论题只有主题无辅题,或主题加副题的传统形式,开始出现了肩、主、副和提要题灵活并用的局面,其目的在于让评论的"信息亮点"——思想观点得以充分地展示出来。当然这种突破,当前还仅限于少数报纸的一些重要时评。

比如,《工人日报》在三版"评论·综合版"刊发的社评,固定头条占约七栏的版面位置,其标题除主标外,都有提要题——摘出评论中最为重要的思想观点,作为提要题,用四号字加线标出,置于主题之下,嵌入正文的中央,极为醒目突出。仅以该报2004年7月13至27日刊发的4篇社评为例,其标题依次为:

(主) 对"技工荒"不能再有任何延误

(提要) 从"震荡中国经济"的高度看待"技工荒"这一问题,我们有了一种前所未有的压力、一种紧迫感。此时此刻,除了期待市场这只看不见的手之外,我们更期待政府这只看得见的手能发挥作用

(2004年7月13日《工人日报》)

(主) 充分认清校园暴力的社会危害

(提要) 校园暴力绝不能仅仅视之为个别学生的不良行为,它实际上是社会运行中的病症,应该引起方方面面足够的关注,并采取积极措施进行干预和矫治

(2004年7月14日《工人日报》)

（主）　损害农民利益的行为缘何屡禁不止

（提要）　对严重损害农民利益的行为依法予以惩处，这是政府的职责和法律的应有功能。有关方面应该在反思一系列害农、坑农事件的同时，承担起保护农民利益的政治责任和法律责任

（2004年7月20日《工人日报》）

（主）　让"不在状态"者尽快恢复状态

（提要）　干部"不在状态"，实际上有诸多的外在表现，最突出的莫过于，对危急事件反应不灵敏，对本职工作热情不高，对百姓利益表现冷淡，对国家利益关心不够

（2004年7月27日《工人日报》）

再比如，《新民晚报》在"早间点击版"头条的固定位置转发国内各报上刊发的优秀新闻评论，其标题为肩、主、提要题的连用或三选二式的新闻题，仅以该报2004年7月16日至26日转发的5篇新闻评论为例。其中标题分别为：

（肩）　据报道，一度风行全国的"政府上网工程"现状令人堪忧。在对全国4万多个政府网站的随意抽查中，不少数据和信息陈旧不堪，有的甚至几年没有更新，许多网站仍然只是"首页秀"——

（主）　政府网站沦为"面子工程"

（提要）"一张老脸，三年不洗。内容陈旧，文件过时。看过后悔，信则误事。现代工具，纯当摆设。"这首网民自创的打油诗，形象地刻画了一些政府网站的现状

目前政府部门的信息资源占全社会信息资源总额的比例达到80%。这些资源一旦被公众知悉并利用，将是一笔巨大的财富

（2004年7月16日《新民晚报》转《中国青年报》评论）

（肩）"你要去开家长会必须买一套新衣服，否则我就雇人去！"接到儿子的"指令"后，母亲只能冒着酷暑逛了一下午商店——

（主）"儿嫌母脏"反映社会之痛

（提要）　就目前而言，存在贫富差距是一个不争的事实，而怎样缩小贫富差距，正是当今社会共同面临的现实问题。因为一个文明社会成熟的重要标志，就是平等意识的倡导和践行

"儿嫌母脏"问题虽然出在孩子身上，但通过这件事，需要反思的却

标题的制作理念与艺术技巧

是整个社会

（2004年7月18日《新民晚报》转《成都晚报》评论）

上面两则题的肩题均起着交代评论对象并引出主题的作用，对加深与提高整体的信息含量作用不可小看。

（主） 碧水蓝天也"嫌贫爱富"？

（提要） 我们可以理解一些贫困地区的领导和百姓的困难，东部发展时我们看着，等我们想发展了，又要求科学发展观了？在环境和项目审批方面，是不是可以不要"一刀切"？不可以。否则，我们只能坐视着淮河继续肮脏下去，只能让贫困地区继续远离碧水蓝天……

但是也要给贫困地区一条环境出路，不能只让他们承担环境保护的沉重代价

（2004年7月17日《新民晚报》转《人民日报·华东新闻》评论）

主题以一个提问句，提出问题，提要题摘引评论的中心论点，作了回答。

（肩） 什么叫做不简单？能够把简单的事情天天做好，就是不简单；什么叫做不容易？大家公认的非常容易的事情，非常认真地做好它，就是不容易。数学大师陈省身谆谆告诫——

（主） "中学生不要只想做大事"

（2004年7月22日《新民晚报》转《广州日报》评论）

（肩） 近年来，我们在许多方面都强调与国际接轨，其实生活观念上、节约观念上、环境保护观念上，也需要向人家学一学——

（主） 富国的"小气"

（2004年7月26日《新民晚报》转《人民日报》评论）

上述两则题的肩题起着引出阐释主题的作用。主题是该则评论的整体判断，肩题便是它的具体展示。应该说，评论制作成新闻题，与新闻的标题的一个重要不同点是，其标题除极少数接承系词为编者所加外，其余均为评论中原文句的直接引用。

将评论、文章拟就新闻题，在另外多家报上，也时有所见。如《中国青年报》有篇国际评论题为：

（肩） 将小泉政府搁置一边，转而选择日本政党和国会作为交流对象，中国对日政策促成了独具一格的"非政府外交渠道"。日本媒体认为中国的外交策略正逐渐向"将小泉排除在外"，靠拢国会外交和政党外交——

（主）　中日关系的另一处风景

（2004年2月16日《中国青年报》评论）

（主）　格言，可以激励人生
（副）　经常摘抄、默念和记忆格言，是一种积极的自我暗示

（2004年9月14日《环球时报》）

这是报纸为一位心理学者的署名文章所加的标题。

上面对各种新闻体裁的标题特色的探讨，目的在于更好地掌握标题制作的一般规律，而不是制作标题的固定公式，不应成为束缚自己手脚的框框。事实上，对各种新闻体裁的标题特征的综合分析，只不过是一把打开新闻标题宝库的钥匙，而绝不是一道不可逾越的高墙、鸿沟。在实际工作中，各种体裁的标题之间既有区别，又是相通的、互相渗透的。比如，由于报道上的某种需要，评论题作成新闻题，通讯题、专论题作成消息题，消息题作成通讯题，也是有的。当然，关键在于运用要得当。

第二部分

操作篇

新闻标题的制题理念、原则和规律，不是悬空而存在的。它来源于实践，又服务于实践。它的基本原理、原则必须指导不同介质媒体新闻标题的操作实践；在见诸于不同介质媒体新闻标题的操作实践的过程中，从而也会产生相应的、丰富多彩的制题技法与技巧。

所谓技法，即相对稳定的某些法则与规范；所谓技巧，即在标题制作中体现出来的独特而灵活地运用写作技法的技能与方法。

标题之于新闻、之于现实生活，如同小舞台上唱大戏——要用寥寥数语把林林总总的新闻素材优化组合，准确、真实、精练地呈现受众一个既示人以事又授人以知，活色鲜香的画面，实属不易。如果我们不在取事着墨、表达方式上因文制宜地有点"标新立异不逾规"的创新，在概事达意的感染力上不讲点技法技巧，能办得到吗？

以有理性的高级生物——人为中心的社会生活不是枯燥、干瘪、冷漠的。新闻的源泉是社会生活，标题根植于新闻，是新闻中最新鲜、最重要、最引人的事实和思想观点的浓缩。这样，它更不应该是枯燥、干瘪、食之无味的"鸡肋"。如果我们不在表达方式方法上讲点富于表现力的艺术技巧，不在语言文字符号的选用上扫"陈言"、拒"正言"、用"精语"，动点真格的，就难免不似"鸡肋"。

我国南梁文学理论批评家刘勰在《文心雕龙》中说："文场笔苑，有术有门。……思无定契，理有恒存。"

新闻标题制作技法与技巧，如同标题的制作理念对特定的定义、概念、范畴和规律的限定、论证、阐释一样，同样是太重要了！古人说，言之无文，行而不远。不讲究写作技法技巧的标题，不讲究辞章文采的标题，怎么会有似幽若深潭的"明眸善睐"，又怎么会得到受众的认同呢！

第三章　标题制作的原则与技巧

写新闻，要求准确、鲜明、生动、简洁、新颖。应该说，这也是制作新闻标题的基本要求。现在的问题是，在标题的制作中，如何来实现这些要求？有哪些值得借鉴的艺术技巧和必须遵循的基本原则呢？

第一节　标题制作的基本原则

新闻传播是一种社会需要。这种需要，在现阶段来说，是由国家（政党）、传播者和受传者三个方面组成。这三者的需要有相同的一面，也有彼此矛盾的一面。在我们这样的社会主义国家里，这三者的根本利益是一致的，需要也基本是一致的。前两者的需要，在多数情况下就是新闻传播所要达到的目的，亦即被人们称之为新闻的宣传价值；后者的需要即受众的需要是新闻价值的核心，又是实现前者的需要所必不可少的通道。因为新闻媒介毕竟是传播信息与舆论的工具，新闻对受众来说，只具有说服性、舆论性，而不具有强制性、指令性。这样，一方面传播者要实现自己的传播目的或进行宣传，关键取决于受传者是否愿意接受；另一方面，受传者对新闻也有自己的方方面面的需要。所以，标题的重要功能，就是要融合、疏通或沟通这个"通道"，突出受传者最感兴趣的事情或问题，即要凸显新闻价值，使读者通过标题这个"窗口"，窥见新闻与自己的某种联系。标题又是以语言文字为外衣的。所以凸显新闻价值，体现宣传价值，注重词语的锤炼，做到题文一致、要素齐备、评价适度，应当是新闻标题制作中最重要的指导思想，或者说是一条必须遵循的基本原则。

一、突出新闻价值

新闻价值究其本质来说，就是新闻事实本身所包含的引起人们感兴趣的素质。其核心体现着受传者对当今物质的和社会文化的追求、选择和需要。新闻价值观念和一切观念形态的社会意识一样，是受传者的社会存

标题的制作理念与艺术技巧

在、生产和生活实践需要的反映,并起着指导人们在这些方面的价值活动,调节着人们的情绪、兴趣、意志和态度的作用。构成新闻价值的要素是变化的、多样性的,往往以一种需要为主,兼顾其他。仅就一般要素来说,大致有新鲜性、重要性、接近性、显著性、冲突性、趣味性等。在制作标题时,如果能把新闻中凝聚新闻价值的某一个因素凸显在标题上,通过这个"窗口",常常就能收到诱发受众的收听、收看、点击和阅读兴趣的好效果。

1. 新鲜性。如1994年5月19日《新疆日报》:

(肩) 开发沙漠资源 注意环境保护
(主) 彩南油田成为野生动物栖息乐园

这则标题突出的是新鲜性这个因素。过去开采油田,废弃泥浆污油溢流严重,对地面形成严重污染。彩南油田1992年正式投入开发后,采取油田建设与环境建设同步规划、同步发展的方针。奇迹终于在彩南出现了:采油区内黄羊成群,沙斑鸡飞鸣,它们栖息在新开发的油区内与人共处。所谓新鲜性,除了时间上的及时外,主要是指内容上的新颖,即新闻所反映的事物的变动,是受众见之未见、闻之未闻的新变动。这就要尽量选择能给人传递第一次面世的信息装进标题,才能在人们头脑中引起反响。

各种文体,都有各自不同的特色,都有各自征服读者的高招。哲学靠概念、判断和推理说服人;文学靠形象、意境和感情说服人;统计学靠数字、表格和运算说服人。我们的新闻呢?靠的就是新鲜的事实这个法宝,去吸引人和说服人。制作标题我们就必须紧紧把握这个"新"字。

(肩) 三年结果 一捏就碎
(主) 京郊种出科技核桃

这是1999年7月4日《北京晚报》的一则标题。"核桃树,爷爷种树孙子吃"。核桃生产周期长,至少要20年才会结果。而"科技核桃"3年便可结果,题目突出了这首次面世的新鲜事。

科学发展的一条规律:"多数服从少数"

(1999年7月7日《北京日报》)

这则标题以新闻形式介绍了著名华裔科学家丁肇中教授的看法:科学要靠少数人把多数人的观念推翻,才能前进。科学与政治不一样,科学的发展是多数服从少数,正好与政治相反。这则标题标出了首次见报的新观点。

现实生活告诉我们：新闻的"新"，是体现在自身特有的个性上的。因而标题的"新"，就是要善于分析新闻事实的特点，抓住特点，突出特点。没有个性，没有突出特点，就没有新闻标题的新。从某种意义上说，做标题，就是标"个性"、标"特点"。

（肩）　说孩子话　为孩子说话　让孩子说话
（主）　中国少年报四十岁童颜可掬

（1991年11月4日《人民日报》）

（肩）　市府亲切关怀　市长亲自过问
（主）　津门"红娘"有三万
　　　　"张生莺莺"不发愁
（副）　一万二千多名大龄未婚青年喜结良缘

（1985年11月5日《今晚报》）

这两则标题的新颖，都是来自自身特点的充分展示。对比特点不鲜明的《中国少年报纪念创刊40年》、《天津市一万二千名大龄未婚青年喜结良缘》这类题，可谓高下自见。

2. 重要性。 如1991年7月13日《人民日报》：

（肩）　中共中央有关部门负责人就农村社教问题答记者问
（主）　用社会主义思想占领农村阵地
　　　　培养造就一代"四有"新型农民

这则标题，突出的是重要性这个因素，把巩固农村社会主义阵地这件大事突出出来了。所谓重要性，主要是指新闻事实对国家安危、公众利益、社会生活、国内工作、国际斗争有着重要影响，即与人们的政治生活或切身利益密切相关，具有重要的政治、经济意义和现实指导性。

（肩）　朱镕基视察中央电视台
　　　　赠给《焦点访谈》编辑、记者四句话
（主）　舆论监督　群众喉舌　政府镜鉴　改革尖兵

（1998年10月8日《人民日报》）

主标题用朱总理的16字赠言，准确、精彩且提纲挈领地标出了新闻最核心的内容。这不仅在当时是新闻的兴奋点，事后对新闻工作也有极强的影响力和指导性，自然备受读者关注。

（肩）　三十七亿有的放矢　二十二标一抢而光

（主）　三峡工程至今一路顺风
（副）　移民和首批机组发电前的资金筹措仍为最大难题

(1994年4月13日《中华工商时报》)

（主）　"母亲的乳汁"将被吸干榨尽
（副）　黄河水荒令人堪忧

(1994年《瞭望》周刊第26期)

三峡工程的进展、黄河水资源出现的断流现状，都是与人们生活有直接关系的大事，受众自然关注。

我们的新闻媒体是党、政府和人民的喉舌，必须积极地宣传党的理论路线、方针政策、工作方法和工作任务，为实现党和政府在各个时期的各项工作任务和要求服务。这种宣传要取得最佳效果，就要与群众的利益挂起钩来。如：

（主）　触目惊心　我国人均老鼠三只
（副）　中央爱卫会要求全社会重视灭鼠除害

(1986年1月9日《中国青年报》)

这条新闻的传播目的是要人们积极参加灭鼠除害活动。标题独到地用"我国人均老鼠三只"这一触目惊心的事实，将鼠害同每一个公民应尽灭鼠除害的义务联系在一起，副题点明中央爱卫会的要求，相互呼应，巧妙地体现了传播目的。

3. 接近性。受众总是关心自己熟悉的地方所发生的新闻，总是喜欢了解自己熟悉的人和事物发生的新变化。制题时我们必须充分利用这一心理。这便是新闻的接近性，即新闻传播的信息与受众是否具有地域、心理、利害的关联性。

（肩）　市政府投资十亿元整治的城市河湖刚刚竣工放水，水面便漂浮着西瓜皮、塑料袋、肥皂沫、果筐、菜叶……
（主）　湖河刚清澈　净水又浑浊

(1999年7月2日《北京日报》)

这则标题突出的是心理距离上的接近性因素。它易与关心环保和居住在北京地区的人们产生共鸣。所谓接近性，一般包括地理上、心理上、感情上、性别上、职业上的接近等多方面的内容。简言之，即"社会类型"相同的人们对同一事实在共同利益和心理特征上更接近一致。

边关全仗郎御敌　家中自有妻分忧

（1982年3月22日《湖南日报》）

这则题突出的是职业上的接近性。对军队读者及其亲属易于产生共鸣。

（肩）　来有迎声　问有答声　走有送声
（主）　太原天龙大厦以顾客为轴心搞活经营

（1990年6月27日《经济参考》）

（肩）　蒋一苇抱病直言
（主）　都无安全感　工厂依靠谁？

（1992年3月31日《机电日报》）

（肩）　法律严惩"长城案"两个重大经济罪犯
（主）　毙了沈太福　囚了李效时

（1994年4月12日《羊城晚报》）

（肩）　卸煤占马路影响交通　趁人不注意溜之大吉
（主）　别乐，车号已被记下59—11720

（1984年11月24日《今晚报》）

这些标题都与群众的生活、感情、心理息息相通，扬善惩恶，自然就有吸引力。心理学的常识告诉我们：人们对自己熟悉的人或事有一种关切心，那些同自己已有知识有关联的事物，以及增进新知识的事物，往往容易引起特别的注意。

（主）　两千年前鲁国都城相当繁华
（副）　勘探结果表明，都城面积近40平方里（原文如此——作者注），有11座城门，城内有8条交通干道，并有多种作坊遗址

（1978年8月8日《人民日报》）

这则题并无什么精彩的概括，但仍能引起读者的阅读兴味，关键是能增长知识。现代新闻的一个重要特征，即在传播信息的同时，注重知识的传播。

4. **显著性**。如1984年11月22日《南京晚报》：

省大学生作文竞赛孙晋芳夺魁

这本是一则报道江苏大学生作文竞赛授奖大会消息的标题，由于突出了显著性这个因素，就远比当日《新华日报》的《我省大学生作文竞赛授奖大会在宁举行》这类公告式的标题吸引人得多。所谓显著性，是指新闻所反映的变动，不是一般性的渐变，而是突发性的大变动。通常亦指名

人、胜地的新近动态，易为受众所关注，其新闻价值也大。又如：

威虎山区电灯明

（1983年4月5日《人民日报》）

大寨也不吃大锅饭了

（1982年12月21日《羊城晚报》）

1994年年初，《中华工商时报》刊登一则反映山东"血霸"猖獗的新闻，题为：

（肩）　治病救人怎容掺假？"血"的教训实在惊人

（主）　山东施重拳严惩"血霸"

（副）　6月1日前颁发《采血许可证》整顿之后严格实行"三统"制度

（1994年4月12日《中华工商时报》）

当时，山东个体卖血人数已有6万之众。"血霸"以工作为名哄骗外地民工和精神痴呆者，强迫他们卖血。一年中外地采血达70多吨，血源管理十分混乱，采血前不检查身体，卫生条件、消毒均达不到要求，对社会、对群众的身心健康，造成严重威胁，已经到了非管不可的时候了。

5．**冲突性**。如：

（肩）　绍兴市中医院的一幕

（主）　无私农民救少年　　渎职医生壁上观

　　　　得知少年医生子　　再行抢救为时迟

这是在1993年，《报刊文摘》在摘编《浙江工人报》的一条题为《一场悲喜剧：农民与医生》的消息时所加的标题。这则标题在鲜明的对比中，比原题引人注目。它突出了冲突性这个因素。所谓冲突性，即是有对立、冲突、纠纷、对比的场面或动态，易于获得人们的重视。

三双儿女六个家　可怜老母落街头

（1982年6月13日《哈尔滨日报》）

（肩）　妻子——不判离婚就自杀

　　　　丈夫——判了离婚就杀人

（主）　法院怎么办？

（1985年6月24日《人民日报》）

6．**趣味性**。如：

甲子昨宵尽　"牛娃"伴春来

(1985年2月20日《南昌晚报》)

　　这则小通讯的标题，前五个字点出了新闻发生的时间：甲子年刚刚逝去的次日凌晨（农历牛年的正月初一）；后五个字点明新闻所云何事以及隐迹其间的主题思想，读来生动有趣。它突出的是趣味性。所谓趣味性，即指能引发人们某种感情的因素，或使人愉悦、使人感到有意思，或能感染人、打动人、教育人，能引起读者的注意力的因素。固然，新闻事实的怪异、反常，能引起读者的关注与兴味。文采斐然、思想新颖，亦是引起读者兴味的因素。前者如《南昌晚报》这则标题，生儿育女，事属平平，但作者巧取妙连，文采引人；后者如《"不了了之"了不了》，实属犹似闪着哲理、幽默之光的"眼睛"，怎能不为读者所青睐？

　　下面我们再来比较两组关于同一件事的不尽相同的标题。

　　1989年10月，《北京日报》与《人民日报》都报道了邓大姐为好少年授奖的新闻，其标题分别为：

（肩）　从小跟着共产党　国家未来靠你们
（主）　邓奶奶深情叮嘱好少年

(1989年10月13日《北京日报》)

（主）　好少年喜进中南海　邓奶奶亲授金奖章
（副）　勉励孩子们继续保持荣誉

(1989年10月13日《人民日报》)

　　1982年7月，《天津日报》和《今晚报》，分别刊登了天津社会科学院哲学所美学研究员马觉民54岁结婚的新闻。老马由于出身不好，50年代下放农村劳动，"文化大革命"还受冲击，70年代末落实政策，如今又喜结良缘。两报的标题分别为：

老马结婚

(1982年7月17日《天津日报》)

五十四岁做新郎　霜叶红于二月花

(1982年7月18日《今晚报》)

　　前组题，入题的内容几乎相似，但《人民日报》主标用了对偶的修辞手法，不仅使信息量增大，而且对仗工整，给人以美感；后组题，《今晚报》好在具体、有文采。

二、体现宣传价值

漫长的人类社会的发展史告诉我们，人类社会的生产（无论是物质的或是精神的）归根到底是要按照两个尺度来进行，既要按照客观物种的尺度，又要按照主体内在的尺度来生产。所谓主体内在的尺度，就是人的需要、目的，即人的利益的体现。恩格斯在《费尔巴哈与德国古典哲学的终结》中指出："在社会历史领域内进行活动的，全是具有意识的、经过思虑或凭激情行动的、追求某种目的的人；任何事情的发生都不是没有自觉的意图、没有预期的目的的。"[①]所以，我们完全有理由这样说：一切符合新闻规律的新闻传播活动、一切优秀的新闻作品首先都是社会生活的真实反映，是时代的赐予；同时，也都是社会生活与传播者的思想、人格、禀赋、智慧、远见和追求目的相结合的产物。制作新闻标题，我们强调要从受众需要出发，从受众需要落笔，凸显与受众政治的、经济的、社会文化相联系的某个凝聚新闻价值因素，但决不可理解为可以完全不顾国家和传播者的需要——即宣传的需要。尽管新闻与宣传分属于两个不同的范畴，但两者又有密切关联、互相交叉的部分。这就是说，尽管新闻的功能在于传播为受众所关心的新近变动的事实，为受众提供信息，开阔视野，或了解事实的真相，可这些事实材料本身常常也就包含有能证实或说明传播者的某种观点和意图的因素，有发挥新闻的宣传作用的客观可能性。所以在标题的制作中，就要善于巧妙地利用这种交叉和重叠，在紧紧地掌握住受众需要获取信息、了解新闻事实这个心理因素的前提下，或者是在没有任何主观介入的前提下，把观点、意图、倾向寓于新闻事实的浓缩中；或者在事实的基础上，作者可以将自己的智慧、看法和意见融入题中，由事生发出理，或给人以启迪，或引起社会大众的共鸣。

那么，什么是"宣传价值"呢？用一句通俗的话来说，即是凝聚在新闻事实中的特殊价值因素，它反映着传播者的主观意愿，能潜移默化地起到宣传群众、引导舆论、指导工作的作用。

自古以来，我国就有文章要"经世致用"的文化思想。作为政治家、思想家、军事家和中国社会主义新闻事业奠基人的毛泽东同志，更十分重视文章的政治目的性和宣传教育功能，并多次作过透辟的阐述。早在1944

[①]《马克思恩格斯选集》第4卷第243页。

年他就明确指出：新闻、报纸应作为"指导政治、军事、经济的一个武器，组织群众和教育群众的一个武器"。①

在新闻标题中，在凸显新闻价值的前提下要体现传播者的需要与传播的目的性，就成为一个不能动摇的原则。

1985年2月28日新华社播了一条消息，表扬郑州市郊区须水乡71岁的老共产党员孙玉太在道旁拾到一麻袋——30万元人民币交公的事迹。《新华日报》的夜班编辑没有仅仅就文做题，而是由此想到：为什么失主在押送税款的途中，一麻袋钞票丢了竟毫无察觉，难道就没有责任？于是便提笔写下这样一则标题：

老党员孙玉太　拾金不昧风格高
三十万元巨款　失落路旁谁之过

（1985年3月1日《新华日报》）

事实证明，这则标题远比其他一些报纸仅就文做题"孙玉太拾到三十万元巨款交公"更引人深思：很想了解究竟是谁丢失这么多的钱。这件事引起了全国各地读者和有关部门的共鸣，事隔一天之后，电台就播送了有关部门将对玩忽职守的押运员作出处理的消息。

新闻标题制作水平的高低，关键取决于它的综合价值的高低。这综合价值包含新闻价值、宣传价值和文化价值。这"三值"均存在于新闻事实之中，其中新闻价值与宣传价值的巧妙结合是其综合价值得以实现的前提。

1991年5月2日吴运铎同志在北京逝世，此后各大报纸都发了逝世消息，标题却各有千秋：

（肩）　"中国的保尔"
（主）　吴运铎同志逝世

（1991年5月19日《工人日报》）

（肩）　优秀共产党员、中国的"保尔"
（主）　吴运铎同志逝世

（1991年5月19日《解放日报》）

（肩）　中国的"保尔"——把一切献给了党
（主）　吴运铎同志逝世

（1991年5月19日《北京日报》）

---

①《毛泽东新闻文选》第113页。

标题的制作理念与艺术技巧

这几则标题做得大致相同，但以《北京日报》为最好，多了"把一切献给了党"这一妙笔。吴运铎同志的自传《把一切献给党》，曾经教育和激励着一代又一代的中国共产党人，教育和激励着一代又一代的中国青年，在他与世长辞之时，用此来评价他的一生，并勾起人们对他的怀念、崇敬和学习之情！

（肩） 群众自发捐资　重奖科技功臣
（主） 南通有个"人民诺贝尔奖"

1997年6月20日，江苏南通市人大召开表彰大会，奖励科教兴市的功臣每人1万元。这项奖不是由政府出钱，也不是由企业出资，而是由人大牵头，南通市群众自愿捐款筹集的资金。它表明群众尊重知识、尊重人才意识的增强，企盼有更多的科技功臣出现；同时，也表明群众不会忘记回报那些为改善人们生活质量而作出牺牲和付出辛劳的科教工作者。这份奖励代表着民心、民意，被称之为当地的"人民诺贝尔奖"，意味深长。《工人日报》的这则标题集中笔墨，突出消息的新闻性，把新闻价值与宣传价值巧妙地糅在了一起，读来令人振奋，对各地也有借鉴作用。

（主） 刚过热浪　又遇"会海"
（副） 六万多人挤到武汉开会

（1986年10月27日《人民日报》）

这是一则虚实结合题。主题为虚题，体现了编者对新闻事实的评论，将"会海"与酷热难熬的"热浪"并提，生动地体现了编者对"会海"这一社会弊害的憎恶之情。副题是实题，交代令人吃惊的与会人数，及其造成的危害，生动形象地告诉人们"会海"实在已到非填不可的时候了。新闻价值与宣传价值结合巧妙，堪称好题。

那么，如何在标题制作中体现宣传价值呢？

1. 要就事成理，注意体现贯彻和宣传党、政府的方针政策，及对各项工作的要求。

摘掉一项帽　调动几代人

（1979年3月9日《北京日报》）

"金凤凰"飞进"光棍堂"

（1979年1月6日《人民日报》）

没有铁饭碗　铁心奋进

没有金招牌　金榜题名

（1987年《中国青年报》）

（肩）　小小舢板难过海　联合舰队好破浪
（主）　我国企业集团正在发展壮大
（副）　正出现综合功能：项目配套、技术开发、产品辐射等多种类型

（1988年6月11日《经济日报》）

这些标题好就好在，生动及时地宣传了党的现行政策。

违章建筑不断"冒火"
石家庄市屡遭"毁容"

（1994年4月13日《中华工商时报》）

这则题做得还不错。但如能从体现宣传价值上考虑，增加一个肩题："在'要致富占公路'的利益驱动下，无政府行为禁而不止"，这既能给那些"占公路"者一点威慑，又能形成整体的散句与整句的协调配合，不致把"冒火"、"毁容"理解为"火灾不断"。

当然，我们要体现宣传价值，并不是给新闻事实贴上人为的"政治标签"，把一些无关的政治术语装进题里，而是要从事实中引出说服人、感染人的情理来。

2. 旗帜鲜明地讴歌真善美，鞭笞假恶丑。 我们的社会，正邪并存，美丑同在，扬善抑丑、上合党心、下顺民意，是社会主义新闻媒体经常性的政治使命和历史使命。

1994年4月8日《人民日报》报道了这么一件事：当年3月11日，湖南沅陵县城鹤鸣山小学教师杨庆芝收到一张2300元的汇款单和一封信。信中说："敬爱的杨老师，30年前，我是您的一名学生。当时我家很穷，缴不起学费。记得我在上小学二年级时欠了2.3元学费，您给我垫上了。后来我休学了，这个账便拖了下来。现在我参加了工作，并有了可观的收入，我想应是给您还钱的时候了。今天，我从深圳给您寄去2300元，请您一定收下，顺便说一句，我汇款用的地址和姓名都是假的，我既不叫黄辉华，也不在深圳工作。我是一位快40岁的人了，孩提时代的生活也渐渐遗忘。今年，我从外地回家过年，在一次偶然的闲聊中得知您还在鹤鸣山小学教学。这个消息使我惊讶，并勾起我对童年的回忆，对您坚持在小学教学岗位上辛劳肃然起敬。"杨老师含着热泪边看边追忆往事，却怎么也回忆不起这位当年的学生。她动情地说："教育学生，帮助学生是我们当教师的

职责，这名学生的情意我领了，但这笔汇款我暂时不能领取，我要打听到这名学生，退还他的汇款。"

新闻上了中央党报的一版，编者饱含激情地写下了《难忘恩师三十秋》这个字字珠玑、情真意切的标题。它既用"难忘"二字赞扬不负真情隐名寄钱的学生，又用"恩师"二字盛赞了人民教师安贫守志、无私奉献的崇高精神。

2004年6月24日《新民晚报》以《真情撼天动地》为题报道了一个义薄云天的动人故事：10年前，贵州省一位叫余永庄的农村青年，新婚后夫妻俩就背井离乡，决定到龙头矿区煤矿打工。他们俩兴冲冲跑完了十几家煤矿，无一家愿意收留，晚上投宿无门，露宿山岩，不幸遭劫匪洗劫一空。两人恐惧、饥饿，瘫坐于荒野抱头痛哭。这时，七旬老汉黄选文赶牛下山路遇这对年轻夫妇，问明情况后带他们回家，拿出家中最好的东西款待，让他们饱餐一顿，后来又为他们在矿山上找到了一份工作。

5年后，余永庄夫妇打工积攒了5万元钱，准备回家经商，返乡前去看望恩人黄选文老夫妻俩。谁知，这对老夫妻全都瘫痪在床。面对此情此景，余永庄夫妇决定留下来照顾两位老人，并认做自己的父母。夫妻俩用板车拉着两位老人四处投医。医生一个个摇头，可他们始终没有放弃，不仅花完了自己几年来所有的积蓄，还欠下了1万多元的债，但这对瘫痪的老夫妻却奇迹般地全都站了起来。就这样，余永庄夫妇一直服侍到两位老人先后去世。

是啊，余永庄夫妇孝敬两位老人的真情就像标题所示：可谓撼天动地！它展现了中华民族知恩图报的传统美德，奏响了一曲精神文明的赞歌，为人们树立了学习的榜样。

黄金有价，爱心无价。一个良好的社会风气，是以人们彼此之间互献爱心，彼此相互理解、关心、体贴和帮助为基础形成的。一个时期来，《新民晚报》十分重视这方面的报道，从而收到了良好的社会效果。

2003年12月16日，该报就在一版头条突出报道了5年前崇明籍退伍军人陆少锋患尿毒症无钱治病，无数热心人向他伸出援助之手，使他成功地做了肾脏移植手术获得新生。康复后，陆少锋开始做点生意。当他有了点积蓄后，便倾其全力用捐款助学来回报社会对他的不尽关爱。尽管至今陆少锋每天仍要服价钱昂贵的排异药，妻子没工作，仍住出租房，但从2000年秋天开始，他每年出资数千元帮助上海外国语大学3个贫困生，同时还为宝山区4位特困生提供每学期500元的资助。

12月15日下午，3位受陆少锋资助的大学生，在自己行将融入社会、回报社会之际，相约一起去看望陆少锋，学习陆少锋。于是才有了《新民晚报》的这篇重要报道，编者又为报道作了一个醒目、传神的标题：

（主）　爱心的"接力"
（副）　五年前，他病重无钱医治的困境由本报披露
　　　　四年前，他得到全社会的关爱并获得了新生
　　　　三年来，他连续资助了一个又一个贫困学生
　　　　今十时，他和受助学生到本报社讲述感人故事

（2003年12月16日《新民晚报》）

新闻、标题连同配发的巨幅照片，向人们展示：弘扬爱心接力精神——"用爱心关爱他人，用爱心回报社会"，既有助于变助危济困的单向救助为双向互动，又能唤起更多人的爱心、奉献，从而形成良性循环，我们的社会将会变得更加文明美好。

要大力弘扬正气，唱正气歌，这是主导的方面；与此同时，也要旗帜鲜明地批评那些具有典型性的坏思想、坏作风。

不知从何时起，我国一些地方热衷于搞形式多样的纪念、举办眼花缭乱的节庆活动。与这些活动相伴的是气势宏大、明星云集的文艺晚会。而请明星大腕前来捧场助兴，举办方不惜"公款追星"，甚至"砸"进几百万、上千万元。业内人士透露，2003年内地一线当红歌星参加商业演出的价码是每场20万元至30万元，港台一线歌星高达80万元至120万元。这年夏天一位香港女影星到东部某市出席一个剪彩仪式，仅露20分钟的脸便拿走上百万元。

"公款追星"现象引起了人民群众的强烈反感。一些专家学者认为，这些"公款"直接或间接地来自纳税人，来自老百姓。"公款追星"归根结底就是"政府请客，百姓埋单，明星发财"，是变相的"劫贫济富"。

2004年3月23日，新华社播发了一组批评广西、四川、陕西一些县市领导为满足个人的私欲、"公款追星"的不良行为。次日，不少媒体或整合刊发或单篇发表，标题为：

（肩）　公款追星　养肥明星　花穷百姓
（主）　一位全国政协委员愤怒地质问：难道明星来了，你们的经济

标题的制作理念与艺术技巧

就会发展了吗？

（2004年3月24日《北京晚报》）

（肩）"政府请客，百姓买单，明星发财"
（主）"公款追星"乐了谁？苦了谁？

（2004年3月24日《北京青年报》）

这些标题都一针见血地指出："公款追星"实为变相"劫贫济富"，它究竟乐了谁？苦了谁？一目了然。追星是要付出代价的，这种代价既包括精力、精神方面的，更包括经济财力方面的。花费国家巨额财力和众多公务员的精力，去上演一出满足少数人私欲的"追星"闹剧，实在有违于"权为民所用，情为民所系，利为民所谋"的精神，其害无穷！

古人说："授人以鱼，只供一餐之需；教人以渔，则终生受益无穷。"新闻的指导作用、舆论引导，也有个"授人以鱼"或"教人以渔"的问题。俗话说：隔行如隔山，隔行不隔理。新闻总是要以特殊、个别来反映一般的。这个"一般"便是思想、观念和道理。重在思想指导、引导，是新闻发挥"教人以渔"独特作用的关键所在。

（肩）或许"小眼睛盯大眼睛"，会取得一点"反腐"效果，可长久地看，代价将远超出它的收益——
（主）不宜提倡孩子举报父母

（2004年6月《新京报》）

（肩）如今许多学生文化知识"富营养化"，劳动观念和技能却"营养不良"。读者来信来电建议——
（主）让孩子学做妈妈小助手

（2004年7月9日《新民晚报》）

上述两则报道，讲的都是关心未成年人健康成长的事。事情虽不算大，但给人思想上的启发却是较深刻的。前则题是针对有的地方举办"小眼睛盯大眼睛"活动，要求孩子们对父母的行为进行监督，防止家长贪污腐败，提出异议，认为：家庭成员之间的信任毕竟是人类最基本的伦理之一，如果没有以亲情为基础的家庭这一最基本"社会组织"的有力支撑，任何法律和制度都会形同虚设。因此把家庭视为构建法律秩序工具，让孩子监督家长，那将从根基上扭曲和破坏了家庭关系的基础，从而带来更为严重的家庭以及社会伦理失范的后果。后题则提出一个值得关注的话题，即在学校"减负"之后应给孩子加点"什么"，即应加点"劳动观念和劳动技能"方面的培养和教育。

3.寻根究底,尽可能标明新闻事实产生的背景、原因、作用和社会意义,发挥新闻的指导性和警示作用。似乎可以这样说,没有新闻性,不成其为新闻,不讲指导性,就不是社会主义的新闻。这样,在制题中,我们就要有意识地抓住新闻事实,点出它的社会意义,引人联想,给人以启发、借鉴。

（肩） "牌匾到手,工作到头"者戒
（主） 鞍山市26家"最佳民主管理单位"被摘匾
（1990年6月20日新华社）

（肩） 提高一批 带动一批 关停一批
（主） 湖北决定调整棉纺加工结构
（1990年5月22日《经济参考》）

（肩） 天然清净受青睐 鱼目混珠令人忧
（主） 矿泉水别砸了牌子
（1994年3月8日《人民日报》）

（肩） 背好"枣篓子"不丢"粮袋子"
（主） 稷山粮棉稳林果兴
（1994年4月25日《人民日报》）

上述四则标题,都是随手从报上摘引下来的经济新闻的标题。这些题如果只留主标去掉肩题,也无不可,但毕竟不如有肩题好:它可增加信息量,使标题充实,有说服力;它可以开拓思想,为决策者、经营者提供依据,引人联想。一句话,它可以丰富升发新闻的思想内容、扩展信息,增强新闻的指导性。

既点出新闻事实,又体现宣传价值,指明它的社会教育意义,使标题"软中见刚",对软性新闻更应如此。有家报社的编辑讲了这么件事:有篇反映农村姑娘恋爱观念的变化的新闻,原题为:

（肩） 横道河乡姑娘择偶标准
（主） 看谁家果树栽得多

这则题,肩题无意义,主标用词含混,容易产生歧义——看谁家树多、钱多。后见报时,改为:

（肩） 横道河乡姑娘择偶有新标准
（主） 欲想"天仙配" 果树可做媒

（副）姑娘解释说，果树莳弄得好，说明人勤、本分

整则题含蓄有趣，而且思想意义明确。还有篇表扬稿，原题为：

（肩）"粮王"潘有财

（主）一万八千公斤水稻上交国家

见报题则改为：

（肩）国家和个人哪头重？"粮王"潘有财心中有数

（主）一万八千公斤水稻交国家

在标题制作中，忌就事论事，要设法通过新闻事实，点明其所体现的精神、思想、社会意义，让它提起神来。

三、文词精粹，规范准确

标题与新闻一样，都是以语言文字为工具来传递信息的。但制作标题却不能像写新闻那样，是把句子视为谋篇成章的最基本语言单位，依靠篇章来阐明观点，表述事实，交流思想。标题要直接运用句子、词组乃至词，来概事达意，传递信息。因而制作标题要根据所要表达内容的需要，重视句式和词语的锤炼。选用最恰当的词语来提高表达效果，是标题制作最常用的一种修辞手段。它较之于修辞的其他的两个重要组成部分，即句式的调整和辞格的运用，更为常用，更为广泛。

词语的锤炼，包括词的语音形式和意义内容的锤炼两个方面。所谓词语的意义内容的锤炼，指的是着眼于词语的意义内容来选用最恰当的词语；所谓语音形式的锤炼，是指着眼于词语的音节、韵味来选用最恰当的词语。在词语的锤炼中，必须坚持形式服从内容的原则，应该把词语的意义内容的锤炼放在首位。在标题制作中，对词语的锤炼必须坚持如下四个原则。

1. 准确精当，用语规范。 这是新闻标题词语锤炼的基本点。准确精当，含义有二：一是标题的词语必须依托新闻，不能虚幻，必须直接或间接地有助于对新闻事实起着概括或阐明的作用；二是含义要正确，必须言简意明，随你怎么推敲，也无可挑剔。一句话，它应当是经过锤炼的金属，而不应当是饱含杂质的矿石；应当简洁深邃，而不应该繁杂平庸。有些标题的用语，粗略地一看，也觉得有些情趣，但经不起推敲，或者有片面性，或者玄玄乎乎、意思欠清楚，因此不会起到好作用。例如，1988年10月17日，新华社播发了"骆和英悲剧事件"。次日，大多数报纸都刊用

了这条新闻，在标题词语的锤炼上，可见工夫的深浅。

（主）　一母恨子不成器　竟与独子共悬梁

（副）　"夏斐事件"在杭州重演

（1988年10月18日《光明日报》）

（主）　夏斐事件又重演　杭州惨剧不忍闻

（副）　母亲恨子不成器　竟与儿子同上吊

（1988年10月18日《人民日报》）

（主）　"夏斐事件"再次重演

（副）　杭州一母亲恨子不成器竟与儿子一同自尽

（1988年10月18日《解放军报》）

（主）　"夏斐事件"再次重演　"望子成龙"又酿悲剧

（副）　杭州一母亲恨子不成器竟与儿子一同自尽，母身亡儿幸免

（1988年10月18日《北京日报》）

显然，在上述标题中，《光明日报》的标题对新闻主要事实的概括，在词语的锤炼上是较好的。《人民日报》的这则标题也不是不可以，但"又重演"的"又"字用得欠准确。因为杭州悲剧只是见诸报端的继"夏斐事件"之后的第一次，"重演"已足以说明这种关系，它并非是第三或第四次，说是"又重演"或"再次重演"就欠准确了。而事隔半月之后，《人民日报》四版上有则相类似的标题，在这点上用词就较准确：《（主）"王淑琴惨案"重演　（副）杀害武汉冷冻厂长的凶手落网》。

至于有的标题说"望子成龙又酿悲剧"，意思就欠明确，欠妥当了。因为"望子成龙"本是天下父母的共同心愿，何罪之有呢？这毕竟是好心，好的愿望，处理得当，有益于社会。退一步说，如不望子成"龙"——成为一个益于国家和人民的人，又望子成什么呢？或者对孩子撒手不管，让其像一匹无缰的"野马"去闯荡社会，这样于国于民、于家于己会有好处吗？现在关键的问题是要正确引导，要让每个家长都懂得教育子女成才，要从孩子的实际情况出发，不能用一种眼光去看，一个模式去要求。"龙"毕竟是有层次的不同，有行业之别的，目标不能定得过高；方法应得当，多讲一点因人因材施教，更不可操之过急，要承认"龙"也有一个成长的过程。因而，不能笼统地说"望子成龙"是悲剧之源。

时下，由于用语不规范造成的失误时有发生。有一家新闻刊物上就讲了这样两个例子：

标题的制作理念与艺术技巧

（肩）　贪污受贿　流氓成性
（主）　原吉林省总工会副主席入狱无期

（1994年10月30日《山西工人报》）

"入狱无期"与"被判无期徒刑"是两个截然不同的概念，怎么可以用前者来替代后者呢？而且主标光标出罪犯的原有职务而不标明姓氏，也是不妥的。再有：

《长毛兔学习班》。初看标题，似乎是有人为长毛兔举办了一个"学习班"。长毛兔还能进"学习班"，岂非奇闻。一看正文，才知道是为推广饲养长毛兔的新方法而举办的学习班。

《肯德基吃什么》。本来是一篇讲饮食文化的文章，结果由于少了一个动词"去"，"肯德基"成了主语。

标题的用字，一定要考究、独到、准确，决不能因为在这上面有疏漏，损害了新闻的真实性和原意，从而使一篇好的新闻黯然失色。新闻工作者应做语言的"监护人"，维护语言的规范性，把向读者传播优美、纯正的语言作为自己的神圣责任。因而，语言的准确、精悍、规范，是一则好的新闻标题必不可少的条件。

2. 含义丰富，明白如话。 词语作为语言的材料，都有一定的概括力和表现力。由于汉语词汇的丰富，往往表达同一概念，就有许多词语可供选择。对于制作新闻标题所选用的词语，应尽量做到既要有高度的概括力和表现力，又要包含着丰厚的意义内容，使之成为能启发和引导读者对与这个词语有关的意义内容进行联想的契机。

如果有多个对表达同一概念都适宜的词语，其中一个仅仅能表达所要表达的概念，而另一个不仅如此，同时还包含着与此有关联的更为丰富的意义内容，并可以引导受众对与此有关联的意义内容进行联想，收到意在言外的特殊效果，后者正是在标题制作中应着力寻找的，往往一字出奇，满题生辉。

1990年2月《人民日报》发表了航天科技成就的新闻综述，题为：

敢向天穹挂"新星"

（1990年2月21日《人民日报》）

这则气势磅礴、神形皆备的七字标题，其中有两个字用得绝妙：

敢——表现人类征服太空的信心、智慧、能力和勇气。

挂——显示了当今之世征服太空的高超技术和气概。

延安紫砂"红"起来

（1992年6月11日《人民日报》）

妙在一个"红"字。既点出延安地区紫砂颜色之红，又暗喻走俏市场的态势，一语双关，富有动感。

（肩）　钱少了拿不出手　钱多了手又发抖
（主）　压岁钱哟，你慢些涨，慢些涨……

（1995年1月16日《工人日报》）

（主）　都说为了学生好　谁知学生受不了
（副）　十三中高二学生上早8点下晚9点

（1998年10月8日《今晚报》）

（肩）　管不好"炒鱿鱼"　管得好送锦旗
（主）　瑞昌大厦物业管理受好评

（1996年10月29日《深圳特区报》）

（主）　掺假喂成"虚胖子"　求实养成"壮身子"
（副）　海航某师治愈"虚假症"

（1994年12月13日《人民海军》）

这些标题语言的一个重要特点就是通俗，遣词造句平实朴素，通俗易懂。叙事，要言不烦，浅显平实；说理，清晰明朗，不以大话压人，而以朴素的道理服人。读来俗中见雅，俗中见奇，俗中生趣。

3. **具体形象，化静为动**。在汉语的词汇中，有的词语往往只能给人一个抽象的概念，有的词语除了能表达一个抽象的概念之外，还能给人具体、形象的感觉。比如，各报在报道"骆和英悲剧"时，对主要新闻事实的概括，选词上就有高下之别。《人民日报》和《光明日报》分别用的"同上吊"、"共悬梁"，《解放军报》等用的"一同自尽"乃至"同归于尽"，显然，前者要好些，不仅包含了后者的意思，而且还具体地说明了自尽的手段，后者则失之于笼统、抽象。因为"自尽"的含义比较抽象、广泛，不能给人以具体、形象的信息，因而难以具体、准确地表现客观事物。

标题同新闻一样，是要用形象、生动的事实去感染人的。同时，标题也同新闻一样，又都是用语言文字来传递信息的。新闻事实的形象性、生动性，也只有靠语言文字来传给读者，但文字本身或由字构成的词并无形象性。普通心理学告诉我们：由文字构成的词虽无形象性，但它可以同事

标题的制作理念与艺术技巧

物的表象建立起某种联系。所谓表象，即人们对客观事实直接感知后在记忆中留下的映象，它既具有感性的直观因素又有理性的概括因素。所以，词本身虽没有形象性，但不同的词却能不同程度地唤起人们的形象感。也就是说，在表达理性、概括意义相同或相近的前提下，那些所表达的内容越具体的词，就与表象联系得越紧密，因而也就越能唤起人们头脑中的表象。反之，那些所表达的内容越抽象，人们由它唤起的表象就越模糊、越笼统。当我们在为标题选用词语时，就不但要把握住它的抽象意义，也要注意它的直观性，首先要选用那些能表达具体的，有确定事物的词语。这就像穆青同志在论及写作时所说的："你们写了人民大会堂大厅里的鲜花盛开，为什么不写水仙花、一品红盛开？鲜花，读者可以想象成各种鲜花，但也可以什么都想象不出。""骆和英悲剧"事件的标题中，"上吊"、"悬梁"与"自尽"、"同归于尽"等不同词，在选用上的高下之分，也就在于此。

在标题创作中应尽可能地用精确语言，少用模糊语言；多用子概念，少用母概念。所谓模糊语言，就是指的概念外延不确定的词语，如大、小、长、短、好、坏、善、恶、哭、笑、骂等等；而子概念和母概念，都是形式逻辑中的专用名词，外延较小、内涵较大的概念叫子概念，反之外延大、内涵小的概念叫母概念。子概念比较具体，母概念比较抽象，如若不注意，新闻的价值就无法鲜明地凸显出来，甚至会被其湮没。比如：

（肩）　从假农药引起的——
（主）　哭声·笑声·骂声

（1988年10月8日《农民日报》）

看标题，谁能看得出这是一条颇有情趣、让人回味无穷的新闻。细读新闻，才知道它说的是河南省宁陵县刘桥乡农民常老汉在该乡农药门市部买了一瓶"敌敌畏"治棉虫，因家庭纠纷，儿媳一气之下，喝了半瓶，全家人顿时慌作一团。但过了多时，仍不见儿媳有任何反应，终于安然无恙，当一家人破涕为笑时，这才发现这农药原是假货。在乡民的鼓动下，常老汉再次破费向乡农药门市部送去了一个匾额，上书："喝药半斤人不死，赠匾深谢救命恩。"显然标题没有很好地讲清新闻事实，对卖假药、坑人的丑行也曝光、鞭挞不力，仅从情节的奇巧上做了点文章。如果这条标题改成下面这样是否会更好些呢？

（肩）　宁陵刘桥乡农药门市部

（主）　假药积德　农妇死里逃生
　　　　老汉赠匾　致谢救命深恩

1989年5月1日辽宁《金融报》的一版头条，竟是从废稿中拣来的。事情是这样的：这年4月间，该报一位副总编在废稿中发现一篇200字左右的简讯《中国银行沈阳分行为韩忠海颁发荣誉证书》。光看题，实属一般工作动态，无甚价值，不可用。但文中却提到韩忠海同志做了40年出纳，在他手中点过的钱票多达几十亿元，于是便随手拟加了一个肩题"几十亿元手中过，四十年出纳辛苦多"，从模糊走向具体——具体地标出了新闻的价值，感人的默默奉献精神，从而荣登头条"宝座"，获得好评。

所谓化静为动，即新闻传播的信息是客观事物最新变动的信息。因此，进入受众头脑中的新闻事物都应该是变动着的。这一点要落实到标题的制作上，就要变僵为活，化静为动，要在描绘和表述事物的动态上下工夫，让活生生的视觉因素充斥字里行间；要注意把标题的用词，尽量与头脑中变动的表象紧密地联系起来。即便所要表述的事物属于静态性的或者动态性不强的，也要通过恰当地选用表示动态的词语去表述它，使之活灵活现动感倍增，以增强标题的吸引力。

（肩）　德联邦医生协会公布报告
（主）　滴答十三秒　呜呼一烟民

（1994年4月15日《人民日报》）

这本来是并无多少新意的新闻，做一个静态式的标题《德联邦医生协会公布报告——历数吸烟的危害》，也无不可。但这则标题的作者把本属静态的事实，作了动态的浓缩，文字简练，动感强烈。

群龙翻江终有首　钱红逐浪报捷来

（1992年7月30日《中国体育报》）

钱红在奥运会上勇夺金牌，通过电视、广播到出报时，似乎已不是什么新闻了，但这则标题气势磅礴，文采飞扬，让人经久难忘。

（肩）　李瑞环谈舆论监督和新闻改革
（主）　天津不是害怕批评的地方
（副）　经常"微调"可避免"大修"

（1989年2月6日《人民日报》）

1989年春节，当时还在天津工作的李瑞环同志邀请新闻界座谈。他认为，新闻媒介经常性地批评可以促进工作，避免到问题成堆时引起重大变动。"微调"与"大修"的使用既十分贴切，动感又强，也很风趣。

4. 句式简洁，语气相宜。 为了简洁明了地表达思想感情和新闻事实，要认真地选择句式，认真地锤炼句子，使新闻的语言及所表达的思想能有力地打动受众，给受众留下深刻的印象。句式简洁，首先是应在复式标题中大量使用成分共用句和成分省略句。如：

（肩）　规模最大　装修豪华　环境优雅
（主）　成都天座商城成为对外开放窗口

（1994年9月1日《四川日报》）

这则题是一个完整的句子。肩题为宾语的共用。

（主）　改革　创新　竞争　夺魁
（副）　中国扬子电气公司发展纪实

（1994年9月6日《安徽日报》）

改革、创新、竞争和夺魁四个状语共同带动一个谓语。

在句型的选用上，一般地说，结构句型以短句、简句和完整句为好。应多采用肯定句、主动句，少用否定句与被动句。这样可使新闻标题语体明确，简洁朴实。

（肩）　重情人　弃糟糠
（主）　奥总统作"分飞燕"

（1994年1月27日《羊城晚报》）

一家4代25人当教师

（1995年9月10日《北京日报》）

今秋月饼少"贵族"

（1995年9月9日《北京日报》）

这些标题都采用了主动句、肯定句，结构简单，句型完整，言简意赅，感情浓郁，该褒就褒，该贬就贬，直截了当，是非分明，很有力度。

用语要文明。语言文明是人类社会文明进步的重要标志之一，人际交往的一项重要内容。标题用语文明是新闻传播获得好效果的润滑剂，是建立起传播者与受传者的信任、和谐、沟通、理解的新型人际关系的极为重要的第一印象。这就必须注意用语的文明礼貌。为适应现代人们的交际心理，应尽可能多用"软性"词语，尽量避免使用教训人、命令人和指责人的"硬性"词语。这样我们便有可能适应人们在交往过程中比较容易接受"软"、厌弃和反感"硬"的心态，以顺利地实现自己的传播目的。

语气的恰当表达，是用语文明的重要内容之一。在运用语言表述思想感情时，一定要注意实际的需要。凡符合需要的语言，就美；否则，就不美。关于语气的运用，不能孤立地说哪种语气美，哪种不美。该用委婉的语气，就不用命令的语气；该用感叹语气的，就不用陈述语气；该决断的，就不迟疑……一切以实际需要为转移。

　　语气，是一种语法范畴，有广义狭义之分。狭义的语气，是指根据传播内容和目的的不同而表达出来的全句的语气。它主要包括陈述、疑问、祈使、感叹四种语气。陈述语气，主要用来陈述事实；疑问语气，主要用来提出问题；祈使语气，主要用来敦促或禁止对方行动；感叹语气，主要用来抒发各种强烈的感情。广义的语气，除此之外，还包括说话时的各种感情色彩的表达，这就是说话的"口气"。它包括强调、委婉、决断、迟疑、呆板、活泼、蛮横、温柔等。无论是广义或狭义的语气，作为一种语法范畴，虽然不像词语的语法规则那么重要，但它同用语文明密切相关，是语言交际不可缺少的辅助手段。语气千变万化，不仅可以用来"达意"，而且可以用来"传情"。在标题制作中，值得特别注意的是它的"传情"作用。语气有强烈的感情色彩，可以细微地表达出标题制作者与受众间的感情和态度。如《文汇报》有两则题：

　　△　（主）　秤砣一动　想到群众
　　　　（副）　曹杨日夜商店一日校秤两次
　　　　　　　售货分量准足受到人们称赞
　　△　（主）　菜场活鱼蹦蹦跳
　　　　　　　居民农民乐陶陶
　　　　（副）　本市郊区三个公社试行直接运送活鱼到菜场销售

　　这两条都是一般性的商业新闻。前条说的是曹杨日夜商店处处时时为群众利益着想，自觉维护消费者利益的高尚精神。主标虽然是虚题，但避免了只讲人所共知的原则和道理，巧妙地在凝聚消费者利益的"秤砣"上做文章，使之传情达意，虚题实做，意味深长。后者本是一条改革供销体制的新闻，标题的作者没有从一般原则出发做一个陈述式的文题，而是用两句顺口溜，借助象声词，做了一个鱼跳人欢的好标题。

四、题从文事，题文一致

　　标题作为"新闻的眼睛"，立于文前，是新闻的组成部分。它受制于

标题的制作理念与艺术技巧 >>>

新闻,是新闻内容的浓缩、提炼和概括,做到题文一致、图文相符,这是制作新闻标题一条丝毫也不能马虎的重要原则。题文相符、准确无误,这也是新闻真实性的一条原则。

1996年5月在广东南海市举行的第六届中国新闻奖评选,上海《解放日报》有篇参评作品,题为:

(肩) 中国人自己创造的名牌应该自己来经营
(主) 上海家化公司好气魄　1200万买回美加净

(1995年4月27日《解放日报》)

评委们虽然一致认为,这篇报道无论从对新闻事实的选择、内涵的开掘与阐释上,还是从传播后对经济工作的推动上看,在当年众多经济报道中不失为重要报道,但由于标题中的"1200万元买回美加净",与导语说的"上海家化联合公司以每年支付1200万元人民币的代价'买'了回来",以及正文第五段起首行讲的"上海家化这次又为何不惜放弃几乎稳赚的数亿元净利,'把嫁出去的女儿'又重新迎回了'娘家'呢?"各不相同,在大会表决最终评定时,不得不从一等奖降为二等奖。致使当年度消息一等奖两个名额中,有了一个空缺。可见文题一致何等重要!

造成标题与新闻内容不相符的原因,有多种多样,要制作一则真实、准确,题文一致的标题,也需要从多个方面下工夫、花力气,择其要者而言:

第一,如果说真实准确是标题的生命的话,确有其人、真有其事,就是它的灵魂。确有其人,新闻中有名有姓,标题中难以以假乱真,真有其事,原委多样、表现复杂,难以一言蔽之,总而言之:题中有的就是新闻里本来就有的,丁是丁,卯是卯,有一说一,有二说二,不得有半点含糊。标题要服从、服务于新闻报道的客观事实;尊重客观事实,就是尊重科学,尊重受众,是新闻标题制作的起码要求,不可超越的底线。

但那种为了个人或小团体的目的、利益,为了"夺人眼球",明知鱼目不能混珠,偏要像煞有介事地假中有真、真里掺假衍生出的夸张炒作、添枝加叶地拔高事实,合理想象、听风是雨地虚拟事实,空穴来风、胡吹乱凑地歪曲事实的一个个所谓标题,更让人啼笑皆非,歔欷不已。

(肩) 我是个"混球",哪里有球队哪里就有我
(主) 深圳的混球男女

(2009年2月3日某报)

"混球"一词，本是骂人的狠话，意为某人或某些人，谈吐举止、行动行为极为粗鄙、放荡，无理无耻。这则题究竟要所言何事、所言何意呢，让人难读难解。细读正文方知：原来报道的是深圳市一大批热爱足球的青年男女（主要是白领），自发地组成了一支支业余足球队，其目的是在于健身、休闲、自娱和交友。这则长篇记事通讯，较详细报道了他（她）们这方面的业余生活。至于这则题的立题的根据，笔者反复寻觅，也难有明确的解读，只在文中找到一位年轻女士，自认为球技差，便幽默地对记者说"我是个混球"，已在几支球队凑过数。这句戏言是唯一的立题之依据，至于对"混球"的新诠释，文中未见。如此拟题根基不牢固，对关键词"混球"又没有富于新意的积极的诠释，实在难以承担起概括全文、涵盖全文的重任，除了哗众取宠外，难以给人有更多的教益。如果硬要据此成题，也必须标明幽默的别解；如果按文成题《（肩）深圳业余足球队里的男男女女　（主）健身·休闲·自娱·交友》，未必就不引人。

《乘车口角　女大学生踹孕妇肚子》（某报，转引自2009年第5期《中国记者》）——这则不足700字的新闻经上网转载，迅速成为社会热点，女大学生"踹孕妇肚子"成焦点。无疑，这焦点既是成文的焦点，也是成题的焦点。那么，此题立题在文中的根据，即来源是什么呢？这仅只是文中说的"据知情人介绍"，而记者又没有经过查证，连当事双方都没有问过，就写进新闻并浓缩成题，这显然是有违新闻写作原则和制题原则的。不久，查办此事的民警即在网上发布信息，这位"孕妇"不是孕妇，并未怀孕。以道听途说之言，而没有查证之事，无疑是"虚拟之事"成题，能不出错？！

《从火车司机到享誉国际的摄影家》（某报，转引自2009年第4期《中国记者》）——新闻见报后这则题却令作者和当事人感到十分尴尬。原来新闻说的是，一位火车司机年轻时就酷爱摄影，退休后，更全身心投入摄影创作实践，近年来，在国内各影展上屡屡获奖，业内人士戏称他是"获奖专业户"。一位作者以《从火车司机到中国摄影家》为题报道了他的事迹。报社编辑认为此题还不能"夺人眼球"，又拔高到"享誉国际的摄影家"。其实这位摄影家，在国内摄影圈内还算有点名气，得奖不少，而新闻也没有讲过他在国际影展中获过奖，何来"享誉国际"呢？！

人间世象纷繁复杂，很多事情一时难辨、一言难尽，但是，不管怎么

标题的制作理念与艺术技巧

复杂、难辨、难尽，捏造、虚拟、合理想象拔高了的事实，总归会露痕迹的。制作新闻标题，首先要尊重事实，实事求是。其次对事实要有自己的分析和准确的判断。起码自己感到问心无愧，自己感到准确可信，方能取信于人。

第二，新闻标题是新闻事实及其所承载的思想意义的浓缩，新闻标题**必须准确无误反映新闻事实的本来面目**。在选事着墨上，既要有重点、突出新闻性，又必须兼顾事物的全貌。既不可以刻意突出某个内容，故意回避某些内容，更不可以为我所用，对事实进行"引申"、"扭曲"。

比如，《教授卖馅饼》这条标题在全国引起的震动和争论就是一例。事情发生在1992年暑假，北京某大学一位系党总支书记，在校园里贴出"更新观念、体验生活、服务群众"的启示，摆摊卖馅饼，消息传出后，某报冠以《讲师卖馅饼》的标题加以报道。后来几经转载，竟又变成了《教授卖馅饼》，显然这则标题是离奇而不准确的。

一是事实不符。实际上这位党总支书记既不是讲师，也不是教授，而是一名政工干部，在大学30年，一直做党务工作。他的副研究员职称是在职称热中走政工系列而得来的。因而做《讲师卖馅饼》或《教授卖馅饼》，都与事实不符，这都是标题的作者置新闻事实于不顾，乱弹"弦外之音"所致。

二是事实本身也不宜报道、不合法规要求。因为：（1）作为一个副处级政工干部，摆摊卖馅饼，实际上违反了中央关于党政干部不得经商的规定；（2）在开始摆摊卖馅饼时，一无经营执照，二无体检证明，实属不正当经营，怎能随意报道。

这则标题的广泛传播，招来了许多不良的影响。它引起大学教授们的反感，冲击了学校正常秩序，使国外留学生对国内的工作环境产生了怀疑，国外对国内知识分子的境遇产生了不正确的认识。

我们说，标题表述事实要清楚、准确，这就必须处理好突出重点（新闻性）与兼顾全面的关系，但点归点、面归面，不能以点代面，故意回避某些内容，否则将造成题文不符。

（肩）　只不过想好好帮一个人　可惜他无法给你满分
（主）　云南女大学生上海受骗

（1998年2月27日昆明某报）

新闻说的是，有4个自称"大学生"的青年男子，专在上海火车站编造谎言诈骗女大学生的钱财，到案发时，竟几天就有20多位女大学生被骗。文章还详细描述了云南和湖北两位女大学生分别被骗的事例。作为远在昆明的报纸要报道此事，为了突出新闻价值中的"接近性"，在主标中突出"云南"两字，实属必要，但没有兼顾"全面"，就欠准确了，此题似应作如下改动。

（肩）　只不过想好好帮一个人　可惜他无法给你正面回应
（主）　云南等多名沪外女大学生上海受骗

由于肩题与主题中都多加了几个字，与原题相比已不算简练，读起来也没有那么响亮，但它题文一致了。由此也说明：制题中的"准确、鲜明、简约、生动"这个要求，从总体上说是相互联系、是一致的，但有时也有矛盾，当这种矛盾无法调整好时，一切都要服从题文一致这个大前提。

标题的准确、真实，归根到底是要符合所报道的客观事物的本来面目及其所传递的感情、思想、倾向，即入题的事实必须反映事物的本质及主旨。

郭晶晶与霍震廷出席活动
戴30万元钻饰胜吴敏霞

（2009年1月7日某报）

这是中国运动员教育基金会为欢迎大陆访港运动员举办的慈善晚宴的一篇新闻的标题。这则标题的立题文中确有根据：郭晶晶穿着黑色斜肩晚装，佩戴赞助的首饰。她的项链、耳环与手表，总价值30万元。跟郭晶晶的30万元首饰比较，吴敏霞的项链等总价值只是2.7万元，较为逊色。嘉宾刘璇戴上卡地亚价值近40万元的兰花系列钻饰，云云。应该说，该晚宴既不是钻饰、珠宝的展销会，也不是富人们的炫富会，标题的选事泼墨、记者的报道都必须重点关注宴会中引人思索的精彩场面和细节。而像西方狗仔队那样，两只眼睛紧盯着明星吃什么、穿什么、戴什么，而且看得那么仔细、账算得那么清楚，真让人吃惊。对这些东西大书而特书，其他却视而不见，这对正确报道晚宴的主旨又有何帮助呢！退一步说，这次宴会确实没有东西可报，也可按新闻规律的要求——免报。如果硬要报，也宜做个常规老套、平庸的标题"某某会晚宴访港运动员"，发个短讯，也比现在这样该报的不报、不该报的大报特报要好得多。

在标题的制作上，在突出新闻性的同时，也必须注意舆论的导向！舆论导向，从来就不是一个抽象的概念，它不仅表现在重大的政治问题，

标题的制作理念与艺术技巧

党的中心工作、方针政策等重大的新闻事件上,也表现在日常生活、工作中新近发生和发现的重要新闻中,不仅表现在突发事件和社会热点问题的反映和处理上,也反映在一个时期媒体一篇篇提倡什么、反对什么的报道倾向上。总之,新闻舆论导向并非疏离红尘而存在的,它是与人的现实活动,与媒体一篇篇新闻、一个个标题,可视可触可感、真真切切地存在着。标题的真实准确、题文一致,也包含着这方面的要求。

第三,标题与新闻一样都是要以语言文字为工具来传播信息、报道事实。当进入标题的事实选定之后,标题对事实的表述必须清楚、完整,不能"缺胳膊少腿"。既不能"掐头去尾",也不能"露头藏尾"或"藏头露尾",让受众一头雾水,不知所云。

> 牙刷几支,不赔?
> 扫货六千,赔不!
>
> (1998年4月24日某报)

此题真怪,无头无脑,你怎么琢磨,也猜不透它所云何事,更谈不上有什么新闻价值了。原来新闻说的是,洛阳一职工在鸿诚商厦买了几支"佳洁士"牙刷,使用时认定是假货,便向商家索赔,商家认为几支牙刷不值几文钱,不予受理。这位职工一怒之下,便花7000余元,再买了6000支"佳洁士"牙刷,并向远在广东的生产厂家取得了此货确系仿冒产品的证明后,便向法院提起诉讼,要求鸿诚商厦依法赔付。诉讼已为法院受理。这件事曲折、有趣,有警示作用。此题只需加上一个肩题:

(肩)　鸿诚售假赔付不诚
(主)　牙刷几支,不赔?
　　　　扫货六千,赔不!

事实表述完整了,新闻价值也凸显出来了,题文相符,概事达意明确、简练,不失为一则好题!

(主)　公交车上男子怀疑被跟踪
(副)　随后报警,车停路边,苦等民警1小时
　　　警方:找车耽误时间希望乘客谅解

(2009年4月29日某报)

这又是一则怪题,刚露出一个头,即被"挥刀腰斩",再也没有下文了。像类似突发性公共事件的新闻,过程可以不报,但事发时的现场与地

点，以及发稿时事态最新变动情况（即结果），是必报的。其实，不仅是突发性新闻，而是一切动态性新闻，过程可不报，但事态变动的最新情况（结果），或简或详都必须报。这则题缺少的正是这方面的交代，即使被跟踪是子虚乌有，也得标明，否则让人不明白这件事究竟有没有。该标明的没标示出来，反而把可报可不报的事中事——由于该男子报警时错报了出事地点，乘客苦等，警察由于报警失准找车误时，写上了一大堆，实为多余。原题似应做如下调整：

（主）　公交车上一男子报警疑被跟踪
（副）　家人称其精神异常　警方回应有待确认

原副题所标内容按讲是不宜入题为好。其后，上海也曾发生过与此事相类似的情况，也报了警，民警到现场后做了许多工作，并未入题，其标题可作参照。

（主）　网游男子呼喊"救命"砸窗跳楼
（副）　疑为长时间玩暴力游戏"走火入魔"

（2009年5月9日《新民晚报》）

标题制作中，类似对新闻事实的表述残缺不全的现象可谓多发病、常见病，连标题都读不懂，受众怎么还会去读新闻呢！

第四，标题表述新闻事实，应多用结构简单的单句，慎用负载过重的复句；多用主动句，少用主语后置的被动句。力避受众误读、误判，产生与文意不符甚至相反的歧义。

2009年1月20日上午，中国政府发表了《2008年中国的国防》白皮书。媒体报道这一新闻时，由于对其中关于核武器问题的表述作了截然不同的解读，出现了三种不同的标题：

（肩）　《2008年中国的国防》白皮书上午发布，首次披露改革开放
　　　　30年来国防费数据
（主）　中国承诺停止研发新核武

（2009年1月20日《法制晚报》）

2008年中国国防的白皮书今发布

（2009年1月20日《北京晚报》）

（肩）　《2008年中国的国防》白皮书发表
（主）　中国军事战略：坚持防御自卫和后发制人

（2009年1月21日《中国青年报》）

标题的制作理念与艺术技巧

媒体断章取义　专家：中国没承诺停止研发新核武

（2009年1月21日《环球时报》）

第一题，由于对白皮书一句话的误读，出现主标有悖原意的断章取义；2、3题解读正确，没有出现类似第一题之错；第四题是批评出错媒体、校正视听的。

那么，为什么会误读呢？白皮书中关于"军控与裁军"的第二段"核裁军"的第一句话是这样说的：

中国主张所有核武器国家明确承诺全面、彻底销毁核武器，并承诺停止研发新型核武器，降低核武器在国家安全政策中的作用。

此句话是一个由两个并列分句组成的复句，句中如果把"并承诺"与"主张"并列的话，那它们的主语就是"中国"，也就是第一题所示的那部分媒体的解读，这与白皮书的本意相反。如果把"明确承诺"与"并承诺"作为共主语"所有核武器国家"的两个排比句，都是中国提出的主张的内容。这是正确的理解，符合白皮书的本意。

误读的产生，主要是出错媒体人的业务功底不深，判断能力差。另外这句话行文规范有瑕疵，给误读提供了条件。从语法修辞上讲，对共主语的有并列关系的分句，一般得有共同的词语重复出现，在修辞学上被称之为"提挈语"。其"提挈语"必须一模一样，不得有任何变化。具体到白皮书中这两个并列分句的"提挈语"都应该是"明确承诺"，而正文中第二个分句把"提挈语"变为"并承诺"，就成了导致误读一个重要的客观原因。

在媒体的标题中，由于对负载过重、结构复杂的复句使用不当，或由于主语后置的被动句式的使用，而造成误读、产生歧义的，也可算得上是一种常见语病。

歹徒持刮胡刀劫持孕妇被击毙

（2009年1月24日某报）

这则题有歧义，如果从句法分析，可以得出两种解读：一种是将句子切分为"歹徒持刮胡刀劫持孕妇，被击毙"，这符合拟题者原意，题文一致。但是，从另一种句子切分则可变为"歹徒持刮胡刀劫持，孕妇被击毙"，有违拟题初衷，且题文不符，笔者认为解决这类问题有两个办法：

一是句中加逗号将宾语与补语断开，此题即为：《歹徒持刮胡刀劫持孕妇，被击毙》。这样歧义消除了，但读起来语气不甚贯通，且版面也未必美观。

另一是，将句中附加成分单独成句，让补语与被说明的词语直接相连，组成单行双语式题：《持刮胡刀劫持孕妇，歹徒被击毙》，歧义消失，读起来也响亮顺达，排版也会好看些。

（肩）　针对"中国模式"的形成和崛起，新报载文指出——
（主）　西方势力施压北京奥运必成输家

（2008年2月2日某报）

这则题的主题与上则题一样有歧义，如从句法分析，可以得出三种解读：一种是将句子切分为，"西方势力施压北京奥运，必成输家"，这是原文及拟题者的原意，题文一致。但是，从另一种句子切分则可变为"西方势力施压，北京奥运必成输家"，或"西方势力施压北京，奥运必成输家"。后两种有违拟题者和原文的意愿。解决办法同样有两个。一是将句子中说明宾语（即"北京奥运会"）的述补成分"必成输家"，加逗号断开，即"西方势力施压北京奥运，必成输家"。

另一是拟成单行双语式题，即为：

（肩）　针对"中国模式"的形成和崛起，新报载文指出——
（主）　施压北京奥运　西方势力必成输家

笔者仍认为，第二种办法好，优点如前所述。此法可广泛运用。

在标题的制作实践中，有一种主语后置且主语前面定语重重叠叠，也极容易产生歧义。比如：

讨厌歌功颂德的彭德怀

（2003年7月7日某报）

此题如果作为一个偏正词组来读，前部分"讨厌歌功颂德"作为定语修饰中心语为"彭德怀"，则标题表达的是"彭德怀讨厌别人歌功颂德"，题文相符。但是这个标题也可视为一个动宾短语，即"讨厌"为谓语，而"歌功颂德的彭德怀"是宾语，意为因为彭德怀喜欢歌功颂德，所以人们讨厌他，显然这样完全有悖于原文了。正确的标示应变被动句为主动句，主语提前，标题为"彭德怀元帅讨厌歌功颂德"为宜。

但也可发挥冒号在句内的提示、解读作用，改制成报刊上现在较为时尚的题型，即为：

彭德怀：讨厌歌功颂德

此题未增一字，语气肯定，响亮有力。

五、要素齐备，不苛求全

唯物辩证法告诉我们，事物是在时空中运动着的，事物是在一定条件下产生的。任何事物都有导致其发生、发展的原因、现状和由此产生的某种合乎事物自身逻辑的必然结果，任何事物的出现都有这些最基本的构成条件，这是客观事物都具有的普遍属性。所以，新闻作为事实的报道，只有真实、准确地反映出事物所具有的这种普遍属性，才有可能真实、准确、明白无误地反映和报道这个事物，而事物的这种最普遍的属性，用新闻的术语表示出来，就叫做新闻的六要素，即何事、何人、何地、何时、如何和为何。它是新闻传播的事实最起码、最简单的存在形式，是新闻事实让读者可读、可知、可信的最基本的条件。这六个要素（实际上还不只这六个要素）的采集、运用、结构和表达便构成新闻写作的基本材料。自然，标题的制作艺术归根到底就在于对这六个要素的准确把握、选择和表达了。

（肩）　一些身价上百万美元的救护车大多从国外进口，不少地区的电视卫星转播、抢险照明等也不得不专用"外援车"——

（主）　国产车，别只做轿车

（2004年6月15日《新民晚报》）

这则评论题，包含有何人、何事、何时、何地和为何五个要素。

《明日报》不再有明日

（2001年2月7日《参考消息》）

这则8个字的标题，包含有何人、何事、何时三个要素，便把这家报纸今天停刊、明日无报的信息明明白白地传递给读者了。

在新闻写作者面前永远都是一个生动丰富的大千世界，而变动于其中的万事万物，又都是以"个别"出现在我们的报道中的。从历史发展的全过程来看，它们都是变动着的"这一个"或"那一个"事物，发展过程中的一个片断或一个侧面。有时甚至从中摘取的是最具有新闻价值的"一鳞半爪"，而绝非是"这一个"或"那一个"的全貌展现。这也就是说，我们并不苛求每篇新闻都做到"六要素"齐全，比如那些只有数十、百十字的快讯、简讯，以及有些纯粹是告之以事，起个信息传播作用的动态新闻，根本就不需要，也不可能做到"六要素"齐全。这就是只求必需的要素齐备而不是齐全。而这种全与不全、齐与不齐，又是以把事实讲清楚，让读者一看就明白为前提、为准绳的。写新闻是这样，制作标题更是这样。

在新闻六要素中，何事、何人、何时、何地四个要素从不同方面表述新闻事实存在、发生的自然状态，是新闻事实的基本构成，是属于新闻事实感性层面的硬件要素，能直接或间接地为人们所观察、感知，并加以证实和证伪的现象事实，是新闻标题最基本的构成因素。新闻是新近发生的事实的报道。无事便无文，也无题，"何事"便是制题中不可缺少的要素。有时在特殊的语境条件，只需"何事"这个要素交代清楚、道明白了，受众一看便能明白地知其然，也可说是要素齐备了。也就是说，"何事"要素单独成题也是可能的。

然而在更多的情况下，"独木难成林"，只有"何事"而无"何人"、"何地"、"何时"中一到多个要素的配合，也是难以成题的。反之，少了"何事"亦难成题。

（肩） 明星受追捧，记者被挤至楼上，叫喊引关注——
（主） "冰冰，上边！看上边！"
（副） 范冰冰听到喊声，跟楼上记者挥手打招呼

（2009年6月30日某报）

这是一个文图并茂的娱乐新闻，题也作得很大器，肩主副俱全。但读者看图读题后，也很难弄明白：究竟因为何事，让记者与明星们如此欢乐、火暴。原来题中少了"何事"要素的明确交代。其实，只需在肩题的起首加上"国际影城开业庆典"，谜团也就自然消失了。

（主） 体校生射杀队友 军体中心回应
（副） 是意外还是故意尚无定论，记录事发过程的现场监控录像已被警方调取

（2009年8月2日某报）

这是刊登在一家对开大报的《国内各地》新闻版上六栏标题的头条新闻。这条标题有两点不足，一是要素不齐，事发何处应明确交代，因为这不是一件小事，是头条新闻；另一是标题结构有瑕疵。第一，现题的主题，从所标示的内容看，只能说是起了一个肩题的作用。即肩题就语法上说，它不是一个完整的句子，语义不完整，只能与主题搭配出现，是从属于主题或引出主题的"先行官"。这则题的"主题"，符合上述要求，实际只起了个引出下题的作用。第二，从标题结构规范看，主题也叫主标，

标题的制作理念与艺术技巧

是新闻标题的主要题目，一般地说，新闻中最主要的事实都应由它来表达，它必须能够完整地表述一个明确意思和概念。从现标题看，副题所示的内容倒是该由主题来承担的，由此这则题就题改题，也应作点调整：

（肩）　体校生射杀队友，长春军体中心首度回应——
（主）　是意外还是故意无定论　警方已调取现场录像

此改题，虽不能算什么好题，但该突出的内容突出来了，该有的要素有了。

当然，若制题者出于某种考虑，需要淡化回应内容，那就另当别论。

行文至此，我们可以这样说：任何一个新闻事件的发生，不管它的大小和重要程度，都包含着"五个W+H"这六个基本要素，但具体到每一条新闻及其标题而言，并不是这六个要素都是新闻价值的承担者和具体体现者，可能只体现在一两个或者两三个要素上面。这就是说，在为特定的某篇新闻制作标题时，一定要把那些最能体现其新闻价值的新闻要素紧紧地抠住，写进标题并作突出处理，如安排在最重要最显眼的位置上，或者加重阐释的分量等等。无"事"不成题，"何事"要素居于中心地位；但"事在人为"，"何人"要素不可小觑。要制作好新闻标题非常重要的一环，常常就在于对"何事"或"何人"要素在体现新闻价值中所处的地位和作用的正确把握与正确表述上。

一条新闻、一个新闻事件常常不可能只讲一个事实，选准体现新闻本质、凝聚文意的事实，并把它凸显出来写进标题就十分重要了。

2008年9、10月间，公安部扩大5年有效《台湾居民来往大陆通行证》（简称《台胞证》）的补发范围。2008年10月20日起，《台胞证》可在北京补发、换发，自递申请后7个工作日领取证件……。

补换发《台胞证》　7个工作日可领取

（2008年10月20日北京某报）

这条新闻有多个事实，《台胞证》的补发、换发，扩大范围北京也可以办理，是新闻事实中最大的亮点，与办证和要换证的北京台胞的生活联系紧密，"7个工作日可领取"并不涉及本条新闻的关键点。拟题重点没抓住。似可拟为：《补换发〈台胞证〉北京可办，7个工作日可取》。

56民族高校师生　举办专题文艺晚会

（2008年12月19日北京某报）

这条题是一则简明新闻的标题。传递的新闻事实也非常简单，可以说就只有一句话：首都高校56民族师生纪念改革开放30周年文艺晚会近日举行。可拟题者却把简单的事弄复杂了：这则单行双语式题，让人读不懂，而歧义频生。"56民族高校师生"，可以解读为全国56所民族高校师生，也可解读为全国高校56个民族师生。新闻事实表述不清。其实只如实标出"何地"要素，歧义即刻化解，《首都高校56民族师生，举办专题文艺晚会》，就明白无误了嘛！

　　有的新闻确实只讲了一件事，一个新闻事实，但这件事的不同部位在概括新闻价值中所起的作用和地位是不一样的。如前面提到的"体校生射杀队友"那条新闻，"长春市军体中心就此事首次作出回应"，固然有一定新闻价值，但与回应内容相比，孰轻孰重，不言自明。应该突出的是后者，而不是前者。

　　"事在人为"，何人要素，常常是标题内容的重要组成部分，是新闻价值的直接承载者，是不能残缺的。

　　巡特警楼里偷东西　　没出大门被抓获

（2006年8月16日某报）

　　乍看标题，些许你会认为，偷东西的是警察。标题的前句，不是明明白白地说：巡特警在楼里偷东西嘛！细读全文方知：原来由于"小偷"这个何人要素被淡出标题，抓小偷的巡特警却成"小偷"了。这则新闻说的是：一个大胆的小偷袁某，居然把贼手伸到巡特警办公大楼里去偷东西，但是没有出大门，就被失主逮个正着。这则新闻的新闻价值，突出体现在"何人"——一个名副其实的惯偷，"何地"——作案地点专抓小偷的巡特警办公楼这两个要素上，标题只需明确标出，其意味也可谓深长了。如果新闻中作案人不是惯偷，而是偶有过失的顺手牵羊之人，其新闻价值也就逊色多了。故此题似应改为：

　　小偷巡特警楼行窃　　没出大门便被抓获

　　此题的歧义也随之而消失。

　　（肩）　他在学校学习成绩优异，背母打工为母治病，事迹感人广为流传，受到省委书记徐光春的高度赞扬

　　（主）　"当代孝子"孝感天下

（2005年7月4日某报）

　　这是一则重要的人物新闻的后续报道，它为人们提供了一个事迹突出、影响巨大、值得效法的道德楷模。按说，重大的典型人物报道，"何

人"这个要素便是新闻价值的聚焦点，题中必须明确交代。但不知何故，此题中只用"他"、"当代孝子"等模糊语言一带而过。其实，只需将肩题中的"他"换成"张尚昀"即可。

英国七旬购物狂　尸体埋在衣山下

（2009年7月30日某报）

据英国媒体报道，一位年过七旬的琼恩老太，16年前开始就有定期购物的习惯，最后变成一名不折不扣的购物狂。最近邻居们因为很久没有见到她外出购物，才叫来了警察，但警察没有找到她，只是发现她的家被大量的个人物品所填满，许多物品还未开封。后来警察对琼恩家的部分物品进行第五次清查时，她的尸体才在"衣山"下被发现。琼恩生前患有支气管肺炎，同时伴有癌症，她可能是由于病发死在卧房内，卧房中的部分物品也从家具上掉落下来砸在琼恩身上。琼恩的一位朋友莫瑞先生描述道："琼恩过着非常隐秘的生活，她甚至不愿意给邮递员开门。"

这则新闻，"何人"用年龄来表达也无可厚非，如《80后90后路见不平一声吼》（2009年5月8日《新民晚报》），但必须通顺意明，不给受众带来阅读和理解障碍。此题用"七旬"来代指"何人"，却有点牵强，不如用"老太"，即"英国老太购物狂"，有高龄及辨明性别的双重含义。

"何人"要素具有范围上的广泛性、表达上的选择性。

所谓"广泛性"，即它不单特指人，也可指物（即行为的承担者或执行者，如《乌鸦群中有白仔》、《〈明日报〉不再有明日》）；也可指国家、机关、团体、企业、工作单位、宗教、性别、民族、职业、职务、年龄、特定的人群等等。如果处理不好，也常会出错，如：

（肩）　市学前教育工作会议要求重视孩子早期教育
（主）　3岁前幼儿每年接受4次育儿指导

（2006年9月29日　某报）

这则题"何人"要素是一个特定的群体，由于表达残缺，结果便成了"3岁前幼儿"必须每年接受4次育儿指导的逻辑混乱。原题只需交代清楚"何人"这个要素，歧义便消除：

（肩）　市学前教育工作会议要求重视孩子早期教育
（主）　3岁前幼儿家长和看护人员每年必须接受4次育儿指导

所谓表达上的"选择性"，即对何人要素在标题中的表达或详或略，或浓墨重彩或简单笼统点到为止，这就要看受众对其熟悉的程度、本身的知名度以及其所承载的新闻价值而定。

如果标题中的何人是一位名人或者为受众感兴趣的公众人物或单位所做出的新鲜事,那么他(她)的名字或地名等就能提升新闻价值,就应显赫地标出他(她)的真名实姓。

省大学生作文竞赛孙晋芳夺魁

(1994年11月22日《南京晚报》)

这是报道江苏省大学生作文竞赛举行授奖大会消息的标题,由于何人这个要素显赫地标出了孙晋芳的大名,就远比同日《我省大学生作文竞赛授奖大会在宁举行》这类公告式题引人得多。

"何人"如果是新闻价值的创造者或主要承载者,有时仅有名有姓还不够,还得有鼻子有眼——或标明身份、职业,或标上群众赠与的称谓等。

9秒58! 博尔特夺冠再破人类极限

(2009年8月17日央视《新闻直播间》)

此题上方一行小字有似平面媒体新闻的电头,明确交代了"何地"——田径世锦赛柏林现场,要素齐备,整题有气势。但有两点不足,一是"再破人类极限"已完全包含有"夺冠"之意了,重复。另一是"何人"似应更多点"泼墨"。可改为:

9秒58! 百米飞人博尔特再破人类极限

与原题相比,只改动几个字,这既有助于更好地阐明新闻事实,又增添了整题的气势。

如果标题中的何人是受众的陌生人,新闻报道的价值,不体现在他(她)的标与不标上,而在于他(她)所做的事,何人要素可隐去真名实姓,或简略或有趣或用特殊的指代标出;也可只作简单的笼统的点到为止,让读者略有所知。这对受众来说是减少标题内容不含信息的陌生感,并使标题做到简短有力,易读易理解。

派出所副所长徐涛酒后殴打和林县盛乐百亭园两名保安

(2006年8月14日某报)

这是刊发在一家县级市都市报上的百十字消息,标题却长达24字。题中"徐涛"、"和林县盛乐百亭园"等都是不担负承传信息的文字,"派出所副所长"、"打保安",是信息的传载者。此题似可压缩为:"派出所副所长酒后殴保安"。

至于何时、何地、如何、何因这些要素在标题中的重要程度，往往略逊于何事和何人要素，可视表事达意的需要，作适当的标示。有些新闻如生活服务类新闻，还必须特别标明：

（主）　商品质量差请您去投诉
（副）　时间：明天　地点：市少年宫

（1994年8月31日《文汇报》）

重大的公共事件、灾难性的突发新闻以及必须突出新闻价值中"接近性"因素的报道，对何地要素以及如何等要素，受众也有急于了解的需要，应注意标明。

至于如何要素即指新闻事件的发展过程、结果或情节的展开描述；为何要素即对新闻事件的解读分析阐明其发生、变动的因果关系，变动的态势及其社会意义等。这两个要素属于新闻事实理性层面的硬件要素，是解释性新闻、深度报道必须重点阐明的关键要素，在事件新闻、动态新闻中较少触及。在标题中必须标明时，一般也只标结果、结论，不标过程。

六、评价适度，中肯鲜明

新闻标题具有传播和评价新闻事实的双重功能。它是编辑部一种特殊的发言手段，是编辑部的"一句话评论"。因而我们制作标题时，或肯定，或否定，或提倡，或反对，或表扬，或批评，或赞许，或斥责，既要做到态度鲜明，又要做到持之有度，努力做到评价适度，而不失度。

我们这里所说的"度"，就是尺度，就是准绳，就是要符合实际，符合新闻真实性原则，符合唯物辩证法，就是要符合党和政府的方针政策、法律法纪以及社会的道德原则和行为规范。要做到"评价适度"，就要时刻不忘列宁的教导，真理"只要再多走一小步，看来像是朝同一方向多走了一小步，真理就会变成错误"。

评价适度而不失度，最重要的就是要把制题的"聚焦"始终对准"正确、真实"，严防剑走偏锋。

2009年4月5日，新华网上有一则题为《研究显示西兰花嫩芽有助于预防幽门螺旋杆菌感染》的报道说："一个国际研究小组进行研究显示，经常食用西兰花嫩芽能在一定程度上抑制幽门螺旋杆菌感染状况。幽门螺旋杆菌是一种会导致胃炎、胃溃疡甚至胃癌的细菌。"台州是我国最大的西兰花生产出口基地。当地一家媒体见到后，便在这则网上国际新闻中加入了"科学家这一发现，不但增加了人们对西兰花药用价值的认识，今后科学家还可以从西兰花嫩芽中提取药物预防胃癌……"等等主观臆断的推论、解读云云，于是有了下面这则标题：

（主）　西兰花嫩芽有助预防幽门螺旋杆菌感染

（副）　这一发现，不但可以大大增加台州西兰花的出口量，甚至可能最终帮助预防胃癌

这仅是一个科研小组还没有走出实验室的发现，它对于"大大增加台州西兰花的出口量"、从中"提取药物预防胃癌"，这些作者个人的推论、想象，是没有多少现实性和科学性可言的，弄不好还会误导当地西兰花的生产。

新闻是事实的报道，它毕竟不是预言，更不是神话，是玩不得半点虚幻的。

在信息共享的时代，网报互动，无可厚非。但拟题成文，解读评析，万万不可脱离事实。

评价适度涉及对新闻事实的分析、解读，涉及新闻中为何要素的正确把握和表述。在信息时代，受众接受信息，既有通过自己的感官逼真地再现事物变动状态的需要，更有要理解它所蕴涵的价值的需要。对于传播者来说若无后者也就丧失了新闻信息广为传播的根基。因为传播者要报道新闻，意在告诉人们一件有价值或者有潜在意义的事，他的着眼点不仅在事物的现象层面，更在于现象所说明的社会意义和对受众的认知价值——即对为何要素的深入开掘的正确把握上。

如前所示，标题的评论功能，即是标题的拟定者对新闻事实进行缜密的理性思考后，作出不可回避的旗帜鲜明的判断。当然这种判断是以多种形式出现在标题中的，其中最常见的有事实判断和价值判断两类。所谓"事实判断"，即是标题的拟定者对新闻事实的是与非、好与坏、对与错作出的客观判断，这是大量的，前面所举各例多属事实判断。所谓"价值判断"，即是标题的拟定者对已经发生或正在发生或尚未发生的事实本身进行深入分析的基础上，对其的影响、趋向、意义或价值，作出的认识上的评价。当然这倒不是每条新闻标题都能够或需要作出这样的判断，这主要受制于新闻事实本身是否包含有"一叶知秋"的深层意蕴。

自2003年12月22日起，为纪念毛泽东同志诞辰110周年，《北京青年

标题的制作理念与艺术技巧

报》连续推出数期纪念特刊，在特刊的首期《百花齐放，百家争鸣》这篇长文中讲到了这样一段史事：1957年4月29日，《光明日报》发表了北京大学教授李汝棋的文章《从遗传学谈百家争鸣》。仅仅隔了一天，中共中央机关报《人民日报》就于5月1日转发了此文。在转发时，不仅加了一个新的标题《发展科学的必由之路》，还加了这样一段按语："这篇文章载在4月29日的《光明日报》，我们将原题改为副题，替作者换了一个肯定的题目，表示我们赞成这篇文章。我们欢迎对错误做彻底的批判（一切真正错误的思想和措施都应批评干净），同时提出恰当的建设性的意见来。"

在当时，几乎没有多少人知道，这是根据毛泽东的指示办的，新标题是毛泽东拟定的，编者按语也是毛泽东撰写的。

无疑，毛泽东同志拟定的标题中的主题，便是对文章的中心论点作出的精当而影响深远的价值判断。

其实，在大量的事实判断中，其间常常也会涉及对为何要素的正确把握与表述问题。这里要特别提及的，何事、何人、何时、何地是事实的现象层面，人们凭感觉、触觉以及认证，是比较容易判断的。但为何是事物变动的根据，常常隐蔽在事件的深处，尤其是复杂的新闻事件，原因众多、因果互动、众说纷纭，必须缜密分析、准确判断，牢记审慎下笔。

男子酒后强奸未遂　乱刀砍死工地保姆

（2009年2月17日某报）

反复读过多遍新闻，没有找到这起凶杀案是由"强奸未遂"引起的确鉴的事实根据。文中仅有这么一句话："有村民大胆猜测，可能是秦某酒后冲动，想对面容娇好的小林动手动脚，遭拒绝后恼羞成怒犯下命案。"这仅是一种未经证实的猜测，记者不加分析、查实，就写进新闻，后更以此为"根据"制成标题，这是不行的啊；"猜测"毕竟不是事实，只是一个有待查证的线索，这是不能当"新闻事实"的。

甘肃省人民政府开了四天会　没花一文钱

（1983年3月4日某社）

新闻报道的是：省政府召开了一次经济改革座谈会。会前省府领导提出，要改变过去那套开会的旧方法，不讲排场，会议既要开得好，又要开得省。于是，会议把会场设在省府机关大楼里，市内代表住在自己家中，外地代表住在本系统招待所，不吃会议饭等等。这次研究改革的会议，先从自身会议改革做起，开得好，开得省，意义不凡。但拟题者把"开得省"说成是"没花一文钱"，显然是不符合实际的判断。难道与会代表的材料费、喝水用电都没花一分钱？难道外地代表的差旅费、住宿费，会议组织者没掏钱，其所在单位能不给报销？

（肩）　香港大学脑病研究实验室发布研究报告
（主）　半夜睡觉是人最危险的时候！

（2008年10月23日某报）

乍看标题，真是一个惊世骇人的信息！难道人类的生活从此就将来个昼伏夜出的转变了吗？细读下文方知，原来是说：高血压、哮喘、脑血管的中老年患者在夜间睡觉时最容易出事，为白天的15倍。此题隐去了新闻语境，把特定人群夸大为"人"、把"夜间"变成"半夜"。笔者无力，也不值得去深究出错之因，但现实生活中，确有这样的拟题者，公德规范也好，法律法规也罢，统统被晾在一边，把忽悠读者不当一回事！

一个时期以来，为人物新闻拟制标题，许多人都喜欢在新闻人物的名字前边，加上一个称谓，或者说加上一个"封号"，这是对所报道对象的直接评价。作为一种制题方式无可厚非，但这也必须名副其实，不致产生歧义为基本前提。

2004年2月12日，安徽省原副省长王怀忠因受贿罪和巨额财产来源不明罪，在山东济南执行死刑。次日，一些报纸在刊用新华社播发的消息和通讯《铁证如山——山东省人民检察院公诉王怀忠案纪实》时，做了这样一些标题：

（主）　索贿200万欲摆平中纪委
（副）　拒不认罪的"现代曹操"从没想过"死刑"

（2004年2月13日上海某报）

还有的报纸更引人注目地标出：《"现代曹操"难逃法律制裁》、《铁证如山拿下"现代曹操"》云云。闹得九泉之下的曹孟德恐怕也难以"安眠"。

那么王怀忠何许人也？社会蛀虫，腐败分子，人民的罪人。曹操又是何许人也？曹操是三国时代的政治家、军事家、诗人。仅以王怀忠与曹操都是安徽亳县人，又同时做过高官，或性格上有某些相似，或拿在"君君、臣臣、父父、子子"的封建道德观支配下戏曲小说中脸谱化的"乱世奸雄"曹操作喻体，去比喻本体被处以极刑的罪犯王怀忠其人其事，褒耶？贬耶？实在不妥。

2002年7月17日，香港铜锣湾发生了一起钻石抢劫大案。当案件破获宣判结案之时，某报刊登了一篇通讯《香港钻石劫案宣判》，报道了这一惊天大案的始末，让人不解的通讯中最后一个小插题竟然是——

"美女大盗"被判无期

文章所称的"美女大盗"说的是此案的主谋，一个叫董敏芝的女子。按说罪犯就是罪犯，大盗就是大盗，为何要给她冠上一个"美女"的称谓呢？

董敏芝外在美吗？据文章介绍称，她今年36岁，扎着两个小辫，穿着T恤和牛仔裤，就像20岁刚出头的清纯少女。再看看配发的大幅照片，确显清瘦，但看不出她有多美。

董敏芝内在美吗？劫案主谋，罪行严重，被判无期徒刑，这就充分说明她不是什么"清纯"少女了吧！

即便如此，标题的作者偏偏要选在向社会公众公布董敏芝所犯的罪行及对她处以重刑之际，硬要把大盗颂之为"美女"，这既不合乎对文意的准确概括，又不合时宜。难道是要教化受众惜乎其美、忘乎其丑吗？

当然，笔者丝毫也没有诋毁给他人送上适当的评价性称谓的意思。但这一定要既健康、文明，又名副其实，为大众所信服、认同。

比如，2003年10月15日这天，我国"神舟五号"飞船首次进行载人航天飞行。报纸、广播、电视、网络，齐声欢庆，讴歌"航天英雄"杨利伟乘飞船遨游太空，实现了中华民族千年"飞天梦"。给杨利伟冠以"航天英雄"的称谓，这是顺理成章、名副其实、众望所归的历史必然。

现时代的新闻传播，在报道事实、提供信息的同时，也应该提供观点、做好解读服务，这是信息时代媒体的本分，也是现代新闻及其标题的本分。因此标题要传播信息、评论新闻，这是再正常不过的了，可有人却不以为然，仍在鼓噪什么网络时代拒绝使用常见标题的动词，因为"大部分标题动词具有庄重严肃的感情色彩，具有对客观事物的考察、分析、评价等义项。然而在信息时代，受众在浏览新闻信息时希望看到的是不带任何具有倾向性的客观事实"，排斥说教"让受众在阅读新闻时自己去思考和判断"云云。这既是拾人牙慧的空论，又是不符合新闻真实性的客观要求的。

坚持新闻真实性是新闻工作的起码要求，也是传媒公信力形成的根本基础。真实性作为一种原则已被写进世界各国的各种新闻规约中，成为普遍的共识和承诺。联合国国际新闻道德信条第一条规定：报业及所有其他新闻媒介工作人员，应尽一切努力，确保公众所接受的信息绝对正确，他们应当尽可能查证所有的消息内容（即五个W+H），不应任意曲解事实，也不应故意删除任何重要的事实。真实性之所以如此至关重要，是因为受众一旦发现传媒提供的信息来源不可靠，内容不真实，就会对传媒的可信性产生怀疑，只有坚持真实、准确、客观、公正、全面，传媒才能获得受众最起码的信任和尊重。

评价适度而不失度，总的要求是：事实评价做到质不变形，量不过分，是非鲜明；价值评价既不能拔高、浮夸，也不能矮化、贬低，中肯明确。

第二节　标题制作的艺术技巧

标题与新闻都是文字的集合体。这种集合体只有建立在适应受众的需要和给受众以良好的审美感受的基础上，才能焕发出生命的活力，成为新闻信息与艺术表现相交融、相映衬的感染受众的佳品。事实是进行语言文字形式美创造的前提和基础，离开了这个前提和基础，新闻标题将会是令人望而生厌的文字游戏；反之，没有美的蕴涵的新闻标题，让人读来枯燥乏味，也不可能成为通向受众心灵的"长虹"。一条好的标题，应像一串珍珠般惹人喜爱，应令人读来、听来不仅能耳目一新，饶有兴味，而且能获得"好题不厌百回读，熟读深思子自知"之感。这就必须讲点艺术技巧。

一、落笔实在，言之有物

新闻工作的职能是报道事实，并阐发事实中蕴涵的积极意义，以感染受众，影响舆论，交流思想，不同介质、不同形态媒体皆然。标题必须言之有物，要有内容，切忌空泛、笼统，这是一条重要的制作技巧。对于这一点，毛泽东同志曾多次强调。比如，在1948年秋，华北解放区召开了一次中等教育会议，9月10日新华社播发了一条消息和一篇社论。这两篇稿件的题目都是经过毛泽东同志亲自批改过的。消息的原题是：《华北召开中等教育会议》。毛泽东同志改为《华北中等教育会议决定改善中等教育的诸项制度》，并批示说："凡新闻，标题必须有内容。原题并无内

标题的制作理念与艺术技巧

容，不能引人注目。"社论的原题是：《中等教育问题》。毛泽东同志改成《恢复和发展中等教育是当前的重大政治任务》，并批了这样一句话："凡论文标题，亦须有内容。原题没有内容，不能引人注目。"

2004年6月下旬，关于朝鲜半岛无核化的六方第三轮会谈在北京举行，会议临近闭幕的前一天，传出已取得进展的消息，各报在报道这一新闻时，标题是不尽相同的。

（主）　各方就核冻结达成一致
　　　　具体实施方案仍有分歧
（副）　第三轮北京六方会谈今日闭幕

　　　　　　　　　　　（2004年6月26日《北京青年报》）

（肩）　朝美充分显示灵活
（主）　六方会谈已经取得进展

　　　　　　　　　　　（2004年6月26日北京某报）

应该说，有三百多名中外记者参与采访的第三轮六方会谈，为世人瞩目，它到底取得了哪些成果，尤为读者关心。前题具体地标示出来了，后题只标出"取得进展"，但无具体内容，显得空泛。

1995年10月20日，《深圳商报》在一版显要位置刊发了一件新闻稿。标题为：

（肩）　厉有为接受日本朝日电视台记者采访时强调
（主）　深圳特区要继续发挥四个作用
（副）　对外开放窗口作用　社会主义市场经济试验场作用
　　　　对内地示范、辐射、带动作用　香港、澳门回归衔接作用

另一家报纸同时发表了这一新闻，其肩题与主题与上面相同，只是无副题。两题相比，高低之分，正是在有无副题上。当时的深圳，正处在第二次创业的起步时期，特区还能不能"特"，在深圳乃至全国都有不同的看法。强调原有的三个作用，另加一个衔接作用，正是新闻的核心，应明确标出。不然，即应归为"无具体内容"一类。

无具体内容，笼统，给人以虚无缥缈的印象，这是造成许多标题一般化的一个重要原因。

标题必须言之有物，这也是新闻写作的基本规律的客观要求。什么是新闻写作的基本规律呢？简言之，就是"用事实说话"五个大字。我们都懂得，文艺作品要收到预想的宣传效果，主要靠艺术形象去感染

人，它的写作技巧当然就离不开艺术形象的塑造；理论文章能起到应有的作用，主要是通过逻辑论证去说服人，它的写作方法当然就要强调严密的逻辑性，观点的鲜明，条理的清晰，论证的有力。而新闻呢？是新近发生的事实的报道，因此它的写作的基本要求自然首要的是要把事实讲清楚。当然，任何新闻报道，从总体上来说，又都是各有自己的倾向性的。

我们的媒体是社会舆论的一个组成部分，我们的新闻报道要为社会主义事业服务。这是不言而喻的。但这种政治性，这种服务，归根结底是以传播客观事实为基础，是由事实产生、决定，并由事实来体现的。用事实说话，靠事实来体现党的政策和思想，靠事实来表达和宣传一定的主张和意图，靠事实的力量在潜移默化中完成对受众情绪的转移，观念的变化，信息的更新，这是新闻工作的客观规律决定的必然。所以，作为新闻"点睛之笔"的标题，它的根基就更得是实打实的用事实说话了。

那么，对新闻标题中的事实应该怎样去挑选呢？一般地说，大凡新闻事实的选择，都是在新闻价值、传播需要和受众共同兴趣三者的交叉点上来进行的，而这三者之间新闻价值是首先要考虑的第一个着眼点。标题中的这个"物"，这个"说话的事实"，必须具有如下三个特征。

1. **它是存在于新闻中最有新闻价值的事实**。标题要靠事实说话，但不是用一般的事实说话，而是要用新闻价值最高的事实说话。这就要求我们在制作标题的时候，必须注意挑选新闻事实，绝不可以把它同一般的事实不分轻重地混在一起。

2. **它是最能说明主题的典型事实**。一般地说，新闻的标题就是文章的主题，它是文章主题的最简明、最有力、最好的体现。要增强标题的概括力和感染力，就不得不从新闻报道诸多的事实中，挑选出最能表现主题、最典型的事实，装进标题里。

3. **它是能向广泛的传播对象说话的事实**。新闻报道的目的是为了传播，而且传播得越广泛越好。被称为"传神的眼睛"的标题，能不能传播得广泛，能不能"亮"在广大的传播对象心里，与所挑选的事实是很有关系的。如果挑选的是那些专业性、技术性很强的事实，所用的语言又是那些艰涩难懂的专业技术用语和冷僻的词汇，那肯定是不会为多少人所点击、所阅读的。

总之，标题的"言之有物"，至少要包含这样两层意思：一层是要

标题的制作理念与艺术技巧

把新闻的某一特定的主要要素标出来。具体来说，大体上要包括：什么人（单位）、什么事、什么时间、什么地点、什么原因和什么结果。在这六个"什么"中，必不可少的是什么人（或单位）和什么事，其余的则可视情况而用；另一层是新闻标题的制作，要善于把最具有新闻价值而且易于为传播对象接受的典型事实"拎"出来，用简洁的一个短句或短语勾出它的经纬，再现于标题之中。因此，在制作标题时，一定要把握住这个基本前提，一定要通览全文，用最确切的、最有个性的语言，在概括新闻的最主要的事实上下工夫，把最有新闻性的那一部分事实提取出来，使之在标题中奇峰突起。1979年8月5日《光明日报》刊载为马寅初新人口论平反这条消息的标题《错批一人，误增三亿》，就是用了有个性的语言，把最有新闻价值的事实做了准确、生动的概括。

当然，一条新闻常常并不是写的一件事，即使是一件事，也往往包括几个侧面。它们所具有的新闻价值是大不相同的。有些事实，它的精华只不过是其中一个部分，或者就是一个片断。这确实就像麝香之于雄麝，牛黄之于病牛那样，真正有价值的珍贵的药材是麝香而不是雄麝，是牛黄而不是病牛。这里就有一个对事实要善于切取的问题。同条新闻，同样都是在用事实说话，效果是大不相同的。比如，1983年有一段时间英国首相接连对香港问题发表谈话，新华社发了一则有关香港地位的新闻，当时的针对性是很强的，不少报纸虽然采用了这条新闻，但在制题时切取的却是新闻中一般的事实，却做了一个大而全，类似公告式的标题：《外交部新闻司发言人就香港问题答记者问》。而对于新闻中最有价值的这次答记者问的实质是什么，我国政府的立场是什么，都没有标出。可有家报纸却就此做了这样一个醒目的标题：

（肩） 外交部新闻司发言人答记者问

（主） 阐述我对香港问题一贯立场

（副） 不受不平等条约约束，条件成熟时收回整个香港地区

1996年7月5日，全国进一步加强农业生产资料工作电话会议召开，新华社当天发了通稿，次日许多报纸在刊载这条新闻时，标题却不尽相同：

（肩） 陈俊生在全国农资工作电话会上要求

（主） 立即制止化肥生产流通秩序混乱问题

（1996年7月6日某报）

（主） 省长，化肥这事你得管起来

（副） 陈俊生重申化肥生产流通秩序混乱问题必须立即制止

（1996年7月6日《中华工商时报》）

两题都点出了存在的问题，并表达了希望尽快改进的意愿，但由于对事实挑选的不同，前者显得平淡，无个性，给人有隔靴搔痒之感；后题抓住新闻中的一个最重要、最有个性特色的事实——"化肥工作省长负责制落实得不够好，一些地方出台的政策违背了国家政策"来概括全篇，既尖锐泼辣，又形象具体。

植树造林的成就，几乎年年都要报道，但有家报纸在报道一个单位在这方面取得的成就时，就抓住特点做了这样一则标题：

（主） 白天不见村　夜里不见灯

（副） 青浦县练圩公社四农大队十年种树面貌大变

这则标题，既有特点，又有内容，读来别有一番情趣。

山西省坚持"四旁"（宅旁、村旁、路旁、水旁）植树，至1983年已达5亿多株，木材蓄积量共1300万立方，占全省木材蓄积量的1/4。1983年3月11日《光明日报》在发表这条消息时，就抓住特点做了一则具体生动、兴味盎然的标题：

（主） 东一株西一株　积木成林

　　　今一棵明一棵　坚持有益

（副） 山西"四旁"树木已占全省木材总蓄量四分之一

制作新闻标题也得要像高尔基说的"文章要充满令人信服和容易理解的事实"。而这事实又必须是最新鲜的，特别要下工夫，把那些第一次问世的事实"拎"出来。这正像莎士比亚说的："只有偶然难得的事件，才能有勾引世人的力量。"这样，标题才能真正在新闻与读者之间架起桥梁。因为读者阅读新闻，主要是为了了解外界的最新动态。标题也只有符合了读者的这种阅读动机，才能诱发出读者阅读新闻的兴趣。

（肩） 汉子做保姆　姑娘踩三轮

（主） 汕头男女择业大反串

（1999年6月10日《文汇报》）

△（肩） 照片不妨姓"好"　相机不必姓"高"

　（主） 买相机性能够用就成

△（肩） 往日攒钱盖房置嫁妆　如今有钱求知进学堂

　（副） 六里坪镇220名农民自费上大学

标题的制作理念与艺术技巧

这些标题所反映的择业、消费观念的转变，已远非初次见诸报端、鲜为人知，但由于事实新鲜、独特，遣词造句工夫独到，而且仍有现实针对性，读来依然新鲜、有味。

下面是一张报纸在一版右下角集纳刊发的三条社会新闻，文字都不长，但标题却很吸引人，原因是都包含有"勾引世人的力量"——第一次问世的新鲜事实。

△ （主）　人在泉口喊　清泉应声流
　　（副）　广西发现自然奇景——喊泉
△ （肩）　吉林省汪清县发现
　　（主）　长着两条腿的蛇
△ （主）　一把黑纸扇　写万字唐诗
　　（副）　唐诗万字扇轰动世界博览会

这三则消息在报上的位置虽不显眼，但标题却充分地起到了"向导"的作用，是它吸引着人们非往下看个究竟不可。

再说，新闻是事实的报道，大千世界每日每时发生的事实并不都是新闻，只有事实发生和发展到一定程度，在一定条件下才能成为新闻。这个"条件"，就是人们常说的新闻根据，或新闻成因。它是构成新闻的基本因素，其主要应该包括这样一些内容：一是这个事实应该是新近发生的事实，尽管都是事实，如果不是新近发生的，那就不是新闻而是历史资料了；二是这个事实一定包含有新鲜的内容，有受众尚未知道的东西；三是能服务于人们的现实需要，或能帮助人们了解某个方面的真谛和某种新情况，或能帮助解决思想、工作和生活中的问题，或能传播知识，沟通情况。我们在制作标题时，只要善于抓住这个"基本因素"，就能使一些需要重复报道的事实和主题具有新意，做得生动活泼，不致老一套。比如，随着生产的发展，人民生活的改善，人们对健美更加注重起来了，年轻的姑娘怕发胖，中老年更怕出现"将军肚"，不仅不健美，而且还可能患冠心病和高血压。因而如何控制和减腹围，便成了许多人关心的问题。单就这个事实本身，已经不算是新闻了。可是，有人经过实践，却找到了减腹围的简便方法：不做背手的习惯动作，走路或跑步尽量甩开手臂。这样它便成了有价值的社会新闻了。《北京晚报》在刊登新华社发的这条消息时，就抓住这条新闻的"成因"，直述其事，题为《习惯姿势可控制大腹便便》，就颇有新意，传递了事物变动的最新信息。这样的标题最能拨动读者的心弦。

正是由于客观事物不是凝固不动的，所以新闻总是在变动中产生的。客观存在的事物，只要变动就会产生新的信息。"新"与"变"是密不可分的，所谓推陈出新、新陈代谢，都少不了一个"变"字。没有变动，就没有新的信息；新事物、新经验、新问题、新动向、新情况、新知识，之所以成为新闻，关键是变动的结果。我们制作标题一定要着眼新闻事实的"变动"，要善于从变动的那部分事实中凝练出标题，这样便能以实取胜，以新出之。

制作标题就得要像古人说的那样："立片言以居要。"而工夫一定要下在"居要"上，即是要撷取新闻中最新鲜的事实，一落笔就以实实在在的感人事实，提挈全篇，突出特点，以鲜明的个性显露出新闻的"眼睛"，使人一瞥便联想翩翩，把人们的阅读兴趣"逗引"出来。要说技巧，这恐怕也是"居要"的一条了。

二、概括精当，凝练精警

标题既然是以语言文字为符号对新闻事实的浓缩，概括精当、凝练精警，就必然成为纸质、电子和网络媒体标题制作又一重要的艺术技巧。

标题的语言，作为承担形象思维的物质外壳，比一般书面语、口语更洗练、更典型、更富于表现力。这就好似把百花的蜜水酿成蜜糖，把水果的汁水浓缩为果浆，客观新闻事实要进入标题，就要经过一个语言的提炼、概括的过程。

所谓语言的概括，就是指用尽可能少的词语来表达尽可能多的内容。由于标题受字数的限制，要求它的语言一定要集中、凝练。而这种集中、凝练的语言是典型化的语言：它是具体的，又最能概括一般；是具有个性的，又颇能体现共性。用于写景，能抓住"浓枝万绿红一点"，来表现姹紫嫣红满园春；用于表意，则"片言可以明百意，坐驰可以役万景"；用于叙事，就能"睹一事于句中，反三隅于字外"。总之是"取一于万，收万于一"，以少总多，小中见大。

这样，制作标题除了要善于选择出最有新闻价值的事实之外，还有一条就是要善于概括事实。标题是新闻的缩影，是事实的投影，要用凝练的一个短句或短语勾勒出事实的经纬，就少不了概括。这里所讲的概括，就是要适当地运用修辞手段和文学语言，用寥寥十数字就能生动、形象地勾

标题的制作理念与艺术技巧

勒出事实的轮廓，点明它的深意。媒体上有些标题，啰唆，拖沓，烦琐，无一不是失之于概括。常常是把一些没有综合分析、提炼的材料，信手写上一堆。这样的标题无论如何是达不到精美准确、引人入胜的。

1983年3月2日某报刊载了五位工程师提出一项改革建议，提高了一个"卡脖子"区段的运量的消息，题为：

（肩）　鞠澄等五名工程师提出一项改革建议

（主）　可使一个"卡脖子"区段一年多通过三百万吨运量

（副）　哈尔滨局自己决定从四月份起实施，并给予表彰奖励

次日，《人民日报》在压缩刊登这条消息时，题为《五工程师一项建议，年增运力三百万吨》。

两题相比，前者显然缺乏提炼、概括；后者一经概括，便言简意明，生动得多了。

再如，1981年9月间，我国首次用一枚火箭发射三颗卫星获得成功，《解放日报》在刊登这则消息时，题为：

（肩）　我国空间技术取得新成就

（主）　一枚火箭发射三颗卫星

（副）　这组空间物理探测卫星准确入轨工作正常

《解放军报》的题为：

（主）　我国首次用一枚运载火箭发射三颗卫星

（副）　卫星准确入轨，各系统工作正常，正向地面发送科学探测和试验数据

应该说，两则标题都抓住了最主要的新闻事实，但在概括上却各有千秋，军报在主题上以"首次"二字，就足以代替了《解放日报》的11字肩题，而且意思更加明确；但副题军报不如《解放日报》简练，显得有些重复。两相比较，足见概括的功效。

概括与选择一样，本是制作新闻标题时不可缺少的基本手法。究其关系来说，两者又是密不可分的，即使是直标事实的实题，也离不开必要的概括。就某个具体标题而论，二者是会有所侧重和有主从之分的。但总的来说，是否可以这样讲，选择是基础，概括是表现。当然，这种概括绝对不可以仅仅理解为是对新闻事实的简单压缩或简化，而是个对事物及其本质特征再表现的问题。这也就是说，要先把具体事物融化成意境，再用简练而生动的文辞表达出来，并且使读者看得见，摸得着。在这个"消化"

和"表现"过程中,最重要的要注意以下几点:

1. **要实实在在**。标题对新闻的概括绝不是抽象化、概念化的,而是要用精选的主要事实,对全篇新闻的内容和主题思想进行概括。也就是说,标题的概括要严格遵循新闻素质的要求,一定是新闻事实的概括,是它的基本特征的真实而又综合的反映,是最有价值的新闻事实生动、形象、简洁的再现。如:

(肩) 深圳拟出台新规:
(主) 放纵亲属违法应引咎辞职
(副) 领导引咎辞职将依法行事
　　　不接受媒体监督将受处分
　　　举报人可以要求保护

(2004年8月4日《新民晚报》)

这则题的主题就是文中最重要的新闻事实"单位主要负责人致使班子成员或者下属连续或多次出现严重违纪违法行为,造成恶劣影响,负主要领导责任;对配偶、子女、身边工作人员严重违纪违法知情不管,造成恶劣影响的应当引咎辞职"的生动、简洁概括。

(肩) 党员6年未过组织生活　64个月未交党费　预备党员7年无法转正
(主) 英文村的"战斗堡垒"垮了
(副) 瘫痪党支部带出一个落后村,人均收入连续几年全镇倒数第一

(1999年6月15日《海口日报》)

目睹万宁市港北镇英文村党支部的种种怪事,结论是:这是一个烂掉了的党支部,瘫痪了的党支部。肩题交代具体事实,主题是从事实中概括出来的评论,让人感到准确、恰当而又实实在在。

(肩) 飞行员、乘务员、机务人员全来抽
　　　你一根、我一根、驾驶室成吸烟室
(主) 三小时航程6人抽了26根烟

(2004年6月6日《北京晨报》)

上面两题对新闻事实的概括,都是采用的点面结合的手法,这是最常用的主法。但在有的新闻中,由于某个典型事例特点十分鲜明,既能点明主题,又能触及全篇内容,这就可以采用古人讲的"举此概乎彼,举少概乎多"的手法,即在标题中单独使用这个事例来进行概括,如:

(肩) 104国道长清段黑店猖獗

标题的制作理念与艺术技巧

（主）　"光吃饭不'泡妞'？找揍！"

（1998年9月16日《中国消费者报》）

一句引语，一个事实，好似一面聚焦镜，反射出这些黑店真是黑得令人发指，其实这些黑店的"黑"，又岂仅此一事。

2. 概括要精当。 常常看到有一些标题，说形式倒算美观，讲意思倒也明白，就是经不起推敲。究其原因，就是概括得不精当，常见的毛病有：

事实不准确。1983年2月24日48次特快行驶在京广线南段大长滩站与永济桥站之间，突然遇上塌方，土石淹没了10号车厢的走行部分，车上除一个小女孩脸上轻微擦伤外，其余人员均平安无事。《羊城晚报》在报道这件事时，标题为"48次车有惊无险"，而另一家报纸则概括为"48次特快客车安全脱险"。很显然，前者概括得准确别致；后者空泛、不准确。本来就没有遭到什么"灾难"，"脱险"也就谈不上了。

思想有偏颇。1982年6月18日有一家报纸以《吸取事故教训，树立安全思想，改变被动局面》，报道了铁道部召开全路电话会议，传达贯彻国务院就193次旅客列车发生重大颠覆事故的指示的消息。会议的中心议题是强调吸取教训，牢固树立"安全第一"的思想。很显然，题中"树立安全思想"这一概括，是有偏颇的。在当时那种根本就不知道"安全为何物"，需要"树立安全思想"的人，恐怕是极为少见的吧！问题的关键在于忽视安全，没有把安全摆在运输生产的第一位的，却大有人在。因而，会议强调"树立安全第一的思想"，是有强烈针对性的，是有明确指向性的。

逻辑有毛病。有一篇报道一位女青年结婚时说服长辈不操办的消息，题为《刘亚萍说服婆母结婚不操办》。由于逻辑上有错误，有读者按字面竟然错误地理解为刘亚萍的婆母要结婚，刘去说服婆母结婚时不要大操大办。

3. 要忌抽象干瘪。 新闻标题的概括，要着力于凝练，但绝不是要把形象化的事物概念化。这就要尽力摆脱使用那些现成的、省力的、枯燥的、抽象的概念语言，而代之以新颖的、具体的、形象的、有特点的个性语言。正如作家秦牧所说的："对于美的事物，说声：'这真是美呀！'对于丑的事物，说声：'这真是丑呀！'并没有多少撼人的思想力量，究竟这种美和丑在作者思想上引起的具体反应是怎样的呢？只有表现了这些，才能够引起人们程度不同的共鸣。"即使是对那些新闻事实覆盖面大，难

以形象具体的政治、政策新闻,也应力求对新闻事实做一些粗线条的勾勒,避免空泛、平淡。如:

（肩）　耳朵里"抠"　嘴巴里"省"　会议中"挤"
（主）　株洲市大力治奢

（1998年10月6日《湖南日报》）

（肩）　奖得让人眼红　罚得叫你心痛
（主）　宁陕建立新型干部激励机制

（1999年1月29日《安康日报》）

（肩）　社会进步带动观念更新
（主）　厦门：老爸老妈入托了

（2000年3月4日《羊城晚报》）

相反,在一本通讯刊物上,见到了这么一件事:有家报纸的记者写了一个县委端正党风的报道,内容扎实、生动,并借用一句宋诗"不信东风唤不回"做标题。以"东风"比喻党风,生动、形象地表现了这个县的党组织和人民群众端正党风的坚强信念与扎扎实实的工作。应该说这是一个含意深远又比喻贴切的标题。可是,见报时却被改成了《为端正党风而努力奋斗》,成了概念化标语口号式的标题了,与原题难以匹比,读了使人索然无味。

多年来,打开报纸,常常都会看到有些谈工作经验一类的消息的标题:大凡都是围绕着由于对某项工作认识好,深入调查研究,解决问题出了成果去浓缩标题,套话多,新话少,翻来覆去,年年如此,淡而无味。而被《解放军报》评为好新闻的《孟处长"三针"扎好瘸腿病》却有了新的概括,新的突破。其主要的特点是:标题的制作者在"消化"了新闻的事实之后,不是用现成的概念化的语言来概括,而是经过分析、挑选和综合,采用确切的、有个性的群众语言来表现选择出来的新闻事实。在这则标题里,作者充分利用了文中的比喻:把领导干部下连队解决问题比喻为治病的大夫;把连队的伙食亏损比喻成"瘸腿病";文中的三条具体经验则概括为治病的"三针"。这则标题概括得具体形象,可谓别出心裁,不落俗套。

标题对新闻事实的概括要有棱角,不落窠臼,恰当地选用形象化的群众语言乃是成功之一法。群众语言往往概括力强、生动鲜明,用上只言片语,就能把事物的特征表现出来。

4. 要引人深思。 新闻标题概括得好，必然会有思想深度，必然会意远情深，引人深思。如果只是就事论事，只是对事物现象的概括，即使能"联辞结彩"也不足取。要做到引人深思，就要在"消化"新闻事实的基础上，从事物的本质去落笔。

《捎去一句话，办成一件事》——这是一则反映领导机关为基层解决问题的消息的标题。这不过只有平平常常的10个字的概括，然而平中显奇，催人联想。

《炮手随你点，目标任你指——班长吴晓明成为神炮手教练员》。这鲜明、生动的概括，令人信服地展示了指战员们从难从严从实战需要出发，经顽强的苦练，取得何等巨大、扎实的成绩！

《摘掉一顶帽，调动几代人——记浙江诸暨县枫桥区落实党对四类分子的政策》，这是中共十一届三中全会开过不久《人民日报》上的一则新闻的标题。作者紧紧扣住新闻的主题思想，抓住并拨亮它的闪光点，做出了这样一则立意高远的标题，让人一眼就能看出落实党对四类分子的政策多么重要，有多么深远的影响。这不就是源于新闻又高于新闻的再创造么！

5. 要着笔于一事，立意在全局。 一则好的新闻标题，不仅在于它能把最有新闻价值的事实概括出来，同时还在于它能帮助人们透过事实看到事物发展的未来趋势，把正在发生或即将发生的事实的信息展示出来，使之具有强烈的时代与现实感，给人以启迪、感奋和鼓舞。这样的标题，即使随着时日的推移也将历久不衰。比如，在抗日战争最困难的时候，延安《解放日报》有则标题叫做《黎明前的黑暗》，至今那些曾经战斗在敌后抗日根据地的老八路回忆起这则标题来，仍记忆犹新。党的十一届三中全会开过以后，《大众日报》刊登了一则新闻，讲的是山东高唐县农村有个王庄大队，新中国成立前是有名的"人命王"。三中全会以前的十年，尽管吃了国家12万斤统销粮，一万斤救济粮，花了2000多万元救济款，但仍然是"年年抽下屋梁换口粮，卖掉门板买衣裳"。全队14年没盖一间房子，没娶一个媳妇。

三中全会的政策一下来，党支部就领导社员搞包产，面貌迅速改观，用社员们的话说，照着三中全会这个法儿办，"里面有粮食，有钱，有房子，还有媳妇，照着办，没错"。对于这条新闻，标题的制作者没有拘泥于一事，而是"落笔一事，立意全局"，作出了一个针对性很强，很有号召力和富于鼓动性的标题：《三中全会这本"经"越念越灵》。它以坚定不移的语气，说明了党的十一届三中全会所制定的政策，符合现阶段的农村的实际，顺民意，得人心。只要坚定不移地去贯彻执行，经过艰苦奋斗，广大农村贫穷落后的面貌就一定会迅速改变。标题的制作者正是从这个政治全局上、革命大计上，去思考分析问题，概括新闻事实，增强了标题的强势。

标题对新闻内容的概括，最重要的是具体、准确和简练。不具体，就不成其为新闻标题；不准确，就会失真，甚至产生误导；不简练，就会给人以贫乏、单调、缺少文趣之感。

所谓准确，不仅要做到概括事实准确，体现思想准确，还要做到语法、逻辑关系准确。如上个世纪末曾被台湾当局封为"反共义士"的大陆劫机犯卓长仁，在台湾因谋财害命被判处死刑，北京有两家报纸发表这一消息时题为：

（肩）　当年劫机犯　　如今又杀人
（主）　卓长仁在台被判处死刑

（1993年1月5日《人民日报》）

（肩）　昔日"反共义士"　　今日阶下死囚
（主）　卓长仁等被判处死刑

（1993年1月5日《北京晚报》）

两题相比，前题概括准确，语法逻辑关系正确。后题则在语法、逻辑关系上概括失准，从字面上看，好像卓长仁被判死刑，是由于他昔日反共，台湾当局不予宽恕所致。这里显然是失真与歧义。

所谓简练，就是用少量的词语表达丰富的内容，就是"言简意赅"。"言简"和"意赅"是辩证的统一体。"言简"而意"不赅"，就是苟简；"意赅"而言"不简"，就是繁冗。简练又必须以内容的准确、具体为基础，离开了内容的准确、具体就不是简练，而是苟简、简陋，甚至是偏颇。

在标题的概括中，要做到删繁就简，就必须：
①删去某些意思已包含在句内其他词语中的字词。
②删去某些表达上不需要的修饰、限制性的词语。
③删去某些字词，避免同一句内字面上的重复。
④删去较多的字，换上较少的字，使表达更加简洁明快。

事物总是辩证的。一般地说，"简练"是要"少而精"。但"少"跟"多"是相对的，是根据表达思想感情的需要来判断的。"可有可无"的字词，一个也嫌多，也不简练；"可有"而不"可无"的字词十个也不嫌多，也简练。有时需要多用些字词，才能把思想感情表达得淋漓尽致。这样的时候，多用些字词，也是"简练"，因为这里面没有赘余。

三、诸种关系，虚实居首

世间一切事物都在按照自身的规律在发展变化着，规律是什么呢？按照列宁的说法："规律就是关系。……本质的关系或本质之间的关系。"所以，人们要做好工作，达到预想的目的，不可不重视去认识和处理各个方面的关系。

要制作好标题，也有个处理好各种关系的问题。诸如内容与形式的关系、事实与观点的关系、局部与全局的关系、政治与情趣的关系、主题与辅题的关系等等，而所有这些关系中，经常要碰到的则是虚与实的关系。

我国古代就有过"以形传神"的说法。这里所谓"形"，即指事物的外部表现；"神"，指的就是内在的精神风貌。"以形传神"这话，至少包含着这样两层意思："神"是要靠"形"来传递和表现的；然而强调表现形的重要又不能离开传神这一根本目的。因而，这四个字也可以说是制作新闻标题的一个重要思想。这就是说，制作新闻标题，一定要坚持以最有价值的新闻事实为其立论依据的原则，但时刻也不要忘记新闻传播是要以直观形象的生动事实宣传党的方针政策，或传播一种思想、观念、观点为目的。一切制作得比较好的标题都应当既概事准确、言之有物，又能体现新闻的主旨，揭示出事物的本质，言之有理。

早在20世纪40年代毛泽东同志就指出："一篇文章或一篇演说，如果是重要的带指导性质的，总得要提出一个什么问题，接着加以分析，然后综合起来，指明问题的性质，给以解决的办法。"写新闻，做标题，也无不如此。那种认为，新闻学是"信息传播学"，标题只需把新闻的主要事实客观地"传播"出去就行了，用不着"虚"了，这是不对的。这里应当指出，新闻是新近发生的事实的报道，它的社会作用是向公众传播新鲜的重要的信息。但信息只是新闻传播的客观材料，传播信息并不完全就是新闻传播的全部目的。目的，本是传播者在反映和认识客观事物中的一种有意识的活动。这就是说，在新闻传播中，任何信息都必须在传播者的观察、思考和选择的基础上才能进入传播渠道。那么，怎样看待这些信息？用来说明什么？选择一个什么样的角度？凡此等等，无不体现着传播者的参与。无疑，这种目的性或参与性，通常是通过用事实说话来体现；但这并不等于写新闻、做标题就只能说"是什么"，而不许说"为什么"。相反许多重要的新闻及其标题不仅要说明"是什么"还必须指明"为什么"；既传播信息、传播事实，也传播作者的观点、传播真理。只有这样才能增强新闻的思想性、生动性和指导性。因为新闻的思想性、生动性和指导性，重要的是在于运用马列主义的立场、观点和方法，对新闻事实进行科学分析，帮助受众透过事物的现象看到本质，从而影响群众的思想行动，给人以启迪。

　　新闻标题所谓的"实"（或实题），其特点就是叙事，就是直接概括地标明新闻的主要事实，如人、地、物、情等；所谓"虚"（或虚题），就是要深入到新闻事实的本质中去，阐明新闻的意义，指出具有普遍意义的因素，从新闻事实中引出一种思想观点、原则方法和精神风尚来。虚实结合，有助于提高标题概括新闻内容的本质的能力，是提高标题思想性的重要手段。

　　虚实结合，关键是要搭配得当。一般地说，新闻标题（特别是消息题）要包含必要的新闻要素，虚题虽能深化标题的思想，但它不能单独存在，只有依托实题才能发挥作用。所以消息题中有全用实题的，更多是虚实结合题，极少全用虚题。通讯题略不同于消息题。它有时可以不必交代新闻要素，既有一行题全用虚题的，也有以概括内容为特点的比较实在的题；还有实虚结合的一行或两行题，这类题大多主题主虚，辅题主实。因而要处理好虚实关系，很重要的是必须下工夫做好虚题。虚题要做得精彩，要富有号召性、鼓动性，富有哲理和诗意，既要使标题能升华到党的政策和理论原则的高度，又不是标语口号式的"八股调"。如：

（肩）　生活中浪费掉的宝贵能源太多了
（主）　节能型社会，从你我做起
　　　　　　　　　　　　（2004年6月6日《羊城晚报》）

（肩）　因循守旧是困境　一朝醒来是坦途
（主）　当阳国企解困得　益解放思想

标题的制作理念与艺术技巧

（副）　盘活资产近四亿　新增税收四千万　安置职工四千多

（1999年2月5日《经济参考》）

试看，这些标题如果只有实题，没有虚题——对新闻最重要的事实本质的概括，那就逊色得多了。加了虚题，既有助于对新闻事实的准确概括，又点出新闻具有的普遍意义，从而能增强宣传的效果。

在复式题中的虚题与单式题中实中见"虚"的制作技巧上，应掌握以下几个要点：

1. 要言人之未言。新闻标题中的虚题与理论文章、新闻评论的标题有所不同，它要做到让读者有所见、有所闻、有所感。这里的关键是有所感。不能让人有所感，那就成了事实的记录，也就是实题了。但对这个"感"字应有所理解：这不仅仅是指实中有虚的"评点"，点明感情和是非倾向，而是指表现的一种深刻的思想认识，对读者来说能起到启发思想、释疑解惑、点睛明理，言出人未言之理。一句话，以新的认识、新的观念、新的思想、新的风尚，给人以深刻的第一印象，来吸引读者。反之，如果用那些四平八稳的语句、人们公认的结论，以人人皆知的道理来拟虚题，虽说也言之无误，但终因它在时态上的落后、观念上的陈旧，而不会受人青睐。这里有两点值得注意：

一是要善于从新闻事实的另一面去做文章。如：

（主）　官峰学成博士乐当"炉前工"

（副）　在炼铁实践中已解决多项难题

　　　　撰写的论文引起各国专家关注

（1990年11月7日《工人日报》）

提倡知识分子走理论联系实际的道路、走与生产劳动与工农相结合的道路，已是一个老话题，但由于种种原因在当时却有一种非常流行的说法，或者是一种观点：那已经是不适应现代社会需要的"旧话题"了。这条标题主题中的"乐于"两字以及副题中那扎扎实实的成果，明确而又理直气壮地否定了这种非理性的看法，重申了它仍然是青年知识分子成长与成才的重要途径之一。

二是对老课题进行深层剖析，在新的发展中去开拓新的思想。1979年2月24日《湖北日报》发表了一条平反冤案的消息，题为《（主）一人平了反，大家壮了胆　（副）沔阳县委通过为李华宇一案平反，帮助农村基层干部消除余悸，解放思想》，单就新闻事实来说，在当时已经见报的众多平反报道中,早已不是新闻了,标题的新意却在于:没有就事论事,而是着眼于它的发展,即对现实生活所产生的巨大影响。对老课题的纵深剖析,一般可以从两方面入手:一方面是纵深思考,即在原有的层次上前进一步,发现其中所显示的新问题;另一方面是用新的观点否定旧的传统观念,如《卖瓜的不说瓜甜》、《人走茶不凉》。这样的标题,往往能走在读者正常思考的前面,给人以新意。

2. **要据事出理**。虚题的制作,总是要求作者用生动具体的形象去生发、概括,说明特定的生活真理,这就要坚决去掉那些味同嚼蜡的政治腔和板起面孔训人的迂腐气或者脱离新闻事实人为的"拔高"。要学会"由实入虚",就事说理,把新闻事实中蕴涵的道理凸显在标题里。如《重用就是知人善任,不必人人都当"官"》、《(肩)农民韦广元调整家庭产业结构 (主)"满把抓"不如"一拳打"》这些标题都有事中出理,理中见事,事理交融,娓娓动听,沁人心脾的特点。

3. **要精练有味**。虚题最忌"花腔"、冗长的套话,应该力求做到简明、幽默、精警,要善用辞格,用富有诗情画意的个性语言表述一种具体思想,如有可能还可融进一点杂文语言。

(肩) 2003年"双十"榜名单昨日揭晓,四媒体联袂打造去年度精英
(主) 创造财富的人比财富更有价值

(2003年12月14日《北京青年报》)

主题便是一句近似格言式的警句。

(主) 俯下身做农民的牛　站起来当农民的伞
(副) 中共河南省委授予郝桃枝"勤政廉政的好干部"荣誉称号

(2000年3月8日《大河报》)

主题为虚实结合题,但做得形象、生动,比喻辞格的巧妙运用关系极大。

在处理虚实关系上,方式是多种多样,必须根据不同介质、不同形态的媒体以及不同题材的新闻式样,灵活地加以选用,力求做到因文而异,该虚则虚,该实则实,有主有从,虚实得当,大致说来也应掌握以下几个特点和分寸:

一是以具体事实作为反映对象的所谓"事件新闻",应以事实为主,以直标事实为宜;其思想意义,主要通过用撷取事实的角度及在准确、巧妙的用语中显露出来。例如:

标题的制作理念与艺术技巧

（主）　不恋桂林山水美　愿在小岛把根扎
（副）　营长秦纪贵被评为优秀党员

"不恋"、"愿在"既是概事又起到了传神的作用，表明了编报人的赞美之情。

△　四战士深夜擒盗贼
△　"周易应用研究所"值得研究

这两则题，都是采用新闻是什么事就直接标出什么事来的表现方法，但字里行间却又渗透出鲜明的倾向性。前一个"擒"字，后一个"值得"二字，强烈表明了作者的褒贬和爱憎。制作这类题目总的要求是：说清事实、标明倾向。

二是综汇性新闻，涉猎的事例多，而且时空跨度都较大，宜择其新经验、新问题、新面貌来制作标题，一般情况以虚题为主，但又必须把最能反映事物本质的新事实标出来。例如：

△　（主）　景德镇名瓷生产更上一层楼
　　（副）　传统特种工艺品薄胎瓷品种产量增加远销国外
△　（主）　依靠科技进步工厂兴旺发达
　　（副）　无锡无线电五厂收音机跃居出口、内销首位，每台收音机成本从二十四元下降到八元多，一年盈利一百多万元
△　（肩）　丁家塘二队十七户农民在自愿互利原则下成立联合组
　　（主）　互助协作搞生产　两年迈出两大步

三是人物新闻，虚实相济。人物新闻一般都是既有模范事迹又有先进思想，做题时要两者兼顾，究竟以何者为主，要因人而异。例如：

（主）　农民刘春生建碑林呼唤环境美
（副）　他耗费3万元，用时3年，刻碑45块，立于路边、山上。
　　　　国家环保局推荐他为联合国"环球500佳"

（1993年12月10日《辽宁日报》）

在人的所有真情中，最美好的就是爱心，最幸福的就是被人爱；充满关爱他人的人生，是最美丽的人生。当我们读过这则标题，一个充满爱心的农民刘春生，日复一日，年复一年地凭着锲而不舍的毅力，把一块块刻有宣传环保文字的石碑立在路边和山上时，人们怎能不为之振奋和崇敬呢！

这则题，主题虚中有实，副题为实题。整题以实为主。

（主）　三十年护理工作兢兢业业

（副） 女护士王葡萄荣立二等功

（1983年4月15日《解放日报》）

主题就是一个虚实结合题。

1983年4月14日《光明日报》有则人物新闻题为：

（主） 生活属于自强不息的人

（副） 记从小失去右手食指的显微外科医生周礼荣

主题突出观点，主虚；副题交代新闻根据和主要内容，主实。这则题即是突出的观点，主虚。

四是对于带有强烈现实针对性的新问题，针对新倾向的新闻，宜做突出新思想式的评论题。因为这类新闻的新闻价值并不表现为事实本身，而在它的思想的针对性上。

1983年3月底4月初，河北省保定市一轻局领导干部，在群众的呼声和社会舆论督促下，7天就全部退出了多占的住房。4月15日《人民日报》在刊登中纪委负责人就此事发表的谈话时，题为：

（肩） 中纪委负责人就保定一轻局领导干部七天退出多占住房发表谈话

（主） 对不正之风要挺直腰杆依靠群众敢抓敢管

（副） 希望新闻单位再接再厉批评不良倾向，争取党风根本好转

这则题，突出的是有强烈现实针对性的观点。

1983年5月4日《宁夏日报》刊载了新华社播发的首都各界青年代表和老一辈青年工作者座谈纪念五四运动64周年的消息，题为：

（主） 青年要担负起振兴中华的历史责任

（副） 首都各界青年代表举行座谈会纪念"五四"运动六十四周年

这则消息的新闻价值最重要的当然并不在于召开了纪念性的座谈会本身，而在于青年应该认清自己所肩负的责任。所以题目突出的是后者，而不是前者。

要处理好虚实关系，在使用多行题的情况下，肩主副之间就得搭配好。如果主题作实题用以说明"什么事"，肩题就拟虚意用以说明"为什么"；如果主题拟标明倾向、直接体现新闻的中心思想，副题或肩题就得用以交代新闻要素。这样，主题与肩题、副题之间的因果、目的和手段等逻辑关系就处理得当，倘若不当，就会失之偏颇。

总的说来，注意标题的虚实结合，关键是要处理好叙与议的关系。应该明确，标题中的议只能是根植于叙事之中的，必须与叙述浑然一体，而

且是叙事的点睛之笔。如果叙事是画出骨肉丰满的龙身，议论则应是点出神采飞扬的龙睛，使下笔之龙能活灵活现地腾飞于人们眼前。所谓点睛，即是点出新闻事实的精神实质。概而言之最常见的有三类：一是表明好恶爱憎，二是揭示事物蕴藏的意义，三是预示事物发展的方向。同时，既然是点睛，就得用字少而又少，还要注意用语的形象性，适应新闻文体的语体风格。

四、潜心探索，忌步后尘

客观事物都在不断发展变化着。作为真实而生动地反映各种客观事物的新闻，也必然是富于变化的。因而作为它的浓缩品的标题，是不应该有雷同的。只有这样，我们的新闻标题才能呈现出千姿百态的生动局面。

实际情况，常常不尽如人意。比如：一家报纸针对有的人讲求门当户对，粗暴干涉儿女婚姻造成的恶果，写了一篇《劝君莫学祝员外》的文章。接着，"劝君莫……"之类的标题就在报上接踵而来。

自散文式通讯《日本小姑娘，你在哪里？》发表以后，"你在哪里"式的标题也接二连三地出现。做好事不留名，身受其惠的人借诸报端千方百计打听隐名者，于是常常就冠以"你在哪里"这样的标题。甚至有些相同的标题，还一再重复见报。

这种"似曾相识"或基本一样的标题，又怎样体现新闻性、怎能吸引受众呢？

许多标题，第一次见到，会使人耳目一新，几经重复，便让人生厌。

我国古代著名的文艺理论评论家刘勰在《文心雕龙》中谈到，文章的体裁是有一定规范的，而它的变化却是无穷的。他说："变则其久，通则不乏。"意思是说，文章要善于变化才能持久，善于变通才不会贫乏。写文章如此，制作标题也应当如此。

要避免雷同，落笔做题就必须潜心研究，寻找并把握住新闻的个性特征，切忌浅尝辄止，轻车熟路地从共性着笔。

尤其是当今之世，大众传媒竞争异常激烈。而这种竞争常常始于标题，是在标题的个性化层面上展开的。个性即价值，标题的个性化既是受众关注的焦点，也是标题提升自身价值的主要手段。在个性张扬的市场经济条件下，市场不喜欢雷同，读者不满意克隆，重复的东西是没有多少价值的。标题的个性就是与众不同，是事实、思想、技巧的出新，是品位、制式、美感有别于同类产品的标新立异。

（主）　按"智"分配造就亿万富翁

（副）　张廷璧教授成为荆楚科学家首富

（2000年2月21日《湖北日报》）

这则题集中笔墨标出与张扬了与众不同的个性。当时靠技术知识致富已有人在，但富到亿万富翁，不仅在荆楚乃至全国仍是首富，尤其是在致富的方式上，以知识技术入股，成为民营企业股东，按"智"分配而成就亿万富翁，就更与众不同了。它首次标出并张扬了在社会主义市场经济条件下，应大力推进知识资本化，造就"智识富翁"，以利于更好地推进经济社会的发展。该报道刊发后，在海内外引起强烈反响，50多家中外知名媒体竞相转载或跟踪报道。张廷璧也由一个普通退休教授跻身"东方之子"。

"老黄牛"不再成为评先标准

新先进都能亮出"一手绝活"

（2004年7月21日《工人日报》）

这则标题也集中笔墨标出了与众不同的个性特点，它明确而理直气壮地标示着我国的评先条件，已从唯政治标准是从，开始转到不仅要有良好的思想道德素质，而且还要有过硬的技术，转移到业务能力的轨道上来，这是具有时代意义的跨越。无疑，对我国经济社会发展的意义十分重大。同样，它也必将受到读者的关注。

不过，细细品味，掩卷而思，又觉得此题在文字表达上还有可推敲之处，在全面建设小康社会的过程中，我们固然要有雄鹰般搏击长空的"一手绝活"，但"老黄牛"的精神和品德也不可少啊！"老黄牛"忠心耿耿，有崇高的追求，一不叫苦、二不喊累，默默无闻地在自己的岗位上潜心工作，所谓"俯首甘为孺子牛"，就是它的自画像。这种思想和道德素质，在新先进的评比中，也应该占有一些位置吧！此题如稍加改动《"老黄牛"不再成为评先唯一标准，新先进人人都能亮出"一手绝活"》，或许不致出现歧义。

似乎可以这样说，在标题制作中，集中笔墨标出与众不同的个性，应当成为一种与时俱进的理念，一种乐此不疲的追求。为那些石破天惊的新事、大事、要事，百姓关注的热点、焦点问题拟题应该是这样，为那些大量的日常报道、难响"惊雷"的平凡小事但又是百姓乐于而应该知道的

标题的制作理念与艺术技巧

事拟题也必须这样、能够这样。在新闻实践中，以往也有不少这样成功的事例。

1981年5月7日新华社播发了教育部、团中央关于大学生毕业分配应做好思想工作的消息，各报的见报标题很不一样。

有的报纸的标题是：

（主） 今年全国高校将有二十八万人毕业

（副） 教育部、团中央要求各地加强对毕业生的思想教育工作

这则标题虽说是叙述事实，但内容空泛，没抓住特点，与以往这类报道的题目大同小异。而《中国青年报》却做了一个与此不同的标题：

（肩） 二十八万大学生即将毕业，教育部团中央通知做好思想工作

（主） 愉快服从分配　把青春和才智献给祖国

这则标题就不仅叙事，还突出了内容的特点，有别于以往的同类报道的题目。

标题要做得有新意，不雷同，需要注意之点甚多。既有思想内容上、写作表达上的问题，又有用词造句上的问题。这里至少有这样几个方面是值得注意的：

一是要善于采撷生活中最新最美的花朵。新闻要新，这是对新闻写作的基本要求，也是衡量一条新闻、一则标题价值高低的尺度。新，主要指内容要新鲜，一定要尽量避免重复，要千方百计挖掘出特点来，突出一点新意。标题要做得精美，就得创新。一味模仿别人，而无创新，就谈不上有文采、有艺术，就会使自己的才智为之泯灭。所以我国著名的国画大师齐白石说："学我者生，似我者死。"这些认识和道理，都应该成为我们制作新闻标题的座右铭。千万不可以只从报刊上去寻找现成的"衣帽"，要么移花接木，要么顺手牵羊地来打扮自己编发或采写的报道的标题。即使是对重复宣传的老问题，也不去炒别人的剩饭，力求做到有新的角度。因为世间一切事物都是极为丰富多彩、千变万化的，就是同一类型的事物在不同的地点和不同的发展阶段上也都会带有自身的特点。只要我们能够下工夫细心地去寻找这种特点，标题也就会有特点、有新意。

比如，在农村里实行生产承包责任制，是党的十一届三中全会后拨乱反正涌现出来的新事物，是党的一项重要的农村经济政策。三中全会以后，对这项政策的宣传，各媒体针对有些干部疑虑重重，怕犯"三自一包"的错误，农民则有"怕变、怕兑不了现"的思想情绪，发了大量的报

道和文章。而《湖北日报》却抓住了1980年7月23日随县县委书记常东昌到该县长岭公社走访包产户这一有典型意义的新事，做了报道。标题也选定了这次访问中最有新闻价值的两个细节，概括凝练成：

（主）　随县县委书记走访鼓励包产户
（副）　社员们说：有县委书记撑腰，我们广开致富门路的胆子更壮了

这一起发生在随县这个具体环境下的事情，虽然究其所反映的思想主题，已有不少这类报道了，但由于其自身特点非常鲜明，仍然给人以新鲜、别致的感受，无雷同之感。

二是要善于选择多种不同的角度。这里所说的角度，包含两层意思：一是反映新闻事实的角度；二是表现新闻事实因果关系方面的角度。新闻报道有一个重要特点，就是一个时期，围绕一个中心，对同一人物、事件，对某种观点、某项政策，需要反复宣传。这就特别注意角度要避免重复。角度相同，事实虽有量上的变化，也难免给人以"似曾相识"、重复的感觉。

比如，有一家报纸对天津市帆布厂女工毛玉根事迹的报道，前后三次做题都是突出了首创无次布的最好成绩。第一次是突出她首创百万米无次布。后来，又有两次这样的报道：

（肩）　当年首创百万米，如今更上一层楼
（主）　女工毛玉根又创六十九万多米无次布

可是事隔两月零三天之后，这家报纸对毛玉根的事迹作连续报道时，又做了这样的标题：

（肩）　当年首创百万米　如今再做新贡献
（主）　女工毛玉根又闯过七十一万米无次布大关

前后几则标题角度完全雷同，结构也基本相似。连题目都无新鲜之感，怎么能吸引人去看正文呢？所以，对同一问题的宣传，一定要避免角度的重复，只要角度选择得不一样，即使是阐明的观点相似，仍能给人以新颖之感。最近一些年来，为了保持大自然的生态平衡，报上不断报道了严厉打击破坏森林的犯罪活动，而《湖南日报》有则标题却别致、引人：

（主）　既抓拿"斧头"乱砍的，又抓用"笔头"乱批的
（副）　安化从重从快惩处带头破坏森林的罪犯

这则标题主要是角度选得与众不同：不仅要打击"乱砍的"，还得抓"乱批的"。遣词用字，含蓄活泼，很不一般。

标题的制作理念与艺术技巧 >>>>

三是注意词语的新鲜活用。俗话说："三分人才，七分打扮。"语言是表现一切事物和思想的衣裳。标题对新闻事实的概括和浓缩，离不开别致的"语言衣裳"来打扮。不然，一味地用死板、老套、人云亦云的词语颠来倒去，即使有生动的事实，也让人难以生兴，或者大为扫兴。反之，就能收到意外好的表达效果。前面讲到的《既抓拿"斧头"乱砍的，又抓用"笔头"乱批的》这则标题，在词语的使用上就有翻新之妙。在标题的制作上，要做到讲新话，用新词新语，去概括表达新的事物，要去掉陈言套话。因为这些词语，已难以反映时代的沸腾生活、展现事物的新面貌，更难以开拓人们的精神境界。

有一个时期，可口可乐比利时安特惠普装瓶厂一度因使用不纯正的二氧化碳，导致产品异味。为了防止市场波动，可口可乐中国公司副总裁立即发表声明：在中国销售的可口可乐产品，均是在中国制造，不会出现异味等不纯正的问题。上海《新民晚报》刊登这条消息时，题为：

（肩）　可口可乐中国公司副总裁声明

（主）　"中国造"与异味无缘

缘，即缘分。按常规用法，多用于表达人们对美好愿望、事物的一种期待、盼望。一旦无缘，就意味着希望落空，让人叹息、惋惜，如"与冠军无缘"、"与奖杯无缘"等。而这则题主标采用"张冠李戴"非常规的词语搭配——"与异味无缘"，幽默风趣地表达出一种难以用文字说出来的对"中国造"的自豪感和自信心。当然这非常搭配也并非个人随意所为，而是遵循移就辞格的规范要求拟定的，并非像有人批评的那样是用词不当。

四是布局、结构上要有变化，避免重复。翻开近些年来的报纸，就不难看出这样的一种现象：在一个时期内某篇报道打"响"后，随之而来的就是一窝蜂的类似报道；某则标题受到好评之后，跟着结构相似的文题又涌来了。据有家报纸的统计，1983年在这家报纸的各版上那种结构相同的"一"字、"他"字、"这"字起首的标题，就多达数十个甚至上百个。读者厌弃地讥之为这是报社编辑记者的"保留节目"、"基本项目"。应该说，读者阅读报纸，如果没有什么别的更高要求的话，他们都是抱着寻求新信息的目的来看报的。如果一瞟标题，"面孔"是老样，还能吸引住他吗？即使你的标题在内容上或许有新鲜的东西、深刻的思想，也有可能从读者的眼前溜掉的。比如：

1983年3月3日有家报纸对首都举行的纪念"三八"节报告会这条消息，做的标题是：

（肩）　郝建秀在首都举行的纪念"三八"节报告会上说
（主）　全国妇女要想干大事干实事　紧跟党中央做改革促进派

这则标题比较一般，主要缺点有两条：一是结构老套；二是主题摘引概括的话，只重复了当时已经有过多次见报了的说法。它没有引起多少人的注意，原因就是没有把握住郝建秀同志报告的重点，如果从报告中关于关心妇女的切身利益，保护妇女、儿童的合法权益，对歧视、损害妇女的言行要进行教育、批评、制止等内容概括出标题，就比现在这则标题更有针对性和特点。

广东省级机构改革——上！

（1994年5月26日《羊城晚报》）

精兵简政，如果从延安时期算起，已经是进行了几十年的经常性工作。标题的制作者如果做一个陈述性的标题也无不可。但这则题一反工作报道的制题常式，用了一个动词"上"，前加破折号，后跟叹号，充分显示了这次改革不同寻常的气势与决心。整则题简练，生动，有动感。

以上讲的仅是些技术性的方法问题，标题要做得新颖，不步人后尘，关键还是要随着客观形势的变化改变一下多年来形成的过时的制题观念。其中最需要改变的两个观念是：

一是要从突出政治功利观转变到突出新闻价值观上来。制作新闻标题的着眼点是要真正地突出新闻价值，而不是去作政治宣传，把一些常见的政治性词语装进标题。不然，就很难摆脱人云亦云、似曾相识的困境。1984年洛杉矶奥运会上，许海峰首开纪录，夺得了第一枚金牌。北京有家报纸在报道这个喜讯时，题为：

（肩）　奥运会上首次夺得金牌，我体育运动揭开历史新篇章
（主）　东方巨人起步　实现"零"的突破
（副）　许海峰获自选手枪冠军，曾国强获52公斤级举重冠军

（1984年7月3日某报）

宣传味过浓，政治性语言过多，尽管新闻事实的价值极高，也被湮没在一般政治性俗语与老套格式之中，怎么能不给人以似曾相识之感？而《羊城晚报》则立足于实现新闻的价值，出语不凡地仅用16个字的双行主题，让人耳目一新：

标题的制作理念与艺术技巧 >>>

  许海峰挥手破零蛋
  中国人首次夺金牌
  二是要从常规的单向思维习惯转变到具有多向的立体思维素质上来。标题的制作者能否有效地正确地思维，对于标题能否把新闻的最高价值体现出来有着举足轻重的作用。现代新闻标题的社会功能是要在一瞥之间用新鲜而重要的信息去拨动读者的心弦。欲实现这样的目的，仅仅具有常规思维的素质是办不到的。这就必须——

  要有求异性的思维素质，用超前法去揭示新闻事实的最新点。新闻的特性本是为处于萌芽状态的新生事物呐喊。在信息空前活跃的今天，这就决定了现代新闻既有干预现实，为既成的事实和现实画像的一面，又有超乎现实，对其发展即将成为现实的未来为之绘像的一面。尽管前者是主，后者是从，前者是基础和前提，后者是派生之物，但是如果完全忽略了它，那也会大大地减弱其指导性和可读性。过去人们在谈论新闻（含标题）的根本特征时，注意强调了它是现实生活的"画卷"，而忽视了它的超常性，这是许多新闻（含标题）缺少创新性的一个致命弱点。因而，作为对新闻的揭示和评论的优秀标题，不但要告诉人们发生了什么事，还要能把人们的思维导向新的层次。现代新闻标题引人的标志，并不仅是再现事实的生动性，而恰恰在于看它能留下多少可供受众思考的天地。我们在为新闻制作标题时，就不能像一般思维那样仅建立在已有的经验和知识的基础上去思索、分析和认识问题，而是要善于撇开表面现象和热门话题，用超前一步的异向思维去揭示反映对象的本质特征，立足于给受众原有的经验、知识注入新的成分。如：

  （肩） 上海百余项产品获国家金银质奖
  （主） 眼睛还要盯住差距
  （副） 市政府要求在三五年内使上海产品品种质量有较大改变

  这则标题的主要优点在于先人一步，高人一着，给读者留下了思考的广阔天地。按说有百余项产品获奖，这是一个颇有新闻价值的信息，就此成题未必不可，但标题只用肩题对成绩作了肯定，接着便以主题和副题着重提醒人们要着重盯住差距，比用常规思维方式成题更能发人深思。

  要有逆向思维的素质，用反思法去揭示新闻事实的最亮点。所谓逆向思维或反思法，简单地说，即指对人们司空见惯的事物、被肯定或否定了的事物，通过认真反复地分析研究找到其相反和相异结论的某些方面，标题将其凸显出来，就能引人思索、催人联想。

（肩）　匡亚明最近提出新观点
（主）　对孔子要一分为三

对春秋末期教育家孔丘的评论，历来争议颇多，一般都局限于肯定、否定或一分为二。标题一反常态，标出要"一分为三"，怎能不新颖引人呢？

要有广阔性的思维素质，用对比法去揭示新闻事实的最高值。在社会日益信息化的条件下，人们社会活动的时间和空间范围不断扩大，社会信息流量日益增多，在社会生产、科学研究，以及社会交往、社会生活等各个领域，都会有一些大空间、大时间跨度的新事物问世。在这种情况下，如果人们仍然囿于传统的单向思维方式，只注意对事物作局部或其中某些环节、因素的考察、认识，就很难全面地评价和认识事物。这就要有思维的广阔性，要求扩大视野，突破传统的狭隘眼光，树立面向世界、面向未来的全新眼光，高瞻远瞩地在时空观上重视事物纵横比较，从中发现和把握事物新的质的特征。1982年朱建华在亚运会上飞身越过2米33，获得第一名。我国许多报纸都突出地强调了朱建华破了亚洲纪录。唯独《体育报》的编辑放大了目光的视野，在世界范围内作了广泛的对比，从而拟定了这样一则标题：

（肩）　2米33　轰动新德里的一跳　振奋民族精神的一跳
（主）　朱建华成为今年世界上跳得最高的人

（1982年12月2日《体育报》）

这则标题胜人一筹之处，正在于它揭示出了新闻事实的最高值。

我国有句流传很广的古话："良工不示人以朴。"意思是：好的工匠很注意自己的产品的质量，不拿粗糙、拙劣的产品给别人。这句话，寓意深刻，可以用之于制造物质产品，也可以用之于做学问、写文章、作标题。古往今来，大凡有成就的政治家、文学家，都有一个治学严谨的特点，从不把粗糙的、似曾相识的作品拿出来公之于众。

三国时期的曹孟德，据说在总结自己实践经验的基础上，写过一本十万余字的军事著作《孟德新书》。有一次，西蜀使者张松读了这本著作，向他提出意见，说书中的某些观点并非创见，而是古人早就谈到过的东西。曹操（字孟德）大吃一惊，马上把自己的书烧掉了。他认为，自己写的书没有跳出前人的老套子，等于跟在别人后头走，这样的文章没有多

标题的制作理念与艺术技巧 >>>

大价值。

在曹操之后的唐代,有个大诗人杜牧,晚年他得了重病,卧床不起。就在生命即将结束的时刻,杜牧仍以顽强的毅力修改、审查自己一生的全部诗作。凡是他认为无新意、不精湛之作,统统烧掉了。他一生的诗作本来多达千余首,经过这么一烧,就只剩200余首了。幸好他外甥那里还存有200多首,这样保留至今的才有450多首。

"良工不示人以朴。"对于一个"良工"或者决心成为"良工"的新闻工作者来说,在新闻的写作和标题的制作上,应该多下些工夫,拿出"人人心中有,个个笔下无"的佳作来。

五、巧合引申,尺水兴波

新闻标题要做得生动活泼、富有情趣,还要善于借用文学创作的巧合技巧,在忠于生活真实的基础上,概事达意使之出奇出趣,富有极强的冲击力。比如:

(主) 隔墙有"尔"

(2004年3月2日《今晚报》)

这则题是利用巧合技术制成的妙题。汉语的"隔墙有耳"其意已为大众熟知。说这则题妙,主要体现在用"尔"字替代"耳"字上。在2003年初夏的伊拉克战争爆发前,美英想披上"联合国的合法外衣"去攻打伊拉克,于是联合国秘书长安南、法国总统希拉克、联合国官员巴拉迪和布利克斯均遭到窃听。西方舆论曝光是英国情报部门所为,把矛头直指首相布莱尔与之有染。题中的"尔",一字多意,一则这个"尔",人们很自然会想到布莱尔先生;再则,此"尔"在中国古汉语中有"你"的意思,"你"有没有隔墙偷听呢?也当自问吧?

(主) 虎妞当"虞姬" 祥子称"霸王"
(副) 斯琴高娃拍戏记

(2003年12月17日《新民晚报》)

这也是一则利用巧合制成的富有情趣的标题。新闻说的是,著名影视演员斯琴高娃前晚在上海豫园茶艺馆的舞台上,浓妆艳抹,扮成了虞姬,登台与两度"梅花奖"得主、江苏京剧院院长陈霖苍共同唱起了《霸王别姬》,激起了全场喝彩。有趣的是,斯琴高娃在银屏上扮演过虎妞,而陈霖苍则在舞台上扮演过祥子,如今这"两口子"又以戏相聚,真可谓巧遇。

（主）　老太尿频好苦恼
　　　　商家推荐壮阳药
（副）　这个"好又多"营业员多不好！

（2004年2月13日《新民晚报》）

　　76岁的赵老太，最近一段日子晚上尿频要起4次夜，经常睡不好觉。位于平利路"好又多"超市的保健品专柜的一位女营业员让她买"海马强肾丸"，说能治此病。于是赵老太花100元买回9盒"海马强肾丸"。当晚即服了一颗药丸，不料这一夜她浑身发热，精神兴奋异常，一宿没睡安稳；次日晚，赵老太又服了一颗药丸，浑身直冒热汗，心跳加快，不得不服保心丸。后来在女儿的帮助下才弄明白，这全都是"海马强肾丸"惹的祸，该药是一种治疗男性性功能障碍的药物。赵老太向报社投诉后，记者随即与"好又多"超市联系。有关负责人前往赵老太家赔礼道歉，退还购药款，并对有关责任人作出处理。报社在曝光此事时，只在副题利用店名与营业员不美好的行为的巧合，作温和、有度的批评。

（肩）　"金鸡"第五次啼晓
（主）　《红衣少女》捧走最佳故事片奖
（副）　吕晓禾、李羚分获最佳男女主角奖

（1985年3月10日《羊城晚报》）

　　从1981年起电影"金鸡奖"年年评，获奖消息年年发，标题要做得不一般，确有难度。这则标题的主题运用巧合技巧，用"捧走"两字替代往年常用"夺得"、"获得"等陈述性的词，再与影片名《红衣少女》联在一起，可谓巧合、妙联。

（肩）　亚洲田径锦标赛中国队首日夺双金
（主）　张连标飞标勇夺"标"　　陈雁浩跨栏当头雁

（1995年9月22日《盐城晚报》）

　　这则题的主题，作者将新闻人物、比赛项目与金牌，巧取妙联地结合在一起，从而产生巧合成趣，让人回味无穷。

　　新闻的源泉是纷呈多变的现实生活，其中就包含着许多奇趣的巧合，只要我们处处留心，勤于思考，善于抓住它，便能让平庸、俗套之作，立竿见影地出奇出彩。

　　一位长期在报社从事夜班工作的老新闻讲了这样一件事：1983年2月20日，南京长江旅游公司邀请《扬子晚报》编辑、记者游览长江。事后发

标题的制作理念与艺术技巧

了一条消息，原题为：

（肩）　南京长江旅游公司邀请本报同志泛舟扬子江

（主）　饱览一江秀丽风光

平心而论，这则题的主题，实属多余，因为其意已在肩题中了。这位老新闻工作者在修改此题时，十分注意其中的巧合，信笔改为：

（肩）　应长江南京旅游公司盛情邀请

（主）　扬子报人泛舟扬子江

笔者认为，此题改得好，一是好在这则复式题为一个完整的句子，主题为句中的受事宾语，也是新闻价值之所在，肩题与主题分工明确，且重点突出；二是利用巧合，为主题增趣添辉不少。

20世纪90年代，新华社曾发过一则简讯，题为《武昌鱼苗在二十三省市成功放养》。全国许多报纸都原题刊登这条消息。湖北是战国时期楚国的所在地，养鱼业十分发达，武昌鱼便是饮食文化中久负盛名的一宝，毛泽东同志就有"才饮长江水，又食武昌鱼"的诗句。再加之，鱼苗放养季节，也是旅游旺季。在北京的一家报纸，利用其中的巧合，便在新华社参考题前加了一个主题"无须游楚地　可食武昌鱼"，使这条简讯声色俱增。如今当惊世界殊的成就捷报频传，可这则放养鱼苗的标题，却仍在业内人士中挥之不去，足见其吸引人之深。

2003年4月间，美国最负盛名的系列卡通片《辛普森一家》邀请英首相布莱尔为其中名为"女王独白"的一集配音，布莱尔接受邀请，特意挤出时间录制了三段对白。片中，布莱尔扮演的"英国首相布莱尔"形象很有趣，他露着龅牙，长一对招风耳。他要去机场迎接来伦敦一游的辛普森一家。但巧得很，当片中的"布莱尔"在机场迎接辛普森一家时，身边却站着一只可爱的小狗，是英国女王伊丽莎白二世最喜欢的那种威尔士矮脚狗，这可犯忌了：当时由于坚决支持美国发动伊拉克战争，布莱尔被视为布什的坚定追随者，而此次在剧中与一只狗一同亮相，更是让人不免将他联想为"美国的忠实走狗"。出于保护自己形象的考虑，布莱尔拒绝让这一造型出现在剧中。为此，该剧的编剧不得不修改剧本。《新民晚报》在刊用"布莱尔为美卡通片配音的故事"时便以此成题，妙趣横生。

（主）　"走狗"两字成心病　拒绝与狗"肩并肩"

（副）　布莱尔为美卡通片配音幕后故事

（2004年1月15日《新民晚报》）

（主）　　淡绿轻抹虎头山

（1981年4月15日《人民日报》）

　　作者采写与刊发此稿时，祖国大地春意正浓，山西省昔阳县大寨的山川上禾苗已破土泛绿。这是大寨冲破"左"的束缚，实行生产责任制迎来的第一个不寻常的春天啊！于是标题的制作者利用巧合技巧，用大寨山川上的"绿"，来表明党的十一届三中全会的政策已在这里落实，大寨开始变了、"绿"了。但这个"变"、这个"绿"，还只是"轻抹"、"淡绿"。真可谓字少意丰，耐人细品，妙题！

　　上述的种种事例，一次又一次地说明了现实生活绚烂多姿、纷繁复杂，每一个作者写新闻、做标题时，都会面临着一个从哪里着眼、往何处泼墨的问题。善于发现、提取生活中的巧合奇遇的新事，制题为文，就能收到巧合成趣、尺水兴波的功效。

　　那么什么是巧合呢？所谓巧合，我们可以这样说：即把新闻事实与外部联系的某个富有情趣的象征，将它与新闻的人、事、理、情巧妙地扭结一起，从而产生奇巧合道、豁然开朗的审美效果。巧合要运用得好，既要设置得巧，更要着眼于合——合于新闻标题概事达意的需要。"巧"而不"合"，生硬捏合，不仅徒有其表，还会引来逆反心理；"合"中见"巧"，方见奇效，便能拨动受众的阅读兴味。总之，只有使标题活起来，使其闪现引人注目的光泽，才能给人以美的感受，勃发出一种美的情趣，从而才会使新闻作品对受众产生强烈的吸引力，才能引导受众去领会理解新闻的主题，思索品评新闻的内涵。

　　（肩）　　施拉普纳坚定"施政"
　　（主）　　一年跻身亚洲一流

（1992年11月24日《解放日报》）

　　这则题是利用巧合技巧制成的妙题。说它妙，主要体现在"施政"二字上，既含有施行某项计划、规划的意思，又含有施氏的训练计划与要达到的目标及其措施的新意。它取了施拉普纳的译音的第一个字，与新闻事实扭结在一起，既有助于交代新闻事实，又让人感到亲切、幽默。同时，再与"坚定"二字组合，也暗示对施氏的"施政"是有非议的现实。

　　（主）　　卧龙岗上"诸葛"多
　　（副）　　工人管理小组在河南油田二机厂"唱大戏"

（1991年5月31日《经济日报》）

标题的制作理念与艺术技巧 >>>

河南油田二机厂党委，在拓宽民主管理渠道、强化职工参政意识上出了许多引人的新招，把全心全意依靠工人阶级办企业的思想落到实处，企业一派生机。这个厂党委的驻地，恰在当年诸葛孔明隐居的南阳卧龙岗上，作者巧取妙联入题，引人回味无穷。

2002年伊始，《北京晚报》像讲故事一样向读者报道了这么一条新闻：陕西省高陵县榆楚乡花果庄一对80多岁的老人，在携手走过60余年的风雨人生路后，竟在安安静静中同时离开人世。新闻引用老夫妻的大儿子的话说："1月4日上午，久病的父亲脸色发白，气喘得厉害，儿孙们纷纷围在老人的炕头。下午5时多，父亲过世了。当时，老母亲躺在炕上一直望着父亲，我们给父亲穿寿衣时，母亲说：'你爹走了，我看见了，这就放心了。'但我们万万没有想到，此时母亲竟也闭上了眼睛，永远随父亲去了。"可新闻并没有仅止于此，又通过子女们的回忆，探索偶然中的必然：老夫妻育有二子一女，说起父母，他们很是依恋。父母生前脾性温和，互敬互爱，从未红过脸。如今父母一下子都走了，让做晚辈的又悲又喜，悲的是再也不能服侍孝敬二老了，喜的是父母安详地携手仙逝，他们言传身教构建起来的良好家风也算是件人间美满事。

编者据此成题：

夫妻恩爱六十五载，同月同日同时辞世

（2002年1月8日《北京晚报》）

2003年，美国安然公司曝出惊世欺诈丑闻，我国国内众媒体多有报道，题目大多就事成题，颇为相似。而《新民晚报》则利用巧合技巧成题，与众不同——

（主）　有欺诈怎"安然"

　　　　无诚信"安达信"

（副）　"两安"悬念越滚越大

这则标题妙在"安然"既是申请破产的上市公司的中文译名，又有文字的本意，即"平安无恙"之意；"安达信"是为安然公司进行审计的会计事务所名称，但从字面上又可解作"如何取信于人"。这样的巧合一语双关，编辑的灵巧构思亦跃然纸上。

标题要巧合得出彩，巧合得有意味，关键是要找准"巧合点"。这就要——

要舍得花时间去思考。 新闻事实，如同一座山，"巧合点"好似山中之"岭"或"峰"。但岭归岭、峰归峰,都不是完整意义上的"山"。如果我们不注意精选具有代表性的"山"中之"峰"或"岭",抓到一点材料就贸然落笔,是绝对写不出有意味的标题来的。

要勇于"割爱"。这就要像老舍先生所说的,一是坚决不要"泛泛地写出来",而是要用很深的思想感情写出来,把泛泛的东西尽皆删削;二是要有浓缩的工夫,"缩七尺精神于寸眸之内","炼寸厚之钢成精薄之刃"。做到"题短而旨远"。

新闻是时代的先声,是社会舆论的"晴雨表"。一切优秀的新闻报道都应当是反映、搏击时代风云的美文佳篇。然而,任何新闻报道,又都是以传播新近发生的个别的、具体的、特殊的事实为特征,并不直接去宣传、论说、评判时代的风云。这样便正像鲁迅先生说过的:"太伟大的变动,我们会无力表现的,不过这也无须悲观,我们即使不能表现它的全盘,我们可以表现它的一角。巨大的建筑,总是一木一石叠起来的,我们何不妨做这一木一石呢?"

善取现时代"巨大的建筑"中的"一木一石",去反映时代的伟大变动,这种"小锤撞大钟"的表现手法,正是新闻传播的常用技法,更是巧合式标题制作最基本的表现手法。这里"小",有两层含义:一是进入标题的新闻事实是"一木一石"的,是个别的、具体的,甚至是极为普通、细小的;二是泼墨不多,篇幅短小,甚至是压缩饼干式的"豆腐块"。这里的"大",也有两点含义:一是这个落笔的"小",不是无关宏旨的"小",是"巨大的建筑"中的"一木一石",它事连宏旨,寓意深刻;二是尺水兴波,影响巨大,常有"一石激起千层浪"的传播效应。

六、饱含激情,引人爱读

写新闻,可以运用散文的笔法;做标题同样可以借用散文的笔法,使之文情并茂,感情激越。

现实生活告诉我们:标题对新闻事实的概括,不可能只是纯客观的简单再现,字里行间不可避免地要熔铸着作者对人物、事件、现实生活的认识和评价,体现作者鲜明的感情色彩。凡是好的标题,总是以炽热的感情来拨动受众的心弦的。所以说,写新闻,做标题,固然要告之以事、晓之以理,但还得动之以情。感情常常是联系群众的纽带。清人袁枚说:"作者情生文,斯读者文生情。"这就是说,首先应当在感情上去吸引读者,征服读

标题的制作理念与艺术技巧

者。情生而采异。文辞平淡、感情不浓郁，即使新闻事实好似大海里的珍珠，也难以"闪光"。现在媒体上有的新闻及其标题尽管编者巧意安排，突出处理，就是引不起受众的兴趣。原因不少，但总的来说是缺少文采，没有吸引力。因此，一则新闻标题能否以真挚强烈的感情打动人，唤起人们的兴趣，引起人们的注意，便成为衡量其艺术性高低的一个重要标志。

胡乔木同志在《人人要学会写新闻》一文中说，写新闻要有立体感，要求具体细微，色、香、声、味俱全，呼之欲出。这里所说的"色"，我以为即新闻的色彩，它包含着要有现实感，有鲜明的时代特色，要具有感情色彩这样一些基本要求。标题的感人力量，固然首先来自于新闻事实的本身，但恰当地运用有感情色彩的语言也是很重要的。有些看起来似乎是寻常的字眼，在特定的语言环境中，运用得当，就会有特殊的感情色彩，产生很大的感染力。郭沫若同志在《一字师》这篇文章中就讲过这样一个故事：

那是郭老在重庆看自己创作的历史剧《屈原》的演出，当演到第五幕第一场时，他听到婵娟怒骂宋玉："宋玉，我特别恨你，你辜负了先生的教训，你是没有骨气的文人！"郭老觉得骂得不够味儿，便到后台去找扮演婵娟的演员商量，提出要为这句话加一个贬义词，改为"……你是没有骨气的无耻的文人！"加个"无耻的"，固然比原句的感情色彩要浓得多，但还觉分量不足。这时，有一位正在化妆的演员插了句话：不如把"你是"改成"你这"，改为"你这没有骨气的文人"更为有力！郭老一想，对啊！这一字之易，顿觉感情强烈。"你是……"是一般的判断语气，"你这……"是斩钉截铁的斥责，语气有力，感情奔放，概括了宋玉以往种种卑劣行径，婵娟憎恨之情溢于言表。这一字之改，真把这句话讲活了。

词汇丰富、富有感情色彩，这正是现代汉语的显著特点。往往同一事物、同一概念，就可以用几个、十几个，以至于几十个同义词来表现。它们之间，既有褒贬义的不同，又有语意轻重之分。在制作标题时，注意运用汉语的这一功能，便可以准确、鲜明、生动地状物抒情。在新闻标题中，像这样增加或更换上一个饱含深意的字，而使整个文题有更强烈的感染力，不乏其例。《宁夏日报》1983年4月15日在报道太原汽车运输公司货车司机魏三旺自觉按党的原则办事，坚持优质服务，方便用户的事迹时，题为《魏三旺勇开正气车》。这则标题蕴涵着作者浓烈的感情，就很有感染力。无疑，这"正气"，就是工人阶级高贵品德的正气，就是共产主义思想原则的正气，尤其是这个"勇"字，更是铿锵有力，饱含着作者对不正之风的憎恶和对魏三旺坚持原则、一尘不染的品德的有力赞颂。

　　报纸上有不少标题之所以有一定的感染力和吸引力，主要并不仅限于新闻事实本身，而在于"以情取胜"，它富有强烈的感情色彩，能给读者以感染、鼓舞和力量，从感情和理智上引起读者共鸣。如：

　　△　祖国，您的儿女回来了

　　△　北京，为了你的明天

　　△　（主）　拳拳赤子心　款款桑梓情

　　　　（副）　粤籍华侨港澳同胞热心家乡公益事业，一年多来兴建各种设施共计七千多宗

　　又如：1983年，新年伊始，河南洛宁县农村出现了一件张榜预告劳模标准的新事。《河南日报》发表这条消息时，没有就事论事地拟题，而作了《谁够条件上红榜，尺寸定好自己量》这则情真意切的标题，就很有吸引力。

　　再比如：

　　（肩）　情深好似长江水　德高犹如黄鹤楼

　　（主）　胡建平爱他人利别人事迹感人

　　　　　　　　　　　　　　（1991年2月21日《法制日报》）

　　（肩）　安徽3名幼稚少年离家出走流落常州街头，武进一农民领回照顾。18天后家长领回亲生骨肉，泣不成声——

　　（主）　莫道富地人情薄　当说异乡情谊深

　　　　　　　　　　　　　　（1995年4月11日《新华日报》）

　　（肩）　主持春晚随时待命　愿为观众服务一生

　　（主）　赵忠祥何时退休还未确定

　　　　　　　　　　　　　　（2004年11月17日《法制晚报》）

　　（肩）　少女受辱愤然控告　犯罪嫌疑人捉而复放

　　（主）　检察长拍案而起：查

　　　　　　　　　　　　　　（1999年6月19日《湖南日报》）

　　（肩）　东南灵秀之地，岂容坟山邪气污染？
　　　　　　革除朽风陋习，当舞科学文明利剑！

　　（主）　浙江向愚昧挑战

标题的制作理念与艺术技巧

（1999年7月20日《新华每日电讯》）

（主）　春风不让一木朽　十万浪子终回头
（副）　一大批内地囚犯在新疆兵团改造成新人

（1989年9月25日新疆《新生报》）

这一则则标题，最为动人的莫过于那喜怒哀乐、文情并茂的激情。

"情"与"意"，感情与思想虽是两个不同的概念，但它们之间的关系又是相通的。人与动物的区别之一，在于人具有反映精神世界的高级情感。在新闻的传播过程中，传播者在传输信息时，总会带上某种感情色彩；受传者在接受信息时也会有感情上的抉择。感情是心理活动引起注意的指向与集中，是思想的翅膀。思想的产生和发展，往往是借助于感情的触动，情丰意才能切，有了感情，思想才能升华开去。一则标题，能制作得情丰意切，读来朗朗上口，是蕴涵着作者的感情色彩的。正如我们常说的，在有了新鲜活泼的事实之后，还要解决好一个"烹调"问题。采撷到手的"原材料"，经过加工处理，要做得有滋有味。而要"烹调"得好，很重要的是要像毛泽东同志说的那样："应该不惜风霜劳苦，夜以继日，勤勤恳恳，切切实实地去研究人民中间的生活问题，生产问题。"要选好新闻事实与读者在生活、生产、求知等某个方面的新闻兴趣的联结点，一触即发地去拨响读者最关心的那根心弦。按照心理学家的分析，常常能引起人的关注和情趣的原因大致有下面这样三类：

一是外界刺激。首先是那些与众不同的事物，以适应读者读报是以寻求新信息为目的的需要。比如，喝酒过量常常会引起昏睡不醒，这本是算不得什么吸引人的新闻事实。然而上海市一家机修厂有一名钳工，于1980年5月中旬喝酒过量昏睡至1983年5月24日，都没有醒来，便成了能唤起读者的兴趣、引起读者注意的新闻事实。1983年5月29日《羊城晚报》转发这条消息时，做了这样一则富有情趣的标题：

（肩）　上海有一个怪病人
（主）　酒后昏睡三年未醒
（副）　血压、心跳、呼吸正常，每天吃六顿

二是人的内在兴趣。即是人们对于物质生活和精神生活的实际需要。换言之，大凡那些与人的生产生活活动，与当前的任务，与从事的工作密切联系的自己所需要的东西，人们总是倍加注意，颇有兴趣。在标题的制作上就要适应这种需要，选好这个"联结点"。现在，有不少媒体关于会

议的报道，除特别重要的文件以外，一律都按照新闻稿处理，拟题也注意选好"联结点"，增强感情色彩，就亲切感人得多了。比如，1982年6月28日广州有两家报纸刊登了广州市总工会、市妇联、团市委联合召开座谈会讨论通过的《广州市人民文明公约》，标题分别是：

△　（主）　广州讨论通过《广州市人民文明公约》
　　（副）　这是全市人民共同遵守的道德规范和行为准则，七月一日开始实行

△　（肩）　请大家共同遵守道德规范和行为准则
　　（主）　做一个讲文明的广州市民
　　（副）　《广州市人民文明公约》今晨获得通过，下月开始实行

前题虽也做新闻题，但从语气和角度上看，"联结点"选得欠佳，给人以生硬、一般化的感觉；后题感情色彩比较浓郁、亲切，这就好似同志之间的提醒、规劝和勉励，读者与编报人之间思想交融，亲切之情便油然而生。

三是与人们过去的认识和体验相关联的事物。人们对自己所熟悉的事物，往往易于引起和保持注意，对有关的信息常常欲先知之而后快。在标题的制作上要尽量抓住受众的这种心理特点。比如，自从"野人"的消息在湖北省神农架传出，人们已探索多年，近些年又有哪些发现呢？1999年2月9日《海口日报》刊发了《专家否认神农架有野人》的报道。一看标题，许多对此事有所闻的人，便急切地想读下去，探个究竟。

在这里，或许有人会说，既然新闻是事实的报道，标题是新闻的骨骼，提倡标题要讲究感情色彩，是否会与此不符？我们说标题要蕴涵着作者的感情色彩，这绝对不是同标题是最主要的新闻事实的浓缩品这个重要原则相悖的。更不等于说这就可以靠堆砌辞藻来渲染、粉饰。它只能是事实的补充与升华。再有，我们的新闻报道不仅要告诉受众想要知道的事情，还要告诉受众应该知道的事理；不仅要适应受众的兴趣，还应对受众的兴趣加以引导。对于后者这类新闻，在标题的制作上就得更讲究文采和情趣，如果只靠"就事说事"制作标题，很难引人入胜。

我们所说的标题要有感情色彩，是指依据不同的新闻事实，做到该喜则喜，该忧则忧，该怒则怒，该乐则乐。强调标题要"饱含激情"，不等于要去乱堆形容词和副词，更不是要借题抒发一通，占去不少文字。常常只需在叙事达意之时，借助汉语的功能，凭着一词一字、一个肯定或反问

句、一个感叹号，也就足以收到好的效果了。

1.要发实感，不抒虚情。如：

（肩）　坐着打瞌睡，每天练长跑，冬天洗冷水澡……在全国比赛中夺得两金一银——

（主）　八旬老太施秀英，棒！

（1999年7月8日《解放日报》）

（肩）　在广州市内菜市场买瘦肉不难了！

（主）　价值规律煞住了后门风与搭配风

（1984年1月26日《南方日报》）

这两则标题全是对新闻事实的浓缩，没有一个废字，洗练的语言，再配上一个叹号，便充分表达了作者的喜悦、兴奋之情，读来很有感染力，很有气势。所以，这喜，要喜得实在，并非要乱堆形容词或副词。

2.要持之有度。注意用语的雅致、文明。

△　（肩）　市公交公司行政科长李某拒退多余住房，他说

　　（主）　要留给十四岁儿子结婚

△　（主）　老子批条子　儿子捞票子

　　（副）　张继伟光是索贿受贿达四万多元，已被依法逮捕，伊春市委副书记张明轩包庇儿子犯罪，已停职检查

利用职权牟取私利、搞不正之风，早已为群众深恶痛绝，事情揭露后，仍不改正，这就更令人气愤了。但标题的作者对李某的不正之风的"怒"，并没有使用非礼的语言，仅仅把他拒绝退房的荒唐"理由"摆出来，就颇耐人回味了。后题，那个身为一个地区的领导干部，同儿子一起搞经济犯罪，也够典型的了，而标题仅在"老子"与"儿子"、"票子"与"条子"、"批"与"捞"这些词义的褒贬、对比上，充分地表达了作者憎恶的感情。用语雅致，"怒"而不粗暴，更非辱骂，便发人深省了。

3.要有感而发，不要无病呻吟；在凝题用语上，不要过实，要有点意境美。有价值的新闻事实本身就有情趣，一般用不着再去添词增字，不需要无病呻吟。只是在把事实凝练成题时，要讲点远视，有点意境和韵味。如：

（主）　村村锣鼓响　笑语满城乡

（副）　春节期间山东各地气象新

这则标题把山东农村庆丰收、迎新春的喜人形势，生动地展现在人们

的眼前。如果不这样做题，而是就事论事，直来直去地做成"春节期间山东各地敲锣打鼓迎新春"一类的题，既难以反映当时的喜气洋洋的形势，又给人以死板、陈旧的印象。

（主）　"妈妈心、婆婆嘴、闲不住的两条腿"
（副）　王兆国叮嘱工会干部深入基层服务职工

（2004年7月26日《工人日报》）

（肩）　每天问候一声　每周探望一次　每月来趟助浴和理发服务
（主）　空巢老人将获社会关爱

（2004年2月2日《新民晚报》）

这两则题全是新闻事实的浓缩，语言朴实，没有形容词或副词的堆砌，但字里行间却充盈着社会的关爱。

4. 要着力于理解。受众对新闻的需求是既具有广泛性又有层次性的。在一般情况下，它的层次性大致表现为：信息需要——美感需要——理解需要，这样一个由低至高递进式的发展。美学的常识告诉我们：人们对美感的获得，总是伴随着对审美对象的理解。一个人、一个物、一件事、一种风尚，可能很平常并不美或者并不怎么美，但是一旦对它的意义有了深刻理解，就会产生强烈的美感。新闻事实同样存在理解的问题。在制题中，如果精确地融进作者自己的智慧、意见、认识，有助于读者对新闻事实的理解，就能诱发读者的兴味，收到引人入文的效果。

下面我们再来比较一下，同条新闻的两则不同的标题：

（主）　司机喝过酒　汽车开不走
（副）　酒敏反应器试制成功

（1983年3月8日《新民晚报》）

而另一家报纸的标题则是：

（肩）　牡丹江市仪器仪表厂二厂
（主）　试制成酒敏反应器

无疑，一项新产品问世，有一定的新闻价值，但后则题让人看不懂，即使是汽车司机也未必觉察到与己有关；而前者则立足于理解入笔，即使是外行读来也觉得兴味盎然。如果说文学艺术的任务主要在于表现美，那么，新闻的重要任务之一就在于开掘美了——它或潜或显地在受众获得信息的基础上，满足其理解的需要。

标题要做到亲切引人，还应注意准确地选用修饰语。修饰语是指对名词、动词和形容词的修饰，作定语或状语。修饰语选用得好，能使标题句子结构严密、情真意切、意义丰富。它用于叙事能使句子丰姿圆深，富有层次；用于表意，能表达细微、深刻，语言简洁、精练；用于描写人物，就能确定人物的特征、个性，点染人物的性格、品格。

七、长于表现，疏于陈述

俄国现实主义的伟大作家托尔斯泰在讲到自己的名作《战争与和平》的写作时说过："我不去陈述。我只是去表现，让我的主人公们替我说话。"要多表现，少陈述，这个要求同样适用于标题的制作。标题对新闻的内容的概括和浓缩，切忌把那些精彩的事实淹没于平铺直叙、枯燥的文字中。要想办法把静态的变成跳跃的，把枯燥的变成栩栩如生的，把抽象的变为有声有形的直观表现，让受众获得深刻、鲜明、具体的真情实感。这样才能生动、感人，引人入胜。在第二次世界大战前期，英国吃了不少败仗。丘吉尔上台当首相时，为了鼓舞斗志，曾发表过一篇有名的演说，其中有这么一句话："我所能奉献给你们的只是鲜血、劳累、眼泪和汗水。"从那以后，许多英国人都引用这句话，但都只记住了"鲜血、眼泪和汗水"，而把"劳累"一词遗忘了。语言学家认为，因为"劳累"是抽象字眼，难以捉摸，而其他三个词都是具体的，看得见，摸得着，给人印象就深。

写新闻、做标题，也必须借助于具体形象，来激发受众的想象力和感受力。这就像奥地利著名作家茨威格说过的："一般人往往缺乏想象力，除非是直接与本身有关或确实震人心弦的事，是很难使他们感动的；不过如果曾亲眼看到，触目惊心之后，即使是微不足道的小事也会付以不寻常的热情。"同样一件事情亲眼看到和没有看到，能让人感触到和不能让人感触到，所产生的影响是不一样的。不少新闻标题显得平板、枯燥、干巴，甚至"千人一面"，一个重要原因，就在于对新闻事实只有带共性的概括陈述，而少有个性的细致描述和表现。这就好似从远处看山看人，只见轮廓虚影，不见本色实貌，缺乏亲切的真情实感。而一些在标题中给人印象深刻的生花妙笔，常常在这方面有突破。

被评为1979年度全国好新闻的《"光棍堂"引来四只"金凤凰"》，从一个侧面生动地宣传了党的十一届三中全会以来农村发生的深刻变化，形象具体地宣传了党的农村政策的正确。如果这则标题，不是采用对新闻事实的个性作动态的描述，改作共性概括式的陈述性的《三中全会给农村带来深刻变化》一类题目，很自然就会使这条消息为之减色。

1999年6月12日凌晨1时15分，我国在太原卫星发射中心成功地用自行研制的"长征二号丙"改进型运载火箭，将两颗"铱星"送入太空。

（主）　一箭腾飞太空　两星漫游苍穹

（副）　我"长征二号丙"改进型运载火箭昨成功发射两颗"铱星"

《文汇报》的这则题如果去掉主题，像有的报纸那样仅以副题成题，也并非不可，只是文采顿失，动感顿失，也就无个性特色可言了。

（肩）　悠悠珠江水流淌着一支用"爱"谱写的歌——

（主）　普通人做分外事　打鱼仔变为读书郎

（1994年4月13日《羊城晚报》）

（肩）　北京大学招生历史上年龄最小的硕士研究生

（主）　14岁的王大可北大报到

（副）　只在学校接受过一个月正规教育，九岁在家学完高中教学课程

（2004年9月5日《北京晚报》）

（肩）　王勃一遗篇　楼阁寿千秋

（主）　滕王阁原来姓杨不姓李

（1999年6月25日《海口日报》）

这几则题的引人之处，主要在于一反过去这类新闻标题常是就事叙事的窠臼，在标活事实、勾勒画面、富有诗情画意上下了工夫。

有句成语叫做"诗中有画"，它源于我国唐代著名诗人、画家王维的诗歌创作的主要特色。王维的山水田园诗，色彩明丽，景象鲜明，首首皆可入画。北宋文学家苏轼在评论王维在诗、画方面的特色时，说："昧摩诘之诗，诗中有画；观摩诘之画，画中有诗。"意思是说：读王维的诗，诗里富有画意，看王维的画，画里富有诗意。王维这种把诗歌与绘画有机地结合起来，使之充满诗情画意的创作方法，很值得我们制作标题时予以借鉴。让新闻标题，都尽可能地富有诗情画意，让读者见题思人忆事，触物生情，由此及彼，思绪不断，以增强接近性和感染力。这里所说的"诗"，即"意"或"情"，是作者在标题中所要表达的思想感情；"画"，即"境"或"景"，是作者用文字描绘与浓缩新闻事实的画面。这种意藏境中，画中寄意，意不浅露，语不穷尽，从而造成一种艺术意境，一下子就能把受众的视觉、听觉和思维器官都调动起来，产生出"不

标题的制作理念与艺术技巧

寻常的热情"来。这样的标题给人留下的印象，不再是平板的，而是有声、有色、有动感的立体的实体；不再是干巴的，而是以实托虚，耐人寻味。

1982年2月《北京日报》记者通过长途电话核实并报道一件生动感人的事实：云南省京剧院著名演员关肃霜等9位演员，隐姓埋名23年，月月寄款赡养北京的一对失子老人，题为：

（主）　社会主义社会人与人关系的生动写照

（副）　关肃霜等9位演员23年月月寄款赡养在京的一对失子老人。

（1982年2月17日《北京日报》）

主标宣传味太浓，也令人难信服；副题平铺直叙，缺少修饰。后来，《文汇报》在编发这条新闻时，题目就做得具体、生动、引人：

（肩）　痛失独子生计难　远方月月汇款来

　　　　隐姓埋名廿三载　急公好义竟是谁？

（主）　原来是关肃霜等九位热心人

这则标题，不就是一幅生动的画面！它活灵活现地把主要新闻事实勾勒出来了。据说，这则标题在读者中引起强烈的反响，十之八九的读者看了标题，都想再进一步看看这9位情操高尚的演员的详细事迹。

标题要更好地发挥传播信息、吸引受众的作用，这就要求我们考虑到新闻价值的时候，也要注意它的美学价值，让受众在美感中加深对新闻的吸引力。在美学上，美感的基本点之一，就是形象的直接性和可感性。离开具体的形象，美感就不存在。所以标题富有形象性，受众就有实感，使人读之有兴，思之成趣，印象就深刻。因此，标题的制作一定要着力于表现，着力于对新闻事实忠实地进行形象的摹写，如实地把事实本身的生动性、形象性再现于受众面前，而不应该首先想到去陈述它。1982年1月28日《解放日报》有则标题：《紧急！两架客机突遇大雾，安全！幸有海军热情导航》。这则标题被评为1982年度的好标题，它之所以好，主要在于一反过去这类社会新闻常是就事叙事的旧窠，在标活事实、勾勒画面上下了工夫，读来饶有兴味。它先以一行黑体字标出险情，说明问题的严重性；再用一行楷体字表明已化险为夷，有惊无险。这惊险交织，一起一伏，一危一安，真是让人如临其境，扣人心弦。这就比那类"两客机遇大雾安然无恙"一类静态式的陈述题鲜明得多，引人得多。

1982年2月27日《浙南日报》有则批评商业工作中的不正之风的标题：

(肩）　市民普遍反映买鱼难，那么——
（主）　鱼都"游"到哪里去了？
（副）　二月九日，在小南码头查获了大批转手倒卖的冰带鱼

　　主题中与新闻内容紧紧相连的一个"游"字，让"冰带鱼"也"活"过来了，使整则标题都动起来了，构成一幅画面。紧跟着，副题又是一个画面，鲜明地道出问题的奥秘——存在于其中的不正之风。这则标题，通过多幅画面，既形象、生动、具体，又严肃、有力地把需要引起警惕并加以切实解决的问题尖锐地披露了出来，从而使读者为标题中的一幅幅画面所触动，与作者的画中寄意产生共鸣，不得不去阅读正文。

　　相反，把"游"字从主题中删去，固然单就语句上看，似乎无关紧要。接着，副题也用陈述的手法，直述其事，它的生动性和鲜明性就相去远矣！

　　我们说标题要尽量做到富有诗情画意，这倒并不是说每则题都一定要勾勒出一幅画面。事实上也做不到，也不必要。但至少要做到尽量少用平板的语气做陈述性的标题，要多采用画像描述式的方法，即使是为时空跨度都很大的非事件性新闻做标题时，也得尽量想办法（包括借助各种修辞手段）使抽象的事物具体化，使概念的东西形象化，使之具有可视性和动态感，以诱发受众的兴味和注意。

　　1980年7月13日有些报纸刊登国家电视广播教育有了很大发展的消息，有的报纸就用了《我国电视广播教育有了很大发展》一类陈述性的标题，显得一般、空泛、缺乏引人的魅力；而《光明日报》在刊登这条消息时，以《"空中课堂"受欢迎，百万人得到教益》为题，就比较具体、形象地概括了这条新闻最主要的事实。

　　保护鸟类与植树造林一样，是关系到维持生态平衡、造福子孙的事。我国许多城市都开展了"爱鸟周"的活动。一些报纸报道这项活动时，单从标题的宣传效果看，也是大不一样的。

△　（主）　保护鸟类造福人民
　　（副）　本市举行"爱鸟周"宣传报告会
△　（主）　劝君莫打三春鸟　子在巢中盼母归
　　（副）　市林业局园林局举行爱鸟周书画会

　　前者，纯系陈述性的标题，显得空泛、一般化，缺乏感染力；后者却标出了"爱鸟"在作者思想上引起的具体反应，能在理智和感情上诱发人

标题的制作理念与艺术技巧

们产生对它的关注。

有一段时间，许多报纸针对会议成灾的问题编发了一些改进会风的消息，所用的题目往往大同小异，诸如某领导机关下决心、定措施、缩短会期等等。可《羊城晚报》报道广州铁路局改进会风的消息，却别开生面地做了这样一题：

（肩）　秀才不再磨秃笔　后勤无须跑断腿
（主）　六天的会议个把小时开完

这则标题之所以引人，主要在于作者没有就事论事使用陈述性语言做一则静态式的标题，而是糅合了自己对改进会风带来好处的具体感受，凝聚成一则动态性的标题。所以一扫老调，下笔出新，颇具特色。

动态与静态，是世间万事万物存在的两种基本形态。静是相对的，动是绝对的。而世界上的一切事物，无时无刻不在变动中。动中萌发生命，动中蕴涵着生活的真谛，动比静更能打动人。高尔基在讲到文学作品写作时说："要使艺术作品具有令人信服的教育作用，就必须使主人公们尽可能多做事，少说话。"同样，在标题制作中，也须善于抓住描写对象富有典型性的、外在的具体动作，把"心灵的生气"灌注其中，从而揭示它的内在特征，使之形象、鲜明、生动，思想情感强烈，或沁人心脾，或豁然耳目，是至关重要的。在1984年洛杉矶奥运会上，我国女排战胜美国女排夺得了"三连冠"，《羊城晚报》在报道这一重大喜讯时，题为：

（主）　女排奏捷　场面感人
（副）　荣高棠大叫：郎平不要哭，要笑！

（1984年8月8日《羊城日报》）

题中这个典型的动作蕴涵的丰厚，恐怕再多的语言也是难以叙说得清楚的。

俗话说，人非草木。人作为有理性的高级生物，是有感情的。所以，人们对新闻的需要既有认知上的满足，又有感情需要。而这种感情需要只有面对可感的事物情状才能触发、才能获得。因而，制作标题强调要长于表现，将进入题中的人、事、物，运用语言文字将其可感知的具体情状表现出来，给人以见景生情的联想，其用意也在于此。

当今之世，随着传播工具的现代化，广播电视、网络新闻的勃然兴起，它正在影响着人们的生活习惯和阅读习惯。在今天人们对文字新闻既要求它能提供各方面的信息，也相应地要求它能像听广播，特别是像看电视新闻那样，能从中得到更多的形象美的享受。这样在标题的写作中，就不能只满足于用简练的语言把事实讲清楚、被动地把信息塞给受众就行了，而是要主动地去吸引受众，让受众像欣赏艺术品那样获得美感。在对信息的表达方式上，就不能仅限于语言叙述这一种方式，在可能的情况下，则应更多地选取那些最能凝聚新闻信息的具体形象来传递信息。

八、多用动词，务去粉饰

文章要写得富有文采，有感染力，诀窍之一就是要多用动词。在汉语词语中，动词是最富有生动、活泼的因素。新闻界有位同志说得好：动词用得得心应手，恰到好处，这就像一张优秀的照片往往能使一千个形容词相形见绌。北宋政治家、文学家王安石巧用了一个"绿"字，使得"春风又绿江南岸"成为传世名句；《左传》上有篇新闻体散文《曹刿论战》，全文不过200余字，可动词却用了56个。曹刿这个人便栩栩如生地站立在历史读者面前，已经2000多年了。

写文章是如此，要制作富有感染力的新闻标题更要如此。在制作标题上，经过精选的最有新闻价值的事实确定之后，就得选用最确切的、最有个性的动态语言来表达它，让其字字都落在实处，字字都掷地有声。在这里，那些华美、起粉饰作用的形容词往往是拙笔、是累赘而无力的，而富有活力的动词则常常能使文句简练而传神。有句俗话说："一石激起千层浪。"在制作标题上，要尽量少用形容词，多用动词，这就叫做：要用那有形有声的"一石"，让整个标题都"动"起来，去激发读者心灵中的"千层浪"。1981年5月1日《辽宁日报》有一篇讲服务行业制定的服务公约不要只是挂在墙上，而要落实在行动上的文章，用了《让措施从墙上"走"下来》这则标题。真是一字出奇，妙笔生辉。一个动词"走"，让整个题目都"活"了起来。

1982年5月3日《工人日报》一版上有这样一则标题：

（肩）　老工人任伯渔上书人大　厂领导不护短认真整顿

（主）　一封批评信"拣"回财富十五万

主题里那个"拣"字，用得多么精巧，它大大地增强了标题的感染力。

1981年11月间，我国女子排球队夺得第三届世界杯女子排球赛冠军，11月17日各报都在一版头条位置刊登了新华社16日播发的这条消息，但标题不一样，仅以主题为例：

标题的制作理念与艺术技巧

《人民日报》：中国女排首次荣获世界冠军

《工人日报》：中国女排荣获第三届世界杯赛冠军

《黑龙江日报》：我国女子排球队夺得世界冠军

《羊城晚报》：我国女排首次登上大球世界冠军宝座

相比之下，《人民日报》和《羊城晚报》的标题显得准确精练些。特别是《羊城晚报》的标题，尤为鲜明，响亮。至少有两点与众不同：一是意境深，内容宽，指明我国大球（篮、排、足）第一次夺得世界冠军；另一点就是动词"登"用得巧，巧妙地点出了女排夺魁不易。

《辽宁日报》有则题：《苏州名菜，飘香沈阳》。一个传神的"飘"字，把沈阳人民喜爱南国名城苏州名菜佳肴的情景，点得活灵活现。

"走"、"拣"、"登"、"飘"，这都不过是些寻常的字词，然而配搭得精当，却能收到独特的效果。请看：一个"走"字，既鞭挞了那种"说归说，做归做"的坏作风，又倡导和体现了我们党的言行一致、说到做到的优良作风；一个"拣"字，既说明了厂领导干部能认真听取群众批评的正确态度，又点明了它产生的实际效果；一个"登"字，既点出了我国女排取得的不寻常的成就，又包含着通往胜利道路上的险阻艰辛；一个"飘"字，既省去了许多的笔墨，又意深情长，有着浓郁的生活气息。这一字一词，看来平平常常，然而用得恰当却能平中见奇，常中见新，耐人回味。可见，在标题的制作中应多锤炼动词，一般地说，主标中句子的关键部分是作谓语的动词，谓语动词锤炼得好，可以使标题语言活泼逼真，富于动态。

（肩）　2米33　轰动新德里的一跳　振奋民族精神的一跳

（主）　朱建华成为今年世界上跳得最高的人

（1982年12月2日《体育报》）

题中连用三次动词"跳"，让事、理、情都活起来，动起来，立起来了。

加里宁在讲到写作时，说："说的话越抽象，他的意思离具体事物越遥远，那他所造成的印象也就越发微小。"应该说，一则好的新闻标题是临近于所要表现的事物的。即使是在所要表现的是事物的性态时，也要尽量做到用有特征的动作说话，而不是靠现成的概念去说明它。因为靠华丽的辞藻，去形容、粉饰，是不会给人以真情实感的。如一说漂亮，就信手拈来"眉清目秀"；一说快速，就随手装上通用机件"疾如闪电"。这些词语，虽说用起来很方便、省力气，但由于离新闻所要反映的具体事物的特性遥远，因而也就不吸引人，缺少感染力。

那么，什么是客观事物所具有的共同的特性呢？按照辩证唯物论的观点，事物处于不断的发展变化之中，这是事物的根本特性之一。而新闻的本源就是变动着的客观事物，新闻即是变动的客观事物的反映。从这个意义上说，我们的新闻报道，无论是报道动态的、反映成就的、批评缺点的、研究问题的、传达精神的，都是一幅幅现时代的动态画。作为新闻的"眼睛"的标题，同新闻写作的本身一样，当然要体现这种客观事物的性态，除前面讲到的，要长于表现，使之具有个性特点的"物化"外，还必须"动化"。

有一位部队的作者在讲到自己的写作体会时，说过这么一件事：有一次，他写一位妇女听到自己在边防部队服役的丈夫牺牲时的悲痛心情时，曾先后写过三次：

她听到丈夫牺牲的消息，悲痛万分。

她悲痛地呼喊："老强啊（丈夫名），老强！"

她昏倒在地，呼唤着死去的丈夫。

第一次用的是现成的"悲痛万分"的抽象概念，极力渲染悲痛的情绪，但对读者却很难有形象的感染；第二次虽说写了呼喊的声音，悲痛的心情表现得形象些了，但仍显得一般化；第三次尽管没有夸张的陈述和喊声，也找不到"悲痛"二字，但写了"昏倒"和"呼唤"两个动作，悲痛的气氛却跃然纸上。

制作新闻标题也应当善于用富于特色的、耐人寻味的动作去说话，特别是要善于用那些偶然难得而又含义深远的动作去说话。《解放日报》曾发表过一条颇为引人的短新闻，说的是一辆公共汽车上的女售票员，如何对待一个无理取闹，往自己身上吐痰的小青年，从而引起了这个青年自责的事。新闻做了一则用动作说话，情景交融，生动感人的标题：《冷静擦去一口痰，微笑震动一颗心》。

其实，作题为文，要多用动词，务去粉饰，可以说是自古及今许多名家行文时的一致主张。黑格尔就明确地说过："能把个人的性格、思想和目的最清楚地表现出来的是动作，人的最深刻方面只有通过动作才见诸现实。"我国南北朝时著名的文学理论批评家刘勰在他早年写成的《文心雕龙·情采》里，在谈到如何使文章写得动情感人时，指出："为文者淫丽而烦滥"，"固知翠纶桂饵，反所以失鱼。"意思是说，文字修饰过分，

标题的制作理念与艺术技巧

反而会显得烦琐和浮泛。这就像用青丝带做钓丝，用肉桂做钓饵，反而钓不到鱼。

新闻的魅力在事实。新闻标题能否引人，固然也在于事实本身的新闻价值；但深刻的思想能否表现出来，感人的事实能否简练而生动地勾勒出来，遣词用语却起着重要的作用。这里重要的是要尽可能使用动词。动词给人的印象实际、生动、形象，能增强语言的朴素和立体感；形容词虽然也能够限定和概括事物的性质，但在标题这个字数极为有限的狭窄的天地里，它往往只能给人以抽象和含糊不清、不具体的感觉，很难使人"就像看到可以触摸的实体"（高尔基语）。借助形容词的描绘、粉饰甚至拔高是难以奏效的。这就像国外有的新闻学著作说的那样："气温高达38度"，就比"天气很热"要明确有力；"掌声持续达十分钟"，就比"掌声雷动"更形象、动人；"46000名球迷挤满了运动场的看台"，就比"成千上万"给人印象深刻得多。写新闻，做标题，不外乎就是写人写事，如果是用形容词堆砌起来，出现在受众面前的，也不过是服装商店里的"模特儿"，看上去花枝招展，其实不过是个木偶。一句话，少用形容词，多用动词，如果使用得当，能使文字凝练活泼，拟人能使形象栩栩如生，状物能使场景活灵活现，以至达到出神入化的境界，这是使标题生动活泼的不可缺少的一环。

△ （主） 尝尝海岛的水　摸一摸战士的被
　　（副） 某联合调查组设身处地为驻岛部队解决困难

△ 路基塌方轨枕悬空　危险
　　巡道工冒雨拦列车　有功

△ 烟头灼臀　少妇惊怒
　　扯掉衣袖　老叟急逃

这几则题可贵之处在于有动感的引人魅力。

古人说："繁采寡情，味之必厌。"真正好的新闻作品必然是充满诗情画意的，就像苹果饱含果汁一样，必须饱含着时代的精神、现实的风貌。新闻作品同文学艺术一样，归根到底都是要反映生活、再现生活的，都是要让读者瞻其言而见其貌的。只不过两者所使用的手法不一样。文学艺术再现生活的手段，是作者通过想象和虚构，把分散、零碎的生活现象经过捏合、塑造，熔铸成鲜明的文学形象，从而更集中更典型地再现现实生活。而新闻作品的再现，则是作者把通过采访得来的真实材料，经过分析、选择,把那些富有典型意义的事实如实地、形象地、近似原貌地反映出来。一句话,文学艺术的再现,是加工塑造的艺术形象的再现;新闻的再现,是真人真事的再现,是描摹特定形象和画面以再现现实生活。

那么,当我们从大千世界撷取寸山勺水制作成标题时,怎样才能把它再现给读者呢?这个问题涉及的方面比较多,前面也讲过不少了,但还有一条必须特别提及:这就是要着眼于新闻事实的本质特征,要着眼于"动"和"变"。英国著名的思想家培根在《论美》中就说过"……在美方面,相貌的美高于色泽的美,而秀雅合适的动作的美又高于相貌的美。"只有这样,我们的新闻标题才有可能呈现出千姿百态的生动、引人的局面。

当前,改革新闻,改革标题,改进文风,关键在于"活"字上。要做到"活",是离不开这个"动"字。除了在语言的运用上,要着力于动,运笔于动外,最重要的是要求标题的制作者,要学会用"动"的眼光去分析和选择新闻事实,要勤于动脑,善于捕捉住那些最富有典型意义的动态性的侧面。《湖南日报》曾发表一篇批评商店经营作风差、管理混乱的新闻,题为:

怪哉! 营业员聊天出差错　反要顾客赔钱
　　　　采购员走私被逮捕　竟有领导慰问

两个动态性的排比句,语气短促,语气铿锵,激愤之情,溢于言表。

(主) 申城下水道日"吃"垃圾六十吨
(副) 已成为影响水质和排水速度的一大隐患

(1999年6月14日《文汇报》)

一个"吃"字,整则题都动了起来,寓意与意境也尽在其中矣!

九、评点事理,立言达意

写诗为文讲究词以达意,崇尚准确、鲜明,切忌吞吞吐吐、模棱两可,这是我国璀璨文化的传统。这也是制作新闻标题必须注意的一个重要问题。

新闻标题要用事实讲话,要言之有物,这是毫无疑义的。但用事实讲话,并不等于就事论事,而是要有鲜明的倾向性,明确地表示赞成什么,反对什么,表扬什么,批评什么,做到爱憎、褒贬、是非分明。一个好的新闻标题,既要善于抓住新闻中最主要的事实在标题中予以突出,又要善

标题的制作理念与艺术技巧

于巧妙地加以评点,一针见血地指出问题的关键,鲜明地表明自己的倾向,使标题有高度的思想性。这样做,是否会与新闻标题要用事实讲话,是新闻事实的浓缩品有矛盾呢?我们说,这是不会的。

新闻绝非无情之物,好的新闻作品(包括标题)对受众不但要告之以事,还要动之以情,给人以美的满足。说好,要能使受众喜上心头;揭丑,要能使受众怒不可遏;讲哀,要能使受众悲忧不已;谈乐,要能使读者眉飞色舞。一句话,标题必须鲜明地渗透办报人的立场和倾向,要讲究精巧。照通常情况来说,标题要表达编者的这种炽热如火的思想倾向和强烈的爱憎,应当巧妙地"用事实去借喻、去暗示,深藏若虚,欲吐不露,而不要直接地说出"。但是,实际情况并不全然如此。有的新闻标题,编者直接表明它的倾向性,就比纯客观地单纯靠事实去借喻、去暗示要好得多。这样,既能帮助受众加深对新闻意义的理解,又可以说出受众想要说而且非说不可的话,给人以亲切感。例如,对于先进、模范人物的卓越行为,能不用点字词去赞美它?对于卑劣、势利人物的丑恶行迹,能不耗费点笔墨去贬斥它?倘若不这样做,往往会使受众要么感到美中不足,要么感到憋气、窝火,没有完全表达出他们的思想感情。现实生活说明,在制作标题时,注意虚实结合,坚持既用事实说话,又能标出新闻的背景或评价它的意义,善于抒情达意,从而就能增强标题的感染力和宣传效果。在《解放军报》评选出的好新闻作品中,有两则引导青年战士正确对待恋爱、婚姻问题的新闻:《未婚妻嫌贫爱富不足惜　白班长正确处理品德高》、《青年女工爱情纯真　战士李军安心服役》。这两则新闻不仅角度选得好,写得扎实,标题也做得醒目、鼓动性强。这两则标题,分别标出了两个姑娘对待自己的未婚夫的不同态度,标题的制作者以事实作基础,适当地加以评点:一个从反面对嫌贫爱富的"高价姑娘"进行了针砭;一个从正面对忠贞不渝的纯真爱情进行了歌颂。前者的评点仅用了"不足惜"三个字,后者只有"纯真"两字,旗帜鲜明,使标题增色不少。

再说,新闻的发布,绝不仅仅限于传播事实本身,而归根到底是要通过新闻事实的传播,以宣传和传播一种思想、观念、观点为目的。但思想、观点、观念是抽象的,要使之为宣传对象所接受,就要求把抽象转化为具体。按照心理学的观点,人们接受某一事实比接受某一观点容易得多。事实越具体,越生动,就越有感染力,就越能被人们所接受。所以,强调新闻、新闻标题必须用事实说话,一定要"实";但是,如果忽略新闻发布的根本目的,只从具体事实出发,没有政策观点和鲜明的思想性,就会流于就事论事,也会平淡无味,引不起人们的趣味。现实生活中,常有这样的事情,一条新闻、一则标题,同样的事实,往往因为政策观点与思想性的高低、深浅、宽窄的不同,其社会效果相差是很远的。有鲜明的思想观点与倾向,才能震撼人的灵魂,开阔人的视野,丰富人的思想,树立人的信心,鼓舞人的斗志;反之,再生动的事实,如果仅仅停留在事实的表述上,也会使之逊色,甚至失去光泽。例如:

(肩)　光当"和尚"不"撞钟"　无力开创新局面
(主)　对这样的企业领导怎么办?
(副)　抚顺市家具公司不迁就不外调,就地免职,另选高明,一批长年亏损的工厂很快扭亏转盈

标题的内容是很有新闻价值的。肩题的前句交代了新闻的背景,后句鲜明地表示编辑部的态度;主题以提问式进一步把矛盾挑出来,副题再用新闻事实作回答。整个标题旗帜鲜明,有气势,鼓动性很强,颇能引人注目。反之,如果不这样处理,而是就事论事,即便有了这么重要的新闻事实,仍不免淡而无味,难以引起人们的震动。

新闻如同粮食一样,同为人类最早的生活要素。大致说来,自人类社会形成到人们开始使用简单语言表达思想的时候起,就有了新闻的需求。这种需求并随着社会生活的发展而发展,从来就不是凝固不变的。当今之世,随着科学技术的进步,社会生活的发展,以及人们文化水平的提高,对知识和信息的渴求,那种单纯告之以事的新闻已经不能完全满足需要了。他们希望新闻的写作者能对一些重要的事实加以精粹地解释和分析,并对它的发展作出一些预测。可以说,事实、原因、趋势,这是受众在当前形势下,对一部分重大新闻的新需要。我们在写新闻、做标题时,不能不顾及到受众的这一新需求。

一位老新闻工作者曾经说过:标题是新闻与评论的衔接点,报纸对新闻的褒贬都在里面了。一条好的新闻标题,可以补新闻之不足,也可以抵得上一篇评论。这话是很有见地,很有道理的。

(肩)　最近某媒体一则题为《生"二胎"呼声渐高,专家建议推出过渡生育政策》的报道,迅速被各大媒体转载,让老百姓对这一施行了20多年的计生政策失去了判断——
(主)　不成熟的"专家建议"慎抛社会

标题的制作理念与艺术技巧

(2004年10月21日《新民晚报》)

在人们对知识和信息极度渴求的现代社会，在一般问题上媒体向社会发布"专家意见"是多多益善的，既是一种专业知识的普及，又是一种科学的引导。可对于计生政策这个敏感的公共政策，这个关系到每家每户的基本国策，这个对于社会结构牵一发而动全身的政策，还是由政府来发布信息最好，不成熟的"专家意见"应该仅仅局限在不影响政府决策这个小范围内。主标题旗帜鲜明的点评，就是对一种信息误导的澄清，作用非同小可，读者能不爱看？！

或许有的同志会说，像这么明确做这种评论式的标题，直接由编者、作者出来"指手画脚"，不会引起受众的厌弃吗？应该说，这种担心有些道理。这就提醒我们在制作标题时，一定要从实际出发，不能胡乱随意评点。反之，对于一些政策性、政治性很强的重要新闻，言到要处不加评点也不行，关键是要能说出群众心里想要说的话，要恰到好处地评点到群众的心坎上，就能引起读者的共鸣。要不然，该讲的话不讲，该点的不点，读者看后反而会感到心里"憋得慌"，气会不顺的。

（肩）　北京市第一服务局五讲四美检查组行为不美
（主）　明知故犯吃特殊饭
（副）　陈爱武在职工支持下坚决反对不正之风

五讲四美检查组自己不讲"五讲四美"，带头搞不正之风，吃"特殊饭"。标题以"行为不美"、"明知故犯"，予以评论，说出了人们心里想要说的话，评得理直气壮，给人以很大的激励和鼓舞，很吸引读者，收到了很好的宣传效果。

再比如，《光明日报》在报道我国第一个徒步万里考察黄河的杨联康的事迹时，就以《壮哉！杨联康》为题。《解放日报》在发表上海一家酒厂工人写信批评领导的不正之风时，就用了《工人一封信，书记酒中醒》为题，都收到既褒贬分明又生动有趣的好效果。

（肩）　残杀八人　死有余辜
（主）　赵连荣被判处死刑

(1999年7月3日《北京晨报》)

赵连荣入室抢劫财物，凶残地杀死同住一室的八位打工妹。《北京晨报》的这则标题用肩题加以点评，表达出了作者和读者胸中的义愤。

一则好的新闻标题，是要用生动凝练的语言，说清事实，标明倾向。

但这种"标明倾向",绝不是离开事实,靠堆砌些词句硬贴上去;更不是每条新闻标题都要编辑、作者去加以评点。更多的情况下是要在直标事实的前提下,从新闻事实中渗透出作者、编者的立足点、出发点来。即使需要标明倾向,也要善于借事立言。俄国科学家巴甫洛夫在《给青年的一封信》中,在讲到科学与事实的关系时说:"无论鸟翼是多么完美,但如果不凭借空气,它是永远不会飞翔高空的。事实就是科学的空气。你们如果不凭借事实,就永远不能飞腾起来。"如果把这个比喻借用到新闻标题制作上来,事实就是新闻工作者的"空气",新闻工作者的"言",只能立于物之上。

(肩)　送科学下乡有功　帮助农民致富光荣
(主)　十一位农业科学家受表彰
(副)　农牧渔业部中国农学会和首都六家新闻单位联合举行表彰座谈会

这则标题的制作者的"言",字字都是立于事实之上的。"有功"、"光荣"、"受表彰"这样的字眼,都是建立在"送科学下乡"、"帮助农民致富"这些客观新闻事实的基础上。它也鲜明地表明了编辑的政治态度和思想感情。

那么,对什么样的新闻在制题时需要注意适当地加以评点,或者是话到嘴边不得不说呢?一般地说有这样几种情况:

①对新闻中第一次出现的有普遍意义的新思想、新观点、新风格、新事物,编报人在标题中往往会抑制不住自己的激情,要加以必要的评点,用以发挥倡导、启迪和支持的作用。1979年上半年,在当时经济工作中"左"的倾向还没有得到根本纠正的情况下,《北京日报》刊登了北京绢花厂按照经济规律搞生产的新经验,题为:

(主)　利润留成促进了生产
(副)　绢花厂利润连续上升　六月份创历史最好水平

这则以虚题为主的标题中,作者用"促进了生产"几个字,对"利润留成"这一新的做法给予明确的肯定和支持。这就有助于帮助读者去明辨是非和对新闻阐明的事物应持的正确态度。

(肩)　今天喝"茶"明天涂"皂"　盲目跟风越"减"越糟
(主)　减肥应是一种医学行为

(1999年6月7日《文汇报》)

如今减肥"市场"越来越大,带动的人越来越多,但知道减肥是一种

标题的制作理念与艺术技巧

医学行为的人却很少。专家指出,肥胖症是一种由遗传、环境、行为等多种因素造成的疾病,减肥者盲目跟着市场走的做法是错误的。《文汇报》用主题表达了对一种新的认识的肯定与倡导。这是新闻报道应持的正确态度,有助于读者明辨是非。

②根据新闻的内容和导读舆论的需要,用精当的语言加以评点或加以倡导;或揭穿假象,揭示问题的本质;或尖锐地提出问题,发挥新闻标题的战斗力。

在商场上,时下要是谁再拿"跳楼价"、"杀头价"等幌子来糊弄消费者,恐怕已很难奏效了。于是一些商家又给消费者设置五花八门的"新迷魂阵"。1999年7月3日《解放日报》就此发文予以披露,题为:

（肩）　故弄玄虚　先礼后兵　欲擒故纵　求怪猎奇
（主）　做生意还得讲诚实

肩题列举了几种"新迷魂阵",主题"做生意还得讲诚实",既是对商家的告诫,也是对消费者的提醒,面对令人眼花缭乱的"迷魂阵",要擦亮眼睛,看个真切。

③为扫除在贯彻党的方针、政策中的障碍,纠正正在出现的某些不良倾向,用精当的语言加以评点,及时地发出警告,以引起社会舆论的广泛注意。不然,单靠新闻本身,难以有这样鲜明的鼓动性,也难以收到应有的效果。

（肩）　兰州一高校顶风向考生要钱,不交钱拒不退档
（主）　三万元堵死女孩求学路

（2004年9月5日《北京晚报》）

向考生乱收费,教育部刚发文明确制止。这所学校拒不执行,为所欲为,手段极为恶劣、可恨!不交三万元钱,不发录取通知书;不交三万元钱,退学退档另寻求学之门吧,也不成。这简直是胆大妄为,不曝光,不点评行吗?

④对于内容富有迫切性和紧迫感的新闻,标题为要能传达出这种紧迫、急切的情绪,也得适当评点,以唤起人们迫在眉睫的急切感。

（肩）　破坏性装修后果严重　豆腐渣工程人为造成
（主）　坍楼:与住户有关!
（副）　加强对住房装修的管理,是当前物业管理的一个突出问题

（1999年6月11日《文汇报》）

说到坍楼事故，人们往往是归咎于房产开发商的设计缺陷和建筑施工粗滥，殊不知坍楼也与住户的"过度装修"造成人为的"豆腐渣工程"有关。这则题足以令人感到问题的严重性与必须立即解决的紧迫性。

应该说，人作为血肉之躯，当然不能脱离人间的凡俗生活，但作为要用正确舆论引导人的新闻及其标题，就得有点超越凡俗的气质，要有飞凌更高一点的境界，要将顺应历史发展的理念、规范、胆识灌注于一切生活领域之中，使自己笔下的所有作品，即使是极为琐屑的生活报道，也流溢着奋进盎然、健康愉悦的情趣。

（肩）　自强诚可贵　真情价更高
（主）　下岗女工杨馥有帮下岗姐妹找回"饭碗"
　　　　　　　　　　（1997年11月21日《宁夏日报》）

（肩）　怕风险求保险险象环生
　　　　闯风险变保险万象更新
（主）　徐州针织总厂一只只"天鹅"飞向世界
　　　　　　　　　　（1998年2月26日《新华日报》）

（肩）　因循守旧是困境　一朝醒来是坦途
（主）　当阳国企解困得益解放思想
（副）　盘活资产近四亿　新增税收四千万　安置职工四千多
　　　　　　　　　　（1998年2月5日《经济参考》）

这些标题的内容涉及各个领域，如果它们有什么值得称道的共同点的话，那就是较好地体现了既示人以事又授人以知这个制题原则。

十、平易亲切，望文生欢

有人在观察人们日常交往中，曾得出过这样一种印象：大凡性格开朗、活泼风趣的人，使人乐意接近；而那些性格孤僻倨傲、过于严肃死板的人，则让人避而远之。

有位新闻工作者在调查了解读者的心理状况后，有过这样一个论断：人们阅读报纸时，心里总是抱着"我来接受教育"的人，虽说也有，但不是多数。

写新闻，特别是立于文章之首、有"门面"之称的标题，要让人望文生欢，切忌使人望文生厌；一定要清除"四人帮"时期那种"大批判开道"的动辄整人，或板着面孔训人的坏文风，让人们在欢乐的心境中，甚

标题的制作理念与艺术技巧 >>>

至在爽朗的笑声里受到教育和启发；让新闻的内容和思想观点，最大限度地被群众所接受，达到最理想的宣传效果。近些年，随着新闻的改革，在让标题也带点"笑容"的呼声下，确实出现了一些让人生欢的好标题。

1979年9月6日《人民日报》为一出来京演出的豫剧《唐知县审诰命》发了条评介性的新闻，标题就用了那位初涉宦海、平易近人的知县唐成悬在高堂的画幅的题款：《当官不与民做主，不如回家卖红薯》。真是意趣横生，让人读了感到平易、亲切。

旧历的辛酉（金鸡）年，电影界在杭州举行"金鸡"奖、"百花"奖授奖大会。《文汇报》和《羊城晚报》在刊登这条消息时，抓住特点从不同的角度，做出了有独到之处的标题。

《文汇报》的标题是：

（主）　影人闻"鸡"欢舞　银坛鲜花簇簇
（副）　"金鸡"奖和"百花"奖授奖大会昨在杭举行

《羊城晚报》的标题是：

（主）　"金鸡"报喜　"百花"盛开
（副）　电影"金鸡"奖"百花"奖昨晚在西子湖畔授奖

两则标题，都寓理于事，生动有趣。读过之后，如身临其境，使人享受到一种乐趣。如果仍按前些年那种板着面孔，用官腔官调，作出类似鉴定、公告式的题目，就逊色得多了。

一些社会新闻的标题，更是做得饶有兴味。如，1989年5月26日，意大利赴墨西哥演出的一马戏团，当运输马戏团"演员"的车辆行进在墨西哥城和奎尔纳瓦卡市之间时，因笼门未关好，两头狮子半途跳下车。体重150公斤的大狮子闯进一个兵营附近的村镇，村上有700多户人家。傍晚时，许多人正在村边谈笑风生，突然看到狮子奔来，个个吓得惊慌失措。失去主人控制的狮子本性显露，吼声震天地扑向人群，眼看就有大祸来临，此时正好有一士兵路过，开枪将狮子打死。另一头100公斤重的小狮子被麻醉枪击中，送往动物园。

编者据此成题：

马戏团"演员"出走　村镇里雄狮怒吼

（1989年5月28日《文汇报》）

或许有的同志会说，像上面这类指导性、思想性不那么强的新闻这样做题似乎可以，对于那些政治思想性强，尤其是牵涉重大方针问题的新闻，就应该严肃、庄重、正规了。这无疑是对的。但是从语言角度来看，严肃，绝不是要板着面孔；庄重，不等于死板；正规，绝非老套。同时，就政治本身而言，也不是单一刻板的，而是丰富多彩的。反映政治生活的新闻标题也不应该总是过于严肃、庄重，而应该做得新鲜喜人。其实，报上已有不少这样的新闻，同样作出了饶有兴味的好标题。

△　（肩）　绯闻案电视作证
　　（主）　克林顿"招了"

△　（主）　叶利钦老矣，尚能饭否
　　（副）　百病缠身总统再无往日雄风，俄人要求叶利钦下野呼声高

这两则新闻虽不是正式场合的外交新闻，但也是重要的国际政治新闻，标题同样可以作适当的"软处理"，让人读来感觉言简意赅、兴味盎然。

1982年1月24日新华社播发了春节团拜会上，党和国家领导人同首都各界人士欢聚一堂，辞旧岁迎新春的消息。次日各报都在一版突出位置见报，但标题却大不一样。

《光明日报》的标题是：

（主）　党和国家领导人与首都各界五千多人举行春节团拜会
（副）　胡耀邦主席主持团拜会，祝贺大家身体健康、新春愉快

李先念讲话，强调今年在建设社会主义物质文明和精神文明方面要争取一个较大进展要着重抓两件事，一是精简机构，克服官僚主义，提高工作效率；二是要严肃处理经济上的和其他方面的重大犯罪案

朱学范、胡厥文、许德珩、董其武、费孝通、马海德、马壁在会上讲话，向全国人民热烈祝贺节日

而《人民日报》在制作标题上就打破了以往处理会议消息那种拘谨生硬、老套刻板的格式，做了这样的标题：

（肩）　党和国家领导人同首都各界五千多人欢聚一堂
（主）　座上清茶依旧　国家景象常新
（副）　胡耀邦同志主持团拜会李先念华国锋彭真等同志出席

李先念朱学范胡厥文许德珩董其武费孝通马海德马壁先后讲话

这则标题的主题亲切、感人，富有生活情趣，读起来就像作者在和读者面对面地交谈，介绍情况，使人感到整个迎春会上喜气洋洋、朴实、欢乐的气氛。从座上的清茶可以联想到被"四人帮"破坏的党风在好转；从国家景象的兴旺发达，使人受到鼓舞。

标题的制作理念与艺术技巧

列宁说过，报纸每时每刻都在影响社会生活，影响群众情绪。那么，报纸要引导群众，如何引导呢？这与党的组织和政府机关发文件、下指示是不一样的，它是不可能把某种观点和认识强要读者接受的。报纸这一舆论工具的特殊性，就在于用新鲜、感人的事实来宣传党的方针政策，反映民意，报道人们崭新的精神面貌，从而达到吸引读者，宣传群众，感染群众，引导群众在党的路线、方针、政策上不断前进的目的。因而，在新闻标题的制作上，一定要揣摩读者心理，注意讲究宣传艺术。这就是说，要少用指令性、号召性的言辞，多用对精彩的新闻事实的表现，在耐人寻味、意味无穷的情趣中去打动读者。即使是非做号召性的标题时，也尽量不要板着面孔、用字太硬、用语太直，引人生厌；同时要尽量少用陈述性的结论性语言，多用商量的口气，亲切的语言，启发读者自己去思考作出正确的判断。

（肩）　首都绿化委员会召开全民义务植树表彰动员大会
（主）　春回大地好时机　美化首都快植树

这虽是一则号召式的标题，但语气亲切，读来也吸引人。

前些年甘肃一些地区的农民，对党的劳动致富允许一部分人先富起来的政策存有顾虑，当时《甘肃日报》曾有过一则号召农民解除顾虑，大胆勤劳致富的标题：

（主）　请"冒富大叔"放心
（副）　镇原县满腔热情地支持社员走劳动致富的道路

主标用语幽默、清新、口语化，让人读来亲切、风趣。

党的十一届三中全会刚开过的1979年年初，我国农村的经济体制改革刚刚起步，当时的生产队仅得到一点生产和分配上的自主权，可有的县社干部由于搞惯了瞎指挥，强迫命令，便认为这是"过头"的做法，下面"不听指挥"了。1979年5月16日《人民日报》以消息的形式转发了《辽宁日报》针对此发表的一篇记者述评。在这条消息的复式标题中，毫无指责的语气，主题更是循循善诱地写道：《分清主流与支流，莫把"开头"当"过头"》。语重心长，像是同志的劝勉，又好似亲人的提醒。

新闻是新近发生的事实的报道。事实是新闻立文之本，事实也是标题立题之本。我们在为一篇新闻拟题之时，就必须认真地思一思、想一想：我们能让受众看到什么？受众最想看到的是什么？并会从中感悟到些什么？或者在衣、食、住、行、乐、医疗健身、休闲美容上，能获得什么有用的信息？如果这些方面都想到了，并且力所能及地做得比较满意，这样的标题自然便有了亲切诱人的魅力。

（肩）　前天，49岁的公交司机苏桂庭倒在岗位上，他临终前做的最后一件事，是把公交车稳稳地停在路边。昨天，他的同志表达了对他的敬佩之情——

（主）　职业操守让他临终前踩下刹车

（2004年6月27日《北京晨报》）

（肩）　建湖刘汉信厂长42次拒绝公费旅游

（主）　任凭信函满天飞　也不潇洒走一回

（1996年9月9日《解放日报》）

（主）　姑娘耳垂鹅蛋大　只因耳孔穿不得

（副）　专家告诫：有创美容要慎重

（2000年3月30日《湖南日报》）

（肩）　河北区检察院最新统计显示，该院2003年受理的聚众斗殴案件中未成年人人数竟比上一年高出3倍，呈明显低龄化趋势——

（主）　孩子，拳头解决不了问题

（2004年3月7日《今晚报》）

上述几则标题，都是用群众的语言，讲发生在群众身边的事，信息的含金量比较高，导向性又比较强，自然会赢得受众，赢得市场。

当然，我们说新闻报道一般地主要是以事实去影响受众，引导社会舆论，它对受众并不具有强制性和指令性。受众对它，可以看，也可以不看；看了以后，可以照着去做，也可以不去做。这并不等于是否认或轻视新闻报道的指导作用。相反，新闻报道的指导作用，是我们党的新闻事业的性质及其宗旨所决定了的，是客观存在的，更是我们党领导下的社会主义新闻事业的一个鲜明特色。我们党历来都把新闻事业当做指导革命和建设的有力武器，人民群众也把新闻报道看成是指导自己的行动，吸取政治营养、获取精神力量的一个源泉。只是在目前的新的历史条件下，我们党的各方面的工作系统和政府的各个职能部门已经比较完善，新闻报道的指导作用也应该有别于战争年代——即由过去主要表现在对工作任务的指导上，转到侧重思想引导上来了；在指导的方法上，也应当有别于其他的职能部门的指导方式，主要是通过为群众提供高质量的信息服务，用新鲜的、重要的、有说服力的事实和有艺术感染力的报道形式，使群众自觉地接受，从思想、政治上影响人们，使之产生更广泛、更深刻的作用。这就要求我们所写的新闻，所做的标题，应该似"浓茶"、"醇酒"，能够沁人心脾。这样的指导作用能低估吗？

十一、立意新深，气盛理直

标题作为新闻内容的"浓缩品"，无论制作哪类标题，都要新鲜、精彩、引人爱看。但是新闻标题主要靠事实，也并非与讲求思想性相悖。恰恰相反，在标题中不少佳作珍品，无不具有独到的、新深的立意。像《谁是最可爱的人？》、《"一厘钱"精神》、《管得宽》等标题，不就至今还给人们留下深刻的印象！

所谓"立意"，就是立思想、立精神、立见解、立主张；所谓"立意新深"，就是作者在文中的寄意要深刻，要独具慧眼，既要能"见别人视而不见之物"，又要能"明别人知而不明之理"。制作标题就要善于把这两者结合起来，在选择新闻事实和表现形式上统一起来。

明代哲学家王夫之说："无论诗歌与长行文字，俱以意为主。意犹帅也。无帅之兵，谓之乌合。"文中所说的"意"，即现在我们说的"主题思想"。这段话大意是：不论是有韵之"诗"，还是无韵之"文"，最重要的都莫过于立意。主题思想好比"统帅"，一支军队如果没有统帅，这支队伍就是一群"乌合之众"，就不会有作战能力。从中比喻一篇文章如果没有主题，也可称为"乌合"之文，它也就没有什么意义了。接着他还以唐代大诗人李白、杜甫为例，指出他俩之所以被誉为伟大的诗人，就是因为他们写的诗，主题都非常鲜明，没有主题的诗几乎没有。因此，有了好的主题，"烟云泉石"可以写，"花鸟苔林"可以写，"金铺锦帐"也可以写。这些材料只要蕴涵着"意"，就会被赋予生命，活灵活现。这里，王夫之明确提出"意犹帅也"的看法，强调"以意为主"的主张，指出立意的重要性，实是精辟之见，金石之论。为文是如此，制作新闻标题也是这样。即便有了再生动的事例，如果没有新鲜深刻的立意，也会失去它的光彩。魏巍同志在写《谁是最可爱的人？》这篇通讯时，他最初的题目是《自豪吧！祖国》，里边写了20多个他认为最生动的例子。后来征求各方面的意见，都感到这个题目没有起到文章的提要和点睛的作用。经过再三琢磨，才定下了后来这个有独到立意的题目，较之原题要深刻得多。

在我国古人和今人口碑相传的作品中,有一种文章读起来如观沧海,如乘奔马,如闻战鼓,如驭大风。这种文章是以气势取胜的。古今中外的作品,也有以情节取胜,以"气势"取胜的。以情取胜往往熏陶人的情感,以"气"取胜的则读了叫人坐不住,拍案而起,鞭策人去行动。文章的气势看起来是一种虚的东西,但解开来说却又很实。气势和文理紧密相关,依附于文理,建立在文理的基础上。文理贫乏,想靠大话装腔作"势",这就达不到"气盛"。文理虽直,但就事论事,提不起纲来,这样也谈不上气势。俗话说的"理直气壮",要做到"气盛"必须具备以下两条:一条是文理博大,让人闻所未闻,大开眼界,使人跳出小圈子而跃入新的精神境界;二是立意精深;看问题高人一筹,启迪人心,使人从已然中看到未然,从而明白事物发展的方向。因此,做标题就得有气势,要做到鲜明、生动,就要讲究思想性和艺术性的统一。标题有褒贬,才会有鲜明的思想性,才会有气势。用精练的"点睛之笔",或歌颂光明,抒发人民的豪情壮志,或讽喻时弊,鞭挞黑暗——这样的标题要么是赞歌,要么是投枪和匕首,有着鲜明的思想性和战斗性,有较强的鼓动性和感染力。1983年7月9日《人民日报》在二版头条位置发表两条短消息:一条是基建工程兵某部负责潘家口水库施工任务的指战员以国家主人翁姿态精打细算,千方百计地为国家节省建设资金;另一条是贵州第二电解铝厂大量丢失、浪费珍贵的原材料,仅进口的砂状氧化铝就损失了900万吨。对这两条新闻编者加的标题是:

节约　　潘家口水库
　　　　第一期工程　　少花五千多万元

浪费　　贵州铝厂
　　　　第二电解铝厂　　原材料损失严重

题中分别用花线圈起来的"节约"与"浪费"这四个字,难道是多余的吗?显然不是。这正是代表了读者看过这两条消息后发自内心的褒贬,这既能增强标题的鲜明性,又给读者增加亲切感,引起读者的共鸣,增强新闻的气势。

胡乔木同志在《人人要学会写新闻》一文中说:"从文字上看去,说话的人,只要客观地、忠实地、朴素地叙述他所见的事实。但是因为每个叙述总是根据着一定的观点,接受事实的读者也就会接受叙述中的观点。"这段话明确地告诉我们,新闻报道的思想性,正是新闻这种传播手段所具有的教育、启迪、激励的特性。

　　媒体的任务，主要是通过新闻手段报道新闻事实，以此来影响人们的思想，影响社会舆论。因而，在制作标题时即便是直标具体事实的实题，也要巧妙地通过事实渗透思想。许多引人注目的好标题，正是由于既坚持了用事实说话，又能恰当地点出了新闻的背景或意义，甚至还突出地标出所强调的某一种观点，从而增强了感染力。1982年11月3日《工人日报》针对社会上少数人的所谓"共产主义是渺茫的幻想"的思想，以《共产主义因素就在我们身边，我们都是共产主义实践者》为题，报道了天津针织三厂开展"宣扬身边共产主义因素"的活动。这则标题，立意高，针对性强，坚定、响亮、新颖，很有现实感。反之，如果只从具体事实出发，忽视标题的针对性和思想性，就会流于就事论事，平淡无味，像读者批评的那样："轻飘飘，不解渴。"

　　1982年夏秋之际，著名京剧演员关肃霜先后在上海、南京演出拿手戏《铁弓缘》，《文汇报》和《新华日报》分别发了两条内容相同的新闻，但标题大不一样。

　　《新华日报》的标题是：

　　关肃霜在南京首场演出《铁弓缘》

　　《文汇报》的标题是：

　　（肩）　一出《铁弓缘》博得满堂彩

　　（主）　关肃霜昨在沪演出拿手好戏

　　两题相比，前者只有具体事实，无褒无贬，就事论事，平淡乏味；后者较好地体现了新闻的气氛和感情，读来有味。

　　当然，我们也并不一概排斥做"无褒无贬"的标题，尤其当有的事物刚刚发生，性质、是非、褒贬均还难以准确判定，但又必须报道，就得做"无褒无贬"之类的标题。同时，新闻标题的思想性，也不是用那些空泛的虚词或政治术语去描绘，甚至拔高出来的，而是要靠具有新闻价值的事实本身绽出强烈的思想性，蕴涵着强烈的思想、感情色彩去影响读者。1977年新华社播发的《天安门事件完全是革命行动》这条消息，题目本身就是思想性很强的新闻事实，因为它拨动了当时社会上绷得很紧的那根弦。这则新闻标题的思想，就是事实本身的力量。但是，用恰当的语言来表现已经选定的新闻事实，让其渗透出鲜明的思想性来，也是不能忽视的。有时还要力求做到有哲理性，有意境。

（主）　人养猪　猪养地　地养人
　　（副）　大冲大队养猪上圈肥多粮丰

　　主标题采用回环辞格，把富有哲理的农业生产内部几个要素的辩证关系，形象地表现了出来，可谓字少意丰，分外引人。

　　常言道：一块赤金的分量抵得上一大堆棉花，万言空话不抵一句真知。这样，制作新闻标题就必须力求立意新深，在有限的篇幅内装进尽可能多的含金量高的新闻事实，由此折射出正确而有用的新思想和新观点。因为思想观点是信息，常常还会是新闻中最重要的信息，是新闻事实的组成部分，或者就是另类"新闻事实"。

△　（主）　小小菜刀家家需　微微薄利年年为
　　（副）　市刀具厂坚持生产低档民用菜刀等日用小商品应市

△　政策数这几年好　吃的数这几年饱
　　人心数这几年顺　干劲数这几年高

△　（肩）　产量并不低　可达二三百　加工要发展　出口受青睐
　　（主）　芝麻虽小　前途远大
　　（副）　访中国农科院油科研究所芝麻课题主持人冯祥远

　　这些标题用形象生动的语言把事实与议论巧妙地糅合在一起，既突出了新闻事件的意义，又给人以形象的美感。

　　由此，我们也可以说，新闻语言的作用和意义绝不仅是作者表述的工具，或作品内容的载体，它在描绘形象和表述感情的同时也具有自身的美感意义和美学功能。标题要做到立意新深，这就要像古代有些优秀作品那样注意提炼生活中的口语入文，它具体形象、感情丰富、亲切动人，有如花苞上闪亮着黎明的露水，绿叶上闪耀着春日的阳光，活色生香，内涵丰富。

　　2004年8月22日，是邓小平同志百年诞辰纪念日。《人民日报》发表了一批缅怀伟人的丰功伟绩和人格魅力的文章，其中有一篇，题为：

　　"小平同志，别来无恙"

（2004年8月26日《人民日报》）

　　这则标题就引自小平同志百年诞辰的当日，长安街一辆行驶中披在私家轿车上的横幅标语。这看似一句普通的问候，可在当时的特定环境下，又是多么亲切动人，意味深长啊——小平同志明明已经离开我们7年多了，可是在人们心目中似乎只是一次暂别。这是一种什么样的感情，内涵又是何等丰富！

　　正如文章所说，在世界各国的历史上，都曾有过功业彪炳、名垂青史的伟人，但是能永远活在人民心中，而且虽逝犹生，历久弥新的，屈指可数。一声"小平同志，别来无恙"的问候，既饱含着对前驱者的深情眷念，也饱含着对后继者的深切信赖。可谓情深意切！

　　一条立意新深的好标题，不是一蹴而就的，而是要精雕细刻，反复琢磨。往往是一字用得精当出奇，立意就新就深。如1980年7月6日新华社播发了一条有关昔阳县前几年粮食产量的报道，见报时各报标题不大一样。有的报纸的标题是《昔阳县五年多报粮食产量两亿七千万斤》；而《人民日报》等则为《昔阳县五年虚报粮食产量两亿七千万斤》。两则标题仅一字之差，一"多"一"虚"，但在思想深度上立见差距。

　　我们强调标题要有思想性，政治性要强的同时，切不可忽视它的艺术性。列宁说："政治是一种科学，是一种艺术。"新闻是时代的科学、时代的政治，又是时代的艺术。政治与艺术虽然是两个不同的概念，但艺术化的政治，更容易为读者所接受，更能深入人心。北京师范大学教授李燕杰为青年写的《塑造美的心灵》这本书，所以能受到青年们的欢迎，就在于书中没有生硬的说教，作者的态度又是那么和蔼，语言是那么亲切，感情是那么真挚，文笔是那么优美，使人在微笑中就接受了他讲述的人生哲理。新闻标题也得要讲这样的宣传艺术，切忌一讲要有政治性，就板着面孔来进行的那种空洞枯燥的说教。

十二、简单明快，一目了然

　　毛泽东同志一贯提倡文艺作品要"为中国老百姓所喜闻乐见"。新闻标题也必须朝着这个方向去努力，首要的是要让"中国老百姓"一看就懂，才有可能取得好的宣传效果。

　　可当前的问题是：报上那些让人感觉"费解"，甚至有歧义的标题，几乎仍然信手就可拈来。

　　生造词语，让人看不懂的有之：

企业不改革　懒汉难得治

　　标题的前句能懂得，而后句"难得治"三个字，讲的啥意思呢？读过原文，方才明白。文中讲的是企业要不改革，一些不干活或干活不出力的懒人，就没有办法治住他们。这层意思用"难得治"来概括，似不甚恰当。

荒唐、歧义者有之：

不要挂我老师的名字

初看标题，可作两种理解：一是理解为一位教师的学生的话，不要挂"老师"的名字；另一是也可以理解为老师在特定的环境里自己讲的。看了正文，正是后一种情况，即使这样原题的意思也相当不准确。

费解、似是而非者有之：

脚手架上玻璃工　谁知明日做新郎

这是滥用对偶造成的令人费解的句子。读了这则标题，谁也不明白这是说的什么意思。只有看了原文，才知道是说某建筑工地上有位玻璃工，直到结婚前一天，还照样在工地上忙着干活。

至于那种标题上充斥专业名词、技术术语，"老百姓"很难看懂的更不乏见：

△　（肩）　我国铁路重点科技攻关项目
　　（主）　《铁路重载列车成套技术的研究》规划正式下达
△　（肩）　青年技术员赵文发为解决大功率整流设备中急需元件作出贡献
　　（主）　研制成功我国最大电流容量的组合元件

这两条消息都是发表在一版上，前者是头条，后者还带提示，都是醒目的长新闻，但技术性太强了，既费解，又不生动。

恩格斯不止一次地强调过，"标题愈简单、愈不费解，便愈好"。为什么要这样呢？道理很简单，写新闻，做标题是为了给读者看的，而不是仅供自我欣赏。要想达到预期的宣传效果，就必须把它写得通俗，让一般读者都能一目了然。如果读者连标题都读不懂，就更别想他再会去读正文了，你想要达到的宣传目的也就彻底破灭了。一位美国新闻学家就说过："首先让读者读懂，然后才是可读，最后才是可记。"这话无疑是颇有道理的。

"首先要让读者读懂"，应该成为制作标题的一个最基本的要求。"要让读者读懂"，也应该是作者、编者要多下工夫的第一个着眼点。《为了六十一个阶级弟兄》，这是20世纪60年代一篇影响比较大的优秀新闻通讯。据说，作者就先后为这篇通讯拟了二十几个题目。开始也有过一些词句华丽但不通俗的拟题，都不理想。后来，经过精心制作，从新闻内容出发,突出事件的教育意义,才作出了现在这个思想鲜明、让人一目了然的题目。著名电影演员、作家黄宗英在谈到《大雁情》的拟题付出的艰辛时说:作品的主人公秦官属,对"远志"这种中药有兴趣,我曾想用《远志新解》作题目,但比较艰涩,文了一些。后来,几易题目。我写了大雁塔,又写做了一个梦,我希望大雁把这些声音传得远一些。这才跟大雁联系上,用了《大雁情》这一标题。

新闻的受众,本来就是一个十分广泛的不同行业、不同阶层、不同文化水平的群体。无疑,新闻的传播都应以满足这个特定的"群体"为出发点。新闻的写作,标题的制作要忌艰涩,忌华丽辞藻的堆砌,一定要讲求通俗易懂,一定要讲究语言的朴素美,让一切读者都能看得懂。再说,新闻是对新近发生的事实的报道。在我们社会主义社会的现实生活中,作为新闻报道实体的人和事,又多是以朴素表现为其美的。因而,新闻的艺术魅力主要不在于辞藻的华丽或句式的新奇,却在于以朴素的语言真实地再现现实生活,给人以强烈的朴素的美感。作为新闻内容的浓缩品的标题,更得如此。如:

社有千件宝　不如行家来领导　《宁夏日报》
娃娃有处托　大人无牵挂　《宁夏日报》
门前有金山　何必他乡行　《中国青年报》
国事重如山　家事放一边　《解放军报》
春上说的话　秋后不变卦　《福建日报》
好悬!车轱辘飞了　《北京晚报》

这些标题的用语,一词一句,都可谓平平常常,一片本色,然而却在平中见奇,常中见新,令人拍案叫绝。原因何在呢?关键在于它朴素而真实地反映了客观实际,真实地表现了思想感情,无半点虚情假意、故作姿态的浮华之感。从而具有耐人寻味、发人深思、启人联想、令人感奋的魅力。正如俗话说的:"好文不在辞藻多,话能通俗方传远。"一则言之有物的好标题,语言越平易近人,明白的人越多,流传得就越广,它就会像奇珍异宝那样在众多的读者面前放射出夺目的光彩,宣传效果也就越显著。

再比如说,门锁、柜锁、车锁……几乎家家都有,在生活中,由于种种原因,锁打不开的为难事,经常会遇到。有人会说,这有什么难?马路上小摊随便找一个锁匠都能上门开。

不错，就拿上海滩来说，锁匠上千，他们单打独斗，水平不一，服务随意。有些人收了人家的钱，却误了人家的时，坏了人家的事。这时就特别需要找一个包括少见的特型锁在内的"无锁不开"的能人大师了。可在上海能提供这样正规服务的企业不过三四家，其中经公安局核准，名为"开锁公司"的只有一家。而它的掌门人，竟是一位只有24岁的年轻人董泉。2004年8月8日《新民晚报》在刊发这篇人物通讯时，拟题为《开锁大王24岁》，6个字就足以简单明了地概括文意，引人入文了。

这里，还有一点要说及：新闻标题要用有限的几个字去概括事实、标明倾向，做到生动活泼，就应该努力做到少用或禁绝技术性很强的名词、术语、行话入题。要动脑筋想办法，像那些名篇佳句那样，努力寻求用平常语言来表现它，这能不能做到呢？回答是肯定的。20世纪80年代初，有家省报在第一次报道本省待业青年安置工作取得成效的消息时，初稿拟题《发展第三产业方便群众生活——我省城乡商业服务网点有较大发展》。在当时，"第三产业"为何物，多数人不了解，所以这则标题技术性强，内容空泛。后经编辑反复斟酌，才改为《组织没事干的人　去干没有干的事》，既较原题实在、形象，又避免了技术名词术语入题，让人一看就懂。

1980年3月《文汇报》报道了美国留学生魏莉莎演出京剧《贵妃醉酒》的趣闻。新闻写得玲珑引人，但其标题却是《美国学生演贵妃，神态逼真醉氍毹》。"氍毹"读何音？是何意？一查《辞海》，方才明白："氍（音qú渠）毹（音shū叔）"，系毛织的地毯。古代演戏，舞台铺上地毯，故常以"氍毹"代指舞台。请想想，连标题字都不认识，读者还会有兴趣去读新闻吗？标题要简单明快，通俗易懂，就是要让读者在一瞥之中，不假思索，便能了解它的意义。除了上面所讲到的内容外，在用词造句上，应该有这样一些技术性的要求：

（1）不用不常见的字和词做标题，以受众无须翻查字典即能明白其意义为宜。

（2）不用技术名词、术语、行话做标题，必须入题时，也应在题中就有注释，不给受众设置阅读障碍。

（3）不用不常见的成语、典故和诗句为题。

（4）不用不科学以及含义模糊的词句做标题。

（5）不用方言、土语和不切实际的字句做标题。

（6）不用庸俗低级的字句做标题，以雅俗共赏为宜。

在媒体上，标题这种强信息，本来是要在匆匆的一瞬间便对受众发生吸引作用的。如果不注意它的通俗化和大众化，其作用就会大大降低。因为没有哪个受众愿意花更多的时间，甚至要靠查字典、翻辞海，去琢磨、理解一则标题的含义的。

标题要力求生动、用语不俗，力避陈词滥调，又要力避故作斯文，装腔作势，让人看不懂。当然提倡标题的通俗化、大众化，绝不可以理解为简单化，甚至误以为就可以信手拈来，写上一堆言之无味、没有语言艺术色彩的"大白话"；而是要巧妙地运用平常的语言形式，收到"言近而旨远、辞浅而义深"的表达效果。

十三、折射映照，引人思索

镜子家家有，人人会用。然而在生活中，也许你有这样的经验：借助镜子的折射作用，能将置于特定环境中的某种物体观察得更全面、更具体、更清晰。所谓制题中的折射技巧，即借用镜子的折射原理，以一种独特的视角，通过事实的印证，理性的辨析，对一件事情或一种现象剔肉见骨、由表及里、去伪存真，达到或"吹尽黄沙始见金"，或"辨识庐山真面目"的效果。这样的标题既能给人一种新鲜感、诱惑力，又能给人留下广阔的思索空间，具有较强的穿透力和前瞻性。

在第11届中国新闻奖评选中，荣获消息一等奖的《法警背起生病被告》，便是近年来较为突出的一篇。这则新闻有700余字，其中硬件新闻事实只有一句话，即北京西城法院正常开庭时，一位法警背着一名戴着手铐的被告爬楼出庭，顿时让原本乱哄哄的大厅突然安静下来。然而就这么一个瞬间发生的事实，却让不少评委在评阅此稿时眼含激动的泪花，因为它从一个侧面折射出了我国司法制度正在进行着一场前所未有的变革，不仅让人看到了法警形象和职业道德的变化与进步，同时更让人联想到在此之前我国司法界连续出现的一些意义深远的变化，诸如从罪犯到犯罪嫌疑人称谓的改变以及一些地方出现的"零口供"、刷有"坦白从宽，抗拒从严"字样的墙壁被画上了山水画等，反映了改革进程的加快，更加注重体现对人的人格与人权的尊重。

随着改革的深入，开放的扩大，经济的发展，人们的观念正在发生巨大变化，对精神生活的需求正向更高层次发展，对新闻作品的鉴赏力也在逐步提高，人们已不再一味满足于了解发生的事或接受某种认识定式，更多地是要通过自己的生活体验来分析、判断。如果我们的新闻报道不考虑受众的接受心理、对不同的报道内容和报道方式进行适应性的选择，而是不分青红皂白一味灌输、一味正面强攻，其传播效果不能不受到影响。因而在报道新闻事实中尽可能地运用一些具有创新意味的"折射"技巧，实属现时代和新闻传播规律"要用事实说话"的要求使然。

比如说，广东省作为我国综合性改革试验区，保险业务发展迅速。"事事保险，岁岁平安"，已经成为当地一句流行语言。然而在1991年初《羊城晚报》记者却发现了一种引人深思的现象：为什么其他保险业务方兴未艾、红红火火，一年承保国内外保险业务金额高达3640多亿元，而"六四风波"后，特意复办的政治风险保险业务却无一人问津？难道是宣传不充分？复办业务启动后，保险公司先后在国内外50多家报刊登广告、发文章，再联系到外商直接投资不断增长、投资者络绎不绝的现实，结论只能是：它令人信服地折射出，1989年"六四风波"后的中国政局稳定、经济稳定、社会安定、人心安定。这对一些西方国家蛮横地对中国实施"制裁"，国内外一些居心叵测的人也趁机不断散布中国"政局不稳"、"社会不安定"等种种谣言，是最有力的驳斥。于是就此成文，拟题为：

（肩） 广东保险业传出不寻常信息
（主） 政治风险无人投保

（1991年2月1日《羊城晚报》）

这则不寻常的标题，所传出的"不寻常信息"，自然引起了社会的关注。这篇不到400字的消息，在第二届中国新闻奖评选中，荣获了三等奖。

在事隔四年之后，1995年6月在上海举行的第六届中国新闻奖评选中，作为评委，笔者又读到了一则在制题、立意的角度上与《政治风险无人投保》有异曲同工之妙的参评作品——

（肩） 豫南庄户纷纷举行交接仪式
（主） 取下神像挂地图
（副） 上蔡县新华书店说，农民一年买走17500幅

（1994年4月26日《中国青年报》）

千百年来，农村上房的中堂，一直是农民祖祖辈辈供奉祖先灵牌和神

像的宝地。但在改革开放的春风吹拂下，河南省南部上蔡县东黑河村的农民，却惊世骇俗地在这块农家最神圣的地方取下神像挂上了地图——它从一个侧面折射出改革开放以来，中国农村从封闭转向开放，从传统转向现代，从自然经济、计划经济转向社会主义市场经济的沧桑巨变。广大农民在摆脱贫困、奔向小康的过程中，不仅创造了世人瞩目的经济成果，而且在思想上、文化价值观上，正经历着从保守到开明、从愚昧迷信到信仰科学的心理嬗变。这则消息很自然地也荣获了二等奖。

在标题制作中，折射技巧的运用，最重要的是要有突破常规思维的创造性思维。这种思维的本质特征可概括为"求异"与"创新"这四个字。它既不像常规思维那样仅建立在已有的经验和知识的基础上思索、分析和发现问题，又不满足于已有的思想成果和现成模式。总之，要立足一点向四面八方想开去，力求扩大自己的思索范围，把更多的东西置于自己的视野之下，力求从新闻事实中挖掘出最具有报道价值的因素与立足点。

2004年6月1日，豫剧大师常香玉仙逝，《北京晨报》在传递这一信息时拟题为：

（肩）　嵩山般高亢、邙岭般浑厚、黄河般奔泻、洛水般婉转
（主）　常香玉昨日去世　天堂犹闻花木兰

（2004年6月2日《北京晨报》）

提起常香玉，谁能忘怀1950年夏天，当战火的硝烟蔓延到鸭绿江边的时刻，中国人民志愿军跨过鸭绿江执行抗美援朝、保家卫国的神圣任务，常香玉首先变卖了汽车和孩子的金锁、首饰捐款4000万旧币，后又经过半年巡回义演，再向志愿军捐献"香玉剧社号"战斗机的义举。50年过后的2003年，已是重病缠身的常香玉又一次为抗击"非典"捐献了一万元。如今，一代表演艺术家安然辞世，留下的不仅是光彩夺目的艺术形象，还有那永不褪色的爱国主义精神。标题用豫州驰名中外的山山水水来折射、评价她的艺术人生，寄托哀思，无声胜有声。

1989年9月哈尔滨市有两座商业楼落成。工人们为抢在国庆节前完工，昼夜施工，吃了不少苦。可是，剪彩仪式上，领导讲话连建筑工人提都没有提一句。这个情况并没有引起更多的记者注意，只有一位新华社记者联系到近年来淡化工人阶级的情况，认为这一看似平常的小事，却是很值得报道的新闻。于是他马上通过采访，用建筑工人的语言和感受写成了一篇600字的新闻，并用折射技巧的"映照"与"暗示"制题为《工人

说：何时我们也剪个彩》。既避免了正面说教，以巧取胜，给人以新鲜、新奇的快感；又以概括力强，对素材开掘得深，从极富有思辨力度的一个侧面，生动地折射出问题的症结。

通稿发出后，被不少报纸采用。黑龙江省省长邵奇惠看后，赞扬报道提出了一个重要问题，要各级领导增强工人阶级的主人翁意识，时刻不忘工人的作用。后来，省里有几项重点工程竣工，领导都邀请工人一同剪彩，一时传为佳话。有的同志把这类报道称之为"无中生有的新闻"。其实所谓"无"，是由于视线狭窄，视而不见；而所谓"有"，则是胸怀全局，应运而生。

"胸无全局者，不足以谋一域。"这是江泽民同志针对做好领导工作讲的。这对于做好新闻报道工作也有着特殊的重要意义。生活是报道的源泉。社会生活中蕴藏着丰富的新闻富矿。生活中有许多极有意义的事情，明明白白地摆在那里，习以为常，熟视无睹，常常不以为然地让其从人们的眼皮底下溜走了。其中原因可能很多，但胸无全局，就很难看清发生在"一域"里每件具体事在全局中的地位和意义，更难把那些微言大义的普通事、平凡事，挑出来实现"小锤撞大钟"的传播效果。如果要论优秀的标题、新闻与一般、平庸作品有区别的话，恐怕这也是很重要的区别吧！

这件事也告诉我们，新闻现场发生的事情、现象，往往都带有微观的印迹，如果我们新闻工作者不站在宏观的高度去观察、处理和权衡，就很难发现它内含的折射作用。这就像"一滴水"，放在密闭的容器里，就只能是"一滴水"；只有把它放在阳光的照射下，才能反射出不同的光泽。

近年来，不少传媒，在加强对重大事件、重大典型、社会难点和热点问题的报道力度的同时，又把笔触伸向发生在老百姓身边的凡人新事，力求从中折射出世相和人生的真谛，有力地增强了新闻的接近性、可读性和指导性。

每逢春节到正月十五元宵节期间，城市的副食市场兴旺空前。在此期间，传播媒介在报道市场情况时，多离不开增销的肉禽蛋鱼和瓜果蔬菜，从各个角度写餐桌上生活水平由低向高的"正向变化"。然而，1991年的元宵节前夜，中国商报记者却从天津发回一条引人注目的新闻《津门新一怪，排队买咸菜》。标题突破常规，从一个全新的角度——由鸡鸭鱼肉热又"回到"咸菜热的"反向变化"来折射人们生活水平的提高，折射改革开放已逐步让人民群众富起来这个重大主题。这种饮食习惯的微妙变化，对食品生产厂家和经营者来说,无疑也是一个颇有点破"迷津"的极为有用的超前信息。

行文至此,需再赘述一笔的是:并非是所有新闻或新闻事实都需要或具有折射作用的。这里必备的条件是:首先新闻事实本身必须隐含着引人思索的内涵。它在主体事实中,或者闪烁着示意历史前进的路标,或者昭示着最活跃、最富有生命力的新生事物的前声。其次,现实生活中存在着与之有某种内在联系的并为人民群众极为关注的热点、难点问题,且两者的反差与对比度又极为强烈。再次,它较之一般新闻事实更富有代表意义的典型性,一经传播便有"一叶知秋"的效果。因而新闻折射作用的发挥,都应在"风起于青萍之末"就将其抓住,及时传播出去,而不是待到"天下大白"才做事后诸葛亮去报道。比如1993年,"下海"之风波及社会的各个层面,连高校校园里也出现了摆摊热。人们热炒股、热"下海"、热买卖,而唯独冷了读书的价值趋向是值得警惕的。就在此时,高校里出现了另一种现象,即一批在商海中搏击多年的年轻经理和董事们却自费重新走进高校读研究生课程。一家省报以《重归读书堂》为题,对此及时做了报道,警示人们未来的商务竞争将更多地取决于"老板们"自身的"文化含量"和优良素质,对那些盲目跟风的浮躁心态进行了含而不露的引导。

生活是新闻的源泉,新闻是反映生活的一面镜子。新闻标题的"折射"作用,绝不只是平面的,而应该是高深的,使受众借此或能映照出问题的关键所在,或能点破"迷津",或能发人深省。总之,这样的标题多一些,可供人"思索"的东西多一些,必将更有助于增强新闻传播的可受性和有效性。

十四、质朴无华,淡雅多意

日前,在一家新闻刊物上,读到一位老新闻工作者转述的一个对他从事新闻写作影响至深的故事:

1948年秋天,我军发起济南战役,提出"打下济南府,活捉王耀武"的口号。城破时国民党守军头目王耀武化装潜逃,很快被我军在田野里活捉。当时这位主持战地油印小报的同志,为这条重大消息初拟的主标题,曾有过"人民战争威力无比"、"战犯难逃罗网"等的想法,但又觉得很平淡。这时有个战士边跑边喊"王耀武抓住了",于是便据此作了主标题。它简洁、生动、朗朗上口，特别是一个"抓"字，妙极了，使人有一种"动"感，似乎把读者带到了活捉王耀武的现场。

这位同志感慨地说：记得有人说过，朴实是最高的艺术境界。新闻标题更要讲究朴实。

诚哉斯言！记得1996年6月在广东南海市举办的第六届中国新闻奖评选会议临近结束时，会议领导小组要求各评选小组结合参评作品，座谈一下如何提高报道质量和新闻写作水平问题。笔者所在的通讯组发言异常热烈，特别是许多已担负相应领导职务、昔日资深名显的老编辑、老记者们，从40年前的《县委书记的榜样——焦裕禄》的写作，谈到40年后的《领导干部楷模——孔繁森》的报道，实在令人难忘。最后，大家一致总结出，要写好新闻作品，尤其是标题，"朴实、深刻、精美"是不可少的。"朴实"二字位居六字之首，与美国哥伦比亚大学教授麦尔文·曼切尔讲到消息写作的要求"朴实、简洁、诚实、迅速"有异曲同工之妙。足见朴实的重要，而且对当前在新闻写作中"玩标题"、"侃新闻"的不良现象很有现实针对性。

2004年4月30日《新民晚报》"经济生活"版，共三篇主要新闻，标题分别为：

（肩）　火腿，并非产自金华就属正宗；肉松，未必太仓生产就质出众——

（主）　特产：别把"出身"当令牌

（"经济生活"版头条）

（肩）　四类食品质量抽查好坏不一

（主）　买水产：当心甲醛和强碱

（"经济生活"版二条）

（肩）　低度白酒长时间存放，口味反而变淡——

（主）　陈年老酒不一定越陈越香

（"经济生活"版三条）

2004年5月1日"经济生活"版刊有两条重要新闻，标题分别是：

（肩）　朱家角和淀山湖周边22家饭店承诺量足秤准

（主）　活鱼滤水称　螃蟹解绳卖

另一条是：

（肩）　他们，平均年龄只有25岁

标题的制作理念与艺术技巧

　　他们，单调辛苦却心细沉着
　　他们，每天将上万乘客送到目的地
　　他们，奔忙穿梭在地底下——
　（主）　地铁"掌舵人"

　　这些标题，可能出自不同作者之手，但却凝聚着一个共同的思路和风格：重事实、求简练、讲凝重，虽不求语言的惊人，但力求以真情实事打动人，表现出一种质朴无华、淡雅多意的制题风范。

　　应该说，质朴无华，淡雅多意，用事实描绘事实，这是包括标题制作在内的新闻写作的老路常规；评价一些优秀新闻作品及其标题，人们也常用这类话语。这样一来，不是就落俗套了么？但事实并非如此。质朴无华、淡雅多意、用事实描绘事实，是为常规，但这却又是一条新闻写作的大规律。在具体操作时，则能够由于主体、客体的不同，时空环境的不同，进而演化出各具特色、各具情韵、千姿百态的不同来。从而具体形象、真实无妄、准确鲜明、活泼生动地反映社会现实与时代特征；从而在自己定位的传播范围内，为不同民族、不同地域、不同阶层、不同文化程度的人们所"喜闻乐见"——既接受了新鲜信息，得到思想启迪，又领略到美感、陶冶情操。

　　综观新闻事业发展史上那些名篇佳作，我们不难发现，除选材、立意之外，在写作手法上，大都得益于淡朴意丰的把握与运用。朴实，也不仅是对报道事物外形特征与报道语言的要求，而是有深邃的内涵。朴实不是浮浅，而是化艰深为平易；也不是贫乏，而是化丰富为单纯。朴实更不是粗糙、不讲修饰，而是要做到"大巧若朴、大智若愚、大深若浅、大多若一"，做了最大的修饰却不见雕琢之痕，下了最大的工夫方显事物本色，自然的特色。从而做到朴而真，朴而美，质朴无华，平易脱旧，清幽淡远，回味绵长，雅俗共赏——文化层次高的知识群体与文化层次相对低的平民百姓都能欣赏、玩味，风雅之辈与世俗之士均可接受、获益。

　　新闻是以事实为载体，来实现其传播信息、反映舆论的诸多功能的。事实本身是质朴的，因而朴实必然是新闻作品特有的美的形态，是它的本色与本质。那么，如何做到呢？

　　——它是以准确为核心的。真实是新闻的生命，准确也是朴实的生命。对一篇具有淡朴意丰的新闻要求是多方面的，准确则是第一位的。离开了对丰富的新闻事实的准确掌握，对蕴涵在事实中的思想的准确理解，对融合在事、理中的情感的准确把握，新闻的真实性以及对其他方面的众多要求也就成了无本之木，无源之水，变得毫无意义。

（肩）　遂宁市1000余名转业干部人人有：
（主）　一份称心工作　一套满意住房

（1992年7月18日四川某报）

遂宁市按政策妥善安置军队转业干部工作做得好，成效突出，标题用事实说话，简练、生动，有说服力，但关键是在1000余名转业干部"人人都有一份称心的工作，有一套满意的住房"上描述得是否准确无误呢？消息刊发后，读者提出了这方面的疑问，因为1000余人，要做到人人"称心"、个个"满意"，谈何容易？再说即使是事实，标题也该标出新闻根据来，或者在肩题中应加上"据调查显示"的字样，因为"满意"与否、"称心"与否，只能由转业干部自己说了算。因而，如果没有对转业干部进行逐一地调查，就在"满意"和"称心"前面加"人人"的定语，是为不妥的。

发生在社会生活中的任何事物本身都包含着事、理、情三个方面的因素，这就构成了新闻事实也是新闻写作的三维空间。我们所说的新闻真实就包含着真事、真理和真情。即要说真事、讲真理、抒真情。在新闻实践中，许多名篇佳作、感人的细节，无不是以事明理、即事显情，以事、理、情交融而使人动心。

1995年，在中华大地上孔繁森成为人们最为熟悉的名字；《领导干部的楷模——孔繁森》，成为全国最有影响的报道之一。这篇报道以众多感人至深的事、理、情融为一体的材料，集中概括再现了孔繁森崇高的品德和精神，常常让读者情不自禁地感动得泪水洗面。比如，在孔繁森第二次辞别年迈的老母进藏时，就有这样动人的一幕：

要走了，孔繁森默默地站在母亲面前，用手轻轻梳理着母亲那稀疏的白发，然后贴在老人的耳朵旁，声音颤抖地说："娘，儿又要出远门了，到很远很远的地方去，要翻好几座山，过好多条河。"

"不去行吗？"年迈的母亲抚摸着他的头舍不得地问。

"不行啊，娘，咱是党的人。"孔繁森的声音哽咽了。

"那就去吧，公家的事误了不行，多带些衣服、干粮，路上可别喝冷水……"

想到也许这是同年迈多病的老母亲最后的一面，孔繁森再也抑制不住

标题的制作理念与艺术技巧

内心的感情,"扑通"跪在母亲面前:"自古忠孝不能两全,娘,您多保重!"说完,流着眼泪给母亲深深磕了一个头。

无情未必真豪杰。请看,这个细节展现的我们这个时代的英雄、领导干部的楷模的母子情,多么朴实、浓烈。

在第13届"中国新闻奖"评选中,《中国铁道建筑报》有篇消息获得二等奖。消息说的是2002年8月4日晚,约有500余只藏羚羊带着刚满月的儿女们,通过可可西里青藏铁路建设工地,向黄河源头的扎陵湖、鄂陵湖迁徙。为了不惊扰这些可爱的精灵,可可西里至五道梁一线,铁路夜间停止施工,拔走彩旗、灯光休眠、机器熄火;作为高原生命线的青藏公路,过往车辆在夜间停驶3个小时。这里又呈现一种远古洪荒的宁静。在跨越铁路线时,母藏羚羊若无其事,像跨过自己家门的门槛一样;小羊羔紧依着母羊,流露出一种莫名其妙的惊喜。标题的制作者便紧紧抓住这个凝聚主题的新颖、罕见的画面,运用拟人手法,做了一个富有诗情画意的新颖妙题:

(肩) 欢迎"孕妇"来,不舞彩旗;喜送"母子"去,不敲锣鼓,这段青藏铁路又成"无人区"

(主) 请过路吧,亲爱的藏羚羊

(2002年8月17日《中国铁道建筑报》)

庄子有云:"不精不诚,不能动人。"我们的新闻作品要能吸引受众,打动人心,就必须要有至精至诚、朴实无华的写作态度,以求"原汁原味"地展示发生在社会生活中的真人真事真理真情,把自己的所见、所知、所感变成为受众的共见、共知、共感,最终达到共鸣、共识。

——它是以事实为基础的。新闻是时代的先声。我们的新闻报道从总体上说,并不是单告人以事,仅满足受众获取信息的需要,还应力求即事明理,触景生情,给人以心智的启迪与情操的陶冶和满足,以求做到知事、明理、动情。

美学的常识告诉我们:"美所包含的理性内容是以具体可感形象呈现出来的。"新闻作品中的情理绝对不能游离事实之外而独立存在,恰恰是以事实为基础,植根于事实之上,蕴涵于事实之中,是事实的、自然的、合乎逻辑的又是简短的延伸,是对事实的开掘与升华,是画龙点睛之笔,只有实事实说地即事明理、以事显情、事理交融、理与情谐,这才会让读者感到朴实可亲、真实可信。

《北京有个李素丽——21路公共汽车1333号车跟车记》，是1996年度李素丽事迹报道中备受读者喜爱的作品之一。在这篇通讯发表之前，有关李素丽的报道已经不少了，然而它还是获得了读者的认同。从写作上看，成功的关键在一个"实"字上。实事实记，实话实说，实事求是，是这篇作品及其标题最显著的特色。通讯共分17节，主要叙述了李素丽在小小的车厢里，面对来自四面八方素不相识的乘客微笑而周到服务的工作生活故事。正像有的评论者指出的：这全是平实的、扎实的、实在的、真实的事实。"而记者的写法，也取用写实笔调，叙一件件事，写一场场景，记一段段情。在几千字的通讯中，找不到一句记者节外生枝的评论。事实，事实，还是事实。这样的通讯，给人一种真实感，给了读者以可信度。实，不仅仅是风格，不仅仅是写作手法，更是一种文风。而我们当下的新闻界，尤需提倡这种由深入采访、深入思考而来的真实、扎实、实事求是的文风。"

李素丽是个普普通通的人，做的是普普通通的服务工作，然而就在这朴实平凡的一举一动、一言一行中蕴藏着崇高的精神和巨大的人格魅力！于是乎，春风化雨，润物无声，李素丽，一个新时期的劳模，就顺理成章地来到了你我他的身边，走进了千千万万读者的心灵！

新闻是新近发生的事实的报道。只有真实、准确的事实的报道，才有资格称之为新闻；事实的不真实、不准确，只能是对新闻的否定，是谎言。作为大众传媒的报纸、广播、电视、网络，对受众没有任何的强制性与约束力。那么，靠什么来发挥自己的作用呢？怎样才能使受众接受其提供的事实、信息，赞同其分析、判断和主张呢？唯一的途径就是靠事实的新鲜引人、真实准确。因而，客观、朴实地向受众报告融事、理、情于一体的新闻事实，用事实说话、说事实的话、以事实描写事实是新闻写作规律要求使然。

——它是以用浅显的话说出深刻的内容为尺度。大众传播是以反映社会生活、自然奇观，向受众传递各种新鲜信息为己任的。它既要报道对未曾出现过的事物的发现与探索，也要从新角度对现有事物再发现、再认识。二者都具有一个共同的特征，对受众来讲都是陌生的、未知的。这对报道者来说，从写作视角到表现形式的语言运用，就有个化艰深为平易，都有一个大众化、平民化、通俗化的问题，力求让五光十色的生活素材"抱素守朴"，以疏朗简约、通俗的笔触，去负载丰富的信息和情理，让

标题的制作理念与艺术技巧

识字的人能看懂，让不识字的人能听懂，方便大众理解，方便大众接受。这便是新闻写作朴实手法的最终追求。为此，下面几点应值得注意。

首先，写作角度力求大众化。即要从为广大新闻受众所关心、所欢迎、能理解、愿接受的切入口落墨，突出反映人们所关心的问题，特别是与受众切身利益密切相关的事情，以满足受众的求新心理、求实心理和求近、得益心理。在坚持正确舆论导向的前提下，注意当好受众的良师益友，努力使自己的报道成为他们在当家理财上、政治思想上、工作生活上、交友娱乐上可靠的向导。

1985年秋，江苏省阴雨连绵，已经持续了20余天，给秋种带来严重灾害，这怎能不让人，尤其是庄户人家愁呀，愁呀！《新华日报》忽闻天气将转晴，便饱含深情地写下了下面这则标题：

秋风秋雨愁煞人　劝君莫烦恼

大气环流有变化　今起天转好

（1985年10月31日《新华日报》）

读者，尤其农村读者盛赞这条标题实在妙极了："《新华日报》登出了喜出望外的消息：'今起天转好'。看了标题，一眼就被它吸引住了"，"它把我们从烦恼带进欢乐，应该感谢标题的制作者。"

其次，叙事状物要入情入理。有语云："情真语真，自成佳文。"从某种意义上说，新闻事实只有写得近情近理，才能让人感到朴实可靠、真实可信。如果事实交代得不具体、不实在，有悖于常理常情，即使你报道的事实是完完全全真实的（如前面提到的遂宁市那则标题），也会让受众顿生疑窦。所谓常情常理，是指人们在各自的工作岗位上，纷繁复杂的社会生活中共同体验到的思想、认识和行为上的积淀。它作为判断新闻是否可靠的标准之一，存在于众多人的意识之中，这是不可否认的事实。这也就是说，在新闻中即使出现了有悖于常情常理的偶然之事，一定要写出它的偶然性，讲清当时的客观环境；出现了意料之外的事，一定要写出它的前因后果，讲清它在事物发展过程中合情合理的一面。这样写出的报道、做出的标题，才会让受众感到入情入理、朴实可靠。

再次，要用浅显的话，说出深刻的道理。语言是新闻事实的外衣，是新闻事实物化为新闻的直接表现形式。在新闻及其标题写作的流程当中，语言是居于核心地位的。新闻是"明白文"，文章要写得明白如话，要深入浅出，用浅显的话，去表达深刻的内容。因为人们只能从字面上去理解、接受新闻的事实与信息，字面上的模糊给人留下的是模糊的印象，字面上的错乱给人留下的是错乱的印象，谁都帮不上落在白纸上的黑字的忙。所以，写新闻、做标题最要紧的，是要老老实实地把话写清楚，然后再求生动、深刻以及其他。这样，语言的准确精练、个性化、口语化、生活化一直是朴实表现手法的执著追求。做到：有叙述而不枯燥，有描写而不浮华，有议论而不牵强，有哲理而不晦涩，有思想而不说教，有知识而不深奥，有文采而不花哨，有情感而不矫饰。

准确真实、质朴无华、清新脱旧、通俗易懂，构成了新闻语体特有的朴实的文风特征。但由于题材的不同、文体的不同，正像有的新闻工作者所论述的在大同中有不同。一般而言，消息尤其是动态消息，多采用实话实说，叙述性语体，以朴素的文字交代清楚新闻事实，做到朴而真、朴而实、朴而美。综合新闻、典型报道、大特写、深度报道和述评新闻因事实和事件时空跨度大，主题开掘深，多采用气势恢弘、高屋建瓴的概述性语体。这种语体以概括叙述为主，兼有画龙点睛的议论，是一种夹叙夹议的语体。现场短新闻及小通讯、小特写，集中表现一人一事一场景的动态情景，它就需要用轻松活泼、娓娓道来的描述性语体；描述性语体以白描为主，再现事实细节，偶有抒情和议论。新闻如此，标题亦然。

十五、突出一事，少及其余

在新闻改革中，新闻标题的制作和编排普遍引起了各报的重视。在新闻标题的编排上就有两个最明显的特点：一是对新闻价值较高的短消息，采取小辟栏加框的办法，把标题十分醒目地立于文上；二是舍得花版面，加大标题的厚度、宽度和字号，标题上用的版面等于正文，甚至远远地多于正文。如：

1983年2月21日《光明日报》转发《四川日报》的一条消息，题为：

（肩）　四川省委书记杨汝岱提出

（主）　今后各种业务会议书记一般不到会讲话

这条消息仅50字，而标题则有两栏宽7行高，占了160余字的位置。

（肩）　支持专业户发展商品粮生产

（主）　建宁县奖给"售粮冠军"李广东收割机

（副）　他家两年共售粮八万多斤

这条消息约270字，立于文上的标题29行高，占了与正文同样的版面

标题的制作理念与艺术技巧

篇幅。

这些标题犹如一簇簇盛开的春花，既美化了版面，又起到了吸引读者的作用。标题要醒目，首先是要简短（这里主要指主题）。简短不仅是标题在版面上能否醒目的一个重要条件，也是能否符合人们阅读习惯的问题。据医学工作者考察：人们两只眼睛的视野，在大自然面前，可以扩大到180度，最佳视野为100度左右。但阅读时，人们视野却只有45度，最佳视野只有20多度。如果标题过长，超过这个最佳视野的范围，读者就不可能在一瞥之间尽收眼底，还得借助于默读或口念，通过转移视线，才能看完一则主题的字数。另据心理学家分析，人们在视线移动中获得的印象，就不如不动时获得的印象深刻。所以，标题越长，阅读越不方便，给人的印象也越淡薄；反之，标题越简短，阅读既方便，给人印象也深刻。那么，标题（主题）的字数究竟以多少字为宜呢？按最佳视线的换算和目前我国媒体上常用的标题字号，一般以10字左右为宜。这样，受众就可以在两个眼珠不用转动的情况下，一瞥之间，尽明题义。所以，近些年来，标题既要短又要精，是广大读者对作者、编者的殷切期望，是文风改革、新闻改革提出的一大要求。凡不负众望、力求进取的作者、编者，都应该在标题字句的精练问题上反复斟酌，多费匠心。

兵书上说，兵贵精而不在多。同样的道理，"文以简洁为能，不以繁缛为巧"，被称为文章的"眼睛"、一篇之警策的新闻标题的语言，更得要"以一当十，以约求丰"。

其实，语言要精美，文句要简短，这本是我们民族使用语言的优良传统。但目前报上长而空的标题仍然不少，有的主题字数长达数十字，让人望而生畏。例如，有一条消息两行主题竟长达50余字；有一条只有近200字的短消息，主题竟有33字，连折三行，标题简直成了消息的内容提要。

当然，标题长短的尺度，也不能单纯以字数多少来衡量。标题字数的多少，取决于内容。如果每一个字都是表现内容不能缺少的，再长的标题也不长。如果其中有了对表达内容不必要的字，字数虽少，也可以说是太长了。这就是说，在制作标题时，一定要反复推敲，能用两个字说清楚的，不用三个字；能用短句说清楚的，不用长句。尽量使用那些简明、准确、朴实、新颖、有味的语言，力求把标题做得精粹些。这就像一位外国著名作家所说的：我们不论要反映什么事物，"要表现它，唯有一个名词；要赋予它运动，唯有一个动词；要得到它的性质，唯有一个形容词。

我们必须不断冥思苦索,非发现这个唯一的名词、动词和形容词不可。仅仅发现与这些名词、动词或形容词相类似的词句是不行的,也不能因为思索困难,就用类似的词句敷衍了事"。总之,用词要恰如其分,要精当,使之表达既能尽善尽美,又做到"增一字则太长,减一字则太短"的境地。要做到这一点,很重要的一条就是要精心修改。

修改,是写作新闻、制作标题不可缺少的一道重要工序。就像毛坯需要加工一样,标题只有反复修改,才能简练生动、引人入胜。清代文学家曾有过一首《遣兴》诗说:

爱好由来落笔难,一诗千改心始安。

阿婆还是初笄女,头未梳成不许看。

诗的主旨说的是文要精粹,贵在修改,充分表现了古人写作态度的严谨。

现在,标题冗长毛病改不了,一个重要原因就是没有遵守标题是最有价值的新闻事实的浓缩的原则,没有做到一题一事。旁枝繁叶过多,让人"不识庐山真面目"。有的同志总担心标题用字少了说不清问题,总是前铺后垫,反复解释,详情末节,一应俱全。结果造成标题字多意少,文字拖沓,往往把最主要的新闻事实给窝在里面,让人望文生厌。标题要短而醒目,一字一词的文字精练固然重要,而更加重要的是标题内容上的精练,即:抓准新闻的要旨,反映事物的精髓,做准确概括,生动再现。例如《羊城晚报》在报道我国有声玩具问世的消息时,题目就绘声绘色地做了这样简洁的再现:《(肩)会哭、会笑、会吹号、会问好 (主)我国玩具也会讲话了》。衡量"内容"精不精练的标准是什么呢? 重要的是遵守一题一事的原则,做到突出一事,少及或不及其余,对于游离"一事"之外的东西坚决舍去。

这样,是否就片面而不吸引人了呢? 不会的。这样做,正是新闻这种文体的特殊要求。尽管客观事物是多侧面、丰富多彩的,但新闻对它的选择,只能是掐取同类事物的"尖尖",加以报道。这就像古人画龙那样,如果"首尾爪角鳞鬣"俱全,那是不见得能把龙画得形神兼备的。相反,画家胸有全龙,一鳞一爪却能活现龙的全貌,再现它的风采神情。

(肩)　一幢"半成品"楼被评估为150元

(主)　巨额国资是如何在改制中流失的

(2004年2月23日《中国青年报》)

标题的制作理念与艺术技巧

2004年初，报社接到宁夏中卫市（原中卫县）许多群众的来电、来信，反映原中卫县城乡建设开发公司在2003年改制期间，千万元的国有资产流入个人腰包。随后，该报即派记者实地采访，记者吃惊地发现，群众反映的事实还只是"冰山一角"。在这次改制中，国有资产究竟流失了多少，大概只有国家权威机关才能查得清。于是作者拟题时，便将众多事实收聚到一个"焦点"上——即该县美利新村6号住宅楼（6层65户，建筑面积5681平方米）的评估价值仅只有150元。从而肩题用最具代表性、最厚重的事实，形成"信息的聚体"，去敲击读者的心；然后经主题的引申，使信息能量倍增，形成一束冲击力极强的"激光"，去撞击新闻的主旨。整则标题突出一事，简洁、鲜明，冲击力强。

大画家齐白石教弟子画虾的故事，也颇能给人以启发。据说，有一次齐白石问弟子说："虾是从第几节弯起的？"一时间，众弟子瞠目不知所对。白石老人解释说：虾是从第几节弯起的？弯起的那一"节"，一般人是不必也不会去注意的，但画家却必须注意，因为那一"节"正是使虾在画上鲜蹦活跳的关节之处。我们制作新闻标题，要抓住的正是新闻之"虾"中最能使之活跳起来的"关节"。

我们抓住并说清了这个"关节"之后，又得像唐代诗人祖咏那样"意尽文止"，决无半点含糊。

祖咏是唐玄宗开元年间落第诗人。有一年，他去参加应举考试，当时朝廷规定参加应试的人都要写一首命题试贴诗，而且至少要写四韵八句才算成篇，否则不予录取。可是祖咏只写了两韵四句，便把命题的要求作了圆满的回答，就交了卷。试官惊异地问他为什么不按规定去做，祖咏只简单地回答了"意尽"两个字。

意尽文止，不愿再在一些枝节上累赘地添补，这正是我们在制作标题时特别要认真吸取的表现方法。能做一行题的，决不做两行题；能用"一句话"做标题的，决不用两句。1983年2月28日《人民日报》发表的湖北省沔阳县通海口公社星红大队社员张光照，为庆祝自己生了个女儿，自己出钱包电影请乡邻的消息，题目就只用饶有风趣的三个字《"女儿"庆》。同天《人民日报》在报道2月27日李德生司令员同辽宁省、沈阳部队等党政军负责人到沈阳联营公司售货的消息，题目也只有五个字《司令员售货》。在1980年全国评选的好新闻中，有14条新闻受奖，其中有一半就是用的"一句话"做标题，使人看了简清明快，新闻要素交代得清清楚楚。因而，在新闻要短而精的同时，标题也要做到短而精，就得提倡多用"一句话"做标题，力求把标题做得扼要些、精粹些、有趣些。

标题要做得短，说起来容易实际做起来确实又很不简单，特别是那些重要消息的标题，要标明必要的新闻要素和具体事实，往往难以短下来，长了很累赘，又必须短下来。对于这个矛盾的解决，可以采取这样一些技术性的处理办法：

1. **分散法**。即充分地发挥肩题的题示、叙事和副题的补充、印证、注释作用，减少主题的负担，首先保证主题的简明。如：

（肩）　改革贵在用人，各级组织人事部门要站在各行各业改革潮流前面

（主）　坚决选拔改革者担负领导工作

（副）　中组部负责人强调，这是检验领导机关党性的重要标志，是组织人事部门保证实现党的总路线的关键。符合"四化"要求的大批改革者进入领导岗位，不断激发群众积极性，我们定能赢得时间，加快赶上世界先进水平步伐

为确保把一批能够开创新局面的改革者提拔到领导岗位，一要继续清除"左"的影响，从知识分子中择优而任；二要有"四化八门"的观点；三要改变选拔干部的老习惯

（1984年5月3日《人民日报》）

这则重要新闻的标题，本身就是一条含有丰富信息量的新闻。这则标题的内容这么多，但作者熟练而灵活地运用复式题的巧妙配合，把所概括出的内容做了合理安排，首先保证主题简练、突出。即把新闻中最主要的事实、最核心的部分提炼出来——"坚决选择改革者担负领导工作"，做主题，把所有的次要部分都分给肩题和副题去表现。这样，肩题就承担了交代背景，说明意义的作用；副题则对主题起了直接解释和印证作用。所以，虽然整个标题连标点共209字，主题只13字，仍显得醒目、突出。

当然，从整体看来，这则标题仍然不够简练，尤其是副题意思多处重复。而同条消息，《工人日报》的题为：

（肩）　中组部要各地大胆选拔，支持改革者

（主）　改革贵在用人

（副）　配备领导班子要有"四化八门"观点，即干部要革命化、年轻化、知识化、专业化，要有工、农、轻、贸、理（论）、科、文、教等

标题的制作理念与艺术技巧

专业知识

这则标题，主题略逊色于《人民日报》，不是消息中最新最为核心的部分，"改革贵在用人"，早已多次见报；但副题却比《人民日报》简练明确得多，也是消息中最新最明确的要求。

2. 节省法。做标题毕竟不是写新闻、写导语，必不可少的新闻要素要交代，但不必每条标题都要五个"W"俱全，可以大大省略那些不必要的交代背景、说明原因、阐明过程、烘托气氛的部分。一般地只需标明什么人（单位）加什么事，也能收到简明、生动的功效。如：《王老太扫帚上面出粮食，九年上缴白米一千余斤》。这则标题，没有什么烦琐的时间、单位和过程的交代，也没有什么议论、赞扬的词句，只是用朴实语气，摆出事实，就很生动感人，文字也简练明快。相反，有家报纸为一则连续报道做了这样一则标题：《（肩）经哈尔滨市第一商业局机关党支部讨论、上级党委批准 （主）贪生怕死的姜世友被开除党籍》。肩题这种背景的交代，完全是多余的。当然这里讲的是标题中那些不必要的文字，或可有可无的部分可以省去，并不是说对那些必不可少的新闻根据的交代和议论、抒情的话也不要了。同时，除了内容的节省外，还得注意字词的节省，这就是：

①要少用和精选形容词。

②尽量少用语气助词，如的、之、吗、了、呢等。因为做标题毕竟还不同于写文章，有些字句，虽与行文的文法组织不相符合，而成为报纸的标题则是可以的。尤其上面所举的表达语气的字词，因为不能产生实质性的印象作用，多被省用，如1984年5月3日《人民日报》一版右上转载《北京日报》一篇报道的主题为：《认真查处经营管理中严重官僚主义，推动管理体制改革和领导作风改变》，其中上句"中"字后面省去了"的"字，下句"作风"后面也省去了"的"字。但这种省略，必须以不损害原意和读来顺口为前提。

③没有特殊必要入题的人名，可以省去职衔和身份，或只标职衔省去人名。

④最重要的是制题思想必须明确，标题的用语与文章的行文并不完全相同，无须过于讲求逻辑性的接承，可以像写诗一样，不必事事、处处都讲文到，只要意到就行，应该而且允许有较大的跳跃，使之收到"说出者少，不说出者多"、"举一事于句中，反三隅于句外"的效果。如若不

然，就很难做到精粹简洁，例如：

（肩）　地头卖菜是因为菜田包干到户造成的观点对吗？
（主）　不对！请看事实，甘官七队严格执行产销合同，做到：
　　　　不地头卖菜　不送劣质菜
　　　　不夹馅带土　不装假筐帽

这则标题，如把文字串联起来，就是完整的一段话！它与新闻标题的文字要紧凑，善于断裂、跳跃，尽量减去串联词和无信息的语言，是不甚相符的。其实，只需将肩题改为反诘疑问句，主标题中的"不对！请看事实"、"做到"都可以去掉。

3. 减缩法。这里包含两个方面的内容，一方面是对在标题中必须标出的有些国名、地名、单位名、物名、事件、总称等，进行合理的节缩，以求简短。如，"中指委"，即是中共中央整党指导委员会的简称；"朝鲜"，即是朝鲜民主主义人民共和国的简称。这里重要的是应简化得当，要做到：①要顺应习惯的称呼，不能随意生造；②要与名词本身意义相切；③读起来顺口；④让人望文生义，一目了然。

另一方面，可以利用数字把几个平行的事实和词组加以归纳，组成简称，如1984年5月3日《人民日报》头条标题的副题中的"四化八门"。有时概括归纳的简称，人们还不熟悉，这就要像《工人日报》处理"四化八门"那样，可以在辅题作解释。如，1984年5月2日《人民日报》四版头条《河北各级法律顾问处为"两户一体"提供法律帮助》，其中"两户一体"，即是对"专业户、重点户和经济联合体"的概括和归纳。对于新近出现的简称，使用于标题时，都应有解释，不然，读者就会看不懂。

4. 折行法。有的标题（主要指主题）字数多，减少了就说不明白问题，或者有损原意，那就可以采取：①把一件事的两个方面的内容，分别制成双行主题，以缩短其长度；②把一句话分成两句话讲，或者把一句话分成两行标；③标出因果关系，组成短句，这样，也可以取得短而醒目的效果。

应该说，标题要做得短，这不仅仅是一个字数的要求，而且还必须做到这样两点：

一是要力求短而丰。短，绝不是简单化，应该做到文虽短而意犹丰，能有深刻的含意。做到字少而有魅力、耐咀嚼，使之"言止而意不尽"，让人经久不忘。1983年3月25日《人民日报》仅以《好雨》两字做主题，报道了当年3月21日到22日，我国西北东部、渭水流域和汉水流域、华北中部和南部、黄淮、江淮等地普降喜雨的消息。这则标题，字虽然很少，可含意却颇多，人们由"好雨"很自然地便会想到杜甫的著名诗句"好雨知时节，当春乃发生"，以及"春雨贵如油"这条民间谚语，这对于概括新闻的主要内容，可算是字少意多，词浅意深。

二是要力求短而生动。要短得有内容，忌空泛。有些标题，确实短了，但只有干巴巴一些概念，让人读了乏味。要做到短而生动，最要紧的是要抓住新闻事实的特点，把事实反映得活灵活现。江苏无锡市无线电厂生产的"咏梅"牌收音机质高形美，价格便宜。《人民日报》1983年3月24日为这条消息加的标题是：《两只老母鸡，换台收音机》，就有余味，耐人咀嚼。近年来，不少地区从京、津、沪等地聘用了不少的科技人员，这些人到应聘地区情况究竟怎样？《光明日报》在发表湖北宜昌的一条消息时，做了这样一则富有情趣的主题：《宜昌招才进"宝"成为明星城市》。《文汇报》发表了一条山东治理渤海黄海污染成效显著的消息，主标题就用了一个与人们生活息息相关的具体事实《海蜇重回胶州湾》，既简洁，又引人。

十六、巧用数字，传神生辉

在标题的制作上，一提起数字，或许有人就会摇头感叹：这抽象枯燥的东西，使人感到累赘、乏味。其实，数字是神奇的。有时一个或几个鲜明的数字，就可以代替一大篇道理，不仅比空洞议论更有说服力，甚至有奇特的感染力。

《三三见九不如二五得十》——介绍一个县试改水稻三熟制为两熟制获得成功的事迹。两个鲜明的数字，就简洁、明快、生动、形象地概括了文章的主要内容和中心思想。

《企业的1%，用户的100%》——紧紧抓住企业与用户之间的利害关系，阐明要不断提高产品质量的重要性。企业生产的产品虽说只有1%的不合格，可是它给用户造成的损失和危害却是100%！两个百分比，生动形象，立意深刻，不落俗套。

《"4=5"》——本身就是一个"谜语"，奇妙，有吸引力。而"谜底"——讲的是火柴等小商品质量不高，五盒火柴里竟有107支磷头脱落的废品，折算起来，便只有四盒能发挥"经济效益"了。

新闻，特别是经济新闻、体育新闻、军事新闻，是不能不使用数字的。就是其他方面的新闻，要用以报道成绩、说明事理、揭示变化、今昔对比，也经常要用数字。甚至有的新闻中最有新闻价值的事实就是数字。

（肩）　国企结构调整，不少工人下岗。浦钢提出：帮助一名下岗职工找到新岗位，奖励一千元。一千名工人重新就业，却没有一个职介人把钱放进自己口袋——

（主）　百万奖励赠给下岗工友

（2002年5月31日《文汇报》）

标题中的一组数字书写了一个来自工厂车间的真实故事。原来有2.5万人的浦钢公司，为了调整产业结构，连续几年减员，最终将只留下5000人。大批下岗员工分流到哪里去？厂领导决定，每介绍一名下岗工人再就业，工会就奖励1000元。令人感动的是，1000名下岗工人再就业了，但这1000份奖励，职介人没有一个将它放进自己的腰包，都送给了下岗的工友。这组数字也展示了上海工人阶级在产业结构大调整的过程中，同甘共苦，携手并肩，努力战胜困难的博大胸怀和深厚情谊。

三千的哥寻一截断指

（2002年3月2日《新闻晨报》）

一位机床工不幸右手手指遭遇工伤，就医途中又将断指遗落在出租车上。为了这截断指，遍布申城近3000辆出租车同时响应呼叫，积极寻找后，终于给几近绝望的不幸者送去了断指再生的希望。标题中"三千的哥"与"一截断指"的对比，充分展示了上海在物质文明建设取得飞跃发展的同时，市民的精神文明建设也取得了喜人的成就。

（肩）　一个字两个半篮球场大　一条标语长达5公里

（主）　郧西县"石头标语"劳民伤财

（2002年12月9日《湖北日报》）

肩题中两个数字，将发生在生态环境极为恶劣的国家级贫困县郧西县，一些干部在造林中大搞形式主义，建"石头标语"，造林运动成为"造字运动"，干部图虚名、群众招实祸的事实，具体形象地展现在读者眼前。

列宁曾经说过：报纸的宣传"不要空话，不要空喊，而要善于运用掌

标题的制作理念与艺术技巧

握的事实和数字"。

上述三则标题都是选自2003年第十三届中国新闻奖的获奖消息。它又一次告诉我们，恰当地运用数字对于新闻标题的制作绝不是一个可有可无或细枝末节的问题。数字，可以给人以量的形象，也可以给人以质的感觉；可以给人以美的享受，也可以给人以智慧的启迪；可以使人信服，也可以促人联想。巧用数字，既是制作标题表情达意的重要手段，又是治"空"的好办法。

那么，究竟什么样的数字必须写进标题呢？一般地说：

一是用以反映客观事物的变化状态。数字是表示数量的文字，是反映事物发展变化的量的基本概念。新闻报道要真实、准确地反映客观事物的变化状态，数字就是一种准确、明白的表达方式。这是在标题制作中用得最多，最常见的。

（肩）　邓小平一句"我赞成"成就无数英才

（主）　中科院院士八成以上是"海归"

（副）　出国留学人员还占中国工程院院士的54%、教育部直属高校校长的77.61%、博士生导师的62.31%

（2004年3月2日《新民晚报》）

（肩）　四川省科学养猪试验获显著经济效益

（主）　应用养猪成套技术省工省料育肥快

（副）　生猪从仔猪到出槽由过去的一年缩短为六个月；平均日增重量由过去的二百七十克上升到三百八十八克

副题里的两个对比数字，就是很重要的新闻事实，很有说服力和感染力。它的功效却是单靠文字叙述所代替不了的。

二是数字成为新闻价值的主要体现者。

（肩）　一车水泥"游列国"

（主）　相距百十里　运行整七天

这则标题肩题提出了新闻根据，主题的主要新闻事实是"百十里"与整整运行了"七天"这两个数字。

事物在发展中，数量的显著变化，达到与众不同的程度，固然构成新闻，能成为新闻的主要事实；然而有时数量少到一定程度也能成为构成新闻的主要事实。

（主）　认真做好一分钱的小生意

（副）　青铜峡百货一门市部承包以后不损害消费者利益

生意小到"一分钱"也认真做好，是这条新闻最有新闻价值的事实。"一分钱"就是主要新闻事实的体现。

三是用以说明最主要的新闻事实的重要组成部分。

买家具　出问题　两个多月难退货

写封信　找县长　三天之内全解决

（2004年9月12日《北京青年报》）

（肩）　人称"灭蝇大王"　自制大苍蝇拍

　　　　一天打死千只　尸体统一"火化"

（主）　七旬翁一年灭蝇六万只

（2004年9月1日《北京晚报》）

四是设置悬念的特殊需要。

人心思简与19>80

（1997年第46期《中国电视报》）

中央电视台播放电视剧《三国演义》精编版时，把80集的原版精编为19集，取得更精粹的播出效果，广受观众好评。这个"19>80"颇吊读者"胃口"，有引人入文的妙用。

综上所述，在标题制作上，要恰当运用数字，首要就是要"精"。所谓"精"，就是所用数字必须要具有新闻性。切不可离开这个基本点，随意写上一叠数字，那就会使人读了兴味索然。其次，也还有个用得活、用得好的问题。也就是说，在数字的运用上，要有艺术性，要想办法让人们既便于了解所用数字的意义，又能使数字生动活泼起到传神、生辉的作用。在这方面，常见的办法有：

1. **比较法**。数字是高度抽象的，它所以能表达意义，是要在一定的对比关系中才能反映出来。如果只是孤零零地摆出一些数字，纵横无法比较，彼此也不联系，这些数字是不能说明问题的。1983年3月19日有家报纸发了一条我国机电产品的出口最近两年有大幅度增长的消息，题为《我国机电产品去年出口达到二十多亿美元》。"二十多亿"，这数字倒不小，可是孤零零的，有谁一眼就能看出它所要表达的意义呢？看过正文才知道，它与1979年出口额只有二到三亿相比较，这个"二十多亿"确实可算是大幅度了。可标题并未点明，就不能给人一个明确的概念。1983年3月21日《人民日报》报道了山西省大同县积极扶持粮食专业户发展生产，专业户积极为国家多作贡献的消息,副题是:"今年有2000个专业户计划交售万斤粮,售粮总数相当于全县征购数的157%。"几个相关的数字一比较,它所要说明的意义便一目了然。

2. **类比法**。新闻中的数字是为了给读者一个明确的概念,或说明事物的大小,或表明数量的增减。如果只是一些干巴巴的数字,难以达到目的。这就需要想办法用能为群众所理解的具体数据来代替枯燥乏味的数字。《人民铁道》在报道全路劳动模范装卸工朱正仙一心扑在工作上的事迹时,标明了这样一组动人数字,从1979年以来义务劳动326天,装卸的货物可以装满268节车皮,把这些车皮连在一起有七华里长。几经折算,朱正仙那公而忘私的精神,便鲜明而生动地展现在读者面前。

我国四川省乐山有一尊举世闻名的大佛,佛像身高71米,头长14.7米,宽10米。据说有家报纸在介绍这尊佛像时直引了上面这堆数字,而另一家则把这些数字以人们生活中常见的具体事物进行折算,标明了这样一段话:这尊大佛有30多层大楼高,耳朵可容四人在里边叠罗汉,脚背可停放五辆解放牌卡车,脚的大拇指甲上能摆一桌酒席。这简直把数字变活了,它给了人们多么新鲜、多么强烈的感受啊!

3. **演算法**。一般地说,绝对数字越大越难以理解,越小越容易明白;孤零零的数字不好理解,有比较的数字越好理解;零散的多头数字难以理解,概括归类为单一的数字容易理解。因而,把一堆庞大的数字,换算为百分比或倍数,让人一目了然地看出数量的多少或变化,也就成了巧用数字的一种艺术处理方法。1983年2月间《宁夏日报》发表了固原县粮食局车队实行单车核算,这年元月就实现利润19300多元的消息,题为:

(主)　固原县粮食车队实行单车核算效果好

(副)　今年元月实现利润相当于原计划的四倍多

题中的"四倍多",就是几个大数字演算出来的。如果不这样处理,直接标出绝对数字,不可能给人以这样鲜明的印象。

4. **折合法**。早些时候,见到过《辽宁日报》上的一则标题:《昌图县交售粮食七亿多斤》。"七亿多斤"这个数字,无疑是不小的,但就一般群众来说,又未必能更深刻地了解它的作用和意义。而无独有偶,1983年新华社播发的《长江三角洲又获丰收》这条消息里,写了三个专区共增产粮食七亿斤,并运用折合法进而写道:"除农民自己食用外,足够供应像首都北京那样多的人民一年食用，或者可供像工业城市鞍山那样多的人民十年的食用。"同样是七亿斤，两种处理方法，谁优谁差，不言自明。

依此类推，折合法，就是要善于把一些为一般读者所不容易理解又非上标题不可的技术性强的数字，折换成为群众容易理解的具体数字。例如：把能源电的"千瓦"折算为煤的"吨"等。这样，既能增添标题的生动性，又会给读者留下深刻的印象。

5. 化小法。把大数化成具体单位或人均的小数，或平均数，以帮助读者了解某个数字在全局中的意义。1982年1月24日《福建日报》在一版显著位置发了一条有关农村专业承包户的消息，题为：

（肩）　连江"鸭母村"社员争作贡献
（主）　每户平均卖给国家鲜蛋六千七百多斤

主标题中的平均数字，既能使标题短而醒目，又让读者一目了然地看到了他们为国家作出的贡献、取得的成绩。

古人说："文察于目。"从这句话里，我们可以看出新闻标题的重要作用是多方面的，其中之一就是要能成为把读者思绪和视线由标题引向全文的"向导"。也就是说，标题的一个基本的作用是要能够引起读者的"新闻兴"。《唐音癸签》上说："观物有感然则有兴。"所谓"兴"，就是由于某种事物的启发和激励而产生的强烈的情趣，或激起联想，或引起感慨。所以，简而言之，又可以叫"触景生兴"。

读者的"新闻兴"从何而来？当然最主要的是来自新闻本身最新鲜、最精粹、最惹人爱看的事实。通过对读者心理状况的了解，明确读者当前在想什么，心里有什么疙瘩没解开。然后，把矛盾尖锐地摆出来，同样能触发读者的"新闻兴"，引起读者的注目。

1983年4月9日《人民日报》三版上发了一幅十分醒目的新闻照片，人群像潮水般涌来，无数双手一齐伸向一个农村干部模样的中年人。这是干啥呢？原来这个中年人是江苏江阴县西乔公社农科站助理农艺师梅友谅。九天前他下乡调查，发现不少麦田的麦苗返青差、拔节慢，便连夜编写一份《农技小报》，印了900份，专门介绍麦苗返青拔节的技术措施，大家都争相购买，很快便抢购一空。这张小报为啥能引起读者这么大的兴趣？关键在于适应了读者需要，是群众正在盼望知道的事情。数字的选用与巧用，也应立足于此。

十七、藏而不露，反常成趣

有的同志曾经引用过这样一个比喻，说种庄稼是平原好，写文章却要像"丘陵地带"。因为平原种庄稼宜于管理，而写文章不仅要使读者有所知，而且要有所感，禁忌的就是一望平川，赤地千里。一条新闻、一则标题的感染力，除了事实本身的力量之外，也得有赖于作者笔下的刻意求工。如果只是一味地刻板摹写，一览无遗地平铺直叙，绝对不会有"丘陵起伏"，更谈不到"奇峰突起"。那样的结果，当然又绝对不会引人入胜，倒容易引人入睡。因此，自古以来的好文章，无不彼起此落，有设问，有照应，甚至故布疑阵，形成波澜。这样的新闻及其标题所以能吸引人，也正是因为它有波澜，或者提出了问题，或者突出了矛盾的焦点，或者揭示了问题的尖锐性，犹如投石击水，易于激起人们的思想浪花，字里行间自然就孕育着一种诱人思索、促人联想的魅力。

"诗以反常合道为趣"，这是北宋时期大文学家苏轼说过的一句话。意思是说：文章的形式可以反常运用，而思想内容却要合道，方能引人成趣。关于原说中的"道"，由于时代不同含义也截然不同，姑且不去说它。但文章的表现形式以反常为趣，倒可以在制作新闻标题时为我所用。应该说，制作标题也是一种艺术创作。要把标题做好，一是要准确，二是要生动。

标题要做得生动的因素很多，那种巧于构思、精心制作、藏而不露、反常成趣的艺术表现手法，也是其中之一。这类标题虽说报上还不多见，可一旦出现，在读者中引起的反响，取得的宣传效果，常常是出人意料的。

《"梁山伯"结婚了》——这是20世纪50年代中期的一条社会新闻的标题，至今人们仍在津津乐道。在当时，传说中的梁山伯与祝英台的爱情悲剧，在我国几乎是家喻户晓，而今"梁山伯"为何又忽然结婚了？真是太奇了。"梁山伯"到底是何许人，又与何人结婚呢？

这些悬而未决的"扣子"，极大地刺激着人们的新闻兴趣。原来，这则消息讲的是扮演梁山伯的越剧演员范瑞娟的婚事。

《会飞的猪的一生》——猪只能走，谁见过它会飞呢？正因为你没有见过，就得逼着你去读正文。原来是作家秦牧在"猪年"说猪一文讲了这么一件事：我国用飞机从国外购进珍贵的纯种猪，猪坐上了飞机，自然就会"飞"了。这则奇趣的标题,确实为文章增色不少。

《"一加一大于二"》——这是一道数学题吗?为什么又会"大于二"呢?这真是一个谜语,极大地吸引着读者。原来,这是讲农药生产中的一件新事,即科研、生产与销售单位的联合协作,改变了落后面貌得出的结论。

这些标题蕴涵深意,颇有余味,耐人咀嚼,读过让人有"言有尽而意无穷"的感受。《孙子兵法》上说"凡战者,以正合,以奇胜",主张出奇制胜。看来,写文章,做标题,又何尝不是如此。因此,为文立题力争脱离常规,打破窠臼,以奇取胜,乃是不可忽视的一环。当然,标题要做到既涉笔成趣,又含义丰富,确实需要一番精心制作的工夫。它的一个明显的特点,就在于:叙事达意不是打开天窗说亮话,直来直去,而是引而不发,藏而不露,借以诱发读者的好奇心,催促读者非看下文不可。要做好这类谜语式的标题,一个重要问题就是要设法巧妙地藏好"谜底"。那么,究竟怎样才能"藏"得既有分寸,又耐人寻味呢?见诸报端的办法有:

1. "藏"在事物的矛盾中。这是最常见的手法。《1+1=1》,一见题目就让人发笑,是算术题么?为什么等式两端又不相等,是粗心的编辑弄错了或是别有什么原因?有了矛盾,自然就引人注目。原来,它是讲的计划生育的事,阐明的是一对夫妻只能生一个孩子的道理。

《羊城晚报》有则标题:《一桩离婚佳话》。离婚,一般地说,都是悲剧性的痛苦事情。但它却同"佳话"连在一起,这不矛盾吗?一看正文,这确确实实是一段极为动人的"佳话":男方甲与女方乙本是结发夫妻,后因男方被错打成现行反革命分子,女方被迫离了婚。后来女方乙与一位同事丙又在特殊条件下结了婚,情深十载。三中全会后,甲已经平反,乙与甲情丝未断;丙与乙也难舍难离。但丙十分同情甲十余年历尽风霜的际遇,懂得人间悲欢离合的底蕴,怀着一颗赤诚的心,毅然作出一个高尚的抉择:同意甲与乙复婚。这桩离婚之事,岂不是一曲心灵美的旋律么!

2. "藏"在两个相互关联、含义又相反的词语中。《"独木桥"通向幸福路》,按说"独木桥"与幸福路,是不搭界的。生活的常识也告诉我们:走上独木桥,是危险的,这怎么还会通向"幸福"呢?原来,这是讲农村刚实行生产责任制、包工包产时,有的受极左思想影响的人,把它称做"独木桥",可是广大农民在党的十一届三中全会的正确政策指引下,沿着这条"独木桥"走下去,生产发展了,人们逐渐富裕起来,过上了幸福生活。

3. "藏"在群众心灵里。《江西日报》有条宜春县的消息,题为《三阳公社"五边"地上唱大戏》。"五边地"、"唱大戏",这些都是社员生活中熟悉的语言,但"巴掌"大的闲散五边地,咋个"唱大戏"呢?看标题,不得而知,只好去正文里找"戏"了。原来,这是说三阳公社实行承包责任制后,利用河边、塘边、路边、山边、村边等种植苎麻获得显著成效的事。打倒"四人帮"以后,理由同志写了篇记叙剑坛女将栾菊杰事迹的通讯,题目就用了《天安门诗抄》中的一句诗"扬眉剑出鞘"。当时,天安门事件还没有平反,许多读者一看到题目,都以为是讲的天安门事件的事儿,急着读下去。作者正是巧妙地利用了读者的这种心理,从题目上吸引了读者。

4. "藏"在生活的奇事中。陶斯亮的《一封终于发出的信》,读者一看到题目很自然就觉得有点奇特:通信,本是平平常常的事,况且通信自由,宪法有明文规定,为什么还这么难发出呢?这究竟是一封什么样的信,以前为什么发不出去……一连串的"为什么",紧紧地抓住读者的思绪,让你非追下去不可。《收音机里的球赛》,也是这样的标题。按说,球赛,谁都知道只能在球场上进行,小小的收音机里怎么能举行球赛?这不就是奇事么!原来,这是一篇记叙体育播音员宋世雄事迹的通讯。

《解放军报》1983年3月8日有则标题《一等奖发给第二名》。第二名得一等奖,这不是怪事么!原来得了第一名的某部一连演唱组是全团的佼佼者,因为有得天独厚的条件,如上级配发器材,充实文艺骨干等;得了第二名的九连演唱组,演出水平略逊一连,但他们完全是自力更生搞起来的。从进步的角度看,九连步子迈得更快。看到这里,你会鼓掌赞同九连获一等奖。

5. "藏"在反常的比喻中。《当心"无牙老虎"》,老虎素来以有锋利的牙齿和脚爪,让人谈虎色变,为什么"无牙"又称做老虎,而特别提醒人们要"当心"呢?这一个个的问号,必然会在读者心里引起波澜。原来,这"无牙老虎"讲的是火患。《人民日报》有则标题《"清水衙门"有"赃官"》。这不就反常了么!既然是"清水衙门"何来"赃官",这是讲的什么事呢?原来是说在打击经济犯罪中,向来被称之为"清水衙门"的教育战线，也不是没有问题的。

6. "藏"在删节中。文至紧要处突然停住，给读者留下一个"扣子"，让你不得不急切地把视线移向正文。

　　△ 俗话说："不知天高地厚。"学童投石入沙井，引起了……

　　△ "以邻为壑"是什么意思？听听共知西路居民的呼声，便可略知一二……

　　△ 李白早就说过："遥看瀑布挂前川"，一青年偏要"亲临其境"，结果……

"结果"呢？自然全部在正文里了。它就像磁石一样，"引导"着你去探索个究竟。

7. "藏"在令人震惊的事实或高人一筹的认识、结论之中。清人李渔说："开卷之初，当以奇句夺目，使之一见而惊，不敢弃去，此一法也。"李渔讲的虽是写好文章的开头的一法，也是制题中常用的技法，一般都是用于事情重大、结果惊人的事件，或认识高人几倍、深入几层的新闻，它能激起读者探奇求知的浓烈兴味。《怪事——近40米高的混凝土框架结构竟被风刮倒》（1985年7月10日《北京日报》）、《一个瞌睡损失近万》（1982年2月2日《新民晚报》）、《她的奋斗目标是"0"——记共产党员、徐州客运公司稽查队长庄惠荣》（1985年7月9日《新华日报》），这些令人震惊、迷惑的怪事，还能不诱发出追根求源的兴趣？《"对策"也可当镜子》（1985年6月4日《新华日报》）、《"愚上"，乃因"上愚"也》（1985年9月7日《吉林日报》），不就是当时那种"收起对策，执行政策"、"歪嘴和尚念坏了经"的流行看法，而从另一个角度的反思吗？像这些颇有新意的认识，又怎能不引人去细读全文呢？

凡此种种，还可以概括出一些。但无论巧用哪种表现手法，都不能离开标题是新闻内容的浓缩这一基本前提，一定要文题相符。只有在这个前提下，巧妙构思，把与之相适应的新闻，巧布疑阵作出反常成趣的文题，使之诙谐、幽默、俏皮、妙趣横生。万万不可离开这个前提，信口开河，纵笔无涯，故弄玄虚，闹得文题不符，失之偏颇。

新闻姓"新"。依此类推，作为它的浓缩品——标题，必然也姓"新"。无"奇"，无以言"新"。我们的时代，纷繁似锦的社会生活，有多少奇光异彩啊！在标题的制作上，巧妙地出点"奇"，像花有千姿百态那样，使之风格多样，确实太有必要了。

十八、反义对用，互为映衬

冬天里的春天

要给"磨刀石" 不给"鸭绒被"

心灵美的男"妈妈"

冒名顶替的"杨二爷"

上面四则标题，作者巧妙地把两个对立的事物或同一事物的两个截然不同的方面，同时引入标题，不但与浓缩新闻的主要内容和中心思想紧紧相扣，而且生动、形象，富于趣味性。

且看例一。这是记叙北京菜区见闻。尽管时令是严冬，但首都各个蔬菜市场，依然春意盎然，货架上青嫩的韭菜、菠菜、油菜，翠绿的黄瓜、青椒，装点着整个菜场依然一派悦目的春色。这种反义对用，意境深，凸显出新闻的主题。

再看例二。作者把"磨刀石"与"鸭绒被"借用来比喻对推动工作的典型的培养采取的两种截然不同的方法：一是让其在艰苦磨炼中成长；一是给予优厚条件，"吃小灶"以"揠苗助长"。标题从两个作用相反的不同事物肯定了前者，否定了后者。

例三这条新闻的内容是：一位当年只有26岁的男青年捡到一个女婴，抚养三年，向孩子倾注了全部的"母爱"。他一个未婚的青年，又当"爸爸"，又做"妈妈"，为了祖国辛勤地培育着一枝娇嫩的花朵，情操是多么高尚。标题把"男"和"妈妈"联系在一起，入题贴切而富有情趣。

再看例四。杨二爷是何许人，又为何要冒名顶替？既是冒名顶替为何又要赞美？原来这是说的天津市一家针织厂附近，有位86岁的老人张墨庄，没儿没女，耳聋眼瞎，生活不能自理。过去是靠居委会治保主任杨二爷和他的老伴帮助料理家务，现在杨家二老也已年过八十，已难承担这个任务，后来这个针织厂的九姐妹学雷锋小组主动承担了起来，但姑娘们做好事不留名，张墨庄老人还一直认为是杨二爷在照顾他呢！

由此可看出，运用反义对用、互为映衬的方法制作标题，能够增强标题的鲜明性和生动性，更充分地表达作者的感情，增强新闻的感染力。

反义对用，构思精巧，常常又能升华思想，富于哲理，以新的思想光彩，夺人耳目。《人民日报》有则《以"不慈"为慈》的标题，从家庭教育的角度，提出了一个既精辟又很有针对性的见解：历来有远见热心家庭教育的人，就不仅要懂得"以慈为慈"，更要懂得"以不慈为慈"。现实生活中，不乏这样的父母：把慈爱仅仅理解为让子女吃得好、穿得好、玩得好；甚至为了取得子女的欢心，听其任性、胡来，而不忍心去严格要求子女，反而认为对子女严格要求是"不慈"。因此，就一般父母的心理状态来说，注意一下"以'不慈'为慈"，正是这则标题立意深新之处。

那么，怎样制作这类标题呢？经常见诸报端的有这样几种形式：

1. 利用巧合，语意双关。《南京日报》有则标题：《冷同志热心肠》。文中说的是南京新华书店有一位姓冷的老营业员为顾客服务热心、周到。于是，编辑在处理这篇稿件时，就把受赞扬的同志的"冷"姓与他服务工作中的"热"心肠，巧妙地联系在一起，作出这个语意双关、耐人寻味的标题。

（主） "甜蜜的事业"为何这么辛酸！

（副） 请听浙江蜂农的呼声

"甜蜜"与"辛酸"，本是两种不同的滋味与情趣。原来它说的是蜂农们从事着甜蜜的事业，但他们却忍受着许多难言之苦。

2. 把相互矛盾的事物或词语合在一起，组成偏正结构的短语。

善良的害兽——澳大利亚大规模射杀野驴

"善良"与"害兽"本来是两个相互矛盾的词，组合为偏正结构的词组反义对用，能诱发读者的好奇心，急于去了解这条新闻的整个内容。原来，这里讲的大洋洲的野驴曾在澳大利亚开发初期作出过贡献，现在也是一种比较容易捕捉、驯化的兽类，只是人们尚未能把它作为一种资源加以利用，而是把它当做会与牛羊争食牧草的害兽去射杀，因此有人惋惜地把野驴称之为"善良的害兽"。

像这样精心构思，巧妙地将两个相互矛盾或词意相反的词串缀成题，不仅能造成风趣、幽默的美感，用盎然的情趣吸引读者，而且还有言近旨远、潜移默化的感染力。

"首创"成灾

"首创"本来是褒义词，何以又会"成灾"呢？按原词义，它本来指的是某种事物具有第一次出现的先进性，但有人却把自己滞销产品更个名称，改变一下包装，就去登广告，大吹大擂是什么"首创"。无疑，这样的"首创"，只能给用户带来灾难。这则标题，就显得风趣别致，耐人

标题的制作理念与艺术技巧

寻味。

3. 把两个对立的事物或一事物的两个截然不同的方面，放在一起加以比较、对照叙述，借以突出有关的内容，增强标题的气势。如：

△ （主） 医德千斤重　金钱一纸轻
　　（副） 记疑难杂症义务咨询活动中心的几位名医

△ 吃"大锅饭"——新店成死店
　　搞承包自营——死店又逢生

△ （主） "金大哥"找一个"穷对象"
　　（副） 记常德县赵桥大队富帮穷的一次验收会

4. 通过肯定和否定两个方面设喻或反义词语对用，组成结构相同、字数相等、语气一致的句式。这就类似"对偶"中的"反对"。例如：

△ 儿子媳妇无道，嫌弃父母
　　两位队长有德，敬候老人

△ 不要做"精仔"　不怕做"笨仔"

运用反义对用手法制作标题，如果用得得当，就会收到概括力强、字少意多、全面周密、褒贬鲜明、洗练明了的效果。

同时，在汉语语言中有的词用于赞扬、褒奖，有的则用于讥讽、憎恶。然而，在制作标题中，在特定的语言环境里，也可以灵活地采用词语的褒贬色彩来个倒用，同样也可以收到好的效果。比如"各扫门前雪"，这本是人们所熟悉的一句含贬义的短语。1983年4月7日《经济日报》的图片新闻却以此为题，报道了在第二个"全民文明礼貌月"活动中，北京市开始执行了"门前三包"责任制：包卫生、包绿化、包秩序，对于美化市容，建立良好的生活秩序，起了好的作用。这里，"各扫门前雪"的贬义色彩消失了，而变成了对"门前三包"的称道了。

"好客"，这本来是含褒义的词组。《羊城晚报》却以《"好客"的某些机关大楼》为题，批评了某些机关制度松弛，致使让惯偷随便进出、"光顾"。这里的"好客"二字，也就成了贬义，使得整个标题有余味，立意新鲜。

对于一些名句、古训，在特定的语言环境下，反其意而用之，常也能收到出奇制胜的效果。比如，《人民日报》在一篇"市场随笔"里讲了这么一件事：有的商场出售活鸡活鸭，代客宰杀，既方便了顾客，商场又把拔下的羽毛积攒起来，有的给农村做肥料，有的作为羽绒衣的原料，供出口换外汇。编者为这篇文章，拟定了一个引人注目的标题《拔一毛而利天下》。这便是用《孟子》上的一句话，反其意而用的。

十九、古句新用，巧取珠玉

古人写诗曾有个"二句三年得，一吟双泪流"、"吟安一个字，捻断数根须"之说。这固然表现了写作态度的严谨，同时也告诉我们诗歌与别的文体比较起来，要求更加凝练精粹，更加概括、鲜明，有时甚至富有哲理地反映社会生活。它常常只用少许的几个字，便能展示一个生动的形象或表达一个发人深思的思想感情，或勾勒出一幅生机勃勃的画面。同时，在富于诗情画意的古诗词中，有些脍炙人口的名句，看来似乎纯属写景，别无其他寓意，而后人却又发现它和某种事物或生活哲理之间有联系，在不断引用的过程中，赋予其新的意义，使之获得新的生命。比如杨万里的《晓出净慈寺送林子方》中的名句"接天莲叶无穷碧，映日荷花别样红"，本是写六月西湖风光之佳丽：莲叶满湖，接天云碧而无穷际；荷花亭亭映日，红妆娇艳，别有一番风韵。然而由于它展示了色彩鲜艳、富有生机的画面，今天人们便常用来作为形势大好、景象喜人的写照。同样，白居易的《赋得古原草送别》中的名句"野火烧不尽，春风吹又生"，原是形容野草年年复生，用以衬托潜滋暗长的离情别绪。今天却被借用来比喻新生事物不可战胜和磨灭，或坚强不屈的战斗精神。

正因为诗歌具有这些特点，在新闻标题的制作中，到诗词中去巧取珠玉，贴切地引诗入题，常能使其增加色彩和情致。在引诗入题中，常见的方法大致有：

1. **直接引用**。即是恰当地引用思想完整、立意鲜明或寓意深刻、哲理性强的诗词佳句，不加任何修饰、增删，直为文题。

《不尽长江滚滚来》。这则标题就是直引了唐代杜甫《登高》诗中的一句。这首诗共八句，前四句是："风急天高猿啸哀，渚清沙白鸟飞回；无边落木萧萧下，不尽长江滚滚来。"这几句诗的大意是：重阳节这天，我登高眺望，急风劲吹，远处传来了悲啼的猿声。在那江心发白的沙洲上，飞鸟在急风中盘旋。无边无际的树叶在萧萧声中被秋风吹落下来，无穷无尽的长江水滚滚而来。现在，引"不尽长江滚滚来"，多用来比喻新生事物不断涌现、发展壮大；也用来形容革命队伍、革命事业，犹似万里长江，滔滔不尽，永远向前；也用来比喻革命后继有人，大批德才兼备的接班人，一代又一代不断涌现。《人民日报》以这句诗作为对出席十二大的几代共产党人的一篇访问记的主标题，很好地起了概括和点明主题思想的作用。

《江山代有才人出》。这则标题直引了清代诗人赵翼所作的《论诗》中的一句。这首诗共四句："李杜诗篇万口传，至今已觉不新鲜；江山代有才人出，各领风骚数百年。"诗的大意是：李白、杜甫等的优秀诗篇，历来受人们的称赞、传诵，但是倘若现在仍然依样画葫芦地按照他们那时的样子去写诗，那就不觉得新鲜了。诗歌的创作要有独创性，各个时代都会有各自的人才，他们写出的诗文都会具有各自的时代特征。现在，引"江山代有才人出"这句诗，用来说明各个时代都会涌现、造就出大批的杰出人才来；也用来说明各个领域都会有自己的杰出人才。《铁道建设报》以此为题，用以概括文章的中心思想，说明在建设社会主义物质文明和精神文明的时代是英雄辈出、群星灿烂的伟大时代。

2. **变换运用**。将诗句中某个字（词）加以更换，或使之更为切合文意，或使其赋予新的含义。

《小院无处不飞花》。这则标题是从唐代韩愈《寒食》诗中的一句置换而来的。全诗共四句，起首两句是："春城无处不飞花，寒食东风御柳斜。"这两句诗的大意是：春日的京都，到处飘飞着杨花柳絮；寒食节时，一阵阵的春风吹得御园里的柳树都斜着枝条。现在，引"春城无处不飞花"这句诗，有时用以形容晚春的自然风光，更多的时候用来比喻形势大好、捷报频传，或新人新事多，处处是新风。《工人日报》这则通讯标题，形象地概括了一处小院邻里之间亲密无间的新风尚。

《艺不惊人誓不休》。这则标题是从杜甫《江上值水如海势聊短述》诗中一句置换而来的。这首诗共八句，前两句是："为人性僻耽佳句，语不惊人死不休。"意思是说：我这人生来性格便有些孤僻，不爱富贵荣华，只偏偏喜爱创作出美好的诗句；它要是达不到使人惊服的地步，誓不罢休。现在，引这句诗多用来形容写作态度严谨，精益求精。《中国青年报》的这则标题把"语"换为"艺"，把"死"换为"誓"，用以概括新闻的主人——一位16岁的女体操运动员刻苦磨炼、勇攀世界体操技艺高峰的事迹和精神。

《新松必将高千尺》。这则标题是唐代杜甫《将赴成都草堂途中有作先寄严郑公》五首之四中一句的置换。这首诗共八句，前四句是："堂苦沙崩损药栏，也从江槛落风湍。新松恨不高千尺，恶竹应须斩万竿。"这四句诗的大意是：经常苦于沙滩崩塌弄坏了种药地边的栏杆，但又只能听凭江槛倒落于疾风、湍水之中而无能为力。新松恨不能快长高千尺，恶竹就是砍掉万根也不吝惜。现在，引"新松恨不高千尺"这句诗，多用来表达对新生事物、新生力量的热情扶持。《羊城晚报》为广东中小学生美术书法优秀作品展览这条消息加的标题，点明了新闻的中心思想。

3. 截取引用。将原诗句截取一个独立的意思为题，或与其他语汇组成新的句形。

《春江水暖》。这则标题是从北宋苏轼《惠崇春江晚景》诗中一句截取而来。这首诗共四句，起首两句是："竹外桃花三两枝，春江水暖鸭先知。"这两句诗的大意是：春天来到了，庭院竹林外的桃树上，已有两三枝含苞欲放；常在水中的鸭子，是会最先感到水已开始变暖的。现在，引"春江水暖鸭先知"这句诗，多用来提醒或勉励人们要多深入实际，才能够预见和发现问题，感触到新生事物的萌芽。《人民日报》的这篇文章截取"春江水暖"为题，点明文中讲的两个普通工厂在相互的交往中，已经萌芽着共产主义协作精神的新事物。

《抓质量才能"柳暗花明"》。这则标题是从南宋陆游《游山西村》诗中一句截取组合而来的。这首诗共八句，起首四句是："莫笑农家腊酒浑，丰年留客足鸡豚。山重水复疑无路，柳暗花明又一村。"诗的大意是：不要取笑农家腊月的酒不好，丰收的年景有足够的鸡、猪招待客人。层层山道道水好像阻挡了去路，可是转过去就又是一个绿柳成荫、百花烂漫的村庄。现在，引"山重水复"与"柳暗花明"这两句诗，多用来形容暂时碰到曲折、困难，不久就会改变，好的局面就会到来。《经济日报》这篇专访的标题正是在这种意义上概括了全文的主旨。

4. 紧缩填补。即将原句紧缩简化后加上一定的成分，组成新的句形。

《"新竹"与"老干"》。这则标题是清代郑板桥《题画竹六十九则·新竹高于旧竹枝》诗中两句的缩简。这首诗共四句，前两句是："新竹高于旧竹枝，全凭老干为扶持。"这两句诗的大意是：竹子的生长总是新竹要高过老竹，一代比一代强的。新竹为什么能胜过老竹呢？重要的一条就是全靠了老竹扶持。现在，引这两句诗用来说明事物的发展变化，都是在原有的基础上，一代胜过一代；也用来比喻一代新人在老同志的帮助和带领下茁壮成长；还有用以说明老一辈人传帮带的责任。《工人日报》的这则标题正是在后一种意义上点明了文意。

《"黄昏"谈起》。这则标题是从唐代李商隐《乐游原》诗中的两句诗的紧缩。这首诗共四句："向晚意不适，驱车登古原。夕阳无限好，只是近黄昏。"诗的大意是：临近傍晚，觉得心绪烦闷、不畅，便驱车来到乐游原赏景解闷。在夕阳的金辉照射下，这里的景色确实很美好；只可惜已接近黄昏，这样的大好风光不能久留。现在，引"夕阳无限好，只是近黄昏"这两句诗，多用来形容某些事物暂时还繁荣、兴盛，但很快就会衰弱，也用来比喻好景不长。《解放日报》这则标题起了概括地点明文章内容的作用。

《寸心报得三春晖》。这则标题是唐代孟郊《游子吟》诗中的两句缩简而来的。这首诗共六句："慈母手中线，游子身上衣。临行密密缝，意恐迟迟归。谁言寸草心，报得三春晖。"诗的大意是：慈母手中的针针线线，都缝在了即将远行的儿子的衣裳上。那细针密线缝得格外结实，为的是怕儿子迟迟归来，可穿得久一些。慈母般的爱，就像春天的阳光，抚育了寸草抽出的嫩芽，寸草怎能报答得了春晖的恩情啊？现在，引"谁言寸草心，报得三春晖"这两句诗，多用来比喻难以报答父母、党、祖国的关怀和哺育之恩。《工人日报》这则标题形象地概括了通讯所介绍的一位著名评剧表演艺术家时刻不忘党对自己培养教育的事迹。

5. **摹临引申**。仿原句的句式以引申其意，或赋予新意。

《留得清香在人间》。这则标题是从元末王冕《墨梅》诗中一句摹临来的。这首诗共四句："我家洗砚池边树，朵朵花开淡墨痕。不要人夸颜色好，只留清气满乾坤。"诗的大意是：在我家的洗砚池边，梅树上盛开的一朵朵梅花，呈现出朴素清淡墨痕。我不希望别人夸我画的梅花如何绚丽美好，只为要让梅花那清新的香气和高雅的品质充满人间。现在，引"只留清气满乾坤"这句诗，多用来比喻不为名、不图利，保持高尚的节操，不与邪恶同流合污。《文汇报》这则标题概括了文章介绍的一位已经逝世的老画家的品德。

6. **搭配对用**。根据实际的需要取一句古诗配成新的联句。

《东风终与"周郎"便，民办艺专建有日》。这则标题的前句是从唐代杜牧《赤壁》诗中的一句置换而来的。这首诗共四句："折戟沉沙铁未销，自将磨洗认前朝。东风不与周郎便，铜雀春深锁二乔。"诗的意思是：在赤壁这个古战场上，那折断了的兵器已经深埋在泥沙里，只有金属部分还没有完全腐蚀。擦去铁锈，冲掉泥沙，仍然可以看出来是前朝的遗物。在赤壁之战中，要不是东风帮了周瑜的忙，弄不好二乔也会被曹军捉去，关在铜雀台上的。现在，引"东风不与周郎便，铜雀春深锁二乔"这两句诗，多借用来说明要成就事业，除主观努力外，还得有一定的客观条件。《文汇报》这则题目，借以说明有关部门接受了一些同志要求创办业余艺术专科学校的建议。

《助人何必曾相识，精神文明谱新歌》。这则标题的前一句是从唐代白居易《琵琶行》诗中一句置换而来的。这首长诗的第三段，起首四句是："我闻琵琶已叹息，又闻此语重唧唧。同是天涯沦落人，相逢何必曾相识。"诗的大意是：我听了琵琶女的弹奏，再听过她讲述的苦难身世，更使人叹息不已。联系到自己受到过的打击，我们真可谓同为沦落在天涯海角不幸的人了。虽然过去不相识，可今日相逢也是难得啊！现在，多引来比喻有相同的遭遇，即使素不相识，偶然相遇，也很容易引起彼此的同情。《羊城晚报》这组新闻集纳的总题，概括了这组集纳的主要内容和中心思想：偶然相遇、助人为乐。

7. **留形换意**。即保留原有的音韵和句式，内容却以文题概事达意的需要灵活运用。例如：

（肩）　知否，知否，应是"贱"肥"贵"瘦
（主）　爱吃瘦肉者，请你多付钱
（副）　本省十八个县市调整猪肉各品种之间差价

题中的肩题，是活用了宋代词人李清照《如梦令》词中"知否？知否？应是绿肥红瘦"一句，保留了原句的音韵和催促、提醒的急迫句式，对于增强主题的气氛，引出主题，都能给人以独具特色的感受。

二十、活用成语，文题增辉

汉语成语是经过长期锤炼而成的重要语言材料。它含义深刻，概括力强，有的还富有哲理，生动活泼，为我国人民喜闻乐见。恰当地将成语选用于新闻标题，使之更富于表现力和感染力，往往就会收到特殊的效果。

在新闻标题中使用成语，常见的方法大致有：

1. **直引为题**。这样的成语大都寓意深刻，思想完整，哲理性强，不加修饰、增补，一条成语就是一则标题，颇能收到简洁明快、生动别致的效

果。如：

△ "宁为玉碎，不为瓦全"

△ "业精于勤"

△ "解铃还须系铃人"

△ "欲速则不达"

前两例为通讯题，后两例为言论题。文题相对，立意鲜明。

2.组合运用。把成语组合于其他语汇的前面、中间或后面，使其成为新的词组或短语。这样的标题音节清新，能给人一个明确、新颖的思想。

有时成语放在其他语汇之前，在标题中作主语或定语：

△ 量力而行是基本建设的重要方针

△ 让后起之秀唱主角

△ 信守诺言的好队长

△ 应刹住"竭泽而渔"的捕捞风

有时成语放在其他语汇之中，用在标题中做补语或状语，起修饰作用：

△ 莫斯科"不遗余力"地干什么？

有时成语放在其他语汇之后，在标题中作宾语：

△ （肩） 集黄山庐山之壮观 有江南田园之特色

　　（主） 湮没千年的"千亩田"别有天地

△ （主） 为教育青年呕心沥血

　　（副） 记解放军退休干部、模范共产党员韩行民教育青年的事迹

有时与其他相似的短语对仗使用：

△ （主） 长期并存 比翼齐飞

　　（副） 哈尔滨市二轻局系统集体所有制工业的调查

△ （主） 老当益壮 永葆青春

　　（副） 赞高元钧同志艺术生活五十年

3.翻造使用。即是用更换一个语素的办法，使之比原成语新颖醒目，或别具新意。例如：

△ 近水楼台不得月

△ 身居林海 惜木如金

△ 提倡"精官简政"

例一是根据成语"近水楼台先得月"的"先"换成"不"翻造而成；例二的"惜木如金"是根据成语"惜墨如金"翻造而成；例三的"精官简政"是根据成语"精兵简政"翻造而成的。

4. 加塞使用。即在成语中间加入一定的成分，一般是加动词，使之更为铿锵有力，抒情达意更加强烈。例如：

△ 姑息只能养奸

△ 安居才能乐业

这两则标题中使用的成语"姑息养奸"与"安居乐业"中间都加了一个动词。有时也可加入动词化的词语，如《良药并非皆苦口》。

5. 谐音易字。巧妙地运用谐音易字的修辞方法，使其转化原意，产生新的意境。例如：

△ 爱才如命

这则标题，本是成语"爱财如命"，利用谐音的方法把"财"更换为"才"而来的。其词义也由原来的贬义语转化成褒义词，显得俏皮引人。

△ 以"职"论价

这则标题，本是由成语"以质论价"，利用谐音的方法把"质"更换为"职"而来的。其词义，也由褒变贬，使标题增添富有情趣的幽默和嘲讽味。

△ 从想入非非到想入飞飞

党的十一届三中全会后，河南一农民致富后买了一架飞机。《人民日报》就此发表了一篇杂文，题目即此。"想入非非"这本是含贬义的成语，一经谐音换字并连用，便产生了新意，巧妙地反映了我国农村的巨大变化。

6. 褒贬调用。即褒义贬用，贬义褒用，以引人注目，发人深思。例如：

《羊城晚报》2004年1月4日有篇人物专访标题为《杜少华：村上春树的同丘之"貉"》。题中"同丘之'貉'"为成语"一丘之貉"演绎而来。语出自《汉书·杨恽传》："古与今如一丘之貉"。原意比喻都是同类，并无差别。多作贬义用，喻为都是一样的坏人。标题的作者根据文中被访者曾幽默地引此成语来自喻他们——两位中日知名作家、翻译家的深交，便以此成题，贬义褒用，备显风趣、意深。

7. 连接使用。在同一标题中，分别用不同的成语既作主语，又作宾语，使标题容量大，含义深。例如：

△ 同甘共苦才能同心同德

8. 对仗引申。 引申词义，与其他语汇对仗、排比起来运用，以增强标题的形象感与生动性。例如：

△ 两袖清风　一身正气

△ 未雨绸缪　及早预防

△ 吃了"定心丸"　更上一层楼

"两袖清风"、"未雨绸缪"、"更上一层楼"等成语，在标题中都是与其他相同句式的短语相对应来使用的。

谚语、惯用语在标题中的灵活运用，也是一个重要的艺术手段。这些是劳动人民共同创造的语言艺术，是群众语言的精华，生动形象，深为人民群众所熟悉、所喜爱，倘若运用得体，能收到好的效果。谚语、惯用语在标题中的运用方法，一般有这样几种：

①直引法。不加更换，直引为题。例如：

《大众日报》有则言论题就是一句为群众所熟悉的谚语：《挂羊头卖狗肉》。

②简缩法。常见的有两种：一种是只用比喻部分，略去解说部分；另一种是只用解说部分，略去比喻部分。如：

△ 一锤子买卖做不得

"一锤子买卖"，便是歇后语"沙锅捣蒜——一锤子买卖"简缩来的。

③易字法。对原熟语的某个字（词），巧妙地加以更换，使其赋予新义，寓有新的意境。如：

有话则短，无话则免

这则寓意新颖的标题就是由"有话则长，无话则短"这句惯用语易字而来。这句惯用语的原意是说，开会作演说、作报告，要有内容，不要讲废话，反对空话连篇。经过易字的这则标题则是说，对于那些没有内容的空话，连"短话"也不该讲，应该免开尊口才是。这不仅寓意新深，而且格外幽默逗趣。

"小卒"肚里也能撑船

这则标题是谚语"宰相肚里能撑船"易字而来，使原意有了新的发展：不仅大人物要有容人的肚量和涵养，一般群众也应有这样的肚量和宽广的胸怀。

此外，还有倒置法。把比喻句放在后边，解说在前边。

在运用熟语时，要注意它的普遍性、通俗性和寓意的健康、正确，要让人一看就懂，注意用得精当、准确。

二十一、眼界宽阔，深入开掘

"眼高手低"，常为人们当做贬义的用语。不过，把"眼高"看做是眼界宽广、眼光高远，却又是一条十分重要的写作经验。曹禺同志在《对中年剧作者的希望》这篇文章中就说过："我们常说自己眼高手低，其实经常是眼不高、手才低的。手高是要下苦功的，但是眼高是第一，这样才可能写出好东西。"这番深有见地的议论，对于制作新闻标题也很有启发，不妨把它看做是一条重要的原则。

一位老新闻工作者在谈到标题制作的体会时也说，一条好标题，是要经过反复比较，精雕细刻才有可能产生的。这里重要的一条，是要放宽眼界，深入开掘，切不可就事论题。

在一家报纸的通讯刊物上，看到有位同志谈到1962年10月，我军在对印度的自卫反击战中，打了大胜仗后主动后撤，当时新华社播发这条消息时，他们没有认识它的深刻含义，担心打了胜仗还后撤，会不会在读者中造成中国"软弱"的错觉，因而在制作标题时，连"主动停火后撤"的字样都没有敢标出来。可是一看《人民日报》的标题却十分突出地标明了"主动停火后撤"这几个字，这才恍然大悟，反击目的已达到，主动停火后撤，正说明我们是自卫反击；我们是社会主义国家，既不允许任何人侵犯我们的领土，但也绝不侵占别人一寸土地。这不仅不是表示我们"软弱"，而且是强大的表现。不敢标出"主动停火后撤"，显然是失误。

这件事虽说仅是一人一题的偶然失误，然而却又绝非个别与偶然。这与长时间以来，由于我国新闻事业发展水平的限制，我们相当多的新闻工作者的视野极其狭窄，缺乏一种宏观的新闻意识。近些年来，随着新闻改革的深入，新闻媒介的迅速发展及其社会作用的加强，树立宏观新闻意识的迫切性，已被越来越多的人所认识，其主要表现在：其一，对新闻现象的分析，从就事论事的本位角度开始转变为将其放到社会背景中去考察、分析，进而找出它的社会原因和社会意义；其二，对新闻事实的把握，已注意从区域性、行业性的微观角度，扩展到全局性、整体性的宏观角度，

标题的制作理念与艺术技巧

以适应信息传输的及时性、广阔性与准确性的需要。具体地说来,就是要做到:眼界要宽,开掘要深。

所谓"眼界要宽",就是要打开生活视野,对比较重要的新闻,要放到党的方针政策、整个时代精神,以及整个社会这个广阔的背景上来认识它。

所谓"开掘要深",即是要勤于思索,善于比较。在扩大生活视野的基础上,对所接触到的诸多生活现象加以分析、比较、研究。深入地探求选定的新闻事实的底蕴,以把握住它的实质。

1982年11月15日《羊城晚报》刊登一则消息,报道了在太原市委书记过问下,一座已有年余不通水电的新楼,六天就解决了问题,如就文成题,似可标为:

(肩) 太原一座新建楼年余不通水电

(主) 市委书记一过问,六天即解决问题

但编者没有停留在新闻报道的内容上就事论事,更侧重于针对当时屡屡见诸报端的城市"乘车难"、"上厕所难"、"买排骨难"、"吃豆腐难"之解决都要市领导过问的情况,高人一等地做了这样一则评论题:

(主) 事事惊动市委书记怎么得了

(副) 太原一座建成年多不通水电的新楼,有关部门推的推,拖的拖,百多户居民伤透了脑筋,市委书记一过问,六天解决问题

这则标题,比就事论题深刻得多,引人得多。当然,美中不足的是副题不简练。再如:

(肩) 二十二年谜底今日揭开

(主) 谁最早用导弹打下了飞机?中国!

(1987年11月18日《解放日报》)

(肩) 击落美U-2侦察机的导弹研制者是谁?

(主) 二十二年谜底昨日揭开

(1987年11月18日《中国青年报》)

两题都有可读性,做得都不一般。但两者相比,前题着眼点高一些,有似登山,直达顶峰,眼界开阔,有气势,在国内外都会赢得更多的读者。后题巧设悬念,也很引人,但它仅把事实局限在"导弹研制是谁"这个狭窄的圈子里,似未标出这条新闻的最高价值,气势与读者面都相对会减弱一些。亦有似登山,尚未到达山顶,似有点美中不足。

新闻是客观事物的反映，而客观事物又是纷纭复杂的。我们要准确而生动地反映某一事物，最重要的是要认真地鉴别和认识这个事物。这就是说，在动笔制作标题之前，必须把你所要标明的最重要的新闻事实，从局部到全局、从微观到宏观，了解得清清楚楚，然后，才能用精确的、生动的、简练的语言，把它再现出来。要做到这一点，虽然要从多方面下工夫，但是，有一条确是不能少的，那就是要善于鉴别，就是说，在制作新闻标题时要做到：

一是把要反映的新闻事实同当前的政治形势联系起来去鉴别。也就是把局部的东西放到全局中，用党的方针、政策去衡量、去分析，认清它的政治意义。一则好的标题，应当反映党的方针、政策，反映人民的意愿，有强烈的时代感。比如，解放战争初期，土地改革中曾出现过把基层干部当"石头"搬掉的"左"的错误，1947年为纠正这一错误，晋冀鲁豫《人民日报》发了一篇社论，题为：《向区村干部致敬》。标题中明确把原来要搬的"石头"变成了向之致敬的人，充分体现了党的政策的鲜明性，不仅在当时它像一把火炬照亮了人们的心，就是今天许多老同志回忆起来，仍然记忆犹新。

价钱昂贵的黄金，曾被许多人视为最珍贵的东西。尤其是在"一切向钱看"的迷雾下，为了黄金，有的人入狱坐牢，甚至丧生毙命；为了黄金，有的人辱没人格，遭人唾弃。然而，南京市分析仪器厂共产党员刘玉兰终日与黄金为伴，却眼不红，心不动，并且为国家珍惜点滴黄金粉末，持之以恒，积少成多。人们称赞说："刘玉兰的精神真像黄金一样可贵！"《新华日报》在刊载刘玉兰的事迹报道时，既没有就事论事，又没有拘泥于这些评语来拟题，而是针对少数人那种对金钱"就是要斤斤计较"，并堂而皇之说什么"钱是群众个人利益的主要体现物。对于这种意义上的钱，岂可不看"的论调，从党的建设社会主义精神文明的高度出发，为那篇报道制作这样一则题目：《精神更比黄金贵》。

这则标题，在当时的特定环境下，确实催人思索：黄金诚可贵，但它毕竟是有价之宝，而一代共产主义和社会主义新人，那一心为公、毫不利己的精神，岂不是更比黄金珍贵的无价之宝吗？

二是把要反映的新闻事实同群众最迫切需要解决的问题联系起来去鉴别。新闻作为一种传播信息、引导舆论的手段，它的价值是同群众紧密相连的。写新闻、做标题，是给群众看的，一定要急群众之所急，想群众之所想。近年来，媒体上有些新闻及其标题，并不见得有什么特别新颖和重大的新闻事实，然而它却在群众中引起强烈的反响。一个重要原因，就是它适时地适应了群众的需要。

党的十一届三中全会以后，各地都开设了农贸市场，对于活跃经济、调剂群众生活起了很好的作用。广大群众对此表示热烈欢迎，但也有一些人持有疑问：农贸市场能否获得与国营市场相同的商业信誉？1981年9月1日《湖南日报》发表了在长沙市浏城桥农贸市场卖肉的个体户黎少钦立章公告顾客的消息，题为：

（肩）　卖肉个体户黎少钦立章公告群众
（主）　短秤一两　赔罚一斤

这则标题在当时真像"春笋出土"，新鲜引人。它言辞恳切，读过让人放心，本身就有获得信誉的魅力。

当然，有此一例，在广阔的农贸市场上就能没有不讲信誉的事了？这不仅农贸市场会有，就是国营商店也有过类似的事情。例如，有一段时间，有些商店不顾党的信誉和物价政策，擅自抬高物价，引起群众的不满。为此，《羊城晚报》以《顾客发现水果抬价请拨电话83683》为题，发了消息，字数不多，但电话号码赫赫醒目，在读者中引起强烈反响。第二天就有十多人打电话，揭露擅自抬价的错误做法，报社又以《喂，你是83683吗》为题，做了连续报道。别开生面地组织和引导社会舆论，同这种违反党的政策的不正之风进行严肃的斗争，在社会上引起了很大的反响。

这一反一正的事例说明了：衡量一条新闻标题的价值，很重要一条是在符合党的路线、政策的前提下，看能否成为人民群众思想、感情和愿望的表达者。

三是把要反映的新闻事实同已经发生过同类的生活现象联系起来去鉴别。制作一条新闻的标题，从哪个角度入手最能表现主题，最能吸引读者，这就要通过深入地分析比较，从同类事物中找出差异，透过纷繁的表面现象找出新闻事实的本质和特点来。上海生产的"凤凰"牌与"永久"牌自行车，都因造型美观、质量好，为人民群众所喜爱。因此，许多人都关心着"凤凰"与"永久"的优劣问题。后来《人民日报》抓住这个特点，以《"凤凰"与"永久"齐飞》为题，再次报道了这两种牌子自行车的生产情况，并在主题下面加了这样一个副题："常有人问：'凤凰'

与'永久'哪个好？在上海，有一句话：'永久'是强壮的小伙子，'凤凰'是漂亮的小姑娘。"真是涉笔成趣，引发了读者的阅读兴趣。

1981年9月5日《孝感报》刊登一条仅有200余字的短消息，题为：

（肩）　应城县农民杨小运说：

（主）　他家今年愿向国家交售两万斤粮食　只要求卖给他家一辆永久牌自行车

这条消息好，标题也做得好。它确实就像一个引爆的火星，很快就在全国引起了一系列的连锁反应。这则标题好就好在，它突出和捕捉了一个新的角度，触及到了一个新的问题。应该说，农村实行生产责任制后，向国家交售万斤粮食的事并不算新鲜，关键在于这位农民要求买到一辆名牌自行车。他代表着正在积极为国家作贡献的亿万农民向工业等部门提出了合理合情的要求；也是在农村实行生产责任制后带来的喜人变化的广阔社会背景下，向其他战线提出的一个挑战。因此，它必然会引起共鸣，收到牵一发而动全身的社会效果。

对于新闻事实的鉴别方法还可以举出许多，但把这些集中起来，汇集到一点上，仍不外乎就是要比较、鉴别出新闻事实所蕴涵着的信息量是否丰富。有的同志说，标题是新闻的生命，而信息又是标题的生命。此言并非夸张之说。报纸作为一种传播媒介，实际是一种信息的交流。读者在报纸上猎取信息，主要通过对新闻标题所包藏的新鲜的信息量的选择来实现。所以，标题的生命在于信息，它的信息又来源于新闻事实。标题应当是对正文中读者所渴求的，欲知、应知而又未知的那些新闻事实的概括；而不是对其已知，或与其无关宏旨和痛痒的那些一般事实的概括。

但是还应特别值得指出的是，标题的信息量又绝对不能仅仅理解为"告之以事"的新鲜（当然这是主要的），也应当包括"晓之以理"的独具慧眼——即对新闻事实内在的思想政治意义的深入发掘。重要的好标题，应该是二者齐备（当然对后者的表现方式如前所说可以多样）。因为，从理论上说，凡是重大的新鲜的新闻事实，必然蕴涵着时代的甚至划时代的政治思想意义，如不注意深入地去开掘它、认识它，将是失误；从实践上看，大凡新闻史上那些耐人寻味的佳作，无一不以此兼备见长。例如，第二次世界大战的后期，1943年9月意大利法西斯政权宣布投降了，有家报纸在报道这条消息时题为：《（肩）一叶知秋　（主）意大利投降》，这则标题妙就妙在它不仅提供了意大利投降的重要信息，而且又以

标题的制作理念与艺术技巧 >>>

"一叶知秋"四字，既表达了人民的欢乐和对妄图称霸世界的法西斯分子的嘲弄，更重要的是预示了整个法西斯阵线的末日即将来临。这四个字的作用能低估吗？

南宋叶绍翁诗云："春色满园关不住，一枝红杏出墙来。"好的标题就应该像一枝"出墙"的"红杏"，以极其经济的笔墨，或点化或暗合地让人看到深藏其中的"满园春色"。这也正是标题的艺术魅力之所在，是万万忽视和轻视不得的。

不是么，请看看——

我们生活的时代，是市场经济、信息时代，也是注意力时代。在新闻传播中，谁的作品能吸引人们更多的注意力，谁就能在新闻竞争中多一点收获，多一点份额，这就是成功。可眼下媒体如林，人们获取信息的渠道很多，好看的新闻也很多，常常让大家眼花缭乱，人们的注意力更多地会投向何方？我们应该靠什么来吸引受众呢？

正像许多同志指出的那样，由于互联网和电子媒体的普及，受众获取"平面"的、直观的、未经审视的事实信息已像吃"快餐"一样容易。在这种情况下，未经研其事究其理地"深加工"、"就事论事"的新闻及其标题已经很难留住他们的目光了。

所以说，标题制作求新更要求深，要示人以事，更要授人以知。这既是社会信息化理性化、推动社会发展进步的新要求所使然，也是在社会主义市场经济条件下，人们阅读心理的变化必然。

在我国，随着社会主义市场经济的建立，社会经济成分、组织形式、物质利益和就业方式的多样化，必然给人们的思想观念、价值取向、文化生活带来多样性。再加之在新事物、新情况、新问题不断出现的新时期，在舆论引导方面肩负着更加艰巨的任务，承担着更重要的责任，显然仅靠提供信息起个信息的传播作用是不够的，而必须重视信息的解读，加强舆论引导的力度。

如今，市场经济体制的建立也正在改变着人们接受新闻的兴奋点和注意力。在市场经济条件下，新闻给受众以信息，是一种双向交流，受众的接受条件首要的就是得益。许多人读报、收听与收看节目已不仅仅是为了知晓发生了什么事，或谈天说地、自娱消遣，而是或者为找到与他们工作、生活相关的知识和信息，或者为寻觅生命的价值和人生的意义，或者为探求实现自身价值和意义的行为方式。在激烈的市场竞争中卓有成效的优秀新闻工作者，一个重要特征就是他们能够比较清醒地认识和把握住在宏观社会环境的变化中，受众已有的、正在产生的以及尚未被满足的信息需求，并能在自己的报道及标题中及时作出反映。

应该说，在信息短缺的时代，一张能为读者提供海量信息的报纸无疑是最受欢迎的。而在信息丰裕的时代，一张既能提供鲜活、重要信息，又能善于解读信息的报纸才可能是最受欢迎的。因而，一则新闻标题吸不吸引人，读者爱不爱看，看了之后能不能记住，从某种意义上要看它有没有足够的思想含量。正像有的同志所比喻的那样，一篇新闻作品、一则新闻标题就像一个人，应该是心灵美与外貌美的统一体，不仅应体态端庄，眉清目秀，而且应思想境界高，精神风貌好。如果只是仪态万方，而灵魂不美，那只能是一个徒具五官的躯壳。标题，不仅要言之有物，言之有序，而且要意趣深邃，如果只是琼浆横溢，文采飞溅，而无情可抒，无意趣可言，那只能是徒具形式的空文，难为受众所记住、所喜爱。

第四章　标题常用范式及标点在标题中的应用

新闻标题是用文字表达新闻的事实与思想的一种形式。由于客观事物千姿百态，千变万化，文随事变，词随文迁，新闻的内容及其写作方式，又必然会因事、因时、因地而千变万化着；作为其内容和思想的概括的表现形式——标题，当然也不会是凝固不变的，也不会有什么固定的程式。这也就是说，要根据新闻的内容，灵活地选择出与之相匹配的形式。下面，仅列举一些目前在报刊上常见的标题方式作些分析、解读。

第一节　标题常用范式

一、哲理式

即以新闻事实为载体，形象贴切地引出其中的思想道理，使之充盈着辩证色彩而光彩照人的制题方式。它把思想还原为知觉，使抽象变为具象，虚体变为实体，深刻的哲理变得可知可感，让读者以愉悦的审美方式得以把握。

成功的哲理式标题堪称题中精品。它是作者对新闻事实高瞻远瞩而又

标题的制作理念与艺术技巧

洞察入微的心灵创造，内涵深刻，含味隽永，令人深思，给人启迪。

如果把一则哲理式标题比为一枚果子，哲理便是它的内核。它可以是人生真谛的发掘，可以是人生经验的结晶，可以是人生哲学的意化阐释。

（肩）　陈圆中下岗后，连遭丧夫再离婚等大变故，靠卖冰棒、摆夜宵摊，拉扯大了两个孩子，如今还买了新的铺面和住房，她的体会是——

（主）　厄运并不可怕

（2004年5月5日《湖南日报》）

俗话说：人生不如意十有八九。人的一生中，不可能总是一帆风顺。成功可以在顺境中实现，也可以在逆境中获得。厄运并不可怕，可怕的是意志薄弱，经不住厄运的考验。如果能正确对待厄运，弄清了成功的必备条件，找到了自身的不足，避开不利因素，提高自身素质，挖掘内在潜能，就能够把逆境转化为顺境。厄运有什么可怕的呢？

（主）　贪的再多贪不了一世

　　　　逃得再远逃不出法网

（副）　贵州省原交通厅长卢万里一审被判死刑

（2004年5月11日《新民晚报》）

俗话说：善有善报，恶有恶报，如若不报，日子未到。我国首例外逃巨贪被押回，一审被判死刑。上题据事言理，独到引人。做人善为本，这是人的"精髓"所在。有道是：善为至宝，一生享用不尽；心作良田，百世耕之有余。如果一个人连一个"善"字都不要了，而去弃善从恶，作恶多端，必定是没有好下场的。

1986年秋，新华社发了条电讯，《扬子晚报》在编用时题为：

（主）　乌鸦群中有"白子"

　　　　世上诸事莫说绝

（1986年8月1日《扬子晚报》）

俗话说："天下乌鸦一般黑。"台湾岛内竟然发现了白乌鸦，固然是新闻，但标题的制作者并没有就事论事，只起个信息的传播作用，而是将自己对此的哲学思考融入题中，将哲理与新闻事实融为一体，使之传出了新闻化的哲学意蕴：在自然界和人类社会中，一切正在发展变化着的事物，静止、绝对是相对的；变化、相对，才是绝对的。

（肩）　高消费市场在闹市频叹冷清，而货仓式、便民式商场在淡季却生意红火

（主）　一冷一热一真理　着眼大众是赢家

（1995年9月7日《羊城晚报》）

（肩）　虽不是尽善尽美的批评可以当镜子
　　　　即使是令人难堪的怪话也含有真情
（主）　射桥乡"牢骚收集队"真棒！

（1996年9月11日《农民日报》）

（主）　两眼盯着市场"转"　生产随着需要"变"
（副）　安徽120万农民"改行"养鱼

（1985年1月30日《经济日报》）

（肩）　桑叶饲养蚕　蚕蛹能喂猪　猪粪入鱼塘　塘泥可肥田
（主）　太湖平原出现"生态农业"结构
（副）　它为探索我国现代化农业之路提供了经验

（1985年12月7日《文汇报》）

（主）　莫道烈士已作古　红岩精神照千秋
（副）　"红岩魂"在沪展出观众如潮，激起了强烈共鸣

（1996年10月2日《文汇报》）

（肩）　"一粥一饭当思来之不易，半丝半缕恒念物力维艰"，当生活一天天好起来的时候，家长们更应当帮助孩子树立正确的消费观念，制止他们不合理的消费需求——
（主）　父母，再富不能"富"孩子

（2004年9月20日《新民晚报》）

　　还有《黑龙江日报》的标题《拔钉子要揭帽》，把需要抓紧解决的某些难解决的矛盾和问题，比成"拔钉子"，分析抓住形成矛盾的关键比成为"帽"；《解放军报》的标题《谁说"一手难提两条鱼？"——独立营三连做到值勤与训练两不误》；以及作为辅题的《视金钱如朋友的人，终会被金钱所累；视权力为朋友的人，终会被权力所害》，等等。上述这些标题虽然面世于不同的年代，但它们就实论虚，都有一个与众不同、含义新颖的视角，展示了或思想认识上、或生活工作上、或生产经营上的辩证法，让人读来颇有耳目一新的感受，对现实有较强的指导性与舆论引导作用。

　　唯物辩证法，是科学，是我们思想上的望远镜和显微镜。将新闻事实与哲理熔于一炉，并达到水乳交融的和谐境界，这样的标题是新闻化的哲

理，是哲理化的标题，它那深刻独特的哲理意蕴，使之更深沉、更睿智、更富有吸引力和感染力。

二、口语式

即巧用当时当地群众在交流、沟通、谈话时经常使用的词句入题概事达意的制题方式。这些词句具有浓厚的生活气息，概括性强、说理性强、表现力强、音韵强，含义深刻，通俗易懂，为人们喜闻乐见，使用得当可谓生花妙笔。

（肩）　国会忙着辩论　他却跑去消遣
（主）　小泉看电影挨了批

（2004年2月18日《环球日报》）

（肩）　鸡鸭才染禽流感　猪牛又患口蹄疫
（主）　越南真是祸不单行

（2004年2月10日《重庆日报》）

（主）　王珞丢啦　吓坏爸妈
（副）　别怕别怕　有人收留下　玩得笑哈哈

（1986年7月18日《洛阳日报》）

（主）　菜篮子　奶袋子　果园子　生出钱串子
（副）　金台区上半年农民人均收入超千元

（1995年7月11日《宝鸡日报》）

上述标题，有的融入了口语词如题一的"挨了批"，题二的"祸不单行"；有的融进了口语句，如题四的"菜篮子，奶袋子，果园子，生出钱串子"；有的整则题都是押韵合辙的叙事口语。这些题也从一个侧面告诉我们，如今在新闻媒体上，从时政新闻、政策新闻到社会新闻，从国内新闻到国际新闻，口语式标题已被广泛应用。

口语句式与书面句式在标题中的使用，要因文而定各有所长。书面语讲究锤炼、严谨、优美且逻辑性强，在标题中使用频率很高，特别在时政新闻中更是首选。口语句式的标题结构比较自由活泼、多变通俗、流畅易懂、感情色彩浓，且贴近生活，多为短句，比较适合于一些文体新闻、娱乐新闻以及有些社会新闻、服务性新闻、花絮新闻等。

（主）　美国小囡来沪唱"多来米"

（2004年5月9日《新民晚报》）

（主）　记者发难　祥子尴尬

　　　　　　　　　　　　　　（2004年5月1日《河北日报》）

　　已失去了出线机会的中国国奥队，当晚将迎来与韩国国奥队的第二次交锋。晚7点，中国国奥队举行了赛前新闻发布会。题中口语词"祥子"即指主教练沈祥福。

　　（肩）　10万亩油菜"华而不实"
　　（主）　假劣硼肥害惨了农民

　　　　　　　　　　　　　　（2004年2月《湖南日报》）

　　（主）　戴一天"乌纱帽"，就当一天"包公"
　　（副）　记市布鞋三厂党总支书记高志刚

　　　　　　　　　　　　　　（1984年4月10日《沈阳日报》）

　　主标题的口语句式是一个含条件关系的复句，它较好地展示了新闻人物在职一天就诚心实意为群众秉公办事的品德。

　　据英国首相布莱尔的一些助手说，尽管近期布莱尔麻烦不断，但他还是经常抽空利用模仿的天才消遣一下。在旅途中，当需要释放一下多余的精力时，布莱尔便模仿欧盟、法国等重要政治人物作消遣，也让周围的随行人员开开心，"有些欧盟首脑会议简直就像噩梦，非常折磨人。在飞机上，他常拿这些会议中的趣事开涮，让我们感到很愉快"。《北京青年报》在报道这些趣闻时，便拟了一个口语句式题：

　　（主）　布莱尔常模仿政要寻开心

　　　　　　　　　　　　　　（2004年5月10日《北京青年报》）

　　口语句式题有所长，有时也难免有所不足。比如标题为复式题时，如果整则题都是口语句式，就难免显得松散、逻辑性差，或者有碍于概事达意，故需掌握书面语句与口语句式混用，且主题多为口语句式，肩题、副题多用书面语句式。如：

　　（肩）　广宗县槐窝村27名村民致信白志明
　　（主）　"省委的决策正碰俺们的心思。"

　　　　　　　　　　　　　　（2004年5月7日《河北日报》）

　　（肩）　今晚报社政协之友联办大型文艺晚会
　　（主）　"小品大王"赵本山要来
　　（副）　为天津朋友题词"愿笑声永远伴随您"

　　　　　　　　　　　　　　（2004年3月5日《今晚报》）

标题的制作理念与艺术技巧

（肩）　挥鞭吆牛成往事　谷落满仓不见镰
（主）　农忙不忙喽
（副）　西郊乡机械化综合水平提前3年达省定目标

（1997年10月18日《泰州日报》）

（肩）　生态环境改善引来动物回迁
（主）　又见来狼了

（1992年1月11日《辽宁日报》）

（主）　"当官不与民做主　不如回家卖红薯"
（副）　豫剧《唐知县审诰命》在京为人们津津乐道

（1979年9月6日《人民日报》）

在拟制口语式标题中，还得注意把握好语气助词在词、短语或句子的末尾的运用。常见的语气助词主要有六个：的、了、吗、呢、吧、啊。其他的语气助词如"嘛、呗、啦、嘿、嘞、喽、哇、哪"等均为上述语气助词变化而来的。还有像"么、呵、罢"等也是"吗、啊、吧"等的异型语气助词。

在口语式标题中，语气助词的必须运用，往往不仅仅为了语句的通畅、顺达，还有特殊的表意作用。如：

（主）　羊皮也有"吹"的
（副）　马营消费者监督站查获一起冒充真羊皮服装案

（1995年4月18日《宝鸡日报》）

主题中语气助词"的"，是句子中不可少的成分，作为语气助词，兼有表示肯定无疑的意义。

（主）　感冒这家伙又上门了
（副）　近日去大医院急诊的病人大增，广州市卫生部门提醒预防为妥

（1997年2月15日《羊城晚报》）

主题末尾的语气助词"了"，表示以往本来不是这样，现在已经是这样了的现状。

准备好了吗？

（1996年5月8日《中央电视台》）

语气助词"了+吗"，一般用于表示询问或表示猜疑。此题用以表示询问。"吗"的单独使用，则可表示询问、猜疑或者反问。如：

部长同志：您办公室里有国旗吗？

（1995年1月25日《光明日报》）

（肩）　春运旅客回潮节后高峰到
（主）　别慌，车多着呢？

（1997年2月15日《羊城晚报》）

此题转引自一本书中，笔者未见原文。主题为陈述句，语气助词"呢"在这里表示不容置疑之意。但其后问号使用不当，应用叹号，在陈述句末尾用"呢？"有表示疑问之意。也有"呢"在陈述句句尾有表示状态持续的势态。如：

（肩）　张先科18岁跳出农门成为国家职工，企业破产后回农村。他拜师学科学饲养技术，成了全县名人。他说
（主）　"乡亲喊我猪博士呢！"

（2004年5月6日《湖南日报》）

（主）　总理和记者
（副）　李鹏诙谐地说："这路通了，广东就好了，就发啊！"

（1988年12月17日《羊城晚报》）

副题句尾的语气助词"啊"，表示引申、解释。

三、亲历式

即将记者与自己亲历之事及其感悟一同融入标题，用以显示新闻的独家性，增强新闻的亲和力和可信度，诱发人们的参与心和阅读兴味。

2003年3月中旬，美国绕开联合国以伊拉克拥有大规模杀伤性武器为由，要对伊开战了。当时世人关注的已不再是打与不打的问题，而是何时开打。《广州日报》于3月20日刊登了前方记者发回的一则预测新闻：

（主）　美军向记者泄露开战时间？
（副）　科威特传言战争将于当地时间20日凌晨6时（北京时间20日上午11时）爆发

（2003年3月20日《广州日报》）

在当时看，这个判断仅是依据记者与美国士兵沟通中得来的印象和一名科威特警察的口述，可信度不是很高。但由于它的独家性，仍成为当日《广州日报》国际报道的主打，引来众多读者。可最终的事实验证：这个推断式的预测竟成了这次平面媒体报道中最成功的预测——伊拉克战争最终在当日北京时间上午10时35分爆发了。

标题的制作理念与艺术技巧

随军记者目睹第一名战死美军

(2003年3月22日《羊城晚报》)

本报记者亲历炸弹威胁

(2003年3月26日《广州日报》)

（肩）　人质获释后，本报记者上午连线福建平潭
（主）　老百姓一句话：感谢党和政府
（副）　村里人为获释者家属送来一篮篮鸡蛋

(2004年4月14日《新民晚报》)

这些标题都是记者直接出现在标题中，标出的又是记者亲历或亲身感受到的事。前两题它能引导读者紧随记者笔触去亲身体验战争。第二题讲的布什总统在2003年5月宣布对伊战争已经结束后，伊拉克反美武装开展的多条战线中的一条——扣押人质逼美英及其盟国撤军。

第三题新闻说的是，7名福建省平潭县中国公民2004年4月11日上午在伊中西部战火纷飞的费卢杰地区遭到不明武装分子绑架，经党和政府的关注、营救，已于14日凌晨获释。消息传来，从《新民晚报》的标题中，我们似乎亲历了当地群众惊喜、感叹、感谢的热闹场面。

（肩）　记者昨日目击北京警方进行的"晨风行动"
（主）　十秒钟拿下偷包的"黄夹克"

(2004年5月3日《北京青年报》)

2004年5月2日6点至12点，《北京青年报》记者随警方亲历了在北京开展的"晨风行动"，共抓捕了北京站前的票贩子、扒手、黑扛包等犯罪嫌疑人17名。一个身穿黄夹克的扒手，在失主毫无察觉的情况下，仅十秒钟就被擒获，整个过程都被记者用图片加文字记录下来了。这一行动有效地维护了节日期间站前良好的秩序。

从这些标题中，我们还可以领略到，亲历式的标题，最大的优势是在于独家性、可信性，独特的引人魅力。再有这些传递信息比较丰富的亲历式标题，还能让读者跟随记者的笔触，如临其境、如闻其声地亲历新闻事实的发生。

（肩）　酒过三巡，菜过五味……却迟迟不见新娘子露面敬酒；小青年不耐烦了，长辈人也沉不住气了；又过了一会儿，新娘子还没有出来；怪吗？是有些怪，但又不怪，这是一个
（主）　新娘不在场的婚礼

（副）　当代青年各有各的"讲究"，各有各的追求

（1987年1月9日《抚顺日报》）

读过这则标题，我们仿佛也在作者的引导下亲历了这场没有新娘的婚礼。怪吗？确实有点怪，怪在何处呢？还是请君入文去看个究竟。

信息的权威性与独家性是媒体吸引读者最好的品牌。亲历式标题所表现的新闻事实都是记者亲历的，标题栩栩如生、动感十足，再加之有丰富的信息量，在版面上就有很强的冲击力，既能满足读者获取信息的需要，又能满足读者的审美需要；对那些生活节奏快、公务繁忙的人群，还能满足他们在一瞥之间获得更多信息的需要。

在第11届"中国新闻奖"评选中，《商丘日报》有篇获奖消息说的是，该报两位记者一次外出采访时，漫步在河南省绿化造林百佳村虞城县刘杨庄村村北的黄河故道千亩梨园内，梨树繁花怒放，满园幽香，但却听不到昔日那种鸟儿欢快的鸣唱，更看不到传授花粉的蜂蝶的踪影，展现在眼前的却是人工传授花粉的男女老幼搬着梯子、手拿器具，在花海中在梨树上爬上爬下的忙碌身影。这一反常景象不正是近些年来，大量农药的使用导致鸟类、昆虫等大量死亡，造成自然界生物链遭到破坏造成的严重恶果吗？再经深入采访，于是成文见报并拟定这样一则标题：

（肩）　生态失衡给人们带来麻烦

（主）　蜂蝶无处寻觅，忙煞众果农

（2004年4月13日《商丘日报》）

消息以小见大，主题重要，标题也不错，概事达意具体明确。但作为当年评委的笔者，读过这条消息，再看看那张压题照片——果农们爬上高高的树上授粉的情景，这则亲历式报道，如果再配上一个亲历式的标题，传播效果或许会更好一些。况且肩题中"麻烦"二字过轻，其损伤恐怕远不止"麻烦"吧！如果就题改题，此题试可略加改动：

（肩）　记者漫步虞城黄河故道千里梨园，梨花怒放，满园幽香，但却听不到鸟儿的鸣唱，见不到传粉蜂蝶的踪影

（主）　生态酿苦果　忙煞众果农

再配上那张在花海中在梨树上忙碌传授花粉的男女老幼的现场照片，记者与有血有肉、有情有景传播的事实在标题里同在，在一瞥之间，让读者对新闻事实有直观的了解、真实的感受，既能增加新闻的可信度与说服力，又能进而拨动读者的心弦。

四、陡转式

即以何人要素或名词化的判断语作主语，在题句中形成向上（肯定）或向下（否定）陡转叠复，使简洁的句式，尺水兴波，大起大合，笔势腾跃，含蓄有趣，概事达意既出人意外，又在人意料之中的制题方式。

古人说："变则新，不变则腐"，"文贵波澜曲折"。制作标题，也应多一些因事制宜的变化，讲究点"尺水兴波"的技巧，让十数字的标题活起来、动起来、立起来。

陡转式标题的一般范式为：甲→甲。尽管题中重复出现的词语"甲"是相同或基本相同的词语，但在词性、语义和语法作用上又是各不相同的。这种同中的不同都是作者出于概事达意、生动引人的需要巧妙安排的。

《朋友》，没拿观众当朋友

（2001年1月24日《北京日报》）

题中前一个"朋友"是指电视台的一个谈话节目，后一"朋友"是普通名词，作者因势利导把它们重复用在一个句式中，意在传递这样一个信息：这个谈话节目尚有不足，主要是还没有真正把受众当成知心朋友，与之以心换心地沟通、交流。

《明日报》不再有明日

（2001年2月7日《参考消息》）

题中前一个"明日"为主语报名中的主要词素，后一个"明日"为时间概念，即一般意义"次日"之意。二者重复出现在同一则题中，既准确无误地表达了该报今日终刊，明日无报，又幽默有趣。

（主）　生"财"更要找"才"

（副）　徐州市从外地请进老工人、技术人员和企业管理干部，轻纺产品质量显著提高

（1980年9月18日《工人日报》）

这则题的主题，很好地概括了徐州市重视引进和任用人才促进经济发展的经验。题中通过"财""才"同音叠复，巧妙而风趣地说明了引进和重视人才与发展生产、提高经济效益的重要性。"财"作为主语的行为判断语"生财"的中心词，后者的"才"指人才。

默然不然

（1995年2月25日《南通广播电视报》）

题中前一个"默然"是指著名话剧表演艺术家李默然；后一个"然"为动词化了的形容词，意即沉默无语的状态。标题在其前边加上一个否定副词"不"，给予了有力的直接否定，意即告诉读者，生活中的李默然老师并不像他的名字那样"默然无言"，而是对于事关国家大事、振兴话剧的大事倾力而为。

陡转式标题要做得切合文意，生动引人，有诸多值得注意之处。

1. 忌**牵强**。要顺势而为，字里行间要有"顺势而来，倏然而去"之势。如，《新普通邮票今起不再普通》（2002年12月25日《北京晚报》）。

2. 忌**直露**。要意不直白，含义深隐，又能让人思之即得，顿然领悟。如，《打假先打"伞"》（2001年1月29日《北京青年报》）、《37公里路放倒了37个干部》（2002年2月25日《北京青年报》）。

3. 忌违"**章**"。要根据标题的传播与评论功能的需要叠复得贴切、自然，切不可游离于此。还有陡转标题多为"主—谓"或"主—谓—宾"结构的短语，其中作为主语的可以是名词，也可以是行为判断语或行为概括语，如：

（主）　"油糊涂"至今糊涂
（副）　职工们说：再不注意，脚下就要变成"油田"了

（1984年6月6日《新民晚报》）

"油糊涂"就是职工对油料管理不善的混乱状况的戏谑，在题中作为名词化的主语。还可以是借代形成的叠复。如：

（主）　"奥赛罗"不看《奥赛罗》
（副）　昨访英国演员依索·阿诺斯

（2004年7月13日《新民晚报》）

莎士比亚笔下的名剧《奥赛罗》（现代版）将在上海公演了。饰演奥赛罗的依索·阿诺斯今年只有25岁，还是个两年前刚从英国中央戏剧学校毕业的大学生，这次他将在莎翁名剧中担任主角"奥赛罗"。对于一个青年演员来说，这是一种幸运，他在上海接受记者采访时说，他拒绝看所有版本的《奥赛罗》，并坚持按照自己对原著的理解来诠释人物。题中前一个"奥赛罗"即代指依索·阿诺斯，后一个《奥赛罗》即为话剧剧名。

（主）　他不能走路，却在前进
（副）　从14岁开始，王志冲就成了下肢瘫痪的残疾人，但他不甘于

无所作为，自学俄语、西班牙语，翻译出版了近40万字的文字作品

（1984年1月26日《文学报》）

　　主题为肯定式的陡转题。

五、概要式

　　即以凝练的语言，运用归纳概括或者点面结合的方法，把新闻中最重要的事实、内容和思想写进标题。它的特点是，择其精粹，高度浓缩，类似玲珑袖珍式的缩写，读之如似一斑窥全豹，既能给人一个总印象，又能将文中精华首先呈现在读者眼前的制题方式。这也是标题制作中，用得较多、最为常见的一种。

　　2004年，有位学者的研究成果认为，两千多年前的战国时期，商品经济空前繁荣，商品意识潜移默化地渗入人们的思想。从国君到百姓"巧伪趋利"现象带有普遍性。"天下熙熙，皆为利来；天下攘攘，皆为利往"成为当时的谚语。由于当时人们求利心切，人际关系恶化，人情、亲情淡漠；拜金意识的泛起，家庭伦理道德的沦丧，剥削阶级巧取豪夺，贫富两极严重分化，社会刑事犯罪严重。犯罪种类之多、范围之广和数量之多前所未有。这一切说明战国时期处于社会形态转型阶段，商品经济则是战国社会变迁的动力之一。《北京晨报》在删节刊发新华社播发的新闻时，概要成题：

　　（主）　战国时代拜金主义盛行
　　（副）　家庭伦理道德动摇　社会刑事犯罪严重

（2004年6月14日《北京晨报》）

　　不知道您注意到没有，在我们身体上腹部深处有一个非常小，不显眼的小器官，就是胰腺。胰腺虽小，但作用非凡，它的生理作用和病理变化均与人的生命攸关。其中胰腺癌更让人闻之"色变"，成活期极短。胰腺癌重在预防而不在治疗。在胰腺癌变的诸多因素中，与不良的生活方式关系极大，素有"生活方式癌"之称，故预防的最好办法是养成良好的生活习惯。《解放日报》在刊发一篇谈胰腺癌的防治专文时，便概要成题：

　　（肩）　生活有规律　每餐八分饱
　　（主）　预防"吃出来的癌"——胰腺癌

（2004年6月6日《解放日报》）

　　2004年6月12日清晨，居住在新西兰奥克兰市郊区的阿彻一家来了一

个不速之客。不过这个不请自来的客人有些特殊,它是从天外飞来,从阿彻家的房顶进入。原来这是一颗流星,落地之后成为一块大小与一嘟噜葡萄相仿的陨石,重量1.8公斤。据专家说,这块陨石应该是新西兰的"国宝",因为"落到房顶上的陨石是很少见的"。他估计这块陨石可能是来自已经有45亿年历史的流星,与地球的寿命大致相当。《北京晚报》在刊发此文时,概要成题:

  (肩) 45亿年流星"拜访"新西兰民居
  (主) 天外飞石穿房而入
      价值不菲房主得福

(2004年6月14日《北京晚报》)

  (主) 未成年人思想道德建设总体任务
      要变成一件件看得见摸得着的实事
  (副) 中央文明委:分解为8项目标任务及若干个具体工作项目

(2004年6月14日《解放日报》)

  以上4条标题,均属于概要式题形。它们有一个共同特点是,新闻或文章最有价值的核心内容集中、明显,而且富有引人注目的特色,作者只需将它提取出来用通俗、简洁的文字概述成题,新闻的核心内容与主旨便融入其中矣!

  新加坡有位长寿老人名叫陈君礼,2003年3月间安详离开人世,享年103岁。临终前,他用毛笔写下长达20页自己的养生秘诀,从规律的生活、少吃多餐、多菜少肉、讲究卫生到写写毛笔字、喝中国茶等多达数十项。《北京青年报》在刊发这条新闻时,题为:

  (肩) 写写毛笔字 喝点功夫茶
  (主) 百岁老人留下长寿秘诀

(2003年12月11日《北京青年报》)

  2004年初,上海市高院将统一制定一本规范法官言行的手册。该手册将根据法官工作的基本流程,从立案、信访接待、调解、庭审、法律文书、执行、送达、值庭、司法礼仪、业外活动等10个方面作出提示规范。《新民晚报》在报道这一信息时,题为:

  (肩) 庭上不能用方言 庭下不能哥俩好
  (主) 上海法官将有"紧箍咒"

(2004年2月24日《新民晚报》)

（肩）　荡区遍菱藕　海滩见牛羊　堤东蚕茧白　渠北水里香
（主）　盐城市农业资源开发硕果累累
（1995年9月3日《新华日报》）

（肩）　你拉弦我吹号　围绕兴农一个调
（主）　桐柏各种农业服务组织形成合力
（1990年11月5日《人民日报》）

（肩）　夏日冬雪熟悉你　晨曦朝霞陪伴你
（主）　史涛——国旗卫士
（1990年6月3日《北京晚报》）

从上述4例标题可以看出，有众多新闻，尤其是非事件新闻，它所包含的核心新闻事实不具有集中、突出、明显的特征，在这种情况下，为了避免标题的空泛，就适合采用"点面结合"的概要手法，即采取抽象概括与突现具体事例相结合的方法。

新闻内容和式样是多姿多彩的，制作概要式标题的手法也应多种多样，以贴切为好。比如突出特点、以小见大等都可以恰当选用。

六、描摹式

即借助白描手法，勾画出新闻事实的轮廓，或将其某一重要部分施以墨线勾勒，赋形呈意，给人以一种入其境、见其人、闻其声的快感。这样的标题常常似一幅淡雅的素描画，散发着浓郁的生活气息。如：

（主）　我要跳舞　没有蓬嚓嚓不行
　　　　我要安静　到处蓬嚓嚓怎行
（副）　欢迎读者支招化解这对公园里的"欢喜冤家"
（2004年2月8日《新民晚报》）

（肩）　皇冠奔驰鱼贯而至　幼童稚子翩然入座
（主）　麓山国际实验学校门前一幕令人深思
（1995年10月14日《长沙晚报》）

从上述两则题可以看出都是用白描手法制成的，它要求：一要质朴自然，即描摹不铺陈、点到为止，不施浓墨重彩，不烘托渲染，寥寥几个或十数字干净利落地勾勒出形象来；二是实话实说，不用曲笔陪衬，以叙述性的语言抒真情、讲实事，直陈其事，让人在浓郁的生活气息中，读起来亲切亲近，读后难忘。

应该说，描摹式标题视觉冲击力强，视觉化效果强烈，这是一种留住受众注意力的手段。所谓视觉冲击力，简言之，就是指不需受众想象，直接或间接呈现在受众眼前并能在受众脑子里留下印象或直观形象的作用力。

在描摹式标题制作中，应注意把握：

1. 多用精练口语描述事物。口语不同于陋语，一般都是生活气息浓，有动态、有形象、真情亲切的精练语言，用以绘事状物，有再现生活的引人魅力。如：

△ （主） 文山在增高　会海在涨潮
　　（副） 这样下去怎么了得！

△ （肩） 一根细管管　扎上小眼眼　用水一点点　渗地一片片
　　（主） 全区配套滴灌渗灌7000多亩

有位新闻工作者在讲到巧制标题时，曾提到穆青同志的两篇通讯的标题。那是上世纪80年代初，穆青同志到河南周口地区采访，通过实地调查研究，采写了一篇标题为《谁有远见谁养牛》的通讯。该通讯在《人民日报》发表后，一个养牛热潮很快在周口地区蓬勃掀起，给该地区带来了很好的经济效益。几年后，穆青再次来到周口，采写了通讯《赶着黄牛奔小康》。"谁有远见谁养牛"与"赶着黄牛奔小康"前呼后应，像老熟人在一起拉家常，脱口而出，朴素自然，实实在在，形象明快，标题虽是用平淡的字词拟成的，但准确地表达了作者的一种思想，一个观点，具有很强的感召力。作者的见解成为农民朋友致富路上一盏明灯。这两个标题犹如陈年老酒，看似平淡，其实却使人回味悠长。

2. 精心选准描写的突破口，围绕动感做文章。把动感、色彩、立意浑然一体，使之产生诗情画意般的艺术效果。如：

△ （肩） 弟弟讲"优生"　得奖时眉毛笑弯
　　　　　哥哥讲"多产"　卖果日泪湿衣衫
　　（主） 同种一样橘结出两种"果"

△ （肩） 穿大衣　戴皮帽　岸上观众冷飕飕
　　　　　着泳装　沐霜雪　健儿击水乐悠悠
　　（主） 佳木斯冬泳出现高潮

3. 巧用比喻等修辞格，出思想、出形象、出意境。如：

（肩） 一些用人单位"宁要武大郎，不选穆桂英"

（主）　女大学毕业生找工作，好累

（2004年3月8日《新民晚报》）

（肩）　疑是天兵降人间　搅得环球无昼夜
（主）　哪吒闹绿茵　马拉多纳吻杯
　　　　一枕黄粱梦　贝肯鲍尔挥泪

（1986年6月30日《今晚报》）

常言道，牡丹虽有百花之冠的美称，但是一支牡丹若夹杂在花丛中，就很难展现出它的娇贵与艳丽，只有把它从中凸显出来，方能顿觉芳香扑鼻，光彩夺目，让人爱不释手。赏花是这样，制作描摹式新闻标题也可以是这样。

七、叙述式

即把新闻中最主要、最新鲜的事实直接标出来，无须多加描绘，便能吸引读者，同时通过标题又能让读者在阅读正文前就对新闻内容有个大体了解的制题方式。这种形式的标题，在媒体上占有相当大的数量。它们有的带有较重的感情色彩，也有许多不带感情色彩，让受众去选择、去判断，但字里行间仍渗透着作者的倾向性。

据资料显示为争取连任，陈水扁在台湾全岛大肆"请客吃饭"。从2003年6月7日到8月23日短短的46天里，陈水扁在台湾岛内各地共参加了71顿饭局，从夜市小摊吃到官府大宴，平均一天跑1.6个摊，共吃了1506桌，平均一天32桌。若以每桌平均5000元（新台币，下同）计算，陈水扁在不到两个月内共花掉了750万元。有时他一天要跑几个摊，吃五顿，被人讥之为"饭桶"。《环球时报》在一篇报道岛内大大小小的所谓"选举"基本上都是昂贵的"金钱游戏"的新闻里，集中地引用了上述资料，并以此拟作了一个颇为引人的叙述式标题。

（主）　陈水扁被骂作"饭桶"
（副）　为连任大肆请客吃饭，46天参加71顿饭局，共吃了1506桌，花掉750万元

（2003年9月15日《环球时报》）

2002年2月春节刚过，陈光兴16岁的女儿陈梅，就嚷着要出去打工"闯江湖"。几天后，陈梅果然不辞而别，给父母留下字条，说是去重庆闯江湖去了。于是陈光兴立即辞掉打工的工作，开始了漫长的寻女生涯。

后来他听说女儿跟着一家私人歌舞团在重庆一带"巡回演出"。在近两年的时间里，他就跟在这家私人歌舞团后面一路追踪，一边就地找个打工的活干，挣点钱糊口，一边又马不停蹄地继续寻女，先后到过重庆、湖北、贵州、陕西、河南等6个省市。光在湖北麻城陈光兴就张贴了数千张"寻人启事"，最困难的时候，他一天只能吃到两个馒头，晚上露宿街头，有一次甚至突然晕倒在路边……直到2004年3月下旬，陈光兴才在成都新都滩追上了这个歌舞团，他看到女儿衣着暴露地在台上扭捏作态时，顿有五雷轰顶的惨痛。当陈光兴拉着女儿的手告诉她这两年自己是如何寻她回家的，陈梅失声哭了。这位慈父寻女的故事，感动了周围的人，也感动了这家歌舞团的私人老板，经过交涉，陈梅回到父母身边。《新民晚报》在报道这则新闻时，据事成题：

（肩）　16岁的女儿离家出走误入色情歌舞团，父亲两年辗转六省市，打过小工，宿过街头，终于找到女儿——

（主）　女儿哭了　爸爸笑了

（2004年3月1日《新民晚报》）

可怜天下父母心。看过这则标题，能不请君入文；看过新闻，能不为之动容。

2001年美国发生了震惊世界的"9·11"事件，高耸入云的世贸中心大厦顷刻间便倒塌了。当时人们除关心事件发生的背景及面临的反恐斗争外，对这座当惊世界殊的庞然大物为何一下子就会倒塌而且倒塌又是垂直的等等存有疑团。上海《文汇报》记者趁该楼的设计者之一王昭藩先生回乡省亲之时，采访了他。王先生解释说："大厦垂直倒塌的原因有二：一是世贸中心等楼群的地基部分是整块的岩石，可谓坚如磐石；二是设计时将整幢大楼分成三部分，向上递减1/3电梯，使高楼上部的自重远远低于下部。因此在遭受巨大的突然撞击后，高楼因有坚实的基础而未向一侧倾倒，而上部的突然塌陷又在瞬间对下一层楼面形成重压。在层层叠加的重压下，终于导致整幢高楼垂直倒塌。他还说，当初的设计无意中减少了'9·11'事件的损失，如果高楼向一侧倾倒，必然形成'多米诺骨牌'效应，曼哈顿数以百计的高楼会遭殃。"新闻据此成题：

（主）　纽约世贸中心何以垂直倒塌

（副）　设计者王昭藩释疑

（2001年11月10日《文汇报》）

标题的制作理念与艺术技巧

北京市延庆奇石博物馆珍品奇石多达2000余件，目前已有5件稀世珍品被收入世界吉尼斯大全。其中的根雕"大佛"是用树龄3000多年的香樟木根，由数名根艺大师历时一年多时间完成的；根雕"长城"则以汉代重达1.8吨的樟木根并以其"根抱石"的独特造型雕琢成；"生命之源"、"千年灵芝"、"夜明珠"，则是未经雕琢的天然罕世珍品。《华夏时报》在报道这一信息时，标题的制作者一起笔便将这些稀世珍宝的个性特征展示在读者眼前。

（肩）"大佛"雕琢耗时一年多，"长城"重达1.8吨，"千年灵芝"为天然石

（主）延庆"五珍"收入吉尼斯

（2004年3月2日《华夏时报》）

古人有云："令人惊不如令人喜，令人喜不如引人思。"一个真正的有拟题之法的新闻工作者，不论挥洒长题，还是精著短章，不做则已，要做就必须融入或动人心弦或引人深思之事实精粹于其中，再辅之精当的文字，只有如此，方能跳出平庸的圈子，跻身于优秀作品之林。否则，你拟就的标题是十足的大众面孔，不是似曾相识，就是滴水入盆不见踪迹，这能让人们动心吗？

（肩）种"冲不走的" 养"淹不死的" 造"水上漂的"

（主）河南淮滨念活"地理经济学"

（副）全县工农业总产值、财政收入、农民人均纯收入3年增长均达到3倍以上

（1995年4月21日《经济日报》）

（肩）拉下"铁交椅"上的阿斗 请走"铁饭碗"中的食客

（主）徐州整肃企业不再隔靴搔痒

（1991年12月28日《中华工商时报》）

（肩）下水捞鱼的"武松"重新上山"打虎"显神威

（主）唐道琴重返原厂任厂长

（副）去年企业利润比上年增长60%，被县委、县政府记功一次

（1994年2月23日《湖南工人报》）

（主）"中国星"接二连三去巡天

（副）到本世纪末，我国将有10颗卫星升空

（1998年2月21日《羊城晚报》）

（肩）　月明风清　十二亿心花今晨绽
　　　　波平如镜　四百年长梦一朝圆
（主）　澳门今天回家了
（1999年12月20日《劳动早报》）

（主）　广州内环路"藏着18座古墓"
（副）　一座东汉墓中还有只罕见的精致"陶船"
（1999年7月5日《北京日报》）

（肩）　农民企业家钟华生受任珠海西邻开发区区长
（主）　今天借你一杯水，明天还你一桶油
（副）　推出"战略让利"，集天下之才为我之才；集天下之财为我用
（1989年6月6日《现代人报》）

（肩）　读者55万　营业额1000万　订货2300万
（主）　广州人搬走一座大书山
（副）　第四届全国书市今天在读者依依不舍中降下帷幕
（1991年9月11日《羊城晚报》）

（肩）　前晚一车翻进河内，三人被困，商户刘先生高呼
（主）　是男人的就下河救人
（2004年6月7日《北京青年报》）

从上述实例中，我们不难看出：新闻中有什么动人的新事，有什么新人耳目的高见，有什么急需解决、解释的问题，有什么需要推广效法的新经验、新做法，有什么需要及时提醒必须注意的事项，有什么需要弘扬的道德风范，等等，一上来便在标题中开门见山地直言其事，说个清楚明白。这便是叙述式标题的制作精要，也是它特有的长处。尤其是事件新闻、动态新闻以及展示成果、新风新事，报道世事中的奇人异事的新闻，叙述式更是其拟题的首选。

八、对比式

即着眼于眼前事物的某个特性，选择使用典型的、性质截然不同的新闻事实，给读者提供认识这个事物及其发展的对立物，鲜明地表达新闻事实，揭示新闻主题，使新闻具有更强烈的点化力和感染力的制题方式。

我们都知道，世界上并没有孤立存在的单一的事物，任何事物都是在相互联系中由多种因素构成的。任何一篇反映客观事物的报道，都不可

标题的制作理念与艺术技巧

能只孤立静止地去反映它所要反映的新闻事实,而必须从其与周围事物的联系、比较或自身的历史发展过程中,去表现它的个性。这种设置对立面的比较,正是人们认识和分辨事物的思维过程。客观存在的新近发生的事物之所以能变成新闻,除了本身的素质之外,很大程度要依赖这个思维过程,进行相互间的比较与鉴别。新闻价值是客观存在的,但它的显著性与重要性,也只是与同类或异类事物相比较而言的。再就对新闻事实本身的认识与表达而论,也只有将其置于客观事物的发展和联系中相比较,才能显现出它的个性。所以,人们常说,凡事通过对比,则是非曲直,泾渭分明;凡人一经对比,则忠奸美丑,昭然若揭。可见,对比是人们认识、鉴别日常事物的一种不可缺少的思维形式,也是标题写作常用的表现手法。

它可以用于凸显新闻事实的本质特征,突出事实的重要性。例如:

玩虚的,22队掉队

来实的,1队登榜

(1992年2月22日《人民海军》报)

新闻说的,在年终考核中,一个连续多年的先进单位,为了保荣誉,工作中耍"花架子",结果评优落选;另一个与先进不沾边的单位工作扎扎实实,考核全优,被评为先进。标题将此融入其中,两两相对,鲜明对比,是非曲直,传播目的,全都显现于其中矣!

资产亿元的山西化纤研究所

4年被祸害得只剩一间厕所

(2004年8月26日《新华每日电讯》)

一个堂堂正正的国家二类国有企业,昔日国家注入巨额资金,转眼间便被化为乌有,可怜巴巴地只剩下一间厕所了,真让人闻之寒心、惊心。这便是对比的功效!这则题设有悬念,原因为何?没有明言,但可诱人入文。

它可以用于显示新闻事实的深刻含义,让人"见事知里",授人以知。如《江西青年报》:

(主)　圆中有缺　缺中有圆　一家缺万家圆

　　　乐中有苦　苦中有乐　一人苦万人乐

(副)　各地基层团组织向边防战士致敬意赠礼物

标题通过"圆与缺"、"乐与苦"、"一家与万家"、"一人与万人"的连比,比出了边防战士为了祖国人民的富强安康的无私奉献精神。

它可以用于表达作者和编者的意见。早在1943年胡乔木同志就说过：新闻是"用叙述事实来发表意见"。标题的制作者通过选择事实和事实的对比中，来表达自己的意见和看法、观点，这是一个很好的办法。如：

（肩）　五十年代红毛橙　七十年代种红橘　如今支柱是脐橙
（主）　金堂县发展果品不搞"从一而终"
　　　　　　　　　　　　　　　　（1998年6月12日《农民日报》）

设置对立面的对比手法，在标题制作中的作用是多方面的，很值得认真地研究。对比应用的范围也十分广泛，方式方法也多种多样，归纳起来可概括为两大类：纵向对比和横向对比。

所谓纵向对比，就是事物自身发展进程中今天与昨天的比较。即，通过某一事物现实的情况和历史的情况相比较，以展示其在不同阶段的变化。这种类型的对比，反映的虽是发展过程中的一定历史阶段上的某种现象，某个侧面，但又不是让人们停滞在原有水平上，而是要促人上进，推动着人们去创造新的、更美好的历史。比如：

（肩）　昔日滚滚黑龙吓跑几多客商　今朝朗朗晴空引来八方投资
（主）　罗庄区拔掉千余烟囱换回艳阳天
　　　　　　　　　　　　　　　　（2000年6月15日《大众日报》）

这类对比，只是某一事物自身与自身之比，一般不涉及旁的事物。而且除少数揭露和批评性的报道外，一般都是作今是昨非、今胜于昔的对比。也就是说，这种比较往往都是把过去的历史作衬托，突出现在的成就，体现时代的变化，揭示变化的原因，反映党的路线、政策的正确性。

这类对比，还可以进行多层次的连比。它又分为跃进性的连比和曲折性的连比两种。由于连比展示的生活丰厚、波澜起伏，说服力强，给人象深。

所谓横向对比，就是同时并存的此事物与彼事物的联系中的比较。也就是说，在事物发展过程中同一空间内与左邻右舍的比较。这里有人与人、单位与单位、地区与地区，乃至国内与国外的比较。这种比较在新闻报道中运用十分广泛，对比的内容更可以说是无所不至。

（主）　贫困地区花2000万搞庆典
（副）　四川万源市年财政收入仅4000万，财政赤字达1.6亿
　　　　请某歌星唱了4首歌花42万元，是当地农民年收入的210倍
　　　　　　　　　　　　　　　　（2004年9月2日《新京报》）

标题的制作理念与艺术技巧

标题中几组数字的对比，有如美术作品中的素描图，给读者展示了一个直观形象的画面：那种热衷请明星、搞庆典，名为发展一方经济、造福一方民众，实为"领导追星、群众埋单，明星发财、百姓受穷"，其害无穷！

吃过橄榄的人，都有越嚼越有回味的体验。读到一个精彩的对比式标题，也像吃橄榄似的，越嚼越觉得口有余味。这是因为，对比毕竟不是张嘴见喉咙的直白文字，往往能将丰富的事实信息与思想意义深含其中。这就像古人讲的"意不浅露，语不穷尽，句中有余味，篇中有余意，其妙不外寄言而已"。如在全国好新闻评比中，1983年度有一则获奖消息的标题：

（肩）　看保定一轻局某些领导人怎样对待知识分子
（主）　工程师三代破屋两间，副局长一家新屋四套
（副）　市有关部门的调查结论竟是"分配基本合理"

（1983年3月23日《经济日报》）

主题用两个不同身份的公民家庭的居住条件巧作对比，凸显差别之大，令人吃惊；紧接着再与副题的调查结论竟是"分配基本合理"又一对比，更让人吃惊地体会到：党的知识分子政策在某些单位落实何其难啊！如果像嚼橄榄那样细嚼下去，回味恐怕还不止这些。

新闻这类文体是通过事实来传播人们所需要的信息的。对比，无论其功效多么显著，都只不过是表现新闻事实的一种方法。所以，无论是纵向对比还是横向对比，都必须是实实在在的事实的比较，绝不是空泛认识和议论所能代替的。而用以对比的事实，又必须具有典型性，能足以展示新闻事实某个方面的个性特征。

与此同时，在对比手法的运用上，我们必须看到随着时代的前进和读者需求的变化，新闻写作的重心正在发生着由"是什么"转向"为什么"的明显变化，因而在对比手法的运用上，就不能单纯地停留在"成果"的类比上，而是要让读者能从对立的两极中找出其内在的差异，从中得到启发，以增强新闻的可读性与指导性。现实生活中，不常有这样的情况，某一事物的属性，孤立地看"果"，看结局，还难以准确判定；只有同时深究其因，才能展示其特殊性。

"高反差"制题手法的运用，还必须特别注意两两相比之间，一定要有可比性，即要讲究对比的科学性。客观事物是复杂的，它本是现象和

本质的统一体，在选定进行对比的新闻事实时，不能只看表面现象，要找准相互间的本质联系，区分其共同点与不同点，从而才能把握住对比的内容、分寸，这样的对比才能令人信服，给人以启迪。

当然，就像世界上根本就不存在固定的新闻写作公式一样，对比手法的运用也没有什么固定的程式，关键在于要运用得当。谁都懂得，我们笔下的新闻、标题，从来就不是个人的欣赏品；新闻的传播也决不仅是作者个人的事，而是为读者提供的精神食粮。所以，新闻标题制作的表现手法尽管各人都有各人的风格，但又都必须注意可读性与顾及宣传效果。对于对比方式的选择也不例外。

综上所述，制作对比式标题，需特别注意：

第一，做对比式题，最重要的是要对到"点"子上，比到"点"子上。这"点"子，就是新闻所要阐明的思想观点、理论原则或本质特征。其目的在于加深对事物本质的认识和理解。

第二，俗话说："牡丹虽好，还要绿叶扶持。"制作对比式题，尤其是制作横向对比式题，往往要采用与之相对应的事物作衬。如果扶持的"绿叶"选择不当，不存在可比性，对比的铺陈、映衬不当，就会适得其反，产生消极作用。

第三，对比，特别是用于对相反事物或相同事物中对立之点加以对照比较时，表扬与批评、先进与后进，甚至美与丑、善与恶同在，这就要注意表扬不要溢美，批评更要持之有度，用词文雅、准确。不然它的传播效果，会大打折扣。比如：

当时序进入2003年的春夏之交，一些地区、部门和单位违反国家规定，擅自扩大统一着装范围，从城管、烟草管理、环保、屠宰，到小区保安、酒店门卫、电力公司职工、停车场收费人员。这种"远看是警察，近看像警察，仔细一看，原来是假警察"的怪现象，既损害了统一着装的严肃性，又导致财政开支越来越大，社会各界意见很大，痛切感到，流弊深远，"悠悠之徒，可不察欤"了。对此，江苏一家媒体刊发了一则报道，题为：

（肩）　南京一些保洁员穿警服扫地
（主）　路人认为玷污警服

（2004年2月10日某报）

消息刊发后，却意外地引来诸多质问和斥责，而大多又集中在题目中的"玷污"一词上。批评说，这则新闻只是为了说明警服泛滥的严重程度，那么在已涵盖20多个与社会生活关系密切的行业部门的情况下，连"外来工、农民工也穿警服扫马路"确实不失为一个好例子。但标题传递给读者的信息重点并不在此，也不在批评乱穿警服的违法性上，而是集中在：保洁员穿着警服扫马路，就是对警服的"玷污"。批评说：扫马路——"脏了我一个，清洁全市人，是一个很高尚的事业，她们并没有穿着警服狐假虎威，去干什么坏事丑事"，而标题中用了"玷污"这样极为不恭的词，说得轻一点也是对那些从事脏活、苦活、累活的人在心理上的一种歧视。

这则题的是是非非暂且不论，但由此也可告诫我们：新闻是社会舆论的晴雨表，对社会舆论有极强的导向作用。而立于新闻之前，作为编辑部一种发言手段的标题更有着导向的导向的特殊作用。标题的失当，影响巨大。不仅要做到导向正确，评价得当，用词也要文雅得体，不可伤及他人。谨慎、谨慎、再谨慎，应该永远是我们制作新闻标题的座右铭。

九、悬念式

即将新闻中最引人的内容，先在标题中来个提示或暗示，在读者心中悬下疑团，诱发读者的好奇心，以跟着你的思路走下去的制题方式。

现实生活中常有这样的情况：好的标题作品一拿上手，就放不下来。它如品名茶，满口馨香；又似"吸铁石"，一下子就能紧紧地揪住你的心，逼着你非看下去不可。这往往就有悬念的运用问题。

悬念，就是说书人讲的"卖关子"。书说到紧要关头、危急时刻，惊堂一拍，戛然而止，欲知后事如何？且听下回分解。不怕你不继续听下去探个究竟。

险！世界杯救了一家四口

（2002年7月1日《广州日报》）

这则题仅用十个字便勾勒出一个奇闻："世界杯足球赛"怎能救了一家四口？原来新闻说的是：一块约三平方米的水泥沙板晚上突然从睡房的天花板上砸下，刚好落到主人房中两张相连的大床上。所幸的是，当天是星期六晚，又有世界杯球赛看，一家人比平时睡得晚，不然后果不堪设想。这本来是平常天花板塌落事件，经作者与"世界杯足球赛"连在一起，便有这则悬念题。

（肩）　2004年全国大专辩论会首场复赛精彩不断，正反双方热辩"合作与竞争"
（主）　最佳辩手赛后落下泪

（2004年9月21日《北京青年报》）

既然已经获得了最佳辩手称号，泪又为何而落呢？这不就是一个悬念，怎能不引人入文呢？

标题要简明扼要，让人一目了然，这是拟题的一般原则。但有时为了引人注目，在题中巧设悬念，也不能一概排斥。但要注意效果，不能故弄玄虚。

（肩）　偏僻的小村庄传扬着一件喜事
（主）　老母鸡"生"了一台电视机
（副）　喂着三十只母鸡的老太太李凤珍一家坐在炕头上看电视了

（1981年4月13日《天津日报》）

消息说的是，党的十一届三中全会后，李凤珍喂养的30只老母鸡收入了500多元，买了台电视机的事情。应该说主标作得很引人，既巧妙地设置了悬念，对新闻事实又概括得准确。但副题倒是多余的，它直接揭了主标的"谜底"，似可不要，只需在肩题中加上新闻发生的具体地点这个要素，就可以了。如若不然，就会让人读过之后，感到主标的设悬是故弄玄虚。对此，《文汇报》有则悬念题就处理得较好：

（主）　乖乖的小羊为什么撞墙　鲜艳的花朵为什么枯萎
（副）　本市二十多所中小学开展饶有趣味的环保科技活动

消息说的是，上海部分中小学生开展环保科技试验活动，亲眼看见了环境污染对生物的危害。主标巧妙地在两个"为什么"上设悬，副题只侧重交代了必要的新闻要素，对两个"为什么"也含而不露，从而加强了主标的悬念，颇能引人入文，到正文中追根寻源。

（肩）　在第七届世界杯体操大赛中
（主）　谁是"最紧张的观众"？

（1986年9月2日《经济日报》）

如果只看标题，谁会想到它竟是一篇经济报道。然而这却是一篇主标设悬，"谜底"深藏文中的经济新闻。它好就好在设悬巧妙，角度新颖。报道产品质量的经济新闻很难引人入胜，这篇新闻却独树一帜，记者把这一难使人感兴趣的新闻放在扣人心弦的体操大赛中去写，通过对特殊身份的观众——天津春合体育用品厂厂长刘小明在体操大赛中的活动、表情的描述，以及外国运动员的赞誉，集中反映了该厂生产的全套体操器械终于经受住了质量的严峻考验，并当场就有外国朋友要向他们订货。

从以上事例，可以看出新闻悬念和文学悬念的根本差别在于：新闻标题的悬念是植根于生活的绝对真实的基础上的，是植根于真人真事的基础上的。它只不过是在新闻作品的写作上做些艺术技巧上的处理。根据新闻这类文体的特点，在悬念的设置上还有这样一些问题值得注意：

第一，标题的悬念，应该是主要新闻事实"贯穿线索"的"索头"或"结子"，并与之相始终，通过解"悬"释疑，便能挑开主体事件的内幕，而绝不是游离主体内容的"旁言"、歪枝。

第二，新闻传播的事实，不是陈年的旧事，而是新近发生的为受众未知具有典型和代表性的新事。悬念设置要让人感到既熟悉而又新鲜。离受众的生活、思想太远，就生僻，不易为他们所接受；但过分熟悉，不奇又无以言新，就引不起读者的关心、兴趣。所以，标题悬念的设置，要着眼于埋藏在为人们熟悉而又关心的事理之中，给人以既熟悉而又陌生的新鲜感。

第三，新闻标题要简明、短小，这是这类文体的显著特征。它的悬念的设置更要含蓄、简明而单一。所谓含蓄，既不要太直、过露，也不宜过快，边设悬就边捅开"内幕"，也就失去设悬念的作用。所谓简明，悬念的埋伏也不宜过深，不能像文学作品那样，武松杀嫂，举起刀来，杀了一个多月，刀子还没下去；孟丽君脱靴，脱了半年，才解了一根带子。埋得过深，故意绕弯，就会给人以不实、故弄玄虚之感。所谓单一，标题的悬念不可大圈套小圈，层层设"悬"，以选准一个能统领全篇的悬念为宜。

当然，更为重要的是悬念仅是新闻标题写作中的一种写作技巧，必须服从于内容表达的需要，切忌乱用、滥用。

十、生发式

即把人名、单位名、物名、地名以及新闻发生的外部环境，巧妙地与新闻的主旨串缀成题，使之更富有情趣地或点明新闻的意义，或阐明新闻的中心思想，或概括新闻的概貌的制题方式。它常常能收到新颖别致、深刻奇趣的功效。

在1987年中日围棋擂台赛中，日方棋手山城宏连胜三将，于10月31日又在我国的太原市设擂。我方棋手江铸久攻擂。双方你来我往，经过7个小时的激烈拼杀，素有"拼命三郎"之称的江铸久，最终未能攻下山城宏这座坚城，中盘告负。次日《羊城晚报》在报道这条新闻时，巧拈妙联地做了这样一则题：

（肩）　"山城"城坚难破　"铸久"久攻不下
（副）　中日围棋擂台赛打成六平

（1987年11月1日《羊城晚报》）

1988年4月新华社记者曾采写了一篇报道，说的是在以贫困落后闻名的大别山区竟有这样一个自然村：全村27户，家家都有10万元的"家底"；老少130口，每人平均"储蓄"了2万余元！这都得益于30多年来造就的环村绕户那郁郁葱葱的高山林海！

在事实面前，过去曾讥笑牛角尖村一门心思造林护林是"钻牛角尖，死心眼"的人，如今都转变了态度，称赞他们"钻牛角尖"钻对了，钻成了大别山里的"暴发户"！

据此，编者巧释成题为：

（主）　牛角尖村"钻牛角"　30年造林不止
（副）　"绿色银行"户均"储蓄"十万元

（1988年4月23日《人民日报》）

它或者是利用新闻事实发生的环境及其某个人物特征的巧合关系，进行巧妙地解释、生发或评论，借以幽默风趣地突出新闻的主旨。生活中的巧合，多是富有情趣的，在制题时要善于抓住、发现和利用它。因为为其巧，总属偶然性的；惟其偶然，才能使人意外，令人觉得有趣，从而引人注目，如：

（肩）　偷窃可耻　还款谢罪
（主）　王再新走"再新"之路

（1982年12月18日《湖北日报》）

主标巧妙地利用人名生发成题，突出了弃旧图新的决心，也表达了编者的殷切希望。

它或者是借用别的行业或事物的词汇来生发概事，这不但对新闻事实有一目了然的功效，又能增进文趣。如，1985年8月3日沈阳市政府对负债累累，已达到破产倒闭界限的市防爆器械厂、市五金铸造厂、市第三农机厂，三家集体企业发出破产警戒通告。《沈阳日报》报道这条新闻时，

标题的制作理念与艺术技巧

题为：

（肩）　市政府发出破产警戒通告
（主）　向防爆器械厂等三企业出示"黄牌"
（副）　限期一年整顿，还无起色即宣布倒闭

（1985年8月4日《沈阳日报》）

主标中的"出示黄牌"，是借用体育行业足球比赛中的词汇。用在这里，不但意思一目了然，字少意丰，而且富有情趣。

（主）　瞧这一家子，个个都是热心肠
（副）　赵淑珍一家团结和睦，常年为邻居做好事

（1981年1月20日《北京晚报》）

这则题出现时，正是影片《瞧，这一家子》在北京上映之时，标题借用这个为大家熟悉的影片名，使读者易于领略新闻的主旨。

它或者是从新闻事实出发，引出另一方面值得发人深省的问题；或根据新闻本身提出的问题，对其有所疏漏或强调不够的侧面，加以明确和强调，起到拾遗补漏的作用。如：

八岁女童兼习四国语文

天性聪慧更靠教导有方

前句点明新闻事实，紧跟着后句就辩证地指出事实的主要成因，以免在读者中造成不必要的误解。

它或者是希望别人做什么事或者不做什么事，采用同志式的恳切态度和语气生发成题，使之带有浓郁的感情色彩，读起来亲切、动人。

1984年3月22日，在福州市参加福建省厂长（经理）研究会成立大会的55名厂长、经理，写信给省委，要求对捆住了企业领导手脚的现行体制的条条框框进行改革。《人民日报》在报道这件事时，题为：

（肩）　福建省五十五名厂长、经理给省委领导写信：
（主）　请给我们"松绑"

主题便是祈使句。读来让人感到请求者的恳切态度和问题亟待解决的紧迫性。

此外，常见的还有以人名衍化成题的：

△　冒富大叔冒富了
△　李有德虐待老人——缺德
△　没有土地，就没有庄稼

——访陶瓷雕塑家庄稼

上述标题巧拈妙联，新奇别致。

以物名衍化成题的：

△ 大鸡香烟开市大吉

△ "小骆驼"跨进大上海

以地名衍化成题的：

△ 常平公社不平常

△ 橱窗中的橱窗　花城中的花城

这些标题真可谓"因地制宜"，独出心裁，寄寓着丰富含义。制作这类标题要名实相副，分寸得当。

以地名掌故衍化成题的：

△ 楚王弹洞地　今日笑声喧

△ 八公山上草木逢春

制作这类标题要对原有掌故有所了解，对应要得当。

十一、评论式

即有事有议，有述有评，把事实与议论糅合在一起，以突出新闻事件的意义的制题方式。评论式标题，一般多在标题的起句就对所报道的事实给予明确的评论，唤起读者的注意。

（肩）　这条小新闻　看了暖人心

（主）　楼上晒被　散落钞票

　　　　四邻寻找　分文未少

对新闻事实评论的方法，可以是作者直接出面的评议，也可以让新闻中涉及的人物出来说话，借以点出或升华新闻的主题思想，增强指导性。如在双城堡车站野蛮装卸事件发生后，《人民铁道》报发表的一条新闻题为：

（主）　双城车站野蛮装卸事件并非偶然

（副）　当地群众气愤地说：这个车站是既离不开，又不敢惹的"铁老大"，我们得罪不起

如前面讲到的，凡属评论式的标题，其起句就应该是评论。一般情况下，这样做是可以的，但有时为了行文的方便，起句虽不是评论，可整则标题的重心是在于对新闻事实的评论，仍不失为评论式标题。如：

标题的制作理念与艺术技巧

（肩）　八一队领队钱利民向记者证实，"战神"已经开始恢复训练——
（主）　刘玉栋复出将提升CBA人气

（2004年10月1日《北京晨报》）

（肩）　孩子喜欢什么玩具　供应会上见端倪
（主）　老面孔"失宠"　电子货"吃香"

（1984年3月1日《新民晚报》）

显然，这则标题的重点不是单纯的叙事，而是在于对供应会上见到的新动向的评论。总的来讲，评论式标题，比较适合于下述类型的新闻选用：

1. 涉猎事实较多的综汇新闻。如：

（主）　立足山区　跳出山区
（副）　粤北发展商品经济纪实

（1988年12月28日《人民日报》）

2. 需要突出强调引起重视的某种经验、某项研究成果，或指出带有普遍性的倾向、全局性问题的新闻。如：

（肩）　没有真本事　请你回老家
（主）　卡森公司辞退"洋南郭"

（2000年5月8日《嘉兴日报》）

在社会主义市场经济条件下，作为一个成熟的企业，把不合格的国内专家辞退，并不稀罕；而把国外的"洋专家"辞退，这种现象在当时十分罕见。这则评论题明确地告诉人们：在经济全球化的今天，我国固然需要大量引进国外的技术人才，但也并非"月亮都是外国的圆"，国外专家也是参差不齐的。在我国逐步走向世界的今天，企业有必要对引进的国外专家进行筛选，以应对经济全球化的挑战。

3. 某些涉及重要政策或突发的重大事件，需要明确表态的新闻。如：

△　（主）　村镇住宅建设亟须加以引导
　　（副）　一些农户建房质量低　十年"更新"三四次

△　（肩）　"专车"接夫人周游各县　"公馆"筑高墙门卫森严
　　（主）　运城地委书记张怀英大搞特殊化

十二、章回式

即模仿我国古典小说章回式的方法成题。它对仗工整，概括力强，字数齐整，音韵合拍。排列在版面上，看起来醒目，读起来顺嘴。如：

一江春水向东"刘"

百米短跨任我"翔"

（2004年8月23日《新民晚报》）

在28届雅典奥运会上，我国运动员刘翔，以12秒91平世界纪录的成绩勇夺男子110米栏金牌。一曲高歌一樽酒，一人独钓一江秋。在黑人选手长期垄断的110米栏项目中，刘翔的完美飞越，以领先两米的距离夺金，其势、其力，恰似一江春水向东"刘"！这是中国人的骄傲、亚洲人的骄傲，意义非凡！整则题有气势，言简意赅，且巧妙地将人名镶嵌题中。

百岁煮酒论英雄　笑谈尘世悲喜

常年不吃一粒饭　原是翰林之女

这是《文汇报》一篇专访的标题。它说的是家住金华市的一位百岁老人，从1973年以来至发稿时已16年不吃一粒饭，靠酒延年益寿。标题概括地点明了这奇人逸事。制作这类标题，可以不拘一格，不受新闻五个要素的制约，只要能把事情讲清楚就行，人名、地名、时间等都可以省去。再如：

满腹知识　问道于人前程如何

胸无点墨　财从口来运气不错

（1988年12月23日《人民日报》）

这条消息讲的是当时我国社会生活中存在的怪现象：一些心理上失去平衡的知识分子，其中绝大多数是大学生，为了能暂时得到精神上的寄托，而去"问命"于目不识丁的算命先生。这则章回式标题，寓庄于谐地概括了这种不正常的现象，整则题立足于叙事，别的新闻要素一概省去。

章回式标题的拟制特点，着眼于叙事，亦庄亦谐，以叙事鲜明、准确为好。即以突出"何事"，辅之以"何人"，其余要素可以略而不问。这类形式的标题，多用于文体、社会新闻中一些奇人异事。由于局限性大，且必备新闻要素残缺，宜少用，忌滥用。

十三、创新式

即在遵循必要的基本规范的前提下，以异于常人过于古人的内容或以

标题的制作理念与艺术技巧

一种自由生动的结构形式,具有前所未有的不规则性、运动感、奇异感,将新闻自身的优势凸显出来,以吸引住读者的阅读视线的制题方式。

对任何一个企业、行业、产业来说,要赢得市场经济的竞争,无疑首先要赢得市场!对于传媒来说,市场是什么?归根到底就是受众。没有这个基础市场,其他无疑都是空谈。

应该说,突出标题内容上的时新性是抓住受众的第一要义,是标题创新的立足点。现代媒体越来越注重冲击效果,即要在一瞥之间吸引受众的视觉注意。担此重任的首选当然是标题,它必须要以鲜为人知的信息及制式上的人为强势凸显来征服人,令人驻足。

(肩) 酒后闹事打人 妻子起诉离婚
(主) 丈夫当庭跪求"和解"

(2004年3月16日《北京晨报》)

在旧时代,曾有过"男儿膝下有黄金,岂肯低头跪妇人"之说。这当然是封建时代的夫权思想不足取。但一个大男人当庭下跪向妻子认错求和解,也不得不称为鲜为人知之事,读者怎能不驻足以观其详。那结果如何呢?妻见状心也软了,在法官劝解下,丈夫写了一份保证,以后绝不酗酒,好好疼爱妻子和孩子;坚决离婚的妻子撤回离婚诉讼,夫妻二人又和好如初。

在28届奥运会上中国健儿取得历史性突破,获得32枚金牌,跃居金牌总数第二。但在圆满之中,也有值得深思之处。请看标题:

(肩) 当昨天晚上泰国人在尼凯亚举重馆的看台上下欢庆他们历史性的奥运会铜牌时,获银牌的中国队却弥漫在一片失望的情绪中:重竞技中心主任马文广看完比赛后拂袖而去;新闻发布会开到一半,中国记者们已经没剩几个了……

《工人日报》今天为此发表评论:
(主) 我们为何不向亚军致敬?

(2004年8月16日《新民晚报》)

我们为何不向亚军致敬?这一问,问得好!竞技体育场上,谁能保证是常胜将军。在对待奖牌或有无牌上,我们还是应该像《人民日报》有则标题所说的那样《金牌诚可贵,铜牌价也高,为国曾拼搏,无牌亦英豪——首都举办大型晚会欢迎奥运健儿》(1992年8月16日《人民日报》)。

△　（主）　没有技术不谈亲　不富娘家不出嫁
　　（副）　沿河乡400姑娘走向社会求知求技求富
△　（肩）　别人涨价我降价　别人落价我提价
　　（主）　德州印染厂靠管理出奇制胜
△　（肩）　过去：种了一面坡　只活两三棵
　　　　　　如今：植树靠科技　满眼是绿色
　　（主）　太行山造林成活率超九成

　　上述几则标题，从内容来说，都有较强的时代感和新奇感。如果我们的新闻作品、新闻标题不求与时代同步发展，捕捉不到新鲜的事实，不提出新问题和新思想，就会缺乏生命力和吸引力。

　　当然，我们讲标题制作的创新，这里更多的还是从范式上讲的。即同样的事、同样的话、同样的句子，换一种表现形式或说法，便能摆脱老套，给人以与众不同的新鲜感，使标题活起来、动起来、立起来，产生引人的魅力。

　　2004年2月，格鲁吉亚议会特别会议以165票赞同，5票反对，顺利通过了萨卡什维利总统提交的新内阁成员名单。有意思的是，继萨卡什维利成为欧洲最年轻的总统之后，刚刚成立的格新内阁也成了前苏联及东欧国家中最为年轻的内阁。萨卡什维利真心希望这群新人能给格鲁吉亚带来新气象，能够协助他把格鲁吉亚带入"新时代"。这个希望能否如愿以偿，人们现在还很难下结论。据此，《中国青年报》在报道这条消息时，做了一个与众不同的标题：

最年轻总统＋最年轻内阁＝？

（2004年2月24日《中国青年报》）

　　上个世纪80年代中期，报纸上曾有过这样一条标题：

？——实数一元六　发票开两元

！——为拿月度奖　拒绝收错款

　　起笔不是汉字，而是标点符号，极为少见，但表意却十分准确、独到。原来新闻说的是：一家旅社住宿费是一元六角，却给旅客开了两元的发票；另一家菜店营业员，多找给顾客四角钱，为了不致扣奖金，竟拒绝收回顾客退还的错款，真是怪事！标题起笔的一个问号和一个叹号，发人深省。

　　（肩）　发生在省煤田地质勘探公司实验室里的怪事——

（主）　三中全会以来入党人数=0
　　　　知识分子中党员人数=0
　　　　领导具备专业知识人数=0

（1985年7月17日《河南日报》）

（主）　用新方法奖励劳模
（副）　墙上挂一个（奖状），胸前戴一个（奖章），兜里揣一个（证书），天天看一个（报刊），县里留一个（照片）

（1984年1月11日《辽宁日报》）

前题用了三个特殊的等式，后题连用了五个在报纸上很少用的括号作注释，不仅能一目了然地知道"怪"在哪里、"新"在何处，而且形式新颖、形象醒目。

应该说，人们接受标题的价值诉求是多元化的，求新好奇是其中最为常见的、最重要的。对于常常听到的内容、习以为常的制式，人们心理便有一种接受上的疲惫感；对于闻所未闻、见所未见的事物，会有一种心理接受上的兴奋——感到惊奇、新鲜，从而产生一种关注心理。特别是现代社会是一个发展变化越来越迅速的社会，生活节奏的加快，工作压力的增加，人们在劳作之余，不太愿意动脑筋去思索什么高深莫测的东西，文化进入休闲时段。新闻标题要满足人们的需要就必须贴近生活，与瞬息万变的现代生活相适应，在制作上应多讲究一点创新引人，明白如话，让人一见钟情。

应该说，爱美之心人皆有之。然而美又是在比较中存在的，绝对的美是没有的。西施是美人，但是如果女人都同西施一样，那么也就无所谓这位绝代佳人之美了。这就是说，标题只有具备各自的特点才可能有其独特的引人之美。这里也就少不了与众不同的创新。

应该说，包括标题在内的新闻传播是一个常干常新、永葆青春的事业，这就要求新闻工作者必须是以前所未有和与众不同作为永恒追求的创新者。他们要不断地搜索，不断地思考选择，把那些社会和受众所需要、所喜欢的一个个"前所未有"和"与众不同"的精神食粮及时奉献出来。他们既要善于不断追求新鲜，摒弃陈旧，又要敢于不断否定自己的昨天，去创造一个全新的今天。他们既要千方百计开拓新的报道领域，探索新的表现形式和方法，又要另辟蹊径，避开别人走过的老路，以求成为新的探索者。这一切，都需要创新的思维和创新的劳作。

十四、解读式

即通过标题的导向作用,适时而明确地向受众回答、解释眼前最为关切而又不甚了解的新事件、新情况和新问题,沟通阐释生活难点与思想认识上的疑惑,融新闻工作者的社会责任于引导受众正确认识社会现象、社会热点的助读、导读与解读之中的制题方式。这类标题针对性、服务性和思想性强,又具有生活化、贴近性的特征。

2004年夏秋之交,《上海市未成年人保护条例(草案)》交市民讨论修改,自然也引起了孩子们的极大关注,尤其是关于未成年人的隐私保护的话题,更成为孩子、老师和家长热议的内容。但从中发现一些未成年人对此的认识并不清楚,有意无意地"放大"自己的隐私内涵——把分数等也要求列入隐私保护。无疑,立法保护未成年人隐私,目的是要尊重和保护未成年人的人格尊严,但隐私权"保护"过了头,同样不利于塑造未成年人的健全人格与健康成长。《新民晚报》教育热线就此与孩子、老师、专家交流和沟通,并据此成文,拟题为:

(肩) 立法保护未成年人的隐私权,怎样让孩子满意、家长放心?本报教育热线昨晚讨论十分热烈——

(主) 保护隐私权不必"草木皆兵"

(2004年9月23日《新民晚报》)

(肩) 公安部长助理张新枫在6月10日召开的全国刑警大练兵动员部署电视电话会议上介绍,去年全国共立刑事案例439万起,破案184万起,破案率仅为41.9%,有超过一半的刑事案件没能破获——

(主) 破案率41.9%说明了什么

(提要) 敢于把这个数据坦诚地告诉公众,至少反映了公安部门承认差距的勇气。这种勇气所折射的,不是对问题的逃避,而是对人民群众的负责态度。

人民公安的基本职能就是保护人民群众的生命财产安全,41.9%这个数据应该让所有有责任感的公安人员难以安寝。

(2004年6月25日《新民晚报》)

社会治安关系着,也牵动着亿万人的心。对41.9%的破案率,究竟应该怎样看?自然众说纷纭。这则标题适时地给公众送去一份"舆论关怀",可谓引导有力。

标题的制作理念与艺术技巧

（肩）　市民们的乐善好施却助长了越来越多的"职业乞丐"，秦皇岛市——

（主）　政府倡议市民"吝啬"施舍

（2004年《北京青年报》）

如何看待和解决经济比较发达地区城市中的乞丐问题，一直是困扰建设现代化文明城市中的棘手问题，各方认识不太一致，这则标题传播了一个比较权威而具有导向性的信息。解惑释疑观点明确，态度明确。

（肩）　成都市新都区请来千名群众，当场为区级干部打分，并把群众挑出来的"毛病"在媒体上公布，领导干部通过电视直播进行自我剖析和检讨——

（主）　"评官"，从神秘走向公开

（2004年7月28日《工人日报》）

在改革开放的年代里，随着经济的发展、社会的进步，人们关注政治、参与政治的热情不断增强，对政治生活中出现的新问题、新现象的议论倍感兴趣。从这个角度看，政治新闻的前景广阔。与之相适应的，我们的时政报道也出现了一些可喜的变化，主流媒体纷纷开始探索更灵活、更吸引读者的报道形式。这则标题内容新鲜，媒体的观点明确，对发生在成都市新都区的这件政治生活中的新事，概括解读得具体、翔实。

（肩）　重行古代开笔礼，与中国传统文化"亲密接触"

（主）　广州学童戴博士帽拜孔夫子

（2004年3月1日《华夏时报》）

开笔，是中国古代少儿开始识字习礼形式的称谓，俗称"破蒙"，已经销声匿迹多年。组织者和赞成者称，让4至7岁的孩子举行这种仪式，是让他们与中国古代文化来一次亲密接触；中国传统文化源远流长、饱含智慧，现代人应该取其精华、去其糟粕，其熏陶应从娃娃抓起。反对者说，莫教孩子学"返祖"，中国传统文化中值得学习、借鉴的地方多得很，不知为何偏偏要让天真烂漫的孩童去"一一照搬"这套以崇孔拜孔、封建科举为核心内容的"开笔礼"。这不禁让人慨叹：传统文化啊，多少糟粕假汝之名以行！

自然争论一时难有定论，不过肩题中对"亲密接触"加上的引号，也可多少能看出编辑部的一些态度。

当然制作这类标题应力求要给读者一个比较明确的认识为好。如果由于标题的容量有限，难以做到，也应想尽其他办法加以弥补。如《新民晚报》2004年3月1日转《长沙晚报》的一则报道，题为：

（肩）　是文化精髓还是封建糟粕

（主）　《三字经》进课堂引起争议

在新闻的后面，编者特附了一篇署名短文，以表明编者的倾向。此文不长，全文录后。

不妨一读　楚地

《三字经》我小时候是读过的，不过不在课堂上，是家里让大人逼的，不用逼着读的书当然少不了《封神榜》、《三国演义》等一大摞小人书。奇怪的是，逼归逼，却至今不忘，莫非真是"人之初，性本善"？

我以为，小孩子不妨一读《三字经》，意思不甚明了不要紧，当儿歌来念也好，至今要比奶声奶气扭着腰儿唱港台爱情歌曲好多了。

其实，不仅小孩子，现在的不少成年人也应该读一读——假如不太忙的话。

这样做似乎在舆论引导上更客观、有效一些。

（肩）　安徽淮北市去年几个大的招商项目接连搁浅：号称亚洲最大的高尔夫球场工程奠基已一年多，如今工地成了荒地；据说要投资30亿元的"温哥华城"在挖了4个大坑后，也没有了下文——

（主）　决策为何连失误

（2002年5月29日《人民日报》）

要在一个人口不到200万、经济又不发达的城市里上马高尔夫球场、建设耗资30亿元的高消费的温哥华城，结果造成难以挽回的经济损失和形象损失，症结何在？自然为社会公众极为关注，《人民日报》鲜明地提出这个问题、解谜这个问题，必为公众关注。

总之，及时向读者回答解释最为关注的社会热点、生活难题，对群众反映意见大、意见集中的问题予以披露、针砭，针对一些有争议的社会现象进行辨析、表明媒体的观点，及时阐释大众关心但又缺乏了解的疑惑等等，是解读式标题经常涉及的内容。在制作上一般都采取"先开后合"的操作方式，即先比较具体地提出问题，讲明所要解读的现象、情况或问题，也就是先介绍事实，交代新闻来源，然后给予适当的点评、解读，力求给读者一个比较客观、令人信服的明确结论或认识。

以画名世的扬州"八怪"之一的郑板桥,还兼长书法与诗。他画竹力主削尽冗繁,曾作题画诗云:"敢云少少许,胜人多多许。"此论无疑也适用于作标题。这"敢云"二字,更显示着艺术家技巧的不凡与自信。制作解读式标题也需提倡这种精神与自信。

十五、对仗式

"对仗",亦称"对偶"。即把意思相关、结构相同或相似、字数相等的两个词组或句子,并列在一起,使要表达的内容更集中、更准确、更鲜明新颖的制题方式。语言是表达思想和愿望的工具。在标题制作中,无论是纸媒,还是电子或数字媒体,都离不开语言文字来表达。马克思说:"语言是思想的直接现实。"高尔基说:"语言是一切事实和思想的外衣。"然而,每个民族都有自己传情达意的传统方式和措辞。写新闻、做标题,很重要的一条,就是要重视发掘本民族语言的特质。那么,我国汉民族语言的传统特质是什么呢?老舍先生在《加强新闻工作者的语言修养》一文中,曾经提到它概括力强、声音美、对仗工整、音节美。这也正是我国新闻标题在文字语言使用上的重要特色之一。

对仗,不仅是修辞方式的一种手段,更是我国汉语所特有素质的体现。我们的语言,我们的新闻标题,要讲究必要的形式美,使用对仗就是造成这种美的因素之一。

工整的对仗在形式上的要求是:字数相等、词性相对、结构相同、平仄相拗。

字数相等是指上下句的字数一样。多少不拘,少则两个字,多则不限。

词性相对是指上下句相同部位的词,词性相同。即名词对名词,动词对动词,形容词对形容词,介词对介词等等。严格的要求,在对子中不能用同字相对。

结构相同是指句型一致。即主谓结构对主谓结构,动宾结构对动宾结构,偏正结构对偏正结构,联合结构对联合结构。

平仄相拗是指上下句字的平声与仄声相对,即平声字对仄声字,仄声字对平声字。

当然,做标题毕竟不是写诗、做对联,只是要借助于本民族语言这种特有的优势,服务于新闻标题的制作要求,不必要那么严格,只要做到字数相同兼顾其他，也就可以了。标题要求做到外貌美和内涵美。对子句形式整齐，结构匀称，音韵和谐，看起来醒目，读起来上口，听起来悦耳，不仅符合标题外貌美的要求，而且对于美化版面也很有益处。

从内涵美上看，对子句用语少而寓意深，所以它能收到言有尽而意无穷的表达效果。

它能够用来表达新闻中相近或相似的事物，借整齐对称的语句结构、和谐匀称的音节，把对称的两部分内容各自凸显出来。如：

（肩）　外电报道香港政权交接仪式隆重举行
（主）　米字旗帜降　百年屈辱一朝雪
　　　　五星红旗升　千秋盛典彻夜歌
　　　　　　　　　　　（1997年7月1日《参考消息》）

女商贩阻执法
伤城管被刑拘
　　　　　　　　　　　（2011年4月13日《北京青年报》）

（肩）　听意见　不怕横挑鼻子竖挑眼
　　　　改错误　不搞犹抱琵琶半遮面
（主）　衡阳县领导虚心接受群众批评
　　　　　　　　　　　（1987年9月15日《人民日报》）

它能够从事物的今昔、纵横对照中，把所要描绘或说明的事物的特点更加鲜明地凸显出来。如：

（肩）　不愁名医千古后　宝贵遗产留人间
（主）　辽宁中医学院附属医院
　　　　利用电脑贮存中医萃要
　　　　　　　　　　　（1984年2月15日《辽宁日报》）

（肩）　玉树地震一周年，青海各地昨晨举行默哀仪式
（主）　汽笛鸣哀思，祈福新玉树
　　　　　　　　　　　（2011年4月15日某报）

它能够用来表达新闻中相反的事物，形成强烈对比，使内容表达更加完美、鲜明、褒贬分明、富有哲理。如：

△　（肩）　两个小吃部卫生两个样
　　（主）　"乐意"挨处罚被贴"警告榜"
　　　　　　"浞滨"受表扬荣获"信誉榜"

标题的制作理念与艺术技巧

△　（肩）　拉下"铁交椅"上的阿斗　请走"铁饭碗"中的食客
　　（副）　徐州整肃企业不再隔靴搔痒

它能够用来展示事物间的因果、条件、承接等关系，使人从中得到启迪，获得教益。《明白经理下店整顿，糊涂饭店起死回生》、《劝君莫猎保护鸟，常叫珍禽陇上飞》，就表达了这种关系。

汉语是有节拍的。不注意节拍，读起来别扭，句式也不会工整、和谐。这种节拍不是谁偶然想到的，而是按照语言的本质创造出来的。为了讲究语言节拍，句子就得简短，长句就难以保持住音节；介词、形容词、副词就得尽量少用或不用，词句就会显得简洁明快，这与新闻标题的要求是相吻合的。

汉语是有声响的语言，这应该说是我们的语言的一个特质。所谓声音美，就是在文字的使用上，要注意平仄声的排列，把语言声音的美表现出来。从新闻心理学上说，读者对新闻，特别是对标题，是既要看，又要念的。好的标题，读起来抑扬有致，声情并茂，这是因为它具备了声韵之美。制作标题时注意声韵艺术的运用，念起来就上口，听起来就好听，美感也随之而生；反之，念起来就拗口，听起来也不好听。所以，在标题制作上，一定要注意发挥这个优势。在语言安排的声韵技巧上，前人已为我们总结了一些经验。刘勰说的"双声隔字而每舛，叠韵杂句而必睽"，就是重要的一条。意思是说，声母和韵母相同或相近的字，在同一句中不要交错使用，否则就会拗口。再有，一句之中，字词的配合要适当，要注意声调的安排。一般地说，不宜把多个同声调的字连在一起，要灵活运用格律诗中的"平仄交替"的规律，以平仄错综、有变化为好。当然，这并不是要我们去严格遵循古诗词那样的老格式，只需在上下句之间的结句上，注意平仄的排列，也可以增强语调的优美，增强标题的感染力。

作家艾青在讲到语言的运用时，曾说过："语言是由人的嘴巴说出来的。愈在嘴巴上说得容易的语言，便越发使人容易听懂。记成文字，也越发容易使人看得明白。"制作新闻标题，尤其对仗式标题，就应当注意从活人的嘴巴上，采摘有生命的词汇拟就成题。

《谁需要特号鞋，请寄尺寸来》——乐于为民族、热心为人民办好事的精神，跃然其间。

《月是家乡圆，人是祖国亲》——以盎然的诗意抒发了海外赤子爱国爱家，思乡思亲之情。

《苦啊，人情送礼逐年涨，君子之交淡如水》、《洞中有洞洞洞奇，景中有景景景绝》，这些采摘自活人嘴巴的生动语言拟成的标题，含义丰富，易懂易记，便于流传。

第二节　标点在标题中的应用

标题要制作得好，固然需要在概事达意、字法、句法上下苦功锤炼。但也要下工夫锤炼标点，要注意发挥标点符号在新闻标题中独特的表达作用。

一、标点在标题中的重要作用

标点符号是现代书面语言体系中不可缺少的重要内容。如果一个人标点不大会用，说明他的语言不够清楚，掌握语言的功底还有缺陷。可是，在现实生活中，有许多人不重视它，把它看得无足轻重。其实，不是无足轻重而是大有讲究，有时甚至有举足轻重的作用。

郭沫若同志曾说过："标点之于言文有同等的重要，甚至有时还在其上。"对最富于概括力和感染力的新闻标题来说，要下苦工夫锤炼标点，让其发挥出独特的表达作用尤其显得重要。有的时候，其作用在"言文"之上，就表现得更为明显、更为突出。

谁都知道，人们写新闻、做标题，对社会生活的反映都不可能是纯客观的冷漠报道。字里行间不可避免地要融入作者对生活、人物、事件的认识、评价，体现作者鲜明的感情色彩。凡是好的标题，总是要以炽热的感情来拨动读者心弦。这种深厚的感情色彩，许多时候单靠只言片语的文字，是表达不出来的。恰当而巧妙地借助于标点的辅助，往往就能收到言虽尽却意无穷的好效果。

在抗日战争时期，日本侵略者以咄咄逼人之势大举向我国纵深进犯，国家和民族处于危亡之秋。可是以蒋介石为代表的国民党顽固派不抗日，却闹摩擦，打内战。这时，延安《解放日报》写了一篇动员舆论、制止内战的题为《起来！制止内战！挽救危亡！》的文章，这则标题中，那三个感叹号的连用，所表达的特别引人注意的语气和急切、紧迫的心情，是简要的"言文"所能表达得出来的吗？黄宗英写的《大雁情》，全篇几个小标题，都是用的一个字："她"。第二个"她"打了一个问号，第三

"她"打了两个问号,最后一个"她"又打了两个问号。这些问号,既奇特,含意又深刻,波澜起伏,令人心潮难以平静。

二、标题中锤炼标点的两原则

新闻标题,要以极为经济的笔墨来表达丰富的内容。我们既要重视在"言文"的字法句法上多下工夫锤炼,又要在标点的锤炼上多作努力。在标点的锤炼上,总的来说,一是要用得省,二是要用得巧。

1.所谓"省",就是说在无助于表情达意的一般情况下,只要不会引起歧义或让人费解,可不用标点,以利于标题的紧凑或不至于影响版面的清秀。那么,在什么样的情况下,标点可以省用呢?

①有时候肩题与主题,主题与副题,虽然都同属一句话,但结构比较简单;或句中虽有并列的词和词组,相互联系很密切,又是常用语,读者可以不借标点符号的帮助,就能了解它的意义,可以省用。如:

(肩)　阜新市政府采取切实的步骤
(主)　促进城乡集体经济发展

肩题和主题合起来就是一个完整的句子。

(肩)　把治理国土造福子孙的伟大事业继续推向前进
(主)　中共中央国务院指示深入扎实开展绿化祖国运动

主题中的"中共中央、国务院"系并列主语,本应该有顿号,这里省去了。

②以陈述句或语气较轻的祈使句(即要求或者希望别人做什么事或者不做事的句子)做题时,题末标点可以省去。

△　(肩)　国家技术监督局公布抽查结果
　　(主)　首季产品质量趋降
　　(副)　手提式灭火器、换气扇、角向磨光机等质量尤差

△　请为橱窗洗洗"脸"

前题是用的陈述句做题,是告诉别人一件事;后题虽用的祈使句做题,但祈使语气温和、规劝开导的意味浓厚,因而题尾均不用标点。

③句子简短、整齐,又不带有特殊的感情和语气,其中的顿号或逗号可以省去,采取句式中间留空白的办法来代替标点,可使版面整齐美观。如:

(主)　政绩不佳　有负众托　请君下台

（副）　淮滨县五名基层供销社主任被免职

主题的三个词组，都是并列词组，中间用空白代替了顿号，既不损其意，又显得对称美观。

有些句子虽说简短、整齐，但带有强烈语气和特殊感情，中间的标点就不能省去。如：

（主）　今年花讯又如何？繁花竞放胜往年

（副）　有关部门估计，广州春节花果供应将增加三至五成

2.所谓"巧"，就是要因文巧布局，根据特殊语言环境的要求，通过选用最恰当的或有特殊表达效果的标点符号，使文意表达得更加确切，使语气、感情表现得更加逼真，使题内需要突出的部分醒目地显示出来。要做到"巧"，首先要"熟"，要娴熟地懂得几种有特殊表达作用的标点在标题中的用法。

三、几种有特殊表达作用的标点的使用

纳入国家有关部门所规范的标点符号，共有16种，但在标题上会被使用的一般只有14种，其中有别于常规用法，标题中有特殊表达作用的标点而且又是常用的只有8种。

1.感叹号在标题中的正确使用。这是一个能够反映强烈感情色彩的标点，标题也用得比较多。

①可以用来表达兴奋、赞美之情。如《南方日报》有则标题：

（肩）　在广州市菜市场买瘦肉不难了！

（主）　价值规律煞住了后门风与搭配风

这个"！"号着重表达了喜悦之情。

前些时候，报上有过一条介绍一家商店新风的社会新闻，就以"香！"为题，它语意双关地既说明了这是一家以经营清洁、化妆品为主的商店，又赞颂了商店的店风好，商品质量好，服务态度好。如果这则题，只有一个"香"，而无后面的感叹号，无论从语气和感情色彩上，都要逊色得多。

②可以用来表达愤怒、谴责之情。如：

（肩）　本报记者在新闸桥水果批发站见到：

（主）　大批香蕉烂掉了，作孽！

主题末尾的感叹号，辅助文字更加强烈地表达了痛心、愤慨的感情，

起了言虽尽情未尽的传神之妙。

③可以用来表达奇异、震惊(不含惊疑)之情。如：

(主)　紧急！两架客机突遇大雾
　　　　安全！幸有海军热情导航

(副)　香港同胞着陆后都说多亏了解放军

前一个叹号辅助文字，预示着事故出现的突然性和严重危险性，令人担忧和震惊；后一个叹号辅助文字，表达了化险为夷后的喜幸之情。

别了，0！

（1984年7月31日《中国青年报》）

在奥运会的奖牌记录册上，中国一直是"0"，这和我们这样一个大国太不相称了。在第23届奥运会开幕式后，射击运动员许海峰不负祖国和人民的期望，首创纪录，夺得了该届奥运会第一块金牌。标题之后的"！"，充分地表达了惊喜的赞美之情。

④可以用来表达与题文相悖的意思。如：

(主)　买排骨何其难！

(副)　七家菜场早市目睹记

买排骨本来并不是难事，而是那些搞不正之风、开后门的人弄难了的。

⑤可以用来具体而明确地问答社会公众十分关注的问题，这一般都是问句和感叹句的连用。如：

(肩)　九部门联合整顿汽车市场

(主)　车市八变五？
　　　　五月见分晓！

（2004年2月24日《北京日报》）

六成房屋出裂缝　风水被伤？
技术人员查根源　地质所致！

（1999年7月20日《人民日报·华东版》）

(肩)　特委会为美国搜集伊情报？

(主)　安南否认！美国否认！巴特勒否认！

（1999年1月8日《湖南日报》）

(主)　"袭击金融机构"？3年前旧情报！

(副)　美国所获"基地"袭美情报真相

（2004年8月4日《新民晚报》）

⑥可以用来对新闻事实加以特殊强调，以引起读者的特别关注。如：

（主）　天啊！有人滥伐天然林
（副）　四面山209亩长江防护林惨遭涂炭

（2000年9月6日《新华每日电讯》）

（肩）　中美科学家在我国24省市区抽样调查表明
（主）　防癌，必须注意您的膳食！
（副）　血中硒、维生素C、胡萝卜素含量高，好！血中总胆固醇、尿中亚硝胺含量高，吸烟与蛋白质摄入过高，糟！

（1986年8月16日《人民日报》）

（肩）　南坪交通调整试运行首日
（主）　堵！堵！堵！

（2004年9月1日《重庆日报》）

从上述例子可以看出，感叹号的强调作用，通常是用在着重提示对前句中某个部分或词语的强调、加重。

有时，它也可以用于对某种高尚的行为和精神的提示和赞美。例如，20世纪50年代至60年代，提倡、赞扬那种服从祖国的需要，不怕艰苦困难，自觉服从统一分配的高尚情操，就有过《站出来，让祖国挑选！》《到祖国最需要的地方去！》等，带有强烈感情的祈使句的标题。

2. 破折号在标题中的正确使用。常见的有这样三种：

①用来表示对上文的解释说明，借以使句子中的主要部分得以突出。如：

（肩）　搞活企业的着眼点放在哪里——
（主）　要盯住市场勿盯住市长

通过破折号把对肩题提出问题的回答，鲜明而醒目地突出起来，凸显在读者面前。

（肩）　这绝不是"危言耸听"——
（主）　白云山风景区有被"吃"掉的危险

主题对肩题中"危言耸听"的注释说明，破折号的使用对主题有突出的作用。

②用来表示意思的递进。如：

（肩）　草鞋——布鞋——皮鞋
（主）　宾玉生一家"时兴"起来了

标题的制作理念与艺术技巧

肩题中的两个破折号，表达了事物变化中的递进关系。

③用来把矛盾对立的事物或现象连接起来，形成尖锐的对比，让人一看就感到惊奇和诧异，留下鲜明的印象。如：

（肩）　一宗澳门歹徒主谋的离奇劫案

（主）　"被劫者"——抢劫者

④用来表示意思的转折。如：

一个小小取样器的诞生

——它同广州一位青年工人有着密切联系

这里的破折号表示后边是转到别处的话。它可以既是同一新闻中的两件事，也可以是同一事实的不同方面。

⑤用来表示文中前后词语的语意关系。如：

县委书记的榜样——焦裕禄

（1996年2月27日《人民日报》）

（主）　第一人造美女简历也是"人造"？

（副）　简历中频"跳级"——无据可查

- 十五岁上大学——无从考证
- 留学英国三年——存有疑点
- 珠宝硕士身份——难以确定

（2004年3月3日《齐鲁晚报》）

（主）　他有两个称号——作家和工程师

（副）　访程树榛

（1984年3月1日《文学报》）

（主）　勤——巧——俭

（副）　小学教师徐义拣旧利废制作低年级教具800多件

（1980年12月30日《光明日报》）

例一，破折号表示评论与被评论者之间结构关系；例二，副题中的四个破折号表示被评论对象与评论之间的结构关系；例三，表示承接性的解释性结构关系；例四，表示着三个同位词的连接关系，将三者紧密地联结在一起，使表意更为集中，让读者对新闻事实有个大概的了解。

3. 引号在标题中的正确使用。 常见的直接引用别人的话和书面上的话，或以新闻人物的话为题时，都要用引号标出来。这种情况用得比较多，但不难掌握。还有一种用法，是用来标出题中需要读者特别注意的词语。常见的有：

①用以标出题中意义突出的词语，以引起读者的注意。如前面提到的1982年2月27日《浙南日报》那则批评性标题，"买鱼难"三个字，不仅是肩题中的重点，也是全题立论的基础，所以用了引号加以突出。

②标出题中不照字面理解而另有含义的词语。如：

△ （主） 任你"香风"扑面 我有正气在身
　　（副） 大连港外轮服务队工人自觉遵守港订外轮作业纪律

△ 莫让化肥"肥"干部

以上题中，"香风"、"肥"这些词组和词，都不能照字面理解，必须加引号，以引起读者注意，引人联想，使标题有形有声，富有动感。

③用来标出反语中嘲讽的词语。如：

"神通广大"侯乐成为何如此嚣张？

题中的"神通广大"，指的是以权谋私、搞不正之风的人的所谓"本事"，是有嘲讽意味的反语，所以必须加引号。

④用来标出题中含有夸张性的比喻。比如，《羊城晚报》有过这样一则标题：

（肩） 事情，发生在阳江县供电部门
（主） 一次令人气愤的断电"大扫荡"
（副） 由于他们的无理行径，十多个大队农民冬种无水，照明无电

广东阳江县双捷公社许多大队被断电数月之久，生产遭受严重损失，农民生活陷入困境。他们恳求县供电部门发发"慈悲"，无济于事；副县长电令供电公司通电以抢救农作物，被置之不理，这真是令人愤慨的怪事。对这种"电霸"作风，以及由此给群众带来的灾难，比之为"大扫荡"，表达了对此坏作风的愤怒之情，也未尝不可。但这中间毕竟有夸张、渲染的成分，以加引号为宜。

⑤用来标出题中关联两重意思的字、词或词语。如：

毛主席含笑乘"东风"

题中带引号的字词都包含有两重意思：一明一暗，表面说明，目的在暗；以暗为主，说明为辅，明暗浑然一体。

此外，标题中的译音词、简称以及新的名词、术语，一般也得用引号标明。

4. 删节号在标题中的正确使用。主要有三种：

①表示对引文的省略。如：

（主）　不姓"羊"的娃娃

（副）　虹口区文化服务公司最近创作了一批具有民族特色的中国古典娃娃……

标题对这批不姓"羊"的娃娃都有哪些品种，没有交代。因为这不可能都一一列举出来，用省略号加以表示，足以引起读者联想到它的品种之多。

②表示语意未尽，意在言外。如：

△　战士失手打了连长……

△　听了战士的"牢骚话"之后……

删节号入标题，新鲜活泼。读者一看便会产生寻根究底的欲望，恨不得早知答案。

③用来表示情丰意深，语意难尽。如：

在我们美好的社会主义社会里……

这是篇赞颂人与人之间的新道德、新风尚的报道，省略号充分表达了在我们今天的社会里扑面而来的共产主义新风，有说不尽道不完的真情实感。

5. **冒号在标题中的正确使用**。标题讲究字少意丰，它的概括性很强，同时要把标题中最重要的词语凸显出来，这都少不了常常要借助于冒号的表现力。

冒号在标题中的应用，主要有这样三种：

①用来提起下文，以引起读者对下文的注意。如：

（肩）　安徽省的一桩奇闻

（主）　六点二公里铁路建成十年不通车

（副）　原因：着急的无权，有权的不急

　　　　结果：忙坏了汽车，闲坏了铁路

副题的两处冒号，都起到了引出下文、引起读者注意的双重作用。

②用来表示对前面的话的概括，目的在于加强对后面的话的注意。如：

（主）　如何解决农民文化"饥饿感"？

（副）　市委宣传部现场办公会议提出：市区文化建设应速向郊县辐射，确立城乡文化一体化观念，多为农村文化建设办实事

副题虽然长了一些，但提出的问题重要，有必要引起读者注意。

（肩）　商品搭配是一种不正之风
　　（主）　商业部规定：严禁

这则标题的肩题与主题是同一个句子的成分，"严禁"二字是对前面的话的概括，显得短促、有力，能促人联想；它展示了这类不正之风的严重性，以及必须立即纠正的严肃性和迫切性。

　　③冒号在标题中用得较多的是用来表示前边是总括，后面是分述，或引起后面的话。如：

　　广东健儿身手不凡
金牌：36
　　全运会上荣居榜首

冒号后面的话，具体表达了金牌的数目及与此有关的在全运会中的地位。

　　6. 括号在标题中的正确使用。总的说来括号在标题中的应用不多见，但有时因地制宜地灵活运用，却能收到突出新闻价值、解释新闻中某个要素的双重作用。

　　括号用于标题主要对题中某个词语起注释作用。括号中的内容一般与正文的文意是不连接的，但却又不可缺少。这种注释作用主要有两种：

　　一是用来补充说明题中某一词语或新闻要素。如：
　　（肩）　中共江西省委组成新领导班子
　　（主）　万绍芬（女）任省委书记
　　　　　　　　　　　　（1985年6月17日《新华日报》）

　　二是用来注释题中某一词语，以让读者明白它的含义。如《辽宁日报》：
　　（主）　用新方法奖励劳模
　　（副）　墙上挂一个（奖状），胸前戴一个（奖章），兜里揣一个（证书），天天看一个（报刊），县里留一个（照片）

　　显然，这则标题的副题，如果没有几个括号的注释，是不能成立的，至少不可能有这么简明、工整。

　　一般地说，标题中使用的括号都是用来注释或说明句中某一词语或某一成分的，称之为"句内括号"。这类括号的放置位置，应紧贴在被注释部分的后面，如果正文在这里该用标点，则其标点也要放在括号之后，像《辽宁日报》那则题的情况就属于此。

标题的制作理念与艺术技巧

至于对全句的注释或补充的句外括号，在标题中很少见到。如果非用不可时，它的放置位置不同于句内括号，要放在全句之后，句末的标点之前。

7. 问号在标题中的正确使用。 问号，在标题中也是常用的。一般使用反问句、设问句和选择关系的问句做题时，都得使用问号。前两者已在有关章节讲过了，在此就不深谈了。对于选择关系的问句要注意使用问号，也比较好掌握。如：

（主）　山西读者千里来信说上海

（副）　是表扬？是批评？细品其中味

句中的问号多为连用，与其他问句略有不同。

近年来，问号还有一个新的用法，即表明编者对新闻事实本身所持的态度。如：

（肩）　埋藏地下八百余年

（主）　南京挖出秦桧墓？

（2004年2月4日《北京日报》）

大奸臣秦桧曾以"莫须有"的罪名害死抗金名将岳飞而换来万世唾骂，然而这个大奸臣死后葬于何地却一直是个谜。近日，在位于江宁区的建筑工地，突然发现一座高规格的南京贵族墓——该古墓占地40多平方米，通身由烧制工整、坚硬的厚青砖砌成，每块砖上均刻有南宋年号铭文"大宋绍兴二十五年"，即公元1155年，正是秦桧去世的年份，据有关人士推测，此墓极有可能就是奸臣秦桧之墓。

可能并非一定就是事实，故编者在题末打上了一个问号，供读者去思考。

（肩）　英国《星期日快报》披露："基地"50多名"骨干分子"被围困在巴阿边境方圆16公里山区内动弹不得

（主）　拉登成了"瓮中鳖"？

（2004年2月23日《北京日报》）

拉登即将或者已经被捉的消息，在国际上传得沸沸扬扬，中国媒体不报恐怕不行。报吧，这是"二手新闻"，自己又无法也无力去查证，于是《北京日报》便在新闻事实的（即主题的）后面加上一个比标题字号还大的问号，提示读者对此要慎重看待。

后来的事实证明，是谣传不是新闻。

应该说，新闻既然是"新近发生的事实的报道"，那么新闻的发布者向受众传播的理应是已经发生的事件和事实，传递确定无疑的真实信息，而不是去传播那些未经验证的传闻，这是新闻真实性的要求，也是职业道德的要求。

早在两千多年前，孔丘就有一句简洁而响亮的格言："道听而途说，德之弃也！"意思是说，走在路上听到什么传闻，还未及验证，就一路上参与扩大传播。既然没有一点社会责任心，那么所传播的，十之八九是谣言！这当然会被有德之士所唾弃。

可当今，有的新闻从业者却不以为然。他们热衷于将种种传闻，根本就不想去验证它，只要在标题上直接打上了问号，先把耸人听闻的内容兜出来，吸引人们的眼球再说，至于内容是否属实，后边有一个问号，信不信由你，新闻提供者根本没有义务为你确认新闻的真实性。对此，有人不以为耻，反而以此为荣地声称：问号新闻，这是新闻品种的创新！？这是不可取的。

8. 逗号在标题中的正确使用。从上述分析中，可以看出，标点符号确实是包括新闻标题在内的现代书面语言中的辅助文字，记录语言、表达语言和感情不可缺少的组成部分。从修辞角度来看，某些点号和一些表示情貌的标号同句式的选择和调整更有着密切的修辞关系。有些标题的句式，单从结构上或停顿上看都不必用标点，可是由于采取不同一般的用法，就可以收到积极的修辞效果；有些标题语句结构，在某种情况下，允许作者选用不同的标点，并不影响意义的表达，却可收到不同的修辞效果。比如最常用的点号——逗号，根据语境的需要，恰当地改变其常规用法，便可收到加强语势、突出重点、强调感情、增强语言表达力的特殊修辞效果，如：

（主）　英雄，不该被遗忘！
（副）　福鼎制药厂"3·9"特大火灾追访记

（1994年11月1日《福建经济报》）

主谓之间是不用逗号的，这是常规用法。这则标题的主题在主谓之间用了逗号，是非常规的变例。变例有的是出于主语太长，需要用逗号停顿一下；有的是出于结构上的要求，不用逗号，层次不清楚，如主谓词组作谓语。这则标题选用了逗号，则是为了突出主语的修辞要求。借以唤起读者注意和深思——不该忘记对抢救国家财产而英勇献身的人们。

标题的制作理念与艺术技巧

逗号断开主谓强调主语，还有一种修辞效果，就是表达浓郁的感情。如：

咱，天山的兵

（1995年9月30日《中国青年报》）

一个逗号将主谓断开，使之充满亲切与自豪的浓郁感情。但句子是判断句的变例，逗号的作用是改变句子的形式，达到突出主语、强调感情色彩的目的。如果不用逗号，就得在逗号的位置使用判断词"是"，否则就不成句。

逗号断开主谓，还可以强调谓语。如：

哲学，与冷漠无缘

（1995年10月24日《深圳特区报》）

在有些人眼里，哲学是冷漠死板的。其实，真理是由无穷多个闪闪发亮的侧面组成，真正的哲学也应该是五彩缤纷，不拘一格的。标题断开主语，正是强调这一颇有针对性的思想意义。

逗号的第二个修辞作用是对比。它可以构成结构匀称、对仗，使语句整齐和谐，两两对比，加强表达效果。如：

（肩）　国务院参事室座谈廖承志的信劝勉蒋经国
（主）　统一，为人民所歌颂

　　　　分裂，为人民所贬斥

在形式上，两个单句的结构相同，节奏相同，是形成匀称的对仗，具有整齐和谐的形式美。这既是形式上的对比，也是内容上的对比。

逗号再一个用法，就是在变例句中的变例部分与原句之间必须加入逗号，其作用一是区分，二是凸显特殊的修辞效果。如：

（主）　神了，昆虫竟能吃塑料
（副）　西安一女生希望利用这一发现治理白色污染

（2004年2月3日《北京日报》）

（肩）　人们对拍卖往往有"公开、公平、公正"的印象
（主）　拍卖，教我如何相信你

（2004年6月16日《新民晚报》）

走好，绿汀

（1987年8月27日《长沙晚报》）

例一与例三为倒装句，例三为呼告句，变例部分与原句中间，均加进了逗号。

有时还有形成对称的需要。如：

美哉，小杜丽！

壮哉，王义夫！

（2004年8月17日《新华每日电讯》）

22岁的射击运动员杜丽，首次参加奥运会，在第28届奥运会上，首日枪挑首金，可谓美矣！44岁的射击运动员王义夫，6次参加奥运会，体弱多病，顽强拼搏，终圆金牌梦，可谓壮矣！

第五章　标题的辞格艺术

新闻标题要做到准确鲜明，形象生动，对受众有吸引力，就要讲究修辞。所谓修辞，是指对文章的用词、造句以及谋篇布局的斟酌和推敲。它是研究用语言文字表达思想感情，研究如何修饰语句，把话讲得更准确、鲜明、生动的一种技巧。

对于讲究凝练、完美、准确的新闻标题来说，注意修辞，是十分重要的。

在我们这个时代，对新闻标题的制作，已不能仅仅满足于在政治上、事实上和文字上的准确无误，而必须有更高的要求，即要在上述基础上追求标题内容的新颖、生动、醒目，形式的活泼、多样、有文采，只有这样才能吸引读者，赢得读者。要做到这一点也不能不讲究修辞。汉语的修辞方式非常丰富，下面仅就常见的修辞格在标题制作中的应用技巧，作些简略的分析。

第一节　形象类辞格

这类辞格大体上包括有：比喻、比拟、移就、借代、衬托、摹拟、示现、象征等八种。

形象具体——话"比喻"

比喻，就是人们常说的打比方。即运用通俗易懂的具体事物，去说明或描写某些抽象、生疏的事理，使要表现或说明的事物更加清晰、形象、生动，使要讲的道理更明了，更易为人们所理解的修辞方式。打比方是新

标题的制作理念与艺术技巧

闻标题形象化、字少意丰地传递信息的重要手段之一。它可以变抽象为具体，变平淡为生动，化艰深为浅显，能引起人们的联想，扩展信息的含量，增强标题的感染力、说服力。

为文著述，大众传播，比喻的使用最为普遍。在我国最早的一部诗歌总集《诗经》的305篇作品中，就有290篇用了"比"的手法。

800多年前，我国修辞学史上诞生的一部重要专著《文则》里说："文之作也，可无喻乎？"作家秦牧也说过："美妙的比喻简直像一朵色彩瑰丽的花。"新闻标题要做得短而醒目，匠心独运地运用被称为"艺术中的艺术"的比喻辞格，确实是重要手段之一。

比喻包括三个部分：被比喻的事物（通称"本体"），用作比喻的事物（通称"喻体"），以及连接本体和喻体的比喻词（像、好像、似、好似、如、如同、比、好比、人称、像……似的、跟……一样，等等），由于本体和喻体的关系和比喻词的隐现的不同，比喻又可以分为四种类型。

1. 明喻。是直接明显的比喻，其特点是，句子中本体与喻体都同时出现，并且常用比喻词来表明它们之间的关系，其结构形式是"甲像乙"。

私盐，如瘟疫袭来

（1993年11月2日《中国经营报》）

由于私盐泛滥，国家应收的盐税1/5流失；近五年来，全国发生伪劣盐中毒事故56起，1万多人致病，47人死亡。更有甚者，由于大量非碘盐涌入市场，使得一度得以基本控制的碘缺乏病发病率又开始大幅度回升，1992年病区乡已上升为26854个。这些触目惊心的事实，如果全都写进标题显然不行，把它比之为"瘟疫"却是非常贴切的，让人们一看就能明白私盐危害之广、之烈。

在第14届世界杯足球赛上曾大出风头的喀麦隆球员罗杰·米拉，又神奇般地入选喀麦隆国家队，准备参加1994年6月在美国举行的世界杯足球赛。对此已在非洲成了一大新闻，因为米拉已经42岁，但他那矫健的身手、娴熟的技术以及体能、有效和快捷的反应，常令对手生畏，因而人们赞誉他为足球场上不老的"球童"。《人民日报》在发表这条消息时，题为：

"球童"——米拉

（1994年5月13日《人民日报》）

这则标题虽未见比喻词，但本体与喻体修饰、比喻关系明确，也属明比中的一种，它的使用频率也较高。

在新闻标题的句子中，比喻可以或充当谓语，如前题；或充当定语，如后题。还有用作充当状语、补语和复句中的分句的，应视需要灵活运用。这样，本体可在前，如前题；也可放后，如后题。

2. 隐喻。即暗中设喻，它的特点是，在句子中虽说本体和喻体也同时出现，但无比喻词，比例关系隐在其中，其结构形式是"甲是乙"。连接本体和喻体的常用系词："是"、"算"、"叫"、"成为"、"成了"、"变成"等等。从表面看，好似直言断论，是明确的判断，实际从内容上看仍然是一种比喻关系。

食品库成了老鼠的天堂　霉变香肠竟然还削价出售
（1985年6月2日《四川日报》）

安徽可建设成为"华东的鲁尔"
（1983年10月4日《解放日报》）

判断式的暗喻也有连系词都不用的，本体和喻体之间用逗号或破折号。本体也可前可后。如：

活着的黄继光——杨朝芬
（1979年2月23日《解放军报》）

3. 借喻。即借别的事物来打比方，它的特点是，本体和比喻词都不在句子中出现，直接用喻体来代替本体，即把喻体直接放在本体应该出现的地方，其结构形式是：乙代替甲。

（主）　巧匠手下无顽石
（副）　武汉市政公司四施工队党支部教育后进青年信心足，决心大
（1980年7月17日《湖北日报》）

踢了十三年的"皮球"进了门
（1979年7月17日《解放军报》）

中国改革的"渡江战役"
（1994年1月21日《中国物资报》）

前题结合行业特点来借喻，以"巧匠"比喻善做思想政治工作的干部，以"顽石"借喻思想问题积存较深的年轻同志；中题以踢"皮球"比喻扯皮推诿的作风，用球"进了门"比喻这种坏作风得到了克服和纠正；后题以"渡江战役"比喻1994年对于正在实施的"整体推进，重点突破"战略具有攻坚与举足轻重的作用，真可谓巧比妙联，给人以生动贴切的美

感和语意双关的启迪。

4. 引喻。即引用一事物来比喻另一事物,不用比喻词,只把喻体和本体都引出来。其基本形式为"引乙喻甲"。一般本体和喻体都是短句,常用平行句式,也有是"肩—主"或"主—副"构成式的单句。如

（主）　请"南郭先生"让位
（副）　大定堡乡辞退13名不合格教师

（1988年8月6日《锦州日报》）

比喻要运用得好、用得巧,首要的一点就是比方要打得像,即用做比喻的事物与被比喻的事物,必须在形态、特征、性状上有某种明显的相似之处,但又必须是不同类,本质是不同的;而两者相似之处又不可太多,多了容易造成含糊不清的混乱。其次,喻体和本体,必须是好好、坏坏、是是、非非的两两相对,切不可好坏、美丑相互混对混比。再次,比喻要准确而精细地调配喻体,切忌冷僻、古怪;要就近取喻,选用群众熟悉的事物作比,使读者感到明畅、亲切、通俗易解。再有,比喻要新颖,最忌落套,即模仿和陈陈相因。诗人艾青说过:"不要把人家已经抛撇了的破鞋子,拖在自己的脚上走路;不要让那些在他看做垃圾而你却视为至宝的人来怜恤你,你要做一个勇于探求的——向荒僻些的地方走,多多耕耘,多多采集。"

人物交融——话"比拟"

比拟,即是借助巧取妙联,或"移情于物",把要表述的物当做人来描写;或"移物性于人",把人当做物来描写;或者把此事物当做彼事物来描写等的修辞方式。它可以使标题语言形象生动,别致有趣;可以即兴抒发感情,增强感染力。它还可以唤起人们的联想,甚至增添幽默、嘲讽意味,使标题更加鲜明、引人。

比拟与比喻一样也是一种使用比较普遍的修辞格,而且两者又常常有密不可分的联系。一般地说,比拟修辞格实际上都包含"先喻"和"后拟"两个部分,不过只是在表达的时候将比喻的部分隐去了。如:

吴吉昌像久困在笼中的鸟,一旦获得解放,他就要立即展翅高飞了。

（引自《为了周总理的嘱托——记农民科学家吴吉昌》）

这句话是比喻与比拟的连用。句首为比喻,句末的"展翅高飞"为比拟中的拟物。如果我们将句中的比喻部分省去,即可变为:

吴吉昌一旦获得解放，他就要立即展翅高飞了

这就是纯粹的比拟句了，而且原有语义没有变化。在新闻标题中，比喻与比拟连用较少，一般的比拟辞格，都是隐去了比喻的部分。当然，也有个别连用的，比如：

（肩）　走出深闺有人识
（主）　"阿美"远嫁日本

（1994年7月20日《长春日报》）

长春市家用化学品厂生产的阿美人参膏、阿美洗面奶等4个品种已远销日本，并成为日本市场上的抢手货。此题中的肩题使用了暗喻的辞格，将"阿美"比为深闺中的"闺秀"，主标中的"远嫁日本"为比拟中的拟人。如将题中比喻部分省去，亦可独立成题，但气氛与情趣没有现在这样浓郁。

一般地说，凡是比喻同比拟接连使用的标题，如果字面上省去比喻部分就是比拟；如果字面上没省去的，就是比喻，如：

（主）　泸州大虫　专食考生
（副）　四川破获建国以来全国最大招生受贿案，案犯石仁富被判死刑

（1994年5月10日《羊城晚报》）

主标，先喻——把石仁富比喻似为害一方的大虫，借喻；后拟——专吃考生，拟物。喻与拟两个部分同时出现，此题应归为比喻句。

比拟修辞格，可分为拟人与拟物两种。

1. 拟人。即把物拟作人，也就是把物当做人来描述，使这些描写对象看起来好像被赋予了人的感情、动作、状态和语言，借以深化感情，增强感染力和意境的美。如：

（主）　城市何日能"笑傲江湖"？
（副）　从国情看城市防洪

（1994年7月23日《经济参考》）

如果说，人类捍卫自己的文明，应该像保护自己的眼睛那样，那么，对于保护文明结晶的城市，我们就应竭尽全力——扎扎实实地建设好城市的防洪体系，让其起着"笑傲江湖"的功效。此处即把人的情态赋予物。

（主）　"九星会聚"已散　地球安然无恙
（副）　世界各地探测结果再次否定有关引起地球灾变的预言

（1982年3月13日《新华日报》）

把无生命的星球，拟为具有人的动态："会聚"、"安然无恙"。

（肩）　"金鸡"第五次啼晓

（主）　《红衣少女》捧走最佳故事片奖

（1985年3月10日《羊城晚报》）

"捧走"，是用来描述人的，这里用来描述影片。

2. 拟物。即赋人以事物形象的描述。即是用物的特性来表现人的特性，大多含贬义，或表现憎恶的感情。如：

（主）　见肉吃肉　见酒喝酒　个个"狮子大张口"

（副）　四名村干部上任一年多吃喝万余元

（1984年9月2日《开封日报》）

主标运用拟物的修辞方法，活画出了那些"吃公款没够"的干部的丑态。

也有用于赞美的，如：

飞来的闺女

（1981年11月11日《人民日报》）

新闻说的是一位姑娘从千里之外，自愿上门给三个孤寡老人当闺女。一个拟物的"飞"字，显得新颖、有力，饱含赞美之情。

有时也可把此物当做彼物来描述。这种表现手法往往能寓情于形象之中，能促人联想，耐人寻味。如：

（肩）　在去年自行车行业评比中荣获全国第一

（主）　"飞鸽"展翅力争再上一重天

（副）　天津自行车厂围绕十三个薄弱环节组成十九个攻关小组，"凤凰"提出夺回"皇位"，一场新的友谊赛正在开展

（1981年3月21日《天津日报》）

这则标题，直接把"飞鸽"牌自行车当做"飞鸽"这种鸟来描写，以"飞鸽展翅"这一生动形象赞美了天津自行车厂不满足于以往成绩的奋进精神。

比拟辞格的运用应注意：

①运用比拟是作者感情的流露，因而也只有对所描述的客观事物具有真情实感才会收到好的效果。②使用比拟并不是随便把"人"比作"物"或把"物"比作"人"就算了事。比拟的"人"或"物"在性格、情态、动作等方面应该有相似或相近之点。只有这样才可能把"物"写得具有

"人性"，像真正的人一般；把"人"写得具有"物性"，像真正的物一样。

由上述分析可以看出，比拟与比喻这两种修辞格的区别是明显的：比喻要求本体和喻体之间要有相似点，用喻体说明本体事物，其特点在"喻"、在"打比方"，即以一种事物的某种特征，比方晓谕另一种事物的特征。而比拟修辞格，却不是简单的类化，而是把物当做人来写，或把人当做物来写，或把此事物当做彼事物来写。它不像比喻那样要求两者要有相似点，也不是为了作比较说明，其特点在"拟"，即把适用于人的动词或形容词移用于物；或者相反而用，借以深化感情，产生别致的异趣。

活脱生动——话"移就"

移就，即故意将属于描写甲事物的行为、动作或性状的词语移于乙事物的修辞方式。移就可以使标题俏皮活脱、幽默风趣、字少意丰、引人联想，并富有立体感，增加语言的表达效果。

从移就辞格常见形式上看，有这样几种类型：

1. 最多的是把形容人的修饰语移用于物。 如：《为边陲人民开出幸福泉》，即把用于修饰人的"幸福"一词，移用修饰"泉水"。再如：

（主） 尊师重教　红烛情深

（副） 华侨城载歌载舞欢迎百名优秀教师

（1995年9月3日《深圳特区报》）

"红烛"，即为"燃烧自己，照亮他人"的辛勤劳作、无私奉献的精神，用它来修饰"情"，无须注释，便可展现出教师于社会之情的本质含义。从而也就表达了作者对教师的劳动、教师的职业的崇高评价，整则题结构紧凑，语言凝练。

2. 将适用于物的修饰语移用于人。 这虽少见但也有，如：《不要绿了禾苗荒了人苗》，题中"荒"本来是用于修饰"禾苗"的，现移用于"人苗"。再如：

（主） 楚雄火把节"烧"了京城大画家

（副） 韩美林边疆动粗，舆论界为之哗然

（1995年9月5日《深圳特区报》）

这则新闻报道的是，著名画家、雕塑家韩美林因接待问题与云南楚雄

标题的制作理念与艺术技巧

市政府官员发生"流血冲突"一事。主题中"烧"本是适用于修饰物,现移用于人。

3. 把本来适用于具体事物的量词移用于抽象事物;或把本来适用于名词的量词移用于动词或形容词。如:《顾客对我一片情,我还顾客一颗心》(1989年11月17日《文汇报》),题中量词"一片"、"一颗",都是用于修饰具体事物的量词,现移用来修饰抽象的名词"情"、"心"。

从移就辞格句子结构上看,被移用的词语主要是充当句子中的修饰成分的定语或状语。这是移就辞格最常见的句法结构形式。但移用的词语充当谓语也有所见。如:

(肩) 炎夏酷暑"趁季"斩客
(主) 一批黑心冷饮店受查处

(1995年8月18日《文汇报》)

1995年高温酷暑季节,上海一些冷饮店高举斩刀,擅自大幅度提高价格,坑害消费者。标题的作者不用"宰客"的正常搭配,而移用了动词"斩",足见其宰人之狠!

从移就辞格表达方式上看,移就主要是把具有人的思想观念的词语移到其他物体上面,这是移就辞格的主流。但也有把原用于甲物体的词语,移属到乙物体上来的。如:

(主) 营造小环境　走上腾飞路
(副) 论上海住总集团企业改革的三大步

(1995年8月27日《文汇报》)

"腾飞"一般都用来形容经济、科技和社会生活的发展,这里被移用来修饰企业所走过的道路。

从移就辞格的构成要素看,移属的词大多数是形容词。但也有移用动词、词组或名词作修饰语的。如:

(肩) 不干人事　赶出人世
(主) 五恶人上午被枪毙

(1994年1月28日《深圳晚报》)

肩题中的"人事",即是以名词"人"作修饰语。"不干人事",其意深刻,引人联想。

在移就辞格中,由于充当移就的语言成分大都限于表达人的情态,这就跟比拟中的拟人有些相似了。但两者毕竟是有差别的,最突出的是:移就是注情于物，而物不变，仅借以情物相融地表现人的思想感情；拟人则是把事物当人来描写，使物人格化，即物变"人"。同时，在句子中，移就关联的两者间，只是修饰限定的关系，它重在比拟，是为刻画和表现人的思想感情服务的；拟人则是用描写人的情态的词语去刻画被描写对象，使之具有人一样的音容笑貌、言谈举止，两者间大多数是主谓关系。

换个名称——话"借代"

借代，即不直接说出要表达的人和事物的名称，只是借用被人们所熟知与本体事物有着内部或外部紧密联系的特征或属性来代替它，使标题趋于具体实在、形象生动，借以收到活泼引人、简练含蓄、幽默含情的修辞方式。

借代，是由本体与借体两部分组成，只是运用时借体出现而本体不出现，因而借体一定要具有明显的代表性，让人一看就明白。常见的有这样几种：

1. 借形象特征来代替本体。 如：

脖子上挂钥匙的孩子吃饭问题解决了

（1978年7月7日《人民日报》）

"脖子上挂钥匙的孩子"指的是双职工的子女。这是以特征来代替本体。

（主）　长安田头出现"招手停"
（副）　农机劳务服务队在秋播中发挥作用

（1990年10月11日《陕西日报》）

"招手停"借指活跃在关中原野上的农机流动劳务服务队。

2. 以人物的某一生理或职业特征代替具体的人与事。 如：

南屏访"杨天白"

（1994年7月14日《羊城晚报》）

"杨天白"即指在电影《菊豆》中扮演杨天白的小朋友张毅。

3. 以卓著成就代替本名。 如：

（主）　"体操王子"回"娘家"
（副）　慷慨资助体坛后来人

（1994年6月16日《人民日报》）

"体操王子"即昔日的著名体操运动员李宁。

4. 以具体事物代替抽象事物。 如：

（主）　共产党人决不能当"老好人"

（副）　《人民日报》评论员为"老好人"画了脸谱。强调指出：不杜绝"老好人"作风，整党就搞不好。期望沾染了这种不良作风的好人振作革命精神，成为有党性的骁勇的战士

（1983年12月11日《羊城晚报》）

这里，用"老好人"这个人们比较熟悉的具体形象，来代替党内少数人存在的一种不良作风：处世圆滑，明哲保身；以不得罪人为原则，对上下左右很讲究"关系学"；甚至面对着严重危害党和人民利益的人和事，也不敢挺身而出。

5. 以特称代替本体。 如《羊城晚报》有则标题：

（肩）　昨天，司徒汉、顾葆瑜夫妇到广东少管所

（主）　用美好歌声唤起失足者心灵的觉醒

这里的"失足者"是近几年来，用以专指犯有过失、触犯刑律的青少年的特称。

6. 以诨名代替本名。 如：

（主）　"北极熊"疯了　"非洲狮"蒙了

（副）　世界杯五十二战之三十一

（1994年6月30日《人民日报》）

6月28日俄罗斯队以6：1大胜喀麦隆队，将对手淘汰。"北极熊"与"非洲狮"分别借指这两个队。

7. 以事物的处所代替原名。 如：

（主）　巴黎冷眼教训华盛顿

（副）　巴拿马事件后果严重，美权威将遭更大打击

（1964年1月15日《人民日报》）

主标用法国与美国各自的首都来代指这两个国家。

8. 以专名代替通名。 如：

我们需要千千万万个陈秀云

（1984年3月6日《人民日报》）

陈秀云，是哈尔滨市整流设备厂的党支部书记。有人称赞她是"伯乐"，是"人梯"，是"有胆识骏马，无畏护良才"的优秀共产党人。这则标题，使用借代手法，用专名来指代善于识别人才、重用人才的优秀领

导者。

以上讲的是运用借代辞格的一些手法,如把这些手法概括起来就是:运用借代的前提,必须正确地分析和认识代体和本体的内部或外部的紧密联系,弄清这种内部或外部的紧密联系,是恰当地选择代体使借代辞格得以产生的前提条件。也正是如此,借代辞格一般可分为两大类:一类是对代,即代体与本体存在的前提取决于事物内部的紧密关系,如"局部与整体"、"原因与结果"、"特殊性与普遍性"的矛盾关系等;另一类是旁代,即代体与本体有外部的紧密联系,如时空、地理条件关系,等等。如以具体时间代替所发生的重要事件,以产品的产地代替物品名称,便是因为该事件同发生的时间、该物品同产地有外部的时间或地理条件的关系。为此,我们要正确地选择代体、运用借代,就必须正确地认识并利用事物的这种内部或外部的紧密联系。

借代的主要目的在于突出某一事物的具体特征,把作者的爱憎好恶的感情表现出来。这就像文学作品中的人物绰号的使用,有些借代是含有讽刺、幽默、甚至是贬义的。使用时要注意对象、场合和时机,不可随意拿来就用。特别是用人物形体特征代替本体时,要注意思想性,对于应当尊敬的对象,不宜使用。如果借代事物与被借代的事物之间的联系不易为人们所熟知,应在题中有所提示。

烘云托月——话"衬托"

衬托,即为了突出主体事物,特意用与之相似、相关或者相反的事物作陪衬的修辞方式。这种修辞格古人曾称之为"取影",意思是通过描写事物的影子来显示事物本身。

衬托是由两个部分组成。一部分是被衬托的,是主,叫做本体;一部分是衬托的,是从,叫做衬体。衬体是为本体服务的。由于衬体与本体的关系不同,衬托又可分为两大类:正衬和反衬。

1. **正衬**,亦称旁衬——衬体与本体的思想感情、色彩、气氛、情调,是相一致的。即好的衬好的,坏的衬坏的,喜的衬喜的,悲的衬悲的。如:

滦河水质胜过京沪　天津居民待品甘泉

(1983年8月26日《工人日报》)

过去,天津市民长期喝苦咸水,引滦工程能否完全结束这种状况呢?

标题的制作理念与艺术技巧

消息根据天津市自来水公司的化验结果,说明滦河水水质比北京、上海等城市的水质还好。于是标题的制作者便巧妙地以京沪水质作衬体,鲜明地突出了本体,圆满而简洁地回答了天津人民十分关心的问题。

再如,1979年《解放军报》评选出的一篇好新闻的标题为《直升飞机代替了马拉爬犁》,就用了"马拉爬犁"来衬托"直升飞机",借以鲜明地说明我国新疆北部的边防建设迈入了新的进程。

2. 反衬——衬体所表达的情景、思想、气氛、情调,与本体恰好相反或相对。如:

不忘历史耻辱　牢记战士责任

（1990年6月5日《解放军报》）

衬体与本体是两个相反的事物,借以说明人民军队的责任重大。

（肩）　喀布尔漫天大雪　首相府气氛热烈
（主）　阿首相欢宴周总理

（1957年1月22日《文汇报》）

肩题用"漫天大雪"的寒冷天气来映衬宴会的热烈气氛,巧妙自然地表现了主人待客的热忱。

在表述或揭示事物的某一方面的特征的时候,引出事物本身另一方面截然相反的特征进行衬托,这也是一种反衬手法。如:

（主）　救了三条命　丢了一头牛
（副）　记司法助理员王吉祥

（1984年5月2日《文汇报》）

王吉祥奋不顾身、公而忘私地救人性命,自己却丢了一头牛。用丢了一头牛来衬托王吉祥救人性命无私无畏的高尚品德。

满腹知识　问道于人前程如何
胸无点墨　财从口来运气不错

（1988年12月23日《人民日报》）

如前所述,这条消息讲的是当时我国社会生活中存在着一个怪现象:一些心理失去平衡的知识分子,其中绝大多数是大学生,为了能暂时得到精神上的寄托,而去"问命"于目不识丁的算命先生。标题以"胸无点墨"来衬托"满腹知识",更显得这件事的荒唐、可笑以及应当加强教育引导的迫切性。

在新闻标题中运用这种修辞格时应注意:①衬托手法是来源于现实生

活的，什么事物衬托什么事物由新闻事实及所表达的思想内容来决定，不能凭空臆造。②对衬托素材的选取，必须经过反复观察、分析、提炼，要体现与被衬体有本质上的联系。这样，本体与衬体的关系才能协调、贴切，达到预期的目的。③对反衬的运用要讲分寸，特别是在用后进衬托先进的时候，不要贬低一方，抬高另一方。④要着眼于突出主体事物，做到主宾分明，不能喧宾夺主。

声情并茂——话"摹拟"

摹拟，即把事物的声音、颜色和形状如实地描摹下来，以求真实地表现事物的特点，渲染气氛，使人如闻其声、如见其人、如临其境的修辞方式。它能使标题富有动感、视觉感，并进而引人联想。

摹拟可分为摹声、摹色和摹形三种类型。

1. 摹声——借助象声词把听到的声音如实地记录下来。如：

（肩）　轰隆隆一声　孤零零一块
（主）　合抱巨冰从天降

（1983年4月13日《文汇报》）

这则标题是声音描摹，属于摹声。它的特点是使用发音相同的或相类似的象声词语来描摹所要表现的声响，给人以如闻其声的快感。

摹声不仅可以用词语表达，还可以借用标点符号来加强其表达效果。如：为表示同样音节的延续，可用删节号；为表示声调的延长，可用破折号；为表示声调的短促，可以用顿号或叹号，如《嘎嘎！湖南育出樱桃鸭》（1985年3月22日《长江日报》）。当然，标点和符号要同文字结合起来使用，才会有表达效果。

2. 摹色——借助于视觉，对客观事物的各种色彩进行描摹。运用摹色法去写景写人，都贯穿着作者强烈的感情色彩。这就像自然景色可以影响人的感情，人的情感也可以给自然景色带上思想色彩。如：

绿了章古台　白了少年头

（1983年11月16日《辽宁日报》）

这则题运用摹色手法表现主人公年复一年地无私奉献的高尚品德。摹色的特点是常用表示色彩或表现明暗度的形容词或相关的词语，来描绘事物的颜色及光亮度，以唤起读者的色觉经验，从而引起联想，给人以鲜明的印象。客观事物纷纭复杂、丰富多彩，不同的物体具有不同的色彩。宇宙之大，有数不尽的事物，就有数不完的色彩。如果要把客观事物的情况如实地反映出来，给受众以寓意深邃的联想，在标题制作中，就要像画家用心地调配各种各样的颜色，借助于直观的色彩把客观事物鲜明的形象再现于画面那样，要借助于色彩的精心调配，寓意于色，以取得概事达意的最佳效果。

3. 摹形——借助于视觉对物体的形状、情状做如实的描摹。在书面语言里常有一些表示一定概念的图形，人们可以看图会意，掌握这个概念。它虽然没有公认的读音，但意义一望便知；它虽然不是文字，也不是词语，却是句子的有机组成部分。比如，有段时间，一些崇尚拜金主义，"一切向钱看"，认为"有钱就有劲"，没钱，磨破嘴皮也"没劲"。对此，《人民铁道》报发表一篇文章，题为《"钱劲"≠前进》，便属此类。

在新闻标题中使用摹形法多是用字顶图，这也是一种常见的摹形。如：

人面不知何处去　夜半大门八字开

（1984年1月20日《文汇报》）

这是一则批评报道的标题。用"八"字描摹这家点心店工场大门敞开，空无一人的情景。这种摹形，生动恰当。

在新闻标题的制作中恰当地运用摹拟辞格，不仅可以用来摹声、摹色、摹形，还可以用来凸显嗅觉、味觉和触觉形象。

运用摹拟辞格，可以增强标题的形象性和真实感，又有助于渲染气氛。但运用时应注意：①运用摹声必须注意为表达内容服务。不考虑内容的需要，只顾一味追求形象生动，为摹拟而摹拟，这必须反对。②注意适用的范围。有些象声词适用的范围比较广，也有些象声词，哪个词表示哪种声音比较固定，如"琅琅"表示读书声，"扑哧"表示笑声，"哞""咩""咪""汪汪"，分别表示牛、羊、猫、狗的叫声，不能张冠李戴。③表示同一种声音的象声词往往有许多不同的书写形式，应该从中选择较为通行的。

如见如闻——话"示现"

示现，即通过记忆或间接知识以及自己的想象力，故意把事实上未闻未见的事物描绘得历历在目的修辞方式。这是一种超客观情况、超时空的非常辞格。运用这种辞格，标题的制作者以自己已有生活为根据的想象纵横驰骋，抒怀情感，使之格外生动引人。如：

（肩）　人体能源能烧水　人体能源能发电
（主）　体能新利用

（1994年9月13日《河南日报》）

　　这则题的肩题运用了示现辞格。随着社会的不断发展和进步，能源问题越来越突出。国外一些科学家开始把目光转向人体能源的开发上。所谓人体能源，即人体散发的能量，主要表现为热能和机械能，如运动时大量发热，行走时体重压路面等人体作用于周围环境产生的能量。人体能同太阳能、风能一样是廉价的，取之不尽，又没有污染。当然，这仅是想象的事，仅是预言。但标题却把它摆在我们面前了，可谁也不会感觉这是幻想，因为它虽在"现实"之外，却又在"情理"之中，是合乎客观事物发展规律的预言，因而它自然能给人以知识。

　　根据示现构成的方式，可以分为三种：

　　1. **追求示现**——凭借自己的记忆，把过去出现的事，描写得惟妙惟肖。可以是自己亲身经历过的事，也可以是听来的传说、书本上看到过的故事，如：

　　　　百里湖面白帆点点　千船万具捕捞忙

（1980年5月22日《新华日报》）

　　标题的制作者凭着自己的生活积累以及由点至面的想象，把百里洪泽湖渔民的生产场面和劳动场面生动形象地展示在读者眼前。

（主）　孙悟空见了也动心
（副）　乳源发现十四种猕猴桃

（1983年1月13日《羊城晚报》）

　　标题的制作者运用示现辞格，凭借想象将孙悟空请出来，并说他也对广东乳源县的猕猴桃"动心"了，可见这种桃子质量之高！

　　2. **预言示现**——把未来的事物描写得像出现在眼前似的。预言的东西是谁也没看见过的，但是由于它是合乎事物发展规律的，所以不会使人不相信。如：

（肩）　生前一心为民　死后风范长存
（主）　老支书张天文"悄悄"走了……

（1994年9月5日《河南日报》）

　　大岗李乡户岗村原党支部书记张天文，30多个春秋一心为民，廉洁自律，在临终前嘱咐子女："我死后，先不要告诉村党支部和村委，把我火化后，把骨灰撒在黄河两岸，不要花村里一分钱，不要占村里一分地。"张天文去世后，等村里、乡里知道时，他的子女已把丧事办完。这则题的肩题后句，运用了预言示现的手法，让人读过感到既是将要发生的事，又是合乎情理的必定发生的事。

（主）　她的奋斗目标是"0"
（副）　记共产党员、徐州客运公司稽查队长庄惠荣

（1985年7月9日《新华日报》）

联系到庄惠荣的工作，"0"的目标意味什么？读者一看就明白。当然这个目标眼前毕竟还是一个美好的愿望，要实现其奋斗路程是漫长的。但却能展示这位共产党员的高尚品质，能给人们带来一种鼓舞的力量。

3. **悬想示现**——动用丰富的想象力，把想象中的事物说得活灵活现，如在眼前。运用中注意要有明显的语气标志，让读者一看就知道这是假想、假设，其思想寓意又明白无误，非常深刻、生动。如：

（主）　孙膑若在世　两周健步行
（副）　本市制成人造膝关节

（1983年6月27日《新民晚报》）

这是运用悬想示现手法制成的妙题。战国时期军事家孙膑，曾被人剜掉膝关节。孙膑若在世，一生的痛苦两周内就能解除，岂非神奇！这人造膝关节的功效就自不待言了。

很显然，如果能恰当地运用示现辞格制作新闻标题，既能使之寓意深刻又能收到语言表达生动的效果。但必须指出：①示现辞格，特别是预言与悬想示现的运用，决不能脱离实际凭空想象，只有遵循事物发展规律和新闻规律的要求，才能运用得入情入理；②在运用悬想手法时，一般都是由于现实的事触动了作者感情，使之不计时空的间隔任其驰骋，以期达到"虽无似有"、"不见如见"、"不闻如闻"的效果。但这不是离开新闻事实漫无边际的狂想，因而在制题时，应以明确的语言标志，让读者一见便知：这是寓意的"虚"，并非眼前的实有。

以物征义——话"象征"

象征，即是用具有某种特征的或某一历史时期特有的具体事物来表示特定意义，托义于物，以物征义，或把新闻的主题思想，或将作者的某种思想感情、某一抽象概念暗示给读者的修辞方式。这种修辞格最明显的特

色是意蕴含蓄，耐人寻味。

从结构上看，这种修辞由两个部分组成，一是句中出现的具体事物，即"象征体"，另一部分是隐身其后不直接说出的思想感情、抽象概念或特定意义，即"象征义"。"象征义"虽不直接出现在句中，但读者可以根据"象征体"来体会、感知它的存在。这样，构成象征的前提条件就应当是：象征体是象征义所包含的活动或范围内的一个具体事物或一个部分，这个具体事物或一个部分又是具有典型意义的。如：

（主）　红烛，还在燃烧
（副）　记退休老教师沈千钧

（1985年9月14日《人民日报》）

红烛，素以燃烧自己、照明别人为世人所赞美。这则标题用"红烛"这个具体事物，来表达对新闻人物为教育事业呕心沥血、辛勤耕耘、无私奉献的敬业精神的赞颂。

象征辞格从象征体的表现形式上划分，可粗略地分为两类：一类是用实物、图形、画面、颜色做象征体的"物体象征"。其特点是"借物托义"。如《红烛，还在燃烧》。再如：

历史的大碑是铁铸的

（1994年8月15日《新民晚报》）

在日本军国主义发动"八·一三"入侵上海的纪念日的前一天，日本环境卫生厅长官樱井新恣歪曲日本发动侵略战争的史实，大放日本"并没有想发动侵略战争"等厥词，招来了舆论和亚洲各国的强烈谴责。不到两天，这个樱井不得不称自己所放的厥词给村山内阁"添麻烦"，被迫引咎辞职。标题正以此为象征体，表明了这样的象征义：日本发动侵略战争，已是历史的铁笔在坚硬碑石上刻下的不可变动的史实，谁要想来撞一撞这块铁铸的历史之碑，等待他们的只是头破血流倒在历史的垃圾堆里。

另一类是用语言文字对象征体的概括描述，暗示象征义的"语言象征"。但其本质仍是"借物托义"，只不过这个"物"不是实物的直接入题，而要借助于语言文字的表述。如：

"飞蝗蔽日"的时代一去不返

（1977年10月23日新华社）

旧中国蝗虫为害，那赤地千里、白骨成堆的惨景时有发生。标题以"飞蝗蔽日"做象征体，借以表明这样的象征义：新中国成立以来，在党的领导下依靠社会主义制度和人民群众集体的力量，自然灾害任其肆虐、人们无能为力的时代已经一去不复返了。

在新闻标题中，象征辞格的修辞效果是多方面的。

它可以把抽象的思想观点、原则规范以及特定的意义还原为具体事物，再通过具体事物让读者形象而具体地体验和感受到它的存在。这是新闻标题虚题实做的重要技巧之一。沈千钧老师的高尚品德、敬业精神，是三言两语难概括得了的，而又要概括得具体实在就更难了。然而，以"燃烧着的红烛"做象征体，就能使读者从多方面具体地体验到它。同时，《红烛，还在燃烧》短短的六个字，字字都饱含着编者和作者的赞美和敬佩之情。

它可以引人联想，增加标题的信息含量。由于象征辞格的象征体一般都是具有某种特征或特定环境中的典型事物，读者不仅会"触物思义"，同时又会"触物思事"。如：

（主）　朝阳，在这里冉冉升起

（副）　陕西射击队选手李朝阳素描

（1987年11月25日《人民日报》）

主题中的"朝阳"，系指李朝阳。13年的射击生涯中，他在强手如林的我国射击界鲜为人知。1987年11月24日，在六运会射击比赛中，他以705.3环的成绩超过一项世界纪录。大器晚成的李朝阳，不正像冉冉升起的朝阳吗？且与名字形成双关，使标题更富有情趣。

它可以融情于物，有助于不露声色地表达编报人的感情，增强新闻的导向作用。如：

就是金娃娃也让社员抱回去

（1983年2月15日《中国农民报》）

这则在当年的全国评比中受表扬的好标题，运用象征辞格说明了：只要是在政策规定的范围内，不管社员的收益有多多，也要兑现给社员。它含蓄地饱含着严格执行政策、言而有信的坚定之情，其象征义则为：执行政策必须坚定不移、言而有信，不打半点折扣。富有较强的舆论导向作用。

运用象征辞格要特别注意：

1.在选用象征体时，要有鲜明的特色，要是特定时期、特定环境中且为读者所熟悉的特有的典型事物，这样读者就会借助这些特有的事物，联想到它所包含的特定意义。这也是象征与借代主要区别所在。这就是说：

借代是用借体来称代本体,是名称的换替;象征则是借物托义。借代是以实代实,借代中的借体是具体事物,它代替的本体也是具体事物;而象征则是以实寓虚,即以具体事物表现抽象意义。借代是借与本体有关联的事物来代替本体,其借代的意义是直观的;而象征辞格的象征体与本体并无代替关系,它的象征义是包含在象征体中,读者只有对象征体的特点有所了解,才能体验到它。

2.象征辞格是借象征体自身的特征来表示某种特定的思想意义,它不是以物喻物的打比方。这是象征辞格与借喻的重要区别。借喻是用喻体来形容本体,其作用是更生动、更形象地表现本体;而象征辞格则不是要用象征体来形容什么,是直接用它的特征来表示特定意义;构成借喻的基础是喻体与本体之间的相似性,其比喻义是喻体本身所明显具有的;而构成象征辞格的基础却不是相似性,而是相关性,即象征体与象征义之间存在着的某种联系,因此,读者一般不能仅通过象征体本身的特点来揣摩它的象征义,必须要从象征体与象征义之间的联系来把握它。

第二节 强调类辞格

这类辞格大体上包括有:设问、反诘、对比、反复、倒装、错综、夸张等七种。

即问即答——话"设问"

设问,亦称正问。即为了突出新闻的重点,引起读者的关注,或者为了强调作者对某个问题的看法,先故意据事发问,如无设置悬念的需要,然后便跟着作答,再把问题讲清楚。运用这种自问自答的修辞格做题,容易收到鲜明、生动、引人入文的效果。

(主) 为谁辛苦为谁忙?
(副) 黄冈丝绸总厂一年利润被"三乱"吃光,倒贴二万;个体销商贩收购香菇遭"路卡"剥皮,反亏五百

(1994年4月27日《湖南日报》)

标题表示了强烈的愤怒与谴责之情。主标设问,副题作答,即问即答。

唐代大诗人杜甫的真墓究竟在哪里?为世人所关注,一家报纸发表一则消息,题为:

标题的制作理念与艺术技巧

（肩）　杜甫的真墓在哪里？
（主）　专家考证后认为在河南巩县

一起笔便把久存于人们头脑里的问号巧妙地引入标题，好奇心怎能不随之迸发出来。这便是设问辞格的魅力。

设问辞格有多种类型。从设问的角度上看，可分为三种：

1. **肯定式设问**。所设之问，已有明确肯定的结论，即问即答。如：

（肩）　企业"内功"的潜力有多大？——
（主）　石家庄化肥厂一年减支近四千万元
　　　　　　　　　　　　　　（1994年4月23日《人民日报》）

2. **研讨式设问**。对某些正在发展变化难有定论的问题，或虽已发生尚无科学解释，或争论颇大的社会问题与自然奇观，问题提出来供人们思索，引人联想、选择。如：

（主）　莫非飞碟来遨游
（副）　大港上空出现不明飞行物，目击者向本报记者介绍所见经过
　　　　　　　　　　　　　　（1980年10月5日《天津日报》）

"飞碟"问题，是一个为世人注目而又争论颇多的科学之"谜"，标题的制作者没有就目击者的一家之言轻作断论，只是借助设问修辞格把问题提出来，让读者思考、研究。

（肩）　日本发生了"鼠尸米事件"。去年以来，日本从泰国进口了六万吨大米。今年三月底，日本共产党籍参议员高山奇裕子指出泰国米中含有老鼠尸体等杂质，引起相当大的恐慌
（主）　泰国老鼠耶？日本老鼠耶？
　　　　　　　　　　　　　　（1994年5月8日《深圳商报》）

事情尚无共识，摆出对立意见，供读者思考。这样的标题从表面看不出作者有何结论或倾向，其实作者的倾向通过语句顺序的排列或前后照应，已暗示给读者了。

3. **引发式设问**。即以已经发生的事实为据，由此及彼地深层次引导发问，目前尚无答案，也只问不答，答案有待后续报道做出，或者将由特指的对象作答，如：

（肩）　"永久""飞鸽"做出榜样
（主）　"白山""梅花""海燕"有何反响？
　　　　　　　　　　　　　　（1981年10月16日《辽宁日报》）

或者点出需要弄清的重要问题，如：

（肩）　火烧赵家楼——
（主）　谁是点火人？

（1983年5月4日《羊城晚报》）

或者是对某个问题的分析、预测，如：
巴西队能否第四度抢元？

（1994年6月2日《足球》）

从设问的方式上看，又可分为：
①单向设问，即一题一问，即问即答。如：

（主）　"天堂"？
（副）　德人民领略够了
　　　　戈培尔还想欺骗

（1942年4月5日《新华日报》）

②多向设问，即同一问题，从不同的方面和角度设问，然后统一作答。

（肩）　成本几多售价几多实重几多毛利几多
（主）　酒楼物价：神仙数？
（副）　本文所举三家店如何，其他店又如何，读者自可评"价"

（1994年5月21日《羊城晚报》）

肩题与副题中均有多处设问。

③连续设问，即围绕某一问题或事件，步步深入、环环相扣地边问边答。如：

（主）　淮海路有一片被忘却的黄金地
（副）　在哪儿？淮海电影院对面；
　　　　面积多大？7000平方米；
　　　　被搁置多少时间？整整26年。

（1984年11月19日《新民晚报》）

制作这类题，设问一定要精巧。否则，将会给人以啰唆和无病呻吟之感。

要制作好这类标题，重要的一条是要有的放矢，因文制宜，采取多种方式去设问、作答，不可千篇一律。常见的有这样两种情形：

一是先据事提出问题，紧跟着就作回答，自问自答，即问即答。有的设问在肩题，回答在主题。主题多为实题。如：

（肩）　一些个体三轮车主何以能放肆地敲诈乘客？却原来——

（主）　牌出多门：红牌·黄牌·见钱发牌
　　　　管无章法：你管·他管·谁都不管

（1986年8月29日《长江日报》）

（肩）　《条例》得不到很好贯彻，有人说是经不好；也有人说，《条例》是企业转换机制的真经，但经过歪嘴和尚一念便走样。不妨让我们瞧瞧，看看到底是怎么回事？

（主）　企业当家不做主

（1994年2月23日《中国物资报》）

有的设问在主题，回答在副题。副题必须承担起解释主题，补充交代新闻事实的双重任务。如：

（肩）　工程师李恒章完成两项产品设计，合同规定奖励二千二百元

（主）　这笔奖金该不该给？

（副）　有人说：遵守合同讲信用，该给；有人说：不该给，把他们知识分子美到天上去了！事情反映到县里，县委认为：对有贡献的知识分子就是要奖励。按合同办事，要取信于民，一分钱也不能少

（1982年12月18日《光明日报》）

有的设问在主题，回答也在主题。回答多为掷地有声的判断句。如：

（主）　为啥灾年增了产？科学种田立大功

（副）　新和四队苏俊祥担任农技员后粮食不断增产

（1983年1月11日《宁夏日报》）

二是在题上设问，留于文中作答。这里又有两种情况：

一种情况是由于"一言难尽"，受文字限制，不便在题中作答。如：

（肩）　人往高处走，水往低处流。无论如何，当先进总是一件值得荣耀的事。然而，如今不少企业却视"先进"如包袱，敬而远之。那么——

（主）　企业为啥不愿当先进？

（1994年1月19日《中国物资报》）

再如：

钢材暴涨：悲耶？喜乎？

（1994年1月24日《中国物资报》）

1994年新年伊始，我国钢材市场出现了一个奇怪现象：在全国钢材供需总量大体平衡，新增需求总量又无猛增的态势下，钢材却从南涨到北，

又从北涨到南，一时间在隆冬的中华大地出现了销量淡季不淡，市场疲中不疲，价格跌而忽涨，涨势迅猛，其源何在？当然不是三言两语能回答得清楚的，这就只好引人入文，见诸正文的叙述了。

另一种是为了文字表达上造成悬念的特殊需要。如：

（肩）　在第七届世界杯体操大赛中
（主）　谁是"最紧张的观众"？

（1986年9月2日《经济日报》）

这是一篇主标设悬，"谜底"深藏文中的经济新闻。显然如果一起笔便在标题中"点破"，就会使文章减色。

要使标题的设问收到预期效果，关键是要善于设问。由于标题是新闻事实的浓缩，很自然设问的内容应该凝聚新闻的核心，所提出的问题要笼罩或统摄全篇，起到"提纲挈领"的作用；同时，新闻标题还肩负着吸引读者的重任，要有引人的魅力。这就是说，所提的问题既要新巧、醒目，能够引起人们的思索和兴味，又要善于把读者头脑里装着的问号巧妙地引入标题。

问而不答——话"反诘"

反诘，亦称激问、反问。它是以疑问句的形式来表达已经肯定或否定了的思想观点和强烈感情的一种修辞方式。反诘与设问，都是无疑而问、明知故问，区别在于：设问本身不包含有答案，它需要另作回答，否则读者就不知其所言何事。其表现形式一般为：自问自答，即问即答。反诘是以疑问的形式表达已经确立的思想内容，答案已寓问句之中，读者一看便知，根本不用直接作答。比如：

（肩）　纳粹德国缘何没有制造出原子弹？是德国科研出现重大失误，还是科学家们有意延缓研究工作？最新的谜底破译却说：不！请看——
（主）　原子弹：希特勒破灭的美梦

（1994年4月18日《福建日报》）

肩题的连续设问，都没有包含答案，所以紧接着才做了否定的回答："不！"原来是由于当时纳粹德国的官方认为：从理论上讲，制造原子弹是可能的。但是，从战争一开始就投入巨大力量，在短期内搞出原子弹来，是不现实的。当他们感到自己在武器方面要处于下风时，动手已经晚

标题的制作理念与艺术技巧

了。因为，从1942年起，美国对原子弹的研究已从实验阶段转向工业试验阶段。

（主） 出了事故，"官官相护"行吗？
　　　　谎报军情，是"由于骄傲"吗？
（副） 首都学术界对"勃二"事故反应强烈

（1980年8月30日《羊城晚报》）

前题为设问。后题主标两个提问，均为反诘句，因为句中本身已包含答案，一读便知，不用再另作答。

反诘是从反面发问，并带有驳论、质问与责问性的发问。但我们不能由此推论，凡是反面发问，都带有质问性的发问，都归结为反诘。因为有的设问句也带有这种特性，唯一的区分标准还是以本身是否含有答案为界。比如：

奇怪索赔何时了？

（1994年4月10日《福建日报》）

"重罚"怎能搞"株连"？

（1984年10月15日《文汇报》）

这两则题都是从反面发问，并带有强烈的质问语气。但前者为设问句，它是对发生在街头巷尾因轻微的交通摩擦强行索赔表示忧虑，对究竟如何处置，题中没有明确回答；后题答案非常明确，"重罚"当然不能搞"株连"。

正因为反诘都是从反面提出问题的，其所要表达的思想观点恰好与它发问的字面意义相悖。

它的表现形式可分为两种，一是肯定的反问，其意在否定；另一是否定的反问，其意在肯定。

1. **肯定的反诘**——即用质问形式表达确定的思想内容，从字面看是肯定的，其意在否定。如：

（肩） 煤价放开了，却不见水涨，不见船高。一时间煤像是太多了，煤矿积成山，港口堆成山。有人着急，然而——
（主） 煤，真要倒入海吗？

（1993年3月11日《中国物资报》）

严冬季节，本应是煤炭市场的旺季，可去冬今春却出现了淡销。尤其是实行新税制之后，煤炭销售更显疲软。但就我国煤炭生产与销售看，远非供大于求，而是受价格、运输等诸多因素所致。主标以反诘疑问句式，属于肯定的反问，其意在否定，表达了当时一种新的见解。

2. 否定的反诘——即用质问形式表达确定的思想内容，从字面看是否定，其意却在肯定。如：

揭发走私活动何罪之有？

（1982年2月9日《南方日报》）

这是一封配有调查附记和按语的读者来信的标题。它旗帜鲜明地为横遭打击的同志伸张了正义。这样的反诘疑问，属于否定的反问，其意在肯定，即：揭发走私犯罪活动不仅无罪，还是于国于民有功的。

这样的标题就比平铺直叙鲜明、有力得多，也就更引人注目。

反诘属驳论性的设问，表达的是一种与之截然相反的看法和意见，这就需要有引导性的文字，或前铺或后垫地树明"靶标"。上述两则题属于前铺型的反诘，下列引导性文字则是由副题来承担的：

（主）　这是"误会"吗？
（副）　发生在武昌火车站的怪事

（1984年8月9日《人民日报》）

这是《武汉电视报》的一名记者经历过的一件事。他送一位同行上火车时，看到武昌车站执勤人员打人，无理扣押乘客，出面劝阻也被推搡、辱骂。记者据理力争。车站一名领导不得不出面赔不是，但是却说："这是一场误会，误会了，误会了！"

标题便以其托词"误会"成题。

制作这类标题要问得入情入理，让读者一见，是非曲直，一目了然。同时，由于这种修辞方式有强烈的讽刺效果，使用时要区分不同对象，掌握分寸，该刚则刚，该柔则柔，刚柔并举。

近年来，我国体育界推出了重奖措施。《福建日报》在发表文章论及这个问题时，题为：

（肩）　中国体坛重奖风潮愈演愈烈，是喜？是忧？人们不禁提出——
（主）　重奖之下，可有勇夫？

（1994年4月1日《福建日报》）

主标一句反诘性发问，是对那种只见其喜、未识其忧的"重奖之下必有勇夫"之说的一种商榷。语气平和。

（肩）　女儿声声呼唤，父母岂能平静？社会岂能不帮？

（主）　四岁女孩遭到遗弃
　　　　公安干警精心照料

（1994年5月5日《辽宁日报》）

　　肩题的反诘发问，充满规劝、敦促之情，劝其父母回心转意，促其知情人士帮助找寻，以让女孩早日回到父母身边。

　　在标点符号的使用上，由于正问都是以疑问句式出现，是要自问自答、即问即答的，因此正问句标题的句末一律用"？"号；而反诘句则是用问句表现确定的意见，只问不答，疑问语气不明显，其句末既可以用"？"号，也可以用"！"号，还可以用"？！"（或"！？"）号。如：

　　书籍有错何时了！

（1992年8月11日《人民日报》）

　　出版物质量差，年年有呼吁，如今到了读者批评的"天天读书看报，天天看到错字"的状况。题尾不用问号，而用叹号，意味无穷，引人深思。

（主）　贵阳"安定"了！？
（副）　青葱一根卖到八十元
　　　　催粮催粮老百姓无粮

（1945年4月8日《新华日报》）

正反对照——话"对比"

　　对比，亦称对照。即把两种互相对立或某些方面极不相同的事物放在一起加以对照，以说明事物的相异之处的修辞方式。对比辞格能使真者更显其真、假者更显其假，善者越显其善、恶者越显其恶。歌颂什么，反对什么，赞赏什么，厌恶什么，都表现得鲜明而富有立体感。如：

（主）　名利淡如水　报国重如山
（副）　记全国先进工作者、广西医学院教授曹德柔

（1990年6月21日《光明日报》）

　　主标通过对"名利"与"报国"的不同态度的对比，突出了曹德柔教授的高尚品德。

（肩）　读者夏留根来本报诉说两种就医遭遇
（主）　红光：医生蒙头睡　态度冷若霜
　　　　仁济：热情又和气　立马抚创伤

（1994年5月14日《解放日报》）

两相对照，泾渭分明，优劣自见。

从以上例句可以看出，对比的修辞作用是十分强烈的。它无论是两个事物的对比，或者是同一事物的两个方面的对比，都是正反相对，相互映衬，有助于把事物的形象、特点、本质以及发展变化，表现得更加鲜明、突出、深刻，以增强标题语言的鲜明性，使之更富于表现力和感染力。

从对比的对象看，对比辞格可分为：两体对比与一体两面对比两大类。

两体对比——把两种根本对立的事物放在一起进行对比，除能使美的更显其美、丑的更显其丑之外，有时还有助于说明某个深刻的道理，给读者以鲜明的印象。如：

（主）　美国"第一狗"传记畅销
（副）　盈利高出总统传记三十倍

（1993年10月11日《新闻出版报》）

新闻说的是美国白宫有只狗名叫"米莉"。这只小狗的传记，"一版一次印刷了40万册，很快销售一空"，"纯利高达90万美元"；而"与此形成鲜明对照的是，它的主人美国总统布什，去年也出过一本自传，但只赚得3万美元"。主题与副题、小狗传与大总统传所构成的立体画面，鲜明反映出美国社会畸形发展的现实，怎不令人掩卷深思？

一体两面对比——把同一事物两个对立方面放在一起进行对比，它可以突出事物本身所包含的矛盾现象，使读者对事理的认识更透彻、全面，所表达的感情更丰富、真诚。如：

（肩）　往日长途跋涉雪山　今年翩然越过冰峰
（主）　进藏新兵前日飞拉萨

（1987年11月19日《解放军报》）

肩题通过"长途跋涉雪山"与"翩然越过冰峰"的对比，鲜明地表明了祖国西南边陲交通事业和国防现代化事业的深刻变化。

大学生列车上见义勇为斗歹徒　乘警列车员闻警不动受指责

（1992年4月22日新华社）

当五名持刀歹徒洗劫列车时，大学生们见义勇为，与歹徒英勇搏斗，而当班乘警、列车员却闻警不动，对报案不理，这两者的对比何等强烈，其是非、美丑又何等鲜明！

从对比辞格的结构上看，又可分为平列对比与串联对比两种。

平列对比——即以两个短句平列对照。如：

一娘养八子　八子不养娘

（1980年《恩施报》）

为自己一分也掂量　为乡亲万贯也舍得

（1990年3月22日《经济日报》）

工程师三代破屋两间　副局长一家新房四套

（1984年3月23日《经济日报》）

应该说，平列对比在结构上与对偶颇相似，但仔细分辨，两者有明显区别。对偶式标题着重看结构形式，要求字数相等，结构相同或相似，平仄协调；而对比不管结构形式，只看内容上反正对比。有的平列对比题不是对偶，如例①。有的平列对比是对偶中的"反对"，即从内容上说是对比，就形式看，又符合对偶的要求，那就是对比与对偶的兼格。如例②与例③。

串联对比——即把对比的双方同串缀于一个句子之中。如：

（肩）　三门峡工程大功告成

（主）　滚滚黄河水乖乖东流

（1985年12月12日《人民日报》）

主标以奔腾咆哮的滚滚黄河水与乖乖驯服地流向新的河道的情态对比，显示三门峡工程质量上乘、威力巨大。

在标题中运用对比辞格，必须注意：①用以对比的事物或同一事物的不同侧面，一定要有本质的区别。如果仅仅是数量上或程度上的差别，只能是一般的比较，这与对比辞格不是一回事。②对比辞格要鲜明地表达作者对美好事物与丑恶事物的爱憎、褒贬、扬抑的不同感情和态度，在这上面不能有丝毫的含糊。③在语言表达上，要注意恰当地选用反义词和相对的句式，准确地表示事物之间或事物内部的矛盾关系，力求做到对比强烈，对照鲜明。④运用对比辞格是要直接或间接地为表现新闻的中心思想服务的，要有助于加深读者对新闻事实本质特点的认识。

对比与衬托有相似之处，都有甲乙两物同时出现，都包含比较和映衬，并在比较和映衬中凸显所描述事物的特征。但两者有明显不同：衬托有明显的主次之分，陪衬事物是用来突出被衬事物并为之服务的；对比只表明对立事物、对立现象间的依存关系，没有明显的主次之分。

重叠强调——话"反复"

反复，即有意让同一成分在同一语言单位里多次出现的修辞方式。

行文要简练，力求删去重复的字词，这是制作新闻标题必须严格遵循的原则。但是有时或者为了强化一种思想感情，加深读者的印象，或者为了表明某一事理的确定不移，或者为了强调突出某一事物，而将标题中某些成分重叠使用，不但不感到是多余的重复，反而能增添文采，增强表达效果。如：

　　学习　学习　再学习

（1994年7月1日《人民日报》）

　　这是《人民日报》发表江泽民总书记重要文章的标题。标题中"学习"一词连续反复三次既强调了在当前形势下加强学习的极端重要性与紧迫性，又表达了党中央对全党同志的殷切希望。

　　（主）　跑！跑！跑！
　　（副）　东北华北敌军官兵纷纷跑到解放区来

（1948年9月11日《人民日报》）

　　这是一则运用反复辞格做出的概括精练、内涵深邃的妙题。主标为行为动词"跑"的多次反复，一则表现了蒋军官兵竞相奔向解放区的急切与喜悦心情；再则暗示了投奔的人数已越来越多；三则还含蓄地表达了解放区军民对蒋军官兵的召唤。

　　垃圾山，垃圾山，害得居民苦不堪，不知几时搬？
　　臭水流，臭水流，流到大街小巷头，行人个个愁！

（1983年3月21日《长江日报》）

　　（主）　化肥，化肥，你在哪里？
　　（副）　农民：空等几天无半两
　　　　　　贩子：运了一车又一车
　　　　　　干部：送了一包又一包

（1986年8月25日《鹰潭报》）

　　前题两个"垃圾山"、"臭水流"的反复突出了问题的严重性；后题两个"化肥"的反复显示了问题必须抓紧解决的紧迫性。

　　恰当地运用反复辞格，还可以开拓意境，形成风趣幽默或表达极为强烈的感情。如：

　　（肩）　奇怪！奇怪！
　　（主）　67岁老妇"检查胎位"
　　　　　　20岁男青年"用催奶药"

标题的制作理念与艺术技巧

（1989年8月26日《襄樊日报》）

标题的制作者抓住了这两桩怪事的个性特征，连呼两次"奇怪！奇怪！"，对那些慷公费之慨，叙私人之情的人进行了辛辣的讽刺与有力的鞭挞。

同时，反复辞格运用得巧还有可以使音调和谐，平仄协调，节奏鲜明的作用。如：

（肩）　离土不离乡　进厂不进城
（主）　我省二百六十万农民务工

（1984年3月12日《羊城晚报》）

（主）　光山县大治光山
（副）　积极植树造林，光山开始变绿了

（1979年2月7日《人民日报》）

从反复词语的构成成分看，反复辞格有以下三种：

1. 字词的反复。如：

（主）　水，水，水！
（副）　鼠场"滴水贵如油"，群众切盼泉水叮咚

主标通过"水"的反复，将群众盼水的焦急心情活脱脱地展现了出来。

2. 词组的反复。如：

（主）　万人企业万人管
（副）　大连海洋渔业公司包干到人

（1983年1月21日《辽宁日报》）

主标两个"万人"的重复，强调了大型企业必须实行民主管理的重要性和坚定性。

3. 句子或短语的反复。如：

（肩）　意外惊喜！意外惊喜！！
（主）　国脚踢倒意国劲旅
（副）　桑队似乎侧重表演进攻死打中路防守追求潇洒

（1994年5月16日《羊城晚报》）

肩题为两个短句的接连反复。

在标题制作中运用反复辞格，一般采用两种形式：一种是接连反复，即没有其他词语在反复词语的中间。如上题的肩题即属此例。

另一种是间接反复，即是有其他词语间隔在重叠词语中间。如：

（主）　啤酒气足　群众气消
（副）　南昌啤酒罐头厂接受批评，提高啤酒质量
（1980年1月25日《人民日报》）

主题通过"气"字的间接重叠，把群众对南昌啤酒罐头厂的产品质量改进的满意心情，鲜明地凸显出来了。

反复与排比虽是两种不同的修辞，但由于两者经常综合运用，容易混淆其间的区别。如：

（肩）　一放就活　一活就多　一多就稳
（主）　安徽水产品和鲜肉市场繁荣
（副）　全省大小城市鱼摊肉案连街成片人心安定
（1985年2月1日《经济参考》）

（肩）　穿山甲被红烧，活猴子被宰杀，猫头鹰被烹调
（主）　救救这些珍稀动物吧！
（1985年7月25日《南方日报》）

无疑，这两则题都运用了排比辞格。但前题是与反复辞格的综合运用，因为肩题中的数词"一"，既是排比的"提挈语"，又是反复中的反复词，它在句中起了强调突出的作用。而后题的肩题是排比而不是反复，因为介词"被"虽是排比中的"提挈语"，但它在句中不直接起突出强调作用，不是反复辞格中的重复词语。由此也可以看出反复与排比之间的区别：①排比辞格中一般有重复出现的"提挈语"，但它在句中不一定有突出强调作用；反复辞格的重复词语必须有鲜明的突出强调作用。②各自强调的重点不一样。排比要求是结构的相同或相似；反复则是词语或句子的相同。③反复与排比互不渗透，互不包含，而且排比也只能与间接反复综合运用。④构成排比的语言单位不能少于三项，反复中的反复词语则可以只有两项。

变更语序——话"倒装"

倒装，即运用词序错位的办法，让标题中最主要、最新鲜、最有吸引力的字词尽早进入读者的视觉，成为读者的"第一落眼点"，从而引起读者的"格外关注"，给人造成一种突然而深刻的印象，达到传神达意的修辞方式。

写文作题的基本要求是文从字顺，一个句子的成分应按一般顺序排

标题的制作理念与艺术技巧

列，即一般情况下，应用常位句。但是，在特定的语言环境中，适当地颠倒一下表达的语序，便能创造出令人意想不到的效果，达到增强艺术感染力的作用。

一般句即常用句的语序是，主语在前，谓语在后，动词在前，宾语在后，修饰语在前，被修饰的中心词在后。这是正常句式，有时为了增强语言的表达效果，可以灵巧地改变正常句子语序，造成变式句，起到强调、引人、突出的作用。如：

暴利！不能放任

（1994年2月22日《人民日报》）

暴利是一种价格欺诈行为。它严重扰乱了社会主义市场经济秩序，不仅侵害了消费者利益，也会使国家蒙受损失。标题用颠倒词序的办法提醒人们：对暴利现象不能等闲视之，必须加以遏制。

神！胆囊切除不开腹

（1994年6月29日《广西日报》）

题中的独立成分"神"置于句首，让读者一见便知这条消息一定有特别新颖的事儿。

标题中运用倒装辞格，还有利于表达感情、交流思想，使作用不同的感情得到充分表现。

别了，司徒雷登

（1949年8月2日新华社）

此标题不是按正常语序"司徒雷登走了"，而运用倒装辞格，充分地表达了作者对美国帝国主义及其在华代表的讥讽与蔑视之情。

（主）　辛苦了，"张半夜"师傅
（副）　沈阳铸造厂副总机械师张成哲公而忘私、埋头苦干的事迹

（1981年3月16日《辽宁日报》）

主题运用倒装辞格，突出前置谓语"辛苦了"，表达了作者对张成哲公而忘私、埋头苦干精神的崇敬、感动的感情。

住手！欺行霸市之徒

（1994年7月21日《长春商报》）

入夏以来，一些欺行霸市之徒浪迹长春市集贸市场，或强行批发，或强行压价，给菜农增添了烦恼与不安全感，标题发出了正义的呼喊和对不法之徒的严重警告。

标题中，语序的改变是多种多样的。

它可以是中心词与修辞格的倒置，这里的中心词一般多为名词。如：

马佛明：一个勤奋的时装设计师

（1994年7月4日《北京晚报》）

把中心词提前，"马佛明"首先出现在读者面前，表达作者对这位服装设计师的赞美之情。

它可以是宾语的前置。如：

（主）　路，他这样选择
（副）　记沈阳军区某炮团三连排长金渊久

（1985年11月12日《解放军报》）

主题将宾语前置，暗示读者新闻人物在选择自己的人生道路上确有让人意料不到而又值得效法之处。

它可以是目的定语的前置。如：

西进：鲁冠球选择风险

（1994年6月10日《人民日报》）

农民企业家鲁冠球宣布：万向集团决定向中国西部边远的贫困地区投资一亿元，实施充满风险的"西进计划"。标题将状语前置，预示读者鲁冠球的"西进战略"具有非同凡响的时代意义。

它可以是谓语的前置。如：

停业啦！四百余个体户

（1985年2月5日《开封日报》）

标题运用倒装辞格，提醒人们关注这一反常现象，原来是一些人搞不正之风，乱罚款、乱摊派，使有些个体户被迫停了业。

它可以是后补词组的前置。如：

（主）　自有真情在人间
（副）　记全国五好家庭先进个人、全国农村优秀教师张立珍

（1984年12月27日《抚顺日报》）

这则标题既突出新闻人物的先进事迹的聚焦点"真情"二字，又使人读来别有韵味。

词序本是现代汉语最重要的语法手段，不可轻易改变，但倒装却是利用临时改变词语的正常位置来取得修辞效果的。这种改变必须是以不损句子的原意，并保持通顺为前提。句中临时改变了位置的主语仍为主语，

谓语仍为谓语，定语、状语仍为定语、状语。词语位置的任何特殊变化，都能给人留下深刻的印象。标题中凡是倒装的词语，无论其为中心词、为定语或为状语，都应是编者所要强调的。因此，凡是句中谓语、定语或状语、中心词位置颠倒，并因此而得到强调，又有此必要的，是倒装；虽然位置颠倒，但并不因此而得到强调、也没有什么特殊原因需要强调的，就应视为词序不当。

运用这种倒装的修辞方法时，要注意做到句式简短、易懂，不要过长、晦涩，要好读，能朗朗上口，而不致佶屈聱牙。

参差错落——话"错综"

错综，即为了避免语句的单调、呆板、重复，故意变换词语，使用参差不齐的形式，使句型错综变化，偶散相间，以收到"同中见异"的修辞方式。

在标题制作中，常常在极为有限的十几个字中，要同题表达相同或相近的两重意思，如无特意的复叠外，一般都应力求避免重复。因为字面与意义的重出，总会给人以贫乏、单调之感，读起来也拗口。如：

（肩）　把方向盘的同志您想学哪位同志
（主）　道路泥泞"60014"故意脏妇孺
　　　　道边呼救　桑道生调头奔医院

（1985年7月31日《抚顺日报》）

肩题中的"同志"重复，不仅用字不精练，而且读起来也不流畅。

恰当地运用错综辞格，不仅避免重复，而且可以使标题简洁精练，字面新颖，语言活泼，增加情趣。如：

（主）　"铁算盘"清算糊涂账　"硬八分"端掉浆子盆
（副）　东风镇财务审计硬碰硬

（1990年10月24日《陕西农民报》）

主标的两个短句，表达相同意思，但用语不同，显得新颖别致、简洁有力。

（肩）　两家几乎同时起步的企业，如今出现较大差异，为探其中奥秘——
（主）　"东北虎"走访"华南虎"　"沈乐满"取经"万家乐"

（1995年9月14日《经济日报》）

"东北虎"与"沈乐满"、"华南虎"与"万家乐",均为同一企业的借代,运用错综避免了同一概念复出。

错综辞格的构成可分为三种:词语变换的错综、句式变换的错综和语气变换的错综。标题中后一种很少见。

1. 词语变换错综——为避免用同一概念,而使用不同的词语来表达。这是新闻标题制作中最常用的错综辞格。如:

（肩）　宝安区人事局吹洒清风玉露
（主）　走"前门"——老实人一路顺畅
　　　　敲"后门"——孔方兄灰头土脸

（1994年2月23日《深圳晚报》）

（主）　我男女足球队双双告捷
（副）　男队四比零擒也门　女队五比零挫中国台北

（1994年10月4日《文汇报》）

上两题中,"走"与"敲"、"擒"与"挫",表达的都是相同或相近的意义,是为词的错综。

2. 句式变换的错综——用不同的句式表达相同的内容。如:

（肩）　东洋证券杯围棋赛第二场
（主）　聂卫平撞"山"　马晓春放"曹"

（1995年3月23日《深圳商报》）

面向世界——利用外资　财源达四海
发挥优势——多头洽谈　生意通九州

（1985年10月6日《辽宁日报》）

3. 语气变换的错综——变换相邻一组句子的语气。标题中极少见,用得不甚规范。如:1994年10月16日,在第十二届亚运会足球决赛中,中国足球队以二比四输给了乌兹别克足球队,获得亚军,比赛前预定的是进入四强的目标,已超额完成,决赛虽败亦可贺。次日,一家报纸就此发表一篇短论,题目是《无憾!无怨!!》。

错综辞格的主要特征是"同中见异",在参差多变中使重点突出,又避免题中字面与意义的重出。因而切不可为错综而错综,不可滥用。

言过其实——话"夸张"

夸张,即在一定的语言环境下,有意言过其实地夸大或缩小所形容的

标题的制作理念与艺术技巧

事物，从表面上看是不真实的，甚至是不合逻辑的，但仔细地琢磨起来，却又能被人们所理解所接受的修辞方式。

夸张辞格在表情达意上具有特殊的作用，它不独为文学作品所应用，其他文体的写作也常常使用。但应当看到，由于文体的性质不同，反映对象的不同，对于夸张辞格的运用就有了不同程度的要求与节制。作为新闻浓缩的标题不同于文学作品，一般情况下不运用夸张的手法。但有时为了表达强烈的感情，突出某一事物的特征，生动形象地揭示事情的本质，在客观事实的基础上恰当地运用这种修辞手段，也是必要的。这就更要注意贯彻古人刘勰提出的"夸而有节，饰而不诬"的原则。

同时还必须看到：夸张明明是故意言过其实，却为什么能为读者理解接受呢？这是因为任何事物的性质、特征，既都是客观存在的，又都是有相对限度的。事物的性质、特征及其相对限度，便是夸张得以产生、存在的客观基础。运用夸张辞格，就必须认识并利用这个客观基础，做到心中有"实"而又"故意言过其实"；做到鲜明地表达作者对要表达的人或物的肯定或否定，从而引起人们强烈的认同感。

夸张辞格按构成方式可分为两类。

1. 直接夸张。即对事物的数量、性能和特点，从数量和程度上故意言过其实，而不借助其他修辞格的夸张，以突出强调事物的某种特征或强化某种气氛。其中又包含两类：向上夸张与向下夸张。

向上夸张——把一般事物故意往大处说，往高处说，往多处说，往重处说，往快处说，往远处说，往强处说等等。如：

（主）　军民齐奋战　汗水润良田
（副）　武汉部队抽调大量人力物力支援豫鄂两省抗旱

"汗水"多到可以"润良田"的地步，显然是夸张。但这种夸张又确是恰如其分地描述了军民奋力抗旱的动人情景。

向下夸张——把一般事物故意往小处说，往少处说，往短处说，往弱处说等等。如：

（主）　奖励"一条牛腿"　换来骡马成群
（副）　扳营公社党委书记扎扎实实帮助生产队落实牲畜繁殖奖励政策

（1980年2月29日《大众日报》）

主标的前句把奖励的耗费比拟为"一条牛腿"，并以下句中的"骡马成群"形成鲜明对比，借以说明了实行奖励政策的威力。

2. 间接夸张。即利用其他修辞格对事物的基本特性、特征故意进行扩大、缩小或强化。其中常见的又有三小类：借助比拟、比喻和借代的夸张。

借助比拟的夸张。如：

后仓"老鼠"大如斗　前店豆浆淡如水

（1983年5月3日《解放日报》）

这是一则揭露饮食店不正之风的新闻。题中"老鼠"是将人拟物，指的是那些偷盗店里的黄豆的人。后句为缩小性夸张。

借助比喻的夸张。如：《钱比报纸易找，珠宝唾手可得》。这种比喻性的夸张而又确有其事地说明了某些管钱管物的机关制度不严、思想麻痹，小偷不仅出入"自由"，而且偷钱拿物十分方便。

利用借代的夸张。如：

（主）　万里长江一尺收

（副）　长航和重庆钢卷尺厂研制成功"双桥牌"多用尺，重庆至上海长江口沿岸港口、码头等准确里程标在尺上一目了然

（1983年10月8日《重庆日报》）

主标中的"一尺"，显然并非仅是数量概念，而实为"双桥牌"多用尺的借代。

夸张是在事物的基本特征上故意进行扩大、缩小或强化描述的一种修辞方式，但这种扩大或强化，要以客观真实性为依据。这就是说，运用夸张不能随意夸大、信口开河，一定要有真情实感的客观依据，用得合乎情理，并让人一眼就能看出它是夸张，而绝非事实本身的描绘。不然，就会弄巧成拙，流于虚夸。

第三节　贯通类辞格

这类辞格大体上包括有顶真、回环、排比、对偶、拈连等五种。

上递下接——话"顶真"

顶真，亦称连珠。即在标题中，把上句末尾的词语，作为后句的起首，递接而下，形成上递下接奇趣蝉联的修辞方式。

顶真辞格包含着这样两层意思：一是从字面上看首尾相连，但相连的

词又必须是词意相同、词性相同；二是从意义上讲反映的是事物内部的承接、递进关系。这两者是互相联系，缺一不可的。否则，便不是顶真的修辞格。如：

球队输球　球迷开枪

（1994年5月3日《今晚报》）

从字面上看虽说上句与下句是首尾相连了，但两个"球"的词义是不一样的，前者是指物，后者是指人，两者并不存在递进关系，不是顶真辞格。

奇人千古　千古奇书

这则题也是首尾相连了，但不是顶真辞格。因为前一个"千古"是指此位伟人已与世长辞，而后一个"千古"则是说他的极有学术价值的著作将千古流传，两者讲的并不是一个意思。

（主）　能人教众人　众人变能人
（副）　大黄庄大队多种经营技术队伍不断扩大

（1982年6月17日《中国农民报》）

这则题从字面看相连的词性与词义都相同了，但它仍不是顶真辞格。因为从意义上看它没有递进关系，这就像"接力棒赛"第一棒虽然交给了第二棒，但第二棒不是向第三棒的方向跑去，而又回到了第一棒的位置，从起句的"能人"到下句尾的"能人"，在词性与词义上都没有质的差别。

（主）　英雄金笔　笔中英雄
（副）　一百号金笔在评比中夺魁

（1981年9月11日《文汇报》）

这则题表面与上题相仿，但这则题却是运用了顶真修辞手段。为什么它是顶真呢？从字面看符合"首尾相连"与"词性相同"，从意义上看递接关系明显，且前一个"英雄"是指金笔的牌名，后一个"英雄"则是比喻的评比中的名次，两者不是同义词。

在新闻标题中运用顶真辞格所取得的修辞效果是十分明显的。

它可以借助于邻近句子的头尾蝉联，环环紧扣，有助于鲜明而极富感情地突出事物某个方面的特点。如："英雄金笔，笔中英雄"，对英雄100号金笔夺魁充满了爱慕、赞誉和喜悦之情。再如：

（肩）　世界羊绒看中国　中国羊绒看清河
（主）　清河成为我国最大羊绒基地

（1994年5月21日《人民日报》）

此题突出了清河羊绒的生产、经销在世界上的领先地位。

它可以在不断的顶接中阐明事理的辩证关系，凸显事物的发展变化过程。如：

  工业上山 山尽其利 利国富民

（1985年3月23日《江西日报》）

它可以表示事物的递进关系，使之衔接紧凑，语气连绵，犹似行云流水，生动流畅，引人深思。如：

  （肩） 厦门警备区船运大队一中队27年无事故，多次被评为先进单位，所属船艇都荣立集体功，其奥秘在于——
  （主） 官爱兵 兵爱官 官兵同爱艇

（1990年6月23日《解放军报》）

顶真的类型，从递接的语言单位上看可分为词与词组的顶真两类。如：

  （主） 净土产净菜 净菜上餐桌
  （副） 崇明汲浜乡率先形成产品加销一条龙

（1994年5月14日《新民晚报》）

此为词组的顶真，"净菜"系偏正词组。

  （主） 镇无闲户 户无闲人
  （副） 藉洲镇居民安居乐业

（1987年9月25日《湖北日报》）

此为词的顶真。

从结构上看也有宽严之别。所谓宽，即用以递接的词语可不必完全相同，只要大致一样，意思上有递接关系亦可。如军报那则标题，前面是词的顶真，后面则为词与词组的顶真，"官兵"系联合词组。所谓严，即递接的词或词组必须完全相同。如：

  （主） 竞争中求联合，联合中求发展
  （副） 中国科学院副院长路甬祥教授访谈录

（1994年5月25日《人民日报》）

那么，怎样运用好顶真呢？一般地说，应注意以下几点：

①语应及义。顶真辞格的应用是有助标题对新闻事实的内部关系的概括和表达，如果离开了这一根本，再有趣的顶真也是毫无意义的文字游戏。

②新鲜精当。对于顶真的词素应认真推敲，深思熟虑，它不仅有利于

信息的传播，还应唤起人们的联想力，增添标题的思想深度。

③富有哲理。顶真的相关词素的头尾蝉联，应不断顶出新的思想内容，推论出事物内部或事物间存在的逻辑性与哲理性，赋予深邃的内涵。

循环往复——话"回环"

回环，亦称回文。即是利用句中词序颠倒反复排列的方法，或用以表现事物之间相互依存的连绵情意，或用以揭示事物之间的辩证关系的修辞方式。它的特点可以表达为：甲→乙，乙→甲或甲→乙，乙→丙，丙-甲。从这一表述式中，我们可以看出：回环与顶真，上句和下句虽同是首尾相连，但顶真的运动轨迹是直线性的，同一词语不回归使用；回环的运动轨迹则呈圆圈式，起点和落脚点必为同一词语。

回环辞格按词循环的范围不同，可分为：

句内回环。如：

回头浪子唤浪子回头

（1984年12月24日《中国青年报》）

这则题就是在同一个句子中利用"浪子"与"回头"两个词语进行循环组合。构成了"回头浪子"与"浪子回头"两个结构不同的词组。前者为偏正词组，在句中作主语，后者为主谓词组，在句中作宾语，中间加了一个动词"唤"组成一个兼语式的复合单句，表达一个引人深思的新闻事实：一个回了头的浪子帮助、教育别的浪子弃旧图新。

句外回环。即下句的开头为上句的结尾，下句的结尾为上句的起首。如：

猪多肥多　肥多粮多　粮多猪多

（1959年11月23日《解放日报》）

（肩）　为读者找好书　为好书找读者

（主）　古书籍书店门庭若市

（1994年5月16日《今晚报》）

讲究语言的形式美，是修辞学研究的重要课题之一。回环辞格语句形式上的回环往复，是构成语言形式美的一种有效辞格。古希腊毕达哥拉斯派认为："一切立体图形中，最美的是球形，一切平面图形中最美的是圆形。"当然，作为一种修辞手段，回环辞格的形式美，并非都是纯圆形的美，更多的是表现为变化与统一相结合的形式美。这多样化的形式，主要表现在词语顺序的变化上。如果用甲、乙、丙、丁等代表语句中次序能颠倒的字或词，X代表次序不变的词语。归纳起来，回环辞格有以下几种主要形式：

1. **圆形的回环**。其格式是：甲乙丙丁→丁丙乙甲。如：产生于解放战争时期，至今仍为人们称道的妙题《马歇尔歇马，华来士来华》，便是一例。再如：

（主）　学中干，干中学
（副）　访库东县农田水利勘测设计技术员艾海提·艾买提
（1985年7月16日《新疆日报》）

这一种格式是最工整的回环，从第一个字读到最后一个字，再从最后一个字倒着读到第一个字，都通畅成句，而且整题原意不变。这种由圆形的反复构成的标题，视之柔和、对称，听之荡漾、和谐，形、声上造成的美感是很鲜明的，很强烈的。

2. **整齐式自然曲线形的回环**。其格式是：甲X乙→乙X甲。如：

（主）　青年需要改革　改革需要青年
（副）　青年改革积极分子经验交流座谈会在京举行
（1984年10月28日《人民日报》）

这一类回环，也比较工整，与第一类不同的是，第二句不是由第一句逐字按顺序颠倒构成的，而是前后两个词互相调换，中间部分的词语位置不动。它虽具有对偶特点，又与对偶稍有不同的是，对偶一般不用相同的字，而这类回环却字字相同，只是词序上有所变化。它虽然不是工整的对偶形式，但也同样产生强烈的对称感，是变化与统一相结合的自然曲线形的回环美，比起比较单调的圆形的回环，更显得自然、活泼。

3. **变化式自然曲线形的回环**。它没有一个固定不变的格式，词语次序的变化听其自然。如：

（肩）　让世界了解北京　让北京走向世界
（主）　第三届北京国际电视周隆重开幕
（1994年5月17日《北京日报》）

变化式回环中，有的参与回环的词语本身还略有变化，词性上也不相同。如：

喜嫁三"千金"　谢辞金三千
（1983年10月21日《湖北日报》）

标题的制作理念与艺术技巧

题中"三'千金'"与"金三千"三个字，只顺手将其次序轻轻一调，便形成了回环辞格。但两者的内涵并不一样，前者是指人，后者是指物。

这类的回环，一般都是在第二句将重点词语的位置变动一下，此外，前后两句的部分词语可以不同，而且根据表达内容的需要，也允许增字或减字，不要求整齐一律。但是，它依然保持了回环辞格形式上的特点：回环往复。不过它是变化的自然曲线形的回环，乱中见齐，既多样又统一，是一种不对称的对称，体现了变化统一的形式美，完全符合多样统一的语言的艺术法则。

回环的修辞效果是多方面的。

它主要有助于揭示事物间的相互依存、对立统一的关系。而这种类型又多表现为主语与宾语、名词与名词间的回环。如：

（主）　夕阳无限好　笑醉荣高棠

（副）　荣老把生命交给体育　体育把长寿还给荣老

（1995年8月4日《光明日报》）

（肩）　本市河道清障动真格——

（主）　不清障就清人　清人后再清障

（1995年8月17日《文汇报》）

它有助于富有情趣地表现复杂的思想与感情。这大多为形容词、动词与名词间的回环。如：

风格高遇到高风格

（1985年7月19日新华社）

台上他讲　台下讲他

（1982年10月19日《四川日报》）

前题抒发了对乐于助人、无私奉献精神的赞美，读后使人感到情意绵绵；后题幽默而形象地批评了干部中那种言行脱节的坏作风。

它有助于多侧面地凸显事物的特征。这大多为动词、副词间的回环。如：

（肩）　眉县糖烟酒公司——

（主）　要回扣不给　给回扣不要

（1988年12月10日《宝鸡日报》）

这则题从"给"与"要"的两个方面集中地显示了清正廉洁的好作

· 340 ·

风，给人以深刻的印象。

它有助于表达观念的更新与充实。这大多表现为对成语、熟语和典故赋予新意的翻造上。如：

孟母择邻与邻择孟母

（1994年5月17日《深圳商报》）

总之，回环这种修辞方式能够给人一种回环往复、延绵不断的感受，使人形象而富有情趣地领会其中的深意，深切地体察到其中的思想感情。当然要使这种修辞格收到增强语言的表现力和感染力的效果，最为关键的一点，就是一定要符合新闻标题概事达意的需要，切不可为回环而回环，否则就会变成无聊的文字游戏，使标题文字重复啰唆。

排迭串联——话"排比"

排比，即以内容相关、结构相同或相似、语气一致的三个或三个以上的词组或句子连串使用，借以达到集中说理、尽情状物、充分抒情的修辞方式。这样集中而突出地表达有关事物，以多侧面的思想内容紧紧地把受众吸引住，从而能增强标题的感染力和说服力。如：

（主） 党以重教为先 政以兴教为本 民以支教为荣 师以从教为乐

（1994年9月4日《广州日报》）

（肩） 新品多 花色多 色彩多 档次多
（主） 赠师贺卡精彩纷呈

（1994年9月9日《新民晚报》）

（主） 中国拉拉队，了不起！
（插题） 拉出气氛和情感 拉出技巧和水平
　　　　 拉出道德和情操

（1994年9月9日《中国青年报》）

以上三例分别在主题、肩题和插题中运用了排比辞格。从以上三例也可以看出，在新闻标题中使用排比辞格，可以使陈述或评述性的标题对事理的阐发更透彻有力，可以使抒情性的标题对感情表达得更中肯充分。而在运用这种辞格时，应注意这样三点：①排比的各项中，一般得有共同的词语重复出现，在修辞学上被称之为"提挈语"。这种格式的排比句最为常见，它有利于句式整齐，节奏鲜明，语气连贯，文意回荡。②排比各项在意义上要有内在联系，而且不能少于三项，但也不宜过多。过多会造成

标题的制作理念与艺术技巧

词语的堆砌,语言显得造作,给人以累赘拖沓之感。同时版面上也会显得过宽,影响标题的醒目,给受众造成阅读的不便。③排比各项的构成最小语言单位,应是词组,而不是词。因为排比是以结构匀称、气势畅达、内容相关见长,假如只是简单地把一些词排列起来,不仅不能产生这样的效果,而且这也不是排比辞格。如:

(主) 改革 创新 竞争 夺魁
(副) 中国扬子电气公司发展纪实

(1994年9月6日《福建日报》)

主标用四个双音节合成词来概括新闻事实,简练、有力、准确,但这不能视为排比辞格。

按照排比辞格各项之间语言关系,常见的又可分为下面三种类型。

1. **并列排比**。构成排比各项之间各自独立,轻重相当,相互间没有明显的次序关系,前后可以互调。如:

(肩) 穿山甲被红烧,活猴子被宰杀,猫头鹰被烹调
(主) 救救这些珍稀动物吧

(1985年7月25日《南方日报》)

2. **连动排比**。构成排比各项间分别有动作或时空上的延续性,其间的先后顺序不宜随意更动。如:

(肩) 华阳街道里弄干部——
(主) 串百家门 知百家事 解百家难
(副) 动员居民、职工投入建设文明单位活动

(1984年3月1日《文汇报》)

主标的排比各项间有动作上的延续层次。1984年6月26日《襄樊日报》在为离休老干部发荣誉证的消息标题中,主标就有明确的时间延续性:

战争年代立下汗马功劳

建设时期作出显著贡献

离休之后誓让余热生辉

3. **层递排比**。构成排比各项或在语义上步步加深,或在感情上由弱到强,或在范围上由小到大。如:

(肩) 市五讲四美三热爱活动委员会部署全民文明礼貌活动
(主) 做文明市民 创文明单位 建设文明城市

(1984年2月11日《北京日报》)

排比是一种富于表现力的修辞格。在标题制作中，有的内容不能插叙，只能列叙；有的虽能转叙，但为了增强语势，提高表达效果，仍要采用列叙。排比辞格多用于说理或抒情。用它去说理，可以把论点阐明得更严密、更透彻；用它去抒情，可以把感情抒发得更真挚、更有力。

排比辞格的构成方式比较灵活，所以排比的结构是多种多样的，主要可分两大类：句子的排比与句子成分的排比。在新闻标题制作中，主要是句子成分的排比，其中又主要是谓语、宾语、定语、状语的排比。主语与补语的排比极为少见。

工整匀称——话"对偶"

对偶，即用一对字数相等、语法结构相同或相似的分句或词组连在一起，来表达相似、相关或相对、相反的意思的修辞方式。

1. 从结构形式分，有词组对词组的对偶与句子对句子的对偶两种。如：

（肩）　江泽民访欧期间看望我使馆人员时语重心长地说
（主）　搞拜金主义民族没有希望　靠艰苦奋斗才有美好明天

（1994年9月19日《文汇报》）

（主）　乡音缭绕　已沐百年的风霜
　　　　霓虹闪烁　不见当年的夜晚
（副）　昨晚踏寻宋氏浦东故居记

（1994年3月17日《新民晚报》）

对偶句的上句称为上联，下句称为下联。前题主标的上下联为动宾结构，系词组对偶；后题主标为两个分句，系句子对偶。

2. 从语言形式分，对偶又分为严对和宽对。

严对——即要求上下两联字数相等、词性相对、结构相同、平仄相拗，用字不重复。如：

（主）　春雨催花花竞放　茶香熏人人自来
（副）　记上海国际茶文化节开幕式

（1994年4月18日《新民晚报》）

年年游子乡情梦　声声呼唤又一春

（1993年1月22日《深圳商报》）

这两则题，对仗工稳，平仄和谐，意境深邃，可谓佳对。

宽对——即只着重要求字数相等，结构相同或相近，词性相当，不求平仄协调，也允许重复用字。如：

（主）　拾到的项链重如枷　迟到的勇气仍可嘉
（副）　杭州一位妇女终于了结心事

（1994年3月9日《新民晚报》）

（主）　台上演文明戏　台下做文明人
（副）　贤媳江家仪孝敬婆婆传为美谈

（1994年9月19日《文汇报》）

这两则都是社会新闻的标题，对仗虽不甚工整，但概事达意简洁有力，读来朗朗上口，达到了思想性与艺术性的较好统一。做新闻标题，不是写诗，要服从表情达意的需要，不苛求于严对，用得较多的是宽对。

3. 从内容上分，对偶又可分为正对、反对和串对。

正对：相对事物的意思相同或相类似，上下联形式上对称，意思上互相补充。如：

肝胆相照　民主党派热心进国策
荣辱与共　中共中央虚怀纳良谋

（1994年2月23日《人民日报》）

（肩）　不心浮气躁攀高价　求薄利多销益食客
（主）　广州酒家低调子唱出高水平

（1994年6月6日《羊城晚报》）

反对：相对事物的意思完全相反，上下联形式上对称，意思上互相反衬，常用反义词。如：

（肩）　庙内出家称僧　庙外租房做贼
（主）　一和尚犯案被警方收审

（1994年7月19日《长春日报》）

串对：相对事物有连带关系，即上下联有顺承、因果、条件等关系。如：

（主）　妈妈心脏换了"零件"　娃娃安然来到人间
（副）　两位换心脏瓣膜的妇女顺利分娩

（1983年8月1日《健康报》）

（肩）　全市税收、财务大检查令不少企业尴尬
（主）　自查时睁只眼闭只眼

被查时露了馅丢了脸

（1995年1月6日《深圳晚报》）

还有一种并列对偶，与上述三种在内容上略有不同，即上下联内容意思互不相关，只是对仗工稳。并列对偶题，多用做消息集纳或目录新闻的标题，其内容和思想的容量异常丰富。如：

爱鸟护鸟　鸟语花香　春常在
造林护林　林青水秀　粮满仓

（1983年4月27日《黑龙江农村报》）

这则并对题，上下联句中有句，两两相对，别有情趣。

对偶题，具有思想性、文艺性、知识性和趣味性，是读者喜闻乐见的一种修辞方式，是新闻题苑中的一颗明珠。它的应用范围十分广泛。但应注意不可滥用。只有内容表达上的需要才可选用，切不可每则标题不问青红皂白地硬要去凑对子，以至造成以辞伤意。同时，更不是随便把一则标题分为上下句，就是对偶了。即便是宽对，也不是宽得无边。上下句的字数要相等或大致相等，语法结构要相同或相似，这些基本要求是不可少的。

对偶与对比有联系，又有区别。对偶着重看结构形式，要求字数相等，结构相同或相似；对比不管结构形式，只看内容，重点在意义的相对立。有的对比不是对偶，有的对比是对偶中的"反对"，则应视为"兼格"，即：就内容说，是对比；就形式说，是对偶。

连及他物——话"拈连"

拈连，即在表达甲、乙两个相互关联的事物时，把适用于甲事物的词语，因势利导地挪用在乙事物身上，而这个词语通常又与乙事物不相搭配，从而取得富有情趣的修辞方式。拈连的构成关系应具有前项与后项两种事物，以及拈连词（一般多为动词）的连接；而拈连词与前项的搭配是常规用法，与后项则常为不相适应的非常规用法，但在前项的引导与衬托下，才会使人感到合情合理。这就是说，拈连词用于前项是它的本义，用于后项时则是它的比喻义或引申义。

（肩）　聚世界奇观俯仰间今今古古，含一窗烟霞流连外山山水水
（主）　世界之窗今天开"窗"

（1994年6月18日《深圳晚报》）

标题的制作理念与艺术技巧

由旅游景点名中的词语生发出新的词语拈连成题，拈连词"开"与前项是正常搭配；与后项"窗"属非常规搭配，但在前项引导下，既文意贯通，又力避了"开业"等一类常规说法，让人感到新颖、风趣，又简练明了。

拈连辞格从生成的方式上分，有下面四种类型。

1. **顺连**。即把适用于甲事物的词语，顺势移用到乙事物上，使两者浑然一体；或者利用一个现成的词语，顺其意将其局部加以变动，生发出一个与之相应的新的词语来。如：

种葱种出大学问

（1989年9月5日《文汇报》）

标题巧妙地运用前项"种葱"中的现成词"种"顺手拈来，连在"学问"上，使人在幽默风趣中得到教益。

顺连这种修辞方法在实际运用中，变化也是很多的。如作为拈连词，一般都是动词，有时也可用形容词，但必须是动词化的形容词。在这种情况下，一般地说构成拈连的前项都是具体的事物，其后项事物则是较抽象的。如有一则反映人民群众英勇反抗殖民统治的新闻，题为《牢房关不住自由的意志》，"关不住"即为动词化了的形容词；前项"牢房"是具体事物，后项"自由的意志"则是较抽象的事物。而"关不住"可以直接用以修饰"牢房"，用于后项则是它的引申义。

2. **反连**。即利用前项中一个现成的词语反义相连，生发出一个新的词语。比如，有一则报道上海"凤凰牌"自行车质量不断提高的新闻，其标题为《蔡少武不飞"兰苓"飞"凤凰"》，就巧妙地运用了反连辞格。谁都知道，著名杂技演员蔡少武，"飞车走壁"是他的拿手绝技，为了表演安全，历来都使用世界名牌车"兰苓"，如今改用"凤凰"，"不飞'兰苓'飞'凤凰'"反义相连，足见"凤凰"质量之高。

反连的修辞方式更多见于小型评论的标题。如：

面子和里子

（1995年9月8日《深圳商报》）

这类利用反义词的关系构成的反连式标题，突出物之间的矛盾关系，可以收到相辅相成的效果。

3. **对连**。即利用前项中的一个现成的词语，从它的相对的方面对其局部加以变化，生发出一个新的词语。如：

浅议学者与学棍

（1995年9月8日《深圳特区报》）

由"学者"生发出"学棍"，并赋予新的含义："有些人虽有一点学问，但学风差、品格低，就算不得学者。……从一己之见出发，以势压人，动不动就抡起棒子四面出击，试图'打'服对手。这样的人是典型的'学棍'。"

4.**关联**。即利用前项中一个现成的词语，从它的有关方面对其局部加以改造，生发出一个新的词语。如：

（肩）　西航公司关心职工生活抓七件事
（主）　"紧日子"不过成"苦日子"

（1990年1月27日《军工报》）

主题以新闻事实为依据，按照一定的逻辑关系，将两个相关而又相异的概念拈连成题，别有一番情趣和理趣。

拈连辞格既然是两种不同观念的词语的拈用，这就与移就辞格容易相混。但这两种辞格是有明显区分的：①移就中两种不同观念的词语的移用，往往是把人的思想观念的词移属到其他物体上面；拈连辞格则是两种任意观念的词语的拈用。移就的结构方式，经常是修饰语和中心语的关系，拈连则往往是动词和宾语的关系。②在关涉到人的思想观念时，拈连往往是从具体到抽象，从具体的其他事物拈用到抽象的人的思想活动中来，使人的抽象的思想活动具体形象。这与移就也不同，移就所移属的事物总是比较具体的。③从表达效果来看，移就重在刻画描写，重在气氛上的烘托渲染；而拈连则着重在意思上的深化，往往语意警策，发人深思，如《据"礼"要有礼》、《晚痛不如早痛》等。移就着重于寓情于物，可以动人肺腑，但很少有具有思想深度的警句。

第四节　含蓄类辞格

这类辞格大体上包括有双关、反语、委婉、跳脱、藏词等五种。

含蓄意会——话"双关"

双关，即巧妙地让一个词语或一句话具有双重意思，一重是字面的，另一重是暗含的，暗含的意义才是真实的、主要的意思的修辞方式。双关辞格的主要作用在于能含蓄曲折地表达思想感情，使读者感到余味无穷。因而在新闻标题中运用双关大多是出于表达技巧上的需要，借以增强标题的象征、含蓄、幽默、讽刺等语言特色。如：

"倒蛋部队"撤军

（1993年1月23日《新民晚报》）

1993年，南京市已建成十家大型机械化养鸡场，有蛋鸡110万只，日产蛋3.8万公斤，迫使由万余苏北和安徽组成的鸡蛋贩运、贩卖专业户"大溃退"，不仅"裁军"68%，而且也失去了长达十年之久对该市鲜蛋市场的操纵权。该题一语多义，新鲜引人。

在特定的环境中，某些话不宜直说，但又必须表达时，也可借助双关辞格的影射作用，婉转地把要说的话暗示出来。这样，既达到了表达目的，又可以避免引起麻烦，还能增强标题语言的表达效果。如：

（主）　音容尚在
（副）　追悼戴笠

（1946年5月27日《文汇报》）

国民党特务头子戴笠死了。主标的字面意义好似在悼念死者，其实质是在暗示读者，戴笠虽然死了，国民党的特务统治依然残酷如故。此题的双关语，既简明又影射得绝妙！

从双关辞格构成条件分，有谐音双关与语义双关两大类。

1. 谐音双关——借用一个音同或者音近的字词来表达一个双关的意思。谐音双关包括两小类：假借双关与歧解双关。

①假借双关——即在异形同音词中，借甲词来指乙词，表面说甲，暗中说的是乙，两个词的意义毫不相干。如：

乔迁之"洗"　管道漏水无人管
提前退"修"　冰刀开焊难解愁

（1980年10月20日《北京晚报》）

利用报刊寻找致富"金钥匙"
武义三百青年成为"报发户"

（1994年7月14日《浙江日报》）

这二则标题都是将两个同音的字或词在某种意义上联系起来，使之表达表里两重意义，既含蓄又巧妙，使人感到一种清新的情趣。

②歧解双关——即用同形同音词，在一定的语境中故意造成语意上的歧解，以达到一定的修辞目的。这类双关的两个词的意义在句子中都不是确定的，没有什么明暗主次之分。如：

"桃花园里"不安宁

人大代表解民忧

（1995年10月26日《深圳商报》）

位于深圳笋岗区的桃花园住宅区治安情况严峻，市人大代表深入其间寻觅治理良策。标题巧妙地与陶渊明笔下的"桃花源"形成双关，故意造成语意上的歧解，幽默，意深。

2. 语义双关——借用同义的词语来表达一个双关的意思。而字面上的意思是借的，是次要的；字面外的意思才是主要的，真正要表达的意思。这里又可分为两种：

一种是句子语义双关，即利用句子的两种含义构成语义双关，其特点是指物借意，言在此而意在彼，蕴藏着另外一层意思，使其真正含义在富有风趣的语境中体现出来。如：

（主） "金鸡"报喜　"百花"盛开

（副） 电影"金鸡奖"昨晚在西子湖畔授奖

（1981年5月24日《羊城晚报》）

1981年是旧历的辛酉（鸡）年。主标的字面意义是在报道与祝贺这次授奖大会的召开，但却包含着暗喻文坛形势大好、百花盛开。而且前者是次要的，后者才是真正要表达的意思。

另一种是词义双关，即利用相同的字词来表达两个不同的意思，表面说的是一种事物，实际指的是另一种事物。比如，在第三届中日围棋擂台赛中，日方山城宏连下我方五城，直到副帅马晓春出战山城宏时，方获得胜利。《羊城晚报》便利用同字语义双关，做了一个奇趣引人的妙题：《"马"到成功》。又如：

着了"魔"的教授

（1990年6月23日《人民日报》）

这则通讯报道的是：西南农业大学园艺教授刘佩瑛在大巴山区推广魔芋种植技术的事迹。标题中的一个"魔"字，既有迷恋魔芋种植技术的字面意义，又有为推广该项技术着了魔似的全身心投入的深层含义。前者为表面意义，后者为要表现的实质意义。

标题的制作理念与艺术技巧

"凤"还巢

（1986年11月7日《解放军报》）

这是一则小通讯的标题。它说的是，某连一位战士为了让个人的事办得顺一些，便送了连队干部一辆"凤凰牌"自行车。连队干部拒礼说理，让其放心，该办的事，不送礼，照办不误，将车退回。一个"凤"字，语意双关。

运用双关辞格，要注意：一要处理好"表"和"里"的关系。使用双关都得有表面的和暗含的两个含义，语义双关这两个方面的意义是联系的，而不是互不相关的。这样，在语言形式的构成上就要把这两方面兼顾到，让读者既能理解其表面意义，又能领会到实际意义；二是表里两重意义的主次要分明，双关词语的字面意义是次要的、从属的，暗含的意义是主要的、实质性的，不然，就不成其为双关了；三要让读者能一眼看出暗指的内涵，同时手法又要巧妙，让其蕴涵的内容深一些、含蓄曲折一些，才会富有情趣，引人深思。

谐音双关与谐音构成的比喻辞格在形式上有相近之处，但两者仍有明显区别：谐音双关是利用字词同音或近音为条件构成的表里两重意义，而以里意为主；而比喻是利用甲乙两个事物的相似点为条件构成的修辞格。两者构成条件不同，而且谐音双关的表里意义没有必然的联系。

表里各异——话"反语"

反语，即在特定的语言环境里，为了收到新鲜引人、含意深刻的效果，以贬义褒词、褒义贬词的方式，说反话，字面上的意思和实际要表达的意思恰好相反的修辞方式。

要使新闻标题做得生动、引人、有趣味，还必须认真考究词的意义的褒贬，色彩的明暗，感触的硬软，声调的抑扬。让人看过以后，对许多事情，虽地隔千里，也似如临其境，生动有趣；事过多年，依然历历在目，印象深刻。这里巧妙地运用反语辞格，便是选择之一。

标题的用词，在通常情况下，表示赞颂、喜爱的感情，要用褒义词；表示贬斥、憎恨的感情，要用贬义词。反语辞格反其道而行之，使标题奇趣无穷。

它语言新鲜活泼，不一般化，又富有嘲讽幽默情趣，给读者留下的印象深刻，教育深刻。如：

（肩）　酒后人狗"接吻"
（主）　狗醉人亡

（1994年7月2日《今晚报》）

"接吻"是感情的升华，亲切、愉快之举，可标题中的"接吻"却是致命的灾难。新闻说的是拜泉县新建乡供销社职工刘某视酒如命，不听劝告，一次背着家人酗酒后呕吐不止，瘫倒在地，不省人事。刘某家饲养的一只狗顺其呕吐物吃上去，误将刘某的嘴唇和鼻子一起吃掉。当刘某家人回来时，见狗醉卧在刘某身上，被吃掉鼻嘴的刘某因酒精中毒已毙命。

中国大闸蟹"横行"曼谷酒楼

（1983年11月18日《经济参考》）

按词典释义：横行是贬义词，"行动蛮横，依仗暴力做坏事"。标题中用了"横行"一词，不但不让人厌恶，反而风趣地表达了中国大闸蟹雄踞市场、畅销曼谷的喜悦之情。这就比直标其事生动引人得多。

它往往比直话直说所表达的感情更深厚，更浓烈，更亲切。如：

中场阴谋家——哈吉

（1994年7月15日《中国青年报》）

在第15届世界杯足球决赛中，罗马尼亚队场上队长10号哈吉，几乎总爱低着头，走路低着头，踢球低着头；长着两道黑黑的浓眉，眼睛有点三角形。他从来不笑，这一切都使他像一个阴谋家。开赛至今，罗马尼亚队进的球，几乎全是哈吉妙传的球。首先是他"阴险无比"的传球，然后才有他的队友拉杜乔尤、杜米特雷斯库的轻易的进球。标题中的"阴谋家"毫无贬义，正好表达了对他的球艺和中场组织才能的喜爱和赞美，难以正面言表的浓郁感情。

它往往带有强烈的鄙薄或讽刺的色彩，能辛辣而又一针见血地揭露或戳穿敌对势力的伪善面目和欺诈行为。如：

（肩）　通信"自由"来了！
（主）　邮电检查恢复

（1946年12月15日《新华日报》）

在解放战争时期，国民党一反常态地也常常高喊要给人民"自由"。标题是针对这种高调说的反语，给予了辛辣的嘲讽和无情揭露。

从表达的内容上分，反语辞格可分为讽刺性反语和愉悦性反语两大类。

讽刺性反语——即反话正说，似褒而实贬，用肯定的词语表示否定的意思，以表示讥讽和嘲笑。这类反语多用来揭露和嘲笑敌人；对人民内部的丑恶现象和不良行为，也可进行善意嘲讽，但意在治病救人。如：

（主）　"天堂"？
（副）　德人民领略够了
　　　　戈培尔还想欺骗

（1942年4月5日《新华日报》）

希特勒的宣传部长戈培尔一再吹嘘法西斯德国是人间的天堂。主标引用戈培尔所说的"天堂"反语相讥，紧接着副题便给予正面揭穿，整题简洁鲜明，嘲讽辛辣。

讽刺性反语用于人民内部，由于讽刺的对象不同，反语所表达的态度、感情、用语也应有所不同，如：

八宝粥中多一"宝"　竟是尖锐玻璃碴

（1994年4月28日《今晚报》）

天津一消费者买了一盒浙江产的"宫廷"牌八宝粥，竟然吃出玻璃碴。标题中名为"一宝"，实为"一害"的反语，意在给厂家、消费者一个提醒。

"好心人"被捉

（1994年9月15日《北京晚报》）

题中的"好心人"，是对那种名为助人为乐，实为骗钱财的行为的鄙薄。

愉悦性反语——即正话反说，似贬而实褒，以否定的词语表示肯定的意思，多用来表露亲密、得意、喜爱和赞颂的感情。如：

（肩）　八百信息员　六百调解员
（主）　虹镇街道"和事佬"真多

（1994年5月9日《新民晚报》）

"和事佬"向来是个贬义词，这里却表达对那些常年在街道里弄化解矛盾、调解纠纷的信息员和调解员的敬爱之情。

愉悦性反语还可直接用以对伤人恶语的批驳，以弘扬正义、表彰先进。如：

（主）　社会主义的"守财奴"

（副）　记洛阳市化肥厂副厂长王复新的事迹

（1982年4月2日《人民日报》）

"守财奴"本是那些"肥私"不成的人对王复新的贬词，标题针锋相对地反其意而用之，满怀深情地赞扬了王复新严格执行财经纪律，对一切违法行为不留情面的品德。

恰当地运用反语辞格，能引人深思，有利于增强标题的表现力和感染力，这里讲的"恰当"，主要包含这两层意思：第一，使用讽刺性反语，一定要分清敌我友，要严格区分不同对象，采用不同态度；第二，反语要明白无误，要让读者一看就知道是在说反话。要做到这一点，可以采取下面三种方法：①上下文要有明确交代；②将反语加上引号标明；③既用反语表露又辅以事实印证。三者可择一而用，也可结合运用，因文制宜，以得体为好。

曲言婉转——话"委婉"

委婉，即不直接地正面地表达某种思想、意思，借助转义形式换一角度或者换一种说法，来寄寓或暗示真意，以取得理想的表达效果的修辞方式。如：

铁娘子冷脸没好话　英首相窝一肚子火

（1995年5月22日《深圳晚报》）

英国首相梅杰21日因前首相撒切尔夫人对他进行了严厉攻击而深感恼火。标题运用委婉辞格，含蓄而别致地表达了矛盾双方不同的情态。

电子增高器的幕前幕后

（1989年1月19日《经济日报》）

这是一则批评报道的标题。标题运用委婉辞格，使之含而不露，却已把作者的立意清清楚楚地暗示出来了。这比直接说出电子增高器是个骗局，更为引人思索。

委婉辞格包含有两个含义：一是表示曲折婉转；二是表示平和动听。这两个含义是有联系的，因为平和动听往往是与表达上的曲折婉转分不开的。但它们之间又有区别，曲折婉转是就表达方式而言的，平和动听是就表达作用而言的。这样，委婉辞格又可分为"婉言"与"曲语"两类。

1. 婉言——在表达某一意思时，有意把话说得含蓄一些，把语气放得缓和一些。有时候，对一些问题和现象、一些人和事，要进行必要批

标题的制作理念与艺术技巧

评，为达到理想效果，就尽量把话说得婉转些，为的是避免刺激对方，故意用一些语义较轻的词语来表达，既增加标题的幽默感又让对方乐于接受。如：

（主） 莫把"温饱"当小康
（副） 来自黑龙江农村的调查报告

（1985年8月17日《人民日报》）

这则标题本来是针对当时不少报刊对农村的大好形势估计过高，一拥而上的宣传"万元户"，给人造成好像农村已经富得不得了的片面印象而作的。但作者没有采取直书其事、直话直说的方式，而是运用了婉曲的修辞方式，把话说得既缓和、委婉又明确、中肯，让人读起来感到很亲切，颇有循循善诱地规劝之意。

有时候，可以用一些模糊的说法和词语来表达一些"敏感"不便、不好直说，或值得注意的问题。尽管词语含义是模糊的，但并不妨碍意思的表达，读者可以透过这些模糊的词语，明晰地领会到作者所要表达的真意。如：

（主） 交流，尽管隔着一道网……
（副） 记台湾海峡两岸姑娘的排球赛

（1987年7月20日《新民晚报》）

题中的"一道网"，既是比赛场上的现实，也是生活中的"现实"。虽难明言，但其意已明。

2. 曲语——依靠一定的语言环境，用与本意有关的事情、词语把本意暗示出来，使标题更真实而生动地表达感情。如：

向观众告个假

（1980年9月12日《北京晚报》）

北京一个剧团即将出国演出，报纸在发表这个消息时，标题没有直言其事，而是用"告个假"曲折婉转、极富情趣地表达了本意。

有时碰到不宜、不愿、不忍直说的事物，或者直说要触犯别人忌讳，那就不说本体事物，改用旁的词语来代替它、装饰它。如：

洛桑笑声戛止

（1995年10月8日《金陵晚报》）

深受全国电视观众喜爱的藏族青年喜剧演员洛桑·尼玛，于10月2日晚因交通事故不幸身亡。编者运用婉言辞格制作成题，报道了这一不幸消息。

"蝴蝶"又飞回她的发辫上

（1982年5月15日《襄阳报》）

新闻说的是医生帮助一女青年治好了秃疮，使她重新长了满头青丝，又戴上了蝴蝶结。标题回避了"秃头"、"秃疮"这类不雅之词，用重戴蝴蝶结来暗示治好秃疮，并用一个"飞"字，把静态变为动态，含蓄喜人。

再有，中国是一个文明古国，说话办事自然应彬彬有礼。既然要有礼，标题就应力避粗俗和直露，在表达上要讲究文雅和含蓄。

（肩）　这家菜场令人掩鼻
（主）　领导拒不设厕所，"方便"竟在食品仓库

（1985年8月23日《新民晚报》）

"方便"，即"拉屎拉尿"，这既避免了不甚文明的词语入题，又将事实真相和盘托出。

委婉辞格的运用与感情色彩往往有关。汉语字词中同义现象之丰富为使用者提供了广阔的可供选择的余地，这是"丰富"之利。但如若对使用对象不了解，对词的具体含义似懂非懂，信手拈来，便会出毛病。如1959年杜勒斯病死了，《人民日报》标题为《杜勒斯病死》，用得恰到好处。而另一家报却以《杜勒斯病逝》为题，这是未察其差别之微所致。

跌宕起伏——话"跳脱"

跳脱，即作者故意造成的一种语言变态——不是一句接一句、一气呵成地写下去，而是中间突然间断，让其一部分意思含而不露，但读者又可以从当时的语境推知，得到沟通理解，起到一种"得其意于语言之外"的修辞方式。

跳脱辞格的"跳脱"之处主要是用"……"表示，也可用"——"表示。恰当而巧妙地运用这种辞格，完全可以使字面不完整而收到"完整"的神韵，不连接而得到"连接"的效果，可以收到意不浅露，语不穷尽，"言有尽而意无穷"的效果。如：

（主）　假作真时……
（副）　广西博白县三滩供销社掺假证实

（1984年2月18日《人民日报》）

标题的制作理念与艺术技巧

主标运用了跳脱辞格，用《红楼梦》中的一句七言诗"假作真时真亦假"，隐去后三字。不写出这三字，比直接写出来其含义要宽广、深刻得多。这条新闻揭发了这个供销社不仅以次充好，甚至还把废铁乔装打扮后混迹袋中，冒充特级"桂圆"，发往受货单位。经商贵在信誉，自己败坏了信誉，"假作真时真亦假"这个生意是无法做下去的。这是最重要的损失，这也是从长一点的时间来说的。但是在我们这样的社会主义国家里，搞欺骗人的买卖，一经披露，就眼前来说在政治上和经济上，也得受到应有的惩处。主题的跳脱，正是包含了这样多层的意思。

（肩）　从卫星发回的地球照片上，联合国环境规划署的官员们惊奇地发现：他们找不到中国的那个城市——

（主）　本溪知何去？茫茫烟尘蔽！

（副）　市民提出：谁能治理好污染，我们就选谁当市长

（1988年8月9日《经济日报》）

肩题中作者没把话说尽，结果使文意陡生波澜，远远比把话说尽有力量、感染人得多。

（肩）　一位加籍华人抱着最后一线希望前来求医，4个月后，奇迹出现了……

（主）　越秀区杂病院"杂"出名堂

（1983年12月15日《羊城晚报》）

肩题如果不运用跳脱辞格，而是把治病的"奇迹"都一一写出来，不但会显得冗赘、啰唆，难以承受，而且还会破坏整则题语言起伏不平、婉转有力的格调。

新闻标题中使用跳脱辞格的常见方式有：

1. 戛然收住——作者写着写着突然收住。有的是在一句话说完之后，有的只说了半句话就中断了，不再说下去，读者可以从中领会到隐去的文字的意思。如：

（肩）　你坐着，闲着，平安无事；业余时间多干点事，却有人"弹"……

（主）　从"星期六工程师"引出的……

（1985年5月11日《羊城晚报》）

2. 列举类推——举其中几项，以下便可依此类推，不必一一赘述。如：

（肩）　矿泉水、蒸馏水、太空水、活性水……

（主）　你喝什么水？

（1995年10月18日《大众服务报》）

3. 忽被冲断——或由作者的感情冲动而冲断，或由外界事物冲断。如：

（主）　啧啧，好人啊……
（副）　和一个小伙子的谈话录

（1983年1月17日《沈阳晚报》）

象声词"啧啧"表现了作者情不自禁的赞美之情，接着"好人啊"……便戛然而止，足见其当时的激动。它生动地告诉读者新闻人物的事迹感人至深，如果不用跳脱难以有此引人的好效果。

4. 断断续续——由于主观或客观条件的限制，不便或不可能一气呵成地讲完一个语言片断，而借助跳脱辞格把它表达出来。如：

村民——"记者"——罪犯

（1985年7月19日《陕西日报》）

隐而不发——话"藏词"

藏词，即运用早为读者所熟悉的成语、成句或现实流行的语词，将要说的本词藏去（故意只说出一半隐去另一半），单用包含"本词"在内的某一现成语词的其他部分来替代，但要表达的意思又非常清楚，从而产生一种幽默含蓄、"意在言外，思而得之"的修辞方式。

藏词的修辞目的和艺术效果，归结起来，主要在于"隐"，大多数都是在一定的场合或情况下，用来表达那些不能明说或不便直说的意思，或带有强烈的感情色彩。如：

（主）　公理战胜
（副）　"国际金鹅奖书画大赛"组织者状告《羊城晚报》、珠海市文化局落败记

（1995年6月23日《珠海特区报》）

两名有夫妻关系的个体经营者，打着策划"国际金鹅奖书画大赛"的幌子，非法活动，在海内外制造大骗局。后被珠海市文化局联合公安部门取缔，接着又被《羊城晚报》曝光。但这两位品行不端的个体户心犹未甘，便向广州市东山区人民法院起诉，指控珠海市文化局、羊城晚报社对他们进行"侮辱诽谤"，要求"恢复名誉、公开赔礼道歉及赔偿经济损失1万元"。1995年6月3日法院作出判决：驳回原告的诉讼请求，案件受理费510元由原告负担。主标运用藏词辞格，露头隐尾，意味深长。

据学者们考察，藏词产生于汉代，盛行于魏晋，发展到今天已有一千

标题的制作理念与艺术技巧

多年的历史。藏词辞格依据其所藏本词的部位，及所凭借的成句的取向的不同，可分为抛前藏词、缩后藏词与譬解歇后藏词三种。

1. 抛前藏词，亦称藏头语。即把藏在前半截的本词隐去，单用后半截来代替它。如：《"而立"之年勤耕耘》。《论语·为政》篇中有"三十而立"一句，标题中将"三十"一词隐去，用"而立"两字来替代本词——三十。

2. 缩后藏词，亦称藏尾或缩脚语。即将藏在成句后半截的本词缩去，单用前半截来代替。如：

（肩）　能剜欧洲一块肉？
（主）　阿维兰热再骑虎

（1994年7月10日《中国足球报》）

78岁的阿维兰热1994年6月第六次连任国际足联主席，但这是通过艰苦的斗争和多轮的谈判换来的。他曾建议将1998年法国世界杯的参赛球队由目前的24支增加到32支，为寻求支持，他已答应给各洲都增加参赛球队，而最初反对他连任的欧洲足联则建议根据进入四强的球队数量来分配增加的席位。目前欧洲球队在八强中占了7席，至少有3支将进入四强，这就意味着欧洲至少要在下届世界杯增加3张席位，这无疑会影响其他洲的利益。阿维兰热能否兑现当初的许诺？主标运用成句"骑虎难下"缩后藏词表达了这种为难的处境。

3. 譬解歇后藏词——它是由歇后语藏词的一种变化发展形式，也是对成句的一种省略运用，即将成句中要说的藏在后半截的本词或本意隐去不说。但由于譬解歇后语是由譬和解两截构成，而且前后两截又是有着固定联系的两句话；只要读者一见到前半截的譬喻语，就能悟出它的说明语来。所以，譬解歇后藏词，由于它总是用一个生动形象的譬喻来作比的，又歇却后半截的说明解释语，这样，既能取得生动、形象的修辞效果，又能启发读者进一步去揣测、联想、体会和领悟它的本意。如：

美国卫星去海底捞月

（1958年8月20日《北京日报》）

1958年8月17日美国发射的"先驱者"月球卫星失败，卫星坠入大海。《北京日报》根据这个新闻事实，再加之当时的中美关系没有正常化，巧妙地运用藏词辞格，做了这条幽默、嘲讽性的标题，既概括了新闻事实，又表达了我们对此的立场。题中使用的歇后语"海底捞月——一场空",只说出了前部分用以概括新闻事实,而隐去了由此引出的道理——"一场空",收到了引而不发、幽默俏皮的效果。

在标题制作中,有节制而巧妙地使用藏词辞格,意在使用语简洁而又能具体地表达丰富的思想感情,绝不是要把标题做得隐晦、朦胧、模棱两可,或同读者故意绕弯弯。同时,要严格划清藏词与油滑的界限。标题中的藏词要服务于对新闻事实和中心思想的表达,它是在庄重严肃的基础上,让读者轻松、愉快地在知事明理上得到启迪,切忌用语上的油腔滑调。

第五节　幽默类辞格

这类辞格大体上包括有仿拟、飞白、顾名、歇后等四种。

模拟出新——话"仿拟"

仿拟,即模仿或利用群众熟知的名言名句或某种既有的语法形式,更换其中的某个词或语素,用以概事达意,造出别有新意的语句的修辞方式。常见的仿拟手法有下面几种:

1. 相反手法——转换论点式仿拟。即所替换的词或语素与原来的词或语素在意义上是相反的。如:

（肩）　北京出现三替医护服务公司
（主）　"久病床前有孝子"

（1994年7月20日《长春日报》）

北京三替医护服务公司的业务范围,从联系住院、寻医诊断,到购买药品、陪护病人无所不包。三替医护服务公司将这项工作称为替人"尽孝"。"久病床前有孝子",即为俗语"久病床前无孝子"的仿拟。

重赏之下必有懦夫

（1985年8月18日《中国青年报》）

仿拟"重赏之下必有勇夫"。

上两题中"有"对"无"、"懦"对"勇"的置换和代替,一下子变更了原句的论点,并与之对立。

2. 相对手法——对应原理式仿拟。即对照名言佳句,换入不同的词语后,同原句的逻辑一致,且词性相通。如:

标题的制作理念与艺术技巧

春风得意"马蹄轻"　壮志未酬"身先去"

（1994年7月21日《长春日报》）

前句，仿拟唐诗《登科后》"春风得意马蹄疾"，借以说明在第十五届世界杯决赛上均有上乘表演的罗马里奥、哈吉、巴乔、贝贝托、斯托伊奇科夫，杯赛落幕之后，自觉轻松、得意；下句，仿拟唐诗《蜀相》"出师未捷身先死"，借以说明著名球星马拉多纳、马特乌斯、巴尔德拉玛、希福、埃切维里，在本届杯赛上"壮志未酬"，据说便由于各种原因行将告别绿茵场。

3. 升华手法——递进升华式仿拟。即对照名言佳句，换入不同的词语后，意思有了升华、递进。

（肩）　全国科技工作会议涌动一股热流
（主）　企业与科技"两个巴掌拍响了"

（1992年4月12日《文汇报》）

俗语"一个巴掌拍不响"，有时被人用以说明势孤力单，难成大事。现在两者主动联姻，就像两只手掌紧握在一起。由这个俗语仿拟的标题，既通俗易懂，而且不落窠臼，思想与感情都有新的升华。

4. 校正手法——拾遗补缺式仿拟。由于时代的发展或历史的局限，给予原句以审慎而科学的补正，让其放射出时代的光彩。如：

食不厌"黑"

（1990年12月2日《陕西日报》）

孔子有句名言"食不厌精"。几千年来，人们一向推崇精米、精粉，而忽视黑色、粗粮食品。其实，黑豆、黑大米、黑面等，不但有丰富的营养，而且集药用、美容于一体，还有防止现代食品引起的"文明病症"的特殊功能。这则仿拟标题，起到了纠正名句偏误之处的作用。

孟母择邻与邻择孟母

（1994年5月7日《深圳商报》）

"孟母择邻"的故事，千百年来在民间广为流传、赞美。但近些年来，不少人又总觉得，这位孟母有点被动避世，若能主动为自己，又为邻家子女创造个良好环境，岂不更加可敬可赞？根据故事延伸，仿拟出的这则标题，概括了这层意思。

5. 谐音手法——奇趣幽默式仿拟。即更换代替的词语同原来的词语仅

是谐音相关,造成别有一番理趣情思的新语句。如:

谈谈爱"才"如命

（1983年6月8日《文汇报》）

仿成语"爱财如命"。

又如,有一篇题为《切莫"失事求似"》的文章,在讲到一位领导谈起本部门有关情况时,总用"可能"、"大概"、"也许"之类词语,对本部门的情况不甚了了。这则标题显然是根据成语"实事求是"演化成的,显得俏皮,在嘲讽中给人以启迪。

这种修辞格一般分为三种:仿词、仿句和仿调。在标题制作中常用的是前两种,仿调很少用。

仿词就是有意识地把现成的合成词或成语熟语中的一个词素换成意义相反或相对的词素,临时仿造出一个新的反义词或相对的词。

（主） 重庆宾馆待客如"冰"
（副） 《家》剧组投宿遭冷遇

（1985年5月11日《重庆日报》）

（主） 防急于未"燃"
（副） 深圳市高层楼房消防管理记事

（1986年9月1日《工人日报》）

前题仿造出的是一个新的反义词,后题则仿造出的是一个相对的新词。

仿句就是仿造某个成句的句法格式,造出一个新句。

（主） 乡人具米酒　邀客到田家
（副） 华西农村旅游中心首次接待外国旅游者

（1984年3月28日《光明日报》）

主标为孟浩然的诗"故人具鸡黍,邀我至田家"的仿句。

（肩） 蚊蝇与臭气齐飞　污水共粪土一色
（主） 圆岭市场脏乱不堪入目

（1983年3月28日《深圳青年报》）

肩题是唐初王勃《滕王阁序》中的"落霞与孤鹜齐飞,秋水共长天一色"的仿拟。原句是描写故都令人赏心悦目的景色,这是反其色调而用,换上了令人憎恶的形象,从而能引起读者的对比联想,更增添对眼前这种脏乱现象的厌恶之情。

仿调就是仿拟某种既成的语调或韵律,造出一个新句。如:

标题的制作理念与艺术技巧

主妇入肉市　归来气满胸
手提瘦肉者　不是排队人

（1981年3月21日《羊城晚报》）

这则标题就是仿拟宋诗绝句的格律而成的。

仿拟辞格在新闻标题中使用极为广泛，但在运用时应特别注意：所替换的词或词素应与原来的词或词素有一定的逻辑关系，或相对，或相反，或许有一定的语音关系，如谐音关系。如果既无一定的逻辑关系又无语音关系的替换即可视为生造词语，或用词不当。

使用仿拟辞格态度必须严肃，有目的地使用，不是单纯地为了显示雅致，或追求幽默。仿拟的句式格调应该是比较固定的，又是大家比较熟悉的，绝对不能把那些不大稳定而又是一般人感到陌生的句式格调拿来仿拟。这样的仿拟不仅根本达不到预期修辞目的，还会给读者造成阅读和理解上的困难，给人以故弄玄虚的厌恶感。

将错就错——话"飞白"

飞白，即故意把一个常用的词语用错，或把一句极为普通的话说错，将错就错地达到某种特殊修辞目的的修辞方式。

适当地运用飞白辞格不仅可以使语言新鲜活泼，饶有风趣，而且还能拓宽意境。

大有"钱"途的人造食品

（1995年10月27日《深圳商报》）

人造鸡蛋、鱼翅、蟹肉、牛肉、蘑菇、海蜇、鱼皮等，备受青睐。标题将"前途"易为"钱途"，一字之易，既有发展前景看好的原意，又含有经济效益可观的新意。含蓄风趣，醒人耳目。

恰当地应用飞白辞格特别是对抨击不正之风，批评不良倾向，揭露落后的思想观念，更显得幽默、有力量。如：

（肩）　你坐着，闲着，平安无事；业余时间多干点事，却有人"弹"……

（主）　从"星期六工程师"引出的……

（1985年5月11日《羊城晚报》）

"弹"即"谈"的飞白，它不但具有"谈"的愿意，更兼"弹劾"之意。

（主）　"官"念太强亟须淡化

（副）　目前许多方面仍然是唯"官"为高

（1986年7月5日《报刊文摘》）

"官"即为"观"的飞白。

飞白辞格的构成方式可分为两种：

1. 词语的飞白——故意把词语用错，将错就错以达到"飞白"的修辞目的。这里又包括三小类。

①谐音词语飞白。如：

秦晋帮纠倾有绝活

百米烟囱改斜归正

（1994年5月15日《今晚报》）

"改斜归正"为"改邪归正"而来。

②对代词语飞白。如：

（肩）　"会翁"之意不在会，在乎山水之间也

（主）　青岛会议知多少　请看会议一览表

（1985年7月8日《光明日报》）

肩题由北宋文学家欧阳修《醉翁亭记》中名句"醉翁之意不在酒，在乎山水之间也"，对代飞白而来。

③假借词语飞白。故意把一些违反语言规律的词句照样抄录下来，从而达到嘲讽与寓意的双重目的。

（肩）　什么叫皇后？谁吃过大将？如果你一下子糊涂起来，别急，请跟我——

（主）　站在街头猜文字

（1995年8月28日《辽宁日报》）

肩题运用飞白辞格，形象地告诉人们，随着经济的繁荣，社会的发展，繁体字和不规范字正在悄悄地涌现出来。这说明市场经济与作为市场主体的人的文化素质之间存在着差距，也从一个角度证明，市场经济也是高文化经济。

2. 句子的飞白——故意把句子造错，将错就错地将深刻寓意潜含其中。如：

羊毛出在牛身上

（1989年8月28日《人民日报》）

新闻讲的是某些宾馆、饭店把一部分宾客的住宿费收得高高的,用以补贴他们的伙食,因为房钱是公家支付,伙食是自己开支。这样,羊毛就不再出在"羊"身上了。标题含蓄幽默,讽刺有力。

飞白与仿拟,尤其是谐音词飞白与仿词容易混淆,因为不管是飞白,还是仿词,都是有异或有悖于原文原句的。但两者又有明显区别,一般地说,仿词是对某些成语、俗语或名言、名句的套用,原句格局没有变化,仅仅个别字词有改变。如前面讲的"防患于未'燃'"等;但飞白则不是出自对成语、名句的字、词改动,而是在句中有意错用。这种辞格的特点是:同音、异形与混义。

就名生义——话"顾名"

顾名,即由某一事物的名字联想与之相关的事物的动作、行为或性质、状态,使之"顾其名而见其义"的修辞方式。

顾名辞格是现代汉语中的一种新兴的修辞方式,这是人们在语言实践中创造性地使用语言所取得的一项成果。这种辞格最能因文制宜、随时随地加以创造,准确地运用顾名辞格,可以使标题句法新颖、别开生面。在新闻标题的制作中,运用比较多,也容易出新。如:

(肩)　高峰评价佩罗尔队:他们踢得最认真
(主)　高峰等待"高峰"

(1995年9月1日《北京青年报》)

在1995年度的联赛和一些重要国际比赛中,高峰表现不凡,受到球迷的赞扬。但高峰却认为,虽然自己水平比去年有所提高,但自己运动生涯的最高峰还没到来。编者便运用顾名辞格依此拟定为主题,新颖别致。前一个"高峰"为人名,后一个"高峰"则为球艺的最佳期。两者字同,意义不同,而且一目了然,并无双关之意,可不用引号。

准确地运用顾名辞格还可以使语气饶有风趣,增强语言的生动性。如:

(肩)　王莲香,今未"香",叶钊颖手中遭了殃
(主)　世界杯羽毛球女子单打桂冠再归我有

(1995年9月18日《深圳晚报》)

肩题运用顾名辞格,使语气流畅,饶有风趣。

顾名辞格的构成方式,有如下四种。

1. 就地生义——先提出一个词语,多为句子中的主语,然后就此生发

出一个意义，多为句子的谓语。如：

　　张鸣鸣一鸣惊人

（1995年9月5日《北京青年报》）

　　20刚出头的演员出身的北京姑娘张鸣鸣，弃艺从商后，不久便以自己的智力与毅力成了美国硅谷系统装备公司（ICT）中国首席代表，真可谓"一鸣惊人"。

　　（肩）　出来带两只手　回去盖一座楼
　　（主）　无为保姆真有为

（1995年8月18日《光明日报》）

　　无为是安徽的一个村子的名称。

　　2. 相对生义——与上一种相反，先就句子中的一个词语，不是顺着去生发出一个意义，而是从它的相对或相反的方面生发出一个意义。如：

　　丁松不轻松

（1995年9月15日《深圳特区报》）

　　在天津世乒赛上的丁松，对付外国选手相当灵，被视为中国的"秘密武器"，可在全国锦标赛开赛两天来却一直处在胜利与失败的交接处。编者巧用顾名辞格风趣成题，意味深长。

　　3. 望文生义——先提出来的词语与后生发的词义，形式上有联系，其实没有必然联系，因为后者是由前者望文生义而来的。如：

　　（肩）　幼童被卡车碾伤　求医时费尽周折
　　（主）　唉，急煞人的急诊室

（1993年9月17日《新民晚报》）

　　不应该让人费尽周折、进而成了"急煞人"的地方，其含义只能由读者望文生义去领会。

　　4. 谐音生义——生成的事物与原事物并无生发关系，所用的字也不同，只是取其谐音而已。如：

　　（肩）　中国个体户倒完飞机又干金融
　　（主）　南德集团真难得，插足美国华尔街

（1994年5月5日《今晚报》）

　　（肩）　切莫轻信"名牌"
　　（主）　旅游鞋？屡有邪！

（1994年2月23日《深圳晚报》）

标题的制作理念与艺术技巧

诙谐有趣——话"歇后"

修辞学里所说的歇后辞格,即是以语言中流行的歇后语(亦称"俏皮话")成题的修辞方式。它有浓厚的社会基础和生活气息,并富有鲜明的民族特色。

歇后语是由两个部分组成的,前一部分大都是形象的比喻,仿佛是个谜语,含而不露;后一部分恰像一个谜底,一语道破其中的秘密。在生活交往言谈中运用歇后语,两部分之间有一定的语言停顿,在标题中则用破折号或顿号加以区分、表示。

在新闻标题中恰当地运用歇后辞格,可以收到多方面的修辞效果。

它浅显易懂,形象鲜明,生动有趣。如:

《他是"张飞卖秤砣"——人硬货也硬》

(1985年10月9日《襄阳报》)

它含蓄幽默,寓意深刻,引人深思。如:

常玉清斗蛐蛐——有赢无输

(1995年10月7日《金陵晚报》)

常玉清是汪伪时期横行南京的大汉奸,他凭借自己的淫威,斗蛐蛐,也只是赢,从未输过。

它深入浅出,能形象地道破抽象的事理。如:《纸糊的老虎——一戳就穿》、《莫像火车进站——叫得凶走得慢》。

这里还应当提及的,歇后语是人民群众对劳动生产和生活实践经验所作的总结,是活在人民群众口头上的群众语言。随着社会生产和交往的不断向前发展,大量生动活泼的歇后语在人民群众中创造出来。歇后语数量增多的结果,促使它的形式也发生了改变,由一譬一解式,发展到数譬一解、一譬多解等多种形式。所以,我们在制题中,要特别注意。比如:譬喻语"沙锅子捣蒜",就有两个说明语——"一锤子买卖"、"非把你砸烂不成";譬喻语"老虎头上捉虱子",也有两个说明语"好心不得好报"、"找死"。而且两者的意思是有很大出入的。在使用时,要充分考虑到,避免歧义。正因为如此,所以在行文中就常常采用譬喻语和说明语平行的形式,即在说出前半截的譬喻语后,紧接着把后半截的说明语和解释语同时说出来。同时,更由于歇后语始终都在不断创新发展,在标题的制作中,我们就可以因文制宜地运用歇后辞格,不断地创新活用。如《李有德虐待老人——缺德》、《他好似大腿挂铜铃　走一步响一步》。

第六节　深化类辞格

这类辞格大体上包括有警策、讽喻、层递、叠字、呼告、释语、引用等七种。

奇言意深——话"警策"

警策，亦称精警、警句。即用精炼而奇妙的语言，来表达一个确切而含义深刻的修辞方式。这种修辞方式能使新闻标题语言简练而表意深刻，词面通俗而意味无穷，词句平常而富有哲理、耐人寻味、历久不忘。如：

（肩）　"生命的价值不是用岁月来衡量的，而是看你为社会贡献的大小"
（主）　钟铧含笑告别人间

（1986年7月13日《北京日报》）

北京市优秀中学生的代表——钟铧被病魔夺走了生命，编者不愿直标其事，而是用了"告别人间"四个字来说明它，这不仅与肩题那句凝聚人生心态的警语相对照，更有效地表达了钟铧同学生前的坚强性格与高尚品德，而且也深切寄托着编者和读者的哀思。

在标题制作中，作者在运用语言来表达和描绘新闻事实上，要注意它的准确性、鲜明性、生动性，要善于发掘、提炼和使用存在于新闻事实中的那些包含深刻哲理和焕发着时代光彩的语言。这样的语言，即陆机所说的"立片言而居要，乃一篇之警策"。它或者是正确思想的结晶，能明快地阐发出一个深刻的生活哲理；或者能清晰地勾勒出新闻人物异于常人的精神风貌；或者能深邃地反映人们不寻常的思想感情。当然，这样的语句，并不是随手就可以拈来的，这是锤炼语言的一个很高的标准。同时，也不是每条新闻标题都必定能凝成一两句警策性的话，但却又是新闻标题制作中很值得探索的一项表达技巧。古人说："文章无警策则不足以传世，盖不能辣动世人。"如果在新闻标题制作中，能注意发掘和恰到好处地使用上一两句精言妙语，它酷似交给了人们一把认识生活的钥匙，可以启愚人之智，增明人之明；或许是思想的火花，如雄浑的鼓点，会起到照

标题的制作理念与艺术技巧

亮人心，鼓舞士气，激励斗志的作用。它的爆发力强，一旦道出，便能历久而弥新，具有难以磨灭的光彩。

（主）　台上一分钟　台下千分功
（副）　首届青少年运动会筹备工作见闻之五

（1985年8月3日《体育报》）

（主）　心系祖国　奉献在岗
（副）　戚墅堰机车车辆厂工艺研究所科技人员提前两年完成"八五"科研项目

（1994年12月24日《工人日报》）

以上两则标题，都是从新闻中提炼或摘引出来的词短意长的警句，从而把新闻的主题思想形成熠熠生辉的"聚光点"，足以给读者打下深刻的思想烙印。

警策辞格的类别按组成方式、语言的使用与表达形式大体可分为三类。

1. 叙述式——将本来很平凡的事理，人所共知的常识，赋予它以深刻的含义，令人琢磨，觉得是至理名言。如：

（肩）　真正的幸福要靠自己劳动创造
（主）　杜芸芸将十万遗产献国家

（1981年7月29日《文汇报》）

肩题点明了新中国的青年是有理想、有抱负的新一代。"真正的幸福是靠自己辛勤劳动去创造"，至今仍是对那种"一切向钱看"、拜金主义、极端个人主义的腐朽思想的有力回击！

（主）　"不在职，还在党呢！"
（副）　汤山公社加强对党员的教育

（1981年2月25日《南京日报》）

这则标题的主标是一句出自农村的普通党员的口语，虽然只有短短的7个字，却阐发了一个催人奋进的真理：一个共产党员从入党那天起，就立誓要为共产主义事业奋斗终生，虽然人离休或退休不在职了，但生命不止，就应为党的事业奋斗不息。这平平常常的7个字，包含着千言万语，耐人寻味和深思。

2. 联结式——将两个表面上无关的事物或看似平常的词语联系在一起，让人琢磨，感到其间含有真理。如：

（肩）　实行大包干后，对丧失主要劳动力的贫困户怎么办？

（主）　汽车挂个斗　富路共同走

（1983年1月3日《辽宁日报》）

（主）　好以人为师者为人师
（副）　访北京卫戍区某师卫生员周茂林

（1984年12月13日《解放军报》）

3. **奇意式**——将两个看来互相矛盾或相对的内容，组合在一个句子里，但却让人感到这实在是合情合理的，寓意深邃。如：

离老虎近了，反而有安全感

（1994年9月17日《新闻出版报》）

这是在重庆谈判期间，蒋介石宴请毛泽东并留住林园时，毛泽东同志向为他的安全担心的同志们讲过这句充满辩证法和生活哲理的至理名言。这句话给人的启迪是多方面的，以此成题，实为精警妙题。

占有得多不等于利用得多

（1995年2月4日《新闻出版报》）

这是清代袁枚的《黄生借书说》一文引出的微言大义：占有得多不等于利用得多。事实往往相反，或许几乎一无所有的人常是用心最勤的人。因为有了优越的条件而自满，而骄傲，最终只能导致失败。胜利将永远属于那些在困难面前不但不低头反而发愤图强的人们。

警策修辞格的运用，应特别注意要用得精当。要准确，必须能直接或间接地对新闻事实起着概括或阐明的作用；含义要正确，必须言简意明，随你怎么推敲，也无可挑剔；应当简洁深邃，而不应该繁杂平冗。

典故寄意——话"讽喻"

讽喻，即在特定的环境里，道理不便于直说、明说，或不容易说得那么明了、深刻而且生动，便把一个有丰富内容的故事（多为典故）浓缩成词或一个短语，用来比喻事物，借以达到启示诱导或讽刺谴责的修辞方式。

讽喻辞格是一种特殊的比喻，它的特点是把典故的原始意义引入标题，使标题所要表达的意义从典故本身的寓意中明确地表达出来，从而收到引人联想，幽默风趣，生动活泼的效果。如：

（肩）　管理混乱　贻误战机
（主）　赤土造纸厂原料场昨晨火烧连营

（副） 两千吨芦苇化为灰烬　现场留一男尸

（1988年3月27日《天津日报》）

主题巧妙引用三国时东吴新任都督陆逊用火攻，火烧蜀军连营的历史故事入题，引人联想而又形象地表现这场大火连片成灾的情景。

（主）　"李逵"一岁多　"李鬼"十几个

（副）　促肝细胞生长素深受假冒之苦

（1993年4月25日《经济日报》）

一种正处在试生产阶段的治疗重症肝炎的新药"促肝细胞生长素"，在短短一年多时间里竟被十余家单位非法生产销售。标题巧妙地引用《水浒传》中李鬼假冒梁山好汉李逵为非作歹、拦路抢劫，后被李逵碰上而诛杀的故事，对这种非法的假冒行为，进行辛辣的嘲讽和鞭挞，同时也暗示医药行业假冒之风之烈。

讽喻的构成方式可分为两类：

一类是只引典故入题，不指明所要阐明的道理，让读者自己去联想、理会。如：

（主）　假如给华佗评职称……

（副）　自学成才的张震，治蛇伤十拿九稳，可是，由于没有学历，连"助研"的职称也不让申请

（1983年4月6日《羊城晚报》）

标题巧用了东汉末年神医华佗的典故，辛辣地嘲讽那种唯"学历"视取舍的怪现象。

另一类是既巧用典故又点明本意，双管齐下。如：

（主）　真正"空城计"　门外无"老兵"

（副）　一些单位夜间漏洞惊人，偷盗公物案上升

（1986年1月16日《新民晚报》）

主标讲了三国时蜀国丞相诸葛亮失街亭后，兵败西城，被逼设"空城计"，自己若无其事地坐在城头观景抚琴，城门外让几名老兵清扫路面，从而吓退了司马懿父子兵。副题又直接点明所要讽喻的事物。

运用讽喻辞格，应注意：①典故本身必须要读者所熟悉的，忌用生僻的典故；②典故自身的意义必须鲜明、准确，在简缩后的具体语境中，不能让读者感到似是而非或不知所云；③所用典故必须与作者所要表达的思

想、感情、褒贬是一致的。

讽喻是具有比喻性质的辞格。但两者又是有明显区别：比喻是在一个句子里用同一个事物比喻另一有相似点的事物；讽喻则是在一个句子里，用讲故事或引用故事的方法去比喻一个事物，说明一个道理，不管这个故事是详是简，都必须是由故事构成的。

环环相扣——话"层递"

层递，即以三个以上结构不一定相似的词语或短句的串联使用，借以表现层层递进或递退的多个事物的修辞方式。可以使标题用语环环相扣，气势恢弘，紧凑急促，给人以形式和力量的美感；又可以使表意层次分明，抒情畅达，做到叙事让人知轻重、晓缓急，揭示事物的本质；论理让人明深浅、知高低，全面表明观点，从而引导读者环连环、步赶步地达到认识逐步深化，以此来抓住人、征服人、吸引人、打动人。如：

（肩）　盘活国有资产存量　改善上市公司素质　减轻二级市场压力　避免股票市场震荡

（主）　沪首次实行国家股转让

(1994年4月29日《今晚报》)

肩题采用递进辞格将上海出现国家股转让这一做法，由小到大，有条有理，一步紧似一步地全面展现在读者面前。

（肩）　这条小新闻看了暖人心

（主）　楼上晒被　散落钞票　四邻找寻　分文未少

(1984年12月12日《新民晚报》)

主标按照事物发展的逻辑顺序，步步深入地展示事件的过程，表意一步紧似一步，思想含意一步深似一步，给读者留下深刻印象。

（主）　录用一人　高兴一家　教育一片

（副）　我省各劳改企业认真落实党的政策，对确有专长解除和刑满释放就业人员重新录用为专业技术干部

(1980年1月25日《辽宁日报》)

主题三个短语，环环相扣，步步深入，析理透彻，充分显示了"一人"、"一家"与"一片"三者之间的相互关系，令人信服地说明了认真落实党的政策的重大作用。

从以上三例，我们不难看出，层递辞格对于增强新闻标题的表现力与感染力有重要作用，它既有利于全面表明观点，有层次、有重点地揭示事物的本质，又能增强语言的鲜明性，并具有匀称的形式美。

层递辞格可分两种类型。

1. **阶升式层递**。即把事物按从小到大、从点到面、从低到高、从轻到重、从浅到深、从近到远等顺序串联表述。像上楼梯一样，层层推进，步步升高。如：

（肩）　全总开展送温暖活动
（主）　进万家门　知万家事　解万家难　暖万家心

（1994年3月4日《人民日报》）

阶升式层递符合事物发展变化的逻辑要求，读起来顺口、有气势，语气一个比一个重，意义一个比一个大，互相补充、相得益彰。

2. **阶降式层递**。即与阶升相反，它是按照从大到小、从面到点、从高到低、从重到轻、从深到浅、从远到近等顺序串联表述。这就像下楼梯似的，一个阶梯比一个阶梯低。如：

（主）　衣食足　教育兴　人才出
（副）　永定鹊坪大队重视智力投资，初步改变山村文化落后面貌

（1982年7月17日《福建日报》）

阶降式层递除上述表达与语言上的长处外，它还有助于突出重点，主次分明，而且通过相互补充，收到相得益彰的效果。

在运用层递辞格时，至少应掌握这样三个原则：①表达的事理最少要有三层，彼此间还要有衔接、承接关系；②表达的事理要有高低、深浅、大小、重轻、远近等明显分别；③递进或递退的顺序不能紊乱，不能"跳格"。

层递近似排比，有的排比句中，在内容上也常常包含着层递。从这个意义上说，层递是一种性质特殊的排比。但它与一般排比又有着明显的差别：从形式上看，排比的结构必须相同或相似，不相似的要用提挈语串联起来；层递在结构上不强调相同，也不要求有提挈语。从内容上看，排比说明或叙述的，必须是一个问题的几个方面或相关的问题，其间的关系为并列的；层递叙述或说明的是多项事物，其间的关系，不是并列的，而是有等级的，内容上层层相扣，一层近似一层，句式往往更整齐，前后衔接更紧，语势逼人。在连词的使用上，排比的各词语或分句之间不使用连

词；层递的各词语或分句之间可以使用连词。如：

（主）　既小（小商品）又零（拆整零卖）且全（商品规格齐全）
（副）　访新古城百货商场

（1985年8月11日《经济参考》）

主标以三个省略短句串连使用，构成阶升式层递，将该商场的经营特色形象地展现在读者的眼前。

复字重言——话"叠字"

叠字，亦称复字，或重言。即将音、形、义完全相同的两个字（或单音节的词）紧紧联结在一起，充分利用汉语语音音节的特点，及字音复叠所具有的表情达意作用，造成形式上的齐整、语感上的和谐，以提高表达效果的修辞方式。

在新闻标题中使用较多的是形容词的叠字，常见的形式有单音节叠字——即AA式、双音节叠字——即AABB式，或AAB式、ABAB式。如：

（主）　拳拳爱民心　悠悠公仆情
（副）　市委、市府为民办实事回顾

（1995年5月20日《深圳晚报》）

主标中的"拳拳"、"悠悠"都是单音节形容词"AA"式叠字。

正正当当经营　规规矩矩赚钱

（1994年3月10日《深圳商报》）

（肩）　登封县四个乡卫生运动坚持两年如一日
（主）　处处干干净净整整齐齐

这两则标题都运用了双音节叠字辞格。后题叠字辞格运用比较独特。主标中既用了单位词"处处"的单叠字，又连用了形容词"干净"、"整齐"的"AABB"式双音节叠字。

（主）　肠道病凶神恶煞急急来
　　　　市领导好言相劝早早防
（副）　谢丽娟今率队视察建筑工地卫生状况

（1994年8月12日《新民晚报》）

主题运用了"AAB"式叠字辞格。

叠字在标题制作中用处很广，修辞效果显著。

它可以增添亲昵的感情。由叠字构成的名词充当的称呼词，除了能使

标题的制作理念与艺术技巧

语音流畅外，往往还能增添一种表示亲昵的修辞色彩。如：

妈妈今年三十六

（1995年5月29日《深圳晚报》）

如将标题改为"我妈"或"母亲"，亲昵色彩就会相对减弱。《深圳评出最佳健康儿童》、《万名娃娃比健康》，这是1995年6月2日，两家传媒同一条新闻的主标，后题由于使用由名词叠字充当称呼词，略显亲切一些。

它可以表示概括和强调的意味。名词和单位词重叠后，能表示"任一"或"每一"的意思，使之以最简洁的形式达到最佳的概括、强调的作用。如：

（肩）　我市1993年度商品房开始分配
（主）　居者自选房号　个个笑称公平

（1994年3月7日《深圳商报》）

如将主标中单位词"个"的叠字，改为非叠字的表达形式"每家"、"每户"、"每一个"，由于音、形、义的复叠的消失，在语音上原先的铮铮有声的节调，由词上的简洁凝练和强调作用等能让人产生联想的特点，就会大大减弱。

（肩）　绍兴东风酒厂树立名牌意识，黄酒质量力求——
（主）　缸缸好　坛坛好　瓶瓶优
（副）　去年创税利居全国同行业榜首，今年头五个月增长百分之五十

（1994年7月11日《浙江日报》）

主标运用了名词单音节叠字，从而产生了"每一"的意思。

它可以加重语气，起到强调的作用。动词、形容词和副词相叠，都有强调和加重语气的作用，这是叠字的一个很重要的功能。如：

（主）　国旗在他心中高高飘扬
（副）　记朱国亮

（1995年5月30日《深圳晚报》）

（主）　快快快
（副）　麦当劳的秘诀

（1995年5月30日《深圳商报》）

它可以减轻或缓和语气。对叠字的运用，一般只注意到加重语气和表示强调的一面。其实，有的叠字，还可以起到减轻程度的修辞作用。这类叠字一般是副词性的叠字，也可以由形容词重叠构成。如：

开开心心旅游去

（1995年4月2日《深圳晚报》）

题中运用叠字辞格，使语气松缓，表达一种悠闲、喜悦的情意。

动词重叠一般有延长语气的修辞作用，但有的也能起缩短语气的修辞作用。这类叠字在时间上可以表示出短暂的意思，在动作上还有尝试的意味。如：

（主）　考考你证券知识知多少
（副）　广东省股份证券知识深圳电视大赛即将拉开帷幕

（1994年3月8日《深圳商报》）

叠字还有广泛的描摹修辞效果，能起到令读者俨然如闻如见的作用。如：

运用叠音字来描摹各种声音，构成描摹听觉的状声词。状声词一般由动词、形容词重叠构成，也有其他词类构成的。汉语中的状声词极为丰富，举不胜举。同时，状声词最富于创造，在创造时，只要不超出感觉的印象之外，使人看了能发生共感便行。如《夜幕下的嚓嚓嚓》，便以新造的状声词对跳舞的形象描摹。

叠字还可以有描摹景物色调的修辞功用。这是一种描摹视觉的叠字，是借助对视觉的色感来表现当时的环境气氛。这类叠字多数系形容词性的，也有副词性的，如青青、郁郁、盈盈、皎皎、明晃晃、阴森森、黄灿灿、花花点点等。

运用叠字生动形象地描绘人和景物的各种形状也是常见的一种修辞功效。这类叠字大都系形容词性，如峨峨、沉沉、翩翩、郁郁葱葱等。

叠字与反复辞格，在同题中重复使用某一字词，这点上有相同之处，但两者又是截然不同的：叠字是句中的复叠；而反复则属引导类辞格，它必须由两个或两个以上的语句成分构成，句首为引导部分，后面的成分为被引导部分。

情意相通——话"呼告"

呼告，即撇开读者，直接向新闻中不在面前的人或物呼名说话，诉说思想、抒发感情的修辞方式。无论是出于敬仰、赞颂、请求，或是出于思念、哀痛，或是规劝勉励，当作者的感情特别浓烈、深沉，用一般叙述、描写的方法已难以表达出来的时候，往往便采用呼告辞格，对不在面前的人或物把心里的话一吐为快。

标题的制作理念与艺术技巧

采用呼告作者可以直接向所表现的人物倾吐情怀，具有推心置腹，促膝交谈，寄托着作者与读者的一片深情的感人效果。如：

青年人，多读点书

（1995年10月26日《深圳特区报》）

在青年人中，有一种热衷于直观画面、冷落书籍的趋向，有的甚至"不读书、少看报，只追求金钱和享受"，标题的作者满怀深情地向青年们发出"多读点书"的呼请与规劝。

（肩）"闲"，成了普遍苦恼，大学生呼唤：
（主）双休日，请为我"加压"

（1995年10月2日《金陵晚报》）

学校实行双休日后，大学里"法定"学习时间少了，"自由"时间陡增，"闲"成了大学生"双休日"的普遍苦恼，"九三学社"（上午睡到9点，下午睡到3点）成员日益增多。学生们呼请校领导组织活动，让自己过得充实些。标题情真意切地倾吐了大学生们的情怀。

呼告辞格从内容上分有呼人与呼物两种。

1. **呼人**——就是对着本来不在眼前的人，直接呼唤，并跟他说起话来。它又称为"示现呼告"，因为他好像已忽然出现在自己前面似的。如：

（肩）"希望工程"捐款的一个谜：
（主）煦立，你在哪里？

（1995年10月6日《金陵晚报》）

这是上海希望工程办公室的工作人员对一再捐款，不留真名的助学者的热忱呼唤。

（主）妈妈们注意：童裤带不宜过紧
（副）威海地区不少幼儿肋骨外翻足以为训

（1982年6月5日《文汇报》）

它深深地凝聚着作者的一片深情。

2. **呼物**——就是把物当做人来呼唤，并直接与它说话。这里所说的"物"是泛指除人以外的一切事物。如：

分流！分流！普通高中教育呼唤改革

（1995年8月25日《光明日报》）

这里呼唤的是教育改革中，一项迫切需要改进的具体体制的改革。

27路车，你能给个说法吗？

（1995年10月9日《金陵晚报》）

公共汽车不守时，乘客呼唤改进。

呼物同时也是一种特殊的拟人手法，所以它又称"拟人呼告"。因为从呼唤事物说，是呼告；从把物当做人来对话，是拟人。但两者又有明显区别：在拟人辞格里起比拟作用的成分是某个描摹性的词语，而呼告辞格却不限于词语，是整个句子的语气。

对于呼告辞格的运用，应注意：①不能无病呻吟，要有激情。不论是呼人或呼物，都是要在格外动情的语言环境下才可使用，这样才能激起读者的共鸣，否则即为无病呻吟。②注意人称的转换。运用呼告是将原来的第三人称叙述角度变为第二人称，在行文中注意人称的这种转换。

引申发挥——话"释语"

释语，即在特定的语言环境下，借助词语释义的形式，在约定俗成原有含义的基础上，加以引申、强调、发挥，赋予词语临时性的、不固定的意义的修辞方式。它有揭示、警策、风趣、幽默、讽刺等明显的修辞效果。如：

（主）　质量，人与企业的共振点
（副）　南方航空动力机械公司的质量观

（1994年8月21日《人民日报》）

南方公司总经理吴沈铎凭着自己办企业的实践经验，赋予"质量"一词以新的内涵，提出了质量是企业与全体职工思想、感情、利益、价值的共振点，是企业与职工智力与创造力的共振点，并以强制与非强制的双重功能，影响和规范企业全体成员的质量行为。在这一理论指导下，该公司获得了显著的经济效益与社会效益。标题突出了这一理论的核心，即对"质量"赋予的特定含义。

自私不是人的本质

（1981年1月9日《北京日报》）

标题针对当时流行的错误思潮，给予了致命一击，起了拨乱反正的作用。

释语辞格在形式上类似语词释义，但在内容上又有别于语词释义。从根本上说，释义是对词语的解释，它要求准确、科学、贴切，力避主观片面、以偏概全、以我注词。释语则不然，它所揭示的是在具体新闻事实形成的一定语言环境中，作者赋予语词的特定含义，表达的是作者某种主观看法，是字典辞书上查不到的释义。也就是说，它往往抓住一点，引申发挥，给予读者某种深刻的启示，带有作者主观感受的强烈色彩。当然，一旦离开具体新闻事实形成的这个特定的语言环境，这种特定含义也就随之消失。

更重要的，释语从形似释义实非释义的特点出发，它要透过新闻现象的表层，精警透辟地揭示新闻事实的本质。语词释义是对语词的解释，以达到帮助读者了解词义，掌握语词的用法为目的。而释语辞格则不然，它的作用决不限于阐明词义而是另有所图：即它不是一般地解析语词，而是借助解词析义这把解剖刀，对准要津，单刀直入，直取主旨，寥寥数语须将事物的本质点得一清二楚，精警透辟，给读者深刻的印象。

释语的结构形式，一般包括三个组成部分。一是被释语，即所解释的对象。二是释语，即对语词的具体解说。三是联系词，即连接被释语与释语的词语。一般有"是、揭开、所谓、叫做、称为、意思是、指的是"等含有判断、解说性质的词语，或者在释语前句出现"什么、何谓、为什么叫"等表示疑问、有待回答的词语。

根据解释词语的方法、途径的不同，释语辞格大体可分为如下几种类型：

1. **义界释语**。主要指下定义、做界说，其中包括划定范围，辨识比较。如：

敢于揭短是先进的重要标志

（1984年7月29日《解放军报》）

标题的作者站在时代的高度，针对当时社会生活中存在的种种现象，对"敢于揭短"赋予特殊的、重要的含义，予以充分肯定和大力倡导，旗帜鲜明，对社会舆论有较强的引导作用。

2. **探源释语**。主要指追根溯源，探求名称由来，其中包括一些专有名词、人名、地名的解说。专有名词、人名、地名不单叙述名称所指，而从导源角度，追溯名称由来，引申发挥，导出新义。如：

黄腐酸：洒向受旱作物的甘露

（1994年8月16日《人民日报》）

1994年，当我国许多地区再次遭受干旱袭击时，旱区的农民不再眼巴巴看着自己的庄稼受旱减产。因为他们掌握了制伏旱魔的本领——向受旱作物喷洒黄腐酸。黄腐酸是最新研制开发成功的抗旱剂。研究结果表明，黄腐酸能缩小叶面气孔开张度，减少水分蒸腾，使植株和土壤保持较多的水分。同时促进根系发育，提高根系活力，使作物吸收较多的水分和养料，从而达到提高作物抗旱能力的目的。这则标题，便是作者凭着自己对"黄腐酸"的实用意义的认识，引申发挥成题的。

3. 描绘释语。即指对事物特点避开一般的解释，通过具体地或点明特点，或一针见血地勾画出它的本质所在。如：

重用就是知人善任　不必人人都当"官"

（1984年2月25日《文汇报》）

标题有的放矢地对"重用"一词做了独辟蹊径的精要阐述，以坚定态度否定了当时普遍存在的一种模糊认识和不正常的做法。

4. 特指释语。即特别指明某一着重点，与语词释义的完整性、全面性相悖，它往往为适应特定语境而强调一点，排除其他。是作者在特定语境下，对词语的特定注释。如：

人生之旅从不出售返程票

（1994年7月30日《新闻出版报》）

从表面上看，这则题好似在给"人生"做注脚，实则是在告诉人们要握住每一天的幸福光阴的哲理：关键在于自己不可逃避生活，不可淡忘责任，不可三心二意，轻易放弃追求幸福的权利。因为幸福不是毛毛雨，不会自己从天上掉下来。

释语与其他辞格的划界。首先与释语比较容易相混的是析词。析词主要指词语拆用，与释语所讲的语词含义的解说分析，判若两物。其次是比喻中的暗喻。释语是对一个语词做特殊的分解说明，暗喻却是两事物具有相似性。释语与警策作用上也有些相似，但警策不一定以释语形式出现（虽然有警策性释语可看做兼格），而且相当多的释语无警策作用。最后谈及释语与拈连，特别是反拈的界限。它们一个是解说语词，一个是适应上下文新造语词，这在原则上还是容易分辨的。倘若在造词上同时又有解析，那便可看做是兼格。

真切引人——话"引用"

引用，即在标题中，引进新闻人物的话，或常用的俗语、成语、名句，使之言简意丰、形象生动、通俗易懂、哲理性强的修辞方式。正确地使用引用辞格，能使标题语言生动活泼，增强表达效果。

标题的制作理念与艺术技巧

引用一般可分为两种类型：明引与暗引。

1. 明引——即对题中引用的部分明确地标明出处或来源。它又可分为下面三种：

①直接引用。一般都是直引原话并加上引号。如：

（主）　"好军嫂"登塔看上海

（副）　她激动地说："上海人那么热情，我忘记了旅途疲劳"

（1995年1月18日《文汇报》）

②间接引用。即作者用自己的话转述别人的观点。间接引用一般不加引号，而且还可以同直接引用并用。如：

（肩）　社员张文生劳动致富

（主）　三帖广告

（副）　家有存款三千元　谁买化肥我支援

　　　　家有手扶拖拉机　给您犁地不收钱

　　　　放电视请您看，免费洗衣不嫌烦

（1983年1月26日《光明日报》）

标题的副题，前两行为原文的直引，后一行为编者根据原文的观点概括出来的。它概事达意精辟、形象、生动，而且富有浓郁的生活气息，给人一种亲切感。

③切取引用。亦称"断引"。为了认证一个观点，有时只引用其中一个词组，甚至是一个词。如：

（主）　"死亡游戏"终于玩完

（副）　广州特大女尸系列案侦破记

（1995年1月19日《羊城晚报》）

杀人狂魔罗树标终于落网了。这个曾有"三进宫"劣迹的狂魔以极其残暴的手段一人犯下杀人案13宗。这个狂魔曾扬言："要与公安局玩一场死亡游戏。"但他终于逃不出法律的严厉制裁。主标即运用了"断引"的手法。

2. 暗引——在标题中，对引用部分不说明出处，而把它跟作者自己的话融为一体，从外表上看不出它是引用来的。如：

（主）　科学进山　一年翻番

（副）　涿鹿县试行仁用杏科研生产销售联合体取得显著经济效益

（1982年12月31日《光明日报》）

主标便是文中群众的反映"科学进了山,一年翻一番"的暗引。

暗引在运用中变化很多。它可以是如上例为原文的引用;也可以把原文的意思加以引申变化,这种引用是创新性的引用。如:

"演而优则歌"引出纷纭众说

(1995年1月17日《文汇报》)

"演而优则歌"即为"学而优则仕"的灵活引用。

在标题制作中,对成语、熟语、名句也可恰当地采用明引或暗引的方式入题,它能使标题生动形象,活泼有趣。尤其是巧妙地加以"翻新""改造",往往更能收到其他语言形式无法取代的效果。如:

中国电力市场"钱"途无量

(1995年1月16日《文汇报》)

前途无量到"钱"途无量,仅一字之改,意味无穷。

(主) 莫让消费者"雾里看花"
(副) 节水器具推销难的思考

(1995年1月17日《北京日报》)

京城严重缺水,平民百姓人人皆知。节水器产品虽好,但缺乏有说服力的"演示",只让消费者在广告上"雾里看花",难辨其实。这则成语,用得生动简洁、幽默风趣,又能给人以启示。

引用辞格运用的目的是为了更好地概事达意,所以引用部分必须与整则题融为一体,成为整则题的有机组成部分。同时,标题对党和政府领导人的话的引用,要严肃认真,一定要保持原意的完整性。即使"断引"也要符合原意,那种断章取义的做法是绝对要不得的。

第七节　变形类辞格

这类辞格大体上包括有拆词、镶嵌、异语、节缩等四种。

新鲜风趣——话"拆词"

拆词,即在一定的语言环境里,在特殊的对象面前,为了把话说得幽默风趣一点,或为了其他修辞上的需要,故意把一个词拆开使用,以增加语言的生动性,给人以新鲜感的修辞方式。如:

(肩)　男团决战惊心　女团决战动魄

标题的制作理念与艺术技巧

（主）　我队险夺亚乒赛双杯

（1994年9月24日《羊城晚报》）

中国男女乒乓球队9月23日分别挫败韩国队和香港队，联袂登上亚洲乒乓球锦标赛团体冠军宝座，但胜得不容易，让观众捏了一把汗。肩题将"惊心动魄"这个固定词组拆开，分别镶入上下句中，既避免用词上的重复，又较好地表达了读者的心情。

（肩）　一个赢得离奇　一个输得古怪
（主）　新沙足球赛凑成谜样结局

（1981年12月20日《羊城晚报》）

肩题使用拆词辞格，将固定词组"离奇古怪"拆开来分别用于上下联，既形成了简易的对偶句，又预示着这场奇妙的足球赛的结局，无论赢家或输家，都极不寻常，读者可意会，作者不便直言。

在拆词中还有的是将某一现成的固定词语拆开，中间加进另外的语言成分，使之成为在结构上有部分改变的变形语句，从而收到含蓄、流畅、音韵美的修辞效果，使标题新颖、隽永，富有吸引力。如：

（主）　惟愿死灰莫复烧
（副）　西安医药市场管理失控令人堪忧

（1995年1月《中国药业》）

（主）　泰安教师心泰人安
（副）　年底前"民办"全部转"公办"

（1994年11月10日《中国青年报》）

（主）　"亡羊"之后应"补牢"
（副）　一起专利侵权案给人的启示

（1994年8月16日《人民日报》）

再如，经过十年动乱后，历史悠久的山东济宁"玉堂"酱园重新开业并迅速地得到恢复和发展。《工人日报》在发表这条消息时，题为：

"玉堂"逢春

（1980年3月14日《工人日报》）

标题巧妙地运用拆词辞格，把京剧《玉堂春》这个传统剧目拆开，中间加进一个动词"逢"，构成了颇具新意的短语，预示着玉堂酱园在党的十一届三中全会的春风吹拂下的迅速发展。

在汉语里词的结构一般都是固定的，我们既不能生造词，也不能乱拆词。因而运用拆词辞格要立足于合理的表达需要，自古以来就有不"以辞害理"、"以辞害意"之说，拆词只能建立在合理这个基础上，才是正常的。同时，拆词的最终目的不外乎是更好地表达题旨，否则就会变成为拆词而拆词的文字游戏。这是应该避免的。

寄意传情——话"镶嵌"

镶嵌，亦称嵌字。即有意识地将眼前事物的"名称"或作者心目中认为有某种特殊作用的"字眼"嵌进标题的词语中去，让读者感到新鲜、别致，从而留下深刻印象的修辞方式。

镶嵌辞格的表现形式，常见的有下面几类：

1. 把事物"名称"分割开来，分别"嵌入"题中，构成富有新意的短语。如：

最灵的宝

（1979年12月5日《河南日报》）

这篇通讯的标题，把灵宝县名拆开镶入题中，简洁而生动地概括了通讯的主题，旨在介绍和评价灵宝县发生巨大变化所取得的重要经验。

2. 把与能概括叙述新闻事实、表现主题有某种特殊作用的"字眼"嵌入题中，令读者特别予以关注。如：

蓝蓝的天上彩云飘

（1995年2月25日《深圳商报》）

这是一则人物通讯的标题。它报道了世界女子撑竿跳高纪录创造者孙彩云的事迹，集中地展示了这位世界田坛的佼佼者、深圳人的好榜样，那种自强不息、奋力拼搏、为祖国争光、为祖国奉献的精神。作者将"彩云"二字入题，既起到了表现和叙述新闻事实的作用，更抒发了赞美之情。

1986年4月，一些曾风靡全国的歌曲《洪湖水，浪打浪》、《松花江上》等，在首都舞台上又赢得观众的喝彩，再次显示出强烈的艺术魅力。有的报纸标题很平淡《首都举办中国民歌大汇唱》。而湖北的《江汉早报》却把湖北人熟悉的歌唱家王玉珍和大众喜爱的歌曲《洪湖水，浪打浪》嵌入标题：

王玉珍高歌"洪湖水"

北京人心潮"浪打浪"

标题运用对仗、镶嵌手法，显得有文采、引人入胜。

3.巧妙地将数词、方位词等嵌入题中。如：

1984年8月间苏联塔斯社发表评论，对波兰局势发出威胁性"警告"，引起了世界舆论的关注，《南方日报》在报道这条新闻时，题为：

（主） 不祥之鸟又叫了

（副） 塔斯社发表评论，对波兰局势发出含蓄威胁，使人想起苏联侵捷事件

（1984年9月1日《南方日报》）

在2005年即将来临之际，笔者在一家新闻刊物上读到两则数词镶嵌入题的妙题。一则是《安全的位置只有"第一"》。这真可谓一数定乾坤。我们的社会主义现代化建设事业，工作千头万绪，数不胜数，但在各项具体工作的排位中"第一"非"安全"莫属。如果这"第一"的数位换了，整个事情就会有变化，"第二"不安全，"第三"有危险，"第四"、"第五"……就该出乱子了。另一则是《三村官：七届十八载，满票》。标题中的"三"、"七"、"十八"、"满票"几个数词，起到了文字语言难以替代的特殊作用，它生动活泼、精练简洁，而又令人信服地向读者展示了我们党的基层干部无怨无悔地为群众谋利，赢得农民真心爱戴的事迹。

数词镶嵌入题，一定要注意选好联语作辅助解释，否则会让人不知所指，或发生混义。

巧取移用——话"异语"

异语，是指非本领域语的意思。即是利用非汉语普通话语词（包括外语语词、兄弟民族语、行业语的语词和有特定含义的专用名词）来概事达意，或直接引用原词义或运用双关语义达到增强标题的情趣，力求鲜明、简练的修辞方式。如：

喜闻领导"跑龙套"

（1994年9月3日《河北日报》）

"跑龙套"是指在戏曲中扮演随从或兵卒，比喻为主角跑前跑后，呐喊助威，引申到现实生活中可以理解为服务工作。在市场经济的大舞台上，江苏省江都县委书记、县长带头为企业"跑龙套"——放下架子，转变作

风，诚心诚意地去帮助企业开拓市场，提高经济效益，跑出了一批闻名全国、饮誉海外的"名角"企业。标题以"跑龙套"作比喻，生动引人。

（主）　家电入伏"急诊"多
（副）　市内5家家用电器维修部见闻

（1985年7月25日《天津日报》）

这则新闻，实属平常，无甚惊人之处。但主题做得风趣引人，主要是巧妙地引入了医务工作术语——"急诊"，让人平中见奇。

异语辞格在新闻标题中的运用是十分广泛的。其常见手法有：

1. 取其原意，直引入题。如：

（主）　通信卫星"亚克西"
（副）　乌鲁木齐各族人民收看到转播的电视节目，张爱萍和王恩茂经卫星通话

（1984年4月19日《湖北日报》）

"亚克西"是新疆维吾尔族语"好"的意思。标题运用异语辞格，突出了它的个性，表达了我国通信卫星发射成功，各族人民普天同庆的欢乐情趣。

2. 兼用比喻辞格，以借喻中的喻体入题。如：

（主）　一场"自由恋爱"活了两家企业
（副）　北京东安集团跨产业兼并手表二厂震动京城
　　　　国务院领导同志称赞此举具有普遍指导意义

（1992年4月13日《文汇报》）

"自由恋爱"，是婚姻、爱情生活用语。它用来比喻这场跨产业的首例兼并是在"开明父母"——北京市政府支持下，兼并双方完全在自择对象、自愿结合的基础上实现的。比喻贴切、生动、明确，引人思索。

3. 兼用借代辞格，以借体入题。如：

（主）　老将撑腰壮胆　小卒杀过界河
（副）　天津市政工程局采访记
（插题）　允许小卒犯错误　车马炮为小卒"保驾"
　　　　"保骂"不是当"保驾"　下棋人要学点棋谱

（1984年8月21日《中国青年报》）

整体都使用象棋术语为借体来阐明其间的相互关系，表意直观生动。

4. 借用专用名词的特殊含义入题。如：

（主）　冲出"围城"

标题的制作理念与艺术技巧

（副）　永丰县妇女在市场海洋中大显身手

（1994年9月3日《市场报》）

"围城"，原为小说书名，多用来形容婚姻。提起"围城"，不用作者费笔墨，读者自然就会联想到这层意思。使标题既准确地概括了新闻事实，又有丰富的信息量。

异语辞格的修辞效果是鲜明的、多方面的。

它可用以表达丰富而特殊的感情。如：

（肩）　苏联站长走访中国南极长城站
（主）　听到"达瓦里希"——倍感亲切
　　　　看到南京产品——连声称赞

（1985年2月1日《新华日报》）

中国南极长城站建立后，苏联南极考察站站长来站参观，受到我国科技工作者的友好接待。"达瓦里希"是俄语"同志"的意思，苏联客人听到称呼时高兴地说，还是这个词亲切。标题引此入题，表达了中苏两国人民间的特殊情谊。

借用专用名词入题可以做到表意直观，概事简明。如：

岂容发票变"魔方"？

（1994年9月6日《人民日报》）

发票是单位和个人从事经济活动，进行财务核算的原始凭证，也是税务部门进行财务监督和税收管理的重要依据。然而，近年来利用发票贪污、投机倒把、走私贩运、偷税骗税等违法活动，已成为社会一大公害。违章发票像一个巨大黑洞，吞噬着国家资财，而利用发票搞鬼的违法犯罪活动的手法，可谓五花八门，难以一一历数。标题用儿童玩具"魔方"作比喻，形象直观。

借用专门用语入题，还可以形成结构匀称的对比，使语句整齐和谐、对比性强。如：

（肩）　平鲁县三年迈出三大步
（主）　靠"输血"越输越穷
　　　　凭"造血"越造越活

（1995年2月19日《人民日报》）

"输血"与"造血"均为医学用术语。

在异语词格的使用上，要注意其修辞效果。如果没有修辞作用的需要,在标题制作中是不提倡使用异语的。即便有必要使用时,也应做到:①要通俗,忌生僻,要一看就懂。要贴切,忌玄乎,应紧贴表意概事的需要。②与其他辞格连用时,要注意其运作规范。

简化缩合——话"节缩"

节缩,即用简化称谓、缩合联语的修辞方式,以缩小标题所占用的版面空间,来表达更多的内容,做到醒目,整齐美观。节缩辞格有节短与缩合两种。

1. **节短**——把入题的事物名称或固定词组,在能够明确地表达全称原意的前提下,简化其称谓。如:

青运会赛艇明起在沪预赛

(1985年6月5日《解放军报》)

"青运会"即是"全国青少年运动会"的节短。

"服务日"活动,深受职工欢迎

(1985年7月8日《中国地质报》)

"服务日"即是"方便职工义务服务日"的节短。

节短的方法很多,最常用的有两种:一是对由名词性组合专用名称或固定词组的节短,多以各组成项的首字简化合成。如前题的"青运会";对偏正词组组成的事物名称或固定词组,一般应由中心词简化合成,如《赛手全部注册,不日扎营观澜》(1995年10月25日《深圳晚报》),将"参赛选手"节短为"赛手"。

2. **缩合**——就是对并列联用语的简化。

①并列名词联语的缩合。一般取各项的首字。如:

(肩)　香港澳门寻常事　新马泰菲不稀奇

(主)　出境旅游渐成时尚

(1995年8月29日《深圳特区报》)

"新马泰菲"即为新加坡、马来西亚、泰国、菲律宾的缩语。

②并列联语的数词缩合。如:

(主)　农业规模经营"三高"格局具雏形

(副)　"八五"期间我市农村经济回顾

(1995年10月27日《深圳商报》)

"三高"即"高质、高产、高效益"的数词缩合。

标题的制作理念与艺术技巧

标题要做到概事达意具体准确、生动、简洁，常常还需要几种不同修辞方式的综合运用。这就要求我们一定要根据需要灵活掌握，该单用的就单用，该联用的就联用，该融合运用的就融合运用。

（主）　思乡月月看明月　中秋年年盼团圆
（副）　台盟上海支部举行中秋浦江夜游晚会

（1981年9月11日《解放日报》）

这则标题的主标就用了三种修辞方式。一是对偶，二是重叠，三是比喻。

总之，标题的形式是千变万化的，作为人类交际工具的语言也在不断发展变化着，各种修辞方法也在不断丰富发展，要联系实际，运用得体，不断创新。

第三部分

品评篇

在前面的章节里，引述和分析了许许多多优秀标题的成功制题经验，反复阐述了新闻标题的制作原则和艺术技巧。本篇将来个反弹琵琶，相对集中篇幅对一些有着这样那样美中不足的标题，从新闻学、语言学、逻辑学等多层面、多角度地归类分析和评说。这或许较之成功的经验，别有一番滋味，这或许能够给人以更多的启迪和教益。

正是基于此，笔者从手中集存的数百个疑似有某种缺失的标题例句中，选出有代表性确有评论价值的题例，统归分类逐一加以辨析、考量、点评。

笔者之所以这样做，既不是有指瑕求疵的偏好，更不是为了哗众取宠，找乐子。目的全在于：真心诚意地与读者一道，认认真真地在缺失之中悟道，悟为文之道，悟新闻标题的制作之道。

文中例举的标题例句，多为笔者阅读报章时随手记下的，也有一部分选引自相关刊物，因为时间跨度太长，且初始用途也不明确，有些已无法准确判明出处，特向读者致歉。

第六章　字斟句酌品标题

人间世事有学问，酸甜苦辣皆财富。在标题制作的实践中无论是那些独具匠心的精品佳作，还是确有有待商榷之处的缺失之作，无论是成功的经验还是失当的教训，对于做学问求知识，都是不可或缺的财富。后者较前者从某种意义上讲，恐怕更为弥足珍贵。

第一节　关于"舆论导向"的品评

新闻不是无情物。在阶级、党派的区分还存在的社会里，新闻尤其是时政新闻，是有导向性的。对于立于文前素有新闻的旗帜之称的标题，更有着鲜明的导向性。因而，评论一则标题的是非成败，舆论导向正确与否便成为最受关注的"观测点"。

一、莫让珠光宝气迷了眼，"未富先奢"须引导

（肩）　一副眼镜18万，一个手机24万——世界奢侈品牌纷纷跃进国内
（主）　消费升级：奢侈品时代来临

（2004年3月9日某报）

【品评】　读罢这则评论式的新闻标题，耳旁回响起"懂得花钱是有品质的，懂得花大钱是智慧的"，"即使没有足够的金钱，你都应该积极向奢侈品靠拢"，"当钱包足够鼓胀，奢侈也成了平常人正当的要求"的鼓噪。笔者始则愕然，继而沉思：时代是大众的，如今国人芸芸众生是否已经具备了如此昂贵的"奢侈品"消费的心态和实力？看来这只不过是脱离实际的炒作、炒作，还是炒作！

应该说，人们的生活水平虽然整体达到小康，但各个阶层的生存境况是不平衡的。先富起来的一部分人已进入富裕型、富豪型乃至超富豪型的境况，而大多数人，甚至是绝大多数人则刚刚步入小康型，少数人还在贫困线上。作为媒体引领消费时尚的报道，理应增强自己的民本意识和平民意识，对于人们正常、合理的消费时尚，应当予以支持、提倡，对于有违

标题的制作理念与艺术技巧

大多数人的消费心理期待，一味追求奢侈、豪华、气派的"奢侈消费"，应当视为不良的倾向予以抑制，至少不宜跟着起哄、炒作。艰苦奋斗的作风不能丢，奢侈之风不能长，这是当今我们的现实生活的实际。

享乐主义宣言

（2003年1月14日某报）

【品评】 这是某报在"改版致读者"时刊出的文章的题目。作者均系该报的记者、编辑，他们"自认是享乐主义者"。我们先不谈这篇文章及标题内容的是非褒贬，笔者倒怀疑这几位年轻的作者们，对"享受"、"享乐"、"享乐主义"这些词语的词性、义项是否有所了解？据《现代汉语词典》的解释：

享受——物质上或精神上得到的满足。

享乐——享受安乐（多作贬义），如享乐思想。

主义——有多个义项，其一为：对客观世界、社会生活以及学术问题等所持有的系统的理论和主张。显然它与享乐搭配一起是要人们把"恣肆享乐"当成一种理念、一种价值取向以及人生的生活目的、奋斗目标去追逐。不是吗？请看看吧：

文章从标题的制作、行文的架构都特意模仿了传世名著《共产党宣言》。比如评论的开头，便写道："一个精灵，一个享乐主义的美丽精灵，将在某城的大道通衢中流行"。结尾处也是一句行动的口号："全城享乐主义者，联合起来。"

文章在阐释"享乐主义者"应持有的理念和主张时，更直言不讳，享受"是我们天赋的权利"，"享乐就是我们的目的"，"享受一种横溢的精神自由才是我们灵魂的归宿"，云云。

行文至此，笔者有颇多的感慨：如果说新中国成立后的前30年，从党和国家的领导人到平民百姓，绝大多数人都是端着铁饭碗，吃着大锅饭，过着"新三年，旧三年，缝缝补补又三年"的低标准的温饱生活，奢谈享受、追逐享乐，绝对是奢望，是不合时宜的。而在改革开放后，经过在党的领导下全国人民的艰苦奋斗，国家富强，人民群众的生活越来越好，人们在自己劳动所得、勤劳致富的前提下，适度地讲讲享受，盼望生活过得更幸福美好，这无可厚非，这同不讲理想信念，不讲艰苦奋斗，崇尚"享乐至上"的"享乐主义"是不能混同的。多劳多得，少劳少得，不劳动不得食，这应是人间的正义和公理！"享受"岂能由"天赋"？！

建设中国特色社会主义的伟大实践是当今中国的最大现实，积极健康向上的思想品德、生活态度和道德风尚是当今中国民众精神世界的主流。新闻报道必须牢牢把握这个正确的导向。可现实的情况是，不时地仍有噪音和杂音见诸报端，实属不应该。

言论是媒体引领舆论最直接的工具，是容不得半点含糊和马虎的。

【链接】　在中国的传统文化中，勤俭为美德，奢侈向来是反面教材。国家所以会亡，脑袋为什么要掉，往往与奢侈与否有关。

朱子治家格言上说："一粥一饭，当思来之不易；半丝半缕，恒念物力维艰。"目的就是要后辈懂得感恩社会和勤俭节约。今天，在一个日益商品化和市场化的社会中，在全面建设小康社会的征程中，于己于家于国，也并非过时之论。

有媒体转外媒消息：2010年全球奢侈品消费中，中国跃居全球首位，高达400亿欧元。喜耶？忧耶？读者自有公论。此时笔者想到的是，其一，按GDP的总量中国虽已超过日本，成为全球第二大经济体。可我们还有些人生活在联合国划定的贫困线之下，中国仍然是一个发展中国家啊！其二，据媒体解读，这400亿欧元的奢侈品中不少都为"礼品"，并非个人消费。这其间隐秘着多少不良社会现象和行贿腐败问题啊！

凡此种种，如果我们的媒体、媒体人不去引导社会公众划清适度消费和奢侈挥霍的界线，绝大多数人的正常消费和少数人高消费的界线，以及划清勤劳致富、适度享受、企盼生活更幸福美好和崇尚"享乐至上"、"享乐主义"的界线，而是让珠光宝气迷了眼，跟风追捧天价奢侈品、炒作"未富先奢"和所谓"上流社会"的生活方式，实在有负众望。

因此，如何防止奢侈消费滋生不良风气，斩断奢侈品与腐败的联系，在全社会树立艰苦奋斗精神，让"节俭办一切事情"的思想不仅用在管理政府事务上，更应成为普遍的社会心态，已经成为中国现代化进程中一个非常重要的现实问题。

二、专家之言虽重要，但不能消弭"把关人"的职责

随着新媒体在全球、在中国的迅猛发展，令我国媒介传播形态发生了历史性变化，将人们带进了网络时代。网络时代既是信息爆炸的时代，也是信息纷杂的时代，对于媒体竞争来说，最重要的已不再是提供了什么信息，而是以什么方式筛选、加工、整合、评判这些信息；对于受众来说，

标题的制作理念与艺术技巧

对权威可靠信息的期望心理诉求也正不断加强。而在对信息的解读与评判上，相关领域的专家因其所具有的专业知识和相应的洞察力，能够更容易揭示事物的本质、消除人们心结上的种种困惑与迷惘，势必成为受众与众多媒体追逐的重要对象。于是，各行各业、各个领域的专家，广泛地介入和参与新闻编采制作，不少传媒大量引用和发表专家的言论已成常态。众多专家也不负众望，他们的妙言妙语就是"解开迷惘和困惑心结的钥匙"，是"传统美德与现实思想的结晶"，是"品德和行为的准绳"，对受众有着巨大的启迪作用。

但是，现代社会往往充满悖论。毋庸置疑，由于有的媒体和媒体人"把关人"角色的失范，有的专家的恣言妄语，误判事实，误导舆论，也时有发生。

（肩）　性学专家提出"性匹配"论称
（主）　试婚可以避免"性"格不合

（2005年11月14日某报）

【品评】　有评论称，"乍一看这标题，让绝大多数读者大吃一惊——公开提倡试婚，这专家也太开放，这家媒体也太有勇气了吧"？

读者的"吃惊"，可以理解，但细细想来又是必须面对的现实。这是因为，当今世界是个多元世界，西方意识形态和信息文化的输出与传播，处于强势地位。他们打着"文明的冲突"、"跨文化传播"的招牌，强力兜售他们的所谓民主、自由、人权等价值观及其生活行为方式。再加之，当今改革开放的中国，又是一个有多元经济、多元组织、多元利益关系、多元文化、多元价值观念的多元社会。于是，国内总有这么一些人，在"西方先进，中国落后"僵化惯性思维的支配下，一遇到现实问题动不动就生搬硬套"西方理念"，叫嚷"与国际接轨"、"照国际惯例办"。正是在这种多元化的思想文化舆论环境下，一些旧的、国外输入的有悖于社会主义文明进步的思想观念和行为方式，不时地会沉渣泛起，被一些人改头换面，拿到媒体上来鼓吹。像"一夜情"、"婚外恋"、"换偶"、"试婚"这些在西方"性解放"、"性自由"（实质是"性滥交"）理念下的"衍生品"，不也就是这样出笼的吗？

那么，这位性学专家在学术语言包装下的"性匹配"试婚论，究竟是一服有助于推进社会文明进步的"补药"，还是有碍社会文明进步的勾魂夺命的"迷魂药"呢？

事实胜于雄辩。我们还是先来看一篇报道吧!

2001年7月24日,北京出版的《参考消息》转载香港某刊物的一篇题为《中情局对付中国的十条诫令》的文章,指出这十条诫令的内容包括"用物质来引诱和败坏青年,鼓励他们蔑视并公开反对他们原来所受到的教育,特别是共产主义教条。要使他们进行性滥交,不以为耻",要从根本上毁掉他们"刻苦耐劳"的价值观,等等。(引自《新闻阅评学》,中国人民大学出版社2010年版,52页)

不言而喻,如果我们的媒体对"性滥交"的鼓噪有所失察,让其恣肆横溢,我们的国家、我们的社会是会付出代价的。

为此,笔者倒觉得对这家媒体、这则标题的作者,坐歪"屁股",违反新闻标题要"题从文生,题文一致"的制题原则的所谓"勇气",很值得评一评,议一议。

这则新闻报道的是,在某省一次性学学术会议上,一位"性学专家"提出了"性匹配"理论,指出两性匹配是解决婚姻问题和改善婚姻质量的关键,试婚可以避免"性"格不合,是一种社会进步的标志,云云。此论一出,引起人们热议,和者寥寥,反对声四起。导语之后,新闻即以三个小插题——《试婚能保护女性》、《"专家"岂能以"性"测婚》、《试婚让人发昏》,分别摘报了赞成和反对的主要论点。第一个小插题汇集了赞同者的论点,约380字;第二、三个插题涵盖880余字,汇集了反对者对专家及其拥护者主要论点的回应。

比如,以"性"测婚是社会的进步,没有试婚的"性"福便没有婚后幸福的"性匹配"论!反对者回应说,婚姻赖以生存的土壤除了感情,还是感情,性爱只是其中的"味精与调料"。没有感情,婚姻的大厦必将倾覆。什么"婚前不试婚,幸福无保证"?这类冠冕堂皇的所谓"专家口吻",真不知要将人们带到何等荒唐的认识误区?

比如,"婚姻失败多因'性'格不和谐是关键","试婚可以避免'性'格不合"的高论!?反对者回应说,难道结婚就是为了性和谐?离开感情谈婚姻,用"性"来开脱不幸"婚姻",这不仅是离题万里,更是对中国传统文化、道德习俗的一种挑衅。鼓噪"试婚"可以避免"性"格不合的说教,有违社会现实,是不负责任的草率之论。

比如,试婚真的能像期望或据以为由的那样,有助于预先感受性爱,了解彼此性能力,从而提高今后婚姻的满意度?反对者回应说,性生活是否和谐并非一定要"试"（如婚前检查）或者通过"试"就能实现，试婚也不能解决婚姻"磨合"的所有问题，诸如生育、教育孩子、侍奉双方老人，以及事业、工作、兴趣、爱好、性格差异等等考验的问题。

比如，试婚最大的受益者是女性吗？反对者回应说，试婚带来的危险是，可能为部分居心叵测的男子玩弄女性提供机会，大开方便门。一旦试婚失败，损伤最大的还是女性。

至于"试婚能保护女性"？反对者回应说，婚姻并不等于仅仅是两个人的"性福"，不只是两个人的个体行为，是需要法律的认同和保护的，尤其是相对处于弱势群体的女性更是如此。而试婚是不规范的同居行为，是对有关法规的否定，将对现行婚姻制度造成严重冲击和威胁，使女性诸多法定权益失去有效保障。

应该说，纵观这篇报道，让读者"大吃一惊"，也让笔者不解的是，拟题者为什么会做了这么一则以偏概全，题不对文，有违事实真相的标题来呢？如果据文拟题，我们将这则六栏大粗黑通题改为——

（肩）　性学专家提出"性匹配"论称，试婚可以避免"性"格不合
（主）　赞同者：试婚能保护女性　反对者："试婚"让人发昏

两题相比，何者更符合文意、符合事情的真相，读者自有公论。

慈禧是一条龙

（2006年1月某报）

【品评】　自鸦片战争以后，中国丧失了独立地位，逐渐沉沦为一个半封建半殖民地国家。中日甲午战争的失败，丧权辱国的阴影，沉重地压在苦难深重的中国人心上。戊戌维新运动志士谭嗣同悲愤地写下了"世间无物抵春愁，合问苍冥一哭休；四万万人齐下泪，天涯何处是神州"？

在回顾这段苦难历史的时候，当然不能回避对当时掌握着最高统治权力的一些人物的历史评价。尤其是对于作为清王朝最高统治者的慈禧应该怎么看。如果不弄清这些人的历史地位和作用，便很难对中国近代历史面貌有确切认知。

慈禧，又称"西太后"，咸丰帝妃。清末同治、光绪两朝实际的统治者。1861年咸丰死，六岁子载淳即位，被尊为太后，实行太后垂帘听政。她采用"借洋兵助剿"政策，依靠外国侵略者的支援，镇压了太平天国革命及其他许多地方的武装起义。慈禧作为封建专制统治的政治代表，她尽心竭力维护"大清王朝"的统治，对内仇视改良维新变法、疯狂镇压

人民；对外妥协投降，先后与侵略者签订了一系列丧权辱国的条约。就在八国联军侵占北京后，慈禧为了保住自己的统治，一面下令残杀义和团，一面又急于与侵略者签订《辛丑条约》，她竟不顾脸面地在煌煌上谕中写上"量中华之物力，结与国之欢心"。听凭侵略者予取予求，使中华民族蒙受难以忍受的奇耻大辱。如此等等，我们不是说对历史人物要"以他（她）在中国近代历史中起到的推动作用来评判"吗？慈禧垂帘听政下的旧中国，对外妥协投降、丧权辱国，对内民众水深火热、民不聊生、困苦流离、生无所赖、哀鸿遍野，慈禧哪里称得上是站在历史潮流前头引导社会前进的"龙"啊！

当然，即便如此，我们也不能说慈禧没有做过一点儿好事，她为了维护和巩固"大清王朝"的统治，也做过一点儿在历史上起过积极作用的事情。比如，慈禧也曾采纳过洋务派依靠封建官僚买办的所谓"自强"和"求富"政策；1901年后也曾赞同"实行新政"和"预备立宪"，但其目的也是为了拉拢资产阶级立宪派以反对孙中山等资产阶级革命派。再有，在严重的民族存亡面前，不管慈禧是否像有的学者、专家想象的那样"慈祥"、"温馨"、有"高雅情趣"等等，但这都不能掩盖在她当政下"大清帝国"江河日下的历史真实，都不能改变她在总体上代表中国社会中在近代史上的腐朽力量，是民族罪人的本质。

【链接】 治学严谨，是科学精神和学术道德的内在要求，也是专家评人论事的基本操守。然而，现在有的专家却耐不住寂寞，不遵守应有的推理准则，不尊重基本的资料素材，而故作惊世骇俗、慷慨之论，也是时有所见的。

再加之，长期以来人们对专家的认知大都停留在对这个"特殊群体"的理性层面上，"专家"就是在相当程度上知识专业化。因而，社会公众对专家言论的权威性和公信力都有极高期待。可在现实生活中，还原为一个个专家个体，则又是千差万别的。于是才会有不同的专家针对同一事实，可能会发表不同意见，有的甚至可能是失之偏颇的。

面对上述情况，媒体更得要自律，在采集、引用、发表专家一家之言的时候，在观点、采编、标题制作等各方面，都应以承担"把关人"角色的社会责任，以站在时代前列、心系国家民族使命、反映社会公众心声、引领舆论正确方向的使命感和责任感，做一番字斟句酌地考量、选择、推敲，以确保专家言论的权威性和公信力。

标题的制作理念与艺术技巧

如若不然，仅凭专家"头顶的光环"，就消弭甚至取代了"把关人"的职责，专家说什么就信什么，就照传不误，那捅娄子恐怕只是迟早的事！一旦刊登的言论失当，媒体也难辞其咎，必将受到来自广大读者的诟病。

三、厘清新闻事实内部因果关系，相互对接应准确

标题要以立片言以居要的简短文字，承担着导读与导向的双重作用。其中标题的舆论导向作用，必须因文制宜，善于因势利导，引导方法灵活多样：公布事实即引导，明辨是非即引导，讲清大局即引导，揭示趋势、直陈利害即引导，疏导情绪、弘扬正气、通达民情等等即引导。而诉诸理性、明示成因则是最为直接、最为重要的舆论引导方法。

新闻的源泉是现实的社会生活。社会生活处在不断变化之中，新鲜事物层出不穷，具有新鲜性的事物大量存在。大到党和国家重要方针政策的公布、实施，小到柴米油盐一类事情的变化，只要有变动，就会有新闻存在，这种变动越大，新闻的新鲜度就越高。此种变动的新鲜度和变动所涉及的事件、人物、地点、时间、原因、结果等要素都有关联，而且最为引人注目的是"何因""何果"这两个要素，它凝聚着新闻事实真相的深度信息，其影响力、感染力和可传性是很强的。

厘清事物变动的因果关系，还原事实的真相，揭示事物的本质，是新闻媒体实现正确舆论导向不可或缺的重要手法。特别是对于一些重大的新闻事件、突发事件，尤其重要。

在我们的新闻标题中，有一种"说明因果"的题句，就承担着这方面的重任。这种题句的语法结构一般为复句（单句也偶有所见），其特点是一个分句说明原因，另一分句指出结果。这种说明因果句常用的关联词语"因为……所以……""由于……因此……"等在标题中一般都有用的。

既然厘清新闻事实内部的因果关系是真实、准确地报道新闻事件，还原事实真相的最为关键的问题之一，那么，回避因果关系、有意模糊因果关系，或者因果关系对接错位甚至根本不能成立等等，都会误导受众，甚至误导舆论。

林丹：毛主席像章保佑我夺冠

（2008年8月18日某社）

【品评】　这是一则直接标明何因要素的评论性消息标题。由于因果关系对接不当，它把优秀羽毛球运动员林丹在北京奥运会摘金的原因完全

归结为毛主席像章的保佑——这是在"造神",不是正确地在报道明星。它既否定了运动员平时艰苦训练、刻苦钻研、为国拼搏这些夺金的关键因素,也否定了金牌背后众多人所付出的艰辛和努力,更不用说国家、运动队的培养和关爱,以及林丹雅典奥运会失利后粉丝对他的鼓励、加油和期待。

笔者不否认,也无法否认题上林丹的话,是林丹原意的概括;不否认,也无法否认正文中所云,林丹认为2004年雅典奥运会上第一轮被淘汰,是当年去韶山时没拜祭毛主席所致。2008年他特意去韶山祭拜并买回毛主席像章佩戴的事实真实。但正像伟人毛泽东是人不是神、包括至圣先师孔丘在内的先贤哲人是人不是神一样,明星、林丹也是人不是神,他的所思所想,一言一行,都会是绝对正确的?都会是应该报道让大众效法的?如果是这样,又怎能不身陷东施效颦的尴尬,于明星、于林丹、于媒体、于社会大众都是有害无益的。此题不当,其责任当然在记者、在媒体,而不在明星,不在林丹。

林丹,作为一名优秀运动员,深受公众喜爱。我们当然不能苛求他在所有方面都堪称人师、行为世范。他在羽毛球运动中作出的杰出贡献已足以让国人记住他的名字。我们当然也不能否认林丹佩戴毛主席像章,伟人毛泽东的人格魅力及其思想在某些方面对林丹的训练、比赛曾有过潜移默化的影响,如果我们的记者也本着这样的认识,在采访过程中,更多一些交流与沟通,将原题改为《林丹:毛主席像章助我夺冠》,也不失为一则合情合理有个性特色的标题。

劳动社保部:7省市无下岗职工,再就业中心关闭

(2003年10月30日某报)

【品评】 这是新华社前一日播发的通稿,国内中央和地方的主要媒体都刊发了。这家报纸为之拟就了一个"说明因果复句"的标题。上一个分句说明原因,下一个分句指明结果。它明白无误告诉读者,全国已有北京、浙江等七个省市国企无下岗职工,其再就业中心关闭。新闻一见报,却出人意料地在当地引起轩然大波,有些读者误以为国家政策有了变化,国企已不再减员了。问题出自这个因果复句中,说明原因的分句并非是"再就业中心关闭"的真实原因,是拟题者对新闻事实误读而虚拟的,两者的对接根本不能成立。原来新闻报道说的是,由于北京、天津、辽宁、上海、浙江、福建和广东7省市,国企下岗职工并轨工作稳步推进,国企下岗职工基本生活保障制度向失业保险并轨,原有的下岗职工中一部分实

现了再就业，一部分没有实现再就业的，转由失业保险保障生活，或者进入低保；企业新的减员也不再采取进入再就业服务中心的办法，而直接进入劳动力市场，因而这七省市的再就业中心关闭。据此，这则题的正确的因果对接关系似应改为《劳动社保部：国企下岗职工工作并轨，7省市再就业中心关闭》。如果一行题过长，也可删新闻来源"劳动社保部"，或将此末尾加破折号移作肩题。

（主） 原公安局长私藏枪支弹药
（副） 昨日被依法执行死刑

（2003年2月14日某报）

【品评】 新闻作品不同于理论文章、文学作品，是要以实事为载体来传递信息和表达思想观点的。因而，新闻事实内部因果关系的对接，实质上也就是新闻事实的对接，即无论是说明原因的，还是指明结果的，都应当是实实在在的新闻事实。正如马克思所指出的，报道新闻只能"根据事实来描写事实"，而不能"根据希望来描写事实"。（《马克思全集》第1卷，人民出版社1979年版，491页）应该"完全立足于事实，只引用事实和直接以事实为根据的判断，——由这样的判断进一步得出的结论本身仍然是明显的事实"。（《马克思全集》第42卷，人民出版社1979年版，第413页）

上面这则"主—副"型标题，其语法结构为"说明因果"的复句。主题是说明原因的分句，副题为指出结果的另一分句。两个分句在事实对接上存在着明显错位，导致题不对文，导向偏颇。

我国《刑法》第128条第1款规定，私藏枪支弹药而且情节严重的，"处三年以上七年以下有期徒刑"。这个公安局长仅因私藏枪支被判死刑，量刑为何这么重？

原来文中有云：某市原公安局长收受贿赂二百多万元人民币，又通过向人索要、接受馈赠物等方式收受大量财物，以及私藏3支枪、350发子弹。一审判决以犯受贿罪判处死刑，私藏枪支弹药罪判处有期徒刑2年，数罪并罚，决定执行死刑。此则标题将导致其被判死刑的关键原因——受贿罪避而不谈，却在题中突出放大了较此轻微得多的私藏枪支罪，误导读者，让人产生"法院量刑过重"之感。这确系疏失？或另有隐情？笔者不能妄加推测。如按文意拟题，"受贿"是不能少的。原题的主题应改为《原公安局长受贿、私藏枪支弹药》。

【链接】 网络时代，面对资讯海量、观点杂陈的世界，受众对于媒体的诉求也在发生改变，从以往对于事实判断的关注，提升到对于事件的解读、厘清事物变动的因果关系、弄清事实真相的高度关注。在这样独特的舆论环境和社会环境里，突发事件的报道就相对多一些。所谓"突发事件"，是指突然发生，造成或者可能造成严重后果的自然灾害、事故灾难、公共卫生事件和社会安全事件。

突发事件的发生，往往是多个因素共同作用的结果，内在因果关系是复杂的、多层面的，对其的分析、认证是一个比较复杂的过程，媒体和媒体人时时都面临着职业道德和社会责任的考验。再加之，"新闻事业易使人浮光掠影，因为时间不足，就会习惯于匆忙解决那些自己都知道还没有完全掌握的问题"（马克思语）。现在新闻竞争日益激烈，行内又有"出好报"不如"出早报"之说，如果在事件的原因尚未完全明朗，便凭着"人无我有，人有我深"的行事原则，主观臆断，胡乱分析，必然搅乱人心，混淆视听。

2010年初，我国连续发生几起戮童的恶性事件，震惊了无数国人。人们在欷歔被害幼童的悲惨遭遇与痛恨、严斥行凶者令人发指的反社会行径的同时，对国内有的媒体把犯案者个人行为与放大的社会原因简单挂钩，将惨案无端地归咎于社会、归咎于"体制"，甚至对施暴者不予谴责反抱同情，深感吃惊。正像有的读者投书报章所指出的，有的犯罪分子，如福建南平惨案凶手，虽并非天生的暴徒，但在任何一个社会都有源于种种原因而产生的失意者、失败者，其中很多人值得我们同情和帮助，但这些人中也总有极少数可能转变成极端分子，无论社会是否给他以关怀，他总是仇视这个社会。对于这种变态者的所作所为，任何一个文明社会都应给予同声谴责。有再多理由也不能成为掩饰丧心病狂的凶徒肆意残杀幼童的借口！

应该说，在南平案后，一些媒体发表了不少对凶犯郑民生作案动机、背景、缘由的猜测：如周边的人看不起他，讲他有桃花病；婚姻不顺，女友迟迟不与其结婚；辞职之后，另谋新职不成，觉得活着没意思，等等。这一方面固然表现出对犯罪嫌疑人的某种人道主义关怀，但另一方面对于任何人在任何情况下都没有理由对稚嫩儿童下毒手这一最不容侵犯的人道原则，却在报道中被忽略或者没有得到应有强调。而更让人不解的，仅凭上面那些猜测，罗列的那些事实，即便全都是真实的，也难以判定当事人那些骇人听闻的罪行是被社会环境和"体制"逼迫下走投无路所致。这既混淆了基本的是非观念，也有违公平、正义、真实、真相的正常思维逻辑。

行文至此，笔者想到一位业者说过的一段话：人不能只遵从本能行事，还应遵从其所担承的社会责任行事。新闻不只是信息的殿堂，还应是品德舆论的高地。一个不善于辨别色彩的人不能成为画家，一个不懂音律的人不能成为音乐家，一个没有新闻专业需要的秉性和鉴别力的人也不能成为合格的新闻工作者。

四、"标题党"忽悠读者之制题伎俩，不应"拿来"

在网络媒体中被网民讥之为"标题党"的一簇，系指在标题的制作中，或者有意兜圈子、设陷阱，随心所欲，肆意妄为，把忽悠受众不当一回事；或者将标题中某个要素、细节进行夸张、扭曲，故弄玄虚地打造"爆炸性新闻"；或者用煽情挑逗言辞，挂羊头卖狗肉，让不带色的新闻，也有个带"腥味"的标题。如此一来，从他们的口中、笔下制作出来的新闻标题，重要的根本不在于准确、真实、题文一致，而在于彻头彻尾的"吸人眼球"。

餐馆小店难寻"普京"

（2009年7月4日某网站）

【品评】 新闻明明白白说的是，由于天气太热，需求剧增，供货商拿货难，一些餐馆小店，北京市民喜欢饮用的普通燕京啤酒已经断货，如果就事成题《餐馆小店难寻"普通燕啤"》，制题者或许担心面对网上海量信息难以脱颖而出，于是就拿缩语开"涮"，用一个极不规范的缩语"普京"，来忽悠读者：在文题分离的语境下，让读者误以为俄罗斯现任总理普京，是否又一次来到北京，并走进了市井小巷寻觅京城的名点、小吃。

稍有些新闻专业知识的人都会懂得，如果不是有意而为，"普通燕京啤酒"是不可能缩略为"普京"的！这是因为：

其一，缩略语绝非仅凭一己一时的临时需要可以随意拼凑的，它必须保留被缩略对象的关键语素，指向明确，简洁妥帖，一目了然地传达原词语的全部信息。显然将"普通燕京啤酒"缩略为"普京"，有违于此，原词语三个组成词中，"啤酒"是中心词，新生成的缩语中反而没有它的词素，不可思议？

其二，缩略语还有一条必须遵守的生成原则，即新生成的缩略语要有独特的区别性，即避免同已有成词雷同。"普京"，本是俄罗斯前任总统，现任总理，在中国也可以说是家喻户晓的政治人物，怎么还可以把"普通燕京啤酒"缩略简化为"普京"呢？

其三，缩略语的生成一般是由原词语中的核心词或各组成词的首字词素组合而成。我们姑且不论"普通""燕京"，并非全是原词中核心词，就即便是按首字缩简而成的操作原则，也不可缩简为"普京"。

那么，唯一可遵循的缩略原则，那就是"标题党"的：把忽悠读者不当一回事，怎么吸引眼球怎么来！

贝克汉姆受皇马队友特殊礼遇，辣妹已怀上第四胎

（2010年某网站，转引自《新闻爱好者》2010年第5期）

【品评】 将本来没有因果关系或不是主要因果关系的两个事物人为地拼接，虚构成主要因果关系。最常见的是"果"真"因"假。这是"标题党"虚张声势，以假乱真，忽悠读者又一常见手法。这则标题将辣妹肚子里的孩子，跟"皇马队友的特殊礼遇"胡乱拼接，这已经不只是为了争夺点击率的单纯的"娱乐"了，而是变成为庸俗不堪的恶搞了。

今日（2011年2月6日），笔者正在撰写此文时，《北京青年报》传载音讯：《（肩）辣妹做B超得知第四胎是女孩，（主）小贝终将获千金》。

△ 快餐店乍现疑似爆炸物

【品评】 新闻明明明白白说的是，一企业员工在快餐店就餐后，将自己随身携带的物品遗忘在店里，店家发现查明后，随即通知了失主领回。失物招领、遗忘物品，这本来是寻常事、多发事，根本就不是什么新闻，更不是值得大惊小怪的新闻。可是在习惯于忽悠读者的制题者手里，先把已经明明白白的事情，模糊起来，再哗众取宠、耸人听闻地以"疑似爆炸物"加以包装，顷刻间，就摇身一变，成了"独家的爆炸性新闻"了。

在2009年初出版的一本新闻期刊上，有一篇谈网络新闻标题的创新、传统媒体应当"拿来"的论文，笔者现将被论文作者视为"成功"范例的3则标题稍加点评，并附上推崇者的意见一起转述如下：

《张学友：四任爱人不偏倚》（2005年12月1日某网站）——乍看标题，一头雾水：莫非是揭秘著名歌星张学友的桃色绯闻。再看下文方知：新闻说的是张学友对"雪狼湖"歌舞剧中四个女搭档的赞扬与评价。推崇者称赞此题正是有此歧义，提高了网民的注意力，完成了对新闻的点击和阅读。

标题的制作理念与艺术技巧

《莎娃与"王子"缘定终身　美少女球拍终身不变》（2006年8月29日某网站）——乍看标题，还以为俄罗斯体育明星莎拉波娃已经与某位王子私订终身，再看下文方知：俄罗斯头号女选手莎拉波娃已经和体育用品商"王子（PRINCE）"签订供拍合同。推崇者称此题妙就妙在：能让受众产生歧义，误以为莎娃已经与某王子私订终身，吸引住网民的眼球。

《陈慧琳惊现"遗像"》（2008年12月8日某网站）——乍看标题，准以为陈慧琳已过世，再看下文方知：原是重庆一家殡仪馆治丧中心借陈慧琳、古巨基的黑白照片作遗像广告招揽生意。推崇者称赞此题歧义能夺人眼球，让网民为求证而去点击新闻。可笔者却以为，用明星的"死"去"涮"受众，已属不厚道，何况"死"对明星本人来说，也为不祥，是一种伤害吧！怎么可以作为一种"创新"来推而广之呢？

【品评】　对于上述3则题的优劣及其制作方法是否适当，笔者不想再去评说，读者自有公论。而此时笔者所要说的倒是，新闻标题制作中不可动摇的那些硬道理："准确是新闻标题制作的第一要务，最基本的要求。标题跟新闻内容脱离，再华丽的言辞、再花哨的'创新'，都是于事无补的。""新闻标题是新闻事实及其所承载的思想意义的浓缩，新闻标题必须准确无误、实话实说地反映新闻事实的本来面目。"

【链接】　在媒体的竞争中、新闻的竞争中"标题"是关键的现实时代，翻开报纸，收听收看广播电视，点击网络新闻，首先映入眼帘的是标题。虽然受众"扫描"标题的时间只是"刹那间"的事，但是这"一瞥之下"，常常就决定着新闻的命运。因此为新闻制作一个新颖别致、引人注目的标题无可厚非。但是像"标题党"那样，只在拿受众开"涮"，在哗众取宠、故弄玄虚、牵强附会上下足工夫，而在标题的内容、词章上却不愿倾其心力，打马虎眼、滥竽充数，甚至扭曲事实、挂羊头卖狗肉，拿捏和欺骗受众，既害人又害己。这一个个无德、病态的标题，既是对优良的文风、学风和社会风气的败坏；更有甚者，一旦受众意识到被"涮"了、被骗了、被愚弄了，这就是媒体自断生路、自毁形象和公信力的杀手。在社会主义市场经济条件下，媒体在公众中的公信力，是市场的"准入证"，是媒体生存和发展的基石。媒体公信力的核心要素有：诚实守信、实话实说、内容真实、导向正确。

五、关注社会效果，切忌就事论事拟题

新闻舆论引导要取得实效，不仅要有良好的动机和明确的导向目的，还要从实际出发注重社会效果，讲究引导的方式方法。否则也难以达到预想目的，甚至还会剑走偏锋。

所谓舆论引导的目的，是指引导主体对引导实践所要达到的目标的心理预设，它是动机的社会化、目标的明确化和具体化。而新闻舆论引导的方式方法，则是指为实现引导目的而使用的方法和手段。一定的动机和目的，在实践中必然要有与之相适应的一定的方式和方法。方式方法得当，动机和目的就容易实现，取得好的社会效果；反之，动机和目的就会落空，甚至出现与之相反的社会效果。

（肩）　鼓励中小学生弘扬正气
（主）　对见义勇为考生可降分录取

（1994年6月某报）

【品评】　新闻报道了近年来，涌现了一批临危不惧、见义勇为的英雄少年。他们人小志高、疾恶如仇，在国家、人民生命财产受到威胁的危急时刻奋不顾身，挺身而出，同犯罪分子进行殊死搏斗，不少人献出了鲜血甚至生命，受到社会各界的高度赞扬。某省教委、省高招委、省公安厅和见义勇为基金会，联合作出如题中所示的决定，鼓励中小学生弘扬见义勇为正气，倡导他们奋勇同犯罪分子作斗争。

应该说，见义勇为英雄少年的英雄行为，确实应当表彰，但表彰归表彰，方法和形式可多样，却不能以此来号召、倡导中小学生去同穷凶极恶的歹徒"血拼"。当然，作出决定的相关部门和媒体的及时报道的主观愿望也是好的，但从社会效果上考量，我们还必须考虑到，青少年是祖国的未来、民族的希望，党和政府及社会各界极为关怀他们的健康成长、安全与安危。显然，他们年小、力薄，与穷凶极恶的犯罪分子相比拼、打斗，生命攸关，危险极大，他们应是需要社会关注保护的弱势群体，不应鼓励、提倡中小学生"奋不顾身、挺身而出，同犯罪分子进行殊死搏斗"。

2002年7月17日香港铜锣湾发生了一起钻石抢劫大案，当案件破获宣判结案时，某报刊登了一篇通讯《香港钻石劫案宣判》，报道了这一惊天大案的始末，让人不解的通讯中最后一个小插题竟然是——

"美女大盗"被判无期

【品评】　插题所称的"美女大盗",说的是此案的主谋,一个叫董敏芝的女子。读者批评说,罪犯就是罪犯,大盗就是大盗,为何要给她冠上一个"美女"的称谓呢?

董敏芝外在美吗?据文章介绍称,她今年36年,扎着两个小辫,穿着T恤和牛仔裤,就像20岁刚出头的清纯少女。再看看配发的大幅照片,确显清瘦,但看不出她有多美。

董敏芝内在美吗?劫案主谋,罪行严重,被判无期徒刑,这就充分说明她不是什么"清纯"少女了吧!

即便如此,标题的作者偏偏要选在向社会公众公布董敏芝所犯的罪行及对她处以重刑之际,硬要把大盗颂之为"美女",这既不合乎对文意的准确概括,又不合时宜。难道是要让受众惜乎其美、忘乎其丑吗?

社会效果不好,受到读者诟病,实属情理之中的事。

182座城市想建"国际化大都市"

（2003年11月14日某报）

【品评】　建设城市、发展城市都要有一个实事求是的科学态度,这一点对城市的管理者来说尤为重要。中国有182座城市要建"国际化大都市",是不切实际的空谈,同时其中还包括一些中小城市,能够建成或者需要建成国际大都市吗?难道我们的城市建设目标,就是要建设国际大都市?真让人难以理解,这不又是跟风炒作?再说,正如有评论者指出的,"国际化大都市"这个概念都没有弄清,就在那里轻言"建设"。因为"国际化大都市"一语中的"国际化"一词,含有国际共管之意,是不可随便对接使用的。我国要建设的是"国际性大都市"或"国际大都市",而非"国际化大都市"。

我们不是说,新闻是新近发生的事实的报道么!如果说,新闻离开了事实的准确无误,也就失去了自身的第一属性——真实性,也就丧失了它的本真。那这还有什么"正确舆论引导"、"社会效果"可言。

我们不是说,"真善美"是人类精神家园最基本的道德操守么!真实离开"善美"而远远地飞走了,"善"和"美"又还有什么亲和力可言呢?

新闻传播的舆论引导、社会效果,是必须以遵从新闻规律,做到立论正确、事实准确为前提的。离开了这个前提一切都无从谈起。

舆论导向从内容上分有政治导向、经济导向、文化导向、思想导向、价值导向、行为导向、审美导向、消费导向等。新闻舆论引导工作是一个结构性概念，是以政治导向为中心，经济导向和文化导向为两翼，体现在新闻宣传的各个方面。在"版面语言"的运用上，也能或直接体现或暗示其鲜明的导向性。

2001年3月间某报刊发了《女贪官今天继续受审》的报道，题头刊登了贪官蒋艳萍的大幅照片，显得容光焕发，像是在开会作报告一样；而检举揭发蒋艳萍犯罪事实的功臣陈荣杰的照片却只有蒋艳萍的三分之一大，而且还放在文尾。无怪乎，有的读者看了报道后，不解地感叹说：不看文章，光看标题和照片，真分不清哪个是犯罪嫌疑人，难说不会把功臣当贪官。

【链接】 上述几则标题都引起了公众的广泛关注，引来了众多的批评。它向我们提出了一个值得注意的问题，新闻舆论引导的目的要明确、方向要正确，引导的方式方法也还必须得当、有效，必须始终如一地关注社会效果。

在我们这样的社会主义国家，一切精神产品都要重视它的社会效果。作为新闻及其标题这样十分敏感、处于意识形态前沿的精神产品，从某种意义上说，比其他精神产品在社会上产生的影响更直接、更广泛，它可以影响到整个社会舆论，影响到千百万人的情绪和行动。因此，新闻及其标题就更要重视它的社会效果。

要注重社会效果，这不仅是对一个时期的宣传、一项重要报道的总体要求，就是对一篇报道及其标题中的关键词语也不应有疏失。1994年第11期《新闻三昧》上就载文讲了这么一件发人深省的小事：

那是1961年下半年，一次周恩来总理出访归来，党和国家领导人到机场迎接他。第二天，周总理起身进卫生间时，照例要利用这点时间浏览一下当天的主要报纸和急办文件。当他看到一张报纸上刊载他回京的消息上有"周恩来总理神采奕奕地走下飞机"时，不由得紧皱眉头。他从卫生间出来后，就指着报纸对值班秘书说："你打个电话，问一下这条新闻是谁写的，叫他马上到我这儿来一下。"

那位记者很快赶到西花厅。周总理放下手中工作，又拿起那张报纸，用他那炯炯有神的目光看着这位记者说："我们现在国家遭难，人民受苦，我周恩来凭什么还'神采奕奕'？"那位记者知道错了，只好向总理检讨。同时也汇报说，他当时写这则新闻时只考虑了国际方面的情况，没有考虑国内方面的因素，因此出了差错。周恩来总理略一沉思，又谆谆告诫说，我们共产党的干部都是人民的公仆和勤务员，现在天灾人祸闹得我们饭都吃不饱,我周恩来作为国家的总管,居然还"神采奕奕"?这样的宣传"上不合乎国情,下不安于民心",群众看了会怎么想?周总理的精辟分析使那位记者茅塞顿开,心悦诚服地离开了西花厅。

这个故事,对我们今天的新闻工作仍有极强的借鉴作用。那就是包括标题制作在内的我们的新闻报道要注意社会效果,就必须与党心、民心紧紧地联在一起,在下笔成文时要讲唯物论、辩证法,不可只注意一个方面而忽略另一个方面。

六、不给不良文化提供传播平台,营造健康舆论环境

色情、低俗、暴力是一种恶劣的社会丑恶现象。新闻媒体不应该过多、过密、过细地报道这些社会丑闻或社会伤疤,更不能给这种格调低下的粗俗文化制造舆论,提供传播平台。

脚踏三只船·女人最安全

(2002年8月某报)

【品评】 文中第二个小插题,对"三只船"做了明确的诠解:《丈夫·知己·情人=男人船》。

一看标题就可看出,这是一篇往广大中国妇女脸上抹黑的奇文。在传媒上公开宣扬这种格调低下的爱情观、夫妻观,显然不符合中华民族的传统美德,有违《婚姻法》和社会主义精神文明。

文章胡编乱造地说,一个女人,一生中有了这样三只"男人船",三足鼎立,再加上一个女人,"就是四平八稳,完美的人生就从这里开始",最终"才是完美的一生、奢侈的一生、扬眉吐气的一生"。

这则标题舆论导向的偏颇是显而易见的:渲染色情,宣扬性解放。是对社会主义时代人与人关系的羞辱与嘲弄。

"狗仔"是娱乐界朝阳职业

(2003年10月)

【品评】 一看标题便可清楚地做出这样的判断,这是一篇吹捧、召唤"狗仔队"的奇文。

文章说,"狗仔"是不是记者,这还有争议。但从现在的趋势来看,"狗仔队"在中国大行其道也只是时间问题。因为大众对明星们真正感兴趣的是什么?是明星背后的东西,哪怕是些鸡零狗碎的东西。随着人们越来越需要用八卦绯闻来打发无聊时间,"狗仔队"的天地会越来越宽阔。

"狗仔队"的存在，让这个世界多了几分色彩，他们时时刻刻为我们提供精神食粮。"当有人对'狗仔队'的是是非非争论时，我倒是要向这个群体投以敬佩和尊敬的目光。'狗仔队'你快来吧，这世界因你而精彩"。

应该说，把绯闻、鸡零狗碎的东西当做娱乐新闻，就像有评论指出的那样，这既是对新闻的践踏，又是对娱乐的亵渎。把它说成是"精神食粮"就更不靠谱了，这明明是败坏社会风气，消弭人们的意志，污染人们特别是青少年身心健康的文化垃圾嘛！

鲁迅先生当年评《红楼梦》时曾说，在这本书中"经学家看到易，道学家看到淫，才子看到缠绵，流言家看到宫闱闺事"。同一件事物，不同的人因为各自的价值观念、心态偏好的不同，会作出不同的解读和评判，这是合乎常情常理的。不过，笔者倒认为，有一点是完全可以断定的，即对"狗仔队"及其专门炮制明星们背后的"八卦新闻"、"鸡零狗碎"的东西的事业，在社会主义中国，在当下对那些怀有一种百无聊赖、玩世不恭心态的人群里，或许还有一点市场，但对视此为公害的绝大多数人来说，要想获得认同，并使之成为"娱乐界朝阳职业"，这是一厢情愿的"白日梦"，是注定要"胎死腹中"的！

近日，清理期刊时，见到了刊发在2004年7月出版的一家新闻期刊上的一篇评报的短文，现摘要如下：

站台等车，顺手从卖报者手中买了一份南京出版的5月15日的快报，翻看到B3版的社会新闻的题目不禁让人心惊肉跳、触目惊心：《女的饮料下药，男的强奸抢劫——花季少女遭"好心人"迷奸》、《妻子红杏出墙——同乡知情不报遭砍》、《一个跳楼，一个跳河——轻生男女为情所困》、《为与男友"比翼双飞"——偷走表姐10万财务》、《小女迷恋已婚男邻居》云云。总之一句话，一半是强奸，一半是抢劫，或者说一半是"性"，一半是"血"！

新闻的本质是真实。社会新闻是现实社会在新闻领域真实的反映。也许，上面媒体上的这些报道都是真实的（这里我宽容地想象我们的媒体工作者没有造假），但我要问的是：难道我们的社会现实中就只有"血"和"性"可以报道吗？"血"和"性"是我们社会生活的主流吗？编辑、记者把这些东西集中在社会新闻版中报道，到底要给受众展示什么样的现实社会呢？

如果有些媒体的记者、编辑从市场经济的角度出发，认为目前的受众就喜欢上述东西的话,我则认为首先是这些编辑和记者的思想有问题,或者他们的人生观和价值观有问题,要不然为什么我们的社会中每天都发生那么多新鲜生动的故事不去报、不去写,却总是眼睛盯着强奸和犯罪呢?

从另外一个方面来讲,这些记者和编辑也忘掉了他们肩负的社会责任,忘记了以正确的舆论引导人和以崇高的品德塑造人的历史责任。把"刺激"当乐子、把"肉麻"当有趣,只会助长低俗情趣,只会污染社会环境,腐蚀人们特别是青少年的精神和灵魂。

【链接】 读过这篇短文让人感慨良多。当然这倒不是说,在我们的社会生活中就没有色情、低俗、暴力这类丑恶现象,或者就可以视而不见、不去报道。《深圳商报》的同仁说得好:"社会的进步,需要战鼓,也需要警钟;需要捷报,也需要病情监测。一个健全的神经不能对肌体的病灶没有反应;作为社会的'神经'——新闻,也不能对社会的'病灶'没有反应。这种反应,就是批评性新闻。"笔者只是强调对这方面报道切不可忽视舆论导向:一是要有一个总体的把握,在我们的社会生活中,真善美是居主导地位的主流;假丑恶是支流。我们必须坚持以正面宣传为主的方针,要时刻注意把握好负面报道的流量和流速。二是要有一个基本的态度。广大人民群众崇尚真善美,鄙夷、厌恶假恶丑。我们报道的目的,决不能是纯客观地或变相地现丑示丑去换取"卖点",而是要唤起人民群众与种种丑恶现象作斗争,给犯罪分子以强大的舆论威慑。三是要有一个正确的判断标准。这就是毛泽东同志说的:"有新闻,有旧闻,有无闻。第一有自由,凡是符合人民利益的都有自由;第二无自由,凡是不符合人民利益的都无自由,即有限制。"也就是要像邓小平同志要求的那样:要以人民群众满意不满意、赞不赞成、高兴不高兴、拥不拥护为标准。也就是要用胡锦涛同志提出的"八荣八耻"的社会主义荣辱观为尺度。

坚持以"八荣八耻"为尺度的新闻舆论导向,就必须以正确的价值观为指导:是非、善恶、美丑的界限绝对不能混淆;坚持什么、反对什么、倡导什么、抵制什么,都必须旗帜鲜明,立场坚定。充分发挥新闻及其标题明辨是非、启迪思想、陶冶情操、传授知识、鼓舞人心的积极作用。

第二节 关于"语法结构"的品评

标题与新闻一样,都是以语言文字为工具来报道事实、传递信息的。但是制作标题却不能像写新闻那样,把句子视为谋篇成章的最基本语言单位,依靠篇章来阐明思想观点、表述事实、交流思想。标题要直接运用句子、词组乃至词,来概事达意,传递信息。因而品评标题就不能不对标题的句法结构、语义分析、语用规范等多个层面,作一番字斟句酌的评说。

汉语是世界上最成熟、最优美的语言之一。汉语的语法讲的就是词组、句子等语言单位的结构规律。在标题制作中,当我们敲定了进入标题的新闻事实后,在选择词语和语法结构组成语句时,必须按照汉语语言系统所规定的原则和方式来使用它们。

标题的句子构成成分即汉语句子的结构成分可分为主语、谓语、宾语三大主要的类别,以及定语(主语或宾语的修饰成分)、状语(谓语的修饰成分)、补语等6种成分。宾语不附属于主语,而是跟在谓语中心语之后,与之联结最为紧密。补语连在谓语中心语(即谓词)之后,起补充作用。

主语和谓语是句子中最重要的成分,一般情况下缺少了任何一个都会造成句子的不完整。

主语部分的中心语(亦称中心词)是主语,它可以是无修饰成分的中心语,或有定语(即修饰成分)的偏正短语。定语在前,中心语位后;谓语部分里的中心语是谓词(有的辞书称之为谓语,由动词或形容词充当);谓词前边的修饰成分被称为状语;宾语是谓语的连带成分,其前边的修饰成分亦称定语;补语是谓语的补充成分。

新闻是新近发生的事实的报道。在标题中,主谓短语、动宾短语独立使用时,即可视为句子。在新闻六要素中,主语部分主要是对"何人"要素的解读;谓语部分主要是对"何事"以及"何时"、"何因"、"何果"要素的解读。至于"何地"要素,可视需要两个部分均可择机交代。由此可见,谓语部分的安排、组织和写作,对标题制作的成败优劣至关重要。

句子的语法结构原则和方式,是相对固定的,是不能随意变更的。

(主) 今晨5点　美两辆地铁惨烈相撞

(副) 6人丧生84人受伤,运营33年来最严重事故,排除恐怖袭击

(2009年6月23日某报)

标题的制作理念与艺术技巧

【品评】 这是一则优点突出、缺点也突出的标题。主标题仅用13字,就概括而明确地交代了何人、何事、何时与何地等4个属于新闻事实感性层面的硬件要素。同时,与当日或次日笔者所见到的平面媒体报道这一事件的标题相比,还有两个独一无二,即独一无二让精确的时间要素入题,并独立于主标题前,以及独一无二地用"惨烈"两字作状语,既传达了制题者痛惜之情,又暗示了事故后果极严重,并使之成为联结副题,是副题陈述的关键词。

说它缺点也突出,主要指制题者误将有别于地面铁道的词"地铁"当做主语中心语,致使此题主语残缺。不是么?"地铁"为何物?即修建在地下有钢轨的供列车运行的道路。它不是能运动的物体,两条轨道是平行的,又永无相撞之时,显然这与后边谓语动词"相撞"不相搭配;与前面的定语数量短语"两辆"也不搭界,没有修饰关系。因而必须在状语"惨烈"前加上"列车"二字作主语部分的中心语即主语。

再有,地铁列车是在完全封闭的环境下运行的,"相撞"即已有两辆相撞之意。历史上没有出现过、一般说也不可能出现多辆地铁列车连环相撞。定语中"两辆"的修饰成分是不言而喻的,应该删去。对此有个历史事实,也可借鉴参考。

著名作家方纪的散文名篇《挥手之间》,写的是毛主席离开延安到重庆参加国共和平谈判,群众在机场送行的一个场面。原文中有这样一句话:

主席站在飞机舱口,取下头上的帽子,注视着送行的人们,像是安慰,像是鼓励。

据说该文在选进初中语文教材时,经作者同意,将其中"取下头上的帽子"一处,修改为"摘下帽子"。理由是"头上的"是完全多余的,难道帽子还有不戴在头上的?

因此,此题的主标应改为《今晨5点 美地铁列车惨烈相撞》。

耍泼疯 一女警车里当众小便

(2005年5月27日某报)

【品评】 这又是一则把区别词误作名词,充当主语造成的失误。乍一看标题,究竟谁在车里当众小便呢?无疑一名女警在车里有失体统地当众小便。不过新闻却讲的是:一女子无证驾车,被交警查获,该女子不但不认错,反而辱骂值勤民警,在交警将其移送刑警的途中,竟然泼性大发,当着众男警察的面在警车里小便。制题者误将区别词"女"当名词充当主语部分的中心词,恰巧又与状语的起首成分表示处所的介词短语"警车里"紧紧相连,结果就造成了"一女警"的误读。

区别词是表示事物的属性,有分类作用,对名词所指对象的等级、特性、类属进行修饰。对男、女这对区别词,只能用作区别人的性别,一般不能单用,只有与名词结合,才会有词的意义和语法意义。《登封三名勇少女,当街擒获男窃贼》(2005年7月1日《大河日报》),"男、女"这对区别词使用得就很好。原题应改为《耍泼疯 一女子警车里当众小便》,歧义自然就消失了。

【链接】 区别词——即主要起区别事物类属,有分类作用的词。它出现在名词前对名词所指对象的等级、特性、类属进行修饰,将此事物与彼事物区别开来。有单音节的,如金、银、男、女、公、母、单、双、正、副、阴、阳等;双音节的,如民营、高速、大型、微型、急性、慢性等。

区别词最主要的功能,只能与名词结合充当句子的定语,或者加结构助词"的"构成"的"字结构,不能作其他成分。

区别词与名词容易混淆的重要原因是,有的区别词是由名词发展而来的。如:男、女、金、银。这些词在古代汉语里都是名词,但在现代汉语里,它们已失去了名词的语法功能,一般不能做主语和宾语,也不能受数量短语及其他词的修饰。再加之,它们分类的对象单一、明确。往往一提到区别词"女"脑子里自然就会与女性而且是成年"女子"联系起来考虑使用,结果难免出现屡用屡错的怪现象。例如:《陕西一女派出所服毒身亡》,不合语法规范,与文前例句如出一辙。而区别词"公"、"母",由于它区别对象是千差万别的动物集群,如果制题时写下"一公",不用说是凡人,就神仙转世也难知究竟说的是什么。所以我们制题时在使用"男、女"这对区别词时,应该慎之、慎之!

(肩) 纪念老舍先生诞辰100周年
(主) 陈道明主演《二马》

(1997年12月1日某报)

【品评】 这则新闻报道的是:在纪念老舍先生诞生100周年前夕,由老舍作品改编摄制而成的20集电视连续剧《二马》即将公演。此则题的肩题误将名词"诞辰"当做动词使用了,使这个语言片段难以成立。

"诞辰"系名词,按《现代汉语词典》释义为"生日",即对为人们所尊敬的人生日的敬词。名词可作主语、宾语或主语、宾语的中心语和

标题的制作理念与艺术技巧

定语。名词前面能加表示物量的数量短语，并受其所修饰。但名词后面不能带数量短语。此处"诞辰"与"100周年"应换个位。再从语言习惯上说，没有说"纪念老舍先生生日（诞辰）100周年"的，只有说"纪念老舍先生100周年诞辰"或"百岁生日"。此处也可将名词"诞辰"换成动词"诞生"，其意为"出生"，且包括"诞生"在内的大多数动词后边都可以带数量短语。此肩题可改为《纪念老舍先生诞生100周年》。也可改为《纪念老舍先生百年诞辰》。

庚寅初春，是我国杰出诗人艾青百年诞辰之时。《中国社会科学报》于2010年3月25日刊发缅怀长文，题目就是：《（主）他如礁石一般，永远站立　（副）纪念诗人艾青百年诞辰》，副题中的"诞辰"便是以名词来使用的。

在本书即将付梓之时，笔者仍发现有媒体将"诞辰"作为动词"诞生"在使用。语言是发展的，汉语里也确有不少名词和动词兼类的词，即在不同的语境中，体现出不同词性的特点。如领导、生活、工作等，既可以是名词，又可以是动词。但"诞辰"是否会成为兼类词，有待语言学家、词学家去研判。不过从现有各种权威辞典看，"诞辰"是名词，"诞生"是动词，词性是清楚的，是不能混同的。

△　全球华商"峰会"南京

【品评】　"峰会"为何物？即高峰会议，一般指首脑会议。"峰会"是名词，标题的作者误用为动词，后面带上宾语"南京"。名词的后面不能带宾语，此例题首先应补上动词"举行"；其次，"南京"是开会的地点，前面要有介词"在"组成介词短语放在动词"举行"前面作状语。此题应改为《全球华商峰会在南京举行》。

【链接】　名词、动词、形容词是实词里的三个主要类别。它们各有各的语法性质，在组词造句中各有不同用法。不按照每类词自身的语法性质来使用，就会造成词性误用。再加之，名词、动词和形容词在句子中是主语、谓语和宾语中心语的主要充当者，每一类都包含着许多词，使用频率又非常高，在运用语言和分析语言的过程中，往往会遇到一些词性难以分辨的情形。综合这三类词的语法特点，我们拟从前面几则标题例句中选出"列车"、"峰会"、"举行"、"相撞"、"惨烈"和"动感"等六个词，用以下几种方法加以自测鉴别。

第一，根据名词不能同副词组合，而动词、形容词可以同副词组合的语法特点，可用副词"不"，把名词同动词、形容词区别开来。例如："列车、""峰会"，不能同副词"不"组合，说成"不列车"、"不峰会"，是名词；而其余4个则都能与"不"组合，肯定不是名词。

第二，用能不能加程度副词"很"，把形容词和大部分动词区别开来。形容词中，除本身已表示程度意义的形容词外，其余的一般都能接受"很"的修饰。动词中，除少数心理活动动词和能愿动词外，其余一般都不能接受程度副词的修饰。例如："举行"、"相撞"，不能说"很举行"、"很相撞"，肯定是动词；而"感动"、"惨烈"，则能与之组合，肯定是形容词或心理动词。

第三，利用词的后面能不能带宾语，包括心理动词在内的所有及物动词都可以带宾语，形容词前面虽然也能加"不"与"很"，但后面却不能带宾语。例如："感动"是表示心理状态及其变化的心理动词，可以说"他感动了我"，而"惨烈"却不能带任何宾语，不能说"列车相撞惨烈了乘客"。"惨烈"是形容词，"感动"是既能接受副词"很"的修饰又能带宾语的心理动词，或者说"感动"不是一般动词，而是心理活动动词。

（主）　8000万精品货源强势登陆
（肩）　国美入沈8年完胜收官

（2009年8月7日某报）

△　离休老干部邱士长、王坤从简办丧事
△　谈恋爱遭拒，短信骚扰前女友被拘

【品评】　上面三则标题从表面上看虽然有主语在位，但都是名不符实的假主语，造成真的主语缺位或者放错了位置。

前题，"收官"是何意？这是围棋术语，系指一局棋，经过布局、中盘较量，已经下到"官子"阶段，整盘棋快收场了，由此引申指一件事已经到结束阶段了。那么，这是否意味着红红火火经营了8年之久的沈阳国美店即将关门了？事实并非如此。新闻说的是：沈阳国美店为庆祝店庆8周年，开展的大型营销活动已到"收官"之时了，活动结束后转入正常营业。因而这则题的主语部分的中心语不应是"国美"，而是国美店开展的庆典活动，由于主语落掉本应作为定语的"国美"，便顺理成章地易位成了主语，造成结构性的歧义。题中"8年"应改为"8周年"，之后应加上定语部分的中心语"庆典"二字。原主标题改为《国美入沈8周年庆典完胜收官》。

标题的制作理念与艺术技巧

中题，本是一则公告性新闻的题目。新闻公告的是邱士长、王坤两位老同志的丧事从简办理。从字面上看，标题却把原本应该是句子主语部分中心语的"丧事"，挪作了宾语，闹了个已经去世的老同志为别人从简办丧事的大笑话。

出此语病恐怕绝非偶然。或许在制题者看来在句子中能充当主语的只能是固定名词或人称指示名词吧！其实不然，根据名词的内在特征，可以把它分为：专用名词、人称指示名词、动植物指示名词、具体事物指示名词、抽象事物指示名词、时间名词、方位名词、处所名词等等。从句法功能上看，名词的主要功能是作主语、宾语或主语、宾语的中心语和定语。应该说，名词充当主语和宾语是无条件的，只要是名词就应该可以充当主语、宾语。从主语的构成上看，在一定条件下某些动词和形容词等谓词性词语也是可以做主语的。故此题可改为《离休干部邱士长、王坤的丧事从简办理》。

后题是由两个分句组成的共主语的复句，上下两句均无主语。下句在主语的位置上虽有名词性词语"信息"，但也并非主语部分的中心语，它既不可能自己去"骚扰前女友"，也与前句的"谈恋爱"不匹配。这显然是不符合语言逻辑和语法规则的。原来新闻说的是：曹某在恋爱失败后，以发送带有黄色、恐吓等内容的短信骚扰前女友，被行政拘留20天。应在上句或下句的起首加上"一男子"或"曹某"，作主语。此题可改为《一男子谈恋爱遭拒，发短信骚扰前女友被拘》。

【链接】 这就像"何人"要素是清晰地说明新闻的4个硬件要素之一，但也并不是每则标题"何人"都必须出现一样，汉语中也并非所有句子都要有主语。一是汉语存在"无主句"，如非主谓句的动词性非主谓句和形容词性非主谓句；二是汉语在造句中主语就因文而异地经常被省略。当然主语不应该省略而省略了，应该交代的却没有交代，或者暗中更换了主语，都是不合语法规则的无主语句。造成主语缺失的原因很多，从上面三题看，最常见的是由于造句的原因，使主语在句法上丧失了；或者使句子中本来存在的主语在结构上成了别的成分。那么，我们如何防止和避免这种情况出现呢？

一是可以通过谓语找主语，把隐身其后的主语挖掘出来。主语和谓语是句子的主干，二者在语义和结构上，只有搭配得当，才能表达一个完整准确的意思，否则，就不能准确地表情达意。这样，通过谓语往往就能判明主语的真实"身份"及其应当具有的语义特性。如《广州管圆线虫病检测有了新方法》，从表面看这则题是一个"主—谓—宾"完整的句子。但从语法结构上分析却不难发现这它是一个主谓不能互相配合的病句。"广州管圆线虫病"是一种病，本身不会做什么"检测"，它更不会有什么新方法。因而，它虽放在主语的位置上，但不是真正的主语；再有，名词中除时间名词、处所名词等外，绝大多数名词是不能做状语的。"广州管圆线虫病"是专有名词，它是不能直接放在谓语动词"检测"前面做状语，应该放在谓语动词之后做宾语的定语，由此可以判断这是一则无主语句的标题。此题应改为《检测广州管圆线虫病有了新方法》。

二是通过宾语找主语把错位的主语找出来。主语和宾语虽然不是同一结构层次的成分，没有直接的语法关系，但它们在意义上或逻辑上具有密切的联系，特别是有些时候主语就是宾语的直接受事者。比如，《离休老干部邱士长、王坤从简办丧事》，只从谓语动词与主语的搭配看，尚还难以判定主语的真实"身份"，但从宾语是谓语动词动作行为更加明确、具体必须回答"谁"、"什么"的要求上看，事情就清楚了："从简办丧事"，这个"丧事"究竟是"谁"的，在宾语前面必须要加定语加以说明，这样一来原题不就成"离休老干部邱士长、王坤从简办自己的丧事"了吗？应该说，人间世事，只要是自己的事，力所能及都应该自己去办，但唯有丧事，是不可能自己办的！这样，此题的主语究竟应该是"谁"，"丧事"究竟应该放在哪里，不就很清楚了吗？

违规作弊有法可依了

（2004年5月27日某报）

黄河流量锐减　全球温暖主因

（2005年10月26日某报）

悲愤老父：50万悬赏杀儿真凶

（2003年8月21日某报）

【品评】 在汉语中省略主语的情况是常见的，但在正常表述中，谓语动词的省略却十分罕见，也是最不应该省略的。当然罕见并非没有，比如在祈使句中，有时就有谓语的省略；再有名词性非主谓句看上去也没有谓语。但这与谓语的残缺是根本不一样的，因为它不是缺少谓语，而是根本就没有出现谓语的必要，其本身意义已经完整，在语义上也并不缺少什么。可一旦出现表达不当谓语残缺，对句子语义的损害却是颠覆性的。

标题的制作理念与艺术技巧

比如：违规即违反有关规定，作弊即用欺骗的方法做违法乱纪的事情，这是应该严肃处理的，可前题却说是合理合法，"有法可依"了？这不有违常规常理了吗？

原来新闻说的是，教育部颁发了《国家教育考试违规处理办法》，将考生可能发生的违规行为具体归纳为"违法"9种和"作弊"14种；将监考等考试工作人员可能发生的违规行为具体分成"违纪"9种和"作弊"10种。并分别提出了相应的处理办法。该《处理办法》条款具体详细，操作性很强，是新形势下处理国家教育考试中"违规作弊"行为的法律依据。显然这则题由于动词"处理"二字的缺位，意义全给弄反了。此题应改为《处理违规作弊有法可依了》。

又比如：根据甘肃省水文资源勘探局的科研人员提供的信息，经科学仪器提供的分析资料显示，造成近些年来黄河流量锐减的主要原因是全球气温升高，导致降水减少，蒸发量增大，冰川退缩，冻土层消失，因而地表水向地下渗透过多。可中题的下句在"主因"前缺少了判断动词"是"，结果造成因果倒置，黄河流量锐减，变成"全球气温升高的主因"。此题应改为：《黄河流量锐减　全球温暖是主因》。

再比如：一位民营企业家的独生子被歹徒杀害，公安机关一时难以破案，悲痛欲绝的老父亲便公告悬赏：对能提供破案线索或能帮助捉拿凶手者给予重奖。可由于后题在"悬赏"之后缺少了动词"缉拿"二字，结果闹出了要重奖"杀儿真凶"的笑话。此题应改为《悲愤老父：50万悬赏缉拿杀儿真凶》。

【链接】 谓语动词是句子的中心、核心、重心，它与句子别的成分都有着程度不同的语法关系，常常起着"牵一发而动全身"的作用，千万不可粗心。可在语言的实践中，谓语动词的缺失，大多又是表达上的粗疏使然。像例句的前题便是很好佐证。这就提醒我们在制题过程中，一定要多读一读、查一查、看一看，力争做到万无一失。

当然，在技术操作上也有两点应多加关注：

一是在两个或两个以上分句组成的复句里，各自都有自己相适应的谓语，容易顾此失彼造成谓语动词的残缺。二是在一个缺谓语动词的句子成分中，可能在附加成分的短语中，有个"小谓语"，标题制作者误把它当作是谓语动词了，也是造成谓语缺失的一个常见原因。比如：《700名京港少年　长城共绘奥运情》，题中宾语前面的定语有个"小谓语""共绘",同"长城"一起充当宾语的定语,但它不是整个句子的谓语动词。此题仍然缺少谓语动词,应在"少年"之后、"长城"之前加上谓语动词"欢聚"二字。此题应改为《700名京港少年 欢聚长城共绘奥运情》。

再例如,2003年8月,我国南方地区出现多年不遇的持续高温和严重旱情,北京某报载文分析其中原因时,题为《南方今夏为何罕见高温》,题中缺少了动词"出现"二字,致使做定语的谓词性词组"罕见"即"小谓语"做了谓语,结果把意思全弄反了。另外动词或动词性短语作定语时,应加结构助词"的"。此题应改为《南方今夏为何出现罕见的高温》。

下岗职工可经营任何行业

（1998年5月4日某报）

【品评】 概念是反映事物本质属性的一种思维形式。它是用词或短语来表达的。每一个概念都有它的含义,这就是概念的内涵;每一个概念又都有它的适用范围及所包含的对象,这就是概念的外延。对此都必须要有准确、恰当的表述,否则,便会造成语意表达不清,甚至出现错误。

这则题缺少的不是宾语的中心语,而是缺少了必不可少的修饰成分——定语。请想想:"任何行业"都可以经营,难道"黄赌毒"、拐卖妇女儿童都可以经营了吗？新闻导语明白地说:福建省工商局最近出台《关于实施再就业工程若干意见》,明确规定:"该省下岗职工可以经营除国家明令禁止的行业外的任何行业。"显然这则题在"任何行业"前应加上"法律允许的"这个十分重要的限制性定语。此题应改为《下岗职工可经营法律允许的任何职业》。

飞人身着12秒88凯旋

（2006年7月某报）

标题中的"飞人"指的田径运动员刘翔,"12秒88"是他在瑞士洛桑创造的男子110米栏最新世界纪录。这则题缺少宾语中心语。从语法结构看,"12秒88"是一个时间数量短语,与谓语动词"身着"互不搭配,它怎么能穿在身上呢？动词后面缺宾语。对照新闻事实应改为《飞人刘翔身着"12秒88"T恤衫凯旋》。

当场击毙两犯罪嫌疑人

（2009年7月14日某报）

【品评】 谓语同所带的宾语不搭配。既然是"犯罪嫌疑人",怎么可能当场"击毙"？"犯罪嫌疑人"是一个法律用语,特指未经审判或

标题的制作理念与艺术技巧

没最终完成审批程序、尚未定罪的被羁押的疑犯。该则新闻说的是，正在行凶杀人的两个暴徒当场被击毙。此题应改为《当场击毙两行凶杀人的暴徒》。

"尖子生"今赶考北大清华自主招生

（2010年1月16日　某报）

【品评】　这也是一则宾语残缺的标题。但它与前面三题宾语残缺的表现形式绝然不同的是：主要问题是不恰当地以定语取代了中心语宾语。

宾语素有是谓语动词的共存成分之称。宾语必须明确表示动作行为相关联的事物，要使动词表示的动作行为及其发生的作用影响更加具体、明确和细化。如果我们把这则题的附加成分去掉，那不就成了"尖子生赶考招生"。"招生"也是一个动词，其内涵远比"赶考"宽泛得多，它对谓语动词"更加具体、明确和细化"了吗？没有！那么真正宾语究竟由"谁"来充当？请看消息的起首句写道"尽管比往年延后了半个月，但北大、清华两所最高学府的2010年自主招生笔试又'凑'在今天同时举行"。显然，"尖子生"赶考的不是"自主招生"而是"自主招生的笔试"，这个偏正词组的中心语"笔试"不也就是此题宾语部分的中心语么！此题应改为《"尖子生"今赶考北大清华自主招生笔试》。

示范高中将减少跨区县招生计划

（2010年1月16日某报）

【品评】　这则题与上一题有些相似，把宾语部分的中心语遗漏掉了。这种情况出现的主要原因，是宾语部分结构复杂，修饰语成分多，特别是有较为重要的修饰语，结果绕来绕去就把中心语丢掉了。这则新闻一起首就开宗明义地说："昨天，市教委公布2010高级中等学校考试招生工作的意见，今年本市中招计划为9.3万人，比2009年减少了4000人。"那么题中要"减少"的是什么呢？是计划吗？显然不是。那到底是什么呢？"计划"按《词典》释义为"工作或行动以前预先拟定的具体内容和步骤"，内涵宽广，作者不讲读者是猜不出来的。但导语讲得很明确，"减少"的是"招生人数"。制题者为什么非要在那里绕来绕去，就是不一语道破呢！此题应改为《示范高中将减少跨区县招生人数》。

【链接】　在"主—谓—宾"结构句子中，宾语是相当重要的成分，尤其是在以"何事"为中心，承担着导读与导向双重功能的新闻标题特殊的语境条件下，在一些重要报道中它不仅在主标题上应有所展示，有时不得不另拟辅题加以详述，其作用不可以小看。

就句子的语法关系而言，谓语和宾语是一对直接搭配的成分，前者表示动作或者状态，后者（宾语）除了表示动作的对象外，还可以表述动作或状态涉及的结果、处所、工具、方式、原因、目的和数量等等。正确地认识和把握宾语的特性，对作好标题意义重大。

宾语的构成，主要是名词、代词、数量词及体性短语充当，动词、形容词等谓词及其短语也有做宾语的。此外，主谓短语也可充当宾语。

宾语与谓语的语义关系非常复杂，语言学界对其归类众说纷纭，现就与制题关系密切的，择其要者有以下类型：

施事宾语——宾语往往是动作行为的发出者或性质主体，它可以是自然界的事物。

结果宾语——表示动作行为牵引到的对象，以及引起、引出的结果。

处所宾语——表示动作行为发生或指向的原点、起点、经过点。

目的宾语——表示动作行为发生的目的，以及所凭借的工具。

原因宾语——表示动作行为发生的原因。

受事宾语——表示动作行为直接支配、关涉的人或事物，包括动作行为的承受者。

胡锦涛主席演讲耶鲁大学

（2006年4月22日　某报）

用先进文化导航青年

（2000年6月29日　某报）

【品评】 这两则题都是有把不及物动词当成及物动词来使用的语病。

动词是表示动作、行为、心理活动或存在变化的词。根据能不能带宾语和带什么样的宾语，动词可分为及物动词（亦称"他动词"）和不及物动词（亦称"自动词"）两类。一般地说，能带宾语的动词叫及物动词，不能带宾语和只能带施事宾语的叫不及物动词。在语言实际运用中，如果忽略了动词的这一特性，就会出现动词误用的语病。

前题，虽然只有11个字，但让人读起来既不顺达也不明意。原因在于"演讲"是不及物动词，是不能带宾语的。"耶鲁大学"是胡锦涛主席发表演讲的地方，前面要加介词"在"组成介词短语，放在"演讲"的前面作状语。此题应改为《胡锦涛主席在耶鲁大学演讲》。

后题，"导航"是不及物动词，是不能带宾语的。可在动词"导航"前面加上介词"为"引入动作行为的受事者，与"青年"组合成介词短语，放在动词的前面。此题应改为《用先进文化为青年导航》。

【链接】 及物动词是具有动作行为意义的，对受事者有明显而极强的支配和影响力的词。语义上是能够表示有意识的或有心意的动作行为的动词。

不及物动词是表示存在、状态或感受、趋向等意义的动词。从语义上说它表示的是动作的存在或持续存在，而不表示主体有意识地再进行某个活动。如：坐、站、躺、蹲、跪、睡、跑、飞、跳，以及看见、听到、感到、导航等。

再有，不及物动词，一般地说，不能单独使用，可以加"没"表示否定。

以上几点可供我们在区分及物动词和不及物动词时自测之用，以减少或避免在制题中由此造成的语病。

不改规则"足球生意"便没的做

（2010年1月27日某报）

亏他们笑的出来

（某报，转引自《中国记者》2009年第9期）

【品评】 这两则题中的结构助词"的"都应改用结构助词"得"。因为它们或者是对谓语动词及其连带成分的补充说明，或者就是对谓语动词的直接说明，是补语而不是宾语。

结构助词"的"是定语的标志，结构助词"得"是补语的标志，两者不能混用。两者出现混用的原因，除有粗疏的可能外，更多地恐怕是与宾语和补语没有分清楚有关。

补语是谓词性短语里的中心语（动词或形容词）后的附加成分，其作用在于补充说明动作行为的结果、程度、可能性以及性状的程度或者情态。补语一般由动词、形容词、表动量或时量的数量词、代词"怎么样"、副词"很"和"极"、表示时间或处所的介词短语充当。

在标题中，补语的常用类别有：

结果补语。表示动作行为产生的结果，常用形容词和部分动词充当。结果补语同中心语结合紧密，其间不能加进别的成分，不带助词"得"，以致动态助词"了"、"过"也只能加在补语后面。

状态补语。用来说明或描写动作行为的状态，必须带"得"。其作用主要有二：一是用着评价，一般由性质形容词充当；另一是用着描写，一般由状态形容词或谓词性短语构成，如例句的第二题。

可能补语。在结果补语和趋向补语中间插入"得"或"不"（"没"），表示可能性或不可能性，如例句的第一题。

趋向补语。表示动作行为的方向或变化的趋势。不带"得"，一般由趋向动词充当。

程度补语。表示性状达到的程度，用在形容词或一些表示心理动词和感受动词后面，可用也可不用结构助词"得"。

数量补语。从数量方面说明中心语，不能带"得"。

【链接】　在句子的结构中，补语与宾语都出现在谓语之后，两个成分常常同时出现；在功能上又有些交叉、互补之处，有时难免不好截然区分。但从上面对补语的构成、语法和语义功能以及类型上看，如难以区分时，可以从以下几个方面加以考察：

从与谓语中心语的关系上去分辨：宾语表示动作行为支配、关涉的对象，回答"谁"或"什么"等问题；补语是补充说明中心语的结果、程度、情态、评判，回答"怎么样"、"多少"等问题。纯粹的形容词后边的成分，自然是补语，而不会是宾语，因为形容词通常是不能带宾语的。

从所用词类和所表示的意义不同上去分辨：宾语一般是名词或代词（亦称"体词"），因为其支配、关涉的对象总是人或物，而名词或代词正是人或事物的名称。补语一般不用名词，因为它是说明动作行为的结果、程度、状态等，所以常用形容词、动词（谓词）、副词等。动词后边的成分，是体性词成分，一般是宾语，因为体性词不能直接充当补语。

从能否用介词"把"字将谓语中心语提前上去分辨：能够前移的是宾语，不能前移的是补语。例如：

（肩）　弟弟讲"优生"，得奖时眉毛笑弯
　　　　哥哥讲"多产"，卖果时泪湿衣衫
（主）　同种一样桔，结成两样果

（2000年5月22日《农民日报》）

肩题中"得奖时眉毛笑弯"，是改变了语序宾语"眉毛"前移的倒装句，正常表述应为"得奖时笑弯眉毛"。其中动词"笑"，补语为单音节形容词"弯"，宾语"眉毛"。"眉毛"，加"把"或不加均可前移，是宾语；补语"弯"，则不能前移，否则这个语言片断便不能成立。

标题的制作理念与艺术技巧

（肩）　一青年行为不文明举止付出惨重代价
（主）　马路乱撒尿　电击折两臂

（1999年7月16日某报）

【品评】　新闻说的是：一青年在马路边撒尿，尿液击中路上电线的裸露处，被电击倒，两臂骨折。这则题是由多个分句组成的复句。主标题的主语承前省略，上句处所词"马路"缺少介词"边"，"马路"成了会撒尿的"主语"，下句"马路"又遭电击造成"双臂骨折"的惨剧。这一切都是由于介词不到位惹的祸，介词"在……边"应与处所词"马路"或"路"结合组成介词短语作状语。此题的主标题应改为《在路边乱撒尿　遭电击折两臂》。

△　联大与布什辩论　内贾德提议再次被拒

【品评】　新闻报道的是，伊朗总统内贾德再次提议，乘出席联合国大会之机，他愿与布什在联大辩论，但又一次遭布什拒绝。显然，此题的上句概括不准确，"联大"本是内贾德建议与布什辩论的地点，本应该在"联大"前加上介词"在"组成介词短语，放在动词"辩论"的前面作状语。但由于介词"在"的缺位"联大"却成了主语，变成"联合国大会要与布什辩论"？此题应改为《愿与布什在联大辩论　内贾德提议再次被拒》。

△　在新中国公民遭抢劫

【品评】　这又是一则语法结构不当引起的歧义句。其原因有二：一是简称不妥。题中的"新"并非"新旧"之"新"，而是"新西兰"这个国家的简称，如用全称歧义可能会化解，此处先搁置不论，待以后再细说。二是用词不规范，按语法结构要求，介词结构直接用来修饰名词时，介词结构要用结构助词"的"与之连接。此题如按此要求改为《在新的中国公民屡遭抢劫》，虽说由简称造成的阅读和理解的不便并未消除，但也不至于让读者误以为"新中国的治安如此糟糕，公民屡遭抢劫"。

△　车臣匪首，被吸毒手下55美元卖掉

【品评】　在"55美元"的前面应加上介词"以"与之组成介词短语放在动词"卖掉"前面作状语，表示工具、手段。此题应为《车臣匪首，被吸毒手下以55美元卖掉》。

【链接】　介词短语是指介词和后面紧跟着的词语（主要是名词性的词语）组合而成的结构。在制题中的主要作用是引进跟动作行为有关的对象，包括时间、处所、目的、手段、原因等等。它的主要功能是充当状语，直接用来修饰名词的比较少。修饰名词的介词结构要用结构助词"的"，不可随意省略。

浙江人口排行老二

（2002年8月2日某报）

新疆：严处野生动物违法犯罪者1183人

（2004年11月30日某报）

观看演出，只能遵守公认的规则

（2010年1月21日某报）

【品评】 前题，如果只看标题，准会以为浙江省的人口已经上升到全国第二位了。其实不然，原来新闻说的是：浙江省的老年人口比例达到8.92%，居全国第二。题中在"浙江"后面应加上定语"老龄"两字。此题应改为《浙江老龄人口排行老二》。

中题，制题者将野生动物升格为"人"了，5年来查处了野生动物中的"违法犯罪者1183人"。然而新闻却明明白白地写着："新疆林业公安、武警5年来打击处理非法捕杀、盗卖野生动物违法犯罪人员1183人。为国家挽回经济损失13.2亿元。"原来标题中"严处"后面少了定语"捕猎"两字，造成歧义。此题应改为《新疆：严处捕猎野生动物的违法犯罪者1183人》。

后题，本是一则时评的标题。此前，爱尔兰《大河之舞》中国巡演在南京演出时，有的观众坚持用手机和专业器材进行拍照录影，中国主办方和爱尔兰团方多次劝阻无效，演出被迫中断三分钟。时评对那些不知规则、不懂规则、不执行公认规则的人提出批评。但由于制题者选用了表示范围的副词"只"与助动词"能"组合，用来修饰谓语动词"遵守"，结果就成了"看演出只需遵守公认的规则"，除此之外强加给观众的"规则"是不能接受的，把整个评论的意思都弄反了。因而"只能"应去掉，换用情貌副词"必须"。此题应改为《观看演出，必须遵守公认的规则》。

【链接】 在制题中，作为句子主干的主语、谓语、宾语的残缺必须高度重视，但对句子的附加成分、补充成分以及虚词的残缺也不能忽视。而且制题中后者出现失缺的频率，远高于前者。

（肩） 中办、国办印发《关于加强和改进村民委员会选举工作的通知》

标题的制作理念与艺术技巧

（主）　坚决制止查处贿选行为

（2009年5月3日某报）

【品评】　贿选行为有失公正不得人心，应当而且必须查处，为什么要"制止"呢？难道通知中有这样的精神或规定吗？不是的。通通都不是的！原来是这则题有两个谓语动词"制止"、"查处"共载一个宾语"贿选行为"。这两个动词是并列关系，由于它们之间必须有连词"和"，没有出现在句子中，从而改变了原有语法结构，把"查处贿选行为"变成了"制止"的宾语，语义便随之改变了。此题的主标题应改为《坚决制止和查处贿选行为》。

（肩）　美知名防务专家认为攻击通信卫星行为极坏
（主）　必须制止制裁"法轮功"

（2002年9月26日某报）

【品评】　"法轮功"具有反社会、反人类的邪恶本质，制裁"法轮功"反映了广大人民的心声，是一种全社会都拥护的正义行为。标题的作者为什么要制止，而且必须制止呢？与前题极为类似，题中"制止"与"制裁"是两个及物动词，它们的共同宾语是"法轮功"，两者间必须要用连词"并"加以连接。去掉了"并"字便改变了语法结构，把"制裁""法轮功"变成了"制止"的宾语，整个语义就全反了。此题的主标题应改为《制止并制裁"法轮功"》。

刘晓庆及其房产被依法拍卖

（2003年1月6日某报）

【品评】　"及其"是连词，表示后者对于前者有从属关系。此处误用连词"及其"，结果"刘晓庆"本人连同其所属公司房产一起成了拍卖对象，这既不合法合理，又有违新闻事实。这个句子的主语部分的中心语，不应由"刘晓庆"来充当，而是她所属的"公司房产"，"刘晓庆"充当它的修饰成分起限制作用。题中连词"及其"去掉，改用结构助词"所"。此题应改为《刘晓庆所属公司房产被依法拍卖》。

【链接】　连词，即是连接词、短语、分句、句子的虚词。根据其功能，连词可分为三小类：

连接词与词、词与短句的，例如：和、跟、与、同、及、或等。

连接分句和句子的，例如：即使、尽管、虽然、但是，以及既能连接词也可以连接小句的"并"等。

既能连接词、短语，又能连接分句的，例如：而、而且、只有、不管、无论等。

由于标题，尤其是主标题要力挺短句和单句，力避复句和长句，往往只能或只需用十余个字，就要把新闻事实准确、简洁、鲜明、生动地呈现在受众面前，因而连接句子的连词极少使用。而使用连接词、短语的单音节连词"和"、"并"、"而"较多。尽管它们三者都是连词，可是连接的对象却不一样："和"多用来连接名词性的词语，"并"多用来连接动词性词语，"而"则用来连接形容词性的词语。

在此，还要特别提及的，"和"类连词的连接功能，使用最为普遍，而且现在还在扩大，它已不限于连接名词和名词性词语了，在一定条件下，也可连接谓词性成分（例句中的前题正是这个意义上使用了"和"）。这个条件就是无论连接名词性成分，或者连接动词性、形容词性成分，都必须表示平等的联合关系。如：《鄱阳湖鸟知多少，飞时遮尽云和月》（1985年12月16日《长沙晚报》）、《"我要当成一块煤，发出时代的光和热"》（1984年5月11日《辽宁日报》）。

"并"也表示连接，但后者与前者在语义上含有更进一层的意思。例如：文前标题例句二的改句中"制止并制裁"，就体现了这一点。

"而"表示连接时，多带有互相补充的意思，如《丁明亮，你心明而眼亮》。同时，"而"还有很多语法意义是"和"、"并"不具有的。例如：它可以表示修饰关系，如《哈雷彗星正向太阳和地球奔驰而来》（1984年1月29日《光明日报》）；可以表示转折关系，如《"死"而复生，事出有因，大悲大喜，引君动情》（1989年5月7日《襄樊日报》）；可以表示递进关系，如《致富思源心里明，富而思进目标远》（2000年4月5日《人民日报》）；可以表示对比、接承关系，如《昔日三个和尚撞钟钟不响，而今一个人来吹竽竽声美》（1997年1月12日《经济日报》）。

胡耀邦、华国锋等后人的质疑

（2001年8月18日某报）

【品评】 这则新闻报道的是：胡耀邦、华国锋等领导人的后人，对《政坛秘闻录》一书中的相关内容提出质疑。题中主语部分"胡耀邦、华国锋等后人"表达不当，在"等"的后面、"后人"的前面缺少了结构助词"的"，致使"胡、华"两位领导人成了"后人"，成了提出质疑的

"主体"。此题应改为《胡耀邦、华国锋等的后人的质疑》。

△ 中国缓和"导弹危机"努力奏效

【品评】 这则题的阅读理解障碍，仍然是源于缺少了结构助词"的"所致。"中国缓和'导弹危机'"是努力的定语，各种短语做定语，后面一般要加"的"。"奏效"前应加时间频率副词"已"。此题应改为《中国缓和"导弹危机"的努力已奏效》。

【链接】 汉语中的结构助词"的"、"地"、"得"，读音相近、功能相似，但语法各异。

"的"——是定语的标志，用在中心语（主语或宾语）的前面，表示它前边的成分是定语。

"地"——是状语的标志，跟在状语后面，表示前面的成分是状语。

"得"——是补语的标志，用在谓语中心语和补语的中间，让它搭桥，让补语补充说明谓语的情形、程度。

定语的构成十分丰富，一般的实词和短语几乎都可以做定语。定语的作用是修饰或限制后边的中心语的。

所谓修饰主要指描写人或事物的性质、状态等；它一般由形容词或形容词性词语充当。所谓限制作用，主要是给人或事物分类或划定范围，表示事物所属、时间地点、数量等；它一般由区别词、量词短语、介词短语、名词、人称代词、名词性短语、动词和动词性短语充当。

定语和结构助词"的"与中心语的组合方式有三种：

第一种是直接组合，不用或者不能用助词"的"。比如：数词、量词或数量短语做定语，表示限制关系时后面不加"的"，采用直接组合。例如《（肩）泰兴麻桥村群众参与村务管理，（主）60名农民有了"官衔"》（1995年8月22日《新华日报》），《一道公文背着三十九颗印章旅行》（1980年9月19日《文汇报》）。

同中心语结合比较紧密的双音节区别词做定语，后面不加"的"。例如："常务理事"、"行政命令"、"主任医师"。

第二种用结构助词"的"连接组合，即定语后面要加"的"。

名词做定语表示领属关系，要加"的"。如文前第一题例。

各类短语做定语，后面一般要加"的"。如文前后题。

介词结构直接用来修饰名词时，介词结构后面要加"的"。如《为了四个现代化的明天》、《在新的中国公民屡遭抢劫》。

动词做定语,一般要加"的"。如《飞来的闺女》(1981年11月1日《人民日报》)。

形容词做定语,后面加不加"的",主要与音节有关。单音节不加"的",如《司令员挺身拦惊马》(1980年2月12日《人民日报》);双音节形容词做定语一般加"的",如《"傻吃"的孩子容易"吃傻"》(1989年6月26日《人民日报·海外版》)。

人称代词做定语表示领属关系一般要加"的",如《你往哪里去,我的朋友?》(1989年4月13日《新华日报》);但中心语是亲属、集体、机构的名称时,则可不加。

为了化解潜在歧义,必须加"的"。例如:

《盖俊和女儿结婚不收礼》。乍看题,似乎是盖俊这个人和女儿结婚,不收礼。这岂不荒唐了吗?读过正文方知,原来是盖俊和的女儿结婚,他不操办、不收礼。这题的荒唐就在于盖俊和后面那个"和"字,它可作连词,使本可省去的"的"必须到位方能化解歧义。

《(主)安徽评选优秀公厕,(副)阜阳市等十四座厕所上榜》。按标题所云,"阜阳市"也被列为"十四座厕所"之一了。这显然是没按"名词做定语表示领属关系时一般要加'的'的要求"去操作造成的歧义。

第三种是加与不加"的"都可以。这就可根据制题需要灵活掌握。关键在于把前两种组合方式把握好就可以了。

状语——是谓语中心语前边的附加成分。状语的构成主要由副词、形容词、时间名词、处所名词,介宾短语充当,表示动作行为的情况、工具、方式、时间、目的、原因等。

与定语一样,状语也可分为两类:一是"修饰性状语",主要描写动作行为的方式或状态;另一是"限制性状语",主要表示时间、处所、条件、对象、数量、范围以及性状程度等。

结构助词"地"是状语的标志。状语后面加与不加"地",与定语相比简单得多,也有规律可循,一般地说:

(1)由副词、介词短语、时间词或者处所词来充当的限制性状语后边一般不加"地"。

(2)描写性状语大多数要用"地"来连接。尤其是描写新闻人物情态的状语,一般都要加"地"。如:"他坚定地表示"、"他生气地说"。

(3)动词性词语做状语,多数双音节形容词以及主谓短语、固定短语、象声词、数量短语做状语，加不加"地"是可自由选择的。一般情况不用加，如要突出强调其描写性时方可加。

至于补语后边用不用加"得"，前面已有分析，此处不再说了。

第三节　关于"语序次序"的品评

"言有序"，早在两千多年前古人就明确地提出来了。

这里的"序"，就是语序——即指词语在组词造句中的顺序。由于汉语与诸多西方语系相比，缺乏严格意义的词形变化，因而必须遵从"言有序"的原则来安排好词语的先后次序，就成了不可缺少的重要语法手段。

写新闻作标题，基本要求是文从字顺，遵从"言有序"约定俗成的原则，其常位句的语序是：主语在前，谓语在后；谓语动词在前，宾语、补语在后；修饰语（定语、状语）在前，被修饰的中心语在后。

语序在汉语中是非常重要的。同样的词素次序不同，就能构成不同的词；同样的词次序不同，就能组成不同的短语或句子。词语的次序安排得体，意思就会显豁明朗；安排失当，意思就晦涩、不通，有时还会产生歧义。

"违规者逃难责任追究"。这个短句虽然只有9个字，由于语序混乱，有谁能读得懂它呢？"逃难"与"难逃"词素相同，组合的次序不同，词性和词义均大不相同。这里显然是"难逃"之误。"责任追究"又是什么意思？这里显然应是"追究责任"这个常见的动宾短语，作者或许想用颠倒语序的手法在语用上出点新、放点彩。殊不知"追究责任"这个语言片断是不能如此颠倒的，这一不当的颠倒致使它的语法意义和语义意义也就丧失殆尽了。"责任追究"，说它是状中短语吧，"责任"是名词，不能直接修饰动词作状语；说它是主谓结构吧，与动词"追究"搭配的名词，必须是能成为施事者的人或人称名词，这就预示着这个语言片断是不能成立的。这也就会影响到整个句子的通顺意达。这句话常位的表达本应是"违规者难逃追究责任"。

毋庸置疑，汉语中词语的次序非常重要，有着举足轻重的作用。汉语的语序作为一种语法手段，就必然有强制性，成为必须遵守的语序规则，不能随意改变。尤其在词的词素和词素的组合中，在短语各构成成分中，语序的强制性表现得更为充分。主谓短语，主语在前，谓语在后；偏正短语，修饰语（定语、状语）在前，中心语在后；述宾短语，述语在前，宾语在后；补充短语，中心语在前，补语在后。这些类型的短语，其构成成分的语序是硬性的，不能随意改变。否则，就会改变结构关系，变成另一个短语，甚至成为不能组合的语言片断了。

但是，在此还需要指出，语序的强制性，是就总体情况来说的，但从句子某个局部来看，强制性中又有一定的选择性、变通性，即在一定的语用语境的条件下，根据表达的需要，临时性地改变句子某个成分的固定序位，而又使其语法结构关系没有变化，句子所表达的基本意义也没有区别，是完全可以而又允许的。

应该说，这种语用的语序变化，在语言交际中不能没有；在新闻标题的制作中，更是使用频率极高的艺术技巧和修辞手段。

我们不是说，标题者，新闻之缩影，事实之骨髓，展示新闻价值之平台么？要想方设法让标题中最重要、最新鲜、最有吸引力的某个要素和词语尽早进入读者的视觉，成为读者的"第一落眼点"，从而引起读者的"格外关注"，适当而合理地改变语序，是一法也。

网络时代的世界，是信息爆炸的世界。在茫茫信息海洋里，如何帮助读者以最短的时间、以最便捷的方式找他最需要阅读的新闻，在制题中适当而合理地利用改变语序，淡化事件的过程及先后顺序，强化事件的新鲜及重要性，善取新闻事实中珍奇的"一石一木"，去撞击读者"扫面"的视线，让其在"一瞥之下"就能找到自己需要阅读的新闻，此也乃是一法也。

可以这样说，语用语序的临时移位，似一队舞蹈演员，正在舞台上做表演，突然间，有一位演员虽说动作跟大家一致，但方向却与之完全相反，观众哗然的目光必然会齐聚在她的身上！其强调和突出语用效果不能低估。

标题中，语用语序的改变是多种多样的。

它可以是中心语的前移。

马佛明：一个勤奋的时装设计师

（1994年7月4日《北京晚报》）

把主语中心词"马佛明"前移，首先出现在读者眼前，表达了作者对这位服装设计师其人其事的肯定与赞美之情。

9秒58！　博尔特夺冠再破人类极限

标题的制作理念与艺术技巧

(2009年8月17日央视《新闻直播间》)

有人说,包括标题在内的新闻作品是"易碎品"。的确大多数新闻作品在完成刊播使命后即雁过无痕了。但也有的作品虽"雁过"却仍然"声容"犹在。像百米飞人博尔特连同他创造的又一个人类极限"9秒58",便是如此啊!不是说今天的新闻就是明天的历史么。像"9秒58"这类新闻,日后在修撰人类田径竞技体育发展的史册中,还能没有它的一席之地?!标题强化、突出"9秒58!",太需要了。

它可以是宾语的前移。

暴利!不能放任

(1994年2月22日《人民日报》)

暴利是一种价格欺诈行为。它严重扰乱了社会主义市场经济秩序,不仅侵害了消费者利益,也会使国家蒙受损失。标题用颠倒词序的办法提醒并呼请人们:对暴利行为不能等闲视之,必须坚决加以遏制,当在情理之中。

它可以是谓语的前移。

停业啦!四百余个体户

(1985年2月5日《开封日报》)

在市场经济的条件下,企业有开业有停业、有生有死,按说是再正常不过的事了。报纸为何还要大惊小怪地为之呼喊呢?原来其中有隐情,这些停业的个体户,并非经营不善,而是一些当权者、执法者搞不正之风,乱摊派、乱罚款,使之被迫停了业。

它可以是大动作的前移——将句中某个成分前移独立于句首,也可以是句内"微调"。

(主) 伊战六年有余 伊人数百万残

(副) 美国人正在逐渐撤离,伊拉克 没有了"萨达姆味道"却有了占人口十分之一的残疾人

(2010年1月23日《北京青年报》)

这是刊发在该报"国际新闻"版上横跨六栏的头条新闻。标题制作者紧紧扣住"伊战六年,伊人残了数百万"这个"新闻眼",主题与副题相互呼应,倾心尽力地做足文章。主标题的下句,还把宾语"数百万"移位于单音节动词"残"的前面,意也在凸显前者;再有,虽说与上句不协韵,但却又与之在字数和音节上形成对称。整则题,鲜明、简洁、有节奏

感、有冲击力，颇能引人思索联想：一人体残，痛及一生；数百万人高比例的残疾，必会久久地殃及社会承受之痛啊！美国当权者没得到联合国授权，以"莫须有"的罪名发动伊拉克战争，荒唐！罪孽！

当然，无论是大动作的位移，还是句内的"微调"，都不可能随意妄为，必要遵从于严格的规范。所谓规范，就是必须遵从的原则、律条：

第一，它必须阳光、透明，让读者一眼就能看出这是非常位句，并能不言而喻地准确判断复位后的正常位置。

第二，必须坚守以不改变句子原有的语法关系、不损伤句子原有的语义并保持通顺达意，无歧义为前提。

第三，确有必要，确是必须突出的要素或关键词并能收到积极的修辞效果。

以上几条是不可分割的整体，如任何一条未能满足，都应视为语序不当。

下面，结合制题实践，对标题中语序失范的种种语言现象分别作些品评分析。

阵亡阿富汗美军人数破千

（2010年2月24日某报）

【品评】 "阵亡"，《现代汉语词典》唯一释义为：作战中牺牲；是动词。"阿富汗"是国名，不是人名，在此题句中是处所词，它是不会也不可能"阵亡"的。此题语序失当，动词"阵亡"应同主语"美军"交换位置。"阿富汗"是美军牺牲人员作战的战场，是他们阵亡的地点，应在其前边加上介词"在"，放在换位后的动词"阵亡"的前面作状语。原题应改为：《美军在阿富汗阵亡人数破千》。

代售票点不设任何饭店

（2006年1月16日某报）

【品评】 一年一度的春运时节，西宁市的各家大报为了方便服务社会公众，纷纷辟出一角刊登车票销售等春运讯息。可这则服务信息，却让读者犯愁读不懂：代售车票点为何要设饭店？谁规定代售票点要设饭店？原来新闻说的是，为方便满足广大旅客春运期间的购票需要，火车站在相关的旅行社等处增设了31个售票点，同时还特别强调——火车站并没有在任何饭店设立代售票点。由于制题者对"代售票点"和"任何饭店"两个名词性的偏正短语在句中的语法地位认定失当，主语与宾语的位置放颠倒了。如就题改题，原题应改为《任何饭店均不设代售票点》。

小罗巴西人气冠中国

（2007年2月28日某报）

【品评】 咋看标题，怎么也琢磨不出究竟说的啥意思。读过正文方知，在某体育专业报上举办的"2007年世界球星人气榜"评选中，巴西的罗纳尔迪尼奥获得了第一名。制题者的原意是要表达这一结果，可是"小罗（即罗纳尔迪尼奥）巴西"这个语言片段违反了"定语在前，中心语在后"汉语语序的规范，把定语"巴西"放在了主语"小罗"之后，让人读不懂。原题应为《巴西小罗人气冠中国》。

△ 刘亚萍说服婆母结婚不操办

【品评】 上个世纪80年代初期，在我国一些地方，尤其是在农村中，曾出现过红白喜事都要大操大办的风气。这则新闻报道了一位女青年结婚时说服长辈不要为自己的婚事大操大办。可是标题从字面上看，却成了结婚的不是女青年刘亚萍而是她的婆母，刘去说服婆母结婚时不操办。问题出在句子两个连谓动词中的"结婚"一词序位放置不当。这则标题的句式是连谓结构句。连谓句（亦称"连动句"）的谓语是由在意义上同属一个陈述对象的两个或两个以上的谓词或谓词性结构组成的。这些谓词或谓词性结构之间没有并列、动宾关系，没有语言停顿，也没有关联词，但相互间有先后顺序，不能颠倒。这种句式精练紧凑，并可同时表达与之紧密相连的多层语义。如果连谓动词安排不当，就会产生严重的语法错误，应审慎使用。原句应改为《刘亚萍结婚说服婆母不操办》。

【链接】 可以这样说，标题中的语序不当十有八九都是语法问题，即某个词语的语法位置放得不恰当。这种"不恰当"归根到底是与对词语的语法意义把握不准有关。

汉语的词本是声音和意义的结合体。词的声音是词的形式，词的意义是词的内容。词义应包括词汇意义和语法意义。词汇学、词典上讲的词义，通常指词的词汇意义，即狭义的词义。广义的词义还包括词的语法意义，即词的词性特点及语法功能。通晓和准确掌握词的语法意义，是构词组句的先导，是第一要务。不言而喻，人们每一次的语言运用，都自觉或不自觉地首先要按照词的语法意义的规范来运作。顺之者，词语语序得当，交流通畅无阻；逆之者，则语序不当，支吾塞涩，交流难以通畅顺达。这就像前面几个例句所示的那样，由于对词语的语法意义认识不清，必然会导致或者对修饰、搭配的对象把握不准,或者张冠李戴弄错了修饰、限制与搭配的对象,从而造成语序混乱。

再说,制作标题与人们说话一样,都是一句一句地说。一则题、一个句子就表达一个相对完整的意义,或陈述一个事实,或提出一个问题或建言,或表达某种思想、愿望、情感、感慨等。主谓句便是标题最常见的句型。在主谓句中,谓语谓词是句子的中心、核心和重心,别的词都是和它挂钩的。在组成和解析一个句子时,我们在准确敲定了句子的谓语后,就可以充分利用它在句子中的这一特点,从其本身的词汇意义和语法意义上,筛选出与之共存成分相关的对应词的语法位置。这是在语言应用中安排和检验语序的有效办法之一。

《12亿元中央救灾款下拨》。这则题字数不多,可语序混乱。"12亿元中央"是什么意思,能用"12亿元"作"中央"的定语吗?"下拨"是谓词,它前面要有一个施事主语与之搭配,即非"中央"莫属,而不能是"救灾款";"下拨"是及物动词,要明确陈述新闻事实,后面还得带上一个能表明动作行为"是什么"、"怎么样"的宾语,那就是"救灾款"了。"12亿元"是动量词,其主要语法功能是作宾语的定语或跟在动词后面作补语,显然它作主语的定语,不搭配;作宾语"救灾款"的定语,适得其所。此题应改为《中央下拨12亿元救灾款》。

《30个急救站点,氧气考生免费》,这则题由两个小句组成。下句三个词之间都不存在直接的组合关系,根本就组不成句子,关键是缺少有凝聚力的核心——动词。新闻报道的事实是,考生如身体不适需要吸氧则免费。显然,名词"氧气"是不需要入题的,动词"吸氧"则必须入题。谓语动词"吸氧"前面需要有一个受事主语,那非"考生"莫属,后面同样需要有宾语,无论是从词汇意义上还是从语法意义上说,"免费"能司其职。此题应改为《30个急救站,考生吸氧免费》。

《政协今年更民生》,"更"是程度副词。副词的主要语法功能是修饰谓语作状语;"民生"是名词,副词不能修饰名词,名词也不能接受副词的修饰,所以"更民生"的说法不合语法规范。此题在"民生"前面应加动词"关注",可改为《政协今年更关注民生》。

1818年今天,马克思诞辰

(2010年5月5日某电台)

【品评】 这是在"历史上的今天"这个节目里播出的一则述评新闻

的标题。述评及其标题的作者当然不只是要告诉受众马克思生于何年何月何日，意在告诫大众，如今我们国家经济发展了、人民生活水平提高了，但不能忘了学习马克思、学习马克思主义！文章立意好，写得不错，标题作得也有"历史上的今天"的栏目特色。但题中"诞辰"二字用得不妥。"诞辰"的词汇意义是"生日"，词性是名词；而1818年的5月5日是马克思的出生日，与之对应的应该用"诞生"，亦即"出生"之意，词性为动词。如就题改题可改为《1818年今天，马克思诞生》。但美中不足的是这个非常位句，前移成分的词语不够精练，似可考虑改为《今天，是马克思的生日》。这样，既更适应广播口播的需要，独立于句前的"今天"，除了不言而喻的字面意义外，还暗含着文章的立意——不要忘了学习马克思、学习马克思主义。

去年补领结婚证人数过两万多对

（2010年4月29日某报）

【品评】 这是一则时间状语前移的非常位句标题。时间要素"去年"入题是必要的，因为它是准确地阐明新闻事实所必备的条件，但其本身并非此题新闻价值的聚焦点，又无特别的寓意，故不宜改变原有的序位，应归于时间状语语序不当。"补领结婚证"这个短语是中心语（主语）"人数"的定语，短语作定语一般应加结构助词"的"。此题应改为《补领结婚证的人数去年过两万对》。

【链接】 常位句系指句子的各个成分处于通常位置上的句子；变位句（亦称非常位句）系指为了强调、突出某一句子成分而颠倒原有语序的变式句，常见的有主谓倒装、状语倒装、主语倒装、补语倒装等。对变位句子在技术操作上，应注意以下几点：

移除句外独立于句首的成分与原句的前后两个部分间，一般应用逗号隔开；语气感情浓郁的也可用感叹号隔断。

表达的重心在前置的部分——即先要把需要突出强调或标题中最重要的成分奉献在受众面前，然后再追补其他成分，从而形成前重后轻的格局。

前移成分力求言简意赅。有的虽说只是几个寻常的字，但确有深刻的寓意。

前移的成分可以复位。有的可以是不加任何修饰的直接复位；有的在复位时却须在不损愿意的前提下稍加修补，如必要的连接成分等。反之，前移时亦可删去无实际意义的虚词、连词等。

（肩）　国新办——
（主）　一批群众举报违法网站遭查
（副）　举报人获得奖励

（2009年12月17日某报）

读过这则标题，让人一头雾水：主标题明明是说群众举报违法网站遭到查处，副题又说举报人获得了奖励？群众举报违法网站，何错之有，为什么会受查处呢？原来这都与主标题的表达失当有关：其一，该题句为被动句，同被字句的语法关系相似，其动作行为的受事对象为主语。但由于原题中的定语"群众举报"与中心语（主语）"违法网站"之间少了结构助词"的"，这就使得两者之间的限制与被限制的关系，变成了主谓关系，"群众"自然就成了"遭查"的主语了。其二，这则题的主标中主语"违法网站"，前面有两个定语，一个是主谓短语"群众举报"，它与主语不能直接组合，应加上定语的标志"的"，且属领属定语序位应放在其他定语的前面；另一个是表示多少的定语"一批"，它与主语可以直接组合，其序位应放在领属定语之后，不然就容易误解为"群众"之定语。原主标应改为《群众举报的一批违法网站遭查》

（肩）　国家文物局局长昨在北大明确表示——
（主）　三类历史名人遗迹应受保护

（2010年4月22日某报）

【品评】　此题与前题相反，作为主语中心语"遗迹"中的定语"历史"实属多余，应删除。此题是该报第九版头条新闻的通栏标题，整则新闻中就没有"历史名人"的提法，显然是制题者为与健在名人相区别而临时组合的短语，其实这种区分是不必要，因为中心语"遗迹"已经包含有这层意思了：既然是"遗迹"，其主人当然已离世。而这则题本是新闻中"对此，单霁翔（文物局长）回应，北京地区应该有三类名人的遗迹应该保护：一是……"一句的简化。因而此题在起首的定语中，应删去"历史"二字，加上领属定语"北京地区"。原题主标应为《北京地区三类名人遗迹应受保护》。

南开大学隆重纪念严范孙先生诞辰150周年

（2010年4月13日某报）

【品评】　4月2日，是著名爱国教育家、南开大学校父严范孙先生150周年诞辰，该校隆重地举行了纪念活动。上面这则"主—谓—宾"齐

标题的制作理念与艺术技巧

全的标题报道了这次纪念活动。题中作为宾语部分中心语的"诞辰"语序放置不当,混夹在定语中间。"诞辰"义项为生日,是名词,"150周年"是表数量的数量短语,可放在名词"诞辰"前面作定语,也可紧跟在动词"诞生"的后面作补语,此题应改为《南开大学隆重纪念严范孙先生150周年诞辰》。

【链接】 定语是用来修饰或限制名词或名词性短语充当主语、宾语的附加成分。定语用得好,可以使标题所表达的意思更准确严密,使语言更形象、生动,给受众语义深刻明晰的感觉。从句子语法结构上分析,它是句子的附加成分,去掉它并不会影响句子结构的完整。但有时若缺少了它,语言表达就不准确,就会使人感到费解,甚至产生歧义。因而定语的有无,应根据一定的语言环境而定,该用的地方绝不能残缺,不该用的地方也不能强用。不该用时,用一个定语,也嫌多余;该用时,两个或两个以上定语叠加在一个中心语上,也是需要和必须的。多个定语叠加在一个中心语上,就叫"多层定语"。

以上三则题的定语均为多层定语。由于定语和中心语之间存在着多种语意关系,多层定语就有个排列顺序问题,序位失当同样会影响语言表达的准确。多层定语的语序顺序一般也有一个约定俗成的原则,即按照逻辑关系来排列,与中心语修饰、限制关系密切的定语就越靠近中心词,由左到右,一般正常次序应该是:表示领属的名词、代词或短语 → 表示处所、范围的介词短语 → 表示多少的指示代词、数量短语 → 表示"怎么样"的动词、动词性短语 → 表示情状的形容词及形容词短语 → 表示性质即"是什么"的名词、区别词等。

沃尔玛工会,南京深圳在"深夜"诞生

【品评】 这则题是主谓结构句。主语是"沃尔玛工会",谓语是动词"诞生"。"诞生"在现代汉语中主要用于指人的出生、降生,现已引申为一切事物的产生。《我国诞生首批女航天员》(2010年5月8日《北京青年报》)也正是在这个意义上正确地使用了"诞生"这个词。

但例句的语病却出现在动词"诞生"前面表示时间、地点的状语排序失当,致使语序混乱,关系不清。"深夜"上的引号要去掉,并前移到主语"沃尔玛工会"之后;"南京、深圳"中间加顿号并后移至介词"在"的后面,与之组成介词短语,成为动词"诞生"的状语。此题应改为《沃尔玛工会深夜在南京、深圳诞生》。

△ 重庆：群众自发送行救火牺牲民警

【品评】 此则题将谓词"送行"混夹在状语的中间了，位置放置不当。应将"送行"移至民警之后，并在"救火牺牲民警"前面加上介词"为"，与之组成介词短语，作为"送行"的状语。此题应改为《重庆：群众自发为救火牺牲民警送行》。

萨马兰奇因病昨日去世

（2010年4月22日某报）

【品评】 笔者将此题列为例句，这倒不是它有什么明显的语法错误，而想说明多层状语同多层定语的语序排列一样，一般也应遵从约定俗成的原则，即按逻辑关系与中心语修饰、限制越紧密的状语越应靠近中心语。照此题中"因病"、"昨日"两个状语，从用语严谨的要求上说，应该调换个位置，改为《萨马兰奇昨日因病去世》或《萨马兰奇昨日病逝》。

【链接】 状语与中心语的关系，大致与定语极为相似。状语的位置，与定语相比，相对要灵活一些，一般为句中状语，即在主语之后，谓语中心语（动词、形容词）之前；但也可以是句首状语，大都是表示时间、处所、目的、对象等意义的状语。通常凡表情态的状语是不能放在句首的；而"关于"组成的介词短语状语又只能放在句首，作句首状语。

采用句首状语的制题方法，也不是可以自行其事的，必须遵从下面几个原则：（1）有强调突出某个状语的特殊需要。《昨日最大住宅地块流标》（2010年5月8日《北京青年报》），"昨日"这个时间状语被凸显于句首，正像新闻所讲的那样，在中央一系列房地产调控的新政下，昨天（5月7日）"被称为北京住宅土地市场重启"的4宗住宅用地开标，不但没有出现"地王"，连此前最被看好的顺义马坡地块也因开发商报价均低于底价而流标。这个时间状语是新政调控已见成效的标志。（2）状语较长，必须移除句外，成为独立成分，甚至拟为辅题。（3）标题为复句，是几个分句共用状语。（4）制题时出于某种修辞的需要。如不符合上述要求，即视为语序失当。如前面评论过的标题《去年补领结婚证人数过两万多对》，便属于此。

一般地说，多层状语排列次序较之于多层定语要复杂得多，尤其是在词与结构复杂的短语混同作状语时，序位不当还会造成晦涩费解，如前一例句；有时位置不同，其表述意义就不同。如"他不很满意"和"他很不

标题的制作理念与艺术技巧

满意"意思就不一样。

多层状语的排列顺序,应遵从逻辑关系,与中心语关系越紧密越应靠近中心语的原则,从左往右:表示时间的名词 → 表示处所、方向的介词短语 → 表示范围、程度、可否的副词 → 表情态、性质的谓词性短语 → 示动作涉及的对象的介宾短语 → 表示动作行为方式、状态的形容词等等。

（肩）　中国足协开出罚单
（主）　一队员
　　　　一赛区　受到处罚
　　　　一球队

（2000年6月16日某报）

【品评】　新闻标题是新闻事实与中心思想的浓缩。在制题中,常常要将其所承载的事实和思想观点,或某个细节,用列叙法一一具体地展示在受众眼前。由此,相对应地在语言使用上,题句中的某个成分就不再是一个词或短语,而是一个结构相同或相似的、两个或两个以上的词或短语的集群。这样,在它们之间的语序,也就有个根据表意需要恰当有序的安排问题。如《英国再曝虐兵丑闻:迫食泥饮尿裸滚荆棘》（2005年12月5日搜狐网）,题中用列叙法以一个单音节动词"迫",承载着三个结构相同的宾语,活灵活现地再现了英国新兵被虐的惨状。再如《（肩）听意见,不怕横挑鼻子竖挑眼　改错误,不搞犹抱琵琶半遮面　（主）衡阳县领导虚心接受群众批评》（1987年9月15日《人民日报》）,肩题即是对主题中的"虚心接受群众批评"的列示与注释,其间"听"与"改"的递进关系的序位是不能颠倒的。

这则例题是由两分句组成的复式题。下句的主语是由三个并列成分组成的,这个成分也就有了语序的合情合理的安排问题。判断一个并列结构的顺序是否合理,一是要看它的几个并列成分与直接搭配的成分是否恰当,二是要看是否符合事物本身的逻辑关系。有的并列成分之间没有先后、轻重之分,彼此地位平等、独立。如"爸爸妈妈",也可以说"妈妈爸爸"。但多数的并列成分在事物发生、发展的逻辑关系上,却有时间先后,在如《（肩）决策前不旁观,决策中不干扰,决策后共挑担　（主）宁波瓷厂党委正确处理党政关系》（1987年7月13日《人民日报》）；空间上下,如《（主）水中鱼　地面粮　空中果　路旁厂　（副）宿迁黄河改道呈现立体开发新格局》（1991年3月1日《经济日报》）；程度轻重，如《（主）赣榆农村是非少　寡妇门前喜事多　（副）贫困有人扶　心事有人问　再嫁有人助》（1986年9月3日《人民日报》）；数量大小，如文前例句中的并列成分，就应依此改为《一队员、一球队、一赛区受到处罚》。以及认知深浅、范围宽窄等等，都应依照其逻辑关系，做到有序排列。即可视情况采用两种方法，一是按照事物发展、变化的逻辑要求，以从小到大、从点到面、从低到高、从轻到重、从浅到深、从近到远的顺序，像上楼梯一样，层层推进、步步升高地排列；二是与之相反，以从大到小、从面到点、从高到低、从重到轻、从深到浅、从远到近等的顺序，像下楼梯似的，一个阶梯比一个阶梯低的排列顺序。

诚信、规范、监管、行业自律的缺失让电视购物失信

（2010年3月15日某报）

【品评】　这是刊发在某报2010年"3·15"特刊上从管理层面分析电视购物诚信缺乏、陷阱频发的原因一文的标题。显然，标题前端那四个并列成分搭配欠妥。除"诚信"外，后面三个并列成分是属于管理层面缺失的问题，而"诚信"不属于或不完全属于这方面的问题，应当删去。

在新闻标题中，使用并列成分的根本目的在于将某个饱含新闻信息的新闻要素多侧面、多角度地加以细化，通过以语义相关、结构相同或相似、语气一致的多个词组或短语的连串使用，借以达到集中说理、尽情状物、充分抒情的表达效果，从而增强标题的感染力和说服力。因而，要求并列各个成分在语意上、在事物的相关层面上要有内在联系，则是不可缺少的前提。它绝对不只是简单地把一些词并列起来所能奏效的。

【链接】　新闻是事实的报道。叙述就成了新闻写作、标题制作的基本表现手法。但是在标题制作中，却常有这样的情况，有的内容用其他的叙事手法，都难以把新闻事实简洁而明确地表达清楚，只能列叙方能奏效，如前面例句一。有的虽能用多种叙事手法，但为了增强语势、提高表达效果仍要采用列叙。用它去说理，可以把论点阐明得更形象、鲜明、严密；用它去抒情，可以把感情抒发得更真挚、有力；用它去传事，可以把事实传播得更形象、鲜明、诱人。

（肩）　穿山甲被红烧，活猴子被宰杀，猫头鹰被烹调
（主）　救救这些珍稀动物吧

（1985年7月25日《南方日报》）

这则标题所讲的事，虽早已过去快30年了，但笔者发现至今仍有业者不时提到它，认为这是一则作得比较好的标题。这则标题到底好在哪里呢，可以这样说，这就像牛黄之于全牛、麝香之于麝鹿，它把新闻中的"牛黄"、"麝香"用列叙的方法集中、具体而鲜活地呈现在读者眼前。如果去掉肩题，只留下祈使句的主题，虽说也能成题，可它传送给读者的信息就十分有限了，更说不上有多大的震撼力了。

古人云："令人惊不如令人喜，令人喜不如引人思。"一个真正谙悉拟题之法的新闻工作者，不论挥洒长题，还是精著短章，不做则已，要做就必须融入或动人心弦或引人深思之事实精粹于其中，再辅之精当的文字与得体的表达方法，只有如此，方能跳出平庸，跻身于优秀作品之林。否则，你拟就的标题是十足的大众面孔，不是似曾相识，就是滴水入盆不见踪迹，这能让读者动心吗？

信息时代，书刊汗牛充栋，网络海量存储，资讯极大丰富，我们的标题，要"有味"、"有料"、"有用"，方能在密集的"信息丛林"中脱颖而出。

用列叙法形成的并列成分的制题方式比较灵活，主要可分为两大类：句子的并列与句子成分的并列。而后者又主要是谓语、宾语、状语、定语的并列；主语与补语的并列较为少见。一般地说，词的并列成分多为句子内并列；短语的并列成分常应移位句外，独立地与原句组成连动复句。

从上述的论述与实例中，我们不难看出：新闻中有什么最动人的新事，有什么新人耳目的高见，有什么急需解决、解释的问题，有什么需要推广效法的新经验、新做法，有什么需要及时提醒必须注意的事项，有什么需要弘扬的道德风范等等，在标题中用并列叙事的手法开门见山地直言其事，多侧面地说个清楚明白，这便是并列式标题的制作精要，也是其特有的长处。

第四节 关于"语义搭配"的品评

在标题的品评中，我们常常会发现有些标题从表面上看并没有明显的语法错误，但仍然读来不顺当、语义上不贯通、理解有难度，这实际上是跟字词使用搭配不合理关系极大。

正如老舍先生所说的:"字没有高低贵贱之分,全看用得恰当与否。连用几个伟大,并不足以使文章伟大。一个很俗的字,正如一个很雅的字,用在恰当的地方就起好的作用。"

俄国现实主义作家托尔斯泰也说过:"语言艺术家的技巧就在于寻找唯一需要的词的唯一需要的位置。"

标题,新闻作品的眼睛,只有字斟句酌精心打造,方能"明眸善睐"。或平实,或豪放,或委婉,或直白,均需要根据新闻事实而定;但在苦下工夫、仔细推敲——让每一个字词都放在唯一需要的位置上,用在恰当的地方起着好的作用,却是题题都必须坚持的硬道理。如若不然,就会出现不可接受的语义病句。

为此,在标题的制作中,在语义搭配上,有下面一些方面是应该加以关注的。

一、分析语义特征,关注与之相互搭配的成分在语义上的合理贯通。

"搭配不当"这是语义病句中最常见、最典型的病句,它包括直接成分搭配不当和间接成分搭配不当两大类。

王海复出起诉金山毒霸构成欺诈

(2010年5月24日某报)

【品评】 王海即打假名人,他在媒体上沉寂了几年后,昨日再度出手打假。

"金山毒霸"即指国内杀毒软件名牌企业的品牌产品。乍看标题,人们准会以为王海诉金山毒霸已被认定为是一种欺诈行为。新闻的事实并非如此,恰恰是王海认定,金山毒霸在广告宣传中谎称其产品在AV-C国际评测中病毒检出率"全球第一"。但是,在使用过程中,他发现该产品并非如宣传的"100%可信",后经查证其"病毒检测率"也并非"全球第一"而是"倒数第一",其虚假宣传已构成欺诈。

新闻事实与标题这种反差情况的出现,是题句中相关的词语搭配不当造成的。汉语的句子本是词和词的组合,这种组合除了要受句法功能的限制外,还要受语义特征选择的限制。从词汇角度看,每个实词的各个义项都可以分析为一组更细小的语义特征的集合。如动词"吃"的语义特征就决定跟它组合的主体即"主语"必须具有"有生命、有咀嚼功能的人或动物"的特征;跟它组合的宾语就必须具有"食物、固体"等的特点。如果完全符合了这一语义特征的各项要求,如"他吃馒头"、"羊吃草",这个语言单位就是可以接受的合理组合；反之如果没有满足或没有完全满足这一语义特征的要求的组合就是不可接受的。如"他吃饮料"，在书面语言中也是组合不当，因为这并没有完全满足"吃"的语义特征的要求，可改为"他喝饮料"。

由此，我们再来分析一下例句中的宾语"构成欺诈"，这个谓词性短语其语义特征决定了跟其直接组合的主语和谓语，必须具有：一是有施事能力的主体，二是其施事的动作行为被认定为有虚假、欺骗性等明显的特点。对于第一个语义特点，原题宾语给予了满足，即一产品名"金山毒霸"代指生产企业；对于第二个语义要求，新闻中有详细的叙述，但没有概括入题，从而形成搭配不当，出现歧义。原题应改为《王海复出起诉金山毒霸虚假宣传构成欺诈》。

当然如果不加"虚假宣传"四个字，也可换宾语加结构助词"的"，改为《王海复出起诉金山毒霸的欺诈行为》。

驻阿美军怀孕可能受军法惩处

（2009年12月20日某报）

【品评】 "怀孕"的词汇意义可分解为由"人类"、"女性"、"成年"、"有生育能力"等一组语义特征构成的集合。这就决定了跟其组合的主体必须符合这些语义特征的要求。很显然，题中与之组合的"美军"，本是一个集群概念，其成员既有女性，也有男性，且多为男性。必须在"美军"之后、"怀孕"之前加上"女兵"二字。此题应改为《驻阿美军女兵怀孕可能受到军法惩处》。

【链接】 新闻标题的题句是词与词的组合。这种组合除了要受句法功能的限制外，还要受词汇语义选择的限制——即指句子结构中某个成分与结构中另外的成分在语义上形成合理搭配的联系。在语法书上把这种词与词之间的语义联系称为"语义指向"。根据某个成分语义指向的另外成分在线形序列中出现的位置，在其位前的称之为"前指"，如例句二中"美军"中为"怀孕"的前指；在其位后的为"后指"，或者为"双指"，即前后均有与之在语义上相对应搭配的成分，如"他吃馒头"中，动词"吃"，既有前指的"他"，又有后指的"馒头"。

所谓"语义上的合理搭配"，"合理"就是：一要合乎新闻事实，做到题文一致；二要合乎逻辑，即合乎常规常理，合乎常识。这种常规常理常识，有的是历史沿袭，约定俗成的；有的是自然规律的反映；有的是维系正常的社会秩序和生活需求必须遵守的规则。违背这些最基本的常识常理常规，人们就无法进行正常的交流和交往，甚至会造成混乱。

一般地说，合乎新闻事实与合乎逻辑是一致的。比如例二所云"驻阿美军怀孕"中"美军"与"怀孕"直接组合是不合逻辑的，男性军人是不会"怀孕"的，同时，这样表述也是与新闻所报道的事实的不符，文中多次讲到系指"女性军人在战场上（阿富汗战场）怀孕"。显然，题中的不合理搭配，多为制题者表达失当所致。

（主）　关注肿瘤健康　建设和谐社会
（副）　肿瘤中医中药与营养饮食条例公益讲座

（2007年10月20日某报）

用不着细看全文，便可以判断这是一条违背常识、词语搭配不当的标题。试想：肿瘤"健康"了，肿瘤患者还能健康地生存？还能为社会增添和谐？主标中"关注肿瘤健康"应为"关注肿瘤患者健康"；副题中起首"肿瘤"之后，也应加上"病人"二字，因需要调理的是"肿瘤病人"，而不是要去为"肿瘤"调理。

当然，合乎新闻事实与合乎逻辑，也会有不一致的时候。这也就是说，有的标题仅看标题的文字，从句法功能上或从语义搭配上看，都无明显的不当，但与新闻报道的事实却各不相同。这均与制题者工作不细或表达不当有关。比如，《黄联仁创汇85万美元》。光从字面上看，这则题看不出有什么明显的语病。但与正文一对照，问题便出来了：新闻明明报道的是全国劳模、全国农村科技致富能手文正荣的事迹，可标题却变成了"黄联仁"了。黄联仁何许人？原来是该报道的文尾记者的署名。此题之错，是与拟题者工作不细有关，但层层把关者，只就题论题，只看标题的文字是否通顺达意，不认真核对正文，层层"绿灯"放行，最终还是见了报。

同时，在审视标题词语语义的搭配时，应充分注意谓语动词在汉语中既是句子句法结构的中心，又是语义结构中心的用语特征。在对标题词汇语义特征的分析中，要以动词为主，在实际操作层面，又要根据谓词或谓词短语的语义属性的特点，来分析和判断出与之共存成分的各对应词的语义要求，是否是合理的搭配。

二、准确把握词汇的本质语义，做到准确用词、准确造句。词有一定的词义，一定的使用范围。词义不是由个别人任意规定的，而是由使用同一种语言的社会成员沿袭传承、约定俗成，为社会成员共同理解、共同使

标题的制作理念与艺术技巧

用中共同确定下来的。一个社会成员要准确地使用一个词，就必须要认真地准确理解它被社会成员公认的意义，如若不然就根本不可能做到——准确用词、准确造句。

《城市论》，市委书记捉刀亲著"杭州书"

（2009年11月29日某报）

【品评】　这篇文章比较详细地介绍了《城市论——以杭州为例》一书的内容，而这部书的作者就是时任杭州市委书记的王国平。

可标题中"捉刀"二字，却用得欠妥。按《现代汉语词典》释义：把代别人做文章叫"捉刀"，"亲著"即为亲自撰著。显然，如果"捉刀"，就不是"亲著"；如果是"亲著"，就不是"捉刀"，两者水火难容，不能重叠连用。问题出在标题的制作者对"捉刀"的词汇意义没有准确把握，或许把它当成"操刀"来使用了。此题应删去"捉刀"二字，改为《〈城市论〉，市委书记亲著"杭州书"》。

（肩）　央视"作秀"
（主）　云南军团全军覆没

（2000年7月13日某报）

【品评】　新闻说的是：云南电视台曾组队15人参加中央电视台举办的"步步高杯"全国青年歌手电视大奖赛。赛事已愈两月，云南军团除有1人进入单项决赛资格可也难获奖外，其余歌手均与奖项无缘，可谓"全军覆没"。但在标题中，由于作者对"作秀"一词的词性与词义掌握不当，造成题文不符。"作秀"，本是一个贬义词，它既有故作姿态、哗众取宠之意，也含有作祟、作难、妨碍事情的顺利进行之意。根据文意题中"作秀"应改为"竞秀"，此题则改为《（肩）央视竞秀青年歌手（主）云南军团全军覆没》。

（主）　行驶客车自燃　12名乘客被困
（副）　辛丰派出所正副所长舍身救下智障老太

（2009年8月19日某报）

【品评】：新闻报道的是，镇江市丹徒区辛丰派出所所长和副所长，外出办事返回途中，遇上一辆客车在行驶中失火自燃，情势十分危急，他们迅速下车，赶往失火客车，一边指挥司机正确处置，打开车门，赶紧让乘客下车；一边又冒着大火冲进车厢里，拼命救出一名智障老太。显然，副题中"舍身"一词使用不准确。"舍身"原指佛教徒牺牲肉体表示虔

· 446 ·

诚,后来泛指为祖国或为他人而牺牲自己。根据文意两位所长不顾个人安危的英勇行为宜用"舍生忘死"来概括形容较适当。此题副题应改为《辛丰派出所正副所长舍生忘死救下智障老太》。

刘翔一俊难遮百丑

（2007年9月30日某报）

【品评】 初看标题,人们准会以为这是批评刘翔的报道,是说刘翔这位优秀运动员,除了在赛场多次为祖国赢得荣誉这"一俊"之外,背后还有许多不为人知的缺点和问题？细读全文,这才知道：报道说的是中国田径队虽然在2007年日本大阪世界田径锦标赛上,刘翔勇夺金牌,从而成为世界上110米栏历史上第一个集奥运会、世界杯和世锦赛冠军于一身的金牌选手,可说是一枝独秀的"俊"了,但并不能以此掩盖中国田径队整体水平太差的堪忧——"百丑"。看来,标题的制作者在引用"一俊遮百丑"这句俗语拟题时,忘记了其中"一俊"和"百丑"的主语应该一致的前提,结果造成"俊"刘翔还有"百丑"要遮掩。此题似应改为《刘翔一俊难遮田径"百丑"》

这样一改,"俊"与"丑"就不再是共主语的了,而且"百丑"还加上引号,标明这是有特指内涵,即田径队整体水平差、能拿奖的优秀人才匮乏。

每位公民都需要为儿童做文明表率

（1986年6月1日某报社论）

【品评】 公民为何物？据相关辞典释义为："凡是有我国（中华人民共和国——笔者注）国籍的人都是我国的公民；未成年人（包括刚出生的婴儿——笔者注）,被剥夺了政治权利的人,也是我国公民的组成部分。"由此可见"每位公民"都要为儿童做文明表率的论题是不能成立的,这是常识。刚出生的婴儿,是公民,也是儿童,能为自己做文明表率吗？再说被剥夺政治权利的人,是公民,能"为儿童做文明表率"吗？！

【链接】 品评标题,一是要看其是否合语法,因为语法是语言表达形式的规律,同时还要看其是否合逻辑,因为逻辑是语言表达内容的规律,二者的联系非常紧密。

词有一定的词义。词义的构成有基本意义与附加意义之分。词的基本意义又叫概念意义,是词的本质,也是词义的基本内容,是人们对事物、现象、行为的理性认识在语言中的反映。逻辑学的常识告诉我们,概念是

标题的制作理念与艺术技巧

借助词语来反映对象特有属性或本质属性的思维形式。每个概念、每个词汇都有特定的内涵，以及相应的特定外延。因而，在标题制作中，在使用概念（词汇）表达思想、事物或行为的时候，首先要对其所具有的基本意义即内涵和外延有准确的理解，这是最基本的逻辑要求。如若不然，就不可能把自己的思想表达得清楚、准确，甚至会造成对词汇意义原意的误解，出现歧义。

应该说，因不明词义而用错词汇是造成标题语义病句的主要原因之一。其中表现形式多种多样，最常见的有：

一是用词太随意。在使用词汇时并没有理解这个词汇的内涵究竟是什么，仅凭自己的一知半解就任意使用。文前所举的例句大都属于此类。

二是把一些字面上相似而语义各不相同的词汇混淆起来了。如《看郎平得"抓阄"》（2008年4月2日某报）——郎平作为美国女排的主教练，2008年4月1日带队来到南京东南大学，与江苏女排举行友谊赛。赛前由于希望到现场看郎平的学生太多，为了公平该大学有些系用抽签（即"抓阄"买票）的形式。标题中的"抓阉"，应为"抓阄"。据《现代汉语词典》释义，"阉"，有两项义项，一为阉割，阉鸡，阉猪；另一为指宦官。阄，即事先准备的纸团或制片。显然两者形同义不同是十分明显的。再如《（主）南普陀烧香贡品"神秘失踪" （副）Q友反映遇到多次，怀疑有团伙专门浑水摸鱼》（2008年3月29日某报）——"贡品"显然是"供品"之误。"贡品"与"供品"虽然是同音词，但一字之别，意思相差甚远。"贡品"，系指封建时代官吏、人民或属国向帝王进献的物品。"供品"，则是供奉神佛祖宗用的瓜果、酒食等物品的统称。题中"贡品"，应为"供品"。

三是受知识的局限，对某些较古奥生僻的词语缺乏认知或望文生义。如《"独揽花魁"的背后》（2007年5月10日某报）——新闻报道的是，来自湖北谷城县南河镇的一名机关干部，在一次干部考试时，经过笔试、面试等多轮淘汰赛后，一举夺魁的事迹。题中"花魁"一词使用不当。"魁"，为首的。"花魁"，据《现代汉语词典》释义：百花的魁，多指梅花。旧时比喻有名的妓女。明人冯梦龙著《卖油郎独占花魁》，写的就是卖油郎秦重娶青楼女子王美娘的故事。直引"独揽花魁"入题就更加不妥了。此题还不如直说其事改为《一举夺魁的背后》。显得明了、准确。再如《励兵秣马迎奥运》（2008年6月30日某报）——这则标题共8个字，前4个字"励兵秣马"中就有两个错字,"励"应为"厉","秣"应为"秣"。"厉",同"砺",磨也,即使物体与磨具反复摩擦,以达到光滑锋利;"秣"——指牲口的饲料,也释义为喂牲口。"厉兵秣马",(也说"秣马厉兵"),义为磨快兵器,喂饱战马,准备作战。原题应改为《厉兵秣马迎奥运》。

四是工作不细,粗心大意所致。如《(主)萨科奇G8蜂会喝醉酒?(副)比利时冒失主播公开道歉》(2007年6月15日某报)——"蜂会"显然是"峰会"之误。"蜂",义为昆虫,特指蜜蜂;"峰",义为山的突出的尖顶,多用来比喻形似山峰的事物。"峰会"即高峰会议,一般指首脑会议。"G8"是the Group of Eight(八国集团)的缩写。"G8峰会"即是"八国首脑高峰会议"的略称。此题的主题应改为《萨科奇G8峰会喝醉酒》。

在标题制作中,医治"误解词语原意"的顽疾,无良方奇药,惟倡勤戒懒而已矣。勤学勤思,多一些查证、求教,少一些图省事、想当然。

语言是社会成员的公共财产,谁都可以拿来使用。但是,词不逮意、似是而非、损伤原意,语言就会变成垃圾;字斟句酌、言简意赅、落笔生花,语言就会变成黄金。

三、联合词组的搭配,不可顾此失彼。 一般地说,在新闻实践中,语法关系简单的题句不大会出错,可当其中某一成分碰到与之相搭配的不是一个简单的词语,而是一个一个联合词组时,就难免顾此失彼,而容易出现失误。

抄凳子

抡棍子　警民合力擒下持刀飞车贼

挥纸板

(2010年5月20日某报)

【品评】 新闻说的是,5月19日,温州市家电城发生了一起飞车夺包案。"抢包了!"随着女事主的一声惊呼,附近的群众、商家、保安、商场协警全部冲了上来,围堵抢包贼。歹徒拿出了一把50厘米的砍刀,肆意挥舞,企图发动摩托车夺路逃跑。围堵群众环顾四周,看到凳子就赶紧抓起凳子,看到棍子就拿起棍子,有的甚至拿起纸箱……英勇市民一拥而上,将歹徒围困在人群中间,最终让其无路可逃,只好束手就擒。标题仅用21个字就生动、形象地记叙了热血的一幕,值得称道。但题句中施事主

标题的制作理念与艺术技巧

语与附加成分在搭配上，似有值得推敲之处。

例句前置的修饰成分，是由三个联合的动宾短语组成的，与之相搭配的施事主语也是一个联合词组"警民"——警察与市民。三个并列短语与"市民"是搭配的；但与"警民"就不太适合了。请想想看，若是巡警或刑警出勤，能不带上与之相对应的"家伙"，而靠"挥纸板"去制伏歹徒？再说，人群中纵然有协警人员参与，但这是否就能成为"警察"，两者恐怕不能简单画等号吧！这就像在城市里有交警协管人员即交通协管员，但不能与"交警"划等号一样嘛！此题似应改为《抄凳子、抡棍子、挥纸板，英勇市民合力擒下持刀飞车贼》。

（主）"今天究竟是怎么了？"
（副）一天3起跳楼事件，两人受伤 一人遇难

（2009年9月4日某报）

【品评】"遇难"，据《现代汉语词典》释义：因迫害或发生意外而死亡。为何"跳楼"？我们在此也无法去细究其具体原因，但只视其主观因素来看，这是一个自主的行为，谈不上"被迫害所致"；跳楼会导致死亡这是跳楼者企盼中的事，也说不上是"意外而死亡"，因而"遇难"之说，与"跳楼"是不搭配的。此题的副题应改为《一天3起跳楼事件，两人摔伤一人身亡》。

全总紧急拨款100万元，慰问新兴煤矿遇难矿工及家属

（2009年11月23日某报）

【品评】慰问"遇难矿工的家属"可以搭配；但慰问与"遇难矿工"的搭配就有违常识了。"慰问"，按《现代汉语词典》释义：用语言或物品，进行安慰问候。显然被慰问的对象是人，是活着的人。慰问者与被慰问者之间存在着思想感情的交流。"遇难矿工"已经辞世了，活着的人怎么与他们交流、沟通？进而进行安慰和问候呢？此题的修改有两种方法，一是按前两例的办法去掉搭配不当的词语，改为《全总紧急拨款100万元，慰问遇难矿工家属》；但是这种改法，有损原题所要表达的意思，即对"遇难矿工"表示悼念。其实原题本来应该用两句话把两者分开来表达，却硬把它拼合成一个复杂的句子来表达，当其驾驭复杂句子的能力上有欠缺的时候，也就难免不出毛病。因而此题也可以改为《全总电唁遇难矿工，紧急拨款100万元慰问家属》。

【链接】语言的使用总是在一定的语言环境中进行的。所以在新闻

标题制作实践中，就要结合新闻标题本身的特点来研究语用规律。例如在标题制作中，要把新闻中最重要的新闻要素和事实，千方百计地最先凸显在受众眼前，因而对语用者来说，越重要的东西，一般在思维中区分得就会愈细、愈全面，在词汇中表现得往往就会越充分，在表述某个语言片断相关词汇的用量就相对会集中一些、多一些，从而在题中形成特有的夺人眼球的语义重心、逻辑重心。这时，句中的某一成分碰到的与之相搭配的已不是一个简单的词语，而是一个复杂的联合词组。这就像例句一所示的那样。再如《（主）连说26声"属实"和5个"对不起" （副）受贿63.6万元的南阳二中原校长被判11年，在法庭上表示"深深忏悔"》（2006年5月《大河报》），主标题中一个谓语"连说"与一个并列短语的巧妙搭配，凸显了被告知罪、认罪，深深的忏悔之情。

古代画论有道"泼墨如云，惜墨如金"，讲究"密不通风，疏能走马"。画道如此，作标题其理也同，对题中凝聚新闻价值的语义重心、逻辑重心，该详则详，用墨如泼，酣畅淋漓；对次要成分，可有可无的字词，该藏减则藏减，字字斟酌，惜墨如金。这样，在标题制作中，联合词组的使用常常就是不可避免的。这里的关键是要使用得当，搭配得体。

四、注意词语可能出现与左邻右舍不同的组合，不给读者造成左右两难的窘境。 在标题制作中常常会遇到这样的语用现象，即题句中某个词语，既可与左边的词语组合，也可与右边的词语组合成不同的语言片断，从而使整则题在语义上出现不同的解读，以致出现误读误解。

手机电视直销泡沫破灭

（2008年5月8日某报）

【品评】 如果只看标题，可以有两种解读，一是"电视"可以与左边的"手机"组合为"手机电视"，即一种可看电视的手机，成为全句的"主语"；另一是"电视"与右边的"直销"组合为固定词组"电视直销"，成为谓语动词"破灭"的状语之一。细读全文方知：后者的组合才是符合作者原意。因而要化解此题的误读，让读者一看就懂，就必须作些技术处理，此题应改为《手机，电视直销泡沫破灭》。

（主） 情人节浪漫没缩水消费缩水

（副） 巧克力热卖不再 贵价玫瑰花无人喝彩

（2009年2月15日某报）

【品评】 这是一则通过情人节当天"巧克力"与"玫瑰花"这两个

标题的制作理念与艺术技巧

主打礼品销售情况来说明人们浪漫观念微妙变化的新闻，立意不错，但副题长达15个字，没有明显准确的切分点，让人读来费劲，且有多种解读。如果将题句中的"贵价"一词往左边联结其句便可解读为："巧克力热卖不再贵价，玫瑰花无人喝彩"。如果"贵价"一词往右边与"玫瑰"联结，则又可解读为："巧克力热卖不再，贵价玫瑰花无人喝彩"。这两种解读究竟哪个是准确的呢？新闻说的是，昨天的情人节，适逢周末，又恰逢金融危机，往年包装精美价高的巧克力"热卖场景在今年的情人节没有呈现"；而去年的抢手礼品，50元一枝的染色玫瑰与标价3800元一束的贵价玫瑰，也无人问津了。情人节，人们在浪漫的同时，也注重理性和节省了。因而此副题应改为《巧克力热卖不再，贵价玫瑰花无人喝彩》。

金奖银奖　不如用户口讲

（1994年11月6日某报）

【品评】 对这则标题有多位评论者进行过品评，总的意见是：制题者的本意是这奖那奖，不如用户"口讲"，意思为用户满意是最好的奖赏。但是，"户"字既可以上连，成为"用户"，整句就成了"不如用户'口讲'"；也可下连，成为"户口"，"用"可以作动词，标题的下句就成了"不如用'户口讲'"，意思难懂。再说，"口讲"不成词，平时用得较少，读者一时难以读懂意思；况且"口讲"，可讲好，也可以讲坏，无法准确与上句呼应。于是有的论者认为不妨改为《金奖银奖，不如用户的口碑》，虽然不协韵，但无歧义，可读来佶屈聱牙；有的认为可改为《金杯银杯，不如用户的口碑》，这既协韵，又能化解歧义，固然很好，但如笔者没记错的话，类似这样的题句，以前已有过，不宜照搬；再有，标题如此一改，正文的提法也必须做相应的变动，改动太大，还不如顺着原题的立论，运用拈连辞格顺势改为《金奖银奖，不如用户的"口奖"》。

【链接】 上面三个例句有一个共同之处，就是在制题时用字组词没有考虑到所用之字词与左邻右舍的字词可能发生的关系，即有的字词在一定的语境下既可以承前也可以后连，由于前承与后连的不同组合，便会产生不同的解读。字词，在标题制作者手里，就像化学家手里的分子、元素，排列组合不同，结果也就不相同。对此我们必须高度重视。

汉语是一种富于韵律变化的语言。新闻尤其是新闻标题，韵律和谐会增加受众阅读的愉悦感，否则就会读来佶屈聱牙，自然会令人生厌，无法卒读。再说，受众对标题的阅读，是要将题句分成一个个语言片断（语言学上称之为"节拍"或"意群"），逐字逐词地边谈边思考边理解的，有时区分不当、停延的地方不同，就会造成不同的语义。对此，制作标题在这些方面也应多花点力气，一定要让标题语义清晰，让人一看就懂，而不是如同绕口令一般，来回折腾人。

五、辨明感情色彩，褒贬不可混淆混用。在汉语中相当多的词语除了基本意义以外，还有在使用过程中形成的附加意义。附加意义即色彩意义，是附在概念意义之上的感情色彩，其中褒义词带有肯定的赞许的感情，贬义词带有否定的贬斥的感情，中性词则不带情感色彩，可用于褒，也可用于贬。该用褒义的用了贬义词，该用贬义的用了褒义词，就不能准确地表达思想感情，也就不能准确地用词造句。

并购贷款出笼正其时

（2008年12月12日某报）

【品评】 新闻标题既要报道事实，示人以事，又要评论事实，授人以知，是有感情色彩的。因而，在业界新闻标题被视为媒体的主要发言手段之一。它要"告诉受众什么是必须引起注意的，什么是应当赞成、提倡的，什么是应当反对、抵制的"。总之，是非功过，喜怒哀乐，都应当鲜明中肯。当然标题的感情色彩又是缘于新闻、依托新闻，文题必须一致。

例句本是一篇经济时评的标题，该文议论的是上海联合产权交易所与金融部门合作，推出总金额达100亿元人民币的企业并购贷款额度，无疑这对企业来说是一个大大的利好消息。但令人不解的是，文章的标题却出了一个贬义词"出笼"——其义项之一《现代汉语词典》释为"坏人别有用心地抛出反动作品"，其贬义十分浓烈，使用极为有限。可随着语用实践的发展，现多用来泛指坏作品的刊发、"霸王条款"登场、假冒伪劣产品上市等等，显然这与正文表达的感情色彩相距太大了。此处似可选用"面世"、"出台"等中性词为好。原题应改为《并购贷款出台正其时》。

掌握街头诈骗的常用手段

（2003年12月24日某报）

【品评】 此题读起来很顺当，但掩卷而思，总觉得有些不是味儿。"掌握"一词，据《现代汉语词典》释义为"了解事物，因而（即"目的"——笔者注）能充分支配或运用"。标题中所表达的是"掌握的什么"。是"诈骗手段"，目的在于"得心应手地进行诈骗"，这与正文所讲的意思完全相反。新闻说的是，结合当地街头诈骗猖獗，办案民警便归纳出骗子常用的13种诈骗手段，提醒人们注意识别骗子的骗术，目的在于避免受骗。再有，"手段"是中性词，题中的"手段"是指骗子的诈骗手段，"常用手段"中的"手段"也可改为贬义词"伎俩"；也可不改，因为中性词不带感情色彩，褒贬均可用。此题应改为《识破街头诈骗的常用手段》。

（主） 广东猝死罪犯系被狱友打死

（副） 检察院起诉两嫌犯，狱警玩忽职守被立案

（2009年7月15日某报）

2009年3月，广东高明监狱服刑人员刘玉山在狱中猝死。7月14日，广东省检察院通报了罪犯刘玉山的死因，系被同牢罪犯罗庆平、文小平殴打致死。显然，只需把广东检察院通报的文书与标题的主标一对比，便能清楚地看出，"狱友"的使用欠准确。"狱友"是含有友好关系的感情色彩，如果两者之间真是"狱友"，怎么可能将其故意殴打致死呢？此题主标应改为《广东猝死罪犯系被同牢囚犯打死》。

中国燃气具打破行业优胜劣汰"怪圈"

（2007年1月27日某报）

【品评】 "怪圈"，贬义词，比喻难以摆脱的恶性的奇怪状况。而"优胜劣汰"则是英国人查理·达尔文创立的生物进化论中的一个基本观点，同时也是市场经济中的基本的"游戏规则"。怎么能把它说成是"怪圈"而要打破它呢？原来新闻说的是，由于我国燃气具行业起步较晚，行业竞争的无序化状况非常严重，一直存在着阻碍行业健康发展的"优不胜劣难汰"的怪圈。但是近年来情况有了改变，这种怪圈正在被打破。可见原来是题中引文出了错，此题应改为《中国燃气具打破行业"优不胜劣难汰"怪圈》。

（主） 法大弑师案学生被判死缓

（副） 法院认为付成励犯故意杀人罪，但有自首从轻情节；被告人未表示是否上诉

（2009年10月21日某报）

【品评】 2008年10月28日晚，中国政法大学一教室内，政治与公共管理学院学生付成励持菜刀将在此授课的政法大学教授程春明砍伤致死。时隔一年，经北京市第一中级人民法院审理，一审以故意杀人罪判处凶手付成励死刑，缓期两年执行。显然，主标"法大弑师案学生被

判死缓"中"学生"这个中性词,以及后面处以"死缓"的刑罪是不能准确呼应的。付成励不管以何种理由,但残暴地杀人,做出了危害社会的事,经过法律程序诉讼,法院依法判定的是杀人凶手的刑罪,而不是处以"学生"付成励的刑罪。此处用中性词"学生"实在不恰当。根据我国刑事诉讼法的规定,在判决前,根据诉讼的不同阶段分别有不同的称谓:如在立案侦查阶段称为"犯罪嫌疑人";提起公诉后称为"被告人";被法院依法判有罪的人,就是罪犯了。所以,其主标似可改为《法大弑师案凶手被判死缓》。

【链接】 上述几个例句,代表着各种不同的类型,但能殊途同归地说明这样一个道理:在新闻标题制作中,要注意词的感情色彩及其使用规律是非常重要的。一般地说,对于肯定的、美好的事物,往往应用褒义词或中性词去描写、陈述;对于否定的、丑恶的事物,往往应用贬义词或中性词去描写、陈述。当然这倒不是说中性词就成了万能的"通用件"、用在哪里都行。如例三所示,在有些标题的语句里,由于表情达意的需要,必须适当地使用或褒或贬,具有一定感情色彩的词,然而却使用了不含任何感情色彩的中性词,这必然影响到思想感情的正确表达,影响到新闻标题对新闻事实与中心思想的准确概括和浓缩。这也是对中性词的一种误用,是不可取的。

当然,在标题的制作中,也时有相反的情况,即有意地用褒义词去描写或陈述否定、丑恶的事物,用贬义词去描写、陈述美好肯定的事物,但这是一种修辞方法,前者意在加强对否定事物的批判、嘲讽的力量,后者则可以曲折表达一种真实而特殊的感情。对此,应与词语褒贬误用的现象区别开来。

六、准确把握多义词的词义,注意化解多义词的歧义。词有单义词和多义词之分,只有一个义项的词称为单义词,同时包含着几个互相联系的不同义项的词称为多义词。多义词在孤立存在时是多义的,但把它放到一定的新闻标题的语言环境里使用时,经过作者精心地安排、组合,因受前后词语的意义、读音以及语境的制约,一般来说,就会表现为体现标题概事达意需要的单义词了。如忽视这方面的工作,或工作做得不到位,一旦进入标题里的多义词仍是显示出它的多义现象,就必然造成歧义,出现语病。

(主) 毙了"香水冰王" 销了一批毒品

标题的制作理念与艺术技巧

（副） 我市昨开展多项活动迎接国际禁毒日

（2005年6月23日深圳某报）

【品评】 主标题的上句语义清晰，说的是全球制贩冰毒案主犯庄楚城在深圳伏法。下句"销了一批毒品"，就难说语义清晰、让人一看就懂了，原因是单音节动词"销"是个多义词。"销"，在《现代汉语词典》释有4个义项：①销毁、烧掉；②除去、解除；③销售、卖出；④消费、开销。按释义，第一义项"销毁"与第三、第四义项"销售"、"消费"都能适用。且前者"销毁"不仅搭配适用，而且还符合文意，缴来的毒品烧掉了；后者"销售"虽适用，但有违文意，属于多义词造成的歧义，但在一般情况"销了"，大都又理解为"卖出去了"。如果把单音节词"销"改用双音节的"销毁"，前句"毙"也改用"枪毙"，歧义虽然化解了，但语言不如原句铿锵有力，况且"销毁"的词义比较宽泛，销毁的方式有多种多样。因而此题中的动词"销"似应改用"烧"，此题的主标应改为《毙了"香水冰王" 烧了一批毒品》

不正之风在哪里

（2009年1月1日某报）

【品评】 这是一篇评论的标题。"哪"是疑问代词。"哪里"是个多义词，有4个义项：①问处所；②泛指任何处所；③用于反问句，表意在否定；④谦词，用于婉转地推辞对自己的褒奖。根据例句的语境，前三个义项都能适用，这样，读者单从这句话上难以看出作者的意图。再从新闻学的角度看，新闻评论与新闻报道尽管体裁不同，但同属于新闻作品，其标题都必须言之有物，紧紧地把握标示与评论事实、传递与评判信息这个最本质特征。这则题既没有叙事，也没有论事，只不过是一句什么信息也没有的空话，难以成题。此题不是一个修修补补的事，应由作者按本意重新拟定。

△ 勿向职业乞丐租房

【品评】 "租"是个多义词，有四个义项：①租用；②出租；③出租所取得的金钱或实物；④旧指田赋。根据例句的语境，前两项都适用，即可作两种解读："不要租用职业乞丐的房"或"不要向职业乞丐出租住房"。前者有违新闻文意，后者符合文意。因而此题的选词造句应锁定"租"字第二个义项"出租"，略微改变一下句子结构，变多义为单义，此题可改为《不要租房给职业乞丐》。

【链接】 在汉语中，词与短语的多义性是客观存在的普遍现象。由于标题是以句子来概事达意的，对字词的容量极为有限，一旦多义现象存在，势必对其准确地表情达意造成明显的冲击，对此万万不可忽视。"处女职工体检结束"，这不是一则媒体的标题，而是转述某单位黑板报上的标题。乍看题目，不仅心中嘀咕，难道这次体检是专门针对未婚女职工的？莫非这里发生了什么事？事实却并非如此，原来上级工会为维护女职工的权益，要求各单位进行妇女健康检查，这个单位是行政处，女职工较多，单位把它当做一件大事，特意在黑板报上发文报道。由于题目中"处女职工"这个偏正短语切分不同，有两种不同解释，如把"处"与"女"连接一起，"处女"就成了"职工"定语，其语义就如前所云；如果"女"下连与"职工"结合，就组成了"女职工"这个固定名词，那"处"这个处所词就是它的定语，其语义就是"行政处的女职工"，与文意相符。其实该题目只需在"处"字前加一个"我"字，改为"我处女职工体检结束"，多义短语也就变为单一了，歧义也就消除了。

预防和消除多义词引发的歧义现象，办法较多，最为简便的有两种：一是利用汉语同义词的丰富资源，像"销了"换成"烧了"那样，选择能准确表意的同义词加以代替；二是锁定多义词的某个特定的义项，在题句的组合中，通过语音、语义和语境的制约，把多义词变成能明确体现作者本意的单义就行了。比如，前面提到的"哪里"这个疑问代词，虽然它的实际语义较虚，又是个多义词，只是要多花点心思，同样可以让它在标题中用得准确，用得巧妙、出彩。

《（肩）杜甫的真墓在哪里？（主）专家考证后认为在河南巩县》。题中"哪里"锁定的"问什么处所"的义项，肩题设问，主标作答，语义明确、无误，掷地有声。

《（主）你往哪里去，我的朋友？（副）关于毛阿敏与钱的纠葛》（1989年4月13日《新华日报》）。题中"哪里"锁定"用于反问句，表意否定"义项。新闻说的是，毛阿敏，这位身在金陵，走红全国的著名歌星，在上世纪80年代曾因"走穴"偷税漏税而受罚，招致各地公众舆论的猛烈批评。作为毛阿敏所在地的江苏省委机关报《新华日报》，在报道和评判此事时，巧妙地引用了她演唱的成名曲中的一句歌词"你从哪里来，我的朋友"更换了两个字，再辅之副题的语义和语境的配合，将原句中"哪里"锁定的"问处所"的义项，巧妙地转换成了"用于反问句，表意

标题的制作理念与艺术技巧

否定"的义项，既对毛阿敏的失当行为提出了友善的批评、规劝和告诫，又对这位当红歌星知错改错，寄予了一往情深的关爱和期待。无疑，此题此文的刊发，对于引导社会舆论对毛阿敏其人其事的正确评判，起到了积极的作用，此题可圈可点。

七、留意特定词语的使用对象或范围，不可望文生义地乱用。语言的应用除了必须掌握字面含义之外，对这些词语还要注意它的特定含义，弄清楚它所使用的特定对象或范围，切忌望文生义、张冠李戴。

（肩）　视察俄罗斯女子寄宿学校　学生为总理唱二战歌曲
（主）　女声唱歌卡壳　普京温柔救场

（2009年5月10日某报）

【品评】　从总统到总理，普京向来是以"硬汉"形象著称的，然而在俄罗斯5月9日胜利日之际，俄罗斯人民却见证了普京"柔情"的一面。

据英国媒体报道，当日俄罗斯总理视察国防部一女子寄宿学校，校方安排女学生卡扎科娃为总理演唱一首著名的二战歌曲《防空洞》时，她唱到一半就忘词卡壳了。这时出乎所有人意料的事情发生了——"火苗在狭促的炉中蹿动，木柴的松香凝成泪滴。在防空洞里，手风琴在歌唱，唱着你的眼神，你的微笑。"这是普京的声音，这声音轻柔而充满韵律。在总理的热情帮助下卡扎科娃重拾信心，两人随后顺利合作完成了整首歌曲。

北京某报在转报这一趣闻时，为之拟定的主标中"普京温柔救场"中"温柔"二字，用得似不甚妥帖。"温柔"多用来形容女性温和柔顺的情感，如改用"温情"既含有对人对事温和热情的态度，又有对人怀有温柔和顺的感情，来形容当时的场面，似更恰当一些。原题主标题似应改为《女声唱歌卡壳　普京温情救场》。

丈夫两度私奔　弱女索赔十万

（2001年6月17日某报）

【品评】　此题有两点疑义，（1）"私奔"，《现代汉语词典》释义为："旧时指女子私自投奔所爱的人，或跟他一起逃走。"报道中称，丈夫两度弃家外出，只能叫"私自出走"或"弃家出走"，而不能叫"私奔"。（2）"女"是人类性别区别词，不作主语，只能与名词结合方可作主语，故"弱女"应改为"弱女子"。原题可改为《丈夫两度私自出走，弱女子索赔十万》。

新闻扶贫大快人心

（1997年12月27日某报）

【品评】 "大快人心"，《现代汉语词典》释义："指坏人受到惩罚或打击，使大家非常痛快。"显然，从字面意思看，是使人心里十分高兴、痛快，但它却是一个特定含义的词语，有特定的使用对象及范围，是不能望文生义乱用的。新闻扶贫工作取得了很大的成就，令人兴奋、高兴，大得人心，社会各界反映正面、热烈。此处不能用"大快人心"，应改用"大得人心"。此题应改为《新闻扶贫大得人心》。

本市老年痴呆症发病率世界接轨

（1990年3月10日上海某报）

【品评】 "接轨"，这又是一个有特定含义、用于特定的对象与范围的词语。"接轨"原意是铺设铁轨"连接路轨"的意思，现在多用来比喻两种事物彼此衔接，主要用于落后的、不完善的事物向先进的、规范的靠拢、看齐，以便缩小差距的特定对象和范围。上则题讲的是"发病率"，本是人们避之唯恐不及的事，有谁会愿意与之"接轨"呢？词语使用失当，应换个拟题的角度。

【链接】 有学者考证，在人类文明史上，曾有过四大古文字，如今唯有汉字硕果仅存。鲁迅先生曾高度评价汉字的美：形美以感目，音美以感耳，义美以感心。"义"，即意义。汉语字词的意义内容广泛，既有词的概念意义与语法意义，这是词义的基本内容，也有在语用过程形成的附加意义，其中就包括一些词语除字面意义之外的特定含义——即特定的使用对象或范围。因而，要做到准确地用词造句，对此就不可不察，不可不辨。当然，要弄清某些词语的特定含义，较之于词语的概念意义与语法意义，并不需要有多么高深的学问、大知识，不可或缺的倒是从业者的敬业精神。有位业者说得好：没有哪位成功者不是敬业者。新闻工作是一个非常辛苦的行业，新闻工作者又是一个非常需要敬业精神和心智投入的职业。一个新闻工作者，一生能做成一番事业，无非靠的是日复一日、年复一年地挑起一担桶，一只桶叫"敬业"，一只桶叫"精业"，不敬谈不上精，不精空耗了敬，只有两者一肩挑起，你才能沉甸甸地满载而归。

八、审慎比较选择，做到用词轻重适度。 现代汉语的词汇是一座极其丰富的宝藏，不少词和短语都有着相同或相近的概念意义，但其词义又有明显的轻重之别。在拟题使用时务必充分了解它的含义，掂量它的分量，

标题的制作理念与艺术技巧

力求将其用在与之适合的语境上。

广州严打"中国式奢侈"

（2007年5月18日某报）

【品评】 何为"中国式奢侈"？新闻解释说："'中国式奢侈'主要集中在礼品、食品等领域的过度包装"。这又是为了夺人"眼球"而制造出的一则玩"躲猫猫"，致使题不对文的标题。"广州严打过度包装"就可以了，为什么硬要贴上这个耸人听闻的"中国式奢侈"呢？"过度包装"难道只中国才有？显然不是。该文就言不由衷地自撑嘴巴地说："如韩国法律在惩治过度包装的同时，宣传奖励一些好企业，树立典范。"此题似应改为《广州严打过度包装》。

非典过后中国人要洗心革面

（2003年6月3日《参考消息》转境外媒体文章标题）

【品评】 好个"洗心革面"！的确，非典作为曾经席卷华夏大地的瘟疫过后，中国人确实有许多事需要做，有许多不足需要改。但是，用"洗心革面"这个词语，未免有些言过了吧！"洗心革面"按词典释义为："洗心"，即谓涤除内心邪恶；"革面"，即为改变旧面目。人们常以"洗心革面"来比喻彻底悔改。

这里，就涉及一个应当如何看待和应对"瘟疫"，以及瘟疫与人类社会历史和现实的关系问题。

应该说，人们一般将由各种集中爆发且对人类社会造成较大损害的传染性疾病视之为瘟疫，其实瘟疫也就是传染病，由于诸多导致疫病的病原体广泛存在于自然界，故可以说，瘟疫与人类社会是相伴而行的。在人类文明的发展史上，一次又一次的瘟疫流行，但同时人类也取得了进步，瘟疫和科学此消彼长，永远在彼此竞赛和征服。

应该说，当今之世，瘟疫、地震、海啸、风灾、雪灾、洪水、干旱等等，还远不能为人类所"训驯"。对人类社会来说，它从来就是一把双刃剑：在给人类带来恐怖和灾难的同时，也会因为人们积极而理性的应付，又在相当程度上推动着社会文明的进步与发展。在我国，"多难兴邦"，这句被人们无数次引用过的经典名言，讲的正是这个道理。

2006年初，当非典突如其来，中国人民万众一心地一边积极顽强与之做坚决的斗争，一边又不断地反思自身的生活方式，力争把灾难带来的创伤和损失减少到最低限度。随着非典被征服，不仅增强了国人的凝聚力和向心力，同时还取得了预防和应对现代流行病的成功经验，直接和明显地促进了我国流行病预防医学的发展。难道这一切都要"洗心革面"吗？

杀戮背后的畸形性爱

（2008年10月9日某报）

【品评】 报道说的是，19岁的男青年张某，一时冲动杀害了一名44岁的女子。显然例题中"杀戮"系"杀戮"之误。但此处用"杀戮"仍然不妥。"杀戮"，《现代汉语词典》释义为：杀害（多指大量地）。张某杀了一个人，就称之为"杀戮"明显是大词小用。此题似应改为《杀人背后的畸形性爱》。

【链接】 在汉语中有些同义词或短语所指的虽是同一事物，但词义却有轻重之别。在使用时，要注意轻重适度，不可轻重失度。既不可把词义较重的词语用在词义较轻的语境上，造成大词小用的语病；也不可把较轻的词语用在较重的语境上，造成小词大用的语病。

同时，还应当留意区分，由于对词义的误解和用词的生疏造成轻重失度的语病，与出于表达的需要，偶尔有意把一些词语的轻重度破格使用，即故意大词小用、轻词重用、庄词谐用，从而造成一种滑稽可笑、幽默嘲讽的意味，这是一种词语的活用，是修辞的需要，不可与前者混同。

九、敬语谦词要分清，他用自用莫混淆。 自古及今，华夏之邦，是文明之邦、礼仪之邦。礼的核心是"贵人而轻己"。因此，汉语在其漫长的发展过程中，产生与积累了大量的谦敬用语。在语用实践中，谦词总是用于自己；敬词总是用于"尊人"，即自己所崇敬、尊重的人，两者是不能错位的。

△ 《三位罪犯落入法网》

△ 《我是一位歌手》

【品评】 现代汉语的量词既丰富又复杂，该用时不用不行，滥用乱用也会出问题。

"位"，作为指人的量词，与"个"、"名"相比，带有尊敬的感情色彩，是敬语。例题一"罪犯"，是不能用敬语"位"的，可改用中性量词"名"，原题应改为《三名犯罪嫌疑人落入法网》。

例题二，将敬语"位"用在自己的头上，也是不妥的。因为敬语不能自用，自用了就有违敬称词的使用常规。可将原题改为《我是一个歌手》。

标题的制作理念与艺术技巧

（主）　惠供珍稀良果苗
（副）　农大园科技超市独家批出

（2004年1月1日某报）

【品评】　"惠"作为己方对他人的敬词用的，如"惠顾"、"惠临"、"惠存"等。主标中的"惠供"，似为"优惠供应"的节省，这就欠妥了。应直用"优惠供应"为好。如改用"提供"、"供应"、"诚供"，虽无语病，但又表达不了原意。这样虽然多用几个字，但换得题文一致的准确、敬词谦词使用得体，是十分必要的。

（肩）　深圳中院5名法官涉案三人获刑两人在查
（主）　笑纳当事人钱财，原庭长蹲监11年

【品评】　"笑纳"，《现代汉语词典》译义：客套话，用于请人收下礼物。"客套话"，即谦词。谦词"笑纳"，是用于请人收下礼物的客套话，送礼者可用，收礼者不能用。就此则题而言，只能由行贿者口中说出，既不能用在受贿者头上，也不能由他人（新闻工作者）代述。此题有两种改法，一是将"笑纳"改"受贿"，这是中规中矩之策；另一是运用双关辞格，"笑纳"加上引号，改变其原来的使用表达方法，融进嘲讽、鞭挞之意，曲折地表达思想感情，原题主标改为《"笑纳"当事人钱财，原庭长蹲监11年》，这也不失为一则有点创意的好题。

（肩）　行年五十六　干至世纪末
（主）　陈太自称97妾身未明

（1996年9月25日某报）

【品评】　新闻报道说："布政司陈方安生，今年56岁，昨在澳洲雪梨举行记者会再次表明，她十分愿意为港人服务，跨越97年，如果情况许可，她希望能够留任，直至2000年需要退休为止。但她承认，目前自己仍未清楚1997年后在港府担任什么角色。"无疑，此则例是据此成题的。题中"妾身"二字使用欠妥。

其一，"妾"，是旧时代男尊女卑、一夫多妻的产物，即为偏房之意。"妾身"早已是在社会交际语言中废弃了的历史词。即：很多历史上曾经存在过的事物、现象，现在已不存在，反映这些事物、现象的词就叫"历史词"。这类词现在很少应用，只有涉及历史的表达或有特殊需要时，才会用到。

其二，"妾"又是谦称词。古代已婚女子用此谦称自己。谦词只能自

用，是不能由他人代劳使用的。在书面语中，如由他人转述，也必须引用原文，要用引号。题中在"妾身"前面加上"自称"二字，大有强加于人之嫌。再说，如此称谓，对新闻当事人有不敬，受众也会由此产生陈旧落后的逆反心理。此题中的"妾身"，按文意，何不改用现代汉语中的"身份"一词，意指新闻人物的政治地位、社会地位。原题主标似可改为《陈太自称97身份未明》。

【链接】 包括敬语谦词使用在内的语言文字的规范，小而言之是一个人的文化素养问题，大而言之是一个国家一个民族文明程度的标志。在媒体上，特别作为新闻作品最为重要的组成部分的标题上，严格按照规范，正确地使用语言文字，时时刻刻和字字句句咬文嚼字，树立语言文字规范意识，是党和国家对每个新闻工作者的要求。

十、善于从古文中吸取营养，使标题用语经济典雅庄重。 在新闻传播中，标题是新闻作品一个特别重要的组成部分，标题与正文相比较，除众多共同之处外，还有一些不同点。比如，因为标题一肩挑着报道新闻事实与评判新闻事实的双重任务，内容重大而相对施展拳脚的空间又极小，在言简意赅、新颖形象上较之正文就有更高的要求，在词语的使用上，合理而有效地将文言词语和语意同现代汉语融合使用的倾向十分明显。而缺乏规范、使用不当甚至滥用文言词语的现象也频频发生。

教育优先　惠泽民生

（2009年12月30日某报）

【品评】 "惠泽"是个文言词语，在《辞海》、《现代汉语词典》等多种常用词典中，均未收录此语，显然这是当今之世极少使用的生僻的文言词。词语要规范，这是用词的最起码的要求，使用文言词、方言词、外来词等等，首先要考虑是否有必要，如无此必要而强用是乱用；或故意舞文弄墨乱用生僻文言，那就是滥用了。文言词"惠泽"与现代汉语中的"惠及"一词，两者同为双音节词，词义又基本相同，为何不用识字的人都能看懂、不识字的人都能听懂的"惠及"，硬去使用大多数人都很生疏的文言词"惠泽"呢？此则题似应改为《教育优先，惠及民生》。

（主）　清华教鞭　汝能执否
（副）　清华大学公开亮相人才招聘会

（2001年2月19日某报）

【品评】 "汝"，文言词，古汉语的第二人称代词，等同于现代汉

标题的制作理念与艺术技巧

语中的"你"。但实际语用实践中，正如有评论者指出的那样，"汝"与"你"又略有不同，"汝"多用于同辈中长对小或长辈对晚辈、上对下。如清乾隆进士、诗人袁枚，原籍浙江钱塘，曾任江宁（今江苏南京市郊）等地知县，后辞官侨居江宁，他在著名的《祭妹文》中起笔便写道："呜呼！汝生于浙而葬于斯，离吾乡七百里矣！"再如，唐代文学家韩愈在《左迁至蓝关示侄孙湘》中有云："云横秦岭家何在？雪拥蓝关马不前。知汝远来应有意，好收吾骨瘴江边！"显然，标题对准备到清华大学求教的人士称"汝"，未免有些失当，或许应该用另一个带有敬意的文言词"君"，较为妥帖。原题主标似应改为《清华教鞭 君能执否》。

（肩）别光说有啥用，还得说明白有啥副作用
（主）曲美等减肥药将写"修书"

【品评】 "修书"，是个文言词，《现代汉语词典》释义为：①编纂书籍。②写信（多见于早期白话）。题中将"修改说明书"，换用为"修书"，字是省了两个，一时却变了味，得不偿失。此题主标似应改为《曲美等减肥药将修改说明书》。

【链接】 古汉语（即文言词语），总体来说，随着时代的变迁已经陈旧过时，现在不再使用。但其中一些有生命力的东西，在现时书面语中，在新闻写作尤其在标题制作中，有时仍需用来表达某种特殊的意义，或感情色彩、语体特色。例如：而立、耄耋、矍铄、伉俪、隽永、觊觎等。行文至此，笔者拿过当日（2010年8月7日）《北京青年报》，就有这样两则题：《梨园伉俪七夕携手登长安》、《雇员觊觎高津贴，自导自演袭工地》。有一些文言代词、虚词更不时使用，例如：吾、尔、孰、毋、苟、也、矣。特别是文言中第三人称代词"其"，在现代汉语中的同义词中更是有无法取代的表达功能。它既可代指人，也可代指牲畜动物，既可代指事，也可代指物。同时，"其"还具有句法结构调节功能，当陈述对象本身是一个比较复杂的领属性定中结构时，将话题先说出来，再用"其"代替，回指所代对象，在标题中经常表现为下列组合"其表现、其结果、其后果、其原因"等。另外，"其"在某些语言组合中，并无实在表意作用，主要是临时凑足二言或四言组合，达到韵律和谐的表达作用，如《（肩）勤奋有其惠，廉者有其荣，能者得其用（主）河南省全面加强基层检察院建设》（2000年2月25日《人民日报》）。

笔者之所以泼墨写下上述内容，主要目的是回应业界的一种说法：文

言词语不应进入新闻标题。言语是人运用的，是为人运用的，文言词只要使用得规范、得体，有益无害，便可使用。我们要反对的是有违新闻传播初衷、有违新闻标题制作理念、有违语法规则的乱用和滥用文言词语的现象。

要正确使用文言词，特别重要的是要透彻地了解词义。在古汉语中，词的多义性是一个十分突出的普遍现象，再加之古汉语与现代汉语由于语体不同，有些相同的字词却有着不同的解读，对此更需仔细分辨。如《事故甫发生，民警速救人》（1998年8月26日某报），新闻说的是，在104国道上发生两辆货车相撞事故，警方接报后立即赶到现场，把重伤者送往医院。标题中用了文言副词"甫"，词义相同于现代汉语中的"刚刚"的含义。用"甫"既不省字，又没有特殊的表达需要，同时还会给大众造成阅读理解障碍，实在没有必要，直接用"刚"不比用"甫"强得多！

在新闻标题中善于适当地选用文言词语入题是必要的、有益的。但是必须坚持确有必要——既能省用字词，又能有优于一般现用词语的表达力度，或典雅庄重的语用效果；同时还必须力求通俗易懂，力避冷僻深奥。

十一、慎重使用方言，保持语言的纯洁性。汉民族历史悠久，人口众多，地域辽阔，自然就存在各种方言。汉语方言是一种标准语言的分支，是在一个地域流行的一方之言。毫无疑问，汉语方言是汉语语言宝库中的宝贵财富之一，是汉民族传统文化的有机组成部分。在新闻传播中，因地因文制宜的规范、合理和有效地使用方言词语，有利于媒体打造本土特色。然而，随着网络时代的来临，信息流动日新月异，人口流动变动频繁，报刊无章法无节制地使用方言词汇，弊端却也日显突出。

给父亲一个窝心的空间

（2008年6月13日广州某报）

【品评】 "窝心"，这是一个"逾淮为枳"南北相对、同形而义异的方言词。在南方如粤港台地区，正如例题所示是"开心、适意"之谓也；而在北方广大地区，"窝心"正如《现代汉语词典》释义则为受到委屈或侮辱后不能表白或宣泄而心中苦闷，即为"不开心、生闷气"之谓也。两者相比，后者使用流行广泛，且为权威词典规范收录，使用时应力求以此为准绳；对于后者应尽量避免使用，有特殊需要非用不可时，也应相应做些技术处理，以避免读者误读误解。此题似应改为《给父亲一个适意的空间》。

标题的制作理念与艺术技巧

女友"包顶颈"问你怎么办?

（2005年6月19日某报）

【品评】 这是一条服务性新闻的标题。方言词"包顶颈"为何意？不要说外地人，就是广州本地人也未必知道。原来在粤语中"包顶颈"是既好强又爱争辩的意思。这里用浅显易懂的普通话"个性强"来表达有什么不好，非要用如此生僻难懂读来又拗口的方言词来为难读者，能换来什么传播效果呢？此题似应改为《女友个性强，问你怎么办？》。

（主） 58名局座174名处长落马

（副） 从去年到今年9月底，北京共查处大案525件，其中50万元特大案129件

（2001年10月30日某报）

【品评】 这是刊发在该报一版头条的批评时弊的新闻，按说应该是严肃庄重的。但标题的制作者偏偏要套用新中国成立前国民党军中流行的"委座、军座、师座"的口语词，来调侃、搞笑，让人多少感到有些幸灾乐祸之嫌。此题的主标题还是应改为《58名局长174名处长落马》。

【链接】 在新闻媒体上、尤其是在新闻标题中使用方言词语，是一个颇具争议的话题。

在我国，秦以前，列国割据，"言语异声，文字异形"。始皇嬴政统一六国后，统一了文字，实现了"天下书同文"，汉民族开始有了统一的书面共同语。几千年来，无论是字形体式还是文章语式——从"五四"以前的文言文，到"五四"以后的白话文，汉语总是保持着它的统一体，没有分化为几种语言。这对于维系汉民族的团结，继承和弘扬中华文化，巩固国家的统一起了重要作用。但不可否认，直到今天作为汉民族共同语言从"书同文"到完全的"文同音、语同义"还有一个漫长过程。

如今，现代汉语仍有粤语、吴语、闽南语、客家语等十大方言。方言与"国家推广全国通用的普通话（即现代汉民族的书面公共语）"的最大差别是语音，其次是词汇，再加之，有些方言系用音定词，且多含贬义，语法结构也难一致。例如《（主）好色"猪哥勇"被女港商拉下马，（副）事发前任福建省委常委、秘书长，据称陈少勇主政宁德时还与黑恶势力头目勾结》（2009年1月23日《羊城晚报》），"猪哥"，即为当地方言"好色之徒"的发音，"猪哥勇"即为案发前当地民间对陈少勇的嘲讽称谓。如无制题者为"猪哥"加上"好色"的注释，外地人哪能自解其

中之意!

当然,尽管自改革开放以来,由于工业化和城市化进程的加快,人口频繁大量流动,各方言区人口结构变化很大,一方面普通话成为越来越多的人学习和使用的共同语言,另一方面方言的使用场域日益萎缩,使用能量也日渐衰微。但这仅是现实的一个方面;另一方面,方言却仍是方言区民众私人场合通用的语言,是日常交流思想感情不可或缺的工具。特别方言中许多单音节动词和形容词,在普通话里还难以找到对应词。因而,媒体,尤其是方言区的媒体或报道方言区民众生活的用语,要绝然一刀切地不使用方言恐怕也是不现实的。但对广大新闻工作者来说,要跳出使用方言的误区,必须明确方言是一把双刃剑:在媒体中使用适度,就能较好地传播信息。反之,不仅会给异地受众造成阅读理解的困难,造成歧义,甚至会让文中人物受到伤害。与此同时,更为重要的,不利于新闻媒体要使用共同书面语"讲普通话,写规范字"的国家法规要求,也有违新闻传播要让识字的人能看懂、不识字的人能听懂的初衷。这就要求媒体必须慎重规范而有节制地使用方言,在特定语境下必须使用时也应考虑到它的地域流行情况,慎重地使用尚未约定俗成的方言,并规范方言在不同报道领域的使用范围及操作方式,力求趋利避害。

至于,有些地方媒体正热衷搞所谓"方言工程",并把它视为新闻竞争的"杀手锏",这似乎就有点"匪夷所思"了。

十二、力避蚯蚓现象,化解折行歧义。在语用实践中,业内人士有过这样一个比喻性说法:一条蚯蚓如果被断成两节,它就会成为独立生存的两个不相干的生命体。一句表达清楚、意思完整的话,如果随意地从中"一刀两断",句意就会被破坏甚至会出现荒唐的"表达效果"。

2009年5月17日,温家宝总理到医院看望了北京首例甲型H1N1流感患者和医护人员,次日全国主要报纸都刊发了新华社为此采写的通讯。北京三家大报的标题为:

(主) 温家宝看望北京确诊首例甲感患者
　　　和医护人员并考察中国疾控中心
(副) 李克强一同看望和考察

(2009年5月18日《人民日报》)

(主) 温家宝看望北京确诊首例甲型H1N1流感
　　　患者和医护人员并考察中国疾控中心

(副)　李克强一同看望和考察

（2009年5月18日　北京某报）

(主)　温家宝看望北京确诊首例甲型H1N1流感患者
　　　和医护人员并考察中国疾病中心
(副)　李克强一同看望和考察

（2009年5月18日北京某报）

【品评】　上面三家报纸都采用新华社的通稿，标题似乎也是通稿的原题，只是主标题长达近30个字，必须折行，折行点选择不同。首家和第三家，把折行点选在固定词组"甲型H1N1流感患者"之后，这是正确的。只是人民日报的编辑将新词"甲型H1N1流感"缩略为"甲感"，使得两行主标题字数基本相同，排版整齐美观；另一家报纸没有用缩略语，主标题两行字数悬殊，第二行不得不拉开字距，有碍视觉美，但无明显语病。

可第二个例题把折行点选在固定词组"甲型H1N1流感患者"的中间，两行主标题字数相等了，但它给读者带来了阅读和理解的障碍也是明显的。我们说，读者读报看标题，不仅要看，他们还要一字一字地念，而且每行题的末尾，还会有较长时间的停顿，因而折行点只能选在固定词之前或之后，且上下两句还应有相对明确的含义，而无歧义。如若不然就像第二个例题那样，前行去掉附加成分，就成了温总理看望"流感"；次行也就成了"患者和医护人员考察中国疾控中心"了。原句意受到损害，出现了明显歧义。

(肩)　超级星期二"无悬念"
(主)　克里稳获民主
　　　党候选人提名
(副)　将与布什在11月大选中争夺白宫之位

（2004年3月4日某报）

【品评】　"民主党"，固定词组，不宜拆开分别置于两行，给阅读和理解带来不便。再说，民主党内候选人提名之争，媒体已连续炒作两三个月了，主标中"候选人"三字完全可以去掉，只剩九个字的主标题，还折什么行啊！

美国表示将合/作调查轰炸苏/丹药厂事件

（1998年8月26日某报）

【品评】　这则题本来是一句只有17个字表达清楚、意思完整的句子,可却被编者连切两刀,一分为三。第一刀将动词"合作"切分开了;第二刀将专有名词"苏丹"也来了个对半"开"。这一"切",不仅将原题的句意给破坏了,甚至让人根本读不懂。这一"切",也说明我们有些同仁,对标题的折行太随意了,当成是切西瓜一样,只要"块儿适中"就行了。可这毕竟是题句的折行,而不是切西瓜,稍有不慎题意就会破坏甚至会出现荒唐的"表达效果"啊!此题17字,如果再将"美国"简化为"美"切分为《美表示将合作调查,轰炸苏丹药厂事件》,不也可以吗!

教师奸淫猥亵
学生被判死刑

(2003年10月11日某报)

【品评】 原题为两行竖题。新闻说的是陕西白水县东庄村一小学教师因奸淫、猥亵多名小学生,罪行极为严重被判死刑。由于标题折行不当,却成了教师犯罪,学生被判死刑。

应该说,这则题在折行中产生的歧义,是有其句法结构的特点。这则题虽然只有12个字,但却是个主、谓、宾、补俱全的复杂句法结构。这种语言结构形式就其整体而言,虽说是一句表达清楚、意思完整的话,但在折行切分时,在特定的语境中,人们对它实际上可以有不止一种的切分解读。此例题,如把折行切分点选在谓语动词之后、宾语"学生"之前,就会产生歧义,出现荒唐的"表达效果";如果把折行切点选在宾语"学生"之后,无歧义,但两行题字数目差太悬殊,折行不理想。遇有这种情况,可以采用改变语序的办法来达到截短、折行而又避免歧义的目的,即将原题句中的谓语及其连带成分移出句外,组成双行式题。这则题即可改为《奸淫猥亵学生/教师被判死刑》。

河北货车司机撞死
大同交警弃车逃逸

(2004年5月18日某报)

【品评】 该新闻报道的是:河北一货车司机,在途经大同管辖路段时,将执行查堵超载车辆的大同交警撞翻在地,司机弃车逃走,民警不幸身亡。拟题者为追求折行的对称整齐,而把这则"主、谓、宾、补"俱全的题句的折行点,选在谓语动词之后、宾语之前,结果出现了司机"死"了,交警"逃"了,十分荒唐的"表现效果"。

这又一次告诉我们,对此类——主语为实施动作行为人,宾语是动作行为的直接承受者，且补语又为结果补语，动作行为产生的结果时，折行点万万不可选在动词之后、宾语之前，这样会改变原句的语法结构，暗中变换主语——让原句宾语成了"主语"，从而必然出现与文意完全相反的歧义。

此题如果必须折行、截短，而又做到字数相等，如不对原句做重大调整，也要设法把折行点选在谓语动词之前，以确保折行后仍保持谓语及其连带成分的完整性，亦可化解歧义。此题即可改为《河北货车司机在大同，撞死交警后弃车逃逸》。

（肩）　外交部发言人沈国放说
（主）　中国对美再次袭击
　　　　伊拉克深表不满

（1996年9月某报）

【品评】　1996年9月，美国两次无端空袭伊拉克，中国外交部发言人对这种向一个主权国家动辄使用武力的行为表示强烈不满。主标原本是一个表意完整、清楚的句子，可一经折行句意即破坏扭曲成了：中国对美国再次轰炸，伊拉克对此表示强烈不满。这则题的主标题虽然只有15个字，但却相互缠绕地讲了两层意思：即美国再次空袭伊拉克以及中国政府对此的态度，如果切分选择不当，是很难避免歧义的。本来"袭击伊拉克"是一个由于表意需要临时组合的词组，切分点不能选在其间，将其切分开。如果将切分点选在该词组后，则可折行为"中国对美再次袭击伊拉克/深表不满"，原句意不受损伤，但两行字数悬殊，折行意义不大。亦可采用改变语序的办法，把两层意思分别用两句话分开来表达，既能化解歧义，又能达到截短折行的目的，即原主标可改为《对美再次袭击伊拉克/中国深表不满》。

（肩）　市政出台办法
（主）　奖励"四乱"行为
　　　　投诉举报人

（2004年6月16日某报）

【品评】　这则题的主标歧义明显，原因并不全是折行不当所致，还与语句表达不当有关。新闻说的是，某市政府颁布《关于进一步整治和改善投资环境的决定》，提出严肃整治违反国家法律、法规和有关规定，对企业实施乱收费、乱罚款、乱摊派、乱检查的"四乱"行为，并对投诉举报"四乱"行为的人实行奖励。很显然,《决定》提出要奖励的是两种人:一是深受其害的投诉人,另一是身为知情者的举报人。拟题者将两者合二为一统称"投诉举报人",有损原意,表达不准确。再有,此题的主标语句为动宾结构,两个宾语共一个谓语动词"奖励"、一个定语"'四乱'行为",且定语为固定短语,与中心语不能直接组合,必须要有结构助词"的";在折行时助词"的"应用在宾语的后面,以利于语句的停顿与贯通,但不可用在中心语的前边有碍阅读,更不能省去,以免造成不同的语义。因而此题的主标折行应改为《奖励"四乱"行为的/投诉人与举报人》,或《奖励"四乱"行为的/投诉与举报人》。

别让村民为
"不开发区"买单

（2010年8月14日某报）

【品评】 这是刊发在时评版上的一篇小型评论的标题。评论说,鉴于近30年我国出现的资源无序过度开发、生态与环境破坏严重的实际,专家建议在全国尽快划定建立一些"不开发区"。比如:直接关系到城市供水安全系统的国内主要淡水湖、水源地都应该划定成为"不开发区",有些地方就应该保持其原生态。现在,可持续发展正成为越来越多地方政府的共识,一些地方也建立了"不开发区",西部已有更多的地方被列为"限制开发区"和"禁止开发区",这就要明确政府责任,研究制定补偿制度,对确定不开发地区的群众利益应充分考虑到,不能让老百姓为"不开发区"埋单,使得那里的人民永远贫穷落后。而具体办法就是政府从"优化开发区"和"重点开发区"的收益中拿出部分来补贴"限制开发区"和"禁止开发区"。

这则评论题较好地概括和表达了文意,"不开发区"的村民按照规划保护水源坚持"不发展",政府则应补贴村民损失,如若不然,要老百姓买单,显然有失公正。但折行却欠妥当,即把切分点选在介词"为"后,把介词结构断然切分开了,造成语气不贯通。

介词,又称前置词,常用的有:为、在、把、被、从、对、对于、关于、给、跟、到、除、同、连、向、用、以、让、往、自等等。介词本身不能单独使用,它主要用在名词或名词性短语的前面,也可以用在一些指称性的谓词性词语前面,共同组成介词结构,充当状语、定语、补语,用以表示对象、依据、原因、工具、方向、范围、时间等。在句子中,介词结构在语法上是个整体不能拆分，在语气上不能在介词之后停顿。这是因为，割裂介词结构也就破坏了它的特定形式与特定意义间既有的联系性，会消弱其表达与表意功能，甚至损害既定意义，造成语病。此题似应改为《别让村民/为"不开发区"买单》。

【链接】 在标题的制作实践中，常常要把一个长句或一个比较长的短语折成两行或三行，稍有不慎，折行后的标题，往往不但语气难以贯通，语句读来佶屈聱牙，如同绕口令一般，让人难以卒读；而且还可能产生"蚯蚓现象"，句意会被破坏甚至会出现荒唐的"表达效果"。那么，我们要如何去防止或化解因折行可能造成歧义的语言环境，让折行后的标题，既保持着原有的句意，又具有韵律的可读性和语义的清晰性呢？这里有以下两点，值得留意：

第一，必须牢固树立在汉语中词是语言的最小单位的观念。语言学的常识告诉我们，汉语语言的最小单位是词而不是字。字，有时是词，有时只是词素。如果是两个或更多字组成的词，在标题折行时就不能把它劈成两半、分属两行。这是因为，词的结构紧凑，稳定，定型化很强，割裂开，就破坏了词的特定形式与特定意义、韵律变化，往往会消弱词的表达表意功能，以及阅读的韵律，甚至损害词的既定含义，造成语病。

第二，新闻标题的折行，就是将一个较长的句子，分成一个个相对独立语义清晰的语言片断。分行实际上就是停顿，有时停顿在不同的地方，会形成不同的语义，甚至歧义频生。对此不可掉以轻心，制题时应多花点心思，反复掂量、琢磨，注意化解。

十三、科学准确地使用称谓，服从服务于语境表达的需要。新闻是新近发生的事实的报道。事在人为，因事及人，在新闻报道、在标题制作中，就不可能不提到人。有时为了叙述事实和表情达意的需要，除了要明确介绍新闻人物的姓名之外，还不能离开称谓的使用。"称谓"，简单地说，就是除姓名之外，人们由亲属和各种社会人际关系以及身份、职业等而得来的名称。在标题制作中，如弄错了称谓，小则让人费解，大则对人际关系，以及对叙述明确、表情达意产生不利影响。

"富婆"英伦学英语，亚萍留学颇惬意

（1998年5月8日某报）

【品评】 乍看题，令人瞠目。称邓亚萍为"富婆"，殊为不当。"婆"，《现代汉语词典》释义："年老的妇女。""婆娘"，方言词，泛指已婚的青年妇女，粗俗味浓。两个词汇无论取用何者，用于邓亚萍都有失公允、有失敬重。这位深受世人敬重的乒乓名将，1973年出生，1998年年方25岁，当时尚未成婚，岂能称"婆"？

况且，汉语历史悠久，对某些年龄或年龄段，积累了许多丰富的称谓用语，人们已经约定俗成，沿用至今。如称20岁为"弱冠"，30岁为"而立"，40岁"不惑"，50岁为"知命"，60岁为"花甲"，70岁为"古稀"，八九十岁为"耄耋"、百岁老人为"期颐"。对青年女性更有诸多专门的称谓，如称16至20岁年龄段的为"花季少女"，20至30岁年龄的为"妙龄女郎"等等。因而此题的称谓似应改为《妙龄乒王英伦学英语，亚萍留学生活颇惬意》为好。

武侠鼻祖梁羽生

（2005年4月22日某报）

【品评】 这又是一则因称谓不确切，造成的标题语病。"武侠"，指武艺高强见义勇为的人士。"鼻祖"，即始祖，创始人。梁羽生，原名陈文纯。1954年，署名"梁羽生"的武侠小说《龙虎斗京华》在香港《新晚报》连载大受欢迎，一举成名。但梁羽生毕竟只是武侠小说家，只是纸上谈"武"，并非武功过人的"武侠"。再说，就武侠小说而论，在香港也有旧派与新派之分，早在上世纪20年代就相继有武侠小说传人之作面世。可梁羽生自处女成名作面世后，又有30余部武侠小说面世，其笔法新颖，风格浪漫，与旧派武侠小说相比，他被誉为"新派武侠小说鼻祖"。显然，标题称梁羽生为"武侠鼻祖"，是记错了对象，弄错了事实。制作标题引古证今是常有的事，由于知识欠缺或疏于记忆，这种"张冠李戴"的失当时有所见。此题似应改为《新派武侠小说鼻祖梁羽生》。

巴厘岛爆炸案嫌犯被判死刑

（2003年8月8日某报）

【品评】 2002年10月12日印尼巴厘岛发生恐怖爆炸袭击，造成202人死亡。时年40岁的阿姆鲁被指控在巴厘岛爆炸案中犯有策划、组织和实施恐怖活动罪。2003年8月7日，印尼一家法院在经过一系列调查、取证和庭审后，认定指控成立，判处阿姆鲁死刑。阿姆鲁对其罪行也供认不讳。显然，此时的阿姆鲁已经不是该案的嫌犯了，而是罪犯——有犯罪行为的人，其标题似应改为《巴厘岛爆炸案罪犯阿姆鲁被判死刑》。

应该说，随着我国民主法制建设日益完善和加强，法制新闻在媒体中，特别是在都市媒体中日渐多起来了。法制报道，尤其是刑事案件方面的报道，要准确使用"法律术语"就显得特别重要，而"法律术语"是由现行的法律所规定的并且具有特定的意义。

比如说，"犯罪嫌疑人"（亦称"嫌犯"），是一个法律用语，特指未经审判、尚未定罪的被羁押的疑犯。对于正在现场作恶犯罪的歹徒，不符合上述条件，就不能称为"罪犯"或"犯罪嫌疑人"，因为定罪、量刑、判罚，是法院审判权的一部分，其他任何单位和个人都无权行使。

比如，"犯罪"与"犯罪嫌疑人"是两个不同的法律语言。根据我国刑事诉讼法的规定只有被法院依法判决有罪的人才能称为"罪犯"。

比如，"被告"与"被告人"，也是两个不同的法律概念。"被告"与"原告"相对应，是民事诉讼法律用语。而"被告人"与"被害人、公诉人"相对应，属于刑事诉讼法律用语。如因民事纠纷案出庭，这里应称"被告"，而不能称"被告人"。

比如，"缓刑"，是对判处一定刑罪的罪犯，在法定条件下暂缓执行其刑罚的制度。因而缓刑不是收监执行的。

比如，劳动教养不是刑罪，系对违法人员进行的一种行政教育措施，因而"劳教人员"不能称为"犯人"。因此，劳教人员因病需所外执行的叫"所外就医"；犯人因需监外执行的就叫"保外就医"。

比如："拘捕"不是一个规范的法律术语。按字面理解应指拘留和逮捕，属于两种性质不同的强制措施，应严格区分。

转行做环卫，走鬼不领情

（2007年7月28日广州某报）

【品评】 "走鬼"为何？系指推车或肩挑着蔬菜、小百货，在分时段的市场周边或街边摆摊叫卖，以此养家糊口的流动摊贩个体经营者。很显然，此称谓、此则题，带有明显的粗野、歧视和侮辱之意，用语不文明，是不可取的。再说，语言文明是社会和谐的象征，类似"走鬼"这样的称谓，既侵害了他人的人身权利，伤害了他人的感情和自尊心，进而也损害了社会文明和谐气氛，是不应在媒体上出现的。即使是对个别触犯刑律的流动摊贩，也不可冠此称谓，如《"走鬼"捅刀险夺城管一命》（2007年9月26日某报），便是如此。

应该说，此称谓最早见于粤港一些社区，现已逐渐蔓延江南一些城镇。就在笔者写完这则品评之后的第4天——即2010年8月24日，《北京青年报》就在《每日评论》版中摘发了江苏一名流动摊贩个体经营者的来信，对"走鬼"的称谓抒发了自己的感慨。现特转如下：

别再叫我们"走鬼"了

我是一名流动摊贩个体经营者，平时看报，每当看到"走鬼"二字时，心里就很不是滋味。

用"走鬼"来称谓我们流动摊贩多难听啊。在我们一般人的印象中，凡是带有"鬼"的词，往往是不好的词，如"色鬼"、"酒鬼"、"赌鬼"……同样，"走鬼"称谓也是对我们流动摊贩人格的侮辱和不尊重。

随着城市文明程度的提高，我们流动摊贩自身的素质也在不断提高。比如合法经营、注意环境卫生、提供优质服务。我们凭自己的辛勤劳动养家糊口，也为别人提供方便的服务。

尊重每一个普通职业者，应该是媒体和社会的一种责任。所以恳请媒体、评论者以及更多的人们，别再叫我们"走鬼"了，谢谢！

胡平（江苏　个体经营者）

【链接】　称谓是一个十分复杂的语言现象。它既有除由年龄、性别以及身份、职业等得来的称谓外，还有对事业和社会作出的贡献而赢得的赞誉，如明星、劳模、功臣、先进生产者；也有依据个人行为对社会或他人造成的危害的道德和法律的评判而产生的称谓，如不法分子、歹徒、犯罪嫌疑人、罪犯等法律术语。总之，称谓复杂而繁多，同一个人，可以同时有多个不同的称谓；同一称谓，又可以用多个不同的同义语言来表示。因而在制题中使用称谓时，必须注意：①要文明、健康、积极，一切轻浮、戏谑、恶搞、侮辱性的称谓都不是积极的语言现象，是不可取的；②要准确、贴切，所用称谓要符合所称谓的对象的实际；③要慎重思考，要分清时间、场合，注意与句子中各个语言成分及语言环境协调一致。

十四、力避"叠床架屋"，不可"画蛇添足"。标题用字很少，容量有限，组词用字力求省而又省。辞藻铺陈，叠床架屋，画蛇添足，因词损意，都是制题的大忌。

（肩）　任仲夷今天上午接受本报记者独家采访
（主）　幽默精辟妙说"三个代表"

（2002年11月11日《羊城晚报》）

【品评】　这是在第13届"中国新闻奖"荣获二等奖的专访的标题。

标题的制作理念与艺术技巧

这篇专访内容重要,对"三个代表"的解读精辟,引人深思。标题总的来说作得不错,但从高标准上看,似有可改进的空间。这则标题的主标中,双音节谓语"妙说",选用得得当、得体,很不错。正因为如此,"妙说"前面那两个形容词状语"幽默"、"精辟"就显得不必要了,"妙说"已将其语义包含其中矣。不是么?请想想看:如果只是板着脸的说教,没几分幽默睿智的言谈,能称得上是"妙说"吗?!如果不是精辟、准确、引人思索的言辞,能称得上是"妙言妙语"吗?!很显然,"妙说"的语义含量是丰赡深邃的,不是靠一两个形容词所能穷尽得了的。如将其删去,给读者留下联想空间,从语义上说"此处无声胜有声";从语音上看会更加掷地有声,铿锵有力。

据传,宋代画院试画时,常以诗命题。一次,画题为《踏花归来马蹄香》。面对考题,许多应试者画了满地落花,再画人挥鞭催马前行……,虽说"人、花、马、物"样样俱全,但唯一没有"香味"传出。然而,只有一位画师只画了落花满径,几只蝴蝶追逐于前行的马蹄之后,唯此别无他物。蝴蝶为什么围着马蹄飞舞?不正是此马刚从落花地里穿行过么!从而巧妙地传出了"香气"。绘画与制题虽属于不同的行业,但隔行不隔理啊!

行文至此,笔者还要指出:谓语冗赘是制题中的一种常见病,主要表现为把一些意义相同、相近或具有包含关系的词语叠加在一起充当句子的状语,造成冗赘。

(主) 邓州治安员无辜殴打外地老师
(副) 省公安厅拿出了处理意见

(2007年1月16日某报)

【品评】 新闻说的是:湖北荆门市沙洋县某中学校长及其4名教师因事过邓州市时,被强行带到市新华派出所,遭派出所聘用的治安巡逻员殴打。此事经媒体曝光后,引起了公安部省公安厅的高度重视,并作出严肃处理。

标题中"无辜"一词,或为"无故"之误。其实,"无故"殴打也不妥,执法人员在任何情况无论是"有故"或"无故"打人都是不能允许的违法行为。因为打人在文明社会是违法的不文明行为。"无故"在题中不仅是多余,还会因词损意地弹出弦外之音:无故打人固然不可,难道"有故"就可以"打人"?此题应改为《邓州治安员殴打外地老师,省公安厅拿出了处理意见》。

（肩）　梦游爬出窗台，从9米高的楼上摔下
（主）　英9岁女孩高楼摔下竟无大碍

（2007年6月某报）

【品评】　乍看标题，似觉文通意明，语法规范也无不当，再仔细推敲，又觉得语气有点不对劲：应该说，高楼摔下，没有出人命，甚至没有摔伤，本是件大好事，为何还要用个"竟"弹出弦外之音，传出很惊讶的语气呢？多了个"竟"字，就少了人情味，应该删去。去掉"竟"字，又读一读这个句子，在这样的语境下，又显得冷漠，少了人文关怀，应把副词"竟"换成"幸"。原题应改为《英9岁女孩高楼摔下幸无大碍》。

标题用词组句，务必瞻前顾后，多思慎思。词语的应用除了要掌握字面意义之外，有时还得要注意言外之意、弦外之音，考虑应用的场合。

对此，关于副词的选用应注意。副词的语法功能主要用来修饰动词和形容词，包括表示程度、情状、范围、否定等多种作用。其中有些副词，如幸、竟、岂、就、才、也许、大概等主要用于表示语气，以表明说话人的态度，此类作用，在标题中不可小觑。

【链接】　标题是新闻的一部分，而且是最为重要的部分。"题好一半文"，讲的就是这个意思。可一则合格的标题，并非都是唾手可得，不字斟句酌、精心打造、反复推敲是不行的。当然，"文章千古事，落笔惊四座，语出撼鬼神"，那是古代王勃、范仲淹，现代邓拓、范长江，当代穆青、范敬宜等这些大家们的风范，吾辈虽难以企及，但在拟定标题时，要努力做到文通意明，力争多几分可读性、耐读性和必读性，当是本分矣。

十五、把握"被"字句使用条件，切不可误判事实弄错对象。 标题中使用被字句，往往用来表达不如意的事情，这种不如意一般都是针对主语而言的，在制题时一定要弄清事实、看准对象，否则就会产生歧义。

市容队员和摊贩互指被殴

（2010年1月26日某报）

【品评】　这是一则报道市容队员在执法过程中发生的一起不愉快的事件。当事双方均称自己被殴，对方打人。而标题中"互指被殴"却概括失当，有违文意。"互指"按词义本是"互相指责或控诉对方"之意，原句即为"相互指责对方被殴"了。显然题中的"互指"与"被殴"之间省

标题的制作理念与艺术技巧

略了"互指"的对象——"对方"（即被殴的主语），于是题中的"互指被殴"便成了冲突双方，互相指称对方被殴，自己"打了人"，显然这既不合文意，也有违人之常情常理，故这个语言片断是不能成立的。因而此题应改为《市容队员和摊贩均称被殴》。这样，"被殴"的主语就是当事的双方自己，而不再是他人。

囚犯劫持狱警，被成功解救

（2005年3月12日某报）

【品评】 乍看标题，好似囚犯劫持狱警后，居然被同伙解救逃走了。可新闻却与此相反：不是劫持狱警的囚犯被解救，而是武警战士快速出击制伏了劫持囚犯，成功解救了被劫持的狱警。显然，原题"被"字结构使用不当，"被"字句表示被动的意思，介词"被"的作用是引入动词的施事，"被"字结构作谓语的状语，主语是谓语动词的受事对象。因而，就此题而言，作为主语的"囚犯"不是被"解救"了，而是被制伏了。如果就题改题，似应改为《囚犯劫持狱警，被武警成功制伏》。

【链接】 "被"字结构在标题中常被使用。"被"字句的形成和使用有诸多语法上的要求：其一，"被"字结构形成的被动句一般用来表述不如意、不愿意发生的事情，这种不如意、不愿意是针对主语而言的；其二，"被"字句中的受事者，对施事者的动作行为具有非主动性和不可控制性，显示了受事者的被强制和无可奈何；其三，"被"字句中的动作行为，对受事者具有"强动作性"，并受到全面的影响，这就决定了句子的动词必须是强及物动词。

十六、语义搭配要符合逻辑，不可自相矛盾。 自相矛盾是标题制作中一种常见的逻辑语病，即在语义表达时，违背了正常思维中的矛盾律，致使语意前后互相抵触，造成混乱。

"野鸳鸯"投井杀死"第三者"

（2005年11月17日某报）

【品评】 "鸳鸯"常被人们用来比喻夫妻，"野鸳鸯"系指没有夫妻关系的苟合男女。标题中所言，"野鸳鸯"既已投井而去了，怎么还会杀死第三者呢？这就是个自相矛盾的说法。原来新闻说的是，刘某（男）与张某（女）是一对"野鸳鸯"，而欧某（男）与张某之间也有染。欧某见张与刘打得火热，便常找碴闹事。张和刘密谋除之。于是，张某先将40粒安定片碾碎拌在荞麦面粉中让欧某服下，后让刘某赶来，二人将昏睡中的欧某扔进一口废井中，将其杀害。显然，这则题在语义表达上犯了自相矛盾的逻辑错误，原题应从语法结构上加以调整，在主语"野鸳鸯"后加谓语动词"设计"，原题应改为《"野鸳鸯"设计投井杀害"第三者"》。

多动脑子，会避免少捅娄子少出错

（1997年11月21日某报）

【品评】　这又是一则逻辑病句题，即在同一题句中对同一个事物（对象），表达了既肯定又否定的两种矛盾的看法。"多动脑子，会少捅娄子少出错"，这是与文意及作者本意一致的肯定的论点；但加上否定词"避免"，则成了"避免少捅娄子少出错"，即对原论点的否定，就成了"多捅娄子多出错"，与文意及作者本意正好相左。此题应将"避免"二字删去，改为《多动脑子，会少捅娄子少出错》。

（肩）　林志玲秀钻戒疑已订婚
（主）　家人封口否认

（2008年4月28日某报）

【品评】　"封口"即为不讲话，或曰"闭口不谈"，"否认"却是要张嘴讲话的，两者在语义上是相互排斥的，怎么能连在一起用呢？制题者或者将固定短语"矢口否认"误成了"封口否认"。"矢口否认"即为"断然否认"之意。如果林志玲家人出面否认是事实的话，此主标题应改为《家人矢口否认》，语病便消除了。

【链接】　在传统的形式逻辑学中有一条基本规律——矛盾律。这条规律要求人们在同一思维过程中，必须严格对所判断的同一对象，不能既予以肯定又予以否定，互相抵触、自相矛盾。违反这条规律的思想是混乱的思想，违反这条规律的语言是不切实际的诡辩。

十七、分清集合概念与非集合概念的区别，两者不可混用。集合概念与非集合概念，是形式逻辑的术语。集合概念所反映的是一类事物对象的集合体的总称；非集合概念所反映的则是一类事物对象的个体。比如："书籍"是书的总称，是集合概念，它只能用在集合体上；而"书"则是非集合概念，系指装帧成册的那一本本印刷读物的个体。我们可以说"五本书"，但不可以说"五本书籍"，否则即被视为在逻辑上犯了"误用集合"的语病。

标题的制作理念与艺术技巧

奥巴马：很多年轻美军在伊牺牲

（2010年9月1日某电视台）

【品评】 历史将会铭记2010年8月31日，这一天，"制造"伊拉克战争并且一打就是7年多的美国正式结束在伊拉克作战任务。正在伊拉克访问的美国副总统拜登在这一天参加完撤离的军事仪式，美国总统奥巴马也在当日晚（北京时间9月1日上午）就美军作战部队全部撤出伊拉克在白宫向全国发表电视讲话。

这则转播奥巴马电视讲话的插题用语不准确。"美军"是美国军人的总称，是集合概念。它只能用在集合体上，在它前面不应加量词，加上量词就变成非集合概念，在逻辑上就犯了"误用集合概念"之误。此题应改为《奥巴马：很多年轻美国军人在伊牺牲》。

△ 景区，千棵山林遭砍伐

【品评】 "山林"即山上各种林木的总称，是集合概念，而不是反映此类对象个体的非集合概念。因而，它的语义，并非是指山上那一棵棵的林木，在它的前面不能加数量词"千棵"。"棵"，便是计算植物个体的量词。此题似应改为《景区千棵林木遭砍伐》。

伊战7年，华裔美军代价惨重

（2010年9月4日某报）

【品评】 "华裔美军"为何物？美国是移民国家，美国是个多元种族的社会，难道有多少种族就有多少支"美军"？事实并非如此。新闻导语写道："9月1日，美国总统奥巴马宣布美军在伊拉克作战任务结束。在长长的4427名阵亡士兵名单中，不乏华裔士兵的名字"。"虽然没有相关具体统计数字，但从媒体的报道中可以判断出，在伊拉克阵亡的美军华裔士兵不在少数。"

显然，"美军"和"美军华裔士兵"，是两个不同概念。前者为集合概念，后者为非集合概念，按照新闻所报道的事实，标题应使用后者，而不能用前者。此题应改为《伊战7年，美军华裔士兵代价惨重》。

【链接】 集合概念和非集合概念混杂使用，已经成为标题制作中的一种常见语病。形式逻辑的常识告诉我们：概念是借助语词来反映对象特有属性或本质属性的思维形式。人们在使用某一概念表达思想时，首先必须准确理解它的含义及其特定的外延——即一个概念所反映的具体对象的适用范围。由于概念外延的不同特点，形式逻辑又将其划分出两个相对应的类别：单独概念和普遍概念、集合概念和非集合概念。对此在标题制作中必须注意加以区分，避免混用，一旦混用，就会出现语言表达上的逻辑混乱，达不到正确表达思想的目的。当然，我们也要充分注意到有些语词，在不同的语境里可以分别表达集合概念或非集合概念。如"群众是真正的英雄"，这里的"群众"是集合概念，泛指"人民大众"；《（肩）一位到任仅3年的公安局长，因公殉职后，14万群众自发为她送行（主）百姓心中的丰碑（副）追记公安局长的楷模任长霞》（2004年6月3日《人民日报》），肩题中的"群众"即是非集合概念，指的是当地的民众，而不是泛指人民大众；《（肩）审计署公布新修订的国家审计准则（主）媒体报道和群众举报将成审计线索》（2010年9月10日《北京青年报》），主标题中的"群众"亦即非集合概念，指的是参与举报那部分个体的人。

第五节 关于"引语规范"的品评

在有的新闻教科书尤其是有的国外教科书中，把引语与标题、导语、主体、背景并列为写作新闻的重要元素。有学者称：引语是新闻写作的入门课。有学者说：重要的新闻尤其是重要的时政新闻里"如果没有直接引语，就像宴席上没有美酒一样令人失望"。在《美联社新闻写作指南》一书中更强调地指出：即便是初出茅庐的记者也会很快认识到，引语是不可缺少的。它使新闻有真实感，引语能在力所能及的范围内使读者同人物发生直接联系。没有引语的新闻，不论篇幅长短，就像月球的表面一样贫瘠荒芜。

引语，是指在新闻写作和标题制作中，精当地引用相关新闻人物的语言（或报告、演讲中的话语，或借用诗文名句）来叙事达意的一种重要的写作技巧。是用客观报道手法写活、写好新闻及其标题的重要技法之一。

引语是新闻人物所说的凝聚新闻价值的重要的话语，它常常是新闻的点睛之笔。常见的写作形式有三种：

明引，亦称直接引语。即原原本本、一字不差地引用原语并加上引号。

暗引，亦称意引或间接引语。即标题的制作者用自己的话转述他人的观点、看法，引文不加引号。但转述的内容、思想和观点，必须与讲话人的原意相同或者十分近似。

混引，亦称断引或混合引语。即直接引语和间接引语的并用。为了突出、论证、强调某一个论点、观点或看法，只加引号引入讲话人原始的一个短语、词组，甚至一到数个词或词组，再加上作者的转述糅合而成。

像所有的语言一样，引语也有个必须规范、要使用得当的问题。

（主）　母亲的胸怀
（副）　记姚慈贤拥军爱国的故事
（插题）　"没有国家哪有家"
　　　　"只要孩子能卫国，我再苦心也甜"
　　　　"失去亲人也不能影响孩子服役"
　　　　"当兵也要学文化"

（1995年3月13日《南方日报》）

【品评】　姚妈妈是享誉全国的拥军爱国模范，她的事迹连同那些肺腑之言，都是值得我们学习和效法的。不是么，请想想看吧！

不是有人说，人为什么活着，应该怎样活着的问题，无时无刻不在伴随你我他，一个人要活着就需要回答。战争年代，生死关摆在面前；市场经济、和平时期，生死关不突出了，而公私关、苦乐关、得失关、幸福关却逼着你必须亮相。在这一关又一关面前，姚妈妈都用她的撼山动地的行动和语言，做出了漂亮的"亮相"。

这篇人物通讯在第六届"中国新闻奖"评选中荣获二等奖。这篇获奖通讯中的四个小插题，成为凝聚文意的四个"亮点"，全是直接引语。作为标题中的直接引语应该是题中有，必须是文中有，而且力求一字不差。但在这点上此则题有瑕疵。

一是第一个小插题"没有国家哪有家"。文中却是"没有国哪有家"，显然前者恐怕有误，读起来有点拗口；文中"没有国哪有家"，符合口语中的节拍，较为合情合理。

二是第二个小插题"只要孩子能卫国，我再苦也心甜"。此引语文中没有，但该节共有七个自然段均是围绕这个中心思想来叙事的，如果是作者归纳提炼概括而成的就应该去掉引号，按间接引语来处理。

（肩）　缺乏高等级技术工人，成为制约技术进步的重要因素。
　　　　有企业人士感叹：

（主）　找个好钳工比找研究生还难！

（2001年10月11日某报）

【品评】　这则标题的主标题在正文中是带有引号的新闻人物的原话，此话用作主标亦应加上引号为好。这样一则可以明确提示受众，这是新闻人物的原话，而且极富个性的最为重要的话；另则可增添标题的真实感和感染力；再则也有助于一语中的提示新闻的本质，成为引导受众阅读的向导。看来制题者对直接引语在制题中所起的重要作用还认识不足。由于引语具有突出、强调和肯定某意见和认识的作用，加与不加引号，其说服力和感染力是不一样的。

普京：我们与反腐败的斗争才刚刚开始

（2003年11月10日某报）

【品评】　这是一则属于直接引语的标题。反腐败得民心、顺民意，是当今一个国家发展经济、推进民主建设进程的必然选择。俄罗斯总统普京，本应与腐败现象势不两立，说什么也不能跟"反腐败"进行斗争啊！细看全文才明白，"普京声音严肃地说：……我们与腐败的斗争才刚刚开始"。原来是标题的引文中多了一个"反"字，意思就全弄反了。此题删去"反"字即可。

从这个例句，也告诉我们这样一个信号，制作直接引语的标题，也可不加或不用加引号，只需在说话人之后加上冒号，表示其后是说话内容的直接引语或近似直接引语。或者用于其他提示性话语之后，引出新闻人物的原话或观点。

冒号是一种句内点号，但又不限于在句内使用。在句内冒号的提示范围也可小可大：一般管到一个句子；有时也可以小于一个句子，只管到句内的部分内容。冒号引出的话语要与冒号的提示性话语所指的范围保持一致。这是冒号的使用一个必须把握的原则。在标题制作中常有这样的使用方法：（1）用于说话人名之后，以引出说话内容，这是最常用的，上个例句便属此类；（2）用于需要解说的话语之后，表示下文是解说；（3）用于分隔标题中的主题词和说明补充部分；（4）用于"问、答、说、想、认为、指示、表明、例如"等动词之后，使其具有提示性，以引出和突出宾语。

中国主张全面禁止彻底销毁核武器

（1982年5月12日某报）

标题的制作理念与艺术技巧

【品评】 乍看标题让人吃惊：中国政府历来是主张全面禁止生产核武器和彻底销毁核武器的国家，怎么标题却成了"中国主张全面禁止彻底销毁核武器"了。原来这是直接引语的引文出了错。文中作为宾语部分的中心词"核武器"前面的修饰定语"全面禁止和彻底销毁"是联合词组，其内部的组合关系为联合、并列的关系，作为引文中的连接词"和"是不能省略的。原题应为《中国主张全面禁止和彻底销毁核武器》。

【链接】 写新闻、作标题，因文制宜地注意使用引语，尤其是直接引语入题，这是让新闻标题动起来，活起来，返璞归真，"原生态"地传播信息之一法也。

在2010年7月人民日报出版社出版的《获奖通讯赏析》中，笔者就读到这么一段令人难忘的文字：一位省级报纸的总编辑对记者有一个雷打不动的要求——采访时要带上录音机，采访完必须把采访对象的讲话整理出来，其中精彩的说话要"原封不动"地用到包括标题在内的稿子中去。这位老总之所以强调记者要"原封不动"地写"原生态"的新闻，是因为生活本来就是丰富多彩的。可是，这丰富多彩的生活，到了许多记者笔下，却变得干巴巴的。有的记者说起采访见闻，讲得眉飞色舞、活灵活现；可是经过他们辛辛苦苦地"加工"、"过滤"，写成稿件时，却读起来索然寡味。究其原因，大都是那些真正来自基层、来自群众，反应老百姓心声的"原生态"语言，即真话、真情、真事、真变化全给"加工"、"过滤"得变了调。

显然，这位可敬的省报老总的真情实感，以及对此的所见所观、所作所为，是颇有见地的。

直接引语入题，好处很多：

它可以增强真实感，缩短受传者与传播者之间的距离，是客观报道手法在标题中的应用，也是制题者表达立场、倾向的巧妙方法。

它可以"原生态"地表现人物内心情感或亲身经历的感受，增强标题的说服力和感染力。

它可以在内容上约束制题者按说话者的原话来传播信息，提供客观的语言事实。这就大大减少了制题者在反映语言事实过程中出现曲解原意的概率。

比如，幸福为何物？古今中外，人人关注，人人评说。

2012年3月25日，中德两国两位哲学家，在北大开展了一场关于幸福

的对话。次日,北京一家报纸报道的题为:

（肩）　和《幸福》作者、德国哲学家威廉·施密德对谈"幸福"
（主）　周国平:说幸福,不能把苦难排除在外

(2012年3月26日《北京青年报》)

主标题,便是从新闻众多观点事实中提取出的我国哲学家的一个核心论点的直接引用。新闻置于该报十一版的头条,并以放大字号的粗体字,作了一个高11行、宽6栏的通题。这则叙事实题,没有一字评说,但却通过叙事着墨,凸显了编报人鲜明的认同感,以及明确的传播目的。

当然,在直接引语的使用上,还有一点要特别注意:一般人平时讲话,不一定每句话都合乎语法,因此在使用直接引语时,要注意把不合语法之处改正过来。

这里有两点值得注意:其一,是无论怎样"规范"都不能改变说话人的原意;其二,凡属重要改动应尽可能征得讲话人的同意,而且必须做到题文一致。

（主）　孔子不如章子怡!?
（副）　大学教授,著名文化评论家"新颖观点"气坏国人

(2006年5月10日某报)

【品评】　如果只看标题,让人难以理解:这是一则对比式标题,究竟比什么呢?孔子是圣人,毕竟不是不食人间烟火的神人,不可能事事都比人强,"三人行必有我师也"讲的就是这个道理。论讲英语,演电影,孔子当然不如章子怡。但何以又会气坏国人?看过全文方知:此文的刊出起因于前一天,一位大学生给该报编辑部打电话称:"太受伤了,说孔子不如章子怡,请你们一定要为真正的中国文化说句公道话!"

于是编辑同志依照电话提供的线索,很快找到了文章的出处:在上一期《新周刊》上关于"如何'贩卖'中国文化"的专题中,这位教授在接受该刊专访时,就有"世俗文化的能力是非常重要的,是一种低端、丰富的文化资源。传统文化的精髓要通过大众化的出口才能流传出去。""一个姚明,一个章子怡,比一万本孔子都有效果。""孔子不是很伟大么,不是中国文化的代表么,章子怡也是中国人的代表啊……要像重视孔子一样重视章子怡,中国文化才会有未来",云云。

这篇报道即以《一个章子怡比十万本孔子有效》为题,刊发接受专访时该教授讲话约400余字的全文(译文)。同时,也刊发网上对此的热议

情况以及影视界、儒学研究者、孔子后裔等的看法。99%的网友对教授的观点持否定的态度；国内人士则普遍认为，章子怡的确是很有国际知名度的演员，自2000年出演《我的父亲母亲》一炮而红，后又主演了《卧虎藏龙》《英雄》《十面埋伏》等一系列大片，现常年在好莱坞发展，2004年又出演好莱坞影片《艺伎回忆录》，成为美国最具有票房号召力的"东方面孔之一"。但无论如何，章子怡仅仅是一个电影演员，而孔子则是中国儒家学说的创始人，是中国传统文化的圣人，将两者相提并论的做法本身就可笑！

对于认识与学术上的是非，笔者不去评说，但这则题的主标是一则暗引式对比题，其主要缺点是没有明确的交代语境，尤其作者用自己的话去转述他人的观点时，必须准确地标明语境。

再说制作这类认识上分歧很大，用直接引语很难成题时，似应多注意选择混引，以确保引语的准确、不失原意，如此题的主标也可改为：

对外传播中国优秀传统文化

万本孔子不如一个章子怡！？

此双行主题再配上原副题，既明确表述了对此论的态度，又较准确、明晰地表达了持此论者的观点。

（肩）　坚决防止甲型H1N1流感在中国流行
（主）　力争零死亡、零感染
（副）　温家宝看望患者。李克强参加

（2009年5月18日上海某报）

这是一则甲流初期时，报道温家宝总理看望北京确诊首例输入性患者和医护人员的新闻。标题的主标即为温家宝总理在视察过程中在地坛医院门诊楼前看望医护人员的谈话摘引而成。温家宝说：地坛医院要力争实现患者零死亡、医院内病人零交叉感染、医护人员零感染。很显然，"零感染"隐去前面的定语"医院内"这个十分重要的定语，是不妥当的，有损原意，因为这是不可能做到的。此前，据多个国家的观察报告，此次甲型H1N1流感病例在潜伏期就具有传染性，另外，还有一部分感染者症状轻微甚至不发热，但也可以起到传染源的作用。对我们这样一个13亿人口的大国里，这些都是本土传播成为可能的生物学基础，可以说本土传播本是流感流行的常态模式。因而标题去掉"医院内"三字，侈谈"零感染"实属断章取义。

而当天，另一家上海报纸类似的标题就比较准确地表达了温家宝讲话的原意：

（主） 力争实现患者零死亡医院零感染

（副） 温家宝看望北京确诊首例甲型H1N1流感患者

（2009年5月18日《新民晚报》

【链接】 大千世界，万事万物，存在的形态千差万别、多种多样。这既有物质的、数字的、行为方式的种种形态的事实，也有思想的、精神的、观念的、理论的种种形态的事实。直接引用新闻人物的言谈话语，这就是在向受众报道和提供客观的语言事实。在报道和提供语言事实上，直接引语在客观、真实、准确上优于间接引语。这是因为，间接引语并不要求一字不差地引用原语，而是对说话人语言的转述，就或多或少带有转述者的主观加工成分，往往一字之差也足以篡意。

但在新闻标题的制作实践中，暗引却又用得较多，因为它比较容易体现新闻标题概事达意的要求，又能适应多种新闻式样制题的特殊需要。在使用时要充分考虑到它的准确度和可信度略逊于明引的不足，应该谨慎把握，周全考虑，反复推敲，切不可信笔而为，更不能断章取义、"各取所需"，随意杜撰，一定要力求符合讲话人的原意，并应视需要明确交代语境。

（主） 河南开封建议新干部到任先拜包公

（副） 宣誓承诺廉洁

（2007年4月13日某报》）

【品评】 这则新闻的导语写道：某报开封讯，昨天举行的纪念包公诞辰1008周年座谈会上，有关专家及包公后裔共同提出：政府应组织新任职干部到开封府包公像前缅怀先贤，并立下廉洁正直、勤政为民的誓言。

在正文中，更明确地写道："与会专家呼吁，当地政府应结合现在正在开展的'讲正气，树新风'活动适时组织新任职干部到开封府包公像前缅怀先贤。另外，在开封各主要进市路口及大型户外广场建立包公雕像，让包公真正成为开封的城市标志和形象代言人。"

报道一出，舆论大哗，众多媒体都刊发评论，把矛盾一致对准开封市政府，对其"建议"新干部先拜包公进行严厉抨击。很显然，这家市外媒体这则混引式标题，移花接木地把"建议"和"呼吁"硬塞在开封市政府身上，是祸首。

标题的制作理念与艺术技巧

从新闻的导语与文前的电头看，这不是开封本地的媒体，这个座谈会是在开封开的，但不是开封市政府主办的。笔者仔细查看了当年4月12日至20日的开封市委机关报——《开封日报》，对这次座谈会只字未报，市委市政府领导不知此事，标题的制作者竟然冠上"开封建议"，是极不妥当的。

（主）　圆明园发布流散文物全球倡议书
（副）　成龙担任文物回归形象大使

（2010年10月19日某报）

【品评】　在一个半世纪前的10月18日，侵略者对圆明园这座人类艺术瑰宝大肆掠夺、抢劫后，并一火焚之，将其化为灰烬。一个半世纪后的10月18日这天，该园要求回归流失文物。可该报在报道这则新闻时，其混引式主标题中，却漏掉了"回归"这一必须入题的关键词，意思则全反了：让人误认为早已成为废墟的圆明园的文物流散得不够，该园还要倡议在全球加大流散力度。此题的主标应为《圆明园向全球发布流散文物回归倡议书》。

（主）　请辞全部职务，李一墙倒众人推
（副）　民宗局查他虚假宣传，税务局要查他偷税漏税，
　　　　法院开查他的财产

（2010年8月30日某报）

【品评】　李一何许人也？他原本重庆北碚缙云山绍龙观道士。案发前，这个李一道长并非善辈：他利用已有的社会地位，玩弄骗人手法，弄虚作假、为非作歹，使一方百姓受害者众多。在其案发，真相毕露后，各相关部门依法对他进行查处，完全是正当的、正义的举动。可标题的制作者却信手拈来一个俗语"墙倒众人推"来概括它，实属不妥。"墙倒众人推"，多引用于针砭世态炎凉，为失势者或倒霉时备受欺负鸣不平。此题对"墙倒众人推"的引用，有违正义、公正，有违新闻事实的准确、真实。

【链接】　在新闻标题中，正确而有效地使用引语，有诸多需要把握的要点和规范。

要立足需要。 引语是否要入题，采取何种形式入题，关键是要因文制宜视语境的需要而定。这"需要"应包括两个层次。从微观上说，它应是新闻的核心事实及其所包含的思想意义的最直接的承担者和表达者，是实实在在的点睛之笔；从宏观上看，它又能实现"小锤撞大钟"的社会效

应,能撞响紧绷在大众心灵上那根琴弦。在19届"中国新闻奖"评选中荣获一等奖的通讯《"我要做一个诚信的人"》(2008年11月3日《兵团日报》),这则题就是这样的引语题。这篇通讯紧紧地围绕着一个年迈瘦弱、贫困不堪的74岁的吴玉兰老人,为了救治患肾病的儿子,欠下5.5万元的债,在1999年丈夫、儿子相继病逝,在没有经济来源的绝望至极的情况下,逐个拜访借钱给她的姐妹,坚定地承诺:"我吴玉兰虽然很穷,但我要做一个诚信的人,只要我活着,一定一分不少地还给你们。"为了兑现这个承诺,9年来她没有买过食用油,没有买过肉,一日三餐都是馒头、泡米饭、面疙瘩汤。想吃菜了,就去农贸市场帮人看菜摊,打扫卫生,换回来一些土豆、萝卜、青菜叶,用盐水煮一煮吃。9年来,她没有添置一件衣服……她把卖废品打零工赚的每一分钱都攒起来,攒够了一笔欠款后,就立即给人家送去。

吴玉兰老人拾荒还债的事迹连同她发自肺腑的承诺,在《兵团日报》上刊发后,立即引来受众强烈的反响,有读者投书编辑部:"感谢《兵团日报》把吴玉兰老人的事迹放在党报头版头条刊发,这表明了当今社会诚信的价值分量。"有的读者和网友说,"诚信"一词及其丰富的内涵早已融入了中华民族的血脉中,是中华民族传统道德大厦的坚固基础之一。我们应该像吴玉兰老人那样喊出:"我要做一个诚信的人。"

要准确无误。无论是明引、暗引或混引,都必须准确地把握,反复推敲,认真核对,切不可信笔而为。

直接引语——即完整地直接引用新闻人物的原话并加上引号。引文必须原原本本,准确无误,一字不差,绝对忠实于讲话人的语言风范和思想认识。为避免引用不当或产生歧义,对党和政府领导人和一些著名人士的重要讲话,或具有画龙点睛作用的主要讲话,宜用直接引语,慎用割裂的、不完整的引语,否则就用间接引语。

间接引语——即由标题的制作者概述或转述讲话人的观点或看法。间接引语不加引号,在使用中,根据不同情况可以完整引用,可以简要引用,也可以把多人的言论和一个人的许多观点归纳引用。值得引述的内容很多,比较宽泛,没有较为精当概括表述的观点,使用间接引语就不可避免。这类引语不加引号,但引述内容必须与说话人的原意相同或相近,不能断章取义,不能"各取所需",不能"移花植木",不能根据个人需要任意添枝加叶地杜撰。

标题的制作理念与艺术技巧

混合引语——即是直接引语与标题制作者的转述混合使用的一种派生手段。为了突出、强调、论证一个观点，有时只引用讲话人原话中的一个短语、一个词组，甚至几个词，加上引号，再与制题者的概述或转述融合成题。新闻中闪闪发光的言辞、犀利透彻的解说，以及新闻人物对新闻事件的简要概括、精当的评述，都是制作混引标题可供选用的材料。这类题要制作得言简意赅、吸人眼球，是有相当难度的。

要精心选择。社会生活丰富多彩，新闻及其标题多种多样，引语式标题只是其中之一。在新闻中众多原生态的语言中，是否需要或能否入题，应按照新闻价值标准与标题在新闻中所担负的特殊功能，加以精确的选择。一般地说，入题的引语应该是有以下特点：

应该是凝聚新闻价值的具体化信息化的语言。它传递给人们的是最重要、最新鲜的信息和事件，而不是抽象的宣传口号。

应该是新闻中关键的、典型的、表现人和事物本质特征的语言。这些语言是引导受众阅读和理解新闻的纲要。

应该是精彩的、富有理性的睿智、风趣的语言。受众会因为有了这样的信息而去阅读新闻报道。

要符合语言规范。我们强调引语要准确无误，还应包括汉语语法的规范。新闻人物的讲话，是在特定的语言环境下产生的，如同一般人平常的讲话，不一定每一句都合乎语法，因此在使用时，要尽量把不合乎语法的地方改过来。据资料称，美联社编辑的关于文字规范的书上就有这样的规定："直接引语常常应加以润饰，改掉人们说话不注意而产生的语法和用字上的错误。"当然这种润饰，凡属重要的，都应与讲话人沟通，征得讲话人的认同。

新闻人物的语言总是产生在各个不同的语言环境中的特定语言，因而在标题中，凡属重要的引语，要视情况注意交代语言产生的特定环境。

要简洁明快。古人云："句有可削，足见其疏；字不得减，乃知其密。"入题的引语应当做到"无可削"、"不可减"，力求用少而又少的文字表述出最核心、最引人注目的内容和信息。

第六节　关于"缩语简化"的品评

随着信息采集、存储和传输的数字化和我国改革开放的新时期的来临，社会生活和人们的思想观念、行为举止，无时无刻不在发生着深刻变化，新情况、新发展、新变化、新成果、新理论、新观念、新事物、新问题、新矛盾层出不穷。为了正确地报道、反映客观事物和新的社会生活，在新闻传播中，新词新语以及为了语言的简洁，人们将那些较长而又常用的词语加以简化形成的缩略词的大量产生和广为流行，就成为新时期汉语词汇发展的一个突出的现象。特别是在新闻标题中新造词语和缩略语的运用尤其突出。

汉语缩略语在标题中的使用频率之所以非常之高，是因为它适应了使用者（传播者）与受传者（受众）在传播和接受信息的过程中省时省力、节省传播资源、简洁易懂的需要。

应该说，语言里的词（包括缩略词）是语言在发展过程中通过约定俗成的方式逐渐形成的，有固定的语音和语义。这样的词（包括缩略词）是规范的。随着社会的发展，语言里不断出现原本没有的词。这些词可分为两类，即新词和生造词，它们之间的区别主要表现在三个方面——即看其是否符合必要性、明确性和普遍性的要求。所谓必要性，是指语言交际和传播中是否确实需要；所谓明确性，是指词义是否明确易懂；所谓普遍性，是指是否能得到语言界的普遍认同，以及社会公众的"公知、公认、公用"。符合这三性要求的是新词，不符合这三性要求的是生造词。

为了防止缩略语在标题中随心所欲的生造、滥用，必须严格地坚持以下原则：

第一，语言规范的原则。缩略语，亦称简称。一般是指把较长词语压缩简化为称说方便、表达精练的语言，使之达到省时省力、一目了然的效果。在实践中一般可归为三大类：

（1）标数。即由原词语中抽出各组词中的共同成分与一个数词或数量词构成。前者如"五讲四美"、"八荣八耻"；后者如"两个务必"、"两个凡是"。

（2）紧缩。即由原词中的核心词或各组成词的词素组合而成。前者如"甲流"（甲型流感）；后者如"人代会"（人民代表大会）。这一般多为缩略对象组成词的首字缩减而成。

（3）减缩。即由原词语组成词中取出关键性、有代表性、标志性的词或语素。例如："清华"（清华大学）、解放军（中国人民解放军）、"甲型流感"（甲型H1N1流感）。

标题的制作理念与艺术技巧

总之，无论采用哪种缩略简化方式，都必须保留原词语的关键语素，指向明确、简洁妥帖地转述原词语的全部信息。这也就是说，缩略语绝非仅凭一己一时的临时需要随意拼凑的，个人的创造必须得到语言社会的认同才会有生命力；如果语言社会不认同，就不会流传，就必将沦为生造之物。

非公党建在"秋田"

（2007年7月31日某报）

【品评】 初看题目，"非公党"为何物？难道在当今的中国，除原有的民主党派外，又新建立了一个"非公党"？原来文中的"秋田"是重庆秋田齿轮有限责任公司的简称。这家公司是一家大型非公有制企业，该企业本是重庆市非公企业建党工作的先进单位。这则新闻报道了非公有制企业的党建工作在"秋田"取得的成绩。但由于标题的制作者对该企业的性质称谓简缩不当，不符合汉语缩略语的构词规律，即要保留原词的关键词素，又要准确恰当地传达本意。"非公有制企业"，简化为"非公"，是引起误读、混淆视听的主因。如将原题改为《非公企业党建工作在"秋田"》这就不致与其他词语混淆，产生歧义。

"义嫖"行为不应受到苛责

（2009年8月13日某报）

【品评】 据该报道称，河南一名张姓中年男准备嫖娼时，遇到一名16岁的卖淫少女，当张某听她哭诉被人强迫卖淫的悲惨经历后，动了恻隐之心，非但未嫖，反而帮助少女报案。警方在解救了少女，并抓获4名犯罪嫌疑人后，只对张某意欲嫖娼行为进行了批评教育。此案曝光后，引发了媒体、特别是网络媒体的热议，一些人认为张某的"义举"不应成为免予处罚的理由；更多的网友、读者却呼喊"莫罚"，免罚张某合法合理。与此同时，笔者注意到，媒体对张某其人其事这一社会、公众陌生的事件，究竟应该用什么样的词语来表述它，称谓它？更是众说纷纭："嫖客见义勇为解救卖淫女"、"义举嫖客"、"仗义嫖客"等等均有之；有家报纸的评论更将"义举嫖客"简化为"义嫖"作成了文前这则评论题。

应该说，这篇报道的内容作为一家之言，笔者认为讲得还比较客观、合情合理合法。但将"义举嫖客"简称为"义嫖"就有可议之处了。在我们的书面语言和生活用语中，不是常有"义诊"、"义演"、"义卖"等词。这里的"义"都是动词性语素的修饰语，其意为义举者出于正义或公义的目的，只尽义务不取报酬。那"义嫖"岂不成了不取报酬的"义务嫖娼"了吗？既有违原意，又很荒唐。此题似应改为《"仗义嫖客"不应受到苛罚》。

【链接】 缩略语是一种动态性很强的语言现象，但它决不是凭一己一时的临时表达需要可随意拼凑而成的随机词，而必须在把握缩略对象的核心内容和构成语素的基础上，按照汉语的构词规律创造出的缩略语，必须是符合称说方便、表达准确原则的规范语言——使之语言简洁、表意明确，更加有利于信息、知识的记录、储存、传播和交流。

这样，缩略语的生成，必须符合汉语语言规范，它要保留对缩略对象组成词的关键词素，准确无误、一目了然地表达原词语的本意，这是在新闻标题中打造和使用缩略语最基本的、贯穿一切的重要原则。

第二，独特单一的原则。缩略语既然是对词语经过压缩和简略的语言，它既要保留原词语的关键词素，又必须传递原词语的全部信息。因而，独特单一就必然成为打造和使用缩略语的又一个重要原则。这里包含这样两层意思：其一是必须具有有别于其他词语独特的表示标志，不与现有的成词混淆，同时，同一个缩略语不应为多个缩略对象所共有，或者说多个并不相同的缩略对象不能使用相同的缩略语；其二，缩略语的义项必须单一，含义明确，不给受众带来阅读和理解上的困难，甚至产生歧义。

（主） 国考首次公布"冷门"职位
（副） 气象局成为最冷机构，铁路公安首入"国考"也遇冷

（2009年10月24日某报）

【品评】 新闻说的是，在2010年度中央单位国家公务员录用考试报名即将结束之时，国家公务员局考试录用司发布了一个温馨提示：披露了162个通过资格审查人数较少的"国考"职位。这在"国考"历史上尚属首次。"冷门"职位中，气象局依旧占据了1/3的席位，成为最冷机构，而首入"国考"的铁路公安局也未能成为"新"受宠，使其成为第二冷。敬请符合条件的考生报考上述职位，并附上了这类职位的具体信息。

通过对这条新闻的主要新闻事实的摘要解读，可以清楚地看出，这则标题使用了两个缩略语，而两个缩略语都为同一个词——国考，表达的却是并不相同的缩略对象，唯一的区分仅是在有无引号上。如果不细读正文谁能看出它们各自表达的不同概念呢？

国家公务员录用考试——"国考"，由原词中两个核心组成词中的两

标题的制作理念与艺术技巧

个核心词素组合而成，表意还算是明确，且早已有了这样的先例，可谓约定成俗，用不用引号已无碍大局。

国家公务员局考试录用司——国考，这本是单位名称的缩写语，作为原词中具有独特的辨识标志的关键词素的"司"，被无端略去了，而变成一个一般词性的词语，这怎么可能传递原词的本意呢？为何不顺理成章将其缩略为"国考司"呢？将主标题改为《国考司首次公布"冷门"职位》这样既避免一个缩略词表达多个不相同概念的弊病，同时又使主标题"国考首次公布'冷门'职位"更为通顺达意，因为严格说来不是"国考公布'冷门'职位"，而是"国考司"！

国考报名首日政协最热门

（2010年10月16日某报）

（主）　"国考"网上报名第一天，最热职位竞争200比1

（副）　全国政协机关成最热门的

（2010年10月16日某报）

【品评】　上面两则题，为同一家报纸同一天同一则新闻的标题。前题为刊发一版有题无文的导读题；另则为刊发在4版上的正文题。题中的"国考"和"国考"均为2011年度中央机关及直属机构录用考试的缩略语，一个没有引号，一个却用了引号，让人有些不解。再加上前一例题中，国考和"国考"的混用，只能说明有些新闻工作者对缩略语的生成和使用原则，还不甚了了。

苏伊联手造化武

（1998年8月26日某报）

【品评】　这则题虽然只有七个字，却连用了两个不甚规范的缩略语——"苏伊"和"化武"。"苏伊"为"苏丹和伊拉克"紧缩而成，可世界上用"苏"字起首的国家何止苏丹一国呢？用"伊"字起首的国家又何止伊拉克一国呢？这样的简化缩略语怎能让受众一看即懂，一听即明呢？再说"化武"本是"化学武器"的简称，再与单音节动词"造"字连在一起，"化"字往上连则成了一个常用词"造化"，这也会给理解带来困难。像这样使用缩略语成了一个多义词，或使其义项复杂化的现象，必须力求避免，能简则简、能缩则缩，切不可强减强缩。原题似应改为《苏丹伊拉克联手打造化武》。

（主）　执法违章遭泼粪

（副）　珠海香洲城管一名执法人员被殴受伤，送医院治疗

（2003年10月13日某报）

【品评】　该报道称：珠海香洲区某执法人员，在组织人员依法拆除该地区的违章建筑时，遭到了无理阻挠，一房主跑到二楼屋顶用粪便浇洒执法人员和民工。很显然，香洲城管执法的是"违章建筑"，而不是他们执法"违章"遭泼粪。城市里的违章建筑要么损害公共利益，要么影响他人生活，是很多邻里矛盾的导火索。有人举报，发现违章，政府执法部门当然要及早解决处理，先劝说教育，自行化解违建，不听就得依法拆除。城管队依法拆除违章建筑，当然不是"执法违章"！那主标题的"执法违章"从何而来呢？笔者以为是缩略失范、搭配不当造成的歧义。制题者误将"违章建筑"简化成"违章"，使用的减缩法，即从缩略对象中取出关键性、有代表性、标志性的词或语素代称原词语，但使用这种方法时必须遵从一条原则，即取出的词或语素必须要有区别性，即避免同别的成词雷同，并能使之成为独特的分辨标志。例如，清华大学可简称为"清华"，北京大学就不可以简称为"北京"，只能简称为"北大"，道理也正在于此。因而"违章建筑"，既不能简化为"违章"也不能简化为"建筑"，道理也在于此，但可以按首字缩略简化为"违建"，再与"执法"组合构成动宾关系，这样既没有改变"执法违章建筑的语法关系"，又正确表达原词语的本意。如果将"违章"与"执法"组合，其语法关系就不再是动宾关系，只能让人理解为一边执法，一边违章，"执法"与"违章"同属一个主语"城管"。因而原题的主标应改为《执法违建遭泼粪》。

【链接】　区别性——即不与已有成词混淆、不与别的词雷同，这是在标题中使用缩略语的又一基本的、贯穿一切的主要原则。由此，在保留原词语的核心语素、传递承载原词语的全部信息的前提下，应做到义项必须单一、准确，一个缩略语不应为多个缩略对象所共有、多个并不相同的缩略对象也不能共用一个缩略语等操作上的要求，也不能有丝毫的马虎。

第三，科学鲜明的原则。这里有三层含义：一是要科学精确地把握住原词语中的核心内容，必须保留原词语的关键词素或语素，符合原词语的本意，让人一听即懂、一看即明；二是在汉语缩略语中有二字、三字、四字等不同的形式，要因文制宜能简则简，能缩就缩，不可强求；三是缩略语应以新颖简洁的文字传承缩略对象的全部信息，途径只有一条，必须在准确提取缩略对象核心构成要素的基础上，再进行科学有序的组合。

标题的制作理念与艺术技巧

深夜偷钓丧命，亡妻愤然上告

（2004年6月21日某报）

【品评】 从字面理解，上句是丈夫偷钓丧命，可下句中"亡妻"是何意，难道已经过世的妻子还能为他上告？

原来新闻说的是，某地一农民，半夜到一个养鱼的水库偷钓，被护鱼工发现，飞跑过去抓贼。不识水性的偷钓者惊慌失措，不慎落水身亡。事后其妻觉得事情很蹊跷，认为丈夫身亡可能另有原因，于是将水库承包人告上法庭。最终法庭作出裁决：偷钓者的行为有重大过错应自负主要责任，但护鱼工在其落水后，既未积极施救，也未及时报警，应负次要责任。作为护工雇主承担一定的法律后果。显然，"愤然上告"的并不是"亡妻"，而是"偷钓身亡者的妻子"。标题制作者将"亡者之妻子"紧缩为"亡妻"，对原词内容的把握有失准确，对于原组成词语中的关键语素"亡者"、"妻"等没有全部入题，似有不妥。此处似应缩略为"亡者妻"，制题者或追求上下句字数相等而删掉了"者"字所致。此题为确保字数的相等及缩略语的准确，也可改为《深夜偷钓落水丧命，亡者之妻愤然上告》。

（肩） 金融危机引发命案
（主） 失业男枪杀5家人后自杀

【品评】 这是2008年某报编发的新华社发自美国加利福尼亚州洛杉矶市一条电讯。电讯说：在洛杉矶市一处豪华小区内一名已经失业数月的男子，日前枪杀了妻子、岳母和3个孩子等5个家人后自杀。标题中的"5家人"与电讯中的"5个家人"仅简化、压缩了一个量词"个"其意思就大不一样："5家人"，"5"是数词，"家"是量词，再与名词"人"组合在一起，该失业男子就杀了五个家庭的人；"5个家人"，其结构上看，"5"是数词，"个"是量词，再与名词"家人"组合在一起，意指男子枪杀自己家的5口人。这里的关键，在于"家"既可做量词，也可作名词，当它与数词直接连用即充当量词，用来计算家庭的数量；当"家"作名词用时，"家人"即意指一个家庭里的人。

眼下，许多人在标题的制作中，爱用数词直接加汉字（名词），而省去其间的量词的缩略语。如："56民族"、"三员工"、"两大学生"等等，只要不让数词与含有量词意义的词连用，就不会改变其指向，其间量词是可以省去的。如上则题的"5家人"，改为"5亲人"，或者加上量词改为"5个家人"其指向也就明确无误了。

△ 夏据体质择食水果

【品评】 "夏据"为何物？难道是一个人名吗？如果是人名，也让人读不懂呀！原来文章是讲：夏天来了，人们应该根据自己的体质来择食水果。"夏据"竟是"夏天要根据"的简称；这样的缺少科学规范的"简称"，恐怕也只有制题者自己才能读得懂！太随意了，这是不可取的。此题还是还原本意，似应改为《夏天要根据体质择食水果》。

沈城开禁"黑三轮"

（2004年11月16日某报）

【品评】 "黑三轮"是指那些不具有合法通行资格的三轮摩托车。"开禁"即"开始禁止"的缩略语。从表面上看，"开禁"虽然符合组成词首字组合的原则，但从深层的表意上看，它确有违"科学有序"的组合原则，有违缩略对象的本意：开始禁止"黑三轮"上路行驶，却变成"开始解禁"之意。如果此题要用缩语，可将原词语的词素做一个符合原词语本意的科学有序的调配改为《沈城禁开"黑三轮"》。

菏泽明令十一不准严防腐败 行驶25万公里可更新

（2008年7月12日某报）

【品评】 乍看标题，让人费解："十一"是指什么？"行驶2.5万公里可更新"又为何物？看了内容方知，原来是山东菏泽市委办公室、市政府办公室为严防公车使用腐败，就全市公车管理提出明确要求，并专门列出"十一个不准"，公务用车行驶里程一般掌握在25万公里以上方可调剂更新。原来此题出现的问题正在于：制题者将"十一个不准"中的量词"个"给简化掉了，结果让读者看了一头雾水。标题中缩略语的使用是在于省时省力、节省新闻资源，以提高语言交际效率的需要为根本目的，一切都应当坚持因文制宜，能减则减，能缩则缩，不可强求。此题似应改为《菏泽明令十一个不准防腐败，公车行驶25万公里可更新》。

【链接】 如前所说，缩略语是一种动态性很强的语言现象，因而在其生成和使用过程中，应严格遵从汉语发展、改造、创新的语用规律和原则，要以顺理成章、语通意达、一目了然、符合原词本意为前提，做到"随心所欲不逾规"，该减该缩，随文不随人。

第四，面向公众，力避粗俗的原则。新闻传播的信息是服务社会大众的，因而缩略语的生成和使用应放在面向社会公众上，不能把视野局限在一个区域或行业，方能拓宽新闻的传播面。

（主）　甲子破获特大伪造假币案

（副）　现场缴获数千万元假人民币

（1998年1月26日某报）

【品评】　"甲子"是何意？据辞书释义，应为天干地支合成的干支词。旧时多用来纪年，现在农历的年份仍用干支词。《甲子昨宵尽，"牛娃"伴春来》（1985年2月20日《南昌晚报》），前5个字点出了新闻发生的时间是农历甲子年刚刚逝去的次日凌晨（农历牛年的正月初一）；后5个字点名新闻所云何事以及隐迹其间的主题思想，让人读来生动有趣。例题中"甲子"是用于纪年？却与文意根本不挨边！原来新闻说的是：陆丰市公安民警星夜出击，一举捣毁了辖区甲子镇一个伪造人民币的窝点。题中将"甲子镇"简称为"甲子"引起歧义所致。如果说当地人或当事人在语言交际过程中可能将"甲子镇"简化成"甲子"已经认同、流行了，可陆丰、广东之外的读者很难知晓其含义。"甲子镇"与"甲子"，只有一字之差，也用不着简化。再说，主题中的"伪造"，也应改为"制造"，方能与后面的"假币案"组合。

△　中韩专家联手救治"先心儿"

【品评】　"新闻说的是，2006年中国哈尔滨、韩国周期间，中韩医学专家将联手救治4名患先天性心脏病儿童。显然，题中"先心儿"即为"患先天性心脏病的儿童"的缩略语。作为大众传播来说，这样的缩略太随意了，除了本专业的人士能读懂外，在这个专业以外的人恐怕就难以读懂。为了让大众读懂这个最起码的传播要求，此题还是以不如此简化为好，似可改为《中韩专家联手救治先心病患儿》。

【链接】　将一个较长的词语缩略简化看起来十分简单，实际上要做好它其实也是一门学问。从对缩略对象的核心内容的构成要素，以及进行科学组合的新词语的词义、词性、语法规定、使用范围都要有准确把握，谨慎从事。并且要把约定俗成、一目了然、表意明确、注意表达效果、避免歧义和粗俗的基本要求贯穿始终。

第七节　关于"成语使用"的品评

汉语成语，是一种经过长期锤炼，异常精辟、富于表现力、最为群众喜闻乐见的特殊固定短语。历来善于写诗为文的人,为了加强作品的表现力和艺术效果,无不十分重视成语典故的恰当使用。

因而,可以这样说,在标题制作中成语是极富表现力的语言单位。大部分成语都是在历史中形成的,它们被人们长时间经常使用着、锤炼着,其丰富多彩、鲜明生动的含义早已家喻户晓。鲁迅先生就说过:"成语和死古典又不同,多是现世相的神髓,随手拈掇,自然使文字分外精神。"恰当地将成语选用于新闻标题,往往就可以把比较复杂的事理精练准确通俗地表现出来,使之更富于表现力、概括力和感染力,并能给受传者以独具特色的感受。

在制题中要做到恰当而准确地使用成语,这就必须做到:

第一,要注意弄清成语的语源。成语的含义和感情色彩,往往与它的语源有关,因此,正确使用成语,就不能不注意弄清它的来源。如若不然,就难以避免误用成语而造成尴尬。

七月流火,高考最热

(2000年7月7日某报)

【品评】 此题对成语"七月流火"理解有误。制题本意用此成语来说明当年当地在高考期间是入夏以来气温最高,"天热得像你在火下一样。"其实,成语中的"七月"并不是指阳历的七月,而是农历七月,"流火",也并非"天热得像你在火下一样"。

这个成语出自《诗经》:"七月流火,九月授衣。"唐人孔颖达有言:"于七月之中有西流者,是火之星也,知是将寒之渐。"流,指向下行;火,不是"金木水火"中的火,而是星座名,但不是指太阳的行星火星,而是指恒星大火星,即"二十八星宿"里的"心宿"。每年农历五月间黄昏时大火星在中天,六月以后到七月大火星每到黄昏就渐渐向西而下,这就叫"流火",此时暑热便开减退,天气要变凉了。每到此时,贵族们就要让人开始准备过冬的衣物了。"授衣"就是把裁制冬衣的工作交给妇女们去做了。孔颖达所言对"七月流火"做了明确释义。因而,此题成语使用不当,还不如如实成题《今年高考,入夏最热》。

一位博士生的"谢师本"

(某报转引自2008年第4期《咬文嚼字》)

【品评】 报道说的是,一位即将毕业的博士生对自己的导师深怀感激之情。他在博士论文答辩时,动情地表达了这样一个心愿:决定将已经

标题的制作理念与艺术技巧

准备好办谢师酒的经费,用来购买导师新出版的一本专著,寄给各地高校图书馆,以此来弘扬老师的学术思想。此举得到了与会者一致的赞赏,认为这是最好的"谢师本"。

看来,该文及其标题均将"谢师本"这个典故,视为是对"恩师的感谢"。《咬文嚼字》载文指出:"谢师本",恰恰与此相反。文章说:"谢师本"的典故和两位大名人有关。一位近代民族革命家章炳麟(号太炎),它曾师从俞樾(号曲园),但章太炎却看不惯老师俞曲园的保守落后,于是便想和老师脱离师生关系,但一日为师,终生为父,老师的恩情不能忘怀,于是他便写了一篇文章《谢师本》,一方面表达了对老师的感恩之情,另一方面又阐明了"道不同不相为谋"的思想,宣布与俞曲园脱离师生关系。可也许是历史的巧合,到1926年,章太炎的弟子周作人见老师与北洋军阀打得火热,大为反感,于是仿效写了一篇《谢师本》,宣布与俞曲园脱离师生关系。自此,"谢师本"就成了一个有特殊表达语义的固定短语,引申为学生单方面宣布解除和老师的师生关系。这则标题望文生义地错用"谢师本",按文意似应改为《一个博士生谢师的美好心愿》。

【链接】 汉语成语来源十分广泛,而大多数又是从古代的寓言、历史事件、诗文和典故俗语中产生的,有着深厚的历史背景和丰富的文化内涵,其含义往往就与它的语源有关,要正确理解和使用成语,就不能不注意成语的来源。例如"夜以继日"和"俾昼作夜"从字面上看,所讲的事情极为相似,但所表达的含义却有本质的不同,这就是因为两个成语来源不同。"夜以继日"出自《孟子·离娄》,说的是西周初年的政治家周公姬旦为辅佐年幼的成王,日夜操劳国事,常常"仰而思之,夜以继日;幸而得之,坐以待旦"。意思是说:姬旦心里装着国家大事,经常是抬起头来就想事情,白天想不好,夜晚又接着想;猛然间想到好的办法了,便坐着等到天亮,马上就去贯彻实行。为了国家,他费尽了心血。而语义相仿的"俾昼作夜",则出自《诗·大雅·荡》,原句是:"文王曰咨,咨女殷商!天不湎尔以酒,不义从式。既愆尔止,靡明靡晦;式号式呼,俾昼作夜。"这是周文王对商王纣不分昼夜地干坏事、荒淫无耻的谴责。两个成语语义相仿,但由于语源不同,一个是夜以继日地干好事,一个是不分昼夜地干坏事,在使用时是不能混淆的。

第二,要注意把握成语含义的完整性。成语在使用时,必须对其字面意义以及字面意义所包含的深层含义,都要有个透彻、完整的理解,以及对使用范围、要求有准确把握。如若不然,使用起来难免出现用词不当。

（肩）　其它中心掌门人交接时都欢迎媒体采访,唯独足协对媒体如同防贼——

（主）　恭请记者入"瓮"

（2009年1月20日某报）

【品评】　2009年1月19日上午,国家体育总局召开足球运动管理中心主任易人交接的内部工作会议,谢绝媒体采访。可到时仍有众多媒体记者不请自来要求现场采访。足协按预定方案派官员礼貌地将记者领到足协大厦准备好的休息室里休息,而会议却在另一间会议室里举行……于是才有了恭请记者入"瓮"之说。

很显然,标题对成语"请君入瓮"的使用是值得商榷的。

"请君入瓮"出自《资治通鉴·唐记》:天授元年（公元690年）九月,武则天正式称帝,改国号为周,成为中国历史上第一位女皇帝。武则天为了巩固自己的统治,先后提拔了一批酷吏进行刑讯治狱。这些人中不少是无赖,性情残忍善于罗织罪名、陷害无辜。其中,周兴和来俊臣则是当时最著名的两名酷吏。他们审讯犯人的手段凶残狠毒,经常用自制的刑具进行刑讯逼供。其后,有人告发掌管刑狱的监察御史周兴和大将军丘神绩谋反,武则天便密令来俊臣进行审讯。来俊臣深知要想使周兴如实招供是很不容易的事。于是他便假意邀请周兴到他家里喝酒。席间,来俊臣乘周兴酒性正浓时说:"有些犯人,不论怎么用刑,都不肯招认自己的罪行,你看有什么好办法?"这个惯使酷刑逼供的周兴,毫无防备地说:"这太容易了,把这种人装进大瓮里,周围用炭火烤,不怕他不招供!"来俊臣听后,便叫人按周兴说的如法炮制,然后转向周兴说:"有内况推兄,请老兄进入此瓮!"意思是说皇宫内下来文件,有人告发你谋反,皇上责令我审问你,请老兄进入瓮里去吧!周兴一听顿时吓得大汗淋漓,急忙磕头服罪。来俊臣以谋反罪将周兴流放岭南（唐代地名,今广西一带）,途中被仇人所杀。后来,人们把这个故事引申成"请君入瓮"这个成语,比喻拿某人整治他人的办法整治他自己,让他自作自受。含贬义。

足管中心,领导易人交接,属内部工作会议,并非一定要对媒体开放采访,这谈不上使"计谋""整治"记者;更与足管中心"以其人之道,还治其人之身"不靠谱,实属成语使用不当。

标题的制作理念与艺术技巧

应该说，在2009年里，在新闻作品里，由于对"请君入瓮"这个成语的含义缺乏透彻、完整的理解而使用不当的情况绝非仅此一例。当然，对该用、可以用而没有用的情况，笔者也有所见。例如，2008年12月14日，在美国总统小布什访问伊拉克与会演说时，一名伊拉克记者将两只鞋子朝布什扔了过去，表达对美国出兵伊拉克以及其后的政策严重不满。当时布什虽然弯腰躲过了袭击，但此后，"扔鞋事件"持续发烧，尽管以"扔鞋"表达述求并非文明、理性之举，但却表达了众多伊拉克人对布什领导的美国政府的不满，"扔鞋记者"依然"声名大噪"。可是谁也没想到，事隔不到一年——2009年12月1日，这位"扔鞋记者"却在巴黎应邀出席一次新闻发布会时，遭遇一名反对者扔鞋袭击。事发后，国内有报纸在报道此事的时候，其标题多为："向布什扔鞋记者反被扔鞋"、"伊拉克向布什扔鞋记者在巴黎被扔鞋"云云。当然，直书其事并无不当，但笔者认为，如能结合语境将成语"请君入瓮"的缩语"入瓮"引进标题，拟为《伊"扔鞋记者"巴黎"入瓮"》，其文化含量和信息含量似乎都更为丰厚和有意味得多，同时也相应地表达了以扔鞋表达诉求的方式不可取，可谓"一箭双雕"。

（肩）　七十三年前书写唐代诗人刘长卿绝句赠日本友人
（主）　鲁迅墨宝《听弹琴》完璧归赵

（2008年10月7日某报）

【品评】　成语"完璧归赵"出自《史记·廉颇蔺相如传》。璧：古代一种玉器；归：归还。战国时候，赵国在赵惠文王执政期间，得到了一种价值连城的宝贝——"和氏璧"。秦昭王知道后，就派人送了一封信给赵惠文王，说是愿意拿出十五座城池，来换取这块"和氏璧"。这下可把赵王难坏了：不换吧，秦强赵弱，若秦借口出兵来犯，这是难以招架的。换吧，拿走我璧，不给我城又怎么办啊？这时，有个叫缪贤的大臣向惠王推荐了他身边的谋士蔺相如，说此人有智慧和勇气，定能想出办法处理好这件事。于是，赵惠文王召见并问计于蔺相如。蔺相如说：秦用城换璧，我如不给，就少理了；给了秦国璧，而秦不给我城池，理亏在秦。权衡利弊，还是答应秦国要求，让秦理亏是上策。蔺相如说："王必无人，臣愿奉璧往使。城入赵而璧留秦；城不入，臣请完璧归赵。"大意是：大王如果没有适合的人可派，我愿带着玉璧到秦国去。如果秦国给了城，我就把璧留在秦国；秦不给城，我就把璧完好地带回赵国。就这样，蔺相如便带着玉璧出使秦国，在秦都咸阳，与秦昭王进行了一番惊心动魄的斗争后，蔺相如让"和氏璧"完好无损地回到了赵国。后来，人们就引申出了"完璧归赵"这个成语，用来比喻圆满完成某种使命，或原物完好无损地归还原主。

显然，制题者对"完璧归赵"这个成语的含义理解不完整，使用不够确切。

新闻明明说的是：1935年，鲁迅先生录写唐代诗人刘长卿的五言绝句《听弹琴》赠送了日本友人增井经夫。而这件墨宝在经历73年的日月沧桑后，而今，增井经夫的女儿又把它捐赠给上海鲁迅纪念馆。应该说，这是"捐赠"，而非"归还"。在捐赠前，这件墨宝主人是日本友人增井经夫，而并非中国的某个人或单位。这里用"完璧归赵"来表达，就不准确了。原题的主标题似应改为《鲁迅墨宝〈听弹琴〉完好回国》。

【链接】 汉语成语最典型的特征可概括为"意义的完整性，结构的凝固性"。所谓意义的完整性，是指成语的含义并不仅仅只等于各个组成部分含义的总和。例如，"水落石出"，它的字面意思水落下去了，原来被水淹没的石头显现出来了，而其深层的含义却是真相大白。再例如，"远走高飞"它的字面含义是"远远走开，高高飞去"，而其深层次的含义却是"摆脱束缚，另寻光明前途"。这就是说，汉语成语的含义，一般却具有两重性，一重是它的字面含义，另一重是字面含义里包含的深层意义，即成语字面含义包含的比喻、引申意义，这也是成语在实际运用中的使用含义。对此切不可有半点疏失，否则，便不可能正确地使用成语，从而出现语病。

第三，要注意成语的感情色彩。 成语作为语言中定型性成词，它的感情色彩十分鲜明，在使用时，较之一般的词语更值得留心。一定坚持褒义褒用，贬义贬用，否则便造成褒贬失当的语病。

（肩） 申花外援"二桃杀三士"
（主） 佩特可能最后出局

（2003年3月8日某报）

【品评】 按照中国足协的规定每个俱乐部只能保留三名外援，上海申花俱乐部在签下了乌拉圭一名新外援之后，这就意味着无法全部保留原有的马丁内斯、阿尔贝茨以及佩特等三名外援了。在俱乐部里外援有进有出，这本来是很正常的事，可肩题使用"二桃杀三士"这个成语，却使正

标题的制作理念与艺术技巧

常的事变得太离谱了。

"二桃杀三士"这个成语出自《晏子春秋·谏下篇》。春秋时期，齐景公有三员大将。他们是公孙接、田开疆、古冶子。这三个人以勇猛无敌而闻名于世。但他们却鲁莽无礼，对此宰相晏子（晏婴）深以为患。于是，晏子就建议景公趁早除掉他们。景公虽然觉得晏子的建议有道理，但担心三人武艺高强，用武力征服难以奏效。晏子就给景公出了个主意，要用计杀掉这三个人。齐景公依计而行，便派人送给公孙接等三人两个桃子，并说谁的功劳大、谁最勇敢，谁就可以吃桃子。

就这样，公孙接等三人都自认为自己的功劳最大、最勇敢，都想吃到桃子，互不相让，争执不休，进而大打出手，最后都为争吃桃子相继付出了性命。后来人们便将这个故事引申为"二桃杀三士"这个成语，比喻使用阴谋手段杀人，也指借刀杀人。

申花俱乐部根据自身发展的实际需要来解聘或重聘外援，这本来是堂堂正正的事情，其新闻事实，除了"二"与"三"这两个数字与"二桃杀三士"有相关性外，其余均与此毫无关系。标题的制作在肩题中却生拉硬扯地用上这个贬义明显的成语，实属用词不当。此则肩题按文意似应改为《申花原有外援面临三留二》。

（肩） 二手房交易总量突破了2300万 一手房交易与二手房交易比例达到1∶1

（主） 上海二手房交易灸手可热

【品评】 主标题中"灸手可热"应为"炙手可热"。

"炙手可热"是个成语，它出自《杜甫·丽人行》。"炙"：烤，手上感到热得发烫。盛唐时期，唐玄宗李隆基宠爱杨贵妃。杨贵妃的堂兄杨国忠因此当上宰相，把持朝廷大权。杨家兄妹过着穷奢极侈、淫乐无度的的生活。诗圣杜甫对杨氏兄妹这种只顾自己享乐而不管人民死活的行为，极为愤慨，在其著名长诗《丽人行》中就有"炙手可热势绝伦，慎莫近前丞相嗔"的诗句。意思是：杨氏兄妹位高、气焰极盛，可以说是热得烫手，没有人与之能比；人们千万不要走近前去，以免惹得丞相发怒生气。后来人们将"炙手可热"引申为成语，比喻权势大，气焰很盛，令人不敢亲近。含有浓郁的贬义，只用于人。

而这则新闻却说的是，2004年春季上海二手房交易市场火暴，二手房交易量超过新建房交易量已是指日可待。这本是正常的市场行为，这中间并无"气焰"和"权势"可言,更不是一件应当贬斥之事。在实际使用成语的过程中,不能只满足于从字面上去理解它的含义,还必须了解成语字面含义的深层含义,才能掌握其确切含义。就成语"炙手可热"来说,用来表达"二手房交易火暴"是不够准确与贴切的。此则题的主标似应改为《上海二手房交易市场火暴》。

强到令人发指,横到人间罕见

(2010年12月14日某报)

【品评】 成语"令人发指"出自《史记·项羽本纪》。令:使。发:头发。指:直立、竖立。发指:头发直竖起来。

在鸿门宴上,谋士范增主张坚决杀刘邦。他多次给项羽使眼色,并一再举起自己佩戴的玉,向项王示意杀刘邦,项羽始终不忍杀刘邦。于是,范增就招来项庄,要他到宴席间祝酒、舞剑,趁机在席上击杀刘邦。形势越来越险恶,张良便出去找来刘邦的卫士樊哙。《史记》接着写道:

哙即带剑拥盾入军门。交戟之卫士欲止不内,樊哙侧其盾以撞,卫士仆地。哙遂入,披帷西乡立,瞋目视项王,头发上指,目眦尽裂。

樊哙的英勇气概,引起了项王的注意。樊哙"瞋目视项王,头发上指,目眦尽裂"的举动,也使项羽有些吃惊,终于使宴会的紧张气氛缓和了下来。

根据这个故事,后来人们将"瞋目视项王,头发上指"引申为成语"令人发指",来形容事情使人愤怒到极点,多用于指称那些含贬义、让人无法忍受的行为和事情。

显然,此题这个成语的使用是很不适当的。

这则新闻报道的是:在西班牙足球甲级联赛中,巴塞罗那队又以5:0战胜皇家社会队,这样在最近6场比赛中,巴塞罗那队的入球比分为26:0,战绩是如此骄人,标题的制作者的"怒"从何来?而且还怒到头发都竖起来了?这不就远离社会生活,更加有违常识常规常理啦!显然,制题者是错用了成语"令人发指"。按文意此题似应改为《强到难以置信,横到人间罕见》。

【链接】 成语蕴涵着生活的智慧。语言离不开社会生活,成语更不是"无源之水",它是从古人的生活中生成的,凝聚着古人的智慧与哲思、传统文化与价值取向。因而,成语一般都带有感情色彩,特别是贬义与褒义最为常见。然而，有些成语的含义褒与贬，往往是不能只从字面上去理解，必须理解它的来源，以及约定俗成的感情色彩，才能掌握其确切含义。例如，"炙手可热"，仅字面意思是人气很盛，手一接近就感觉热得发烫，这就很难看出它的深层含义的贬义色彩了。正因为如此，至今在有些文章中常把"炙手可热"当做褒词，也冲破它只能用于人的界限，广泛用于影视、文章、工作职位、二手房、中药材料……；人气旺、走红、走俏、市场火暴等等的表达，与成语原有的确切含义，均是不一致的。再例如，"差强人意"这个成语，出自《后汉书·吴汉传》，"差"在原文中是作副词，意为"大体上"。其确切意思是"大体上还让人满意"。从总体上说，这是一个含褒义的成语。可在实际运用时，有的人并没有弄清它的语源，仅从字面上去理解，而且又把"差"作为形容词"不好"来释义，结果"差强人意"就变成了"不能令人满意"含贬的成语。再例如"擢发难数"、"罄竹难书"都含有贬义，用以形容罪恶之多，难以说完。但从字面上看，也是很难看出来的。然而，弄清成语的感情色彩，对于确切掌握它的含义、正确使用成语至关重要，千万不可小觑。

　　第四，要注意近似成语的比较选择。汉语成语是一座极为丰富的宝藏，有些成语互相类似，但含义并不相同；有些成语同义或近义，但褒贬相悖。如果我们不注意分析比较，往往就会造成理解错误或使用错误。

　　（主）　"东突"恶行耸人听闻
　　（副）　已至少制造200余起恐怖暴力事件　　造成162人丧生

（2003年12月16日某报）

　　【品评】　"东突"即国际恐怖组织"东突厥斯坦解放组织"的简称，它在我国新疆等地区制造过多起针对平民的恐怖暴力事件。显然，主标题中"耸人听闻"这个成语使用不当，应当换一个与之形相近义却截然相反的成语"骇人听闻"。"耸人听闻"，意为故意说夸大事实或惊奇的话，以引人注意，使人震惊；"骇人听闻"，是指社会上发生的坏事，使人听了非常吃惊。对于这两个形相近而义不同的成语，前者不合文意，主标用此成语，属于错用；后者是对文意有正确表达的作用，因而此题的主标应改为《"东突"恶行骇人听闻》。

　　△　MP4市场鱼龙混杂须警惕

　　【品评】　成语"鱼龙混杂"，意为坏人和好人混在一起，这里用来泛指优质产品和劣质产品混在一起，不适当。应改用一个与之形义均相近、使用范围却各有不同的成语——"鱼目混珠"，这个成语意为拿鱼目冒充珍珠，比喻拿假货冒充真货，真假混杂，更为确切。此题应改为《MP4市场鱼目混珠须警惕》。

【链接】 成语一般都言简意赅、富有表现力，在标题制作中运用得好，往往能起到锦上添花的作用。但是如果对成语的确切含义和感情色彩掌握不好，运用就难免词不达意，甚至造成语病。尤其是对有些结构相仿、所说的事又极为相似，而实质含义并不相同的成语在使用时更要结合语境，注意仔细加以分析比较，力求透彻地把握它的确切含义，切不可望文生义马虎从事。比如，"无所不至"与"无微不至"，看似只有一字不同，但含义却截然不同。"无所不至"含贬义，意为坏人干坏事无孔不入，什么坏事都干得出来；而"无微不至"，含褒义，意为关怀、体贴，照顾得非常周到，连细小的事情都想到了，做到了。这两个看似差别不大的成语，在使用时如果错了位，就会差之毫厘，失之千里！

第五，要注意成语的定型性。 成语是汉语中经过长期使用、锤炼而形成的固定短语。定型性，就是成语形成最重要的特征。除了合乎规律的历史演变或修辞性的活用之外，成语的格式是不能随意变动的，既不能任意改变成语的结构，也不能随便加一字、减一字或换一字。

（肩） 跨世纪的普查·市场经济下的普查·规模最大的普查·应用技术的普查·难度空前的普查

（主） 第五次人口普查"浮出地面"

（1999年1月23日某报）

【品评】 对于切合文意的现成成语"浮出水面"弃之不用，硬要将其动手"打造"一番，生造一个不伦不类的生造成语"浮出地面"来取代，让人倍感莫名其妙，不知所云。

在新闻报道和标题制作中，成语"浮出水面"使用频率是很高的。浮是相对沉而言的。"浮出水面"的字面意义是"沉于水下的物体，漂浮到水面上了"；其深层含义为比喻不为人知的事物亮相、曝光、显露出来了。此题主标中将"浮出水面"化用为"浮出地面"，沉于水下的物体是浮不出"地面"来的，不合情理、文理不通，应归为生造词语，不可取。此主标题应改为《第五次人口普查"浮出水面"》。

（主） 7省市高考第一名跃出水面

（副）　河北理科最高分704分　广西文理科头名都出自南宁二中

（2009年6月23日某报）

【品评】　这又是一则乱改成语"浮出水面"的例证。"跃出水面"这个临时组合的短语，它确实可以用来表达一种自然景观，比如我们在动物园看河豚表演，它时而潜入水里，时而又跃出水面；再如，在江河湖塘里，人们也可偶尔见到鱼儿"跃出水面"的情景，但"跃出水面"不是成语，有固定的字面意义，却没有深层的比喻意义，它不可用以比喻泛指其他事物。此题主标也应该改为《7省市高考第一名浮出水面》。

（主）　开往继来携后学
（副）　推动海派收藏大繁荣论述之六

（2007年某报编辑部文章）

【品评】　"继往开来"，这又是一个使用频率较高，早为社会"公知、公认、公用"的规范性成语。按《现代汉语词典》释义："继承前人的事业，并开辟未来的道路。"这个成语是两个有接承关系的动宾结构组成的，两个词语的序位与词素的配属是不能颠倒、不能挪用的。如若不然，将其化用为"开往继来"，按字面意义岂不成了"开辟过去，继承未来"了吗？逻辑混乱，文意不通，还是老老实实地用成语的原式为好：《继往开来携后学》。

老牌名校鼎故革新，全线提速领跑城南基础教育

（2010年6月28日某报）

【品评】　"革故鼎新"是成语，而"鼎故革新"却是随意改变成语结构所造成的语病。成语"革故鼎新"出自《周易·杂卦》。革，去掉；"革故"乃除旧之意也。鼎，建立，"鼎新"，布新也。含义为除旧布新，破旧立新之意。它是由两个意义互相对立的动宾结构组成的并列短语，反映表达的是同一事物相互对立的两个方面。这两个动宾结构的位置可以颠倒为"鼎新革故"，但其配属的词素是不可以相互挪动，即变为"鼎故革新"或"革新鼎故"，否则就把意思弄反了，成了"除新布旧，破新立旧"。因而此题应改为《老牌名校革故鼎新，全线提速领跑城南基础教育》。

【链接】　汉语的成语，是前人在长期使用过程中形成的固定短语。字数虽然有多少之分，少的只有三个字，多的可以长达十余字，但绝大多数都为四字组合；成语的结构也是多种多样的，它同语法中的短语一样，

短语有什么样的结构，成语也就有什么样的结构。结构的定型性和意义的两重性是汉语成语最典型的共同特征。成语的定型性是指它的结构式样、组成成分，不能随意改动，甚至包括成语中的每一个字一般都不能用其同义的字来替换。比如说："矢"和"箭"虽然所指事物相同，但是成语"无的放矢"，也不能说成"无的放箭"。再比如："孤注一掷"和"明珠暗投"，这两个成语中，"掷、投"同义，我们也不能说成"孤注一投"与"明珠暗掷"。因为这是成语定型性的规范，是共同使汉语语言的社会成员"公认、公知、公用"的约定俗成的规范，不然就会使人感到莫名其妙，不知所云。

第六，要注意活用成语的规范。随意改动成语的式样、词语成分是一种语病。但是合乎语言规律规范要求灵活有效变通地运用成语，又是标题制作中使用比较普遍的一种修辞手段。成语的灵活运用，贵在因文制宜、规范有序地别出心裁。这往往看似平淡无奇的一言一字的增减，只要用得巧妙得体，就能在方寸之间传出丰富的新鲜信息，照样能风生水起，让人耳目一新。

老当"易"壮

（1982年3月27日《长江日报》）

【品评】　这是一篇新闻评论的标题。1982年，当党中央针对当时我国面临干部队伍普遍老化的问题，决定改革领导机构和干部制度，推行干部离退休制度，可一些年岁偏大、需要让位给年轻人的同志，思想观念上的阻力却不小，你说要"新老交替"，他说要"老当益壮"——虽然年龄到了，但"老骥伏枥"还可以在岗继续干下去。于是《长江日报》的同人，在吃透中央精神的基础上，就将成语"老当益壮"变意引申为"老当'易'壮"做题目，撰写并刊发这篇新意盎然，既有鲜明的针对性，又坚持了科学分析透彻说理的好评论。评论一起笔便指出："老当益壮"这句格言，是指思想、意志、精神状态而言的，是说人年纪大了，思想志气更应该豪壮，有些老同志常以"老骥伏枥、志在千里"自勉，其志可嘉，但这不是说人越老精力越壮实。从生理上说，人到了老年，体质减弱，精力不济，老不如壮，这是新陈代谢的自然规律。因而，在社会的发展、事业的进步中，我们应既称道"老当益壮"又倡言"老当易壮"。易者，移换、替代、易位于壮之谓也。我们的革命和建设事业任重道远，我们的干部队伍，就要向接力赛跑一样，不断新老交替，"老当益壮"与"老当易壮"携手并进，才能朝向既定目标代代相传地去努力奋斗。无疑，这则标题巧妙地运用了谐音易字的方法，将成语"老当益壮"灵活地变意引申为"老当'易'壮"，真可谓妙笔生花！

（主）　军政皆通　玉汝与成
（副）　记全军优秀指挥官、广州军区某部政委刘玉成

（2009年1月11日《光明日报》）

【品评】　制题者的想法不错，结合文意，想要妙用一个成语既能凝练概事又能将新闻人物的名字巧妙镶嵌其中。选用的成语"玉汝于成"，也可以说非常对路，只是美中不足将该成语误写成了"玉汝与成"。"于"与"与"，虽说同是介词，但含义不同，一字之易，可谓对错两重天。

成语"玉汝于成"出自宋·张载《西铭》。张载是北宋著名的哲学家，他38岁才考中进士，先后做了几任地方官。公元1069年，辞官回到从小生活过的横梁镇。横梁地处偏僻山区，生活条件很差，但张载却不以为苦，每天手不释卷，常常为了思考问题废寝忘食。1076年，他从自己的哲学、历史著作中抽出两段话，写在书房东西两扇门上，这就是史上有名的《东铭》和《西铭》。在《西铭》中有这样一句："贫贱忧戚，庸玉汝于成也。"大意是，贫穷低贱的客观条件，可以磨炼人的意志，用来帮助你达到成功。后来，这句话被简化引申为成语"玉汝于成"。"于"是表示到达什么程度的介词，相当于"到"或"到达"。"玉汝于成"即是"帮助你到达成功"或"使你有所成就"的意思。如果该成语中的介词"于"错成或换成"与"则相当于"跟"、"向"，很明显这不合规范，不能做到文通意顺。

行文至此，笔者还要特别提及，成语"玉汝于成"，在实际运用中，还有可以缩略为"玉成"的用法，其意亦为"贵之如玉，助之使成"。在这篇报道的特定语言环境下，将主标题的成语"玉汝于成"改用缩语"玉成"，原题主标改为《军政皆通　玉成其业》。其中"玉成"二字，既有成语"玉汝于成"的含义，对文意可谓是精确凝练的概括，又恰巧是新闻人物的名字，真可谓难得的巧合，成语的妙用！

不是么，请看看这篇报道的简要内容吧！刘玉成同志是广州军区某部的政治委员，他热爱自己所从事的事业，刻苦钻研学习，军政皆通。在当前信息化作战的全新条件下，他不仅肩负起党委书记的政治事业，而且

身体力行地带领部队钻研现代军事技术，苦练现代化条件下作战的军事本领，带出了一个"特别能打仗的班子"，锻造出了一支"特别能打仗的部队"。刘玉成同志荣获"全军优秀指挥军官"的称号。如果主标题用"军政皆通，玉成其业"来概括表述，"玉成"既是人名，又是成语"玉汝于成"的缩语；"业"即指事业、业绩，恐怕也算得上"言简义丰"，贴切有味吧！

【链接】 成语不仅是汉语和汉文化的精华，同时也是一种重要的可以开发利用的语言文化资源。特别是在新闻标题这个特定环境下，对成语的使用从来就不只是单一的原式引用，而是有着"正体、变体、缩语"等多种形式。

所谓"正体"，即是对成语原式原文原意的整体运用。成语是人们长期以来沿用成习、简洁精辟的定型词组式短语，这当然是作为大众传媒的新闻标题不可或缺的语言材料，它同社会公众有着与生俱来的亲和力和联想力。正因为成语有着"沿用成习的优势"，在标题中使用成语，按常规常态的正体运用应是首要的选择。

所谓"缩语"，即是规范化定型性的成语，结合语境缩略、简化的使用。由于成语本身就是极为简洁精辟的定型词组或短语，再次缩略简化的必要性和可能性很小，或者说，对大多数成语来说，已无此必要。但语言现象本是一个没有终点的变化、发展过程，汉语成语这个由无数具有不同生命力的成语个体所构成的体系中，有的成语在不断使用中，仍然有着沿用成习的缩语出现。比如，《"送温暖"要多送"炭"》（2003年11月2日《饶平报》），题中"送炭"，就是成语"雪中送炭"的缩略简化。再如此，成语"东施效颦"也作"效颦"、"玉汝于成"也作"玉成"、"请君入瓮"也作"入瓮"，均已为相关业界和学界所认同。

所谓"变体"，即是对成语偏离常态的灵活运用。对沿用成习的定型性成语，一般要作为整体来使用，这是常态。但是在特殊的语言环境下，巧妙地利用"巧合"、"倒装"、"别解"、"拆词"、"谐音"、"易字"、"移就"、"镶嵌"等等修辞手段，改变成语的结构、词语成分，或添加一些字词、或更换某些词，从而赋予原成语以新的含义的非常态用法，而这种用法既有利于正确地表情达意的特殊需要，又符合汉语本身用词造句的规律，这便是成语的灵活运用。比如，在第十一届广州亚运会上，中国男篮和韩国队的冠军争夺战异常紧张激烈，在比赛最后的46秒，中国队刘炜快攻上篮被对方盖掉，33岁的王治郅机警地捡到球，在对方的干扰下投进了中国队制胜一球。整场比赛，大郅可圈可点，在几个关键球上都有上佳表现。次日（2010年11月26日）《北京青年报》在报道这场比赛时，标题便是《千金一"郅"助男篮夺冠》。"千金一'郅'"，即是成语"一掷千金"的灵活运用。

我国宋代人陈善，在他的《虱新话》中有云："文章要不蹈袭古人一言一句。然古人自有夺胎换骨等法，所谓灵丹一粒，点铁成金。""灵丹一粒，点铁成金"喻指因文制宜活用古人的成语佳句，加以点化，翻出新意，这对于我们写新闻，尤其是制作标题具有重要的借鉴作用。对于成语的活用，笔者在"活用成语，文题增辉"专章中，亦有论述，此处就不再细说了。

第四部分

延伸篇

上个世纪末，互联网像旋风般席卷世界各地，平面媒体便生存在"报纸消亡论"的压力之下。

尽管与报纸相比，网络媒体具有容量大、时效强、可交互、可检索等诸多优势和特点，对其的生存发展提出了新的挑战。但笔者认为，就像广播不能代替报纸、电视不能代替广播和报纸一样，网络媒体同样不能取代传统媒体，它们之间既有挑战、竞争的一面，又有互辅互动、共融共生的关系。

据2010年世界报业与新闻工作者协会第4次发布的全球所有出版报纸国家的分析报告显示：全球报纸2009年仍然保持一派繁荣，全世界绝大多数国家的报业处于增长中，60%的国家过去一年报纸发行量保持稳定乃至增长的趋势，而68%的国家过去5年报纸发行量保持了稳定乃至增长。（引自2010年第10期《中国记者》）

报纸的生存发展，关键是从业者要自主自强，善于扬长避短，踏踏实实地营造自身的核心竞争力，自己强大了，没有人打得败你；反之，就一家报纸而言，即便有了再好的生态环境，如果不倾心尽力去打拼，出局也只是迟早的事。

在媒体激烈的生存竞争中，报纸要扬长补短发挥自身优势，涉及方方面面的论题。其中结合自身条件精心地制作好标题，便是不可忽视的论题之一。报纸标题的制作，包含着标题文本的精心制作与标题外形的精心打造两个层面的要求。对于前者本书已有充分的阐述，本篇将集中地对后者及其相关议题做些解读。

第七章　报纸标题的排列美化与字号字体的组合

版面是报纸的形象。一张报纸是端庄高雅的，还是媚俗平庸的，是气质鲜明、坚持真理的，还是态度暧昧、袒护邪恶的，是光明正大的，还是处事不公的，都是通过一个个版面来展现自己的形象。

标题是版面的支柱。最能醒目地展示报纸形象的也是标题。一个版面没有标题或者标题很少，或者字号字体选配不当、排列不当，这个版面是美不起来，也不会有好的形象的。

第一节　版面区间划分与标题布局及字号字体组合原则

标题对版面的美化及其对新闻的评价与提示作用，在很大程度上是要通过字号字体的变化来体现。而我们研究标题字号字体的组合，以及标题与标题之间在一个版面上的布局，又不得不涉及版面空间的划分、编排形式的问题。

报纸版面的编排被称之为"无声的语言"，它表达编辑部对版面上的各类稿件的评价、认识以及某种特定的编辑思想，也是读者选择新闻的索引。而这种"无声的语言"，主要是通过各新闻稿件放置的地位，以及由不同字号、字体组成的大小、长短、轻重不同的标题来体现。

在一个版面的布局上，由于新闻稿的多少、类别、轻重的不同，通过编辑手段的相对组合、分割，便会产生若干间区。尽管这些间区的大小和多寡是变化无穷的，但从我国目前的横版报纸来看，一般地说，其基本形式有这样三种：一是二分间区，即将一个整版相对地一分为二，这里面又可分为上下间区和左右间区两大类；二是四分间区，即将一个整版相对地组合、分割为上下左右四个间区；三是八分间区，即在四分间区的基础上，再各自横切为两个间区。当然，这些间区的划分不可能都是整齐划一、等分规则的，常常是相互渗透、衔接连成整体的。同时由于稿件数量、类别、轻重的不同，不同的版面还会分出更多的间区。但上述这几种间区的划分却是基础，其他则可以在这个基础上灵活变化，以求得体、适宜为好。

由于人们的心理状态和视觉选择的先后，版面上的间区，就有优劣之分。一般地说，二分间区，以上部、左侧间区为优势间区，下部、右侧间区次之；四分间区、八分间区则以由上而下、由左到右的顺序，来区分版面间区的优劣。版面的组织者常常根据这些间区的优劣情况的不同，来确定新闻稿件放置的地位。

待版面的间区和各新闻稿件的地位大致确定之后，一项十分重要的工作，就是集中全力解决各标题字号字体的选定、组合以及排列形式、布局的均衡问题。它的总的要求是：既要一目了然地明确表达某种编辑思想，有利于明显地显示出各种新闻稿件的轻重程度，便于读者对新闻的选择，又要能引人注意，给人一种活泼、醒目、匀称的美感。在这方面，有一些技术性问题，值得注意：

1. **要配置得当**。标题字号字体选配得当，可以使标题突出醒目，增进版面的美观、表示出新闻的重要程度。

字号指的是标题字本身的大小。对字号规格的计算一般地有两种：一种是点数制；另一种是号数制。现在我们仍运用号数制来区分标题字的大小。常用于报纸的字号有：初号、小初号、一号、二号、三号、小四号、五号（老五号）、小五号（新五号）、六号等十余种。比正文大的字号，均可用做标题；小初号用于标题，俗称为大字标题。

字体是指标题字本身的体型。汉字用于标题的常用字体有：宋体、楷体、黑体、仿宋体以及长仿宋体、扁体、长宋体（牟体）、长黑体（美黑）、隶书等等，多达数十种。其中最基本的字体是前面的四种，由于它们的基本笔画有浓淡之分，在版面上也就有轻重之别。在报纸版面上易于引起人们注意的为"重"，不能特别引人注意的为"轻"。故在各类字体中，相对而言，以仿宋体最轻，楷体次之，宋体较重，黑体最重。明白这一点，对于标题字体的选用很有关系。具体地说：

宋体。字粒直粗横细，粗细、浓淡适中，在同样的面积上笔画分布最均匀、齐整，能给人一种大方、清秀的美感，是标题最基本的字体。目前，在一些注重字体变化的报纸上，以初号字做主题的大字标题，基本上选用宋体字；在一个新闻版面上，有2/3的单发新闻主题使用宋体，便能使之显得稳重、清秀。

楷体。即毛笔手写字体。它端重自然，能给人一种秀美、隽永、舒适的感觉。可与其他字体配合使用，多用做标题的肩题或副题，极少用做破栏长题的新闻主题；但常用于短的言论文章，尤其是编后、按语、诗歌的文题。

  黑体。又称粗体。它笔画粗壮醒目，在同样大小的版面上，因其线条粗壮，看起来就像比同号字体大。多用做带有严重性和借鉴性的新闻标题，或必须特别突出强调的稿件的标题。在一般情况下，对于四栏以上的长行标题，应适量选用黑体做主题，同一版上，黑体标题不宜过多，否则就给人以过于粗重的感觉，而不能给人以美感。也有的报纸破例地一律采用粗体字做标题，从而形成自己的编排风格，也颇引人注目。

  仿宋体。它本是摹临仿宋版精本雕刻的字体，笔画纤细，字迹柔丽，能给人以清秀的感觉。但因其笔画过细，在版面上用做标题不醒目，会给人以太轻的感觉，除短栏题外，一般不用做主题，可用做副题，或短行题、诗歌的标题。

  主题本是新闻标题的主干。我们讲的标题的字号字体要选配得当，关键在于主题的字号字体的选配要得当。主题字体的选配，在同条标题中要较重于辅题，以宋体、黑体最为适宜。对喜庆性的新闻、文体新闻，以及有的通讯、人物专访等，也可偶尔选用与新闻性质相称的隶书做主题。

  在字号选定上，主题一定要大于辅题，一般情况主题的字号要大于辅题一至三号字，个别副题还可缩小，但相差太悬殊同样会失去美感。肩题的字号与字体也应以略大于或略重于副题为宜。标题字号的确定，一般要考虑这样三个因素：版面空间的大小、同版新闻条数多寡、本条新闻的分量及在版面上的地位。在下一节中，我们将专门就对开版报纸的新闻版〔副刊版、晚报和知识性、趣味性、服务性的报纸相对地说由于标题字数少、条数多，社会新闻、花边新闻多，知识性、趣味性强，题饰多，每条标题所占的版面空间，都要缩小1/3以上，字号也得相应有变化，标题一般是短（占栏少）、粗（笔画较重的字）、大（字号用得稍大一些），给人以较强的刺激作用〕标题，谈谈在字号的组合上的一些变化特点。

  2. 要排列有序。一张报纸或一个版面上的标题，无论在其种类、形态上，或在字号字体的组合方面，都应当注意要有变化，有变方能"活"，才能做到丰富多彩、引人注目，更好地发挥标题的吸引作用。但是，如何才能把这些各具特色变化多端的标题，和谐地组合在一个版面上，使之做到活而不乱、多而不散呢？这里虽说不可能有既成的固定模式，但还得讲点排列有序。总的来讲是要做到：对称、均匀、有层次。

所谓对称，这可以说是我国汉字标题的特色之一。它不仅是对标题制作上的文字与字号字体选配上的要求，而且也是对标题间排列形式上的要求，以此来构成视觉上的艺术美。在版面上，讲求标题间排列上的对称，常见的方式有平行式和斜列式两种。

平行式，又可分为竖题的左右平行与横题的上下平行两类。采用这种方式取得对称的美感，在同一间区内常常都是用于性质相似、字数相近的两条以上新闻，正文所占栏数相同，标题长短和排列形式也基本相同，各题形成线段的平行，给人以整齐、一致、对称的美感。

斜列式，即运用编辑手段把版面上（或间区内）的标题，由左向右或由右到左，做向下的倾斜排列，在其一端设法构成梯层形状，它既能给人以层次分明的感觉，又能使标题做到错落有致。

所谓均匀，是指标题在版面上分布匀称，浓淡要适宜。切不可把标题密集于一隅，使之乌黑一堆，影响版面的美观。

要使标题在版面上分布得较为均匀，标题与标题之间，特别是四栏以上的大标题之间，不可相距太近。同时还得经常注意避免和解决头重脚轻的矛盾。因为从要求上说，报纸的版面间区有优劣之分，重要的新闻，长行的大字标题，很自然就会云集其间，下半版标题的强势，必然就会显得微弱。要解决这个矛盾，除了在组版过程中加以注意外，也可采取这样一些技术措施：（1）对居于优势间区的四栏题以上的新闻，如无特殊需要，不要随意加花边；（2）对放于劣势间区的那些吸引力强的新闻，标题可适当放大字号，并用花边、题饰，加以突出。

所谓有层次，是指版面上标题的强势的变化，应该遵循逐次减小的原则，切不可大起大落，给人以凌乱、刺眼和不舒服的感觉。

这就是说，在一个版面中，如果有六栏题的新闻，就得有适当的四栏题与三栏题与之接转、配合；如果有五栏题的新闻，就得要有三栏或四栏题与之接转、配合。要不然，在一个版面上，除了五栏以上的长行题，就是二栏以下的短栏题，无论如何是不会协调的。在一个版面中，大标题过多或小标题太多，都很难组合成美观大方的版面。

3. 要疏密得体。在标题的编排上，还要注意空白的恰当运用。这就像画家作画、摄影师拍照片那样，必须要有适当的空白，方能衬托出图案的鲜明与清晰。标题的四周和字与字、行与行之间注意留出空白，保持适当的行距，就会使标题的字越发显得清晰、突出、醒目，使版面显得开朗而不闭塞，清秀而不臃肿，呈现出一种空间美。反之，如果不是采用特殊的排列方式（如齐头式、对角对称式等），不注意留空白与保持适当的行距，标题中字与字、行与行以及题与文都紧密相连，浓密一片，既不美观，也不便于阅读。

行距与标题四周的空白，要留得适当，过宽会使版面显得松散，过窄又会显得拥挤。在版面许可的条件下，有的同志提出了这样一个原则要求，关于字距：字大宜宽，字小宜窄；字少宜宽，字多宜窄；扁体宜宽，长体宜窄。关于标题四周的空白：字大宜宽，字小宜窄；字多宜宽，字少宜窄；长行题宜宽，短栏题宜窄；加饰宜宽，无饰宜窄；要文宜宽，配稿宜窄；文学艺术作品宜宽，科技理论著述宜窄；名家撰著宜宽，常人常文宜窄；两端宜宽，两侧宜窄。这些来自实践经验的一家之言，可资借鉴，灵活运用。

同时，关于空白的使用，日报与晚报、机关报与专业信息报，在要求上也是各不相同的。例如，《人民日报》与《羊城晚报》，就有明显不同的风格，难以强求一律。

4. 要比例适度。一个版面的标题要成为一个有机体，就全版来说，要防止畸重畸轻和过疏过密，做到不偏、不扁、不挤、不乱，大方、匀称、清晰。这里，还有下面这样一些大致的比例关系要灵活掌握好。

标题的形态要富有变化，横题与直题配合使用，可使版面生动活泼。根据横排报纸的特点，从人的视界的限度来说，横向的视界远较纵向的视界为宽，不宜做长栏的直题，六栏以上的长行题都尽量做成横题。同时，在一个版面上应以横题为主，横竖题的比例控制在三与一之下，较为适中。对于一些比较重要的四栏以上的横题，应尽量放在版面的两侧；不是通栏正文的不宜居中放置，更不宜放在版中央，以免影响版面的整体美。

一个版面上，头条标题的题型，对整版标题的布局有着决定性的影响。版面上稿件内容，尽管是多姿多彩，但经常都会有个中心与非中心之分，有经验的编辑常常据此把一个版面变成两个版面来安排。这样便出了"大套小"——上大下小，或"小垫大"——上小下大，或者中心覆盖一般的多种情况，头条标题的形态就得灵活多变。一般地说，小版面的头条标题多选用横题，大版面多选用竖题，覆盖全版的头条新闻则必须用横题。而且头题的大小，以不大于版面的2/3、不小于版面的1/4为好。过大，塞得满满的，显得过重，版面难以做到美观；过小，覆盖面太窄，又不易压住版面。

花边和题饰的运用，对于美化版面、衬托出新闻的重要性和引起读者的注意都有重要作用。读者在阅读报纸的时候，注意力常常会集中到有花边、题饰的地方。但现在的问题是有的版面用得太多、太滥，有的报纸一个版光题饰就多达三四个，使整版黑糊糊的，既不美观，又失之于端庄，失去了引起读者注意的意义。一般地说，在一个新闻版里，花边、题饰的运用，最多不要超过四则。同时，花边一定要根据新闻的性质精巧地运用，在同一版中，要避免同一花边的重复使用。

在复式标题的自身排列中，辅题不能长于主题。在副题居于主题之下排列时，起首一定要低于主题，尾部可不拘一格。在副题字数比较多，需要节为多行排列时，起首也必须低两格，回行方可同主题取齐。那种把副题与主题并排成一条水平线的做法，有碍美观，不可取。

但在采用宝塔式的排列时，却不受副题要略短于主题的限制。

标题的厚度与正文的厚度也要适中。在一般情况下，要力求避免出现标题厚度超过正文厚度的情况。如出现标题厚度超过正文厚度的情况时，可以用改变标题的排列形式、配发图片，或加花框的办法来解决。

由于新闻事业的飞跃发展，标题的制作和编排在争取读者的竞争中占有非常重要的地位。从标题里，常常可以看出一家报纸编辑的学识修养、新闻学术水平和编辑技术的高低，以及他们对当前国际国内重大事件的立场、倾向、认识的深度。所以，标题的制作和编排，在新闻写作与编辑工作中，决然不可掉以轻心。

第二节　题文处理与标题字号的选配

题与文的合理安排，要有利于正确地表现、评价新闻的内容，便于阅读和美化版面。在中文报纸中，以文字走向及所占栏宽，大致有下面一些题式。

横题横文　题与文的走向均为从左向右。标题要在横向上合于正文栏数，高要合于行数。题与文虽处在一个位置上，但正文与标题不能直接相连，应保持一定的距离，即标题的四周要有相应的空白，以保证标题的醒目，版面的美观。标题居中时，除题字满行外，两头空白以保持正文字2

倍以上为佳，最低也不应少于1倍。

横题竖文 题与文的走向相反，题从左向右开展，文则由右向左排列。标题要在横向上合于正文栏数，高要合于行数，且四周要留适当的空白，不可与正文相连。标题居中时，除题字满行外，两头空白以保持正文字2倍以上为佳，最低也不应少于1倍。它是穿插于横文版中的一种习用形式，也是竖文版中的一种常用形式。

竖题竖文 标题在宽度上要合于行数，高度上要合正文的倍数。标题始终立于正文读序的起首。无特殊编排的需要，横文版的竖题竖文，标题均为右竖题，题与文的走向从右向左排列；标题为左竖题时，题与文的走向则均从左向右排列。它是穿插于横文版中的一种形式，也是竖文版中的一种习用形式。

竖题横文 标题在宽度上要合行数，高度上要合正文的倍数。一般情况多为左竖题，题立于文的起首，走向均为从左向右排列。为右竖题时，正文走向仍为从左向右，标题则按从右向左排列。这种题形会给阅读带来一定的困难，如无编排上的特殊需要，大辟栏的长文，宜少采用。晚报及短栏新闻使用这类题形较多。

转版题 新闻或文章的余文转入另版时，派生出下版的代标题。转版余文一般都应加转版题，尤其转入两稿余文在相近版位时，即使在版面受到限制的情况下，至少要保证其中有一个转版题。转版题只用原题的主题，省去辅题，字号可小于原题，但文字不能有改变，要同原题保持一致。字号可视占位及版内各题的情况酌定，没有统一的要求。

通栏题 亦称横幅、通栏大标题，即贯通版面的特大标题。它居于一个版面的最显著的位置，多用于突出强调某个时期的中心工作和指导思想；也用于非常重大的事件的标题，以表达某种强烈的愿望或感情。这类通栏题有很强的指导性和鼓动性，可以只用一次，也可连用多次。通栏题在用于单篇新闻或文章的标题时，主要目的在于突出它的重要性。由于通栏题，特别是以此做横幅时，它的指导性、鼓动性和显著性都十分强，在使用的时候，一定要慎重，切忌滥用，一般情况不宜轻易使用。内容要反复推敲，要准确全面，不可乱提口号。

通栏题要极为重大的新闻方能采用。用做头题时，主题都应选定在小特号或略小于此的48点黑以上；辅题的最小字号不能小于二号，而且也只能用二号黑体。

在使用老初号做大字标题而副题的内容又较多的情况下，主题与辅题字号差距比一般情况下要大一些，但也不能无限度拉开这个差距。

六栏题 标题长度以6个基本栏为限。

栏，报纸版面划分的基本单位。为便于编排设计和读者阅读，现代报纸版面都按若干相对固定的栏平均分开。一栏即一个基本栏。中文对开报纸一般多为8个基本栏，四开报纸一般多为6个基本栏。

六栏题适用于特别重大的新闻的标题，一般不常用。主题一般多用小初号，大的可用到小特宋；在用于边栏题而且标题字又多，也可用大一黑。辅题字号，一般不小于二号字。

五栏题 标题长度以5个基本栏为限。用于大型版面的头条或二条重大新闻。主题一般可用至老初黑，最小不得小于大一号；辅题常用一号、二号搭配使用。

五栏以上的标题在同一版面上，以一个为宜，而且其他新闻的标题也要相应大一点、重一点，以免造成骤小、骤轻的不协调。

四栏题 标题长度以4个基本栏为限。它的适用范围广泛，可用做头题、二题、中题以及边栏题，是目前常用的标题形式。正由于它放置地位灵活，题目的字数多少不拘，主题对字号的选择范围较大，最大的可用到老初，小的可以到一号字，甚至到二黑，辅题的最小字号可用到三号。

三栏题 标题长度以3个基本栏为限。这是目前新闻纸上的基本题式。但由于覆盖面以及单靠铅字本身的强势有限，头版上很少单独用做头题，大多用于次要新闻的标题；其他版上做头题机会较多。主题以一号字为宜，在双行主题时也可选用二号字，个别的还可用三黑；辅题最小字可用四号字，个别的也可用老五黑。

两栏题 标题长度以2个基本栏为限。这是目前新闻纸上用得较多的基本题式。通常最大字号以一号为宜，无辅题字号还可增大；辅题字号可视情况选配。

一栏题 标题长度以1个基本栏为限。一般用于短小的动态新闻或集纳简讯，以用三号以下的字号为宜，点题可用到二号字。

标题在版面上的变化是很大的，不少标题所占的栏数也不可能都会这么整齐，常常要突破整栏数，在字号的选用上可参照着有所变化。

在主题字号的选定上，还有这样一些因素要考虑到：一般地说，在占有相同版面空间的条件下，文题加框或有题饰的较之不加框、无题饰的，要相应缩小一号；使用长体（或扁体）的较之使用方体的，要相应加大一号；双行题较之单行题，要相应缩小一号。

第三节　标题的编排形式

标题的排列，没有固定的形式，是多变的。不过有一点倒可以固定，这就是：标题既然是新闻的一个组成部分，在版面上题与文必须连在一起，形成一个整体。但由于它自身的行数和横竖走向不同，以及与正文连接部位和在版面上占的位置的不同，便有了多种多样的排列方法。下面仅列举一些基本的、常见的排列方式。

单行式题　有主题无辅题。是报纸版面上的标题的基本形状。有疏排和密排两种类型。题字字多而不需在字间加衬空的为密排型，需要加衬空的叫疏排型。从形态上分，有横题与竖题两类。如图1：

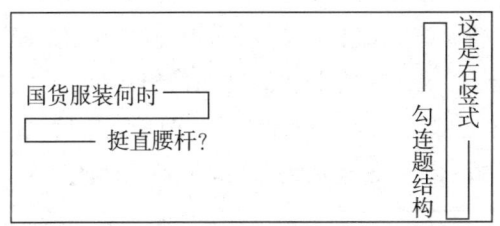

图1　单行式

勾连式题　当一个单行式标题的文句不宜绝对拆开，又限于栏长的局限，宜设计成勾连式题。它既能起到美化的作用，又能弥补栏长的不足，缩短标题的长度，并使文句连贯，阅读方便。如图2：

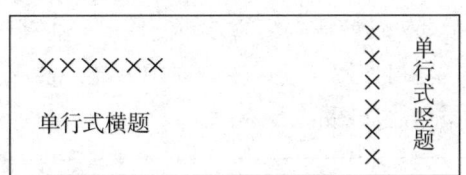

图2　勾连式

斜列式题　多用于3行或3行以上的多行题，即从肩题、主题到副题，都按相等距离，依次像梯而下，斜列拉开，前行的行首与次行的行尾用空铅要相等，各行标题的行间要稍小于标题的上下空白。主题为双行时，应先排齐，并以此为准，再斜列拉开。分横题、竖题两类。如图3：

半斜列式题　属于竖题的一种排列方法。一般是主题居中，肩题与

标题的制作理念与艺术技巧

副题成斜列，且副题以主题为准，居主题中偏上。题头肩、主、副像梯而下，底部却长短不拘。如图4：

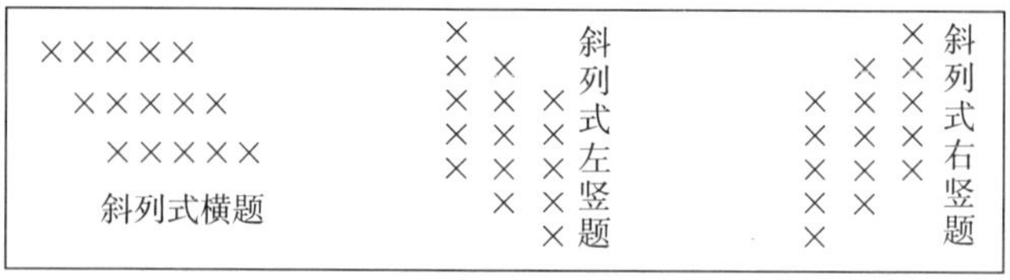

图3　斜列式

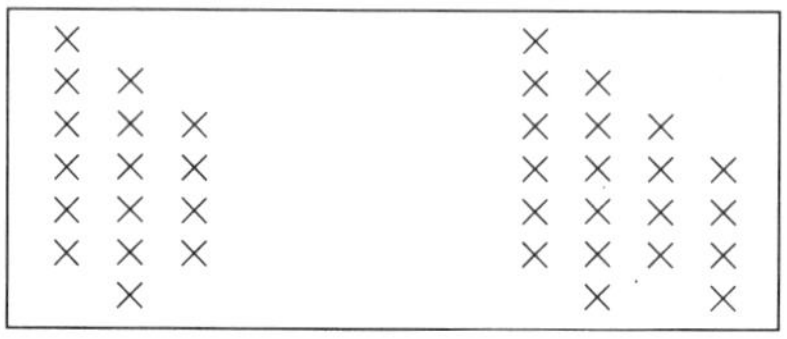

图4　半斜列式

低格式题　属肩主型与主副型题的一种排列方式，即后行题低于前行题一格。肩主型低格式题，后行题低于前行题一格排列，底都要长于前题；主副型低格式题，主题下面的副题低格排列，但这种低格是有限度的。副题排成后的总长度，上下空的比例，前稍大于后。误差不得大于正文字2倍，且行距要稍小于主题与副题之间的行距。如图5：

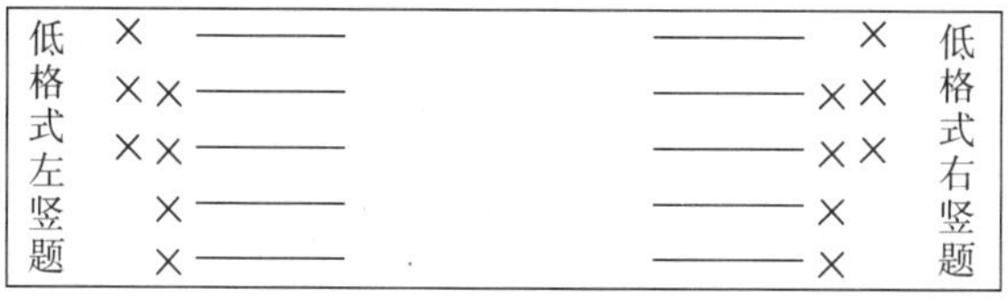

图5　低格式

居中式题　为报纸标题最基本、最方便使用的一种排列方式，双行题与多行题、横题与竖题均可使用。即以主题居中为准，各行题均居中排列，两端各自留有相等的空白。如图6：

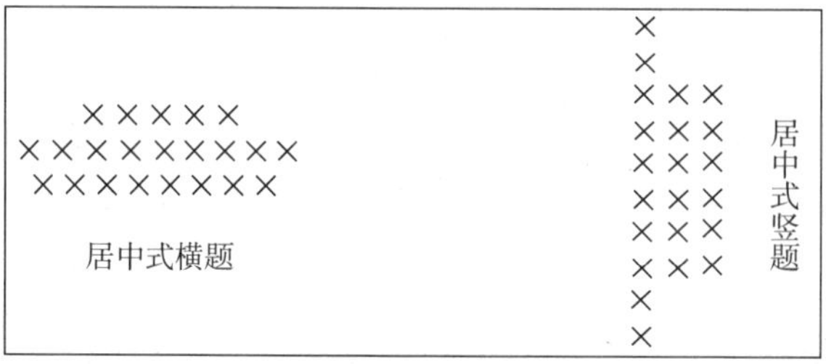

图6　居中式

叠字式题 将文句字数较多的标题，分别按上下两字或左右两字（也有三四字的）叠一行，让其所占版面空间大大缩小。分横题叠字和竖题叠字两种。横题叠字，即将上下两字竖叠成一行，中间加线隔离；竖题叠字，即将左右两字横叠成一行，中间加线隔离。采用这种排列方法，标题的字数应为倍数，主题与辅题均可叠字。如图7：

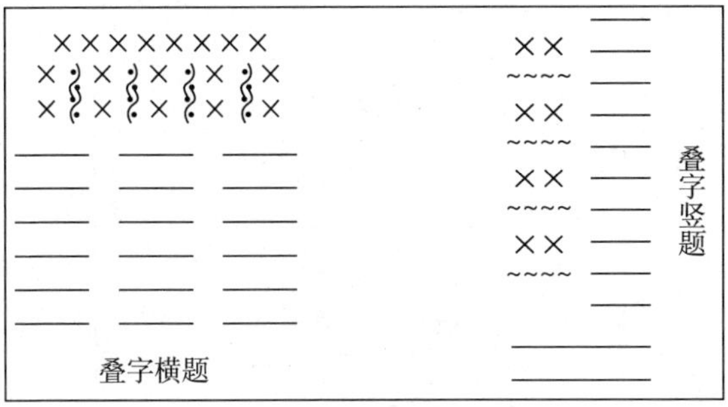

图7 叠字式

齐头式题 横题横文的一种排列形式。即整题一律顶头排列，顶部取齐，尾部不拘，但不顶文，不撑满，保留相当多的白位。标题的字与字之间不加条，并适当缩小行距。题头位置一般都选在左侧正文起处，偶尔也选在右侧。题靠右侧时，题头长短不拘，底部靠右取齐。采用这种排列形式最突出的优点是：在相同的版面空间里，标题使用的字号大，而且白位集中、面大，能给人以突出、醒目、浓眉大眼的美感。如图8：

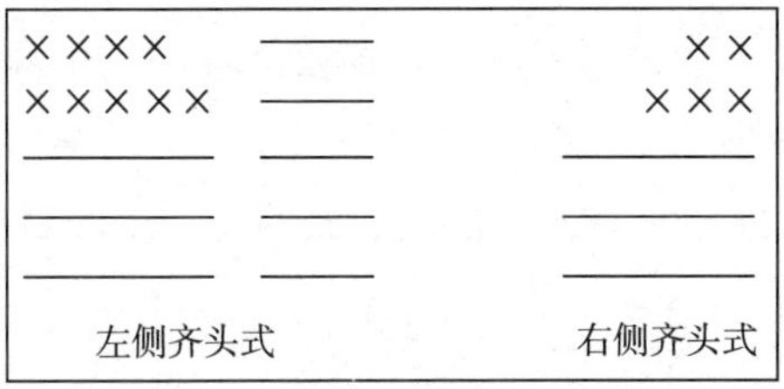

图8 齐头式

盖文式题 属于横题排列的基本形式之一。标题与正文所占栏数相同，标题不串文为横题，居于文上，完全盖住正文。如图9：

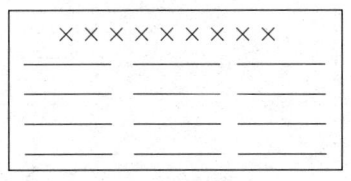

图9 盖文式

串文式题　标题的两端或一端串有非整栏的文字,题目的三面或两面为正文包住。分横竖两类。常见的串文横题有:上中串文题,即与眉心题相似,但标题两端排的不是整栏文字;上左串文题,标题只盖住左边部分正文,右端排有非整栏文字;上右串文题,标题只盖住右边的正文,左端排有非整栏的文字。串文竖题可分为上中心、左上、左下、右上、右下等不同形式。如图10:

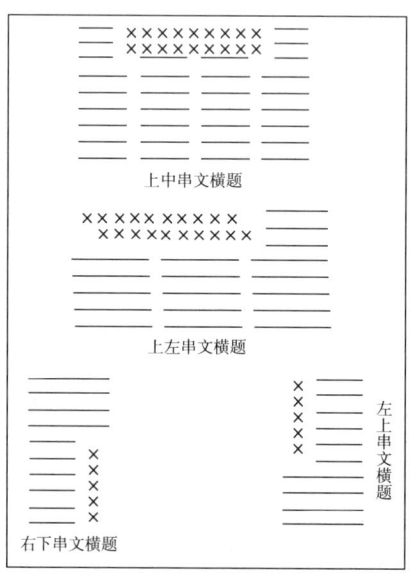

图10　串文式

眉心式题　属于横题排列的一种形式。标题居中盖住部分正文,两端各串有相等宽的整栏文字。标题占位相当于正文的横向两节,宽度应根据正文的切法而定。分正眉心式与倒眉心式两类。如图11:

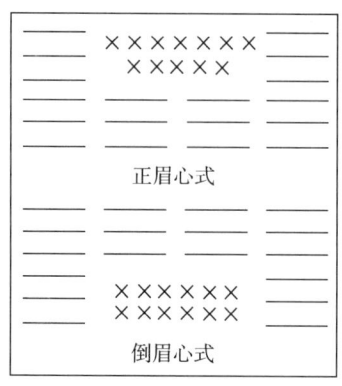

图11　眉心式

齐眉式题 属于竖题的一种排列方法。标题好似从两眉中缝插入正文，三面被正文包住，顶端外露，标题插入正文的深度不限，但左右两侧串文须是相等的宽度。这种排列方法应用十分广泛，所有的新闻文体、正文横排竖排都可灵活运用。如图12：

对角式题 或把一则单行题分成两节，把多行题的主、副分开。或把一组稿件的两则题，分别排在对称的两个角上，二者题形相同，所占版面空间的大小、长度可以相同，也可以不相同，但以居上的题稍长为好，居下的题不得长于上题，形成对角对称。分横、竖两类。如图13：

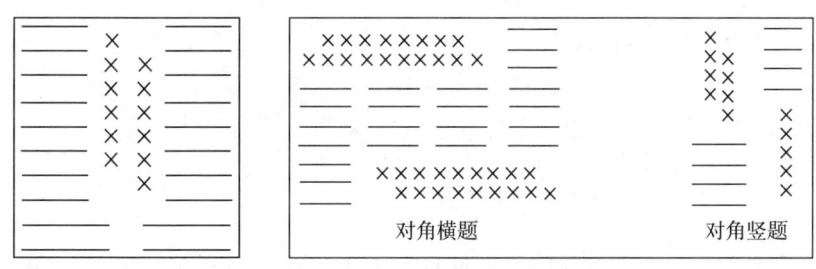

图12 齐眉式　　　　　　图13 对角式

旗帜式题 即在版面上将题与文用线勾成一面旗帜。标题一部分盖住正文，另一部分盖住别的与此有关联的稿件，旗面为正文。这类题的变化较多，为"旗面"的正文的4个边角，均可延伸出横竖、上下不同的旗帜式题。它是一种题长文短的形式，适用于配发照片或言论资料。如图14：

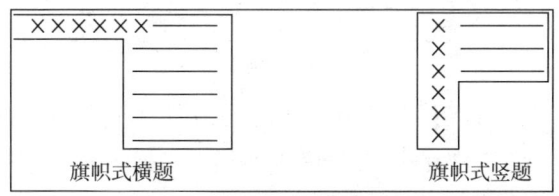

图14 旗帜式

中心式题 将标题置于正文的中心，四周被文字包围。在制作这类题形时，题目与正文的开始部分，不能离得太远，最好整个文题的范围，能一瞥尽收眼底。否则看到正文的开始，尚不知题目在哪里，反之亦然，便会减弱标题的作用，读者阅读时也会感到不方便。分横、竖两类。如图15：

侧中式题 中心题的一种变形式。标题放在正文的腰上，上下和左（或右）三面被正文包住，一面外露。侧中竖题较多，横题比较少见，标题横向展开夹于文中，但不把正文分成两段，仍有少量文字串下来，与下面的文字连在一起。分横、竖两类。如图16：

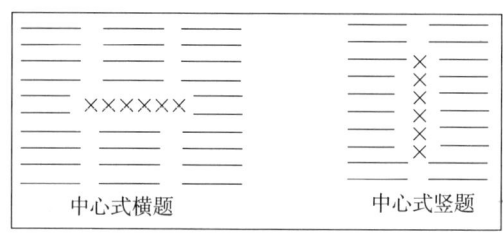

图15　中心式

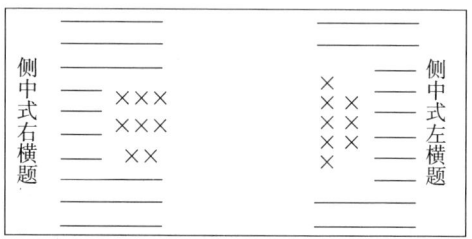

图16　侧中式

通竖式题　亦称一般竖题。即标题上下不串文，与正文同高，单行题与多行题均可灵活运用。如图17：

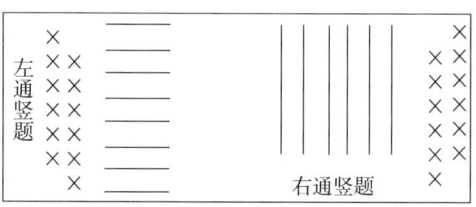

图17　通竖式

分离式题　将肩题与副题分别置于正文的上下（或左右）两侧，形成对角式，主题横列（或竖立）于中心，三题形成等距斜列。采用这种排列形式，一般居中的主题要加花线，肩题与副题要用花框勾连在一起。如图18：

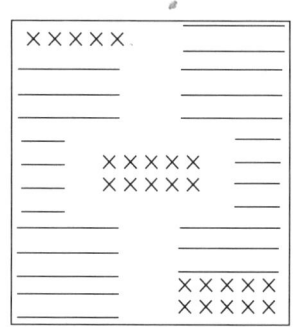

图18　分离式

文底式题　属于横题的一种排列形式。正文覆盖在标题的上面，题在正文的底部，可为横通题也可为串文题。这种排列形式一般用于专栏或版面的底部，单发时大都在文前加有栏头。如图19：

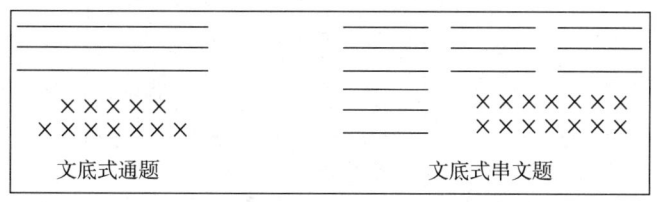

图19　文底式

平列式题　标题与正文水平地并排一起，题置于文前，排在左面；文居于后，排在右边。标题的高度与正文的厚度相同；宽度可同，也可不同。如图20：

压文式题属于竖题的一种排列方法。这主要用于正文较少，但又必须突出处理，即用小辟栏加框，将题立于文上，长度视情况而定。如图21：

图20　平列式　　　　　　　　图21　压文式

夹心式题　标题把正文从中隔开，断然地分为对等的两段，标题夹在正文的中心。横形题居中，则上下放文；竖形题居中，则左右放文。采用这种排列形式，无论标题为竖题或横题，都可竖排或横排，但正文与标题一般均需加线或框，连成整体，至少正文需加框，以免与其他稿件混同。如图22：

夹文式题　由对角题转化而来。一题分成两行，或两题分别分排在上下或左右两端，不串文；正文居中。采用这种排列形式，要做到：标题均为通题，不串文；正文两侧或上下的题要对称；文题要加框或花线，以连成整体；只适用一条或两条文字较少的消息。如图23：

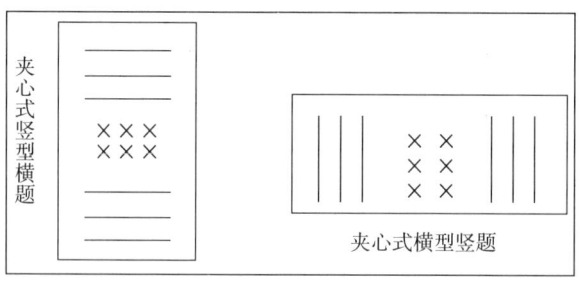

图22 夹心式

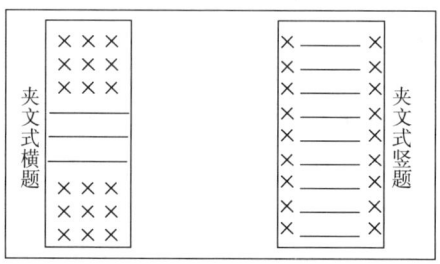

图23 夹文式

文图式题 不用制版直接将题目与新闻人物的照片组合成盖文题、眉心题或串文题。这种题形多用于人物消息、人物通讯和特写,让读者既见事见思想又见形象,收到新颖的引人效果。采用这种形式,题目大都排成方阵式,照片与题同高,宽度酌定。一般照片与题目要加花线或花框组合起来。如图24:

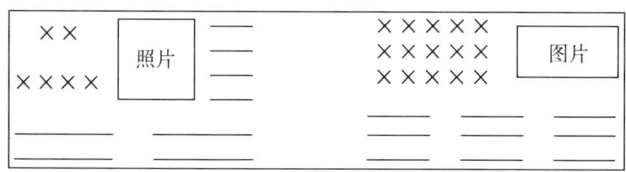

图24 文图式

宝塔式题 属于横题的一种基本的排列方法。用于复式题,多用于肩、主型复式题。题目按肩、主、副的顺序排列成多行,逐行依次略为增长,形成宝塔形状。反之,按肩、主、副的顺序由长逐渐减短,呈现倒宝塔的形状。采用这种排列形式,一般多见于主副型复式题,且主题字少,副题字多。如图25:

工字式题 属于横竖式的一种变化。即主题双行或两篇有栏题的集纳稿,新闻的题目分排于正文的两端(上下或左右),副题(或栏题)居中，与主题（或集纳新闻的题目）横竖交叉，呈现工字形状，分上下和左右两种。如图26：

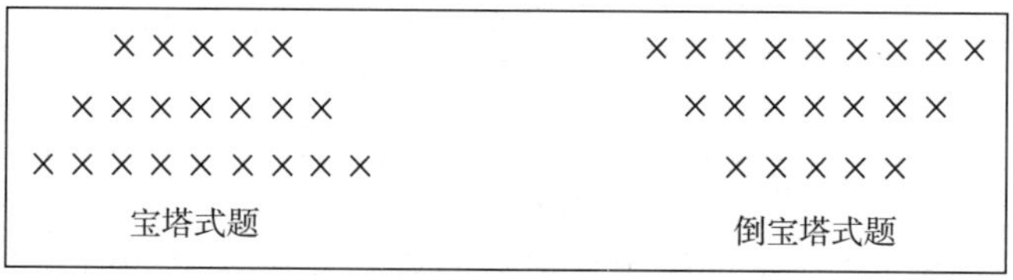

```
×××××              ×××××××
×××××××          ×××××××
××××××××××       ×××××
     宝塔式题              倒宝塔式题
```

图25　宝塔式

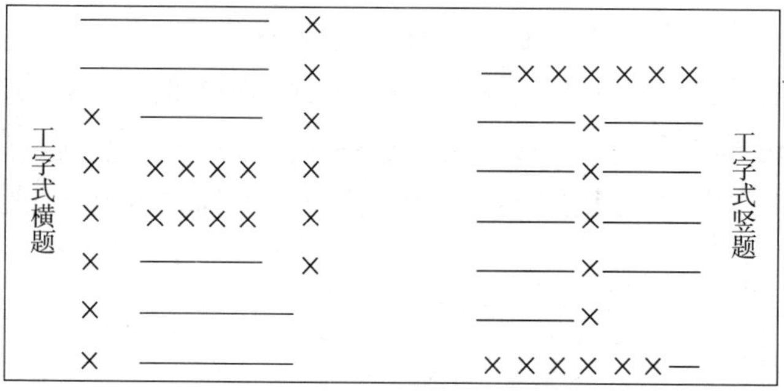

```
工              工
字              字
式              式
横              竖
题              题
```

图26　工字式

上置式题　属于竖题中肩题变位排列的一种方法。肩题上置式即主题为左竖题或右竖题，将肩题置于正文与主题的顶上。采用这种排列，一般是稿件占栏宽度有限，肩题行数多；或者肩题比较重要引人；或者为增加版面的变化。如图27：

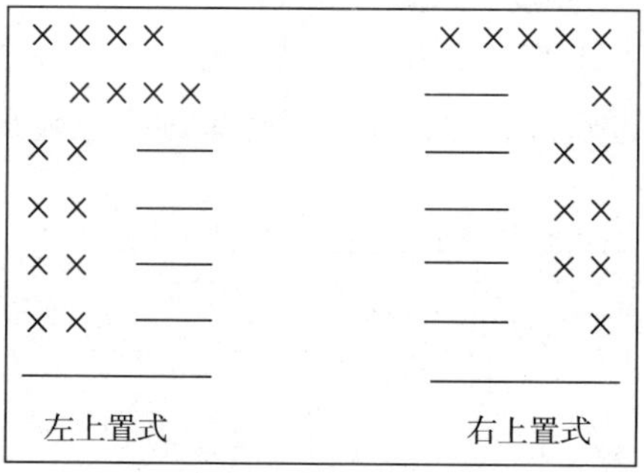

```
     左上置式              右上置式
```

图27　上置式

中顶式题　属于竖题中肩题变位的一种排列方法。即主题为竖中心题，肩题排成方阵，加花线或花边框，置于主题的顶上，居中占正文的版面空间，左右两侧串同样多的文字。如图28：

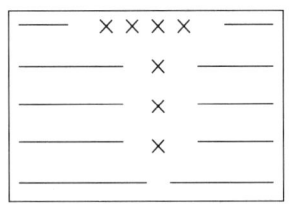

图28 中顶式

分置式题 属于主题为串文或眉心题、左或右竖题时,副题位置变化的一种排列式。这种排列形式的特点是,副题游离主题独立于文前或文的下方。如果主题为串文或眉心题时,它被置于文前,正文竖排则立于右侧,正文横排则立于左侧;如果主题为左或右竖题时,它则被置于相对的下角,下边和右边与文相接。采用这种排列形式,一般地或因副题内容多,标题占栏少;或副题内容多,而且很重要,需要突出。如图29:

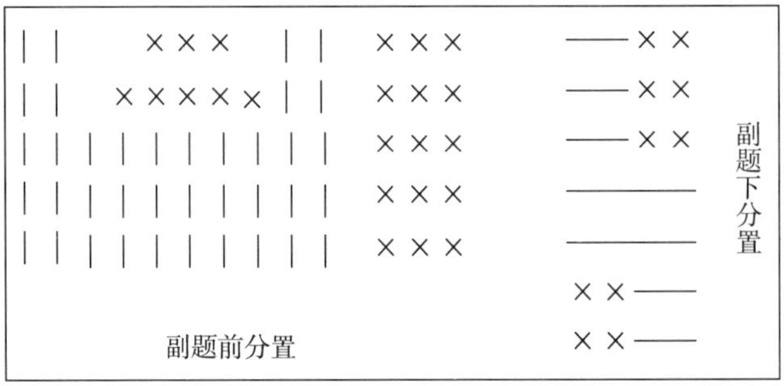

图29 分置式

后置式题 属于横题中副题位置变化的一种排列形式。即主题为横题,副题或被置于主题的右下方、正文的右下方;或被置于主题的右后,上边与主题平,下边插入文中,这一般在副题字数较多时,才宜采用。如图30:

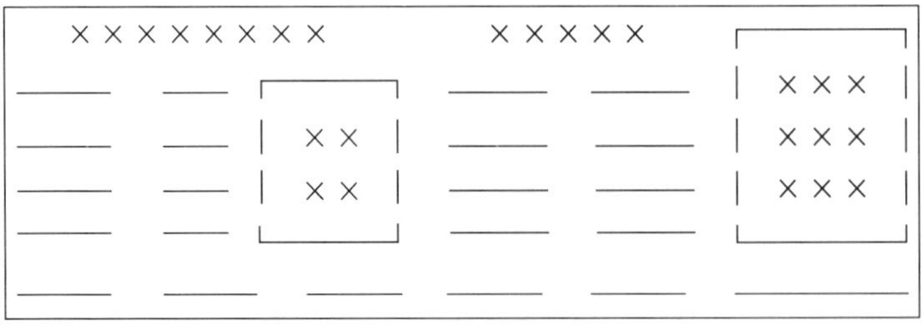

图30 后置式

中置式题 属于横题中副题位置变化的一种排列方式。即副题横排为多行加框，置于主题的中下方、正文中上方，上边与主题相接，其余三边被正文包围。多用于副题文多、重要，需要突出处理，使之醒目。如图31：

图31 中置式

偏置式题 属于副题变位的一种排列形式。即在主题为横题时，副题被置于主题左下或右下，占据与正文同高的版面空间；在主题为竖题时，副题被置于主题的右上部（或左上部），正文的顶上。如图32：

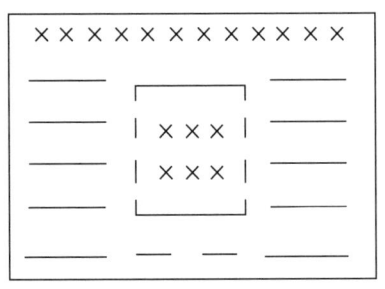

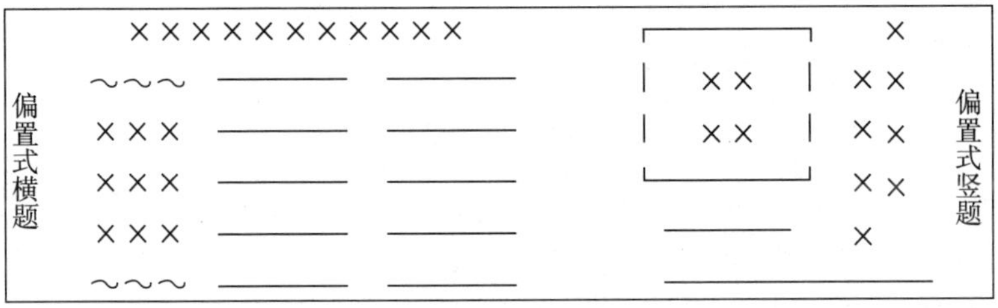

图32 偏置式

底置式题 属于竖题中副题变位的一种排列。即将副题置于主题的底下，或形成通题，或形成压文题，即副题的上边与主题相接，下边与正文相接。如图33：

前置式题 属于横题中主题或副题变位的一种排列方法。分两种，一种是主题前置式，即标题在版面中的位置应为上横题，整体形状是肩、主横形的，无副题，而在处理时只把肩题横在上边，主题却移位于文的前边（即正文占的版面空间），主题的上部与肩题相接，下部和右部与正文相接，从而增加标题的变化；另一种是副题前置式，即主题为横题，副题置于主题的左下方，正文的前上方，居于正文占的版面空间。如图34：

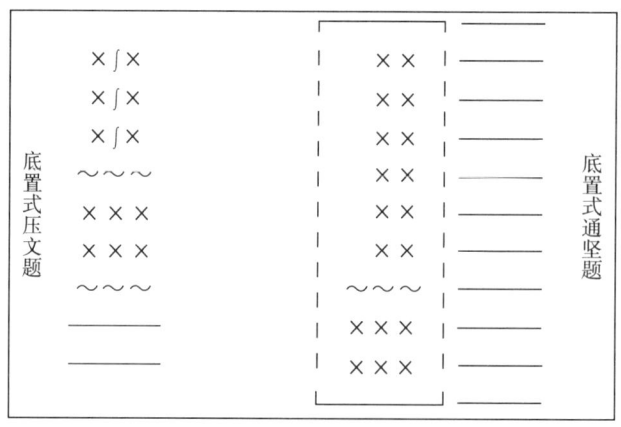

图33 底置式

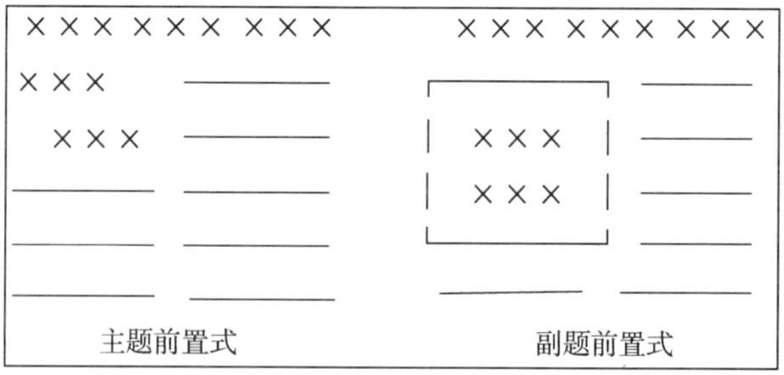

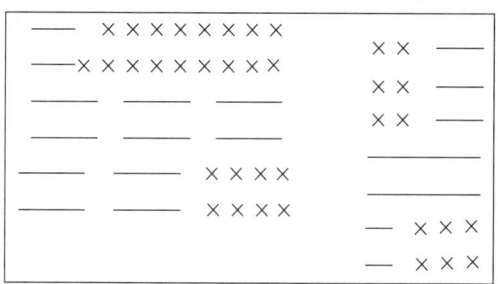

图34 前置式

尾置式题 属于复式题中副题变位的一种排列。即将副题置于正文的尾部，占居正文的版面空间。目的在于减少标题所占版面的宽度，而副题又不直接担负陈述和补充新闻事实的作用，大都只是对主题中某个部分的说明或解释。如图35：

图35 尾置式

文底式题 属于横题的一种排列形式。即正文在题的上面，题在正文的底部，可为通题也可为串文题。这种排列形式一般用于专栏或版面的底部，单发时大都在文前加栏头。如图36：

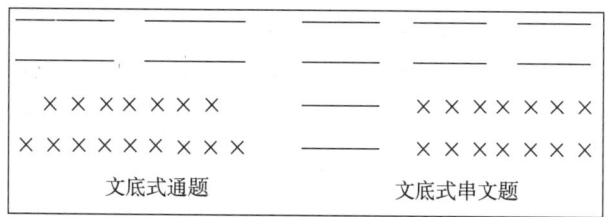

图36 文底式

交错式题 为双行单式与肩主或主副型复式题的排列方式。由于其交错的位置不同，又可分为中心交错式与对角交错式两种。所谓"中心交错式"，即整题居中排列，交错点在划定的版面空间的中心，题头与题尾不交叉的部位，应对称均匀。所谓"对角交错式"，即在划定的版面空间内，形成左右（横题）或上下（竖题）的对角交叉，题头与题尾都顶头排列，不交叉的部分，不要求形成对称。而且标题字与字间不加条，紧凑排列，行与行间，相应缩小空白。这种排列方式，能够形成黑白相间、对称均匀的美感。如图37：

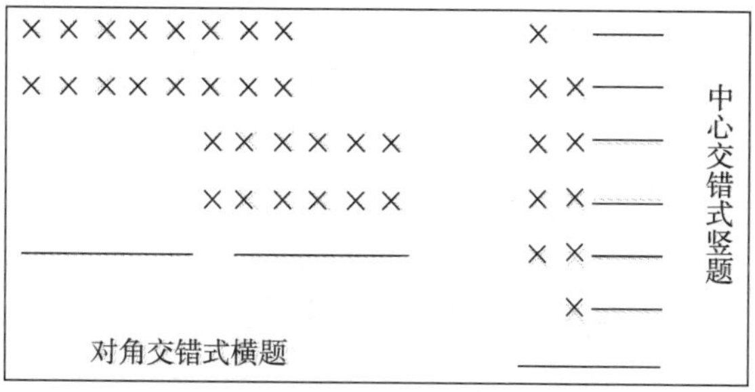

图37 交错式

重叠式题 复式竖题的一种排列形式。即将肩题、主题、副题依次纵横交错，重叠排列，整题形成左竖题或压文题；三题文中分别加花线，以示读法。它常用于正文字数少，但所传播的新闻事实新鲜、重要。如图38：

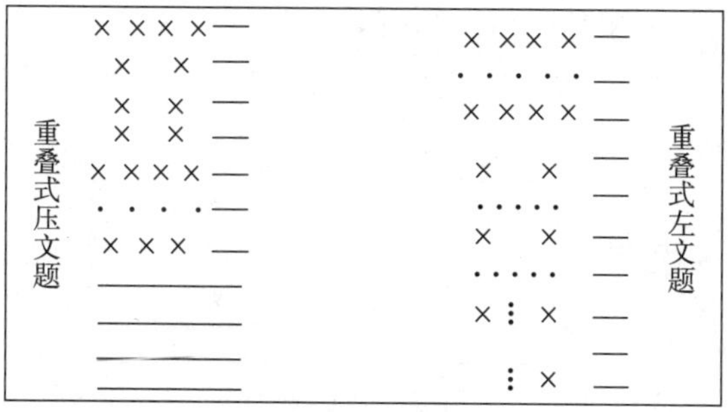

图38 重叠式

平列式题 属于横题的一种排列方法。它的特点是标题与正文水平地并列一起，并置于文前，排在左边；文居于后，排在右边。采用这种排列方式，标题的宽度不受正文多少的限制，可长可短，但文题都需要加线或框，使之组合为一个整体。如图39：

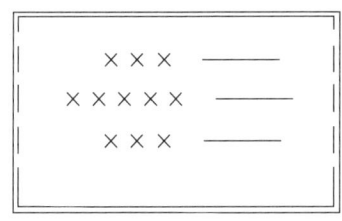

图39　平列式

连心式题 内容相同的两篇稿件排列形式一样，分别加花线圈住，题目大小相同居中并列，将两稿连成一起，分横、竖两种。如图40：

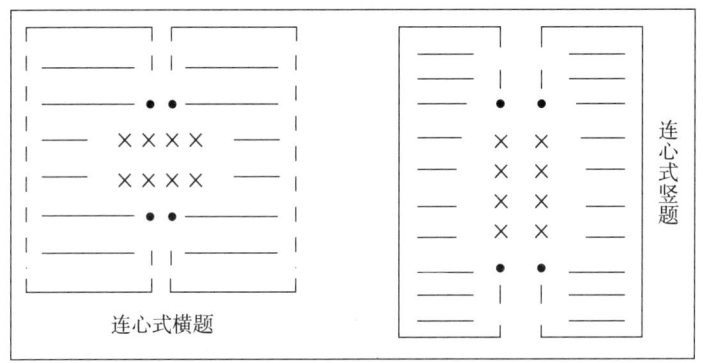

图40　连心式

多行式题 属于单式题的一种排法。即将题目的文字折为三行或三行以上，每行的字数一般不得少于三字，多则不限，行与行之间常用花线隔离，分横、竖两种。采用这种排列方法时，一定要断行得当，词汇不能割断，每排的语气均可单独断行。如图41：

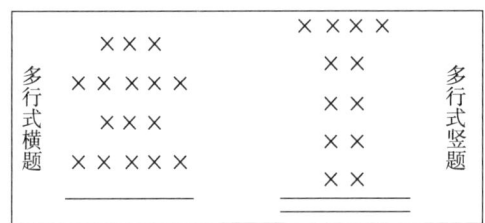

图41　多行式

顶文式题 属于竖题的一种排列方法。将新闻用小辟栏加框，文置于上端，题顶文居于下部，高度不受限制。这种排列主要用于文少而题又要突出、醒目的情况下，但单发新闻题较少见。偶然见到，一般用在溜底靠边的位置上。近年来，常在版面上用做两篇内容相似，文字相等的集纳题与另稿的压文题形成题与题、文与文的对角对称。如图42：

电头式题 有似通讯社发通稿使用的电头，将新闻的出处（单位、部门或地区）抽出来，单独排列，与整题（单式或复式均可）成横直交错的形状。即整题为竖题，新闻出处则横排于题顶；整题为横题，新闻出处则竖立于题左侧。采用这种排列形式，新闻出处均加花线或花边。如图43：

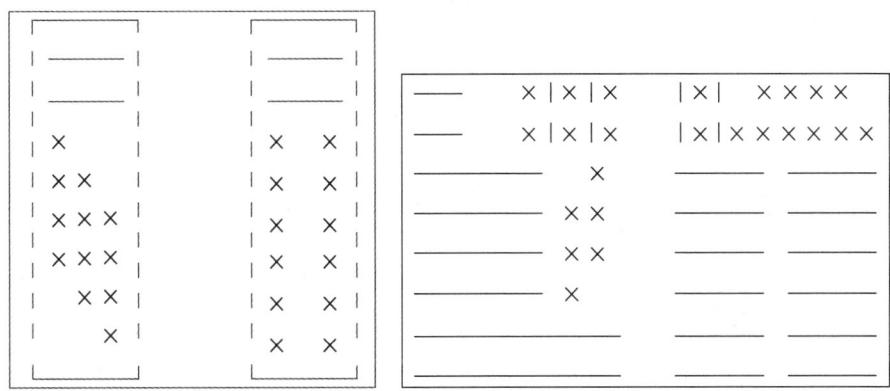

图42 顶文式　　　　图43 电头式

台历式题 复式题一种排列方式。文题加四面框，标题与正文分别置于左右两侧，中间加细线隔离，形似一份打开的台历。使用这种排列形式时，一般只适用于短新闻，标题与正文所占的版面空间，或相等，或文略大于题，但其差别不宜过大。如图44：

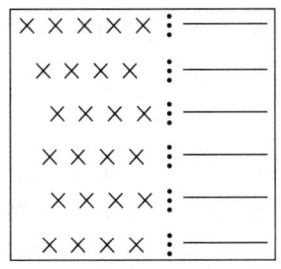

图44 台历式

倒眉心式题 与眉心题恰成对应式，题置文底居中，左右串相等的整栏文字。它常见用于专栏、集纳新闻；单发时，一般文贴底线，加三面框。如图45：

嵌入式题 竖文横题的一种排列形式。即正文竖排破为两栏，题制版后从右侧或左侧中缝嵌入，深度约在1/2以上，采用这种排列形式一般多用于通讯。如图46：

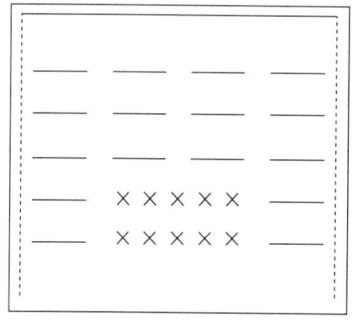

图45 倒眉心式

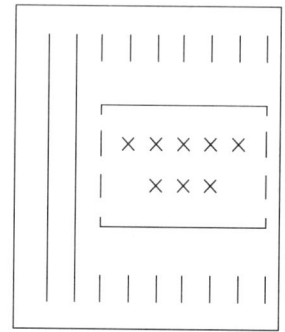

图46 嵌入式

弧线式题 即把标题字排成一段弧线，然后四面加花框，给人一种醒目、别致的美感。使用这种排列形式，标题字数要适中，不宜太少，也不宜过多；而且字号不要过大，多用于专版里面一些生活趣事的文题排列。比如，北京《生活参考报》有一篇给年轻的妈妈当生活顾问的文章，讲的是不宜让自己的小宝宝过早地穿皮鞋，否则容易导致脚变形。全文不足300字，占三栏；文题《宝宝不宜穿皮鞋》，占两栏宽、五字高，排成弧线，四周加彩色花边，使该文显得十分突出、醒目。

摹状式题 即对那些巧妙构思，采用摹拟的修辞手段进行摹形状物的标题，也按其摹拟的物体的形态排列，给人以视觉或触觉所能感受到实物立体几何形状的实感。使用这种排列方式，一般标题多用手书体，并辅以美术的装饰。如有一家报纸，有一篇讲引用黄河之水搞灌溉的文章《黄河之水滚滚来》，文题就整齐而均匀地排成一条略带弯曲的水纹，给人以鲜明而形象的立体感。

结合式题 即把导语与文题用线条结合在一起排列，形成整体，导语有似副题。使用这种排列形式，一般都是无副题，而且导语的概括力很强，能对全文起提纲挈领的作用。同时，该导语所使用的字号，应与正文相同，而字体不同。如有一年《文汇报》的第四版《中秋节的来历如何?》,就将标题与提挈全文的开头"'十分明月五分秋',是古人中秋夜吟的佳句。确实,中秋之夜,青天碧海,皓月当空,银光万里,人们赏明月,吃月饼,家家团聚度佳节。这一风俗,在我国由来已久,然而对它的来历演变,诸家说法不同",一起用细线围在一起,形同副题;题目与开头部分又用点线隔开,且后者字号与正文同,字体异于正文,为楷体。在版面上这则标题字号虽不大,给人印象却强烈。

扩大式题 即在一行题中用两种或两种以上大小不同的字号,以大字号突出题中某个新闻要素,给读者以第一印象,其余的虽然小,但强势也不减弱,取得特殊的宣传效果。题中扩大的字一般在大两号字的范围内。

缩小式题 在标题的排列中,经常碰到题目的字数多,所占栏宽放不下,而且整题的字号又不能再放小,这样便只好将题中的主要部分保持应标字号,次要部分如人名、地名、单位等某些字词缩小字号排列成多行。有时也利用题中并列的部分,缩小字号排成多行。

独字式题 亦称点题。即从一篇新闻中或一组新闻里概括出一个具有共性的字来,加以装饰标出,显著地给读者一个十分强烈的印象,以唤起人们的注意。采用这种方法,一般都在这样的两种情况下使用:一是有特殊显著变化,急需引起读者注意的事情。例如,对于天气骤然转冷,变化十分大,有的报纸为了突出冷的特性,就用了一个"冷"字,加花线,报道了这一信息,宣传效果很好。二是集纳反映同类事物的新闻。比如前些年《解放军报》在《鱼水情深》专栏里,就曾采用点题——"树"、"水",分别集纳报道了战士们在战备执勤中爱护人民群众的一草一木,以及在缺水的边防线上军民间找水、让水的生动故事;有的报纸还以"火"为题,集纳一个时期内连续发生火灾的事例,以引起人们的注意。

第四节 标题的装饰与美化

标题的装饰美化,是版面美化不可缺少的重要部分。

标题装饰美化的总的原则是:突出主题、层次分明、庄重大方、给人美感。其方法大致可分为四类:

1. **线框装饰题**。即一般由标题字加上线条或花框组合而成。这种方法简便易行，随时都可以灵活运用，而且效果较好。它不仅对标题有装饰、美化、增强感情色彩、引人注目的作用，更兼有区分、结合、突出的功效。在一个版面上，巧用线框对文题进行装饰，能收到层次分明、重点突出、褒贬分明、眉目清秀的美感。

线框指的线条与花框。

线条的种类很多，见诸报端的已有一二百种，而且还在创新发展，但仍可概括地分为三大类：

（1）水线。由点的运动延伸形成的线条。它使用灵活方便，广泛用于行间、栏宽、围框等。水线又可分为：

点线。由小圆点组成的虚线。在版面上常用于标题中的行间，以增加强势引起读者的注意。有时也与花点配合用做围框。

曲线。它清秀、柔和、有动感，常用于围框那些不甚重要但有趣味性和可读性的新闻标题。

单线。即正线、细线。除用做标题中文字的隔离外，多用来围框一般新闻标题，使用起来也比较简单。

双线。即为两条平行的细线，又叫双正线。它较之单线更为端重、严肃，多用来围框或做栏线。

粗线。又称书边线、反线，它庄重粗犷，醒目突出。

文武线。即两条一粗一细的平行线，粗线居外，细线居内。它感情色彩强烈，庄重、醒目，广泛用于围框那些需要引起读者特别注意的文题；尤其用做需要突出的新闻或长栏新闻集纳的两面框，更能给人以挺拔、稳固、坚实的美感。

（2）花线。用刻有花纹的图案缩小连接而成。由于花纹不同所以花线的种类很多，各报所拥有的花线也不尽相同，大都预先编成号数备用。由于它使用方便，且多变、美观、醒目，现已广泛地用于围边、勾线等。

（3）花边。即由一粒粒花点连接拼排起来的花线。这类花线体积大，花纹美观、突出，多用于长文大稿围框或分割。但也正由于它体积较大，显得粗重，较少用于一般新闻。

线条在版面上使用中，应注意色彩，因文择线。比如内容严肃的稿件，不宜用花哨的粗花边加框。而反映新成果、新信息、新建设的新闻则可用这类花边，以显示出鲜花盛开、春色满园的喜人景象。重点稿件一般采用中粗花边进行全加框，使读者一目了然。有的稿件虽很重要，但在一个版面中只占次要地位，则做上下加花线处理即可。有的稿件虽不很重要，但有可读性，可采用细线花边装饰，给人以秀雅之感。

花框在版面上的用途也十分广泛，它的强势作用和组合作用，还胜过线条。

花框的形式是多种多样的，但最基本的形式有这样几种：

两面框。即对新闻标题的两侧或上下加线条，其余两边不加。它既有较之不加的其他新闻有突出的作用，也有组合、分割及美化版面的功效，而且运用方便。

四面框。分正方形与长方形框两种。

正方形框。在标题围框上多见使用小形正方形框，由于它占版面空间不多，使用比较灵活，运用得好也是一种版面变化，可以给人一种醒目稳定的美感。但由于它不符合黄金切割律的要求，使用不当往往会使版面显得呆板、臃肿和不协调，宜少用，要巧用。

长方形框。也可以说是新闻标题的组合与美化用得较多的一种。但在使用时要以小形为主，不宜过大，它能给人一种玲珑雅致的美感。

勾线框。属于四面框的一种变化形式。常见的又可分为拖线型的勾线框与开口型的勾线框。

拖线型的勾线框，即运用一个拖线框围框标题，从开口处拖出一条线将正文三面围住。这种形式由于标题与正文之间多一道花线，加之标题围框突出，从而使之显得格外醒目。

开口型的勾线框，即为在标题四面中的与正文结合一边开口。

2. 网纹装饰题。即一般由标题字加上网纹组合而成。网纹标题的视觉效果要强于单字标题，在制作时应注意：网纹上的标题字要突出、醒目，笔画不宜过轻，字号不宜偏小。网纹对标题字的覆盖要适中，不宜过紧，使人看了不舒服，有紧束感；但也不宜过大，让人感到松散。这里尤其重要的，对复式题中的主题与辅题，要注意浓淡搭配。不能图省事主题与辅题都是加一种网纹，这样就会失去对比，降低视觉效果。即使是一行题，也尽量采用两种网纹。标题字与网底也要注意浓淡搭配，一般地说，黑底宜用白字，淡网底宜用黑字。

3. 美术装饰题。即由美术字同装饰性图案组合而成。对此总的要求是：以字为主，以图为辅。美术字要美观大方，一目了然；图案要简明、有寓意；色调以"淡、细、疏"为主，以标题字醒目、突出为准绳。

4.照片题头。常为重要的长篇新闻通讯所选用。在使用这种题形时，要注意：压在照片上的标题，要选择清新的"疏"点出主题；标题字应放在照片的背景处或对照片主体影响不大的地方，以免破坏构图的完整性；当标题不能压在照片上时，也可制成网纹标题与照片合二为一。

标题作为版面上最重要的发言手段，它的一个重要功能是对新闻起着直接的评介和提示的作用，因而装饰题在一个版面上，不宜也不可能过多。用得过多过滥，也就失去了它应有的作用，从而也就破坏了版面的整体美。

第八章 特殊题型的制作及标题与导语的分工

新闻的结构是随着新闻事业的发展以及新闻传播手段的不断现代化而变化发展和创新的。作为现代新闻结构的重要组成部分的标题，也必然会随之而不断发展、变化。特别是随着商品经济的发展、科学技术的进步，新闻标题或作为某种独立的发言手段的作用，或做到一则新闻标题就是一条精粹的一句话新闻，或担当起导语的双重职能，都将会日益多起来。我们在为新闻拟制标题时，经常考虑到标题作用的新变化，就能够做到心中有数，更好地发挥其在新闻传播中的强势。

第一节 导语式题型的制作

早在上个世纪80年代初，在报纸版面上，长肩题便突破传统的制题范式，频频在媒体上面世了。事实证明，这种"突破"倒不是说明原有的制题规范已经过时，而是这类题型的功能，已经越出了传统意义肩题的规范，先是融进按语的内容，虽然它仍然立于主题之前，起着说明和引出主题的作用，但从内容上看已经不是传统的肩题，而是按语式的特殊题型了。近年来，一些大特写、长通讯以及众多重大的热点、焦点解读报道，更将肩题与导语（或长通讯这类报道的起首部分）融为一体，而成为导语式的特殊题型了。

不是么！我们还是先来分析一下眼前出现的导语式的题型吧（按语式题型下节再专文分析）。下面就请看一则标题：

（肩） 这是一位上世纪六十年代初大学毕业的老知识分子，在中国科学院下属的研究所连续工作了38个年头。5年前他退休了。

如今他回想起来感慨的是：以前体弱多病，几乎是病魔缠身，还竟会与马拉松结下不解之缘。这究竟是怎么回事？请看作者自述。

（主）　病夫成为"长跑健将"

（2004年2月1日《新民晚报》）

这是刊发在该报当日11版的一整版长篇报道的标题。主题为横题，立于主题之上的肩题3号字铺浅底，在肩题的起首处并排着黑底翻白的略小于1号字的"导语"二字。至此，这篇长文再也没有多余开篇的话，正文一起笔便直奔第一个分题"半夜常醒，神思恍惚"，从40年前读大学时的事讲起。很显然，这则放在肩题位上的"肩题"，不仅作者标明了它的身份"导语"。从内容看，也已经不是传统意义上的肩题了。按说，肩题本是放在标题前边的上辅题，担负着引出主题、协助主题评介新闻内容的作用；它一般都是复句中的修饰成分或一个短语、短句组成的，字数应稍多于主题，少于副题为宜。这些制题规范，当然已经难以适应导语式（包括按语式）题型的需要了。

自此以后，虽然在《新民晚报》上再也没有见到题中标明"导语"的字样了，但这类标题却不仅在专版上，甚至在新闻版上，也时有出现。

（肩）　提起这些日子正在各电视台热播的电视剧《红旗谱》，人们恐怕很难忘记"梁斌"这个名字。上世纪五十年代，他以一曲《红旗谱》震动了文坛，时至今日，梁斌与他的《红旗谱》依然在人们的心坎里真真切切，因为那曲感喟了几代人的"红色经典"，因为那个血气方刚的"朱老忠"，还因为"红旗"背后那些生动的故事和那个生动的"梁斌"。

（主）　生动的故事和生动的梁斌
（副）　梁斌夫人及文学研究者谈《红旗谱》

（2004年9月22日《新民晚报》）

这是刊发在该报新闻版上的一篇重点报道的标题。这则题的"肩题"不就是类似导语中的评论式导语么！它的特点有事有议、有述有评，把事实与议论巧妙地糅合在一起，以突出新闻事件或新闻人物的思想意义。

（肩）　3月14日，在俄罗斯和西班牙分别举行了大选。

俄罗斯总统大选无悬念，俄中央选举委员会宣布投票率超过了法定的50%，本届总统大选结果有效，初步统计结果表明，现任总统普京获得了超过70%的选票，连任已成定局。

标题的制作理念与艺术技巧

而西班牙，已连续执政8年且原本有望继续执政的人民党却因被怀疑在处理3天前的马德里爆炸事件时，对公众撒谎而失去了选民的信任，最终在选举中失利，被反对党后来居上一举赢得大选。外电评论说，西班牙阿斯纳尔政府成了支持美国发动伊拉克战争的国家中第一个下台的政府。

（主） 俄西同日大选结果不同

（2004年3月14日《北京日报·今日关注》）

这则标题中的"肩题"不就类似导语中概要式导语，它用直接叙述的方法，把新闻中最重要、最引人的事实和思想，经过提炼、概括，简明扼要地写出来。它的特点是择其精粹，高度浓缩，类似新闻事实的缩写，读之如窥全豹。

（肩） 2002年8月桂林市委、市政府科学决策，引入法国康密劳公司作为战略投资伙伴，采用承债式并购改革，一举激活了濒临破产的桂林铁合金总厂，使1998年以来连年亏损1000万元以上的企业一跃为利税大户，2004年1月企业利税达2000万元。请看——

（主） 桂林"铁合金"为何能起死回生？

（2004年3月4日《经济日报》）

请看，这则题除编排上的需要稍作点技术性处理外，连起来不就是这篇报道的开头么！接着文章以介绍桂林铁合金总厂属国家大型二档企业的自然情况为起笔，讲了这段起死回生的不寻常经历。

（肩） 山东临邑又名"卧牛城"，形似卧牛，传说"天降牛形独角神兽，专触不正之人"。在几千年后的今天，有一个检察官，他担任临邑县检察院检察长后，把"独角神兽"精神发扬光大，除恶扬善，当地人称他——

（主） "铁面包公"韩良民

（2004年3月1日《齐鲁晚报》）

这则标题的"肩题"不就是一则形似比喻式导语么，这类导语的特点是作者一起笔不直接说明新闻事实，而是通过一种迂回的方式来表达，常用的方法之一就是借助比喻。巧妙地运用比喻能克服语言的呆滞、雷同的毛病，做到生动活泼。

（肩） 日前，在北京市"三八"红旗奖章、巾帼十杰颁奖仪式上，出现了这样一个奇特场面：一位获奖者上台领奖时，没有转身向台下来宾致意，匆匆下台而去，把一个背影留给了对准她的镜头。人们正在惊诧，主持人道出了原委——原来她是首都公安战线上一位专职打扒的女警,不让她面对镜头,是为了保护她。

　　这位女警,就是本市目前唯一一名专门在公交战线从事反扒工作的女警察、市公安局公交分局反扒大队探长于晓明。在"三八"妇女节到来之际,本报记者采访了反扒战线上这位传奇女性。

　　(主)　京城反扒女警第一人

(2004年3月8日《北京日报》)

　　这则题中的"肩题",不就是一则类似见闻式导语么!它的特点是以目击现场发生的某个事联宏旨的细节、场面起笔,经过提炼、概括,三言两语地勾勒出引人深思的画面,读之既形象引人,又像是一个"窗口",让读者透过它而窥到新闻的轮廓、缩影。

　　标题的制作、新闻的写作,是时代的产物。它必然随着时代的需求而不断衍变、发展和完善,与时代合拍,为读者服务的同时,也为自己注入活力。导语式题型的出现,可以有效地缓解长期以来众多长篇报道的标题、信息含量低,不吸引人,而且标题重复导语、导语重复正文的痼疾,同时对美化版面也有一定作用。

　　导语式题型,一般都兼有肩题与导语的双重功能,是名副其实的新闻"先行官",能否吸引并留住读者的"眼球"关系极大。再加之,需要做这类题的都是比较重大或重要的时政新闻,热点、焦点和突发性事件新闻,指导性和舆论引导的力度极强,必须下工夫制作好。这就必须:

　　1. 要坚持以"何事"为中心,比较详细地把新闻的核心事实展示出来。力求做到以事显人、以事传情、以事明理,做到既突出示人以事,又画龙点睛地授人以知。

　　2. 要勤于构思。古人说:构思是"驭文之首术,谋篇之大端"。任何好的标题的产生,首先都需经过全面的、审慎的、成熟的构思和反复的雕琢。要力求抓住抓准新闻的"信息亮点",选准切入点;切忌浮光掠影,捡起芝麻当西瓜,看见气球当地球。

　　3. 精心打造读者乐于接受的"外在形象"。做到以政策思想的高度来审视新闻,以分析的眼光解读新闻,以百姓的角度来报道新闻,以质朴的语言来表达新闻。

第二节　按语式题型的制作

这种特殊题型的特点是：将按语融入肩题之中，形成包含有按语内容的新闻题型，起着按语与肩题的双重作用。这种发端于上世纪70年代、盛行于80年代中期的标题品种，已为许多报纸广泛用于重要的消息、通讯、调查报告、文章等，成为最为简捷地表达编者的态度，加强新闻传播强势的一种有效方法。从形式上看，它越出了肩题宜简短、一般以一行为宜，字号要大于副题、比主题字号不宜过小的界限，可以根据需要，灵活运用。从表现手法上看，也不过于苛求按语的郑重、严肃性，可以兼用肩题那种含蓄、抒情、讽刺、渲染等多种表现手法；从内容上看，它不受新闻标题只能是"新闻事实的浓缩"的局限，在依托新闻的前提下，它可以像按语那样简明扼要地讲事实、谈看法。这样一来，它内容充实，表现手法灵活多样，宣传效果都比较好。

现在，笔者列举80年代中期有代表性的四则按语式标题，做些分析探讨。

1986年8月13日《人民日报》二版头条刊登的通讯的标题是：

（肩）　同是面对破产"黄牌"警告，一年之后，沈阳一家集体工厂真的破了产，而武汉一家比它大得多的国有企业，却"置之死地而后生"了。后者的振作，是在被刺痛了心的一群干部的一场痛哭之后。泪水浸满了羞耻，然而也孕生了勇气与力量。请看

（主）　痛哭之后的奋起

（副）　武汉无线电三厂面对"黄牌"的选择

1986年8月12日《人民日报》二版刊登新华社记者采写的通讯，标题是：

（肩）　这个历史上贫瘠、低产的农业区，曾是一片沉闷的"谷地"，贫穷和封闭，几乎压抑了一切生气。然而，人不会甘心屈服于自然，先进毕竟要代替落后，一旦改革的春风春雨飘落，科学的种子洒向这片谷地，旧的农业格局也就缓慢却十分有力地起了变化。于是，这片——

（主）　谷地隆起了

（副）　黑龙港流域农业发展见闻

这两条新闻的肩题都融入了编者的看法和态度。前者从纵向和横向两个方面介绍了与新闻事实有关的情况，让人们能从新闻事实的现状和历

史、他人与自己的对比中，加深对其意义的理解。后者，那多达115个字的肩题，则着重从思想、理论的高度，分析了新闻事实的内涵，揭示了新闻的本质意义。

1987年4月16日《中国青年报》在一版头条发表长篇通讯，题目是：

（肩）　一场"革命"，在中国大地上悄悄地发生着。它对我们传统的生猪生产技术提出挑战，它以显著的经济效益吸引了数以万计的农民和越来越多的畜牧战线专业人员，这就是广州军区后勤部畜禽水产饲料添加剂研究所研制成功的快速养猪法及其复合添加剂的诞生与推广。

就算没养过猪，谁还没见过猪。喂2斤8两料，就长1斤肉；一头仔猪养5个月多一点，就够上屠宰标准，而且皮薄肉嫩，开锅就烂，上口不腻。这能是真的？千真万确！这正是快速养猪法和复合添加剂的奇效。我国现有存栏猪近三亿头。

试想，推广此种喂养法，能省下多少粮食！饲养周期缩短一半，又能多养多少猪！

无疑，这是养猪人与吃肉人共同瞩目的——

（主）　一场悄悄发生的"革命"

这肩题，不就是一则满腔热情地为新事物呐喊的按语！

1986年8月25日《经济日报》一版头条刊登的消息的标题是：

（肩）　生产"友谊"牌洗衣机的营口洗衣机总厂在报纸批评"雪花"冰箱质量问题后，立即拿出了提高质量的三项硬措施：九月末厂内开箱合格率达到100%；今明两年在十五个城市实行上门服务；产品保修期延长到五年。这些信息表明——

（主）　"友谊"人的质量意识不断增强

这近百字的肩题既起了引出主题的作用，又是一则内容充实的赞扬倡导型按语。

对于按语式题型在制作上，应注意：

1. **重评断少发空论**。融入肩题中的按语的成分主要在于对新闻事实的批注和说明，以达到揭示、启发和引人注目为目的。它恰似"画龙"之后的"点睛"，一般地应该是重评断而少议论，做到褒扬贬抑、明快犀利，不铺陈，不奢论，一语中的。

2. **论点集中而具体**。这种题型的最大优势是在于能简洁表明编者的看法和态度，但这些又都只能是从新闻事实中生发来的，是有个性的、具体的语言。它既不是新闻主题思想的提示，又不是文章要点的概括，更不是新闻导语的摘引，而是编者对新闻所报道的事实、提出的问题，明确地表明褒贬，阐明看法；或加以突出强调，或加以引申深化，从而达到增强新闻的传播强势。因而它的着眼点就必须集中在新闻所反映的问题或提供的事实中最主要之点上，只有这样才能引人深思，振聋发聩。

第三节　标题新闻的制作

标题新闻，面世于上世纪六七十年代。

标题新闻，作为能最为简洁、轻便灵活地独立传递信息的一种手段，在现代新闻传播中已为新闻媒体广泛使用。

标题新闻，顾名思义，有题无文，融文题于一体，是以标题形式来发布新闻的一种特殊的新闻样式。它的特点是：简洁明快，一瞥之间，尽收眼底，易读易记；字号显眼，排列别致，引人注目，印象深刻。无怪乎，有的读者称赞说：读标题新闻，酷似吃压缩饼干，耐嚼又解饥。

现代生活的快节奏，信息流动疾速，固然是受传者喜爱标题新闻的一个重要原因，但对传播者它也可以说是一种强化新闻信息的手段。如前所说，"看报先看题"，这已是现代人阅读报纸、选择新闻信息的一种带规律性的现象了。把新闻事实的精髓融于标题之中，用放大字号的标题新闻的形式去传递信息，从而便能产生一种突出感、一种强调感、一种需要认真看待的郑重感，这样就更易于尽早地进入读者的视野，增强传播效果。这种报道方式有利于突出处理有重要内容的自编或摘编的简讯，以及对有的重要事件来不及作详细报道，需要迅速醒目地报道动态，也有不可代替的优势。正因为如此，目前它已在不少媒体上据有一席之地。据笔者所见，其中设专栏明标"标题新闻"的纸质媒体就有数十家。至于用标题新闻在一版发消息，提示其他版刊有重要报道和文章，或预告其他重要信息的，包括《人民日报》在内的许多报纸都已普遍采用了。

比之于上世纪，跨入新世纪以来，媒体尤其是纸质媒体在运用标题新闻传递信息及其制作方式上，又有了众多的发展。

1. 由集束刊发，到单发；由单式题到主辅题加提要题并用。如《新民晚报》：

（肩）　胡锦涛在第十次驻外使节会议上强调

（主）坚持走和平发展的道路　做好新形势下外交工作

（副）吴邦国、贾庆林、曾庆红、黄菊、吴官正、李长春、罗干出席，温家宝讲话

（提要）胡锦涛发表讲话强调，高举和平、发展、合作的旗帜，坚持独立自主的和平外交政策，坚持走和平发展的道路，切实做好新形势下的外交工作，更好地为全面建设小康社会服务，为维护世界和平、促进共同发展贡献力量

（据新华社8月29日电）

这条标题新闻刊发在2004年8月30日《新民晚报》一版右上突出位置。整题为右竖题，提要题为3号字，置于题底。

2. **由相对在次要版面、版区到一版头条的灵活编排**。如《重庆日报》就曾有在一版头条位置，以宽5栏的长度刊发一条重要的标题新闻的做法。

3. **由一题一事到一题多事的综述**。如《中国青年报》：

黄菊会见越共中央书记处书记、政府副总理武宽和由代主席尼科斯·克利安瑟斯率领的塞浦路斯民主党代表团

这是一条单发的标题新闻，刊发于2004年9月6日。

4. **由标题新闻发展到大字新闻**。如《解放军报》：

由团中央和国家林业局共同资助实施的全国保护母亲河绿色工程。22日在兰州大砂沟项目区宣布竣工，以此为标志，这项工程已经全面完成了15万亩造林任务

（据新华社）

这条大字新闻刊发在2004年9月23日《解放军报》四版左下，正文四楷铺浅底，"据新华社"为5黑。此外，《新民晚报》、《新华每日电讯》报还设有《大字新闻》专栏。

而今，在信息社会"读题时代"，标题新闻已经成为纸媒和网络新闻导读的主要担当者，也是电子媒体新闻节目预告以及报道重要简讯和快讯的主要担当者。

有道是，一花一世界，百人百个相。制作新闻标题，各家媒体都有自己的体会和高招儿。从已经见诸报端的标题新闻看，要制作好这类新闻，至少有这样几点是值得注意的。

1. **精选事实，玲珑新颖**。新闻的传播不同于医务工作者的静脉注射，

也不同于启蒙教师的灌输教育,它是要靠事实新颖、重大的魅力来吸引读者的。没有事实,就没有新闻;没有具有魅力的新闻事实,就不是好新闻。如果我们把新闻事实比喻为美味的螃蟹,那么被浓缩为标题新闻时所选取的则是较之蟹肉更鲜美的"蟹黄"。这"蟹黄",便是一般新闻中的"新闻核",即新闻中最有新闻价值的核心事实。2004年3月在北京召开的两会期间,胡锦涛同志在参加湖北代表团同代表们一起审议政府工作报告时,发表了重要讲话,《新民晚报》将其中最为重要的内容精练成一则重要的标题新闻:《(肩)胡锦涛参加湖北代表团审议时要求各级领导干部(主)常修为政之德 常思贪欲之害 常怀律己之心》。正是紧紧抓住"新闻核"拟就的近似格言式的妙题,再配以大字号在一版显要位置刊发,可谓突出、引人。

2. **结构简洁,内容单一**。新闻标题,素有新闻的"眼睛"之称,文题合一的标题新闻,真可谓"眼睛新闻"。它要用短而又短的文字,在极为有限的版面空间里,既要扬"标题"传递信息的强势,又要融进"新闻"的精华。因而,它是"标题",但又别于一般的新闻标题:必须用事实来传递一个完整的信息,只能是实题或虚实结合题,不能全是虚题;多为主辅型复式题,或者就是放大字号的一句话新闻,宜少用单行题(如用也应是集纳型的)。它是"新闻",但又不拘泥于新闻的结构,不苛求五要素俱全,标题新闻在交代新闻来源的基础上,一般地有"什么人"、"什么事"两个要素就可以了。对新闻事实的表述上,只求一语道破地告诉读者何处发生了什么事,对新闻事实的来龙去脉、前因后果,不做任何说明。

3. **简而不浅,朴实含情**。标题新闻是"标题"就得"传神","闻"融其中也得讲思想性。这就是说,好的标题新闻还应当是把事实的生动性与鲜明的倾向性结合起来,它不满足于只是简单地给人以直观事实的"短",而要能让人体会到事外之"言",使之在简短之中见充实,朴实之中含真情,读过之后受启发。当然,标题新闻的"传神"之处,绝非要在文中塞进一些副词或形容词,更不是硬贴上一些"政治术语",而是在通过事实的叙述中或一词一字见"褒贬",或通过版面语言渗透蕴含其中的深意。

4. **灵活多变,字号适中**。标题新闻,本是无正文的新闻,在新闻纸上是按标题的形式排列的,这就要注意做到:既要内涵美,又要注重外形美。也就是说,排列的形式要像新闻的标题那样,因文制宜,灵活多变,不可失之于死。在编排上，应调动框线、刊头等多种强化手段，使之在版面上形成醒目的固定栏目，以强化它的个性特点。另外，报纸版面可谓"寸金之地"，要十分珍惜，标题新闻所用字号不宜过大，就主标来说，如不是需要突出处理的单发新闻，一般不要大于一号字。这是由于标题新闻本身传递信息有限，字号用得过大，会给人以过分刺眼、易于产生浮华之感。

金无足赤，人无完人。一分为二的客观事物，常常就是优点与缺点共存的一对孪生姐妹。我们充分肯定标题新闻的优势：能以少到极限的篇幅迅速醒目地向读者传递新信息，及时地反映周围世界的变化，扩大报纸版面信息的容量，但又必须看到，它毕竟又有失之于过简、信息含量有限的局限性，不是所有的新闻都适用，即便使用这种形式，比之于一般的新闻标题，也得在精选事实、巧用辞格、讲求造型美上要多下些工夫，方能用其所长，避其所短。

第四节　标题与导语的分工配合

标题与导语是新闻中两个最重要的组成部分。一则新闻写作的成败，常常与这两者写作的得当与否休戚相关。由于两者的传播功能有明显的交叉与重合的部分：浓缩新闻的精华，增强新闻的吸引力，诱发受众的阅读兴趣。再加之结构上的紧密相连，这就必然有一个协调配合、各司其责、避免文字上的重复问题。

然而，由于一些同志对标题与导语各自的功能划分得不清，更由于多年来形成的"记者写稿，编辑做题"、"标题出自导语"的陋习影响，这种导语和标题相互重复现象仍然十分普遍。现随手从2004年9月间摘引两例。

（主）　信产部"拉网"检查声讯台
（副）　率先在河北拉开帷幕，已对8家违规声讯台实施行政处罚
新华社北京9月1日电　信息产业部近日联合相关部门，对电信主管部门颁发经营许可的声讯台全面"拉网"核查。将持续到"十一"前的此次行动率先在河北省拉开帷幕，目前已对8家违规声讯台实施行政处罚。

这是刊发在北京一家四开报纸上新闻版上的通栏头题新闻的标题与导语。做题的空间不能说不广阔，做到标题不重复导语不是无能为力，而是

大有可为。但此题仍是"出自导语",基本上是导语的重复。

（肩） 超负荷行车+大货故障+路面破损+违章驾驶
（主） 108国道患"暴堵并发症"
（副） 交管部门提醒市民：黄金周期间拥堵可能更严重

  本报讯 由于超负荷运行、货车故障及道路破损严重等原因,108国道近日出现暴堵现象。今天上午,记者随房山交通支队来到108国道现场调研。交管部门告诉记者,他们已经采取了多项措施疏导,为了防止黄金周更大面积的拥堵,他们提醒市民文明驾车,免得因为路堵而心里添堵。

  这又是一条刊发在2004年国庆前北京市另家四开报纸上五栏头题新闻的标题与导语。标题做得确实不错,信息丰厚,形势活泼,主题还为黑与紫红的两色题,但与导语连在一起读,却又有点倒胃口：重复、重复,如出一辙。

  这两则新闻的标题基本上就是各自导语的折行排列,像这样导语与标题的直接重复,怎能不使读者看了"倒胃口"呢？心理学认为：当周围环境发生某种变化,在环境中出现某种新异刺激物的时候,人们很容易以各种方式去探询这种刺激物,容易引起人们的注意。相反,多次重复的东西就不易引起人的注意,尤其简单地直接重复就会诱发逆反心理,引起注意的转移。一条好新闻,要有一个好标题,还必须有一个与之和谐搭配、相映成趣的导语,才有可能收到预想的传播效果。

  标题与导语,都是新闻的有机组成部分,谁都不是外加的标签。它们与新闻主体的安排,都应当按照各自的功能通盘考虑,相互呼应,浑然一体。从指导思想上说,首先要打破"标题出自导语"的旧观念,树立按标题、导语的不同功能各司其责地来拟题写导语。一般地说,标题本是新闻的核心事实与主题思想的凝练与浓缩,主要功能在于让人在一瞥之间就能望文知义,成为窥见新闻的"窗口"；导语则是作者从新闻中筛选出的一个最能凝聚新闻价值,也是最吸引人的要素或事实的直白表述,使之成为凝聚读者注意力,吸引读者阅读全文的诱饵。由此可见,标题长于对全文的概括,导语则精于点上的深化。其次,在新闻的结构布局上,还必须树立以事实为中心,以标题为主导的写作思想。其关键是要突出标题的地位。因为读者对众多的新闻的选择,首先是要通过对一个个标题的匆匆浏览来实现的。在生活节奏普遍加快的现代社会生活中,读者打开报纸、进入网站首先映入眼帘的自然是大小不一、浓淡交错的标题,如不能在极为短促的一瞬间紧紧地抓住读者,错过了这短促的一瞥,读者就很可能不会回眸再来光顾这条新闻了。因而从传播效果上看,在处理标题与导语的关系中,就不能不把标题放在主导地位上。

从上述指导思想出发,为避免标题与导语出现简单重复的弊端,有下面这样一些方法可供借鉴。

第一,在可能的条件下,尽量做到以信息量丰富、新闻要素比较齐备的复式标题,取代新闻导语的职能,以最简明的文字,扼要地叙述新闻的主要事实,提示全文的主题,给人一个简练、完整的印象,从而引起读者的兴味。正由于它能生动地把新闻的主要事实和中心意思鲜明地凸显在读者面前,也就用不着再把标题的意思写进导语中去,也就是说没有必要再写一个与标题相似的导语了。这样既能避免重复,节省文字,又能够使新闻的开头更加新鲜、活泼、多种多样。近年来,在一些线条比较单一的事件新闻中,已经有这种类型的标题。

现在仅以上面提到的第二例来说。标题已经做得不错,对新闻事实已经做了较全面的概括,就不需要写一个重复的导语了。该文如果要导语,也必须大大地"瘦身"、"减肥",似可减为:

本报讯　今天上午,记者随房山交通支队来到108国道现场调研近日出现的暴堵现象。

据介绍,108国道房山段是60年代修建的一条山区战备公路。自今年7月以来,严重时拥堵长达10余小时……

这段文字,笔者除加了"据介绍"三个串联字外(其实这三字也可不要)。全都是原封未动。很自然,接下来的正文,就是对标题、导语具体的、详细的解释说明与补充印证。这样至少能减少标题、导语与正文的多次重复。

不久前查报,笔者还在报纸上见到一条不足400字的短新闻,其标题、导语和主体的开头是这样的:

房失火人落井　包大娘祸不单行

救火勇救人急　董班长奋不顾身

本报讯　3月4日,烟威警备区某守备团一连十二班班长、共青团员董世福,在救火过程中,又从六米深的水井里救出七十八岁的包德升大娘,在当地传为佳话。

这天夜里两点多钟,靖海卫大队烈属包德升大娘的两间草房突然失

标题的制作理念与艺术技巧

火。驻地附近的守备一连迅速赶来抢救。班长董世福……

很显然，这条短新闻的标题较好地概括了新闻的主要事实和中心思想，确实没有必要再单独地去写一个与标题相类似的导语了。现在这个近80字的导语，不仅没有什么新意，而且用词概事又比较啰唆，也没有标题提炼得准确，更为突出的是，接下来又与主体部分重复。

这则新闻减去导语，只需把原导语中个别词句，如具体时间、共青团等移入正文中去，与原文相比，只能是会更加紧凑、简练了，而别无他失。

第二，充分发挥新闻标题长于概括的特点，尽可能地使用修辞格做到与导语尽管在语义上有某些交叉、重合，但在用语上却又各有特色，仍能给人以新意。

在没有探讨这个问题之前，先请看看下面这两条标题：

（肩）　八音知鸣，奏出屈子华章
　　　　气势雄伟，再观楚人风情
（主）　曾侯乙墓的"地下音乐厅"被搬上舞台
（副）　在湖北歌舞团彩排这个节目时，一千三百名观众对我国战国时期的音乐成就都反映强烈

（1983年8月8日《光明日报》）

（肩）　战术背心像百宝箱　战斗服犹如隐身衣
　　　　蒙面头套能抗火焰　战斗手套可抵利器
（主）　特警装备既酷又实用

（2004年9月23日《法制晚报》）

这两则标题，文字都比较多，且与导语在语义上都有交叉，但读来仍然觉得流畅自然，而且声音和谐，很有意味。这是什么原因？标题的制作者交错地运用整句和散句，是获得成功的一个重要因素。反之，效果就不会是这样的。下面我们再来看看对同一新闻事实的两则不同的标题：

（肩）　历十二载严寒酷暑调查　钻探面积达十平方公里
（主）　秦始皇陵考古工作又有重大突破
（副）　推翻班固所谓项羽掘墓、地宫失火之说，证实了司马迁关于墓中以水银为"江河大海"的描述，在陵园内发现大批陪葬坑、墓葬和一组新的大型陶俑等

（1985年3月29日《光明日报》）

（肩）　我考古工作取得新突破

（主）　秦皇安眠两千载　项羽不是盗墓人
（副）　《汉书》有误：掘墓焚陵是讹传
　　　　《史记》可信：水银江河在地宫

（1985年3月30日《文汇报》）

这两则标题都抓住了最重要的新闻事实，读来都颇有新意。但前题不如后题有气势、有变化，基本上还是导语的节录；后题运用修辞手段，根据事实凝成了几个精彩的整句，不仅字少意丰，再与散句交错使用，让人读来朗朗上口，而且还避免了标题重复导语这个"常见病"。

应该说，标题与导语既然同为新闻中的两个重要部分，而标题又是新闻的浓缩与概括，因而在两者共存的情况下，必要的交叉与重合常常又是难以避免的。因而，对事实多、含意丰富的复式标题，尽量做到整句与散句交错运用，实在是做到准确生动，避免与导语简单重复的必要手段。

第三，以标题的制作为主导，采取多种形式使两者相互协调，相互补充，拾遗补漏，相得益彰，凝成强有力的传播强势。常见的办法大致有：

点面结合法。即标题的容量大，尽可能覆盖住包括导语在内的整条新闻；导语则挑选某个最引人的新闻要素，或某个有意义的细节、场面，做生动细致地描述。这是处理两者关系中用得较多的一种方法。如：

（肩）　今年前八个月商品房平均价格同比增长13.5%，比今年一季度上涨6.9%
（主）　信息不透明致房价疯涨
（副）　"唱涨"声中混杂不少"假热销"，央行首次提出要对房价高度关注

（2004年9月23日《法制晚报》）

标题中的辅题出自导语，主标从主体部分中提炼而来的，亦即本文的中心思想。整题辐射面大，而导语则是着力于对何事这个要素作简洁叙述。这种方法，一般多用于重要新闻或篇幅较长的综合新闻。

（主）　小学毕业50年后母校相聚
（副）　八里庄小学1954年毕业的一班学生一起返校，赶赴"50年之约"

本报讯　"小于肺部正做手术，不能来啦，但他一听到同学的名字就哭，我替他向大家鞠一躬。"一位60多岁的老人起身向在座的20余名老人深深地鞠躬，掌声四起。这是八里庄小学1954年毕业的一班学生"50年之

标题的制作理念与艺术技巧

约"的一幕，赴约的老师已经80岁，学生们都已届六旬。

（2004年9月21日《新京报》）

标题对新闻事实做了简洁的概括，导语则抓住一个特写镜头，有声有色地做了描绘，两者点面结合十分巧妙，颇能引人入文。这种方法比较适合于事件新闻、社会新闻与科技新闻。

叙补融化法。即标题对新闻事实做具体的概括或陈述，导语则补充交代必要的新闻要素或新闻来源，两者融为一体。这种方法较多的是用于动态性新闻或公告新闻等。例如：

（主）　法警背起生病被告

（副）　司法界人士认为，这反映了我国司法体制改革，更加注重体现对人格的尊重

本报讯　前天，西城法院正常开庭。法警11083号把一个行动不便的女被告背上了三楼的法庭。当旁听的市民见到法警背上来一个戴着手铐的被告时，大厅立刻安静下来。

（2000年12月16日《北京青年报》）

标题对新闻事实及思想意义都做了较全面的概括，导语则着重交代新闻的来源，新闻事实发生的时间、地点以及当时的情景。

标题是对新闻核心事实的浓缩与概括，在制作上就必须坚持以"何事"为中心，与此无关或不凝聚新闻价值的要素一般可不涉及，特别是对新闻来源的交代，尽量由导语甚至主体部分去承担。否则，常常难以收到好的效果。

虚实相生法。即标题避实就虚，下笔不直言其事，只对新闻事实做原则性的概括，或提出问题，或引出一个富有哲理的观点、引人思索的思想，巧妙地把新闻事实的本质特征点出来；导语则实打实地讲事实，进行直接的、正面的叙述，凸显事物的个性特点。实与虚是相互对立又相互依存的，无实无以言虚，有虚则可以显实。正像古人说的："虚实相生，无画处皆成妙境。"这是协调两者关系又一常见用法。如：

（主）　按"智"分配造就亿万富翁

（副）　张廷璧教授成为荆楚科学家首富

本报讯　武汉中华会计师事务所最近对红桃K集团资产进行了审计。昨日得出的审计结论表明，该集团技术负责人张廷璧教授个人资产已达1.3118亿元。

此外，张教授还拥有一幢400多万元的别墅、一辆价值80多万元的豪华轿车。

（2000年2月23日《湖北日报》）

标题未触及具体的新闻事实，只是对新闻的主旨及主体事实做了原则的概括；而导语则实打实地讲事实，进行直接的、正面的叙述。两者虚实相济，融为一体。

（主） 可以被击败不能被击垮

（副） 申花今日悲壮出征山东

今天，刚遭重创的申花队出征山东。与许多次的客场作战相比，这次出征，有着一种悲壮色彩。"去山东，我们是去炸碉堡的，不是去堵枪眼的。"领队戴春华说，"现在的申花，需要这样一种精神。"

（2004年9月23日《新民晚报》）

主标主虚，概括一种精神与气势；导语则主实，是事实的概要叙述。

远近适度法。即标题落笔直书新闻事实的最新变化，导语则落笔于背景材料的铺垫，力求拓宽信息的含量，或从鲜明对比中，引人联想，或给人以更多的知识，使之兴味盎然。但两者都必须紧扣新闻的核心事实，要恰到好处，不可偏颇。如：

（肩） 上海搭售风花样翻新真蹊跷

（主） 痰盂一只"配套"十双仿骨筷

　　　彩电一个"陪嫁"吊扇四十台

据新华社上海电 曾几何时，在上海市政府明令禁止下，商品广告上的"搭售"两字一夜之间销声匿迹。然而如今泛滥街头的"配套"两字，似有"柳暗花明"、"借尸还魂"之势。对此换汤不换药的做法，广大消费者啧有怨言。

（1988年10月16日《人民日报》）

（肩） 许多干部中流传："租房不如买房，买房不如建房"

（主） 利用职权大建私房风重新抬头

（副） 乱占良田侵吞物资普遍存在，西式楼房中式庭院拔地而起

据新华社北京电 记者最近在中南五省、自治区采访，了解到1984、1985年一度被刹住的利用职权营建私房风，最近又在抬头，而且愈演愈烈。"租房不如买房，买房不如建房"这句顺口溜在许多干部中流传着，他们都想赶在住房制度改革以前，利用手中握有的权力，为自己造所

标题的制作理念与艺术技巧

房子。

(1988年11月16日《人民日报》)

曲直和谐法。即标题引而不发,巧设悬念,导语直陈其事,亮出引人的新闻事实,或解悬、或半解悬,或因势利导加深悬念,引导读者读完全文。如《解放军报》有则新闻的标题与导语为:

(主) 坦克进城路面无损　交通干警同声赞扬

(副) 七四一〇厂革新成功　坦克履带挂胶性能良好

本报讯　春节前夕的一个夜晚,一辆坦克开进南京城,沿着平整宽广的柏油大道驶过闹市区——新街口。过路的行人都停住脚步,惊奇地望着它。

这是一篇报道技术革新成果的新闻。按常规,坦克进城,历来被视为"一害",作者一起笔便在题目中单刀直入地设置悬念:坦克进城路面无损,交通干警还同声赞扬,这到底是怎么回事呢?导语虽说是直陈事实,但未解悬,而顺势深化了悬念,直至读完全文,才解开这个"悬":原来这是一辆履带挂胶的轻型坦克,利用履带挂胶这项革新成果后,它通过柏油马路、水泥路,对路面均无损坏。

评述均衡法。即标题着眼对新闻事实的评说,导语则为没有主观介入的客观叙事,做到评与叙、主观介入与客观叙事的均衡结合。如:

好啊!诚实永存

一位年轻的女售货员昨天来到本报,要求登一则广告,寻找她接待过的一位外国顾客。因她在卖给他酸奶时,少找了钱。

她叫张建华,二十六岁,是北京市东单大街祥泰义食品店的售货员,十一月三日,她错把一张五十元外汇券当成了五元。

(1986年11月8日《中国日报》)

标题是对新闻人物的高尚品德的概括与赞颂;导语两个自然段,纯客观地叙述新闻事实。两者的和谐配合,既概要地介绍了新闻事实,又突出了新闻的主题思想。在采用这种配合方式中,有时标题并非完全是评说的语句,也可有叙事的成分,但总题仍然属于评论题。例如:

北约野蛮轰炸我驻南使馆

本报贝尔格莱德5月8日电　当地时间7日午夜(北京时间8日早5时45分),以美国为首的北约至少使用3枚导弹悍然袭击我驻南斯拉夫大使馆。到目前为止,至少造成3人死亡,1人失踪,20多人受伤,馆舍严重毁坏。

(1999年5月9日《人民日报》)

以上列举的仅是处理标题与导语写作关系上的几种常见方式。要处理得当还有待因文制宜地去灵活运用,乃至创新、发展。这里,最重要的一条就是要紧紧把握标题与导语各自的功能,以及读者的心理特征。

这是因为,新闻本是新近发生与发现的事实的报道。新闻信息的传递形式——新闻写作的技法和表现形式,也必然会随着社会生产的发展变化和人们物质生活和精神生活的不断提高而发展变化着。时代的前进,科学技术的进步,人们的物质和精神生活的提高,即新闻反映的客观世界丰富了,传播技术发展了,新闻的写作的技法与表现方式,也必将随之发展变化。但这也并不是说这种发展变化就无共同的特征与规律可循。这就是说,无论这种变化多么巨大,多么纷繁,新闻与其他精神产品一样,都是按照不同历史时期社会的需要,读者的需要及其心理特征来严格创新和发展的。在人类已经步入信息空前活跃的今天,新闻信息已成为维系和协调人与人之间社会关系的重要纽带之一的情况下,这种特征就表现得更为突出。因而,我们在提笔做标题、写导语时,就不得不把握住当时当地读者获取新闻信息的心理特征。如若不然,它是难以真正进入读者的听觉和视觉,难以发挥它应有的社会作用的。

新闻传播要达到预想的目的,就必须要能拨动读者的心弦,要能引起和集中读者的注意。这是因为新闻媒介所传播的信息并非能随心所欲地左右受者的思想,恰恰相反,读者却总是主动从新闻传播媒介中寻求能引起自己注意的东西,而不是消极、被动地听凭传播者摆布。新闻,作为一种客观存在的社会精神产品,人们在认识和接受它时的心理过程,都是受者的心理现象——"注意"这种心理特征所制约的。

现代心理学认为,"注意"是人的心理对于个人具有稳固意义的那些客体的指向性;是人们对认识客体的选择;是在认识过程中心理活动的集中。同时,马克思主义的常识也告诉我们:社会存在决定社会意识,社会意识是社会存在的反映。社会意识又分为两个部分,即社会心理与社会意识形态。社会心理是指一定历史时期,特定民族、阶级或阶层中普遍流行的、未经理论加工的精神状态。它是一种不系统、不定型、处于自发状态的社会意识,同系统化、理论化、定型化的社会意识形态(如政治思想、法律思想、道德观念、科学、艺术、宗教等)相比较,属于低层次的社会

标题的制作理念与艺术技巧

意识。它一般是人们对于直接刺激的事物所做出的心理反应。这种心理反应虽然也是以一定的认识为基础，但总体上说带有感性经验性质，感情色彩比较浓厚；因而它往往具有不定型性和可变性的特点。即便如此，我们丝毫也不能轻视"注意"作为心理活动的一个重要特征，在人们认识和接受新闻过程中所起着的重要作用。作为对新闻的"眼睛"的标题与"诱饵"的导语的写作，要充分认识和把握住这些特点，并进而分析一下受众在不同情况下对新闻信息的不同注意，实在至关重要，它与标题和导语写作的优劣与成败关系极大。

新闻事业发展的实践告诉我们，影响新闻信息传播范围的因素很多，但有这样一个事实却在任何情况下都不能忽视：大凡与大多数人的利益密切相关或为大多数人所感兴趣的事，必然能迅速地在大多数人的范围内传播开来；只与某一层次、某一地人利益相关或只为某一层次、某一地人感兴趣的事，则只能在那一层次、那一地人的范围内迅速传播开来。一则由数字组成的经济新闻，很难引起普通居民的关注，但却常能引起企业家的注意；一篇洋洋万言的理论文章，很难引起文艺工作者对它的"光顾"，而理论工作者兴许会对它爱不释手。概言之，人们在认识事物的心理过程中，总是注意选择与个人有意义的、有关联的，即符合自己需要的信息。需要是引起人们对新闻信息的注意的首要条件。

在1984年中央电视台主办的春节联欢晚会上，身着中山装的香港青年歌星张明敏，怀着对祖国的一颗赤子之心，热情奔放地演唱了《我的中国心》。从那以后，张明敏的名字与《我的中国心》一起，风靡中华大地，成为国内广大青年十分喜爱的歌手之一。但是就在这年的四五月间，社会上却流传着："张明敏惨遭车祸"、"张明敏被人暗杀了"云云。据说，不少青年听了这些传闻后，为张明敏的"死"伤心地流下了眼泪；有的地方的青年在清明节还自发地给张明敏开追悼会、送花圈。《北京青年报》记者适时地通过电话，对张明敏进行采访。张明敏在电话里告诉采访记者说："最近有人传说我出了车祸，遭人暗害，没有这件事。我身体很健康，只是前一段嗓子不太好，现在已经恢复了。目前我正在录制一张新唱片。"于是这家报纸根据电话采访写成的题为《张明敏惨遭车祸纯系谣传》的新闻，在一版刊登出来了。消息见报后，大家争相传阅，并很快为其他报刊所转载。

显而易见，人们对某一新闻信息的获取，首先是决定于对它的注意程度；而人们的注意又总是首先集中在那些对个人有意义、有需要的事物上。这种意义和需要，包括物质的、精神的及社会的需要。我们在制作标题、撰写导语时，一定要适应和把握住读者这个心理特点，努力寻找出新闻信息与读者需要的联结点，或者单刀直入把消息中与读者的现实需要最迫切的新信息，凸显给读者，使之一起笔便能触及读者的思想情绪；或者经过必要铺垫，把新闻事实与能满足读者某方面的需要挂起钩来，使之明白无误地感到新闻事实与自己的关联，以诱发起阅读全文的兴趣。

1981年5月12日《中国青年报》发表了题为《天安门观礼台四家茶点合作社开业》的消息，导语又写道：

本报讯　记者许正隆报道：由北京一百多名待业青年兴办的四家茶点服务合作社，五月十日在天安门观礼台休息室正式开业。

你看，当为方便群众生活、安置待业青年，发展城市的第三产业，刚刚在祖国大地上兴起，人们对它的认识尚在众说纷纭中，过去平时空空荡荡，只是在重大集会时才供外宾和观礼代表休息的重要场所，也被用来安置待业青年，兴办第三产业了，足见发展第三产业的重要与党政领导的决心了。你看，当社会对"读书人"去做侍候人的事情还存在不少世俗偏见的时候，一百多名首都的待业知识青年，在党中央和北京市各级领导的关怀和支持下，乐于在中外游人瞩目的天安门观礼台休息室"卖大碗茶"，这不能不说是在全国青年中带了一个好头。真可谓一个事实能胜过一打宣言。标题与导语协同配合地把这个新鲜信息直接告诉读者，它将拨动着多少人的心弦，适应着多少读者心理和认识上的需要啊！

1985年《北京日报》发表过一条题为《吃盐少些再少些》的新闻，导语接着便写道：

因脑血管病引起的死亡，自1976年以来已连续9年占我市城区死亡病因的第一位。日前记者就此问题访问了著名脑外科专家、市神经外科研究所所长王忠诚教授及该所的有关研究人员，他们说："食盐过多是引起脑血管病的重要原因之一。要向社会疾呼：吃盐少些，再少些。"

俗话说：家有7件事，柴米油盐酱醋茶。食盐，谁人不吃，哪家离得了。多少年来，众多的人们对它的需要、不可缺少一面知道得多，对其有害的一面却往往知之甚少，或者不甚了了。因而对"吃盐少些，再少些"这个重要的新闻事实，如果不加铺垫，兴许难以引起更多的人的注意，经过导语起笔这么一铺垫，谁不为之一见而惊，谁又不细心地到下文中去寻

标题的制作理念与艺术技巧

求一个对食盐最佳的摄取量呢?

一般地说,同人们有着直接利害得失关系的信息,都会引起广泛的注意。但是,有时人们也会对自己没有直接利害关系的信息,由于思想感情上的接近,而引起注意,产生了阅读兴趣。现实生活的实践告诉我们:某一事物对某些人虽说没有直接的利害关系,但当他们对这些怀有某种感情时,这个事物便会为之所动心、所关注。比如,前面提到的《我的中国心》这首歌,在张明敏演唱之前,香港也有不少歌手演唱过,但都未引起大的反响,但张明敏一唱,为什么就能风靡中华大地呢?用张明敏自己的话来说:"我7岁时到广州华侨小学念书,国语也是那时学会的,我对祖国有深厚的感情,《我的中国心》这首歌不仅是演唱我的作品,也是我全部感情的总和。我在春节联欢晚会上所以演唱这首歌,就是要用歌声告诉全国的父老兄弟姐妹,无论港澳同胞,还是海外侨胞,都有一颗炽热的中国心!"张明敏不正是以他那深厚、炽热的感情,来拨动着亿万华夏炎黄子孙的爱国之心的么!因而,我们在标题制作与导语写作中,重视把新闻事实与读者感情联结起来,以真挚强烈的感情去拨动人,唤起读者的兴趣,引起读者的注意,也是取得成功的重要一环。

1980年3月间,山东发生了一起八旬高龄的夫妇,由于不堪几个儿女的虐待,双双自缢身亡的悲剧。3个月以后,新闻媒介披露了这件事。有的报纸直标实事入题,并配上一条阐述性的导语:"山东泰安县祝阳公社横岭大队一对八旬高龄的夫妇,由于儿女拒绝赡养,无以为生,同时悬梁自尽。"

应该说,标题与导语本身所传递的信息,都不是广大读者预先欲知、须知的事,但它一见报却在社会上引起了强烈的反响。原因何在呢?请想想:人生谁无父母?谁又不生儿育女?尊老爱幼、赡养父母,本是中华民族的传统美德,更何况在社会主义的新中国呢!一方面是对勤劳一生、八旬高龄老人的不幸的广泛同情,一方面是对那种违反社会公德的卑劣行为的憎恨,而汇合起来的特殊感情,便是这条标题与导语赢得读者的关键所在。

无须赘述,足以说明:因文制宜地在把握读者心理的前提下,注意发挥标题对新闻的概括、提挈作用,以及导语对某个凝聚信息的新闻要素的解释作用,确是协调标题与导语的关系,获得好的社会效果的重要一环。

图书在版编目（CIP）数据

标题的制作理念与艺术技巧 / 彭朝丞著. — 北京：人民日报出版社，2012.11
ISBN 978-7-5115-1416-5

Ⅰ.①标… Ⅱ.①彭… Ⅲ.①新闻标题—新闻编辑　Ⅳ.①G213

中国版本图书馆CIP数据核字（2012）第252274号

书　　　名：	标题的制作理念与艺术技巧
著　　　者：	彭朝丞
出 版 人：	董　伟
责任编辑：	曹　腾　梁雪云
封面设计：	春天书装工作室
出版发行：	人民日报出版社
社　　　址：	北京金台西路2号
邮政编码：	100733
发行热线：	（010）65369527　65369846　65369509　65369510
邮购热线：	（010）65369530　65363527
编辑热线：	（010）65369523　65369514
网　　　址：	www.peopledailypress.com
经　　　销：	新华书店
印　　　刷：	北京鑫海达印刷有限公司
开　　　本：	710mm×1000mm　1/16
字　　　数：	580千
印　　　张：	36
印　　　次：	2012年11月第1版　2012年11月第1次印刷
书　　　号：	ISBN 978-7-5115-1416-5
定　　　价：	68.00元